ANTES E DEPOIS

Um dia decisivo na vida de grandes brasileiros, quando pequenos

ilustrações
Daniel Almeida

Edição revista e atualizada

Copyright do texto © 2015 by Flavio de Souza
Copyright das ilustrações © 2015 by Daniel Almeida

Grafia atualizada segundo o Acordo Ortográfico da Língua Portuguesa de 1990, que entrou em vigor no Brasil em 2009.

Todos os fatos referentes à vida das personalidades abordadas e à história do Brasil que aparecem neste livro são verdadeiros. No entanto, as situações em que aparecem cada um dos personagens são inventadas e fazem parte do contexto da ficção.

Créditos das imagens de capa:
Pedro de Alcântara: Acervo da Fundação Biblioteca Nacional — Brasil
Chiquinha Gonzaga: Acervo Chiquinha Gonzaga/ Instituto Moreira Salles
Lima Barreto e Machado de Assis: Acervo Iconographia
Monteiro Lobato: © Monteiro Lobato — Todos os direitos reservados
Mário de Andrade: Coleção Mário de Andrade. Arquivo fotográfico do Acervo do Instituto de Estudos Brasileiros — USP
Maria Lenk: Equipe AE/Estadão Conteúdo
Machado de Assis: Acervo Iconographia

Preparação: Thais Rimkus

Revisão: Viviane T. Mendes, Thaís Totino Richter, Ana Luiza Couto e Fernanda França

Composição: Tânia Maria • acomte

Composição da 3ª edição: WAP Studio

Tratamento de imagem: M Gallego • Studio de Artes Gráficas

Dados Internacionais de Catalogação na Publicação (CIP)
(Câmara Brasileira do Livro, SP, Brasil)

Souza, Flavio de
    Antes e depois : um dia decisivo na vida de grandes brasileiros, quando pequenos / Flavio de Souza ; ilustrações Daniel Almeida — 3ª ed. — São Paulo : Companhia das Letrinhas, 2024.

    ISBN 978-65-5485-017-9

    1. Biografias — Literatura infantojuvenil I. Almeida, Daniel. II. Título.

24-196091   CDD-028.5

Índices para catálogo sistemático:
1. Literatura infantil 028.5
2. Literatura infantojuvenil 028.5

Cibele Maria Dias — Bibliotecária — CRB-8/9427

3ª edição

Todos os direitos desta edição reservados à
EDITORA SCHWARCZ S.A.
Rua Bandeira Paulista, 702, cj. 32
04532-002 — São Paulo — SP — Brasil
☎ (11) 3707-3500
 www.companhiadasletrinhas.com.br
 www.blogdaletrinhas.com.br
 /companhiadasletrinhas
 @companhiadasletrinhas
 /CanalLetrinhaZ

Para a Bebel, que tem o nome da princesa que participa bastante deste livro. Que a sua vida seja cheia de liberdade.

F. S.

SUMÁRIO

Prólogo — Um dia especial da vida de sete brasileiros especialmente especiais, 5

Pedro de Alcântara, o pequeno herdeiro da nação, 9

Luiz Gama, o amigo de todos, 42

Chiquinha Gonzaga, a abre-alas, 65

Lima Barreto, o mortal imortal, 117

Monteiro Lobato, o pai da Emília, 131

Mário de Andrade, um antigo moderno, 150

Maria Lenk, um peixe dentro d'água, 172

Apêndice 1 – Machadinho, o órfão rejeitado, 188

Apêndice 2 – Chiquinha no palco, 190

Apêndice 3 – Nossos sete brasileiros na linha do tempo, 192

Créditos das imagens, 201
Sobre o autor, 203
Sobre o ilustrador, 205

PRÓLOGO — UM DIA ESPECIAL DA VIDA DE SETE BRASILEIROS ESPECIALMENTE ESPECIAIS

Antes de mais nada, este livro é mais de histórias que histórico. Mesmo sem deixar de conter fatos reais.

Aqui vamos falar de sete vidas. Sete brasileiros. Sete dias que mudaram sete vidas. Ao mesmo tempo, esses dias também mudaram a vida de milhares, milhões de brasileiros. Continuam mudando. E ainda mudarão.

Alguns personagens são mais conhecidos que outros. Alguns já tiveram sua imagem impressa em cédulas de nosso dinheiro. E os que não tiveram deveriam ter tido.

Estas sete histórias de vida têm a ver com a liberdade — a falta dela e a luta por ela. As sete histórias também têm a ver com preconceito. Algumas das pessoas retratadas sofreram com esse mal da humanidade. A maioria fez muito para que a liberdade fosse um direito de todos no Brasil.

Todos os habitantes de uma nação são importantes; a vida de todas as pessoas é especial e poderia ser contada em um livro de maneira interessante. No entanto, as histórias de algumas pessoas serviram e continuam servindo de exemplo para muitas outras, por isso são destaque.

Algumas pessoas continuam a ser lembradas por todos, mesmo tempos depois de morrer. Porque realizaram façanhas. Tiveram oportunidade de criar, desenvolver e executar obras que se tornaram clássicas por sua qualidade. Por sua inovação. Por seu pioneirismo.

Algumas das sete pessoas reais deste livro não criaram obras de arte, mas atuaram modificando a vida de muita gente. Servindo de exemplo. Divulgando coisas importantes. Mostrando possibilidades.

Neste livro, o mais importante e principal é o relato de um dia específico na vida dessas sete pessoas. Um dia que determinou como seriam todos os outros dias da vida delas. E o resto de cada história foi escolhido para mostrar como a vida desses sete brasileiros era antes e como ficou depois do dia fatídico.

VERDADE VERDADEIRAMENTE VERDADEIRA?

— Não é verdade.
— Não é? Verdade?
— Não é. Verdade.
— Não, é verdade.
— Não! É verdade?
— Não? É! Verdade!

Pequenos detalhes podem mudar frases faladas, gravadas ou escritas. Quem escuta pode não ouvir direito; quem digita, revisa e edita pode comer mosca. Como é possível saber perfeitamente, de maneira exata, sem sombra de dúvida, o que alguém quis contar?

Será que existe mesmo a verdade que é totalmente verdadeira, sem nem um pingo de mentira, distorção ou adaptação?

Será que algumas das informações nos livros de história não são invenções dos autores que ficaram sabendo dos fatos através do relato escrito ou falado de pessoas que viram os fatos acontecerem; ou de pessoas que ouviram de outras pessoas que viram os fatos acontecerem; ou de pessoas que ouviram de outras pessoas que ouviram de outras pessoas que viram os fatos acontecerem; ou seja, de segunda, terceira ou quarta mãos?

Será que mesmo nos relatos históricos as pessoas não inventaram, aumentaram, acrescentaram nem modificaram um pouco os fatos e esqueceram que estavam fazendo isso?

Por exemplo, não dá para negar que no dia 7 de setembro de 1822 o imperador d. Pedro I declarou o Brasil independente de Portugal. Mas será que ele estava mesmo em um grande e belo cavalo, às margens do rio Ipiranga, e levantou a espada e gritou "Independência ou morte?", como está pintado em um famoso quadro de Pedro Américo?

Assim, para contar as sete histórias deste livro, o autor criou "molduras", novos contornos para os quadros históricos, mas todos os fatos que falam da vida e da história desses personagens reais foram pesquisados e são o mais fiel possível à realidade. É claro que, assim como muitos outros escritores, ele recebeu as informações de segunda, terceira, quarta mãos e pode ter cometido erros não intencionais.

E por que os personagens estão enquadrados em molduras tão diferentes? Pelo mesmo motivo que as pessoas colocam quadros de pintores medievais em molduras com volumes trabalhados em dourado e quadros de pintores modernistas em molduras simples, sem enfeites. Ou seja, o que acontece antes e depois da coroação de d. Pedro, o primeiro e último imperador brasileiro nascido aqui, vai bem em uma farsa inventada pelo autor deste livro com tom de comédia carregado; o argumento de um filme combina com os lances cinematográficos da vida alvoroçada, comovente e intrépida do poeta, advogado e abolicionista Luiz Gama; uma comédia teatral musical também inventada pelo autor tem tudo a ver com Chiquinha, que, entre muitas outras funções, era compositora e foi precursora na história da música erudita e popular do Brasil; uma conversa — totalmente criada pela imaginação deste que vos fala — de Lima Barreto com o porteiro do céu é a cara do escritor cheio de graça, ironia e irreverência; um bate-papo com aquela que o autor inventou ser a inspiração de Lobato para a personagem central do Sítio do Picapau Amarelo na varanda de um sítio, com direito a rede, comes e bebes, é o cenário ideal para falar de Monteiro Lobato; um programa de TV educativo também totalmente inventado combina com Mário, que, além de artista de vanguarda, inovador, corajoso e desbravador, foi professor e criou os parques infantis municipais paulistanos; e uma entrevista com Maria Lenk, criada pelo autor deste livro mas aproveitando frases ditas por ela, é a melhor maneira de deixar a maior nadadora brasileira falar à vontade sobre sua vida.

A VERDADE EM VÁRIAS VERSÕES

Em duas das sete histórias, as palavras dos próprios personagens foram usadas como base para a narrativa: uma carta de Luiz Gama, o famoso ex-escravizado que se tornou advogado e defensor da abolição, e as respostas para uma entrevista de Maria Lenk, que fez as declarações aqui reproduzidas ao longo de sua vida nos mais diversos meios de comunicação. A parte das perguntas da entrevista de Maria Lenk, assim como as suas falas, foi reescrita, mas os trechos da carta aparecem exatamente como Luiz Gama escreveu. De qualquer maneira, quem garante que ele não errou sem querer ao contar a história de sua vida? Ele pode ter esquecido detalhes, se confundido ou modificado um pouco sua vida por algum motivo que não saberemos ao certo, não?

É sabido, por exemplo, que escritores como o belga Georges Simenon, ao narrar suas memórias, contaram fatos de sua vida de duas ou três maneiras bem diferentes...

MAIS SENSACIONAL, INCRÍVEL E INTERESSANTE

Talvez algumas dessas verdadeiras mentiras façam parte deste livro. Mas, como dissemos, só nos detalhes. Os acontecimentos relatados mais importantes são comprovados. Vamos a eles:

1) Pedro de Alcântara foi mesmo coroado imperador do Brasil aos quinze anos.

2) Luiz Gama realmente foi vendido como escravizado pelo próprio pai, aos dez anos, e foi a pé de Santos a Campinas.

3) Chiquinha Gonzaga começou a compor quando ainda era muito jovem.

4) Lima Barreto de fato presenciou a festa da Abolição quando tinha sete anos e teve que abandonar o sonho de ser engenheiro.

5) Monteiro Lobato desistiu do sonho de ser pintor.

6) Mário de Andrade abdicou, sem dúvida alguma, da ideia de ser pianista concertista por ficar traumatizado com a morte de um de seus irmãos, causada por uma bolada na cabeça durante uma pelada.

7) Maria Lenk se tornou uma das maiores atletas do Brasil devido a uma pneumonia.

A maneira como esses acontecimentos se deram em um dia muito especial da vida dos sete brasileiros foi pesquisada e revisada. Fora os detalhes de invenção literária, tudo aconteceu mesmo, e essas histórias reais provam que, às vezes, a vida das pessoas é mais sensacional, incrível e interessante que as histórias inventadas pelos seres humanos...

PEDRO DE ALCÂNTARA,
O PEQUENO HERDEIRO DA NAÇÃO
TRECHOS ESCOLHIDOS DO DIÁRIO DE UM VAMPIRO

INTRODUÇÃO — SÓ QUEM É PODE SABER

Quem sabe o que significa viver há mais de setecentos anos?
Quem conhece o tédio de ver os mesmos erros sendo cometidos, geração após geração?
Quem consegue entender o que é renascer de sessenta em sessenta anos, fingindo ter morrido e se apresentando como filho de si mesmo?
Quem tem noção do que é ser jovem para sempre?
Só quem é como eu. Um vampiro. Não um mocinho de filme açucarado ou de seriado engraçado. Sim, um morto-vivo sanguessuga.

Nós, os vampiros, não morremos, ainda que mortais corajosos possam nos transformar em morcegos, estátuas de pedra ou fumaça. Como isso acontece não posso revelar, primeiro porque demandaria muito tempo, segundo porque estou proibido de registrar esses processos, terceiro porque você que está lendo, por exemplo, pode se inspirar e se tornar um novo Helsing, um caçador de pobres imortais como eu.

Não direi minha nacionalidade, mas imagino que meu patético orgulho patriótico tenha me levado a deixar pistas nas anotações diárias.

MESTRE DE ETIQUETA

Para viver em meio a mortais sem levantar suspeitas, tenho que parecer sempre preocupado com dinheiro, encontros amorosos e poder, além de demonstrar medo de envelhecer e morrer. Sempre mudo de país, nacionalidade, nome, biografia e também de profissão.

Aconteceu-me, então, de viver dentro dos muros da corte real portuguesa durante quase todo o século 19, empregado como mestre de etiqueta (ou seja, boas maneiras) para o herdeiro da coroa e seu irmão, já que o mais novo poderia sobreviver ao mais velho e tornar-se, assim, o herdeiro seguinte.

FIDELIDADE NO GERAL, NEM TANTO NOS DETALHES

Na época dos fatos aqui relatados, ainda não havia nenhum tipo de gravador, e minha memória é boa, mas não fotográfica. Fiz anotações diariamente antes de dormir, portanto, horas depois dos ocorridos. Com tanta gente tagarelando à minha volta (na maioria das vezes coisas sem o menor interesse e o menor sentido), posso ter misturado frases de um com frases de outro e possivelmente até parágrafos inteiros saídos de uma boca com os saídos de outras bocas.

Mas a falta de fidelidade absoluta se deve também a mais quatro fatos:

1) Não me lembrei do exato diálogo, por exemplo, entre d. João e d. Carlota Joaquina, palavra por palavra, palavrão por palavrão.

2) Não me contive e coloquei no papel coisas que ouvi apenas em minha imaginação — e meu senso de humor não é dos mais bondosos.

3) Fiz uma boa faxina nos escritos quando decidi contar um pouco da história do pobre pequeno príncipe, já que, quando fiz as anotações no diário, não tomei cuidado com a linguagem, porque não imaginei que haveria outro leitor que não eu mesmo.

4) Mudei palavras e expressões da época e até parágrafos inteiros, porque certamente não serei lido por ninguém dos tempos passados e porque espero ser lido por mortais vivos no século 21.

O ASSUNTO PRINCIPAL

Quem vê a grande maioria dos retratos de Pedro de Alcântara pode ficar na dúvida se algum dia aquele senhor barbado foi uma criança. É claro que foi, e, do ponto de vista material, sua infância foi das melhores. No entanto, no âmbito afetivo, psicológico e social, dificilmente poderia ter sido pior.

Tratado como um projeto de rei desde que saiu do útero da mãe, Pedro de Alcântara foi preparado para substituir o pai no trono. Como tinha personalidade dócil e tranquila, aceitou todas as obrigações, as restrições e até as proibições que sua situação lhe trouxe.

D. Pedro II nunca se rebelou. Aparentemente nunca burlou nenhuma das leis do protocolo. Nunca demonstrou publicamente insatisfação, inconformismo nem raiva com a gaiola de ouro em que foi criado e mantido até ser proibido de permanecer no país do qual tinha sido, de certa maneira, dono.

A seleção dos trechos reunidos em "Antecedentes", a seguir, mostra parte da construção do berço esplêndido em que foi colocado o menino e a razão de ainda existir, até o fim do século em que quase toda a América se libertou de seus colonizadores, um monarca dotado de físico, cultura, ideias e modos europeus no mais tropicalista dos países tropicais. E a parte chamada "Descendentes" dá uma breve visão das cenas de que o personagem participou no teatro do mundo ocidental.

ANTECEDENTES

Napoleão Bonaparte espalha-se Europa afora *18 de maio de 1804*

Ensinar boas maneiras para dois cavalos seria mais fácil que para os príncipes d. Pedrinho e d. Miguelito. Pensando bem, não é só difícil, é impossível. Porque ambos são potros selvagens.

O que não é de se estranhar, considerando que foram criados por aquela espanhola mais insana e insensata que a sogra, que foi oficialmente declarada doida. Quer dizer, foram mal educados ou deseducados por essa mãe, que tem um par de castanholas como lábios e a língua tão venenosa quanto a da mais peçonhenta das serpentes.

Toda vez que me encontro a menos de cinquenta metros de d. Carlota Joaquina agradeço à divina providência, que fez que a rainha não aceitasse a sugestão do marido de que sua senhora fosse também minha pupila.

Aliás, anoto aqui um perfeito estratagema para convencer d. Carlota a aceitar seja lá o que for: basta citar o fato — real ou não — de d. João ter se mostrado contra.

Foi dessa maneira que me safei de cuidar da etiqueta das seis filhas Marias, chamadas, por ordem de idade: Maria Teresa, Maria Isabel, Maria Francisca, Isabel Maria, Maria da Assunção e Ana de Jesus Maria.

Espero que o pai do herdeiro do trono não perceba o quanto é inútil manter-me em sua folha de pagamento, pois é inútil ter um mestre de etiqueta se os alunos são delinquentes. Mas, pelo menos por enquanto, não desejo perder essa posição na corte lusitana.

O dia teria sido um completo bocejo se não fosse pela notícia de que Napoleão Bonaparte coroou a si mesmo imperador da França. Quem diria que isso aconteceria, sem guerra civil, apenas onze anos depois da queda da Bastilha e de Luís XVI e Maria Antonieta perderem a cabeça na guilhotina? Para onde foram as conquistas da revolução: igualdade, liberdade e fraternidade? Ao que tudo indica, a liberdade ficará reservada aos que obedecerem cegamente ao baixinho espevitado, a fraternidade irá se restringir à distribuição que o corso — ou corsário? — fará dos pedaços de seu império para seus irmãos de sangue, e a igualdade irá valer para toda a população — todos, sem exceção, terão o mesmo direito a não ter direitos!

Esse senhor tem pequena estatura, grande amor-próprio e confiança em si mesmo, enorme poder de governar, gigantesca capacidade de guerrear e conquistar, e monumental pretensão. Ele vai longe.

Porém, eu já vi essa história acontecer várias vezes. Uma hora ele irá longe demais...

Vou ou não vou, esta é a questão! *12 de agosto de 1807*

Napoleão Bonaparte cravou a coroa na cabeça de sua esposa, Josefina, mas quem sentiu as enxaquecas foram os governantes de meia Europa. Com exceção do rei Jorge III, que, de acordo com os boatos, vai pelo mesmo caminho de d. Maria I de Portugal, ou seja, para a insensatez completa. Seja como for, o império britânico não só não se curvou diante do reizinho francês, como ameaça estragar sua brincadeira de domínio em efeito dominó.

D. João continua feito artista saltimbanco, equilibrando-se sobre uma muralha, com um precipício de cada lado. Será que o príncipe regente não se dá conta de que está mais vulnerável que nunca? Não há nada mais fácil que derrubar um gato de um muro, basta uma pedrada! Ou será que é mais duro do que se pensa, pegar o gato no pulo?

Difícil e perigosa escolha saber se d. João deve se tornar personagem da peça *Rei João*, do inglês Shakespeare, ou da do francês Molière chamada *Don Juan*, cuja tradução é *Dom D. João*...

As dúvidas pairam no ar em volta da cabeça do futuro rei de Portugal como mariposas rodeiam um lampião. E, disso tudo, o que mais me interessa é saber se o infante d. Pedrinho vai para o hemisfério sul ou fica, agora que ele é meu único pupilo, desde que seu irmão mais novo, d. Miguelito, foi proibido pela mãe de presenciar minhas aulas.

Juro por tudo que me é mais sagrado que não tive nada a ver com isso. É claro que minha vida ficou bem mais sossegada sem um dos pequenos ogros — e, justamente, sem o mais selvagem deles. Mas, veja só, eu apenas deixei escapar na presença da espanhola mentecapta que seu marido estava muito satisfeito com os novos modos de comportamento de d. Miguelito...

Se o príncipe regente pretende ou não ir para o fim de mundo tropical, não é minha preocupação. Se a família real for ao Brasil, Portugal ficará ao Deus-dará, e será um Deus nos acuda. Mas há a opção de ir apenas o infante herdeiro. D. Pedrinho pode ficar ou zarpar, e eu, se quiser manter meu emprego e meu salário, posso ir junto ou ficar. Essa é a única questão que me interessa e me preocupa.

Bombas sobre Zelândia e Amader   *4 de setembro de 1807*

O último morcego me trouxe uma notícia estarrecedora. Pelo terceiro dia consecutivo, os ingleses bombardearam Copenhague, capital da Dinamarca. Um terço da cidade — construída sobre as ilhas Zelândia e Amader — foi ao chão, mais de mil civis irão para debaixo da terra.

O ataque mostrou que está errado quem acha que pode se pôr ao lado de Napoleão e, portanto, contra piratas do rei Jorge, sem sofrer as consequências.

Por falar nisso, terminou há três dias o prazo dado pelo conquistador francês para d. João fechar os portos aos ingleses... ou sofrer as consequências. Esse ultimato teve a aprovação de Carlos I, rei da Espanha e, por coincidência, pai de d. Carlota. E ainda há quem não acredite na maledicência dos sogros em relação aos genros!

Que sanguessugas, além de mim, d. João irá consentir que cravem os caninos na jugular da nação portuguesa? O monarca equilibrista ainda acha que pode fazer uma escolha de sua escolha, como "Entre o frango assado e o carneiro ensopado, fico com o peixe frito"...

O casamento forçado   *12 de outubro de 1807*

Lembro-me de quando assisti à comédia de Molière chamada *O casamento forçado*. Uma peça com esse nome poderia contar a história de constante desprezo e ódio entre d. João e d. Carlota Joaquina.

É sabido que casais muito ricos às vezes dormem em quartos separados.

Os pais de d. Pedrinho não são exceção. A diferença básica é que o quarto de um fica a um pouco mais de vinte e um quilômetros do quarto do outro, pois cada um está em uma cidade portuguesa.

Que incrível sensação de tranquilidade e silêncio tivemos quando nos mudamos com d. João para o mosteiro de Mafra, ficando a "d. Castanhola" instalada no palácio de Queluz. E que sorte a minha d. Pedrinho ser mais próximo ao pai e seu irmão, à mãe.

O que Napoleão quer de cada governante europeu não deixa de ser um casamento forçado. Cansado de esperar uma resposta de d. João ao ultimato do tipo "Case-se comigo ou te mato", o francês deu ordem para que seja derrubada a porta do dormitório da indecisa donzela lusitana.

A megera domada   *17 de outubro de 1807*

A megera domada é a mais saborosa comédia de William Shakespeare. E que melhor alcunha para a mãe de meu pupilo? D. Carlota não tem papas na língua, educação nem um pingo de refinamento, beleza ou elegância. É sempre agressiva e maldosa, provavelmente adúltera e, na maior parte do tempo, mal-humorada e violenta.

À primeira vista, pode-se imaginar que essa senhora domine totalmente o marido, mande e desmande, faça e aconteça. No entanto, o glutão bonachão mantém a esposa à distância e sob controle. Entre as várias conspirações contra d. João, a pior ocorreu há dois anos, quando ela criou um partido para dar um golpe de Estado e arrancar o poder das mãos do príncipe regente. Ao ser descoberta, a tirana espanhola foi vencida e só não foi presa porque d. João quis evitar o escândalo, ainda que a tenha confinado no palácio de Queluz.

Já Napoleão i é um osso bem mais duro de roer. Seus vinte e três mil soldados entraram hoje com tudo em solo português, sob comando de Jean-Andoche Junot, militar que já passou um tempo por aqui como diplomata.

No entanto, nosso equilibrista ainda oscila entre ir ou ficar. Esperamos que não caia do arame, levando-nos junto na queda.

A tempestade   *24 de novembro de 1807*

Quando uma quadrilha de assaltantes está prestes a invadir sua casa pela porta da frente, o jeito é sair correndo pela porta dos fundos. No caso de

Portugal, atrás está o oceano Atlântico, e o jeito é fugir para o grande quintal do Império, aquele local chamado Brasil.

Na surdina, a evasão real é preparada. Que maneira covarde nosso governante escolheu para salvar seu gordo pescoço, o de sua família e o de seus cortesãos, deixando o resto da população no escuro, abandonada à própria sorte, só se dando conta quando a corja — da qual faço parte — já estiver a bordo das naus da fuga.

Isso me faz lembrar a última peça escrita por Shakespeare, *A tempestade*, na qual o protagonista e duque de Milão, chamado Próspero, é traído por seu irmão, também herdeiro do título, e, em plena escuridão da noite, é colocado em uma embarcação com sua filha Miranda e mandado para o exílio.

Tempestade é também o apelido de Junot, que avança com vinte e três mil soldados franceses solo português adentro.

O equilibrista finalmente decidiu: vamos partir para o admirável novo mundo de mala e cuia e o rabo entre as pernas!

O último a chegar ao porto é um asno! *27 de novembro de 1807*

Este dia certamente ficará gravado como uma mancha de banha de porco numa página do livro da história dessa nação.

O povo, junto ao porto, assistiu de boca aberta e coração partido a várias obras de Molière e Shakespeare ao mesmo tempo. Nas primeiras horas de um dia chuvoso, o embarque nas naus que nos levarão ao Brasil foi uma mistura de *Noite de reis*, *As preciosas ridículas*, *Os importunos*, *O burguês fidalgo* e, principalmente, *A comédia dos erros*.

A família real, camuflada em uma carruagem modesta, vai às pressas rumo ao cais. D. João embarca com sua mãe e seus dois filhos na nau *Príncipe Real*. D. Carlota Joaquina viajará na *Alfonso de Albuquerque*, acompanhada das seis Marias.

D. MARIA I Para onde vamos com tanta pressa, João?

D. JOÃO Vamos dar um passeio pelo mar, mamãe.

D. CARLOTA JOAQUINA Bravo! Alimente a demência da velha.

D. MARIA I Já que estamos cá, vamos. Mas lembre-se de perguntar para sua genitora, que por acaso é a rainha de Portugal, se ela deseja passear.

D. CARLOTA JOAQUINA Ai, minhas castanholas! Não basta viajar em outra nau. Devia ter dado ordens para que fosse providenciada outra carruagem.

D. JOÃO Não está apreciando a primeira etapa da viagem? Desça e vá a pé! Ou na garupa de sua vassoura voadora.

D. CARLOTA JOAQUINA Isso não são modos de falar com uma futura rainha! Boçal!

D. MARIA I Futura rainha de onde? De Sabá?

D. MIGUELITO Não, de toda a América espanhola!

D. CARLOTA JOAQUINA Cale-se, meu burrinho adorado!

D. JOÃO Não se importe em disfarçar, minha esposa. Conheço cada um de seus planos maquiavélicos, querida traíra.

D. CARLOTA JOAQUINA Não sei do que estás aí a balir. Bode cabrão!

D. MARIA ISABEL Os bodes não balem, quem bale são os carneiros.

D. CARLOTA JOAQUINA E meninas que não querem levar bofetões não falam. Imbecil!

D. PEDRINHO Posso brincar com minha espada?

D. MARIA I Não deixem!

D. PEDRINHO Eu vou matar uma baleia no alto-mar!

D. MIGUELITO E eu vou matar um urso!

D. MARIA ISABEL Em pleno mar?

D. PEDRINHO Eu vou é caçar uma sereia!

D. CARLOTA JOAQUINA Não comece com suas imundícies! Tarado!

D. JOÃO As imundícies estão reservadas para outro alguém?

D. CARLOTA JOAQUINA Estão! Para a senhora sua mãe. Poltrão!

D. MARIA FRANCISCA O que são imundícies?

D. ISABEL MARIA Coisas que são imundas de tão sujas, o que mais?

D. MIGUELITO Tem mais, muito mais do que você pode sonhar!

D. CARLOTA JOAQUINA Que gracinha de menino. Garanhão!

D. MARIA FRANCISCA Isso eu sei o que é!

D. JOÃO Alguém viu um par de frangos assados? Estavam aqui!

D. CARLOTA JOAQUINA Um porco que passou por aqui devorou. Maldito leitão!

D. JOÃO Não consigo ir até o porto sem me alimentar.

D. MARIA I Estamos a apenas alguns quarteirões. Deixe de ser guloso e maluco, querido Manuel!

D. PEDRINHO Morte a Junot!

D. MARIA I Tomem cuidado! Este meu neto é muito independente!

D. PEDRINHO Morte a Napoleão!

D. CARLOTA JOAQUINA Por que aquela lambisgoia da Josefina, e não eu, foi arrumar um marido digno desse título?

D. JOÃO É certo que o topete do pulha não chega à altura de meu umbigo.

D. CARLOTA JOAQUINA Que me importa o topete? Lorpa!

D. MARIA ISABEL Com que parte de Napoleão a senhora minha mãe se importa?

D. CARLOTA JOAQUINA Quieta, insolente! Essa mente torpe herdaste de tua avó, que está ali a babar.

D. MARIA I Por que vamos tão depressa, aos solavancos?

D. MIGUELITO Apostamos uma corrida com vinte e três mil soldados!

D. PEDRINHO E vamos vencer!

D. JOÃO Deus o ouça, filho meu. Deus o ouça!

D. MARIA TERESA A infanta Ana de Jesus Maria não quer dormir de maneira nenhuma!

D. CARLOTA JOAQUINA Invente algo, rápido! Esse resmungo está atacando meus nervos! Cretina!

D. JOÃO Faça esse favor, filha minha. Pelo menos até chegarmos ao cais.

D. MARIA TERESA Mas por que tenho que cuidar da pequena? Não pedi para ser irmã dela!

D. CARLOTA JOAQUINA Que coincidência! Não pedi para ser sua mãe! Ingrata!

D. MARIA DA ASSUNÇÃO Por que as criadas não puderam vir?

D. MARIA FRANCISCA Porque estamos fugindo do dragão Bonaparte.

D. JOÃO É graça! E não deixa de ser verdade.

D. CARLOTA JOAQUINA Bem que me aqueceria com seu fogo!

D. JOÃO Meu?

D. CARLOTA JOAQUINA Seu? Não me faça rir num momento de tanta aflição!

D. PEDRINHO Estamos chegando!

D. MARIA I Não vou sair deste quarto e muito menos entrar numa daquelas coisas medonhas! Ainda estou viva e gastei tempo demais rezando para ser mandada antes da morte ao inferno!

D. PEDRINHO O diabo está vindo com vinte e três mil capetas por ali, vó!

D. MARIA I E, além do mais, estamos indo muito depressa!

D. JOÃO Quisera eu que isso fosse verdade.

D. MARIA I Vão pensar que estamos fugindo!

Todos começam a rir e não param. Para alguns, o riso se torna choro. Está na hora de sair da carruagem e embarcar nas naus que os vão levar para uma nova vida em um mundo desconhecido.

Suspense na foz do Tejo *28 de novembro de 1807*

Soube, por um morcego-correio, que o norte-americano Robert Fulton aprimorou as descobertas de seu conterrâneo John Fitch, que construiu o primeiro barco a vapor a funcionar — ainda que não bem o suficiente.

O barco de Fulton, batizado de *Clermont*, foi a oito quilômetros por hora de Nova York a Albany, em trinta e duas horas.

Todavia, nós, fugitivos de Lisboa, dependemos do ar em movimento para sair do porto e seguir rumo a nosso destino. Junot e seus homens estão nos arredores da capital e nós, as criaturas — em número incerto, mas que passa dos cinco mil — que se acotovelam em menos embarcações que o necessário, estamos ao sabor do vento.

Quatro navios de guerra ingleses estão na caravana. Serão eles defesa suficiente contra mais de vinte mil soldados? Claro que não! Além da humilhação, se formos pegos certamente seremos vítimas de muita violência, não só pelas mãos dos soldados, como dos que foram deixados para trás e, com toda razão, ficaram revoltados.

O fedor, exalado por obra do medo geral, paira no ar da foz do rio Tejo. Cada coração, dos milhares de amontoados, bate no compasso da constante dúvida: vamos ou não vamos? Vamos ou não vamos? Vamos ou não vamos...?

E "vamos" se aplica a mais de uma opção: "Vamos ou não vamos para o Brasil?", "Vamos ou não vamos enfrentar as armas do exército francês?" e "Vamos ou não vamos ser espancados até a morte?", entre outras.

O dia do vira   *29 de novembro de 1807*

Em pleno acanhado nascer do sol, estávamos preparando o espírito e os joelhos para suplicar clemência ao *Tempestade*, que estava para chegar, com mais de vinte mil franceses, a qualquer momento no cais.

Era questão de tempo sermos obrigados a desembarcar e sofrer todo tipo de agressão. Mesmo que antes houvesse alguma batalha envolvendo a tripulação e os canhões dos quatro navios de guerra ingleses e um mar de soldados franceses.

Em meu canto, no *Príncipe Real*, eu ensaiava mentalmente as frases em francês que usaria para pedir tratamento especial a meu pupilo, um inocente de nove anos, presente por infortúnio no tabuleiro de xadrez onde se desenrola o jogo cujos prêmios são pedaços do continente europeu.

Cruzes! Sinto no corpo, na mente e no espírito os efeitos causados pela ansiedade da situação. Para piorar, há ainda o convívio pelo terceiro dia seguido com d. Maria I, o que pode acarretar grande confusão mental e completa perda das mais básicas noções da realidade.

Paro. Respiro fundo. Acalmo-me. Volto a empunhar a pena. Escrevo.

As velas das naus estavam murchas por falta de ar em movimento, e murcho estava também nosso moral, nos fazendo sentir como animais na porta do matadouro. Eis que um marinheiro grita:

— Está cá! Está cá o vento espanhol!

Em pouco tempo estávamos navegando, lentamente a princípio. Foi então que outro marinheiro gritou:

— Está lá! Está lá o exército francês!

Os prantos de desespero se tornaram choros de alívio. Por tão pouco nos safávamos! O vento espanhol soprou mais forte e fomos nos afastando do porto.

Um terceiro marinheiro anunciou:

— Está lá, no alto da torre! Está lá um canhão!

As explosões não alcançaram nenhuma das naus de nossa frota de fuga. Só levaram aos ares uma pequena embarcação que tinha ficado para trás e que, de qualquer maneira, não deveria ir conosco.

Tinha sido dada a partida para a grande aventura da família real portuguesa!

O fado e o enfado *22 de janeiro de 1808*

A viagem pelo Atlântico teve clima de fado, um tipo de música portuguesa que é o avesso do vira: tristeza, melancolia e desesperança cantadas como em um choro. A palavra "enfado" também fez parte da jornada em todos seus significados: agastamento, zanga, cansaço, impressão desagradável, mal-estar e tédio.

De Lisboa a São Salvador — nossa primeira parada no continente americano —, tivemos tempestade e calmaria, esperança e doença, epidemia de piolhos, cabeças raspadas, fome e enjoo, sede e medo.

Que alívio. Pelo menos pude comprovar que não virarei pó ao me expor à luz do sol mesmo com o abrasador calor tropical.

Parei para pensar *7 de março de 1808*

Chegamos à capital da colônia, Rio de Janeiro, cujo nome adequado seria Baía de Janeiro. É impressionante como esta jovem cidade do admirável mundo novo já é tão fétida quanto Lisboa.

Cogitei seriamente me despedir de d. Pedrinho, permanecer no porto e partir na primeira oportunidade para qualquer outro canto do mundo. Me virei e dei dois passos. Parei. Então olhei para a baía, os morros, a enorme pedra junto a outra menor. Entendi a razão de tanta luta com os franceses pela posse desta terra: sua localização e sua paisagem muito mais maravilhosa que qualquer coisa que se possa imaginar.

Algo me disse que teria oportunidade de presenciar uma grande e bela transformação. E decidi ficar.

O festim de Pedro *10 de dezembro de 1813*

Acabo de ler uma recém-lançada novela que contém comédia de costumes e peripécias amorosas, escrita com precisão, estilo e deliciosa ironia por uma escritora inglesa, Jane Austen, cuja existência eu até então desconhecia. Chama-se *Orgulho e preconceito*.

Que título apropriado para a maneira como se porta a família real em relação a tudo e todos desta terra tão generosa e gentil. Minto! Há duas exceções: d. João e seu filho mais próximo.

D. Pedrinho esbanja generosidade e gentileza no trato com todo tipo de gente, desde cortesãos a criados de todos os setores de serviço à corte. Em especial em seu relacionamento com as moças, as senhoras e as damas de qualquer camada da sociedade.

Por isso o título deste trecho.

Pedro. D. Pedro. Preciso me ajustar ao passar do tempo, não posso mais chamar meu pupilo de d. Pedrinho.

O infante nada infantil gosta de gente e adora cavalos. Seu amor por esses animais não se restringe a cavalgá-los. Ferreiro habilidoso, é ele quem coloca e troca suas ferraduras. Como se não bastasse, é também um marceneiro de mão cheia. Sua última obra foi feita para ele mesmo: uma mesa de bilhar.

Sei que me deixo levar pelo orgulho que sinto ao ver como aquele pequeno ogro, que conheci aos oito anos, transformou-se em um cavalheiro razoavelmente civilizado. Acho que posso me considerar um dos responsáveis por essa evolução.

Lá vai Maria Vai Com As Outras *20 de março de 1816*

Primeira rainha regente de Portugal, d. Maria I, antes de ser considerada mentalmente desajustada, foi acusada de ter pouca personalidade e ser mole em suas convicções e, por essas e outras, ganhou um apelido. Ao sair para passear, amparada por suas amas, os que a viam diziam à boca pequena: "Lá vai Maria Vai Com As Outras!".

Neste dia, foi-se deste insensato mundo Maria I, a Louca.

Um de seus atos mais famosos foi a assinatura da sentença de morte de Joaquim José da Silva Xavier, mais conhecido como Tiradentes, considerado por muita gente daqui um herói.

Por motivos como esse, ao saber de sua morte, não foram poucos os que exclamaram: "Foi-se, desta para uma melhor, Maria Vai Com As Outras; desta feita, desacompanhada...".

Esposa afortunada *5 de novembro de 1817*

Chegou, finalmente, d. Leopoldina. Algum tempo depois do casamento por procuração, d. Pedro e a esposa se encontram ao vivo, cara a cara.

Fora a fortuna material, d. Leopoldina tem outros motivos para se considerar uma esposa de sorte:

1) É bem mais bonita que a sogra, por dentro e por fora, e não terá que enfrentar o ciúme maternal, porque d. Carlota Joaquina só tem olhos para o outro filho, o toureiro d. Miguel.

2) Seu marido, além de bonito e forte, toca vários instrumentos, canta e pode ser considerado um homem simpático, camarada e generoso. (Talvez generoso demais na distribuição de afeto, carinho e devoção carnal.)

Será que exagero nos elogios a meu pupilo? Talvez não, mas deixei de enumerar os defeitos...

Consegui alguns meses de férias. Darei um giro por diversas cidades europeias em que vivi, para me inteirar das novas normas de etiqueta criadas e ditadas pelo Velho Mundo.

Que lentidão! *6 de março de 1818*

Dois anos após o falecimento da rainha Maria I, finalmente d. João se torna d. João VI, rei do império português, e d. Pedro é agora o príncipe real.

Que recepção! Voltei das férias e fui muito bem recebido.

Que decepção! Recebi um exemplar do romance *The Vampyre*, de um amigo dos grandes poetas ingleses Shelley e Lord Byron, o médico e escritor

John Polidori, que para escrever se baseou em histórias "fictícias" que contei a ele em minha breve passagem pela Europa no ano passado.

Tentei usar seu suposto talento literário para divulgar a ideia de que os vampiros não são animais canibais monstruosos, mas seres de grande sofisticação, elegância, refinamento e cultura. Que tentativa inútil! Como escritor, Polidori provou que é um grande médico!

Nem um grão de areia *26 de abril de 1821*

Fim de férias tropicais. D. João VI não pôde mais adiar sua volta ao cenário principal do teatro político. Foi acompanhado de quase toda a família e o corpo de baile formado por cerca de três mil espertalhões, digo, cortesãos, que vivem à custa de cargos com nomes imponentes, nenhuma função efetiva e, o mais importante, sem nada que se pareça com trabalho.

Quem fica no palco é d. Pedro, que se torna o protagonista do espetáculo, abraçado à fila de coristas femininas composta pela esposa, as amantes fixas e as eventuais.

Na última cena, a comédia pastelão fica por conta da imperatriz Carlota Joaquina, que, ao embarcar, tirando os pés pela última vez de terra firme, bate os sapatos, declarando que do maldito Brasil não quer levar nem areia.

Que pândega! No entanto, a cômica e seu esposo poderiam não querer levar também os cinquenta milhões surrupiados em segredo, raspados do cofre do Banco do Brasil...

Cai o pano.

Esperemos pelo próximo ato.

Dia do Fico *9 de janeiro de 1822*

D. João VI, sob pressão, assinou o documento que fez d. Pedro deixar de ser príncipe regente. A nata portuguesa quer que o Brasil volte à condição de colônia, para que retomem a sangria desatada.

D. Pedro, todavia, se recusou a obedecer à ordem expressa de voltar para Portugal, fortalecido pela "Petição do Fico", um abaixo-assinado com oito mil assinaturas. E completou o ato com a frase "Como é para o bem de todos e a felicidade geral da nação, estou pronto: diga ao povo que fico!".

E eu, na qualidade de empregado com função particular, digo: se ele fosse, eu iria. Como fica, também fico, ora essa!

No grito
7 de setembro de 1822

Tem sempre um momento na vida de todos nós em que explodimos e gritamos: "Basta!". O que diferencia um grito do outro é a intensidade, a sinceridade, a espontaneidade, a coragem necessária, o volume do "Basta".

Sendo quem é, como é e porque é, d. Pedro gritou um "Basta" que ecoou pelo planalto, expandiu-se por todo o território nacional e se espalhou pelo mundo.

Estando nas redondezas, poderia mentir e jurar que vi e ouvi meu pupilo berrar "Independência ou morte!".

Será que interessa, para o efeito desejado, terem sido essas as três palavras proferidas? Ouso declarar que não. O que importa é o gesto, a atitude, a resolução, a ação, a revolução.

Não posso conter uma sensação de anticlímax, um vago desapontamento com o fato de a maior colônia do sul das Américas ter conquistado a liberdade sem ter derramado uma só gota de sangue...

Espere aí! O que foi isso que acabei de escrever? Será que meu apetite especial — a insaciável sede de sangue — me levou a pensar dessa maneira? E que ingenuidade achar que não houve lutas, prisões, torturas, discursos, obras de arte, debates e derramamento de sangue para que esse grito de independência fosse dado.

Não consegui encontrar testemunhas oculares do evento. Pude apenas ouvir a reprodução do diálogo — acontecido imediatamente após o ato — de duas testemunhas auriculares.

— Você escutou um grito?
— Escutei.
— Quem foi?
— D. Pedro.
— Que se passa?
— O que não, quem!
— Quem o quê? O príncipe regente passa mal?

— Não passa mais, o mal já passou.
— Que mal?
— Ele estava enfezado e subitamente liberou material em demasia, junto ao córrego.
— Não sei se concordo com essa prática. Certa vez, dei um mergulho para me refrescar e dei de cara com um...
— Escute! Não mude de assunto!
— Está bem. Talvez o príncipe tenha gritado de alívio. Ou de dor de cólica. Tenho quase certeza de que ouvi ele gritar "Que indecência de sorte!".
— Não foi nada disso, eu ouvi perfeitamente o grito "Independência ou morte!".
— Que bonito. Mas morte de quem, hein?
— De quem tentar impedir, ora.
— Impedir o quê? Que alguém grite ao libertar os intestinos?
— Você ainda não entendeu!
— Você ainda não explicou!
— O que se passa é que a dependência de Portugal é coisa do passado, porque passamos, na base do grito, a ser uma nação livre e autônoma!
— Não me diga que tudo isso aconteceu logo ali, e eu não vi e mal ouvi! Eu posso testemunhar que você foi testemunha de visão e audição, se você fizer o mesmo para mim!

Defensor perpétuo do Brasil? *12 de outubro de 1822*

D. Pedro foi proclamado imperador constitucional.
Foi também declarado "defensor perpétuo do Brasil".
O que isso significa? Que ele vai defender o Brasil até o fim do mundo, porque vai viver para sempre?
Sério?
Não posso deixar de pensar no título daquela comédia romântica de Shakespeare: *Muito barulho por nada*.

Criatura antediluviana *1º de dezembro de 1822*

Meus morcegos não me desapontaram hoje. Chegou a notícia de que um geólogo inglês chamado Gideon Algernon Mantell desenterrou os ossos e dentes de um animal enorme.

Gideon mandou parte desse material para o anatomista francês Georges Cuvier, que informou serem os ossos e dentes de um mamífero semelhante ao hipopótamo.

Corre o boato de que outro cientista discordou totalmente de Cuvier, com a justificativa de que um animal de tamanho correspondente ao comprimento dos ossos seria muito maior que um elefante ou mesmo que uma baleia.

Esse estudioso causou mais alvoroço ainda ao declarar que o animal teria sido extinto e vivido há centenas de milhares de anos ou mais e, portanto, seria anterior ao período em que se acredita ter acontecido o dilúvio...

Ah, sim. Ao ser coroado, d. Pedro passou a ser d. Pedro I.

O herdeiro da nação   *2 de dezembro de 1825*

Nasceu hoje no palácio de São Cristóvão, na Quinta da Boa Vista, no Rio de Janeiro, o herdeiro ao trono brasileiro, Pedro de Alcântara João Carlos Salvador Bebiano Francisco Xavier de Paula Leocádio Miguel Gabriel Gonzaga, filho de Pedro de Alcântara Francisco António João Carlos Xavier de Paula Miguel Rafael Joaquim José Gonzaga Pascoal Cipriano Serafim de Bragança e Bourbon e sua esposa, Carolina Josefa Leopoldina Francisca Fernanda de Habsburgo-Lorena.

O futuro imperador é neto, por parte de pai, de João Maria José Francisco Xavier de Paula Luís António Domingos Rafael de Bragança — chamado de João VI — e sua esposa, Carlota Joaquina Teresa Cayetana de Borbón y Borbón — filha do rei da Espanha, Carlos IV. E, por parte de mãe, neto de Francisco I da Áustria — anteriormente chamado Francisco I de Habsburgo-Lorena ou Francisco Segundo do Sacro Império — e sua esposa, Maria Teresa de Bourbon Duas-Sicílias.

É coroa, cetro e capa para deixar qualquer um admirado. Estão previstos três dias inteiros de festa.

E nasceu também a estrada de ferro, pelas mãos do inglês George Stephenson, que aperfeiçoou as ideias da locomotiva a vapor e dos trilhos paralelos, projeto do também inglês Richard Trevithick.

Pela primeira vez existe veículo terrestre que vai mais rápido que um cavalo a galope. Isso deve significar alguma coisa, e muitas mudanças provavelmente acontecerão por causa disso e a partir disso.

Vai-se o João, ficam os Pedros   *10 de março de 1826*

Faleceu hoje, aos cinquenta e oito anos, d. João VI.
Meu pupilo se tornou Sua Majestade Fidelíssima, El-Rei de Portugal e dos Algarves d'Aquém e d'Além-Mar em África e Senhor da Guiné e de Conquista, Navegação e Comércio de Arábia, Pérsia e Índia.

O pequeno órfão   *11 de dezembro de 1826*

Partiu hoje, rumo ao último destino, a imperatriz Maria Leopoldina, aos vinte e nove anos, deixando cinco filhos vivos. O caçula deles, com um ano e oito dias, é Pedro de Alcântara, o pequeno órfão herdeiro da coroa.

De pai para filho   *7 de abril de 1831*

Pedro de Alcântara continua perdendo membros de sua família. Dessa vez foram o pai e a madrasta, por quem ele também tem amor de filho.
Entre escolher o trono de Portugal ou o do Brasil, d. Pedro decidiu ficar com os dois. Para tanto, abdicou em favor de seu filho Pedro e partiu para Portugal, onde irá lutar para defender a coroa portuguesa para sua filha Maria da Glória, junto de sua segunda esposa, deixando apenas o príncipe herdeiro e as filhas Francisca e Januária.
Algo me diz que meu primeiro pupilo e d. Amélia vão para nunca mais voltar.
Quanto a mim, passei como um móvel, ou um imóvel, de pai para filho. Aceitei a incumbência de participar da criação do futuro d. Pedro II.

Pai pra toda obra   *24 de setembro de 1834*

Tenho o coração calejado. Perdi muitos entes queridos ao longo dos séculos. Alguns foram especiais. Meu pupilo foi um deles.

D. Pedro I do Brasil morreu hoje, aos trinta e cinco anos, no mesmo quarto onde nasceu, no Palácio de Queluz, com o título de d. Pedro IV de Portugal, herói da vencedora causa liberal. Mesmo sem saber o que é isso, me alegro, porque a palavra "liberal" indica que a causa deve ser coisa do bem.

Do que meu primeiro pupilo deixa para trás, destaco a lista de filhos oficiais e naturais. São dezenove ao todo, paridos por oito mães, seis deles chamados Pedro. Devo salientar que muitos outros tenham talvez sido postos no mundo, desconhecidos como as mães, que podem ser, inclusive, criadas e mucamas.

No rol dos conhecidos estão:

Sete filhos com a primeira esposa, Maria Leopoldina — entre eles um menino chamado Pedro.

Uma filha com a segunda esposa, Amélia de Leuchtenberg.

Cinco filhos com a amante Domitila de Castro e Canto Melo, a marquesa de Santos — entre eles a duquesa de Goiás e um menino chamado Pedro.

Um filho com a baronesa de Sorocaba, irmã da marquesa de Santos.

Dois filhos com a francesa Noémi Thiery — um deles chamado Pedro.

Um filho com a uruguaia María del Carmen García.

Um filho com outra francesa, Clémence Saisset, chamado Pedro.

Um filho com a monja portuguesa Ana Augusta chamado Pedro.

Sinto vontade de esclarecer, para os inimigos de plantão, que ele foi, na medida do possível, um bom pai e cuidou da educação de todos que sobreviveram à infância.

Sinto um tremor de aflição ao lembrar que seu coração será conservado na igreja da Lapa, na cidade de Porto, por desejo dele, oficializado em seu testamento.

Sinto saudade. Que são Pedro seja camarada com você na porta de entrada, d. Pedrinho!

Na gaiola de ouro *20 de setembro de 1835*

No Sul do país, começou algo chamado de Revolução Farroupilha, ou Guerra dos Farrapos, que pretende separar um pedaço de território do resto do império. Esse é apenas um dos movimentos que ameaçam o governo que substituiu d. Pedro I enquanto se espera a maioridade do futuro d. Pedro II.

Enquanto isso, o herdeiro da nação vive como na fábula "O rouxinol", escrita por aquele esquisitão dinamarquês Hans Christian Andersen, na qual um pássaro real é substituído por um mecânico. Mas a realidade é mais perversa: o primeiro uirapuru bateu asas e voou. O segundo é de carne e osso, mas vive dentro de um mecanismo controlado pelo pior tipo de ser humano, os burocratas.

Pobre menino gerado e criado para servir à pátria sem ter vocação nem ambição para ser rei e sem chance de escolha. Pedro acorda cedo, estuda o dia inteiro, até a hora de dormir. Só pode ficar com as irmãs Francisca e Januária durante uma hora, depois do almoço. E faz um ano que perdeu a esperança de encontrar o pai, que poderia, com sua maneira espalhafatosa de ser, mudar pelo menos em parte essa terrível rotina.

Eu sou apenas um cabo na tropa que tem a missão especial de transformar uma criatura humana em uma estátua preciosa. Rafael, seu criado particular, é quem torna sua vida menos fabulosa. De vez em quando esconde o príncipe em seu aposento, para que ele fuja um pouco do excesso de estudo.

Quantos meninos brasileiros fariam qualquer coisa para morar em um palácio, ter um quarto só para si, com cama, colchão, travesseiros e três refeições por dia! Nenhum deve sequer sonhar que o pequeno príncipe faria qualquer coisa para ter a vida comum e ordinária que eles têm.

Presente de aniversário *2 de dezembro de 1837*

Em homenagem ao aniversário de doze anos do menino imperador, foi fundado o Colégio D. Pedro, o primeiro curso secundário do Brasil.

Que presentão para um menino tão novo!

Olhei para ele durante a cerimônia e quase chorei de pena. Não, confesso que chorei mesmo. Aos trinta anos, d. Pedrinho se comportava como um moleque de doze. Aos doze anos, seu filho se comporta como um senhor de quarenta.

Passou rapidamente por meu pensamento a ideia de partir.

Escrevendo com impulsos *21 de outubro de 1838*

Assisti de cabeça baixa à cerimônia que oficializou a fundação do Instituto Histórico e Geográfico Brasileiro. Como pode, com apenas doze anos, alguém levar a sério a informação de que seria o empreendedor de tão importante instituição, mesmo que efetivamente tenha interesse em tais assuntos?

É óbvio que foram os maioristas que, mais uma vez, organizaram uma encenação para espalhar aos quatro ventos a notícia de que o futuro imperador já está preparado e maduro para assumir o trono. Querem antecipar a maioridade de Pedro; falta pouco para que seja usada aquela máquina horripilante de tortura medieval para esticar a estatura do garoto.

Espalhou-se também a notícia de que o norte-americano Samuel Finley Breese Morse criou um código que representa todo o alfabeto e pode mandar e receber mensagens através de pontos e traços — impulsos curtos e longos. Algo me diz que acaba de se iniciar uma revolução na comunicação mundial.

Quanto a mim, cedo a outra espécie de impulso. Decidi ir embora, sumir do mapa, matar minha presente identidade e renascer bem longe daqui.

Chega de participar da criação de uma criatura digna do fictício dr. Frankenstein, um triste espantalho com a missão de afugentar supostos corvos promotores de desordem, rebeliões e separações de território.

O que os monarquistas querem é não perder o poder para os republicanos.

Assim que acabar esta anotação, me desfaço da incumbência e faço as malas!

Escrevendo com luz *19 de março de 1840*

Quem poderia imaginar algo como a fotografia? Que invenção impressionante de Louis-Jacques Mandé Daguerre!

Fotografia. Que bela palavra criaram a partir do correspondente em grego que significa "escrever com luz".

Ao comprar seu próprio daguerreótipo, d. Pedro se tornou, no mínimo, uma das primeiras pessoas a tirar fotos neste país. E, certamente, o primeiro monarca fotógrafo do mundo.

Depois de quase um ano de vou ou fico, tomei uma decisão. Aconteceu ao ver Pedro tirando fotos, com um sorriso verdadeiro no rosto, como um selo no envelope de uma carta, com carimbo do correio e tudo mais. Parei para pensar. E decidi.

Hoje foi meu segundo Dia do Fico.

O DIA DECISIVO

Barbas ralas *18 de julho de 1841*

Sinos, salvas de tiros, gritos de bravo, aplausos, lágrimas, soluços, suspiros. O público assistiu emocionado ao espetáculo da coroação. Como um ator bem ensaiado, o símbolo vivo da União teve um desempenho eficiente para convencer a plateia.

Todavia, de perto, era possível ver que d. Pedro II parecia esmagado pelo peso da coroa, do manto e da responsabilidade. O sorriso tímido e forçado não ajudava a disfarçar a ansiedade causada pela consciência da inadequação.

A torcida para que brotassem pelos no rosto de pele lisa foi frustrada. A voz e as pernas finas também não ajudaram o pretendido porte mais adulto ou, pelo menos, menos pueril. A impressão geral era de uma criança brincando de gente grande, vestida com roupas escolhidas no guarda-roupa dos pais.

Mas nada disso importa. Pela primeira vez há no trono um monarca genuinamente brasileiro. Nos retratos que tornarão eterno este dia, tudo será ajustado, e eles farão a memória dos que testemunharam se moldar à "realidade" imortalizada.

Chegou-me a notícia de que um médico inglês, James Braid, concluiu, depois de muito estudar o mesmerismo, que é possível levar uma pessoa a um estado semelhante ao sono, no qual a parte consciente de sua mente dorme e seu corpo é comandado pelo cérebro para obedecer a estímulos externos.

Esse processo faz que a pessoa seja levada a agir, tomar decisões e mudar seu comportamento sem que tenha consciência disso ao acordar do transe.

O voluntário para a demonstração foi levado a esse estado intermediário e, em seguida, estimulado a imitar uma galinha, um ganso e um pavão, fato que lhe era totalmente desconhecido quando foi trazido de volta à consciência.

Dr. Braid decidiu chamar esse processo de hipnotismo.

DESCENDENTES

Casamento transatlântico *30 de maio de 1843*

Os morcegos raramente me decepcionam. Fiquei sabendo que amanhã será lançado ao mar o primeiro navio transatlântico, o *S. S. Great Britain*, que tem cento e quinze metros de comprimento, cento e trinta pessoas na tripulação e salão de refeições para trezentas e sessenta pessoas. O casco é de ferro, o navio é movido a hélice e totalmente a vapor.

Coincidentemente, um dia antes Pedro de Alcântara se casou por procuração.

Nós, vampiros, podemos ter o sangue frio, mas, para espanto geral, temos coração e somos muito românticos. Unir-se a alguém para sempre, até que a morte separe, cada um assinando um papel, a milhares de quilômetros de distância, me soa um gesto solitário.

A esposa, que é napolitana, se chama Teresa Cristina Maria Giuseppa Gasparre Baltassarre Melchiore Gennara Rosalia Lucia Francesca d'Assisi Elisabetta Francesca di Padova Donata Bonosa Andrea d'Avelino Rita Liutgarda Geltruda Venancia Taddea Spiridione Rocca Matilde.

Será que finalmente teremos uma macarronada decente para comer neste palácio?

Trabalhos de amor perdido *4 de setembro de 1843*

Tudo o que d. Teresa Cristina deseja nos próximos dias, semanas, meses é reverter a frase que diz "A primeira impressão é a que fica".

O primeiro encontro dos recém-casados, há três meses, foi um desastre. Meu segundo pupilo não conseguiu — ou não quis — sorrir. Apenas suspirou, com o queixo trêmulo e os olhos mareados. Antes que eu pudesse abrir a boca, uma dama que ali estava colocou em palavras, mas em voz baixa, meus pensamentos: "Cumpra seu dever".

O nome da comédia de Shakespeare, *Trabalhos de amor perdido*, seria perfeito para uma peça que mostrasse o esforço que d. Teresa Cristina terá que fazer para conquistar, se não a afeição, pelo menos a aceitação de seu marido, que por pouco não a manda de volta para a Europa.

Imperatriz musiva *1º de março de 1845*

Que mulher sábia!

Comparando a imperatriz Teresa Cristina às heroínas de Shakespeare: ela não tem a frescura juvenil de Desdêmona, a paixão sincera de Julieta nem o encanto inocente de Ofélia. Tampouco um pingo do poder de sedução de Cleópatra ou a ambição sensual contagiante de Lady Macbeth.

Todavia... Que mulher sábia! Usou a arma mais poderosa: a paciência.

Está terminada a Guerra dos Farrapos, no Sul da nação. Está terminada a guerra dos sexos no palácio de São Cristóvão. Com charme discreto, simpatia sincera, cultura e interesse nas artes e nas ciências, a imperatriz encantou e conquistou o imperador.

Além de cumprir os deveres de esposa, d. Teresa Cristina cuida pessoalmente de algumas partes dos jardins e, com surpreendentes habilidade e talento para a arte musiva, cria belos mosaicos juntando cacos de porcelana de pratos, xícaras e pires quebrados do palácio.

Infelizmente, entre os dotes de d. Teresa não se incluem os culinários. Para comer uma boa macarronada, terei que voltar um dia à Bota.

Dois nascimentos *29 de julho de 1846*

Veio ao Novo Mundo a princesa Isabel Cristina Leopoldina Augusta Micaela Gabriela Rafaela Gonzaga de Bragança e Bourbon. Meu faro milenar me diz que essa menina dará um grande passo, fará um gesto importante para muita gente.

Que belo dia para nascer. Hoje ficará para a história o nascimento também de um mundo com menos dor. Um de meus morcegos trouxe a boa nova: o dentista norte-americano Thomas Green instaurou o uso do éter para anestesiar pacientes durante a extração de dentes.

O fato, muito noticiado, espalhará o recurso que, na verdade, foi usado primeiramente em uma operação pelo médico também norte-americano dr. Crawford Long, que não se deu ao trabalho de publicá-lo em uma revista científica.

O paciente do dr. Green contou a experiência a um jornalista e o médico foi convidado a demonstrar o uso do anestésico, por isso passará para a história como seu descobridor. Nada a ver com descobrir-a-dor, hein?

Cruzes! Depois de cometer esse chiste infame, ordeno a mim mesmo usar um martelo de madeira para uma pancada na cabeça e um adormecer instantâneo. E não posso deixar de ressaltar o uso que faço, de maneira destemida, da palavra "cruzes"...

Troca de noivos
18 de setembro de 1864

A bebê imperial de 1846 já se tornou uma moça e pensa seriamente em matrimônio. Tão seriamente que ousou fazer uma solicitação aos pais.

Vamos por partes. A união da princesa Isabel com o duque Luís Augusto de Saxe-Coburgo-Gota já havia sido tratada pelo ministro do imperador, assim como a união de sua irmã Leopoldina com Luís Felipe Maria Fernando Gastão de Orléans e Saxe-Coburgo-Gota, o conde D'Eu.

Antes de contar sobre o encontro dos quatro jovens, vale citar o fato de que o duque Luís Augusto era primo do conde D'Eu.

Pois bem, chegaram os dois rapazes. Assim que eles puseram os olhos nas duas irmãs princesas e vice-versa, aconteceu o que ninguém esperava: cada princesa se encantou com o pretendente da outra. E vice-versa.

Em seguida foi feito o pedido ao casal imperador para que houvesse uma troca de pretendentes. E como acontece na maioria das vezes nos contos de fada, a história teve final feliz. D. Pedro II e d. Teresa Cristina consentiram, a mão de cada princesa foi pedida e a cerimônia foi marcada para o dia 15 de outubro.

E viveram todos felizes para sempre.

Do jeito que você quiser
1º de maio de 1865

Brasil, Argentina e Uruguai se uniram, como em matrimônio, com direito a tríplice aliança, para lutar contra o Paraguai de López.

À pergunta que ninguém faz em voz alta e sequer sussurra, a resposta é: "Estariam os britânicos por trás desse conflito bélico, acionando os sul-americanos como em um teatro de marionetes?".

Tremo diante da possibilidade do uso de tamanha velhacaria pela nação em cujo território o sol jamais se põe.

Surge, em minha mente, o nome da comédia de identidades trocadas e secretas do inglês mais famoso do mundo: *As You Like It*, ou *Do jeito que você quiser*.

Barbas fartas, barbas brancas
1º de março de 1870

Perdi hoje uma aposta com Rafael. Eu podia jurar que o imperador sabia falar doze línguas — além de ler e escrever em várias delas. O velho criado afirmou que eram catorze. E são. Português, latim, francês, inglês, alemão, italiano, espanhol, grego, árabe, hebraico, sânscrito, mandarim, provençal e tupi-guarani!

Quem é que se espanta ao constatar que o barbudo está farto de ser um busto ambulante que assina, acena e encena?

Estava mais que na hora de o menino imperador fazer as malas e correr o mundo, aposentando-se, de certa forma, e com razão. Afinal, já são quarenta e cinco anos dedicados em tempo integral à função.

Terminou hoje o pior conflito armado do qual este país participou, com a morte de Solano López com uma lança que o atravessou e um tiro de fuzil. Quanto sangue foi derramado, principalmente em território paraguaio, em nome de sabe-se lá o quê! Um pedaço de território anexado? Sério?

E não se atreva a pensar que minha indignação tem algo a ver com o sangue derramado e desperdiçado, já que sou um ser das trevas e alimento-me apenas do já citado líquido.

Um morcego me veio com duas informações, a primeira abominável: de toda população do Paraguai, sobraram apenas mulheres, crianças e alguns senhores de idade, doentes ou feridos. Quem sabe alguns foragidos?

Constatei que, por causa da guerra, as barbas de d. Pedro II ficaram brancas.

A segunda notícia era sobre o feito do alemão Heinrich Schliemann, que, sem ser arqueólogo formado, tanto fuçou e escavou que achou a lendária cidade de Troia, cenário do clássico de Homero, *Ilíada*.

Até então imaginava-se que Troia era tão imaginária quanto Atlântida. Schliemann descobriu na Turquia uma série de cidades antigas, uma construída sobre as ruínas de outra, que foi construída sobre as ruínas de outra, e assim por diante. E uma dessas é o local onde se originou a expressão "presente de grego", por causa daquele enorme cavalo de madeira recheado de soldados.

Feira da Filadélfia *10 de maio de 1876*

Hoje foi aberta à visitação a fabulosa Feira da Filadélfia, na capital do estado norte-americano da Pensilvânia. Essa grandiosa exposição foi criada para comemorar os cem anos da assinatura da Declaração de Independência dessa brava nação.

D. Pedro II não só esteve presente na inauguração como deu a partida, junto ao presidente Ulysses Grant — e convidado por ele —, no motor do

Vapor Corliss Steam, gigantesco aparelho que fornecerá energia elétrica para a maioria dos outros equipamentos da exposição.

Entre os muitos lançamentos que admiramos estão a máquina de escrever Remington, o molho ketchup Heinz e a Tocha da Liberdade, pedaço de uma monumental estátua de metal que, tomo a liberdade de dizer, será instalada daqui a dez anos na entrada da ilha de Manhattan, Nova York, e ficará conhecida como Estátua da Liberdade.

My God, it speaks!
25 de junho de 1876

Hoje, na Feira da Filadélfia, d. Pedro II se encontrou com Alexander Graham Bell, que conhecera em uma aula de linguagem para surdos. O norte-americano apresentou um invento ao imperador, que se interessou em ver como funcionava aquela coisa chamada "telefone". O nome é formado por duas palavras em grego: *tele*, que quer dizer "distância"; e *fone*, que quer dizer "som" ou "voz".

Graham Bell falou numa das extremidades de fio ligado a um bocal, a cento e cinquenta metros do imperador, citando as primeiras palavras do solilóquio mais famoso de Shakespeare, "Ser ou não ser", ditas pelo príncipe atormentado chamado Hamlet.

— *To be or not to be*.

Ao ouvir perfeitamente essas palavras no receptor ligado à outra extremidade do fio, d. Pedro II não se conteve e exclamou, em inglês, "Meu Deus, isso fala!".

— *My God, it speaks!*

Alexander Bell contou como inventou quase por acaso o telefone. D. Pedro II encomendou um aparelho, que será um dos primeiros do mundo a ser instalado em uma residência particular. (No caso, a residência será o Palácio Imperial de São Cristóvão, na Quinta da Boa Vista.)

Em conversa durante um jantar, tive conhecimento de uma outra versão incrível para o advento do telefone. Seu verdadeiro criador teria sido um imigrante italiano chamado Antonio Meucci, que só teve dinheiro suficiente para pagar uma patente provisória para seu invento.

Graham Bell comprou dele um protótipo, que patenteou em seu nome, e se anunciou inventor. Ao que tudo indica, Antonio Meucci pretende processá-lo.

Será mentira deslavada a história sobre a descoberta quase acidental do aparelho telefônico contada por Graham Bell?

Será que devemos levar em consideração o fato de o "verdadeiro" inventor do aparelho telefônico estar firme na resolução de processar o amigo de nosso imperador?

Tudo está bem quando acaba bem   *13 de maio de 1888*

Continuo pensando nos títulos das comédias de Shakespeare em relação à história dessa "minha família". Não há como negar que *Tudo está bem quando acaba bem*.

Depois de tantas batalhas, a guerra contra a escravidão foi vencida. Que pena! O ato mais importante do segundo reinado não se tornou oficial pelas mãos de meu pupilo, que se encontra na Europa, pondo as barbas fartas de molho.

Sua filha, Isabel, teve a honra de assinar a lei dourada como o sol do amanhecer. Se essa não foi a imagem mais retumbante de todas estas anotações, está no mínimo entre as dez mais!

A euforia que tomou conta da cidade, e certamente da nação, atingiu-me em cheio, e ainda estou num estado que me faz acreditar que a vida é sublime.

Canto de cisne imperial   *9 de novembro de 1889*

O governo imperial agoniza. Segundo más línguas, só d. Pedro II não percebeu que já está fazendo hora extra no trono. E para os herdeiros, só restará o exílio.

Tal qual uma *prima donna* operística veterana que se recusa a deixar o palco muito depois de terminado o recital, a senhora monarquia mostrou nessa noite luxuoso traje, joias cheias de quilates, chapéus exuberantes e leques de plumas raras, na tentativa de desviar a atenção da multidão de seus fracos trinados, respiração deficiente e brilho empoeirado, no baile da Ilha Fiscal.

Anotei alguns números da espantosa extravagância da festa armada com a desculpa de ser uma comemoração para as bodas de prata da princesa Isabel e do conde D'Eu.

oitocentos quilos de camarão
mil e trezentas latas de aspargos
quinhentos perus
sessenta e quatro faisões
vinte mil sanduíches
catorze mil sorvetes
dois mil e novecentos pratos de doce
trezentas e quatro caixas de vinho e champanhe
dez mil litros de cerveja

Quem chegava à ilha nas barcas a vapor era recepcionado por moças fantasiadas de fada e sereia.

D. Pedro II, ao entrar no salão do baile, levou um tombo e exclamou:

— O monarca escorregou, mas a monarquia não caiu!

As barbas de meu pupilo nunca me pareceram tão longas e brancas. Depois de ter usado o título de tantas comédias de Shakespeare nestas anotações, uso agora o de uma tragédia para descrever como vejo o imperador: *Rei Lear*, última cena do último ato.

Vinte e quatro horas *15 de novembro de 1889*

O povo festeja. O imperador se abala com o prazo de vinte e quatro horas para sair do país. Quem mais se abala é Rafael, o criado particular. Ao saber da notícia, teve um mal súbito e morreu.

A última página de um dos cadernos da história do Brasil foi virada, e o caderno, guardado em uma prateleira. Abriram um novo caderno. Na capa está escrito "República".

Fuga em outro estilo *16 de novembro de 1889*

A história do império brasileiro teve início com uma fuga desorganizada, desabalada, espalhafatosa e vergonhosa. Em comparação, o final, com a discreta partida dos monarcas para o exílio, não poderia ser mais chique.

Outra comparação, literária, seria: o começo foi como o romance *O tronco do ipê*, e o encerramento como *Memórias póstumas de Brás Cubas*.

Ouvindo isso, José de Alencar compraria uma briga e Machado daria um sorriso à Gioconda.

Despedidas *5 de dezembro de 1891*

Pedro de Alcântara morreu no gélido inverno parisiense. Tinha sessenta e seis anos. Passou quinze deles preparando-se para ser imperador. A maior parte dos outros cinquenta e um, exercendo um cargo para o qual não se candidatou.

Despeço-me de Pedro de Alcântara e de meu avatar. Conheci um escritor chamado Bram Stoker, que se interessou em ouvir "tudo o que sei" a respeito dessas lendárias e apavorantes criaturas conhecidas como vampiros.

Creio que ele é um artista à altura do assunto, que divulgará uma série de fatos reais e algumas histórias desses personagens tão extraordinários e fantásticos que todos — com exceção de alguns poucos — terão como certa nossa inexistência. Faremos parte apenas de seus pesadelos.

LUIZ GAMA, O AMIGO DE TODOS

O AUTOR DE SUA HISTÓRIA

Argumento para filme de longa-metragem.

O TÍTULO

Luiz Gama foi vítima de um ato covarde e abominável, mas não foi vencido. Deu a volta por cima diversas vezes. Não desperdiçou uma das poucas chances que teve de aprender, formando-se advogado sem ter feito um curso de direito. Tornou-se um dos grandes heróis da abolição, sendo responsável pela libertação de mais de quinhentos escravizados.

O ARGUMENTO

Observação: este filme será uma dramatização dos fatos biográficos de uma importante figura da história do Brasil, tomando como base uma carta que essa pessoa escreveu para um amigo, contando sua vida. No entanto, ao mesmo tempo, será uma narrativa com drama, tragédia e ação combinados para contar a história emocionante desse grande brasileiro.

Para isso, será preciso fazer escolhas pessoais entre as várias opções — na maioria das vezes conflitantes ou até incoerentes entre si — de relatos biográficos, preenchendo as lacunas e optando por versões mais realistas ou fantasiosas de algumas passagens. Ou seja, este filme será uma versão romanceada de um personagem extraordinário que viveu, sofreu, lutou e sobreviveu no século XIX, época conhecida como Segundo Reinado — quando o Brasil foi governado por Pedro de Alcântara, também conhecido como d. Pedro II, o magnânimo.

Observação: as frases em *itálico* foram retiradas da carta autobiográfica[1] que Luiz Gama escreveu em 1880 para seu amigo Lúcio de Mendonça. No entanto, o texto da carta não foi utilizado em sua totalidade, e algumas frases estão fora de ordem.

PRÓLOGO

Largo do Arouche, centro de São Paulo, tempo atual: o filme começa com um plano fechado do rosto de Luiz Gama esculpido em bronze. O plano vai se abrindo, mostrando todo o busto e seu pedestal de pedra, enquanto ouvimos em *voice over* (voz de alguém que não está em cena) uma simpática, mas entediada, guia turística. Ela fala com ênfase um tanto exagerada; percebe-se que é um texto decorado e repetido inúmeras vezes.

Sobre as imagens deste trecho, entram os LETREIROS INICIAIS.

GUIA TURÍSTICA Este busto é de um grande homem que foi (e ainda é) conhecido por várias alcunhas: "poeta dos escravos", "terror dos fazendeiros", "maior abolicionista do Brasil", "o amigo de todos", entre outros. Feito por Yolando Mallozi, o busto foi inaugurado em 1931, em comemoração ao centenário do nascimento deste nosso herói.

Agora vemos uma parte maior do largo do Arouche. Vemos também a guia e um grupo de turistas, munidos de seus celulares, fotografando e gravando vídeos do busto.

GUIA TURÍSTICA Luiz Gonzaga Pinto da Gama nasceu em Salvador, em 21 de junho de 1830, *filho natural de uma africana livre, de nome Luísa Mehin*, que fazia e vendia doces e outros quitutes, e de *um nobre, descendente de portugueses, membro de uma das principais famílias da Bahia.*

---

1. O manuscrito da carta de Luiz Gama a Lúcio de Mendonça encontra-se na Biblioteca Nacional. O documento foi reproduzido pela primeira vez em: Sud Menucci. *O precursor do abolicionismo no Brasil.* São Paulo: Companhia Editora Nacional, 1938, pp.19-26. Mais recentemente, também foi incluído na *Antologia da carta no Brasil: me escreva tão logo possa.* Organização de Marcos Antônio de Moraes. São Paulo: Moderna, 2005, pp. 67-75.

Dois turistas puxam a guia para a frente do busto e tiram uma inevitável selfie.
Outro turista filma o voo de uma pomba.

Largo São Francisco, centro de São Paulo, tempo atual: a guia e o grupo de turistas estão no centro do largo, de frente para a Faculdade de Direito da Universidade de São Paulo.

GUIA TURÍSTICA Neste prédio foi inaugurada em 1827 a Faculdade de Direito da Universidade de São Paulo, uma das duas mais antigas do Brasil — a outra fica lá em Olinda, Pernambuco. Nosso herói iniciou seus estudos por conta própria, na biblioteca de um delegado, quando trabalhava na Secretaria de Polícia. Mais tarde, foi aqui que Luiz Gama NÃO estudou para exercer a advocacia...

Os turistas que fotografam e filmam o prédio se espantam e olham para a guia.

GUIA TURÍSTICA ... porque, apesar de aqui estudarem pessoas de todo o país e de todas as classes sociais, ele não foi aceito por ser negro, e teve de frequentar aulas como ouvinte, apesar de ser hostilizado por professores e alunos.

Um dos turistas filma a fachada de uma loja de ervas em cujas portas há três gaiolas com canarinhos.

GUIA TURÍSTICA Por isso, nunca teve o título de advogado, tornando-se um rábula, o que não impediu de conseguir a liberdade para mais de quinhentos escravizados.

Cemitério da Consolação, São Paulo, tempo atual: vemos o grupo de turistas junto ao túmulo de Luiz Gama. A guia não parece mais repetir um texto decorado.

GUIA TURÍSTICA Aqui, junto a expoentes das elites social, econômica, intelectual e política, como os escritores Monteiro Lobato e Mário de Andrade, dorme em berço esplêndido o mais sofrido, corajoso e realizador herói brasileiro que, ao fim da vida, era dono de imenso prestígio, adoração e gratidão de muitos amigos, centenas de escravizados libertados, além de pessoas pobres e imigrantes enganados ou roubados, que Luiz Gama defendeu de graça.

Um turista filma um sabiá que pula em uma árvore de galho em galho e voa para longe.
A guia diz o texto cada vez com mais emoção. Os turistas deixam seus celulares de lado — apenas um deles grava a guia falando —, prestando atenção e, ao ouvir a frase final, ficam mais boquiabertos e horrorizados.

GUIA TURÍSTICA E esse homem tão bondoso, quando tinha dez anos de idade, foi vendido como escravizado por seu próprio pai!

A CARTA PARA UM AMIGO

São Paulo, casa de Luiz Gama, 1880: vemos Luiz Gama aos cinquenta anos, já com cabelos brancos. Enquanto escreve uma carta para seu amigo Lúcio de Mendonça, ele fala o texto em voz alta.

LUIZ GAMA *São Paulo, 25 de julho de 1880. Meu caro Lúcio. Recebi o teu cartão.*

São Paulo, casa de Lúcio Mendonça, 1880: vemos Lúcio de Mendonça lendo a carta, enquanto ouvimos Luiz em *voice over*, continuando o trecho da carta:

LUIZ GAMA (*VOICE OVER*) *Aí tens os apontamentos que me pedes e que sempre eu os trouxe de memória. Nasci na cidade de S. Salvador, capital da província da Bahia, em um sobrado da rua do Bângala, a 21 de junho de 1830, por volta das 7 horas da manhã.*

O FILHO DA LENDA

Salvador, capital da Bahia, 1835: visão panorâmica de parte de Salvador com prédios do século XIX ou anterior. Na trilha sonora, choro de bebê e trecho de "São Salvador", uma das obras-primas do compositor Dorival Caymmi:

São Salvador, Bahia de São Salvador
A terra do branco mulato
A terra do preto doutor.

Sobre as imagens, LETREIRO: 1835. Vemos a cidade cada vez mais próxima: prédios, casas, ruas, igrejas, um pelourinho, pessoas de corpo inteiro, mais próximas, planos fechados de rostos. Ouvimos agora uma frase musical de "No tabuleiro da baiana", do compositor Ary Barroso:

No tabuleiro da baiana tem...

Vemos Luísa Mehin, mãe de Luiz Gama, no auge da exuberância, beleza e valentia, com seu tabuleiro cheio de doces e quitutes salgados.
Luísa vende um salgado a uma senhora. Em seguida, um menino chega e entrega, discretamente, um bilhete, e recebe dela um doce. Enquanto isso, ouvimos Luiz declamar um dos poemas[2] que escreveu em homenagem a sua mãe:

LUIZ GAMA (*VOICE OVER*) Era mui bela e formosa,
       Era a mais linda pretinha
       De adusta Líbia rainha,
       E no Brasil, pobre escrava.

* Adusta Líbia: seria o mesmo que "Líbia em chamas". Àquela altura de sua vida, Luísa não era mais escravizada, se é que foi algum dia.

Vemos o bilhete de perto, e a mensagem está escrita em árabe.
Ouvimos a voz da guia:

GUIA TURÍSTICA (*VOICE OVER*) Não pensem que esta *mulher bonita, magra e de baixa estatura* era apenas uma quitandeira. Luísa Mehin era, e ainda é, uma lenda da luta contra a tirania, em prol da rebelião dos escravizados e oprimidos!

---

2. Luiz Gama, "Quem sou eu?". In: *Primeiras trovas burlescas de Getulino*. 2 ed. Rio de Janeiro: Tipografia de Pinheiro & Cia., 1861.

Luísa guarda o bilhete no decote, pega uma trouxa de pano, embrulha seu tabuleiro e se vai, apressadamente.

LUIZ GAMA (*VOICE OVER*) *Sou filho natural de uma africana livre, da Costa Mina, pagã, que sempre recusou o batismo e a doutrina cristã.*

Luísa chega a sua casa, sobe uma escada íngreme até o segundo andar, entra, fecha a porta, deixa seu tabuleiro num canto, pega o bilhete que recebeu e o lê.

LUIZ GAMA (*VOICE OVER*) *Tinha os dentes alvíssimos como a neve, era muito altiva, geniosa, insofrida e vingativa.*

Ao ouvir um ruído externo, Luísa enfia o papel dobrado em uma fresta que há entre a parede e o batente de uma das janelas, segundos antes de a porta se abrir com um estrondo e entrarem dois oficiais da justiça, que se jogam sobre Luísa, a agarram e a levam para fora, se esforçando para impedir que ela se solte, e esquivando-se das tentativas de mordidas e chutes.

LUIZ GAMA (*VOICE OVER*) *Mais de uma vez foi presa como suspeita de envolver-se em planos de insurreições de escravizados, que não tiveram efeito.*

A trilha sonora cresce, com ruídos e vozes, além de música.
Vemos ilustrações em diversas técnicas, como bico de pena, carvão, aquarela e tinta a óleo, com cenas de lutas de oficiais da justiça e soldados contra escravizados e mulheres e homens livres. Pessoas são atingidas por espadas, facas, lanças e outras armas. Explosões. Muito sangue, pessoas feridas, agonizando, mortas. Prisioneiros acorrentados, açoitados, embarcando em navios grandes, enforcados.

Cemitério da Consolação, São Paulo, tempo atual: a guia fala aos turistas:

GUIA TURÍSTICA As perguntas mais frequentes em relação à biografia de Luiz Gama são: "O que aconteceu com a Luísa Mehin?", "Por que seu pai o vendeu como escravizado?", "Como foi que sua mãe, mesmo desaparecida, salvou sua vida?", "Quando e como Luiz conseguiu reaver sua liberdade?".

Salvador, capital da Bahia, 1837: Luiz, com sete anos, dorme em um quartinho com uma janela — que dá para os fundos da casa —, uma cama pobre e tosca e outros poucos objetos. Sobre as imagens, LETREIRO: 1837.

Luísa entra apressadamente no quarto, segurando uma trouxa, na qual guarda alguns objetos. Acorda carinhosamente o filho, o abraça e beija. Despede-se, prometendo voltar em breve, dizendo que ele ficará com o pai por uns tempos. Luiz quer ir junto, e ela responde — enxugando lágrimas em seu rosto e no dele — que é impossível. Dá muitos beijos por toda a cabeça do filho. Ouvimos tiros, gritos. Luísa cata a trouxa, corre até a janela, manda um último beijo para Luiz e pula para fora.

Luiz corre à janela, chora e chama sua mãe, sem saber que nunca mais a verá.

LUIZ GAMA (*VOICE OVER*) *Em 1837, depois da Revolução do dr. Sabino, na Bahia, veio ela ao Rio de Janeiro e nunca mais voltou.*

Ruas do centro de São Paulo, tempo atual: dentro de um micro-ônibus, a guia turística continua falando aos turistas, que escutam tão interessados a ponto de não olharem para seus celulares.

GUIA TURÍSTICA Essa cena pode ter acontecido apenas na imaginação de Luiz Gama. Há até quem acredite que Luísa Mehin não era sua mãe. No entanto, o que aconteceu três anos depois é um fato histórico comprovado.

São Paulo, casa de Luiz Gama, 1880: Luiz escreve a carta para seu amigo.

LUIZ GAMA *Meu pai era fidalgo, e pertencia a uma das principais famílias da Bahia, de origem portuguesa. Devo poupar à sua infeliz memória uma injúria dolorosa, e o faço ocultando o seu nome.*

* Fidalgo: alguém que tem título de nobreza, herdado ou concedido pelo rei.

Salvador, salão de jogos clandestino, 1840: vemos o pai de Luiz em uma das mesas em que acontece um jogo de cartas com apostas em moedas. Sobre as imagens, um LETREIRO: 1840.

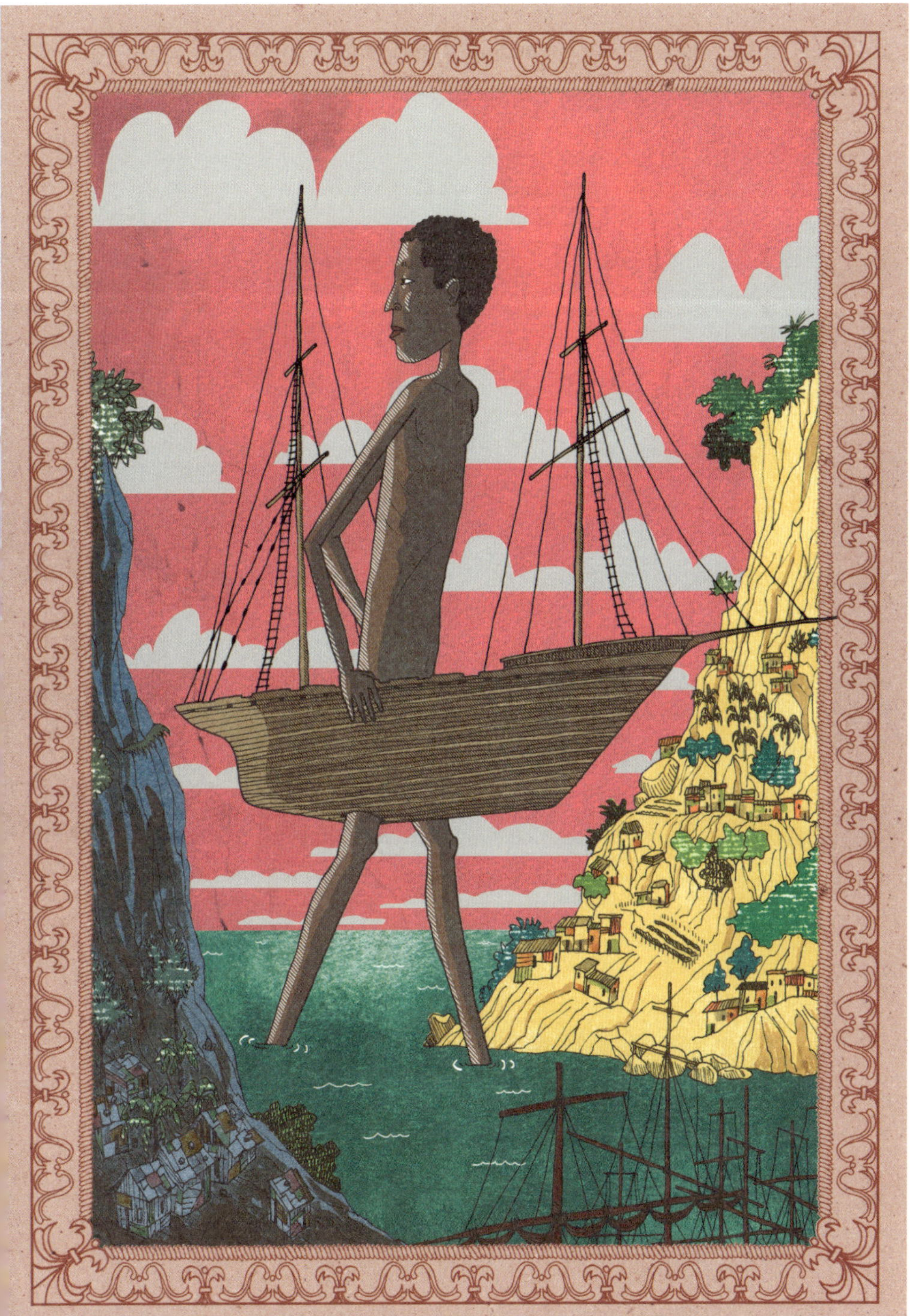

LUIZ GAMA (*VOICE OVER*) *Era apaixonado pela diversão da pesca e da caça; jogava bem as armas, e muito melhor de baralho, amava as súcias e os divertimentos: esbanjou uma boa herança, obtida de uma tia em 1836.*

* Súcia: bando, baderna.

SÚBITO E PRECOCE FINAL DA INFÂNCIA

Salvador, 1840: Luiz está em casa com seu pai. Vê-se que a casa está bem vazia, e que o dono teve que vender objetos e até parte da mobília. É noite.

LUIZ GAMA (*VOICE OVER*) *Ele foi rico, e nesse tempo, muito extremoso para mim: criou-me em seus braços.*

PAI Vá deitar-te, Luiz. Amanhã irás num passeio de barco.

LUIZ É mesmo, paizinho? Verdade?

PAI Dou-te minha palavra de que amanhã irás navegar. Agora vá para teu quarto e durma. Do contrário estarás fatigado e não aproveitarás o passeio.

Luiz abraça subitamente seu pai.

LUIZ Paizinho, tu és o melhor pai do mundo.

Luiz vai para o quarto. O pai fica com o rosto impávido, olhando para a paisagem da cidade banhada pela lua, com casas pouco iluminadas por velas e lampiões. Ele enche um copo de bebida alcoólica e bebe em um só gole; faz careta; bebe outro gole, direto do gargalo; vai atirar a garrafa contra a parede, olha na direção para onde Luiz foi, e retém o gesto, colocando a garrafa sobre um móvel. Tapa o rosto com as duas mãos.

PAI Ai do meu pobre filho!

Ele respira fundo, e decide:

PAI Há de existir outra maneira! E, mesmo não existindo, eu não o farei!

Mais tarde, seu amigo Luís Cândido Quintela, que o chama de Gonzaga, bate à porta e entra. Gonzaga diz que não irá mais conversar a respeito "daquilo", e que seu amigo está convidado a ficar apenas para tomar um último gole de bebida.
Segue-se um diálogo sussurrado e cada vez mais exaltado. Luís Cândido deixa claro que se Gonzaga não saldar sua dívida de jogo, será morto; por isso, precisa pedir dinheiro a seu pai.
Gonzaga retruca dizendo que não tem mais crédito com nenhum membro de sua família desde que roubou uma joia de sua mãe para vender.
Luís Cândido fala da "outra possibilidade" para o Gonzaga. O pai de Luiz se irrita e o expulsa. Seu amigo sai lhe dizendo que ele sabe que é a única saída.

São Paulo, casa de Luiz Gama, 1880: voltamos a ver Luiz Gama aos cinquenta anos, escrevendo a carta para seu amigo Lúcio e dizendo o texto em voz alta:

LUIZ GAMA *Reduzido à pobreza extrema, em companhia de Luís Cândido Quintela, seu amigo inseparável...*

São Gonçalo do Sapucaí, casa de Lúcio Mendonça, 1880: vemos seu amigo Lúcio de Mendonça com a carta em mãos. Enquanto lê, chocado e abismado, lágrimas brotam; ele enxuga os olhos com um lenço, e aperta o rosto.

LUIZ GAMA (*VOICE OVER*) ... *vendeu-me, como seu escravo, a bordo do patacho* Saraiva.

* Patacho: embarcação antiga com duas velas.

Porto de Salvador, 10 de novembro de 1840: na embarcação *Saraiva*, um mercador compra escravizados para revender. O pai de Luiz o leva, acompanhado e incentivado por seu amigo, para vendê-lo para saldar a dívida de jogo.
Para ter uma ideia das possibilidades dramáticas desta cena, ponha-se no lugar de Luiz. Você tem dez anos e seu pai o leva para um barco onde o

vende como escravizado. Imagine agora o que você faria. O que diria para seu pai? O que ele poderia responder? Como acontece a despedida?

Imagine agora o que fez o Gonzaga. Simplesmente pegou o pagamento, virou as costas e se foi? O que faria nesse momento um pai que supostamente lhe deu seu sobrenome — algo de extremo valor em 1830 — e foi um bom pai nos quatro anos seguintes ao dia em que sua mãe teve que sumir da sua vida? Teria uma conversa anterior à venda? Tentaria explicar? Pedir perdão?

Pense em um menino sendo acorrentado, com um destino terrível traçado, vendo seu pai indo embora, deixando-o à mercê de pessoas perversas, como mercadoria num mundo de comércio desumano, cruel e violento!

Este é o coração do filme, que vai dar uma rasteira no herói, iniciando uma trajetória rocambolesca até a maioridade, que o fará reinventar a si mesmo e tornar-se autor de sua história. É o que leva nosso Luiz Gama a todas as escolhas que fará pelo resto de sua vida.

Salvador/ alto-mar/ Rio de Janeiro, 1840: acontece uma sequência sem diálogos, com trilha sonora enfática. Vemos o *Saraiva* partindo do porto de Salvador. A embarcação, com duas velas, navegando. Chegando à baía da Guanabara.

O rosto de Luiz, que está cabisbaixo e profundamente triste, chocado e revoltado, se ilumina quando levanta a cabeça e vê a paisagem deslumbrante da futura Cidade Maravilhosa.

UM MÊS DE ESPERANÇA

Este é um dos trechos com mais diálogos, interação entre os personagens e uma pitada de humor.

Rio de Janeiro, rua da Candelária, 1840: três carroças chegam à residência de Vieira, um fabricante de velas de cera e mercador de escravos.

O menino livre que virou escravizado desce de uma das carroças exausto, assustado e faminto, e é recebido por cinco sorrisos femininos: são dona Carolina, esposa do sr. Vieira, suas três filhas, Helena, Letícia e Rosinha, e Felícia, a mucama (mulher escravizada que realizava serviços domésticos).

LUIZ GAMA (*VOICE OVER*) *Dias depois, fui, com muitos outros, para a casa de um cerieiro português, de nome Vieira. Tinha um filho aperaltado, que estudava em colégio; e creio que três filhas crescidas, muito bondosas, muito meigas e muito compassivas.*

* Cerieiro: fabricador ou vendedor de velas de cera.
* Aperaltado: que se tornou peralta, travesso.

Dona Carolina dá ordem à mucama para que banhe, vista e alimente Luiz.
Felícia obedece às ordens. Tudo é visto e comentado pelas três filhas e pela própria dona da casa. A mucama o leva para dormir em seu quarto.

LUIZ GAMA (*VOICE OVER*) *A sra. Vieira era uma perfeita matrona: exemplo de candura e piedade. Ela e as filhas afeiçoaram-se de mim imediatamente.*

Passam-se os dias. Luiz está sempre acompanhado e paparicado por uma, duas, três ou quatro mulheres. O *sr. Vieira*, um sujeito *de estatura baixa, circunspecto e enérgico*, critica os mimos à sua "propriedade" e, em particular à esposa. Ele a proíbe de continuar permitindo uma situação que não terá bom final, já que logo o pequeno escravizado será vendido junto com os outros.
Passam-se os dias. Luiz é disputado pelas três irmãs para vesti-lo, banhá-lo, alimentá-lo e para passear, brincar etc. D. Carolina ralha com as filhas, dizendo que ele não é um boneco, um títere sem fios! Ela o leva para seus aposentos e faz tudo o que proibiu às filhas.
Passam-se os dias. Letícia e Rosinha não estão mais tão interessadas no "brinquedo". Helena continua a tratá-lo como se fosse seu filho.
Numa noite, Luiz conversa com Felícia antes de dormir e pede a ela que o ensine a rezar porque quer pedir para "o Criador deixá-lo ficar naquele pedaço do paraíso para sempre... não, só até eu morrer".

LUIZ GAMA (*VOICE OVER*) *Em dezembro de 1814, fui vendido ao negociante e contrabandista alferes Antônio Pereira Cardoso.*

* Alferes: patente de oficial abaixo de tenente; no Brasil foi substituída por segundo-tenente.

No dia seguinte, o sr. Vieira anuncia que o lote de escravizados será mandado para o novo proprietário. O menino Luiz mais uma vez tem o chão arrancado de baixo de seus pés. Ele nutriu a esperança de morar naquela casa confortável, onde seria bem tratado pela dona, por suas filhas e a mucama queridas. Mais uma vez o menino se despede, com outro teor de emoção.

Ele chora e as mulheres o abraçam, beijam, choram, torcem os lenços, soluçam.

Helena, a mais velha das filhas, suplica uma última vez a seu pai que não despache o pequeno Luiz.

Luiz é apartado das mulheres. Rosinha e Letícia entram correndo em casa, soluçando. Felícia cai de joelhos, d. Carolina faz o mesmo, e as duas rezam. Helena, revoltada, bate o pé, grita, urra, puxa os cabelos, derruba duas cadeiras e um vaso, que se espatifa no chão.

LUIZ GAMA (*VOICE OVER*) *Dali saí derramando copioso pranto, e também todas elas, sentidas de me verem partir.*

As carroças, que levam os escravizados amontoados como gado, partem, e Luiz vê três de suas amigas cada vez mais longe, acenando com lenços brancos.

Observação: os nomes dos personagens, com exceção de Luiz e do patriarca da família, foram inventados, já que não são citados na carta de Luiz Gama para seu amigo Lúcio.

A REVENDA MALOGRADA

Rio de Janeiro/ Santos/ Serra do Mar, 1840: Luiz e os outros escravizados são empurrados para o porão de uma embarcação. Ela navega até Santos. Lá, capatazes montam em cavalos, seguidos por burros que carregam bagagem, e os escravizados, acorrentados uns aos outros, viajam a pé, em fila indiana.

LUIZ GAMA (*VOICE OVER*) *Oh! Eu tenho lances doloridos em minha vida, que valem mais do que as lendas sentidas da vida amargurada dos mártires.*

Chegando ao planalto, seguem até Campinas.

luiz gama (*VOICE OVER*) *Tinha eu apenas dez anos; e, a pé, fiz toda viagem de Santos até Campinas.*
Este alferes Antônio Pereira Cardoso comprou-me em um lote de cento e tantos escravos...

São Paulo, 1840: Luiz e os outros escravizados são levados a São Paulo, para serem revendidos.

luiz gama (*VOICE OVER*) *... e trouxe-nos a todos, pois era este o seu negócio, para vender nesta Província.*

Compradores examinam Luiz e os outros escravizados, e repelem o menino.

luiz gama (*VOICE OVER*) *Fui escolhido por muitos compradores, e por todos repelido, pelo simples fato de ser eu "baiano". O último recusante foi o venerando e simpático ancião Francisco Egídio de Souza Aranha.*

* Venerando: respeitável, que é digno de veneração.

Francisco Egídio de Souza Aranha escolhe Luiz, afastando-o dos outros.

ancião francisco (afagando-o) *Hás de ser um bom pajem para os meus meninos; dize-me: onde nasceste?*

luiz *Na Bahia.*

ancião francisco (admirado) *Baiano? Nem de graça o quero. Já não foi por bom que o venderam tão pequeno.*

O ancião Francisco se vira e se afasta. Luiz suspira aliviado.

luiz (murmurando) *Valeu-me a pecha!*

* Pecha: defeito, imperfeição.

São Paulo, *casa do alferes Cardoso*, 1840: Luiz e José, outro escravizado baiano, chegam à residência do alferes Antônio Pereira Cardoso.

LUIZ GAMA (*VOICE OVER*) Como nenhum comprador adquiriu o "refugo", fomos levados de volta, eu e *outro escravo da Bahia, de nome José, para a casa do sr. Cardoso, à rua do Comércio, n. 2, sobrado*, onde *aprendi* a trabalhar como *copeiro, sapateiro, a lavar e a engomar roupa e a costurar.*

* Refugo: resto, o que é posto de lado.

Sucedem-se cenas com os fatos descritos por Luiz Gama.

A FUGA ASSISTIDA

São Paulo, sobrado do alferes Cardoso, 1847: chega, de Campinas, um jovem hóspede na casa do alferes Cardoso. Sobre as imagens, LETREIRO: 1847.

LUIZ GAMA (*VOICE OVER*) *Contava eu dezessete anos, quando para a casa do sr. Cardoso veio morar, como hóspede, para estudar humanidades, o menino Antônio Rodrigues do Prado Júnior.*

Sequência com passagens de tempo em que Luiz e Antônio Jr. se tornam amigos, e este o ensina a ler e escrever.

São Gonçalo do Sapucaí, casa de Lúcio Mendonça, 1881: Luiz Gama, em visita a seu amigo, conta-lhe fatos de sua vida.

LUIZ GAMA *Em 1848, sabendo eu ler e contar alguma coisa, e tendo obtido ardilosamente e secretamente provas* incontestáveis de minha situação de filho de mãe e pai livres e, portanto, livre também, *retirei-me, fugindo, da casa do alferes Antônio Pereira Cardoso, que aliás votava-me a maior estima...*

Observação: não há registro dessa visita de Luiz Gama a seu amigo Lúcio Mendonça na cidade do sul de Minas, porém, não há nada que a conteste.

São Paulo, sobrado do alferes Cardoso, 1848: a família de Antônio Jr. veio buscá-lo e se prepara para partir. É inverno. Está frio e chuviscando, e a noite está bem escura por falta de luar. Sobre as imagens, LETREIRO: 1848. Em seu quarto, Antônio Jr. abre a janela, por onde entra nosso herói. Os dois — que têm a mesma estatura — trocam de roupa, e o amigo o ajuda a vestir um casaco largo com capuz. Eles saem pela janela, o amigo se esconde, e Luiz sobe na carruagem, com o corpo curvado e a cabeça baixa. Os pais de Antônio Jr. olham para o "filho" e parece que descobriram a tentativa de fuga e vão denunciá-lo. Mas os dois faziam parte do plano traçado por seu filho, que espia e sorri satisfeito.

O alferes se aproxima da carruagem. A mãe de Antônio Jr. cobre Luiz com uma manta e o abraça, acabando de escondê-lo. Após as despedidas, a carruagem se vai. Antônio Jr. comemora e corre para o fundo da casa, onde um cavalo está pronto para levá-lo até onde ele irá se encontrar com seus pais e seu amigo.

Observação: optamos por "supor" que seu jovem amigo Antônio Jr. o ajudou a fugir da casa do alferes Cardoso com a cumplicidade de seus pais, o que não pode ser comprovado, mas tampouco contestado.

EM BUSCA DA MÃE

São Gonçalo do Sapucaí, casa de Lúcio Mendonça, 1881: vemos a rua, a fachada da casa cada vez mais próxima, os ruídos e sons das casas e das ruas em volta. No interior, Luiz e Lúcio tomam café e comem bolo enquanto conversam.

LÚCIO Fale-me, meu amigo, do destino de tua mãe.

LUIZ GAMA Procurei-a em três oportunidades, na Corte...

Rio de Janeiro, 1848: vemos Luiz, com dezessete anos, indagando, pesquisando, entrevistando pessoas em repartições públicas e outros locais.

Rio de Janeiro, 1856: vemos Luiz, com 26 anos, refazendo o mesmo itinerário de oito anos antes.

Rio de Janeiro, 1862: vemos Luiz, com 32 anos, refazendo o mesmo itinerário de seis anos antes.

LUIZ GAMA (*VOICE OVER*) ... sem que a pudesse encontrar.

Luiz conversa com três negros livres no alto de um morro.

LUIZ GAMA (*VOICE OVER*) *Em 1862, soube, por uns pretos minas que conheciam-na e que deram-me sinais certos, que ela, acompanhada com malungos desordeiros, em uma "casa de dar fortuna" em 1838, fora posta em prisão; e que tanto ela como os seus companheiros desapareceram.*

* Pretos minas: africanos de uma casta do Sudão.
* Malungo: título que os escravizados africanos trazidos para o Brasil, na mesma embarcação, davam uns para os outros.

Vemos Luiz cada vez mais próximo enquanto ele ouve o relato. Torna-se visível em seu rosto a certeza de que sua busca foi inútil.

LUIZ GAMA (*VOICE OVER*) *Era opinião dos meus informantes que esses "amotinados" tinham sido mandados de volta para a África pelo governo, que nesse tempo tratava rigorosamente os africanos livres, tidos como provocadores.*

* Amotinados: pessoas que participaram de uma revolta.

São Paulo, vila em Caçapava, 1861: Luiz escreve um poema.

LUIZ GAMA (*VOICE OVER*) Voltando a São Paulo, em comissão do governo, *dediquei-lhe os versos,* que enviei-te *com a carta.*

SOLDADO NA PRISÃO

São Paulo, 1848 a 1854: vemos fotos reais, da época, de alistamento militar, soldados em treinamento e "em ação".

LUIZ GAMA (*VOICE OVER*) *Fui assentar praça. Servi* no exército por *seis anos,* e *cheguei a cabo de esquadra graduado.*

* Assentar praça: alistar-se no Exército para seguir a carreira militar ou entrar para a polícia.
* Cabo: patente imediatamente acima do soldado ou do marinheiro.
* Esquadra: conjunto de navios de guerra de um país.

As fotos reais se misturam a fotos — em preto e branco — feitas com o ator que interpreta Luiz Gama nesta parte da história.

LÚCIO (*VOICE OVER*) Fale-me do motivo para a baixa de serviço.

* Ter baixa: ser dispensado.

LUIZ GAMA (*VOICE OVER*) Foi por causa de um *ato de suposta*, veja bem, *suposta insubordinação.*

LÚCIO (*VOICE OVER*) Aconteceu algo mais grave que a ameaça ao oficial?

LUIZ GAMA (*VOICE OVER*) Não! Limitei-me *a ameaçar um oficial insolente, que me havia insultado e que soube conter-se. Estive, então, preso 39 dias. Passava os dias lendo.*

São Paulo, prisão militar, 1854: vemos Luiz em uma cela, deitado em sua tarimba (cama dura e desconfortável), que é a de cima de um beliche, lendo durante o dia. Há outros prisioneiros na mesma cela.

LUIZ GAMA (*VOICE OVER*) *Às noites, sofria de insônias; e, de contínuo, tinha diante dos olhos a imagem de minha querida mãe.*

Vemos Luiz na cela, à noite, revirando-se na cama. Ele olha para o teto, estende uma mão, emocionado e perturbado com o que "vê".

LUIZ GAMA (*VOICE OVER*) *Uma noite, eram mais duas horas, eu dormitava.*

Madrugada. Vemos Luiz dormindo.

Salvador/ Rio de Janeiro/ São Paulo: Pesadelo de Luiz. Ele está em Salvador, com 32 anos, no quartinho em que dormia até os sete. Chama pela mãe, que entra segurando uma trouxa, passa por ele sem o ver, e pula a janela. Luiz pula atrás dela.

Luiz cai como de um prédio de dez andares. "Aterrissa" no Rio de Janeiro. Vê sua mãe correndo, ao longe; corre atrás dela, chamando-a. Consegue chegar mais perto, mas, subitamente, ele está do lado de um precipício, e sua mãe do outro. Ele a vê ser presa por oficiais da justiça, e a escuta chamá-lo, pedindo ajuda.

São Paulo, prisão militar, 1854: Luiz acorda dando um grito e salta da cama.

LUIZ GAMA Mãe! Mãe! MÃE!

Seus companheiros de cela acordam, assustados. Os prisioneiros das outras celas reclamam e xingam, revoltados.

Luiz, ainda dentro do clima do sonho, encaixa a cabeça no espaço entre duas grades, olha para os dois lados do corredor. Acaba de acordar e chora, com a certeza de que nunca mais verá a mãe.

LUIZ GAMA (*VOICE OVER*) *Era solitário e silencioso e longo e lôbrego o corredor da prisão, mal alumiado pela luz amarelenta de esfumarada lanterna.*

* Lôbrego: lúgubre, escuro, sombrio, assustador.
* Esfumarada: esfumaçada.

Luiz conversa com os outros de sua cela, que contam fatos semelhantes. Todos voltam a se deitar para dormir. Luiz chora e dorme.

O AMIGO DE TODOS, EM CAUSA PRÓPRIA

São Paulo, casa de Luiz Gama, 1880: Luiz termina a carta para seu amigo Lúcio, falando em voz alta o que escreve:

LUIZ GAMA *Desde que fiz-me soldado, comecei a ser homem: porque até os dez anos fui criança; dos dez aos dezessete, fui escravo; dos dezoito em diante, fui soldado. Fiz versos; escrevi para muitos jornais; colaborei em outros literários e políticos. E redigi alguns.*

Luiz molha a pena na tinta, mas fica um tempo olhando para a frente, com o olhar perdido, nostálgico. Volta a escrever.

LUIZ GAMA *Agora chego ao período em que, meu caro Lúcio, nos encontramos no "Ipiranga" à rua do Carmo, de onde saí para o foro e para a tribuna, onde ganho o pão para mim e para os meus, que são todos os pobres, todos os infelizes; e para os míseros escravos, que, em número superior a quinhentos, tenho arrancado às garras do crime.*

Luiz suspira, respira fundo, encerra:

LUIZ GAMA *Eis o que te posso dizer, às pressas, sem importância e sem valor; menos para ti, que me estima deveras.*
Teu Luiz.

São Gonçalo do Sapucaí, casa de Lúcio Mendonça, 1881: Luiz e seu amigo conversam.

LÚCIO Essa foi, talvez, a carta mais bonita que recebi em toda a minha vida. Não, foi certamente a mais linda. Serei eternamente grato. Mas faltou falar de teu grande feito. Conte-me com detalhes a defesa em causa própria.

LUIZ Tudo começou no prédio do largo São Francisco…

Largo São Francisco, entrada do prédio da Faculdade de Direito da USP, 1850: Luiz Gama entra no prédio, recebendo olhares hostis de alguns dos alunos que estão por ali. Sobre as imagens, LETREIRO: 1950.
Luiz caminha por um corredor; examina um mural em busca de informação.
Sobe uma escada. Anda por um corredor, olhando para cada porta que encontra aberta. Entra em uma das grandes salas de aula. Sob o olhar de reprovação do professor e de alguns alunos, e de admiração de outros (poucos), Luiz vai para o fundo da classe, senta-se, abre um caderno e pega um lápis.

LUIZ GAMA (*VOICE OVER*) Fui tão desprezado e hostilizado, que desisti de terminar o curso. Mesmo assim, me tornei alguém chamado "o amigo de todos". E, entre tantos, defendi a mim mesmo.

São Paulo, tribunal: nosso herói apresenta sua defesa para um trio de juízes, sem convencê-los de que nasceu livre e que, portanto, deveria recuperar a liberdade. Ele apresenta seus argumentos de maneira clara, contendo a emoção.
Quando tudo parece perdido, Luiz anuncia a presença de uma testemunha. Entra seu pai, envelhecido, muito emocionado, envergonhado e, ao mesmo tempo, orgulhoso por prestar o depoimento que poderá desfazer seu crime hediondo, agradecido ao filho por dar-lhe essa oportunidade.
O depoimento do personagem apresentado como "sr. Gonzaga Pinto da Gama" cresce em ênfase e sentimento, e, ao findá-lo, vemos que os juízes foram convencidos e devolverão a Luiz sua liberdade.

Observação: optamos por não inventar um nome para o pai de Luiz, já que nosso herói fez questão de mantê-lo em segredo até mesmo para um bom amigo, e também porque esse depoimento não foi citado em sua carta autobiográfica.

São Gonçalo do Sapucaí, casa de Lúcio Mendonça, 1881: Luiz e seu amigo Lúcio conversam.

LÚCIO E que fim levou o alferes Cardoso, que te estimava, mas não a ponto de dar-te a liberdade?

LUIZ GAMA Tornou-se *fazendeiro no município de Lorena, nesta Província.*

Lorena, cidade do interior do estado de São Paulo, fazenda do alferes Cardoso, 1857: chegam oficiais da justiça para prendê-lo.

LUIZ GAMA (*VOICE OVER*) *Há oito ou dez anos, o sr. Cardoso, já com idade maior de sessenta a setenta anos, no momento em que ia ser preso por ter morto alguns escravos à fome, em cárcere privado...*

Dentro do casarão da fazenda, Antônio Pereira Cardoso está sozinho. Anda de cômodo em cômodo até chegar a um depósito, onde procura e acha um baú de madeira, de onde tira pistola e balas.
Vemos a casa pelo lado de fora. As árvores e os arbustos necessitados de poda são violentamente balançados por uma forte ventania que muda su-

bitamente de direção. Ouvimos um tiro. Os oficiais de justiça correm para dentro do casarão.

LUIZ GAMA (*VOICE OVER*) ... *suicidou-se com um tiro de pistola, cuja bala atravessou-lhe o crânio.*

São Paulo, sede da Academia Paulista de Letras: estão presentes colegas ilustres de Luiz Gama, como Lúcio de Mendonça (o "pai" da Academia Brasileira de Letras). Luiz, com todo o seu poder de orador, termina o discurso como novo membro e é ovacionado por todos.
Vemos Luiz cada vez mais de perto: ele olha para sua esposa e seu filho, para tantos amigos. Vê-se em seu rosto uma mistura de orgulho, cansaço, gratidão, o peso das recordações de golpes de vários tipos que sofreu pela vida e, ao mesmo tempo, a satisfação por tantas vitórias e a esperança em um mundo mais justo e melhor para todos. Seu sorriso ilumina a sala.

O EPÍLOGO

São Paulo, cemitério da Consolação, tempos atuais: a guia turística e os turistas andam pelos corredores do cemitério.

GUIA TURÍSTICA Luiz Gama faleceu em 1882, seis anos antes do fim da escravidão no Brasil. Um dos principais batalhadores dessa luta não participou da festa da vitória. Seu enterro foi o maior enterro de todos os tempos em São Paulo. Três mil pessoas, de uma população de 40 mil, acompanharam Luiz em seu caminho da residência até aqui, fora os muitos outros que pararam para ver o féretro passar.

São Paulo, ruas da cidade e cemitério da Consolação, 1882: vemos as cenas descritas em *voice over* pela guia.

GUIA TURÍSTICA (*VOICE OVER*) O cortejo que atravessou o centro saiu às três horas da tarde e só chegou aqui quando anoitecia, porque muitas foram as pausas para discursos emocionados. Atrás da multidão de pessoas de todas as classes sociais vinham várias carruagens e o coche fúnebre que deveria levar o caixão, que foi carregado por vários homens que se revezavam, tantos foram os que disputaram aquela honra.

As cenas continuam, a voz da guia vai sumindo, e a música cresce em volume e intensidade. Sobre as imagens, LETREIRO: 133 anos após sua morte, em 2005, Luiz Gama recebeu da Ordem dos Advogados do Brasil o título oficial de advogado.

LETREIROS FINAIS: enquanto a ficha artística e técnica do filme passa, vemos notícias reais sobre casos de escravidão nos tempos atuais no Brasil e em outros países.

CHIQUINHA GONZAGA, A ABRE-ALAS

CHIQUINHA, DE TRÁS PRA FRENTE

Uma peça biográfica musical[3]

> *Um canhão ilumina, com seu círculo de luz, o centro do palco.*
> *Na frente da cortina de veludo e franja dourada, entra o mestre de cerimônias.*

MESTRE DE CERIMÔNIAS Reeeeeespeitável público! É com muita honra e grande prazer que anuncio o nascimento, na capital do Império, de Francisca Edwiges Neves Gonzaga.

> *O mestre de cerimônias joga para o alto o lenço que tem em mãos. O lenço se transforma em uma pomba que dá duas voltas no lustre de cristal do teatro e sai de cena.*

MESTRE DE CERIMÔNIAS Neste dia 17 de outubro de 1847, nasceu a filha do general do Exército Imperial Brasileiro José Basileu Gonzaga e de d. Rosa Maria de Lima.

> *Entram o pai e a mãe com Chiquinha, bebê, no colo.*

MESTRE DE CERIMÔNIAS Interessa-lhes saber que os pais não eram casados, que ele era branco e ela, mestiça, e antes de Francisca nascer eles já tinham uma menina e um menino? Interessa-lhes saber que não muito tempo depois desse terceiro nascimento eles se casaram e o pai adotou os dois primeiros filhos?

---

3. Esta peça foi escrita por Flavio de Souza, autor deste livro, especialmente para esta edição.

Entram e se juntam aos pais os irmãos de Chiquinha. Os pais trocam alianças.

MESTRE DE CERIMÔNIAS O que certamente interessa, senhoras e senhores, é que em nove anos a pequena Francisca ganhará de presente um piano, objeto tão fundamental nos lares cariocas quanto roupas e acessórios da moda, separando...

O mestre de cerimônias faz gesto de aspas com as mãos e expressão facial irônica.

MESTRE DE CERIMÔNIAS ... "as boas famílias" da...

Mais gesto de aspas e expressão facial irônica.

MESTRE DE CERIMÔNIAS ... "gentalha sem valor", ou seja, separando as famílias privilegiadas da sociedade da imensa maioria da população brasileira.

A cortina começa a se abrir, revelando um palco no qual há um cenário de várias camadas chapadas e recortadas que mostram, em profundidade, a parte mais espetacular da baía da Guanabara, que inclui, é claro, o Pão de Açúcar.
Antes que a cortina se abra completamente, cinquenta pianos entram em cena, cada um em um carrinho, se movimentando por controle remoto; na frente de cada piano há uma garota, e todas tocam a polca "Atraente", o primeiro e um dos maiores sucessos compostos por Chiquinha.
Os pianos se movimentam pelo palco, fazendo uma verdadeira coreografia.

MESTRE DE CERIMÔNIAS Que música atraente, hein, minha gente?! E "Atraente" é o título deste primeiro sucesso da compositora Francisca Gonzaga.

De dentro de cada um dos pianos sai um rapaz, que tira a cartola da cabeça e faz reverência a "sua" garota.

MESTRE DE CERIMÔNIAS O Rio de Janeiro ainda não era chamado de Cidade Maravilhosa, e um de seus apelidos era, vejam só, Cidade dos Pianos.

Os pianos continuam dançando pelo palco, mas agora eles tocam por conta própria. Cada rapaz puxa "sua" garota pelo braço, e os casais dançam sobre a tampa do piano.

Um piano mais brilhante entra em cena, também sobre um carrinho móvel, com uma menina vestida de acordo com a moda da época, com um grande laço na cabeça. É Chiquinha, aos onze anos. Ela olha compenetrada, sorrindo, para o teclado do piano.

MESTRE DE CERIMÔNIAS E aí vem ela, nossa personagem principal, com onze anos, chamada por todos de Chiquinha, prestes a criar sua primeira composição musical.

A pequena Chiquinha levanta os braços. Quando os desce para tocar as primeiras notas, ela paralisa. Todos os pianos, as garotas e os rapazes também ficam imóveis.

MESTRE DE CERIMÔNIAS Este momento dividirá a vida de Chiquinha Gonzaga em antes e depois. Por isso mesmo, vamos deixá-lo para o *grand finale* do espetáculo.

O palco todo gira, fazendo os cinquenta pianos e os cinquenta casais, além da pequena Chiquinha, saírem de cena bem rapidamente.
Ao mesmo tempo, uma escadaria dourada desce do alto do palco, como se surgisse do céu. Em volta da escadaria flutuam nuvens furta-cor; atores, cantores e bailarinos vestidos de anjos, arcanjos, querubins e serafins cantam e dançam suavemente, batendo as asas.
Entra em cena, andando com dificuldade, Chiquinha Gonzaga, com oitenta e sete anos, de braço dado com seu terceiro marido, João Batista, trinta e seis anos mais novo que ela. Chiquinha olha para o público e sorri.

CHIQUINHA Com bem pouca reverência e muita satisfação, me despeço desta vida dois dias antes do Carnaval de 1935, no qual acontecerá o primeiro concurso de escolas de samba. Estarei alguns dias adiantada? Ou alguns anos atrasada, pois que já vivi quase nove décadas?

Além de imaginar que encontrarei muitos entes queridos no paraíso celeste, vou-me sem medo nem tristeza, já que vivi e convivi intensamente, fiz de quase tudo um pouco e mais um bom-bocado. Realizei quase todos os meus sonhos, desejos e anseios.

Sofri e chorei, porém também fui feliz e sorri. Dei passos gigantescos, abri algumas portas para nós, mulheres, e outras ainda deverão ser abertas por novas brasileiras que virão. Conheci meio mundo, criei quatro filhos, me sustentei com meia dúzia de profissões.

A cortina de meu palco vai se fechando, as luzes de minha ribalta vão se apagando e lá no alto as estrelas piscam, me chamando.

Talvez tenha que dar uma passadinha no purgatório, pois, em batalhas que travei, cometi atos condenáveis e alguns pecados, já que sou humana.

Agora abram alas que eu daqui já me vou. Para quem fica, tudo de bom, adeus!

Chiquinha beija e abraça João Batista e começa a subir a escadaria, enquanto ouvimos trechos de várias de suas composições, numa mistura caótica, umas sobrepostas às outras, até que, aos poucos, a melodia de "Passos no choro" se destaca na cena.

A cada degrau, Chiquinha sobe com mais facilidade, seu corpo vai rejuvenescendo. Ela acaba de subir dançando, lépida, serelepe, animada.

A data 1935 surge projetada no palco.

MESTRE DE CERIMÔNIAS Dia 28 de fevereiro, Chiquinha Gonzaga bateu asas e voou.

A escada desaparece no alto do palco, enquanto Chiquinha ainda dança, subindo degrau por degrau.

MESTRE DE CERIMÔNIAS Em sua despedida, nada de choro, só um chorinho de fundo musical. Para contar, de trás pra frente, a trajetória de Chiquinha Gonzaga, comecemos enumerando algumas de suas maiores realizações.

Um bloco carnavalesco passa lentamente da direita para a esquerda do palco, cantarolando — sem dizer a letra — a marchinha "Ô abre alas".

MESTRE DE CERIMÔNIAS Primeira mulher a reger uma orquestra no Brasil!

Uma das integrantes do bloco levanta a mão, como se segurasse uma baqueta, e rege o resto dos integrantes, que fazem mímica de tocar instrumentos musicais.

mestre de cerimônias Primeira mulher compositora de música popular do Brasil!

> *Os integrantes do bloco levantam placas que, juntas, formam uma partitura musical, como acontece em estádios durante abertura de campeonatos; a Chiquinha do bloco faz movimentos com uma pena usada na época para escrever.*

mestre de cerimônias Autora da primeira composição musical feita especialmente para o Carnaval!

> *Os integrantes do bloco mostram o outro lado das placas, formando agora a partitura da marchinha "Ô abre alas".*
> *Em seguida, todos voltam a dançar e cantar, dessa vez com a letra.*

bloco *Ô abre alas,*
que eu quero passar;
ô abre alas,
que eu quero passar.

Eu sou da Lira,
não posso negar;
eu sou da Lira,
não posso negar.

Ô abre alas,
que eu quero passar;
ô abre alas,
que eu quero passar.

Rosas de Ouro é quem vai ganhar;
Rosas de Ouro é quem vai ganhar.

> *Todos do bloco carnavalesco tiram adereços de seus figurinos e passam de palhaços e colombinas para mulheres de diferentes camadas da sociedade brasileira da época.*

mestre de cerimônias Chiquinha foi também uma das primeiras mulheres brasileiras a se separar de um marido que a traía — no caso dela, de dois maridos que a traíram — para viver em liberdade, desdobrando-se para se sustentar.

O palco gira, revelando seis cenários independentes, onde seis atrizes interpretam Chiquinha. Uma delas cuida de quatro crianças, dois meninos e duas meninas.

MESTRE DE CERIMÔNIAS Mãe de quatro filhos!

Outra Chiquinha dá aula de piano e de outras matérias.

MESTRE DE CERIMÔNIAS Professora de piano, canto, português, francês, geografia e história!

Outra Chiquinha compõe na frente de um piano.

MESTRE DE CERIMÔNIAS Compositora de trilhas sonoras para peças de teatro musicais!

Outra Chiquinha toca piano em loja de partituras e instrumentos musicais.

MESTRE DE CERIMÔNIAS Pianista em cinemas e lojas!

Outra Chiquinha rege uma pequena orquestra.

MESTRE DE CERIMÔNIAS Maestrina!

Outra Chiquinha vende partituras na rua.

MESTRE DE CERIMÔNIAS Abolicionista na teoria e na prática, também vendia partituras próprias para arrecadar fundos para a campanha e comprar a liberdade de pessoas escravizadas!

O palco gira, fazendo as seis Chiquinhas e os coadjuvantes saírem de cena e revelando um grande portal com uma placa onde está escrito: SBAT, sigla da Sociedade Brasileira de Autores Teatrais.
Além de outra Chiquinha, há várias pessoas em roupas de gala. Chiquinha segura uma grande tesoura.

Aparece a data 1917 projetada no palco.
Chiquinha corta com a tesoura uma faixa que há na frente do portal, inaugurando a SBAT.

MESTRE DE CERIMÔNIAS Como se não bastasse, ela foi também iniciadora, fundadora, sócia e patrona da Sociedade Brasileira de Autores Teatrais, que passou a defender e arrecadar os direitos autorais de autores e compositores, coroando uma luta vitoriosa que começara quatro anos antes, em 1913.

O palco gira, tirando o cenário de cena, enquanto desce um telão pintado, típico dos espetáculos teatrais da época, com uma paisagem bucólica de "faz de conta".
Ao mesmo tempo, entra em cena o coro de cantores dançarinos com figurinos de personagens rurais, também com uma dose de fábula, cantarolando — sem letra — a canção que seguirá.
Alguns deles têm em mãos viola, sanfona e outros instrumentos e tocam no palco.

MESTRE DE CERIMÔNIAS A menina Chiquinha teve formação cultural e musical europeia, como os filhos de todas as...

O mestre de cerimônias faz gesto de aspas com as mãos e expressão facial irônica.

MESTRE DE CERIMÔNIAS ... "famílias de bem", ou seja, as famílias de posses. A compositora Chiquinha Gonzaga procurou conhecer e incorporou em sua obra os ritmos brasileiros e transformou-os em obras "de brasileiros, sobre brasileiros, para brasileiros". Além disso, em suas letras, fez o mesmo com temas, personagens, expressões e vocabulários, como na canção "Casa de caboclo"!

Caboclos cantam e dançam "Casa de caboclo".

CABOCLOS *Você tá vendo essa casinha*
simplesinha,
toda branca de sapê.
Diz que ela véve no abandono,
não tem dono
e, se tem, ninguém não vê.

> *Tem duas cruz entrelaçada bem*
> *na estrada,*
> *escrevero por detrás:*
> *"numa casa de caboclo,*
> *um é pouco*
> *dois é bom, três é demais".*

O telão pintado se abre ao meio, revelando a fachada de um grande edifício, o palácio do Catete, sede do governo presidencial.

Enquanto isso, os cantores dançarinos do coro são substituídos por outros, com roupas típicas de personagens urbanos da época.

MESTRE DE CERIMÔNIAS Palácio do Catete. Belo edifício, que pertenceu ao barão de Nova Friburgo e foi doado para o governo em 1897, passando a ser o local de trabalho e residência do presidente da República quando o Rio de Janeiro era a capital federal.

A data 1929 surge projetada no palco.

MESTRE DE CERIMÔNIAS Vamos fugir um pouco da linha do tempo. Voltemos para o ano 1929. O atual morador do "bangalô" é Washington Luís. Na mais pura irreverência carioca, foi feita uma paródia da canção "Casa de caboclo" para as eleições, que aconteceriam no ano seguinte para a escolha de seu sucessor e que foram vencidas pelo paulista Júlio Prestes.

Os personagens urbanos cantam e dançam a paródia. Alguns deles têm instrumentos e tocam no palco.

URBANOS   *Vancê conhece o palacete*
do Catete,
o mais rico do país?

Qué pro ali fazê seu ninho
seu Toninho,
que é de Minas maiorá.

Mas seu Julinho, que é paulista,
tem as vista
nessa mesma habitação.

> *Um deles dois tem que ir-se embora,*
> *Pru móde que no palacete do Catete*
> *um é bom, dois é... demais!*

No céu do cenário são projetados fogos de artifício. Os personagens urbanos aplaudem.

MESTRE DE CERIMÔNIAS Júlio Prestes foi eleito o décimo terceiro presidente do Brasil. Mas... sempre tem um "mas", não tem?

Os fogos de artifício se transformam em bombas e tiros. Os personagens urbanos gritam e fogem.

MESTRE DE CERIMÔNIAS Antes de assumir a função, "Julinho" foi deposto pelo outro partido, do gaúcho Getúlio Vargas e a turma dele, inaugurando uma fase chamada República Nova. Esse forrobodó ficou conhecido como Revolução de 1930 e foi a última página na história da República Velha.

MESTRE DE CERIMÔNIAS Chiquinha, ao contrário, vai em frente, para trás...

A fachada do palácio se abre, mostrando um dos salões onde os presidentes trabalhavam na época em que o Rio de Janeiro era a capital federal.

MESTRE DE CERIMÔNIAS Estamos no palácio do Catete, onde haveria a festa de despedida do presidente Hermes da Fonseca, no fim de seu mandato, para a qual Chiquinha foi convidada.

Um rapaz está tocando, ao piano, uma valsa de Chopin bem conhecida.

MESTRE DE CERIMÔNIAS O convite foi feito por sua amiga Nair de Tefé, segunda esposa do presidente e, portanto, primeira-dama do Brasil, além de ser a primeira mulher brasileira a fazer caricaturas profissionalmente.

Terminada a valsa, os presentes, damas e cavalheiros muito distintos, aplaudem com entusiasmo, mas sem fazer muito esforço e sorrindo bastante.

MESTRE DE CERIMÔNIAS Ouçam os comentários dos convidados do sarau.

Todos continuam sorrindo e tecem comentários, uns para os outros, entredentes.

CAPITÃO VELHACO Você não acha que essa Nair de Tefé sente-se demasiadamente à vontade no palácio do governo?

MOÇA DA PÁ VIRADA Sim, mas lembre-se de que o palácio do Catete é também a residência do presidente e de sua esposa.

CAPITÃO VELHACO Eu sei disso, mas para tudo há um limite.

BIGODUDO ESPAÇOSO Ultrapassar limites é a especialidade dessa senhora.

VIÚVA ENFEZADA Tornar-se a primeira mulher cartunista do mundo é um grande feito, mas um título dispensável para a primeira-dama de uma nação.

CONDE PERFUMADO DEMAIS Mas, pensando bem, tem tudo a ver, pois ela mesma parece uma caricatura.

MADAME DE CARA CHEIA Mas ela é de família nobre, afinal seu nome é Nair de Tefé von Hoonholtz, não é?

MARQUESA DE CARA FEIA No entanto, é artista, boêmia e amiga de pessoas desclassificadas, das camadas mais baixas da sociedade.

RUI BARBOSA Ser amiga é até louvável, mas convidar para um sarau no palácio presidencial não só é inadequado, como ultrajante.

MOCINHA TINHOSA Tem alguém assim aqui hoje? Onde? Aquela ali?

VELHINHO IRADO Não, aquela à frente, à direita.

MOCINHA TINHOSA Quem é ela?

VELHINHO IRADO Aquela divorciada notoriamente adúltera, que preferiu abandonar dois filhos pequenos a permanecer no lar, como era sua obrigação.

A primeira-dama Nair de Tefé pega um violão, o que deixa todos os presentes boquiabertos.

FRANCESA DE ARAQUE Mas o que é isso que madame Nair está segurando agorra? Um cello? *Non, mon Dieu!* É um violon!

RUI BARBOSA Que ousadia exibir um instrumento vulgar em pleno palácio presidencial!

MAESTRO CARECA O que ela pretende fazer com essa coisa? Tocar?

MARQUESA DE CARA FEIA Ela não só vai tocá-lo, como convidar a amiga para acompanhá-la na execução de uma música ordinária qualquer!

MESTRE DE CERIMÔNIAS Depois de uma série de composições clássicas europeias, a primeira-dama se apresenta ao violão com o maxixe "Corta-jaca", de autoria de Francisca Gonzaga!

Nair de Tefé toca um acorde no violão.

MESTRE DE CERIMÔNIAS Notem o espanto e a indignação de todos os presentes.

Aparece a data 1914 projetada no palco.

NAIR DE TEFÉ
Neste mundo de misérias
quem impera
é quem é mais folgazão,
é quem sabe cortar jaca
nos requebros
de suprema perfeição, perfeição.

Ai, ai, como é bom dançar, ai!
Corta-jaca assim, assim, assim,
mexe com o pé!
Ai, ai, tem feitiço, tem, ai!
Corta, meu benzinho, assim, assim!

Nair chama Chiquinha, que vai até ela.

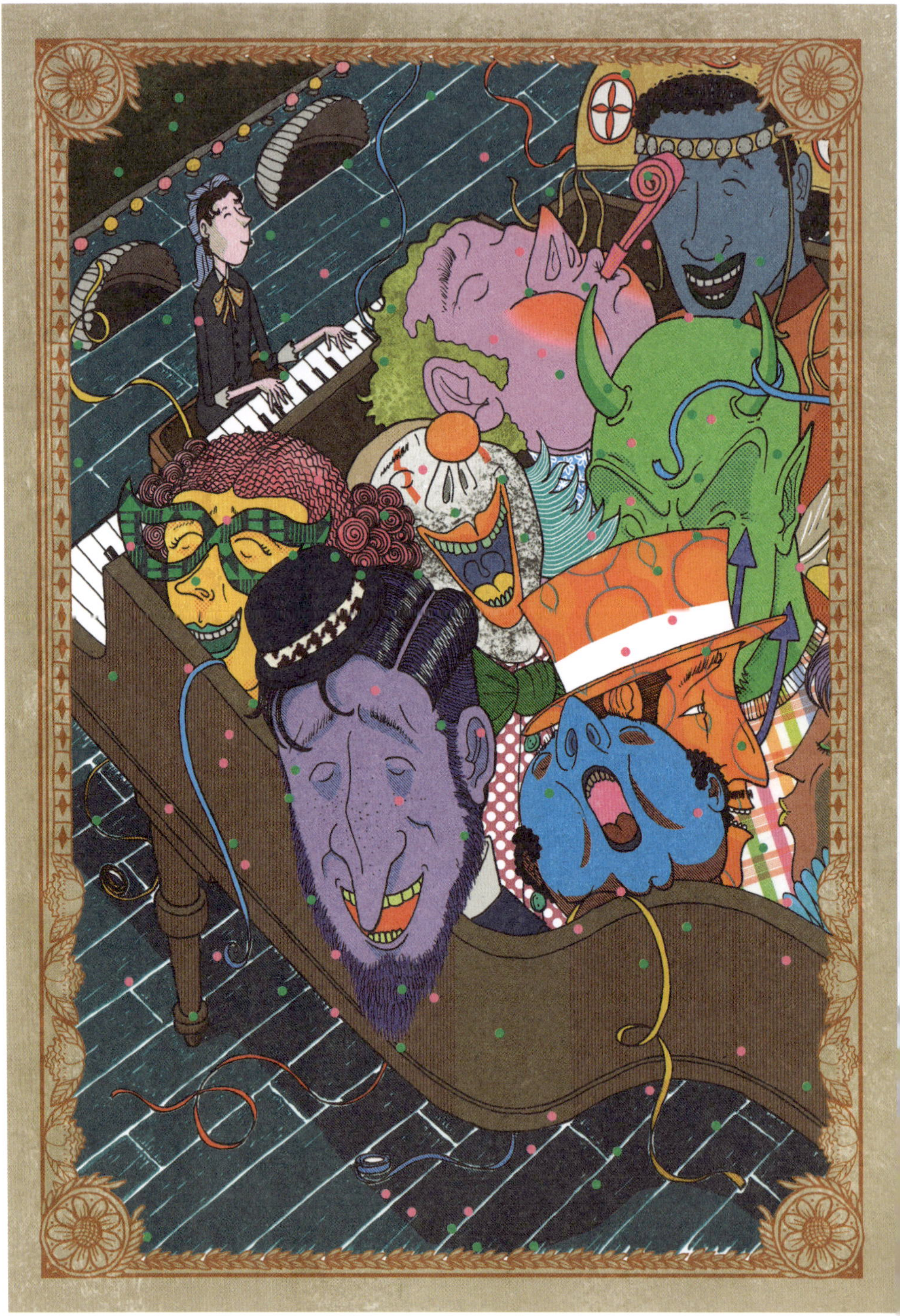

MESTRE DE CERIMÔNIAS E agora ouçam a indignação e a revolta dos já citados.

MAESTRO CARECA Que sacrilégio! Um maxixe no Catete!

VIÚVA ENFEZADA O que é maxixe?

MAESTRO CARECA Um tango popular.

VIÚVA ENFEZADA Que sacrilégio! Um tango popular no Catete!

MARQUESA DE CARA FEIA Onde já se viu a primeira-dama de uma nação proferir palavras buliçosas e requebrar!

MADAME DE CARA CHEIA Na frente de tantas pessoas da fina flor da sociedade e neste local tão distinto...

VELHINHO IRADO Fosse onde fosse, na frente de quem fosse, ora essa!

BIGODUDO ESPAÇOSO E essa d. Francisca é a autora desse maxixe?

MOÇA DA PÁ VIRADA Francisca? Ela é chamada de Chiquinha pelos que apreciam seus batuques.

CAPITÃO VELHACO E o que é que se pode esperar de uma descendente de escravizados alforriados no batismo...

MARQUESA DE CARA FEIA E filha de mãe solteira.

FRANCESA DE ARAQUE Parrece que o pai, que erra militar, casou-se com a mãe logo depois do nascimento da *jeune femme*.

CONDE PERFUMADO DEMAIS E o casal já tinha dois outros rebentos.

MOCINHA TINHOSA Vamos dar nomes aos bois? Essa senhora é uma bastarda.

BIGODUDO ESPAÇOSO Uma bastarda que abandonou marido e dois filhos...

MAESTRO CARECA Levando com ela o primogênito...

MOÇA DA PÁ VIRADA Para viver em pecado com um engenheiro de estradas de ferro...

VELHINHO IRADO Que foi abandonado logo depois do nascimento de outra pequena criatura infeliz...

FRANCESA DE ARAQUE Deixando no mundo mais uma criança sem mãe!

MAESTRO CARECA E o que vocês me dizem da apresentação?

RUI BARBOSA É aviltante! Maior quebra de protocolo, nunca vi!

BIGODUDO ESPAÇOSO Como se intitula esse canto de selvagens?

MAESTRO CARECA "Corta-jaca".

MOÇA DA PÁ VIRADA Não poderia ser pior.

MADAME DE CARA CHEIA Poderia, sim, poderia ser "Parte-coco".

MAESTRO CARECA E o nome original, sabem qual é? "Gaúcho"!

VELHINHO IRADO Está explicada a escolha!

FRANCESA DE ARAQUE Porr quê? *Êtes-vous* gaúcho?

RUI BARBOSA O excelentíssimo senhor casado com a amiga dessa senhora é!

FRANCESA DE ARAQUE O prresidente de la Republique?

RUI BARBOSA O próprio, que, aliás, está de saída.

VIÚVA ENFEZADA E, diga-se de passagem...

VÁRIOS CONVIDADOS Já vai tarde!

Nair e Chiquinha cantam juntas, a duas vozes, como fazem as duplas sertanejas. Enquanto isso, entram vinte bailarinas vestidas como violões. Elas dançam em volta de Nair de Tefé e Chiquinha, dedilhando as cordas de seu próprio figurino.

NAIR DE TEFÉ E CHIQUINHA *Esta dança é buliçosa,*
tão dengosa
que todos querem dançar.
Não há ricas baronesas
nem marquesas
que não saibam requebrar, requebrar.
Este passo tem feitiço,
tal ouriço
faz qualquer homem coió.
Não há velho carrancudo
nem sisudo
que não caia em trololó, trololó.

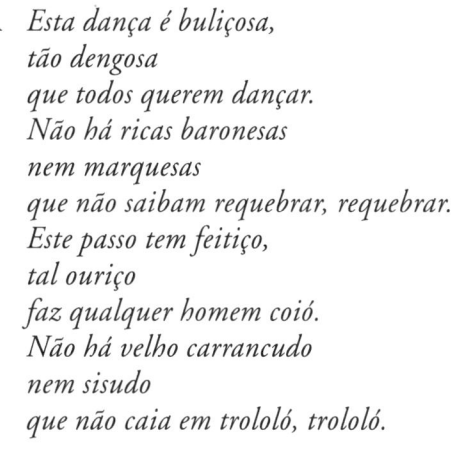

Entram vinte dançarinos vestidos como os rapazes da época: estudantes, comerciantes, jornalistas, funcionários, policiais, artistas.

Cada um coloca as mãos na cintura de uma das bailarinas-violões, e os pares dançam, enquanto os rapazes dedilham as cordas dos figurinos.

Quem me vir assim alegre
no Flamengo
por certo se há de render.
Não resiste com certeza,
com certeza,
esse jeito de mexer.

Entram mais quatro dançarinos, vestidos de escravizados galanteadores carregando uma enorme jaca de papel machê. Eles colocam a jaca no chão e, com facões que trazem presos na cintura, a cortam; de dentro saem quatro bailarinas vestidas como mucamas, que, muito sorridentes pelo palco, fogem dos escravizados galanteadores.

Um flamengo tão gostoso,
tão ruidoso,
vale bem meia-pataca.
Dizem todos que na ponta,
está na ponta
nossa dança corta-jaca, corta-jaca!

O palco gira, fazendo desaparecer o interior do palácio.

MESTRE DE CERIMÔNIAS No dia seguinte, o sarau foi assunto na cidade. Os comentários chegaram até ao Senado, pelas mãos e pela garganta de Rui Barbosa.

Surge uma tribuna, atrás da qual está Rui Barbosa, discursando no Senado.

RUI BARBOSA Uma das folhas de ontem estampou em fac-símile o programa da recepção presidencial em que, diante do corpo diplomático, da mais fina sociedade do Rio de Janeiro, aqueles que deviam dar ao país o exemplo das boas maneiras mais distintas e dos costumes mais reservados elevaram o corta-jaca à altura de uma instituição social. Mas o corta-jaca de que eu ouvira falar há muito tempo, que vem a ser ele, Sr. Presidente? A mais baixa, a mais chula, a mais grosseira de todas as danças selvagens, a irmã gêmea do batuque, do cateretê e do samba. Mas nas recepções presidenciais o corta-jaca é executado com todas as honras de Wagner, e não se quer que a consciência desse país se revolte, que as nossas faces se enrubesçam e que a mocidade se ria!

A tribuna sai de cena, levando Rui Barbosa, enquanto desce um telão pintado com uma versão caricata e mais colorida da fachada do palácio do Catete.

MESTRE DE CERIMÔNIAS O gaúcho Hermes da Fonseca, que já era chamado de "Dudu da Urucubaca" por causa de seu conturbado e azarado mandato, passou a ser chamado também de "Corta-Jaca".

Entram vários atores caracterizados como tipos da sociedade carioca, dançando e cantando a música tema da revista "Ai, Philomena".

POVO   *A minha sogra*
morreu em Caxambu
com a tal urucubaca
que lhe deu o seu Dudu.

Dudu tem uma casa
que nada lhe custou

porque nesse "presente"
foi o povo quem "marchou".

Ai, Philomena,
se eu fosse como tu,
tirava a urucubaca
da careca do Dudu.

Sobe o telão, e já podemos ver, ao fundo, um palco menor, com cortina, pernas, bambolinas e ribalta.
A data 1912 surge projetada no palco.

MESTRE DE CERIMÔNIAS No dia 11 de junho de 1912 estreia o sucesso teatral de Chiquinha, um dos maiores do teatro brasileiro: *Forrobodó!*.

O palco menor vai lentamente para a frente, enquanto rola a cena com Luiz Peixoto e Carlos Bettencourt.

MESTRE DE CERIMÔNIAS E a trajetória dessa burleta do papel para o palco foi mesmo um forrobodó.

Luiz Peixoto e Carlos Bettencourt entram sobre um tablado, onde há uma cadeira e uma mesa com folhas de papel, um tinteiro e uma pena para escrever.

MESTRE DE CERIMÔNIAS Para quem faltou nessa aula, "forrobodó" é o mesmo que festança, desordem, confusão, e a palavra "burleta" é o diminutivo de "burla", ação de enganar através de artimanhas, pregar peças em alguém, zombar. Burleta era um tipo de teatro, uma comédia de zombaria quase sempre com músicas cantadas.

Carlos Bettencourt pega a pena, molha no tinteiro e se prepara para escrever.

MESTRE DE CERIMÔNIAS Tudo começou às oito horas de uma noite de 1911, num quarto de pensão na rua do Catete, onde morava Luiz Peixoto. Ele e um amigo, Carlos Bettencourt, tinham decidido ser dramaturgos.

LUIZ PEIXOTO O que vamos criar, Carlos?

CARLOS BETTENCOURT Uma burleta.

Pausa.

LUIZ PEIXOTO Vamos pensar no nome agora ou depois?

CARLOS BETTENCOURT O melhor jeito de começar alguma coisa é pelo começo, Luiz.

LUIZ PEIXOTO Bem pensado.

CARLOS BETTENCOURT Então, tá. A história é aquela que nós já começamos a inventar, sobre uma baita confusão durante um baile de subúrbio.

LUIZ PEIXOTO Baile. Subúrbio. Confusão.

*Pausa
Subitamente, os dois têm a mesma ideia.*

LUIZ PEIXOTO E CARLOS BETTENCOURT Forrobodó!

Um letreiro com lampadinhas onde está escrito "FORROBODÓ" desce rapidamente do alto do palco, como se despencasse. Mas as lampadinhas não acendem.

LUIZ PEIXOTO Vamos lá.

CARLOS BETTENCOURT (*escrevendo*) Forrobodó. Burleta de costumes cariocas...

LUIZ PEIXOTO ... em três atos.

CARLOS BETTENCOURT É pra tanto?

LUIZ PEIXOTO Se é pra ser, que seja!

CARLOS BETTENCOURT Apoiado. (*escrevendo*) Em três atos, de Luiz Peixoto...

LUIZ PEIXOTO Por que meu nome em primeiro lugar?

CARLOS BETTENCOURT Porque sou cavalheiro. E seu amigo. E este quarto, esta mesa e esta cadeira são seus.

LUIZ PEIXOTO E o papel, a pena e o tinteiro.

Risos.

CARLOS BETTENCOURT (*escrevendo*) ... e Carlos Bettencourt. Música de...

Pausa.

LUIZ PEIXOTO E CARLOS BETTENCOURT Francisca Gonzaga!

LUIZ PEIXOTO Você acha que ela faria isso para dois novatos?

CARLOS BETTENCOURT Se é pra ser...

LUIZ PEIXOTO ... que seja!

Risos.
No outro lado do palco, surge outro tablado, com um piano e uma banqueta, na qual está sentada Chiquinha. Ela toca, pensa, experimenta e anota, como se estivesse compondo.

CARLOS BETTENCOURT (*escrevendo*) Primeiro ato.

Pausa longa.
Luiz e Carlos sobem ao palco menor e apontam e indicam, um para o outro, objetos e pessoas que vão descrevendo, como se imaginassem a construção de uma casa a partir dos alicerces.

LUIZ PEIXOTO Trecho de rua suburbana. Ao fundo...

CARLOS BETTENCOURT ... fachada de casa assobradada, com sacada...

LUIZ PEIXOTO ... e portas praticáveis no térreo...

CARLOS BETTENCOURT ... e no primeiro andar.

LUIZ PEIXOTO Mastro com a bandeira e o escudo do clube.

CARLOS BETTENCOURT Época?

LUIZ PEIXOTO 1910.

Pausa.

CARLOS BETTENCOURT Alguém já está em cena quando as cortinas se abrem.

LUIZ PEIXOTO O encarregado da porta, que se chama...

CARLOS BETTENCOURT Praxedes.

LUIZ PEIXOTO Praxedes?

CARLOS BETTENCOURT Eu tenho um primo chamado Praxedes.

LUIZ PEIXOTO Esplêndido.

Luiz ri e continua.

LUIZ PEIXOTO Há um intenso movimento no interior de um clube no subúrbio.

Ouvimos música fora de cena.

CARLOS BETTENCOURT À porta de entrada, Praxedes, com a braçadeira da agremiação, recebe os associados que chegam.

Entram em cena, no palco do teatro menor, atores como curiosos e associados.

LUIZ PEIXOTO Na rua, curiosos e associados.

Ouvimos apitos fora de cena.

CARLOS BETTENCOURT Ouvem-se apitos insistentes, fora de cena.

Pausa.
Entram atores vestidos com camisola, penhoar, robe, gorro etc.

LUIZ PEIXOTO Entram vários homens e mulheres, em roupas de dormir.

CARLOS BETTENCOURT É o coro?

LUIZ PEIXOTO É o coro geral, que canta.

Chiquinha, Luiz, Carlos e o coro geral cantam.

AUTORES E CORO GERAL   *Que será? Que haverá? Sarrabulho?*
Por que está todo o povo alarmado?
Que barulho! Que barulho!
Não se pode dormir sossegado!

Chiquinha, Luiz, Carlos e o coro feminino cantam.

AUTORES E CORO FEMININO   *Que foi isso? Que foi isso?*
Por que tanto reboliço?

CARLOS BETTENCOURT Entra o guarda Sebastião, apitando desesperadamente.

LUIZ PEIXOTO E canta.

Entra Sebastião, apitando. Carlos continua escrevendo. Ele, Chiquinha e Luiz cantam, mas sem emitir som.

SEBASTIÃO   *De polícia não há furo,*
de apitar cansado estou!
O ladrão saltou o muro.
Bateu asas e voou!

A cortina do palco menor se fecha. Chiquinha sai de cena. Som de galo cantando.

MESTRE DE CERIMÔNIAS Às seis da manhã, o texto está pronto. Que proeza, escrever uma peça em apenas uma noite! Mas o maior feito ainda estava por vir. Luiz e Carlos saem em busca de um produtor para *Forrobodó* se tornar realidade.

Luiz e Carlos entram por um lado, com o texto debaixo do braço; do outro lado, há uma fila de produtores, que são consultados pelos dois.

CARLOS BETTENCOURT Saudações, nobre colega!

LUIZ PEIXOTO Viemos lhe apresentar seu próximo campeão de bilheteria!

CARLOS BETTENCOURT E LUIZ PEIXOTO A fabulosa, grandiosa, engraçadíssima burleta musical de costumes cariocas, *Forrobodó!*

PRODUTOR 1 Tenham dó! Não.

CARLOS BETTENCOURT E LUIZ PEIXOTO (*desanimando*) Ah...

Eles respiram fundo, armam o sorriso.

CARLOS BETTENCOURT E LUIZ PEIXOTO Próximo!

O produtor 1 sai, a dupla consulta o próximo.

CARLOS BETTENCOURT Saudações, nobre colega!

LUIZ PEIXOTO Viemos lhe apresentar seu próximo campeão de bilheteria!

CARLOS BETTENCOURT E LUIZ PEIXOTO *Forrobodó!*

PRODUTOR 2 Não!

CARLOS BETTENCOURT E LUIZ PEIXOTO (*desanimando*) Ah...

Eles respiram fundo, armam o sorriso.

CARLOS BETTENCOURT E LUIZ PEIXOTO Próximo!

O produtor 2 sai, a dupla consulta o seguinte.

CARLOS BETTENCOURT Saudações, nobre colega!

LUIZ PEIXOTO Viemos lhe apresentar seu próximo campeão de bilheteria!

CARLOS BETTENCOURT E LUIZ PEIXOTO Fó...

PRODUTOR 3 Hum...

CARLOS BETTENCOURT E LUIZ PEIXOTO Hum?!

PRODUTOR 3 Voltem no ano que vem!

CARLOS BETTENCOURT E LUIZ PEIXOTO (*desanimando*) Ah...

Eles respiram fundo, armam o sorriso.

CARLOS BETTENCOURT E LUIZ PEIXOTO Próximo!

O produtor 3 sai, a dupla consulta o outro.

CARLOS BETTENCOURT Saudações, nobre colega!

PRODUTOR 4 (*interrompendo*) Não!

LUIZ PEIXOTO Viemos lhe apresentar...

PRODUTOR 4 (*interrompendo*) Não, não!

CARLOS BETTENCOURT E LUIZ PEIXOTO Mas...

PRODUTOR 4 (*interrompendo*) Nem mais, nem menos! Não, não, não! (*saindo*) Não, não, não, não, não, não, não, não, não, não...

CARLOS BETTENCOURT E LUIZ PEIXOTO (*desanimando*) Ah...

Eles respiram fundo, armam um sorriso.

CARLOS BETTENCOURT E LUIZ PEIXOTO Próximo!

A dupla consulta o próximo.

CARLOS BETTENCOURT Saudações, nobre colega!

PRODUTOR 5 Colega?! Eu?!

LUIZ PEIXOTO Viemos...

PRODUTOR 5 (*interrompendo*) Me fazer perder tempo! Sumam daqui!

CARLOS BETTENCOURT E LUIZ PEIXOTO Mas o senhor...

PRODUTOR 5 (*interrompendo*) O Senhor está nas alturas, onde não tem que aturar chatos como vocês! Façam o favor de fechar a porta...

CARLOS BETTENCOURT E LUIZ PEIXOTO (*esperançosos*) Sim?

PRODUTOR 5 ... pelo lado de fora!

CARLOS BETTENCOURT E LUIZ PEIXOTO (*desanimando*) Ah...

Eles respiram fundo, armam o sorriso.

CARLOS BETTENCOURT E LUIZ PEIXOTO Próximo!

O produtor 5 sai, a dupla consulta o próximo, que é Paschoal Segreto.

MESTRE DE CERIMÔNIAS Horas depois, eles chegaram ao escritório do empresário popular Paschoal Segreto.

CARLOS BETTENCOURT Saudações...

PASCHOAL SEGRETO (*interrompendo*) Eu mereço!

LUIZ PEIXOTO Viemos...

PASCHOAL SEGRETO (*interrompendo*) E já se vão? Que bom!

CARLOS BETTENCOURT E LUIZ PEIXOTO Não! Viemos lhe apresentar em primeira mão e lhe oferecer *Forrobodó!*

PASCHOAL SEGRETO Grande coisa.

CARLOS BETTENCOURT E LUIZ PEIXOTO Mas Paschoal!

PASCHOAL SEGRETO Que intimidade é essa?

LUIZ PEIXOTO Sr. Segreto, nossa última peça é a comédia mais engraçada do mundo!

PASCHOAL SEGRETO Eu sei que vocês nunca escreveram nada antes disso.

CARLOS BETTENCOURT Mas nós estamos elaborando cada frase, cada piada, cada virada há anos!

PASCHOAL SEGRETO Essa é muito boa! Eu já ouvi isso milhões de vezes.

LUIZ PEIXOTO As músicas foram compostas pela Querida de Todos!

PASCHOAL SEGRETO E quem seria essa?

CARLOS BETTENCOURT E LUIZ PEIXOTO Chiquinha Gonzaga.

Paschoal fica menos carrancudo.

PASCHOAL SEGRETO Como é que dois fedelhos inexperientes conheceram d. Chiquinha?

LUIZ PEIXOTO Nós a procuramos.

CARLOS BETTENCOURT Sem saber se seríamos recebidos.

LUIZ PEIXOTO Chegamos à casa da mestra maestrina com as pernas bambas...

CARLOS BETTENCOURT A voz engasgada...

LUIZ PEIXOTO A fala gaga...

CARLOS BETTENCOURT O coração quase saindo pela boca.

LUIZ PEIXOTO Pois foi justamente nosso coração, ali à mostra, que a encantou.

CARLOS BETTENCOURT E a conquistou. Ela nos disse que já tinha sido jovem e inexperiente.

LUIZ PEIXOTO E ia nos dar um voto de confiança.

CARLOS BETTENCOURT Além do fato, é claro...

LUIZ PEIXOTO De que ela, simplesmente...

CARLOS BETTENCOURT E LUIZ PEIXOTO A-do-rou nosso texto!

PASCHOAL SEGRETO Não digam!

CARLOS BETTENCOURT E LUIZ PEIXOTO (*rindo*) Agora já dissemos.

Paschoal Segreto volta a ficar carrancudo, e o riso dos dois vai minguando até acabar. Subitamente Paschoal dá uma gargalhada e grita.

PASCHOAL SEGRETO (*chamando na direção da sala ao lado*) Alvarenga! Venha aqui um momento!

CARLOS BETTENCOURT Alvarenga Fonseca?

LUIZ PEIXOTO O diretor do teatro São José?

Entra Alvarenga Fonseca, de cara amarrada.

PASCHOAL SEGRETO Ele mesmo, em carne e osso.

ALVARENGA FONSECA Mais osso que carne...

Luiz Peixoto e Carlos Bettencourt riem exageradamente.

PASCHOAL SEGRETO Esses dois não vão me deixar em paz enquanto eu não concordar em pôr esse troço em cartaz.

ALVARENGA FONSECA Eu conheço um grupo de estivadores que por alguns tostões transformam esses pulhas em carne sem osso...

PASCHOAL SEGRETO Vamos acabar de uma vez por todas com isso. Monte essa peça de qualquer maneira.

CARLOS BETTENCOURT E LUIZ PEIXOTO Viva!

ALVARENGA FONSECA Vocês ouviram ele dizer "de qualquer maneira"?

CARLOS BETTENCOURT E LUIZ PEIXOTO Sim!

ALVARENGA FONSECA Isso quer dizer que nós vamos usar as fantasias velhas que estão amontoadas no depósito.

PASCHOAL SEGRETO Ou seja, trapos e farrapos. Está certo?

CARLOS BETTENCOURT E LUIZ PEIXOTO Está!

O sorriso de Carlos e Luiz vai ficando cada vez mais amarelo.

ALVARENGA FONSECA E restos de cenário que sobreviveram de antigas montagens.

PASCHOAL SEGRETO Ou seja, sucata. Está certo?

CARLOS BETTENCOURT E LUIZ PEIXOTO Está...!

ALVARENGA FONSECA E não vamos contratar estrelas. Duvido mesmo que alguma aceitasse.

PASCHOAL SEGRETO E o melhor ator para um papel é o ator que aceita. Está certo?

CARLOS BETTENCOURT E LUIZ PEIXOTO Está.

ALVARENGA FONSECA E a temporada vai durar uma semana.

PASCHOAL SEGRETO No total, oito espetáculos. Está certo?

Os dois engolem em seco e concordam, com um sorriso que mais parece uma careta.

CARLOS BETTENCOURT E LUIZ PEIXOTO Está...

PASCHOAL SEGRETO *(para Alvarenga)* Esses sujeitos não vão mesmo desistir.

ALVARENGA FONSECA Em pouco tempo, o teatro nacional terá desistido deles.

*Os quatro saem de cena.
A ribalta na beira da frente do palco se acende devagar.*

MESTRE DE CERIMÔNIAS Mal sabiam os quatro o que o futuro lhes reservava!

As luzinhas do letreiro com a palavra "FORROBODÓ" se acendem.

MESTRE DE CERIMÔNIAS Chiquinha, recém-chegada da Europa, assistiu à estreia ao lado de seu amado, que ela chamava carinhosamente de Joãozinho.

Chiquinha, com sessenta e cinco anos, passa em roupas de gala na frente do palco menor, de braço dado com Joãozinho, que tem vinte e nove anos. Enquanto isso, ouvimos uma salva de palmas que se transforma em ovação.

MESTRE DE CERIMÔNIAS A aceitação de *Forrobodó* foi imediata, e a temporada teve mil e quinhentas apresentações consecutivas! Foi o maior sucesso de toda a carreira de Chiquinha, e um dos maiores do teatro brasileiro do século 19!

O letreiro "FORROBODÓ" some pelo alto do palco.

MESTRE DE CERIMÔNIAS A vida de Chiquinha foi teatral, com lances de romance, intriga, traição, separações, nascimentos e mortes, luta por sobrevivência, direitos feministas e direitos autorais. Conquistas profissionais, fracassos e sucessos, eventos policiais, políticos e amorosos — tudo regado a música da melhor qualidade.

MESTRE DE CERIMÔNIAS Mas essa mesma biografia poderia ser contada em um filme, à alvorada da chamada sétima arte, que na época era exibida e apreciada por multidões em locais conhecidos como cinematógrafos.

Aparece a data 1909 projetada no palco.
Entra em cena, sobre um tablado, um grande piano, com um pianista sentado à frente. Durante toda a sequência de cenas mudas, ele tocará músicas incidentais, com todos os climas, como aconteceu na primeira fase do cinema.
O mestre de cerimônias narra os acontecimentos enquanto as cenas acontecem.

MESTRE DE CERIMÔNIAS Nossa heroína, depois de uma temporada na Europa, volta para a cidade cada vez mais maravilhosa, em companhia de seu último amor, fiel até o fim, Joãozinho.

Cena de viagem de navio, no ritmo frenético dos filmes mudos. Todos os gestos e as expressões são exagerados. Apesar dos grandes cenários, figurinos, adereços, muitos atores e até efeitos especiais, a encenação é bem teatral.
No tombadilho do navio, Chiquinha olha para o mar abraçada a Joãozinho. Ela está com sessenta e dois anos, e ele, com vinte e seis.

MESTRE DE CERIMÔNIAS Dois anos antes, o casal se instalou em Portugal, onde Chiquinha continuou trabalhando e brilhando.

Aparece a data 1904 projetada no palco.
Um navio de passageiros chega a Lisboa. Vários passageiros descem, inclusive Chiquinha e Joãozinho. Ao pôr os pés no cais, procuram e acham suas malas, que estão empilhadas.
Joãozinho tira de uma sacola uma câmera fotográfica, Chiquinha senta sobre uma de suas malas, fazendo pose de estrela de cinema. Ela está com cinquenta e sete anos, e ele, com vinte e um.

MESTRE DE CERIMÔNIAS Dois anos antes disso, o casal parte para o velho continente. Chiquinha começa a conquistar meio mundo.

Aparece a data 1902 projetada no palco.
Outro navio de passageiros, transatlântico, está de partida no porto do Rio de Janeiro. Chiquinha e Joãozinho sobem ao tombadilho. Observam o cais, com olhares tristes, porque não têm para quem acenar nem de quem se despedir. Ela está com cinquenta e cinco anos, e ele, com dezenove.

MESTRE DE CERIMÔNIAS Cinco anos antes, nossa intrépida heroína recebe voz de prisão, por conta de uma cançoneta intitulada "Aperte o botão", que irritou o mal-humorado presidente da República Deodoro da Fonseca, apelidado de Marechal de Ferro. A letra da música realmente se referia à Revolta da Armada, movimento que provocou até bombardeamento na capital federal, por conta do descontentamento da Marinha com os primeiros anos da República e de civis, como Rui Barbosa, que exigiam eleições livres para presidente. Foi a primeira versão das Diretas Já no Brasil. Chiquinha só não se deu mal por influência de amigos... influentes.

Aparece a data 1893 projetada no palco.
Chiquinha está com seu filho João Gualberto, tomando café da manhã. A campainha toca, João Gualberto abre, entra um oficial de justiça acompanhado de dois guardas.
Chiquinha recebe ordem de prisão. João Gualberto pega o chapéu e sai correndo.
Chiquinha quer saber a razão, o oficial de justiça esclarece. Ela oferece café para os três, que aceitam.
O filho volta com três amigos de Chiquinha, um deles é um advogado; tem início uma discussão acalorada, que vira uma cena de pastelão, porque um joga uma xícara de café no outro, que pega um bolo e joga de volta e acaba acertando outro etc.; em pouquíssimo tempo, estão todos jogando comidas e bebidas uns nos outros.

MESTRE DE CERIMÔNIAS Chiquinha e Lopes Trovão, seu amigo e companheiro de luta, fizeram campanha pelo fim da monarquia.

Aparece a data 1889 projetada no palco.
Chiquinha faz discurso em uma praça pública, junto aos amigos republicanos que seguram faixas com palavras de ordem. Alguns transeuntes escutam.
Uma turma de monarquistas chega, com cartazes, vaiando e ameaçando ras-

gar as faixas dos republicanos. Chiquinha se coloca entre as duas turmas e continua seu discurso, dirigido aos monarquistas. Um deles grita, discordando, e uma grande discussão começa, com todos falando ao mesmo tempo. A discussão se transforma em tumulto.

MESTRE DE CERIMÔNIAS Alguns meses antes de a princesa Isabel assinar a Lei Áurea, Chiquinha usou o dinheiro que ganhou com a venda de sua canção "Caramuru" para comprar a liberdade de seu amigo, o músico José Flauta.

Aparece a data 1888 projetada no palco.
Chiquinha chega a uma casa bem humilde. José Flauta estuda, tocando flauta. Mulher e filhas executam tarefas domésticas, os filhos ajudam.
Chiquinha entrega o documento de alforria para José Flauta, que beija as mãos dela. A mulher e os filhos choram e a abraçam, todos pulam e comemoram.

MESTRE DE CERIMÔNIAS Chiquinha, uma guerreira incansável, organizou um concerto com cem violões, na luta para que acabasse o preconceito contra um instrumento considerado popular e, por isso, vulgar e indigno de lares de famílias de bem.

Aparece a data 1887 projetada no palco.

MESTRE DE CERIMÔNIAS Fez parte do repertório a canção "Querida de todos", do pai dos chorões, Joaquim Callado, que dedicou à querida amiga sua primeira partitura publicada.

A cortina do palco menor se fecha.
Entra uma fila de cem dançarinos, cada um com um violão, tocando a música "Querida de todos". Chiquinha se coloca na frente da fila que serpenteia pelo palco enquanto rege.
Conforme a música acaba, a fila de tocadores de violão sai de cena.
Aparece a data 1885 projetada no palco.

MESTRE DE CERIMÔNIAS Por fim, aos trinta e seis anos, Chiquinha se tornou oficialmente maestrina e compositora de teatro, com a estreia no teatro Príncipe Imperial da opereta "A corte na roça", escrita por Palhares Ribeiro.

A parte da frente do palco menor se abre e surge uma pequena orquestra, com Chiquinha como maestrina, com a batuta na mão. Os músicos tocam ao vivo, acompanhando a orquestra principal do espetáculo.

Atores e atrizes cantam e dançam. É uma cena da opereta "A corte na roça". Chiquinha rege, explodindo de orgulho e satisfação.

ATRIZES E ATORES *Esse teu leque formoso*
de luz e perfume cheio
é o beija-flor cauteloso
a esvoaçar em teu seio!
Este calor que tu sentes
que te escalda o coração
são os sintomas ardentes
de uma impetuosa paixão.

Ah! Ah! São os sintomas ardentes
Ah! Ah! De uma impetuosa paixão.

Este sorriso que enflora
que apurpura os lábios teus
é uma réstia da aurora
de outro azul e de outros céus!
Há no teu colo tremente
o mesmo encanto da flor.
Guarda este leque esplendente,
meu primeiro e santo amor!

Meu coração não se acalma,
não cessa de te adorar.
Deixa abrasar a minh'alma
nas chamas de teu olhar!
Não temas, não há perigo!
Por que te assustas, meu anjo?
Leva minh'alma contigo,
solta as tuas asas, arcanjo!

O elenco agradece o forte aplauso. Chiquinha e sua orquestra também agradecem. Durante o aplauso, a cortina do palco menor se fecha e ele é levado para trás e para fora do palco.

MESTRE DE CERIMÔNIAS Os artigos e as críticas esbanjaram elogios e entusiasmo!

Passa pelo palco um tablado sobre o qual há várias mesas onde vários jornalistas escrevem.

JORNALISTA 1 Uma peça posta em música por uma mulher!

JORNALISTA 2 Chiquinha é uma genuína Offenbach de saias! Para quem não sabe, Offenbach é o inventor das operetas, gênero em que há hoje no Brasil uma mestra!

JORNALISTA 3 "A corte na roça" é um verdadeiro primor de graça, elegância e frescor. Uma composição assim faria a reputação de um compositor em qualquer país que se apresentasse.

MESTRE DE CERIMÔNIAS E foi o que aconteceu!

O tablado sai de cena.
Aparece a data 1883 projetada no palco.

MESTRE DE CERIMÔNIAS Dois anos antes, o famoso autor de burletas, operetas, revistas, comédias de costume etc. Artur Azevedo convidou Chiquinha Gonzaga para musicar um texto seu chamado "Viagem ao Parnaso". A compositora inédita disse sim antes mesmo de ouvir o convite. Artur gostou, aprovou as composições e levou para o produtor que colocaria a peça num teatro.

Chiquinha Gonzaga chega ao escritório de Artur Azevedo, o grande dramaturgo brasileiro do século 19, para saber notícias da reunião que ele teve com um produtor.

MESTRE DE CERIMÔNIAS No mesmo dia, Chiquinha foi ao escritório de Artur.

CHIQUINHA E então, meu querido, como foi a conversa com o produtor?

ARTUR AZEVEDO Foi...

CHIQUINHA Me conte desde o princípio.

ARTUR AZEVEDO Está bem. Eu mal cheguei e ele exclamou:

> *Acontece um* flashback*: Artur se vira para o outro lado e conversa com o produtor. Chiquinha não sai de cena e assiste como se estivesse ouvindo a narrativa de Artur.*

PRODUTOR "Viagem ao Parnaso" é um bom nome para uma peça musical.

ARTUR AZEVEDO Que bom que você...

PRODUTOR Mas me arrume um nome ótimo. Ou, de preferência, um excelente!

ARTUR AZEVEDO (*surpreso*) Ah!

> *Artur se vira para Chiquinha, e a ação volta para o que aconteceu depois da reunião. O produtor não sai de cena, mas fica neutro.*

CHIQUINHA (*desapontada*) Ah, eu gosto tanto desse nome.

ARTUR AZEVEDO Eu também.

CHIQUINHA E aí?

ARTUR AZEVEDO Ele quis saber se as músicas já estavam prontas.

> *Artur se vira para o outro lado, e há mais um* flashback*.*

ARTUR AZEVEDO Já. São algumas das melhores canções que ouvi. É sucesso na certa!

PRODUTOR Cante para mim.

ARTUR AZEVEDO (*sorrindo amarelo*) Eu?

PRODUTOR Não, você não. Eu estou falando para aquela parede cantar para mim.

ARTUR AZEVEDO Ah, é uma brincadeira.

PRODUTOR É, é.

ARTUR AZEVEDO Que alívio.

PRODUTOR Que bom que você está aliviado. Mas eu ainda quero que você cante duas ou sete canções para mim.

Artur se vira para Chiquinha.

CHIQUINHA Eu sabia que devia ter ido junto!

ARTUR AZEVEDO Pois é...

CHIQUINHA Eu não entendi por que você achou melhor eu não ir.

ARTUR AZEVEDO Não?

CHIQUINHA E o que ele achou das canções?

Artur se vira para o produtor.

PRODUTOR Esplêndidas!

ARTUR AZEVEDO Que bom.

PRODUTOR Encantadoras!

ARTUR AZEVEDO Que ótimo!

PRODUTOR Extraordinárias!

ARTUR AZEVEDO Que maravilha!

Artur se vira para Chiquinha.

CHIQUINHA E aí? Você já assinou o contrato?

ARTUR AZEVEDO Já.

CHIQUINHA (*abraçando-o*) Artur, meu querido! Finalmente vou estrear como compositora teatral! E graças a você!

ARTUR AZEVEDO É...

CHIQUINHA E quando que eu vou lá assinar o meu contrato? Agora mesmo?

ARTUR AZEVEDO Não.

CHIQUINHA Mais tarde?

ARTUR AZEVEDO Não.

CHIQUINHA Amanhã de manhã?

ARTUR AZEVEDO Não.

CHIQUINHA Quando, então?

Artur se vira para o produtor.

PRODUTOR Nunca!

ARTUR AZEVEDO Mas olha só...

PRODUTOR Jamais!

ARTUR AZEVEDO Mas veja bem...

PRODUTOR Nem pensar!

ARTUR AZEVEDO Mas por quê?

PRODUTOR Uma mulher assinando a música de um espetáculo? Quando e onde já se viu isso?

ARTUR AZEVEDO Nunca e em lugar nenhum.

PRODUTOR (*fingindo surpresa*) É mesmo? (*sério*) É claro que não!

ARTUR AZEVEDO Por isso mesmo!

PRODUTOR Por isso mesmo o quê?

Artur se vira para Chiquinha.

CHIQUINHA A surpresa! A novidade! O frisson! Isso pode render muito em publicidade!

ARTUR AZEVEDO Foi exatamente o que eu disse para ele.

CHIQUINHA E o que o cabeça-dura respondeu?

Artur alterna olhares para Chiquinha e para o produtor. Parece que eles estão falando entre si, mas estão falando com Artur.

PRODUTOR E o escândalo? A desonra? A vergonha? O fracasso? E, pior de tudo, o prejuízo?

CHIQUINHA Mas que cérebro mofado tem esse senhor!

PRODUTOR Mas que ousadia tem essa senhora!

CHIQUINHA Em que ano ele pensa que estamos? 1783?

PRODUTOR Em que ano ela pensa que estamos? 1983?

CHIQUINHA E PRODUTOR É absurdo e inacreditável!

CHIQUINHA Eu sabia, era bom demais pra ser verdade. Mas eu não vou desistir, Artur! Nunca!

PRODUTOR Nunca, Artur! Não existe a menor possibilidade de... Ei, espere aí. Tive uma ideia.

CHIQUINHA (*sarcástica*) Ele teve uma ideia? Isso é que é inacreditável!

PRODUTOR Está tudo resolvido!

CHIQUINHA (*aliviada*) Não me diga! Ele é inteligente, criativo e audacioso, é?

PRODUTOR Me diga se eu não sou inteligente, criativo e audacioso!

ARTUR (*para os dois*) Claro que sim...

CHIQUINHA Mas qual foi a ideia, afinal?

PRODUTOR Nós usamos as canções.

CHIQUINHA Viva!

PRODUTOR E sua amiga assina com um pseudônimo.

CHIQUINHA Um pseudônimo?

PRODUTOR É, um pseudônimo. Qualquer nome de homem.

CHIQUINHA Um nome de homem? Nunca! Jamais! Nem pensar!

ARTUR (*para ela*) Foi o que eu disse pra ele.

PRODUTOR Como assim? Você acha que ela não vai aceitar?

CHIQUINHA Não mesmo!

PRODUTOR Mas por quê, ora essa?

CHIQUINHA Porque eu tenho caráter, dignidade e honestidade.

PRODUTOR (*irônico*) É mesmo?

CHIQUINHA Porque me chamo Francisca. E não Francisco.

PRODUTOR (*irônico*) É mesmo?

CHIQUINHA Porque não tenho pênis.

PRODUTOR (*aturdido*) Como é?

CHIQUINHA E o mais importante: as mulheres devem ter o direito de ter direitos!

PRODUTOR (*furioso*) É mesmo?

> *Produtor sai de cena, batendo os pés.*

ARTUR Não foi desta vez.

CHIQUINHA Obrigada mesmo assim, Artur querido.

ARTUR Teremos outras oportunidades.

CHIQUINHA E um dia meu nome estará na marquise de um teatro...

ARTUR (*fazendo um gesto com o braço*) Música de...

CHIQUINHA (*fazendo um gesto com o braço*) Francisca Gonzaga!

> *Aparece a data 1877 projetada no palco.*

MESTRE DE CERIMÔNIAS Sete anos antes, nossa heroína venceu uma batalha e conquistou seu lugar na lista de compositores brasileiros bem-sucedidos. E seu primeiro êxito foi de improviso, na mesa de um café do centro do Rio, que em 1877 ainda não podia ser chamado de maravilhoso...

> *O palco gira, revelando o cenário da fachada e da varanda externa de um café elegante no centro do Rio.*
> *Numa das mesas, Chiquinha está com vários amigos, entre eles Joaquim Callado.*
> *Dois ou três atores, como garçons, passam levando copos, xícaras, pratos, garrafas, bules.*

AMIGA Chiquinha, minha querida, como é que você está se mantendo?

CHIQUINHA Compondo, tocando, dando aulas.

COMPOSITOR Será que algum dia poderemos viver de nossas composições?

JOAQUIM CALLADO Decerto! E esse dia está mais perto do que você imagina.

OUTRO COMPOSITOR Deus o ouça.

COMPOSITOR Se o Todo-Poderoso ouvir minhas preces e minha última canção, estou feito!

Risos.

CHIQUINHA E eu? Será que algum dia farei sucesso?

MÚSICO Nunca se sabe quando essas coisas podem acontecer.

CHIQUINHA O jeito é continuar tentando. Compor todo dia, sempre que sobrar um tempinho.

OUTRO COMPOSITOR Parece até que pra você é fácil.

CHIQUINHA Como assim?

JOAQUIM CALLADO É que eu contei para ele que um passarinho me contou que você senta ao piano e a música aparece, como sai pano de um tear.

OUTRO COMPOSITOR E eu duvidei.

CHIQUINHA Não duvide.

OUTRO COMPOSITOR A inspiração surge assim, feito o Espírito Santo?

CHIQUINHA Sabe qual é minha inspiração?

OUTRO COMPOSITOR Não. Diga.

CHIQUINHA A pilha de contas que tenho que pagar todo mês.

Risos e gargalhadas.

AMIGA (*brincando, irônica*) Não diga!

MÚSICO (*brincando, pedindo para ela não dizer*) Não diga.

AMIGA (*brincando, imitando o outro compositor*) Não. Diga!

Risos e gargalhadas.

CHIQUINHA Eu tenho filhos para criar, caro amigo. E, para nós mulheres, é mais difícil, porque sempre querem nos pagar menos, pelo fato de não termos aquilo e aquilo outro entre as pernas!

Gargalhadas.

OUTRO COMPOSITOR Pois continuo duvidando.

CHIQUINHA É um desafio?

OUTRO COMPOSITOR É.

CHIQUINHA Vale uma aposta?

Pausa.

OUTRO COMPOSITOR Não!

Risos.

JOAQUIM CALLADO Você não sabe do que nossa querida amiga é capaz.

AMIGA Mostre, Chiquinha!

CHIQUINHA Já que vocês insistem...

Risos.

CHIQUINHA Eu vou fazer uma música para aquela moça ali...

Chiquinha pega um violão, toca alguns acordes e canta a primeira frase da canção "Atraente".

CHIQUINHA *Rebola bola e atraente vai*
esmigalhando os corações com o pé.

JOAQUIM CALLADO Começou bem!

AMIGA Continue!

CHIQUINHA *E no seu passo apressadinho, tão miúdo, atrevidinho,*
vai sujando o meu caminho, desfolhando o malmequer.

COMPOSITOR Que inveja, meu Deus! Mas no bom sentido, tá?

Risos.
Chiquinha continua.

CHIQUINHA *Se bem que quer, seja se quer ou não;*
bem reticente, ela só faz calar,
ela é tão falsa e renitente que até
atrai só o seu pensar.

Aplausos de todos, inclusive do desafiante. Pausa.

CHIQUINHA *Como é danada*
perigosa
vaidosa
desastrosa
escandalosa
indecorosa
rancorosa
incestuosa
tão nervosa
e bota tudo em polvorosa, quando chega belicosa,
bota tudo pra perder!

Mais aplausos.
A orquestra da peça passa a acompanhá-la, e vários atores entram, dançando e cantando. Uma das atrizes faz o papel da "atraente", os outros dançam em volta dela. Os que fazem papel de garçom juntam-se a eles.

CHIQUINHA E CORO *Amour, amour*
Tu jure amour, très bien,
mas joga fora esta conversa vã,
não vem jogar Fla-Flu no meu Maracanã,
não sou Juju Balangandã.

Meu coração, porém, diz que não vai
suportar esta maldita, inenarrável solidão.
Se assim for, ele vai se esbodegar
e te ver se despinguelar numa desilusão!

Todos a aplaudem de pé.
O palco gira, saindo de cena o cenário de café.
Aparece a data 1876 projetada no palco.

MESTRE DE CERIMÔNIAS Continuando nossa viagem ao passado, vamos em frente tocando no delicado assunto de suas duas desilusões amorosas que causaram as dolorosas separações.

Populares comentam enquanto atravessam a rua.
Chiquinha está em cena, parada, de cabeça baixa. Junto dela há uma mala.

BALCONISTA RUIVA E INVEJOSA Você se lembra da d. Chiquinha, que tão logo largou marido e filhos se amigou com senhor João Batista de Carvalho?

FLORISTA LOIRA E MANHOSA Claro que lembro. Aí nasceu-lhe outra filha.

MUCAMA ANIMADÍSSIMA O quarto rebento, do segundo marido.

FLORISTA LOIRA E MANHOSA Que foi batizada Alice Maria.

MUCAMA ANIMADÍSSIMA E deu no que deu.

ALFERES BARBUDO Bem que tinham me falado que esse João Batista vivia perdendo a cabeça!

Risos.

VIGÁRIO OBESO E FELIZ E por causa de rabo de saia, como o bíblico.

ESCREVENTE FAMINTO É um bon-vivant!

TIPÓGRAFO RESFRIADO É isso mesmo! Ele começa logo de manhã!

Risos.

CORONEL MINEIRO Esse, sim, sabe viver.

SINHAZINHA ESNOBE O que você quer dizer com isso?

CORONEL MINEIRO Que minha vida a seu lado é menos que sofrível!

SINHAZINHA ESNOBE Que o diabo o carregue!

CORONEL MINEIRO Amém!

ALFERES BARBUDO Aí mudou-se o casal para Minas Gerais, de filha, mala e cuia.

MOLEQUE ATREVIDO Mas por quê?

ALFERES BARBUDO Pra fugir da hostilidade.

VASSOUREIRO ITALIANO Pra conseguir trabalho?

APRENDIZ DE ALFAIATE Exatamente. Eles já tinham ido para a serra da Mantiqueira e voltado pro Rio, mas foram recebidos de braços fechados.

MOLEQUE ATREVIDO Então foi em Minas que aconteceu, foi?

PEDINTE INSISTENTE Se foi!

INDÍGENA COM TACAPE NA MÃO Foi o quê, hein? Posso saber?

BALCONISTA RUIVA E INVEJOSA A senhora d. Chica surpreendeu o sr. João Batista com outra mulher.

MOLEQUE ATREVIDO Não diga, Iaiá! E ela?

SINHAZINHA ESNOBE Cale-se, seu moleque atrevido!

APRENDIZ DE ALFAIATE Chiquinha mudou-se de lá, de mala e cuia.

VIGÁRIO OBESO E FELIZ Hum.

VASSOUREIRO ITALIANO Sem a neném.

TIPÓGRAFO RESFRIADO É, ficou sem ninguém.

BALCONISTA RUIVA E INVEJOSA Bem feito!

ESCREVENTE FAMINTO Mais uma vez a pobre mulher foi obrigada a deixar uma criança pra trás!

João Batista entra, com a neném no colo. Chiquinha levanta a cabeça e canta "Dois corações".

CHIQUINHA *Quem tiver dois corações*
tire um para me dar,
dei o meu àquele ingrato
que não soube me amar.

Conheci duas meninas,
todas as duas eu quero muito bem;
uma mais do que a outra
e a outra mais do que ninguém.

Tive dois amores na vida,
um eu dei meu coração,
dei a outro o meu amor,
só fiquei na ilusão.

Chiquinha estende os braços, querendo pegar a neném, mas ele dá um passo para trás. Ela ajoelha, suplica. Ele se vira de costas. Chiquinha pega um lenço e a mala e vai saindo de cena, acenando, enxugando os olhos e cantando "Ingratidão", de Chiquinha e Joaquina Gonzaga.

CHIQUINHA   *Eu não esqueço tua ingratidão*
e vou te abandonar
e nunca mais quero te ver.

Não quero te perdoar,
vou machucar seu coração,
você vai ver como é bom cantar,
como é bom viver de recordação.

Os populares continuam assistindo à cena e comentando.

SINHAZINHA ESNOBE Aqui paga quem aqui fez!

ESCRITURÁRIO FAMINTO E seis anos antes, como foi?

MUCAMA ANIMADÍSSIMA D. Chiquinha conseguiu levar o maior, João Gualberto, mas teve que deixar os menorzinhos, Maria do Patrocínio e Hilário.

VIGÁRIO OBESO E FELIZ Mais separações por causa da separação.

PEDINTE INSISTENTE Que castigo!

MUCAMA ANIMADÍSSIMA E a família lhe virou as costas.

VIGÁRIO OBESO E FELIZ Que pecado!

MUCAMA ANIMADÍSSIMA O pai nunca se conformou e passou anos enfurecido.

CORONEL MINEIRO Para eles, Chiquinha tinha morrido!

INDÍGENA COM TACAPE NA MÃO Do quê, hein?

SINHAZINHA ESNOBE Cale-se, seu bêbado.

INDÍGENA COM TACAPE NA MÃO Eu bebo porque tenho sede e porque me roubaram o espírito.

SINHAZINHA ESNOBE Podiam ter roubado a língua também!

VIGÁRIO OBESO E FELIZ Deixem que contem por que cargas d'água houve a separação.

BALCONISTA RUIVA E INVEJOSA Foi tudo por conta do piano, lembra?

> *Aparece a data 1870 projetada no palco.*
> *Entra em cena Jacinto Ribeiro do Amaral, o primeiro marido, que fica junto a Chiquinha.*

FLORISTA LOIRA E MANHOSA Claro que lembro. Jacinto levou Chiquinha para viver com ele no navio, para separá-la do piano.

TIPÓGRAFO RESFRIADO Mais de um ano?

SINHAZINHA ESNOBE Cale-se, seu burro!

PEDINTE INSISTENTE Ele é surdo.

SINHAZINHA ESNOBE Ninguém lhe perguntou nada, farrapo humano.

TIPÓGRAFO RESFRIADO Ah, menos de um ano!

MOLEQUE ATREVIDO Esperem aí! De que navio vocês estão falando?

INDÍGENA COM TACAPE NA MÃO É, que navio era esse?

CORONEL MINEIRO O marido comprou parte de um navio chamado *São Paulo*.

ESCREVENTE FAMINTO Ele ganhou muito dinheiro transportando armas e soldados para a Guerra do Paraguai.

MUCAMA ANIMADÍSSIMA A grande maioria escravizados alforriados, coitados.

APRENDIZ DE ALFAIATE Deixaram a senzala para servir de bucha de canhão e morrer por uma pátria que eles nem sabiam direito qual era.

PEDINTE INSISTENTE E da qual não faziam parte.

VIGÁRIO OBESO E FELIZ Está bem, está bem, mas voltemos à história!

APRENDIZ DE ALFAIATE Para que ela parasse de compor e tocar polcas e valsas, ele passou a levá-la nas viagens.

FLORISTA LOIRA E MANHOSA Deixando o piano em casa, é claro.

SINHAZINHA ESNOBE No entanto, ela conseguiu pôr as mãos num violão e voltou a namorar a música.

ESCRITURÁRIO FAMINTO Deixando o marido ciumento e enraivecido!

MUCAMA ANIMADÍSSIMA Até que chegou o dia em que ele deu um ultimato.

Acontece a cena entre eles. Os populares continuam em volta, assistindo, como se visualizassem o ocorrido.

JACINTO Escolha: a música ou eu.

CHIQUINHA Se é preciso, escolho. Pois, sr. meu marido, eu não entendo a vida sem harmonia.

Pausa.

JACINTO Isso foi um sim ou um não?

CHIQUINHA Muito pelo contrário.

Pausa.

JACINTO Você vai ficar, então?

CHIQUINHA Vou ficar...

JACINTO Muito bem.

CHIQUINHA ... com a música.

Chiquinha canta estrofes da canção "Coração mole" enquanto Jacinto vai esbravejando.

CHIQUINHA   *Eu tenho o coração em festa,*
              eu tenho um fole velho gemedor.

JACINTO Você será condenada à separação perpétua!

CHIQUINHA   *Eu tenho uma saudade no meu peito,*
              toco, canto, não tem jeito,
              não esqueço o grande amor.

JACINTO Por abandono de lar!

CHIQUINHA   *Chora, coração; vai, coração mole,*
              esquece a traição na puxada do meu fole.

JACINTO E adultério culpável!

CHIQUINHA   *Vai no botequim, chega e toma um gole, voa na saudade, dá um jeito e escapole.*

Jacinto sai por um lado, Chiquinha sai pelo outro. Os curiosos se dispersam.

MESTRE DE CERIMÔNIAS A jovem de dezoito anos, já esposa e mãe, chora a falta de seu piano, sua casa e sua família, juntando-se ao pranto de alguns voluntários da pátria, que navegam em direção à carnificina no Paraguai, o maior conflito bélico da história da América do Sul, no qual Brasil, Argentina e Uruguai se aliaram contra seu vizinho Paraguai, derramando sangue para todo lado.

Aparece a data 1865 projetada no palco.
O navio atravessa o palco lentamente. No céu, brilham estrelas e uma enorme lua, que se reflete na água do rio.
Chiquinha e soldados negros que a rodeiam cantam melancólicos.

CHIQUINHA *Ó, lua branca de fulgores e de encanto,*
se é verdade que ao amor tu dás abrigo,
vem tirar dos olhos meus o pranto.
Ai, vem matar essa paixão que anda comigo.

Ai, por quem és, desce do céu, ó, lua branca;
essa amargura do meu peito, ó, vem, arranca;
dá-me o luar de tua compaixão;
ó, vem, por Deus, iluminar meu coração.

CHIQUINHA E CORO *E quantas vezes lá no céu me aparecias*
a brilhar em noite calma e constelada
e em tua luz, então, me surpreendias
ajoelhado junto aos pés da minha amada.

E ela a chorar, a soluçar, cheia de pejo,
vinha em seus lábios me ofertar um doce beijo;
ela partiu, me abandonou assim,
ó, lua branca, por quem és, tem dó de mim.

O barco sai de cena. O palco gira, revelando a sala da casa dos pais de Chiquinha enfeitada para o Natal. Em destaque no cenário, um piano. Sentada na frente dele está Chiquinha, com onze anos, com roupa "de festa".
Formando um quadro vivo, com clima de presépio, estão em volta dela os pais, os irmãos e o tio.
Aparece a data 1858 projetada no palco.

MESTRE DE CERIMÔNIAS Chegamos ao fim desta jornada, que tem seu clímax no início da carreira de uma das artistas mais importantes do Brasil. Foi aos onze anos que Francisca Edwiges Neves Gonzaga começou a se tornar Chiquinha Gonzaga!

A cena se descongela, e Chiquinha toca a música "Canção dos pastores".

MESTRE DE CERIMÔNIAS A "Canção dos pastores", com letra de seu irmão Juca, foi a primeira de mais de duas mil composições.

A cena volta a se congelar. O palco gira, mostrando um cenário típico das revistas musicais da primeira metade do século 20 no Brasil, com escadaria, telão pintado, tablados, lustres etc.
Em cena estão atores, coristas, vedetes, dançarinos e acrobatas. Os figurinos são em estilo, estética e padrão de beleza que predominaram de 1847 a 1935, misturando personagens da chegada de Cabral ao Brasil com personagens das diversas peças musicadas por Chiquinha que fizeram parte do espetáculo, além dos outros personagens de sua vida.

MESTRE DE CERIMÔNIAS A história acabou, mas a história do Brasil não acaba. Para um *grand finale*, este espetáculo se fecha com chave de ouro na contagiante animação da canção "Tava assim de português"!

Chiquinha surge no alto da escadaria e, enquanto desce, dança e canta, com todo o elenco, a música que faz referência irônica à invasão portuguesa no Brasil.
"Tava assim de português" é cantada e dançada com a empolgação do Carnaval carioca, com direito a confete, serpentina, irreverência e alegria.

TODOS   *O meu Brasil*
era um paraíso aberto,
'té que um dia um estrangeiro
veio olhá ele de perto!

E Cabrá, que era Almirante
trouxe cem de uma só vez.

É por isso que nós grita,
nós apita,
contra esses português
que aqui chega e arrebata
as mulata
pra sortá no fim do mês!

Cai o pano.

LIMA BARRETO,
O MORTAL IMORTAL[4]

ANTES DE MAIS NADA

Lima Barreto nasceu:

SETENTA E TRÊS ANOS DEPOIS da chegada da família real ao Brasil.

SESSENTA ANOS DEPOIS da já citada família voltar para Portugal.

CINQUENTA E NOVE ANOS depois de d. Pedro I proclamar a independência do Brasil em relação à coroa de Portugal.

CINQUENTA ANOS DEPOIS de d. Pedro I abdicar em favor de seu filho e voltar para Portugal, onde assumiu a coroa como d. Pedro IV.

QUARENTA ANOS DEPOIS da coroação de d. Pedro II, o segundo e último imperador do Brasil, quando Pedro de Alcântara tinha quinze anos.

TRINTA E UM ANOS DEPOIS de aprovada a Lei Eusébio de Queiroz, que acabou com o tráfico de escravizados no Brasil.

EXATAMENTE SETE ANOS ANTES de a filha de d. Pedro II, a princesa Isabel, assinar a Lei Áurea, que aboliu a escravidão no Brasil.

OITO ANOS ANTES da Proclamação da República.

DOZE ANOS ANTES da campanha de erradicação da febre amarela, comandada

---

4. As falas de Lima Barreto que aparecem neste capítulo foram escritas pelo autor deste livro, com base no *Diário íntimo* do escritor. Lima Barreto. *Diário íntimo*. São Paulo: Globus, 2011.

por Oswaldo Cruz, e da reação popular negativa a ela, que ficou conhecida como Revolta da Vacina.

TREZE ANOS ANTES das primeiras eleições de voto direto para a presidência do Brasil, vencida por Prudente de Morais.

TRINTA E TRÊS ANOS ANTES da Primeira Guerra Mundial, que durou de 1914 a 1918. Nessa guerra foram usados pela primeira vez equipamentos modernos, como tanques e aviões, que causaram a morte de milhões de pessoas, soldados e civis, em bem pouco tempo.

QUARENTA E UM ANOS ANTES da Semana de Arte Moderna, que aconteceu em fevereiro de 1922, onze meses antes da morte de Lima Barreto, que foi modernista bem antes de todos os modernistas.

CHEGADA AO PORTAL

"Quando naquele dia são Pedro despertou, despertou risonho e de bom humor. E, terminados os cuidados higiênicos da manhã, ele se foi à competente repartição celestial buscar ordens do Supremo e saber que almas chegariam na próxima leva.

Em uma mesa longa, larga e baixa, um grande livro aberto se estendia e debruçado sobre ele, todo entregue ao serviço, um guarda-livros punha em dia a escrituração das almas, de acordo com as mortes que anjos mensageiros e noticiosos traziam de toda a extensão da Terra. Da pena do empregado celeste escorriam grossas letras, e de quando em quando ele mudava a caneta para melhor talhar um outro caractere caligráfico.

(...)

Ao entrar são Pedro, o escriturário do Eterno voltou-se, saudou-o e, à reclamação da lista d'almas pelo santo, ele respondeu com algum enfado (enfado do ofício) que viesse à tarde buscá-la.

Aí pela tardinha, ao findar a escrita, o funcionário celeste (um velho jesuíta encanecido no tráfico de açúcar da América do Sul) tirava uma lista explicativa e entregava a são Pedro, a fim de que este se preparasse convenientemente para receber os ex-vivos no dia seguinte.

(...) Leu são Pedro a relação: havia muitas almas, muitas mesmo, delas todas, à vista das explicações apensas, uma lhe assanhou o espanto e a estranheza."[5]

Lima Barreto chegou ao portal do céu em 1º de novembro de 1922 e foi recepcionado pelo já citado arcanjo.

ARCANJO Como vai? Você é Afonso Henriques de Lima Barreto, correto?

LIMA BARRETO Sim, senhor.

ARCANJO Não, eu não sou o Senhor! Ele está nos vendo, assim como vê todos que estão entre o céu e a terra. E quem sou? Pode me chamar de Arcanjo, Arca, Anjo, Ângelo ou de qualquer outra coisa.

LIMA Está bem.

ARCANJO Vamos abrir o livro de sua vida? Hum... Ele é fino demais para meu gosto. Você está chegando aqui muito moço.

LIMA Era para eu ter chegado antes. Mas a coragem me faltou.

ARCANJO Estou sabendo, mas vamos falar disso depois. Você nasceu no dia 13 de maio de 1881, filho legítimo de João Henriques de Lima Barreto e Amália Augusta Barreto, na cidade do Rio de Janeiro, mais especificamente no bairro de Laranjeiras, correto?

LIMA Correto. Desgraçado nascimento tive eu! Cheio de aptidões, de boas qualidades, de grandes e poderosos defeitos, morri sem nada ter feito.

ARCANJO Não é o que estou vendo aqui.

LIMA Seria uma grande vida, se tivesse feito grandes obras; mas nem isso fiz.

ARCANJO Em uma vida não tão longa, você produziu muitos contos, crônicas e romances, a maioria de grande qualidade. O valor da sua obra não foi reconhecido. Ainda!

---

5. Trecho retirado do conto "O pecado". In: Lima Barreto. *Contos completos de Lima Barreto*. São Paulo: Companhia das Letras, 2011.

ÓRFÃO DE MÃE

ARCANJO Você não teve um começo de vida tão difícil; certamente poderia ser pior. Seu pai era tipógrafo, e sua mãe, professora.

LIMA Ambos mulatos.

ARCANJO E ser mestiço diminui chances, possibilidades, oportunidades lá embaixo?

LIMA Aos vinte e dois anos, eu pretendia escrever a *História da escravidão negra no Brasil*, e sua influência na nossa nacionalidade.

ARCANJO Grande plano. Ah, estou vendo aqui que sua mãezinha veio para cá quando você tinha sete anos. Correto?

LIMA Correto. É por isso que tenho, quer dizer, tinha a mania do suicídio. Logo depois da morte da minha mãe, quando eu fui acusado injustamente de furto, tive vontade de me matar.

ARCANJO Que bom que deixou a vontade passar.

LIMA Outra vez que essa vontade me veio foi aos onze ou doze, quando fugi do colégio. Mas não me sobrou coragem para me atirar no vazio.

ARCANJO Você pode não acreditar, mas o mundo ia ficar mais pobre de grandes obras de arte se isso tivesse acontecido.

LIMA Só você e eu sabemos disso.

ARCANJO Por enquanto. Em não muito tempo, muita gente saberá, no Brasil e mundo afora.

O DIA DECISIVO PARA LIMA BARRETO (E TODO O POVO BRASILEIRO)

ARCANJO A assinatura da Lei Áurea aconteceu no dia de seu aniversário de sete anos!

LIMA Sim, nasci sob o signo de maio. Antes meu pai chegou em casa e disse-me: a lei da abolição vai passar no dia de teus anos. E de fato passou. Quando depois fui para o colégio, um colégio público, à rua do Resende, a alegria entre a criançada era grande. Nós não sabíamos o alcance da lei, mas a alegria ambiente nos tinha tomado.

ARCANJO Que privilégio ter vivido esse momento histórico.

LIMA A professora, que viu tudo de perto, nos disse que havia uma imensa multidão ansiosa, com o olhar preso às janelas do velho edifício do antigo paço. Afinal a lei foi assinada e, num segundo, todos aqueles milhares de pessoas o souberam. A princesa veio à janela. Foi uma ovação: palmas, acenos com lenços, vivas...

ARCANJO A princesa Isabel era chamada de Princesa das Camélias, correto?

LIMA Correto. Essa flor tinha se tornado um símbolo dos abolicionistas. Os homens usavam na lapela dos paletós e as mulheres, nos chapéus.

ARCANJO Por que escolheram a camélia? Por ser uma flor rara?

LIMA Sim. Apesar disso, existia aos montes na chácara José de Seixas Magalhães, que abrigava escravizados fugidos. E também porque camélias eram cultivadas por ex-escravizados no quilombo do Leblon.

ARCANJO A princesa recebeu um buquê de camélias assim que assinou a Lei Áurea!

LIMA É mesmo? Disso eu não fiquei sabendo.

ARCANJO Que bonito nome escolheram para a lei que acabou com algo tão abominável.

LIMA "Áurea" quer dizer feita de ouro.

ARCANJO Que é o metal mais resistente, correto?

LIMA Correto.

ARCANJO O dia 13 de maio de 1888 amanheceu dourado.

LIMA Sim, como se o céu tivesse se enfeitado para a festa. Fazia sol e o dia estava claro. Jamais, na minha vida, vi tanta alegria. Era geral, era total, e os dias que se seguiram, dias de folganças e girândolas, deram-me uma visão da vida inteiramente de festa e harmonia.

ARCANJO Que bonito tanta gente participando de um acontecimento tão importante.

LIMA "Houve o barulho de bandas de músicas, de bombas e girândolas. Construíram-se estrados para bailes populares, houve desfiles de batalhões escolares."

ARCANJO A vida dos negros e mestiços melhorou com a abolição, correto?

LIMA Para quem era escravizado, claro. Mas a Lei Áurea não aboliu o preconceito e a discriminação.

ARCANJO É mesmo? Que pena.

LIMA Como ainda estávamos longe de ser livres! Como ainda nos enleávamos nas teias dos preceitos, das regras e das leis!

O PAI E O PADRINHO

ARCANJO Seu pai foi demitido da Imprensa Oficial e conseguiu ser nomeado escriturário das Colônias de Alienados da Ilha do Governador.

LIMA Nossa casa passou a ser lá, no asilo de loucos. E que ironia, pelo que ia acontecer.

ARCANJO Seu pai ficou mentalmente doente, correto?

LIMA Errado, porque não deveria ter acontecido. Foi em 1903, e eu tive que dizer adeus ao meu sonho de ser engenheiro.

ARCANJO Mas você chegou a se matricular e cursar alguns meses a Escola Politécnica do Rio de Janeiro, correto?

LIMA Sim, sim.

ARCANJO E você chegou até lá, passando por um internato e pelo Colégio Imperial, graças a um padrinho, o senhor Affonso Celso de Assis Figueiredo, visconde de Ouro Preto. Correto?

LIMA Exatamente. Mas quer saber? Os protetores são os piores tiranos.

ARCANJO Sem comentários.

O ARRIMO COMO HERANÇA

ARCANJO Voltando a seu pai...

LIMA Pobre insano. Às vezes, não queria comer e era preciso forçá-lo, e as perseguições que ele tinha no espírito não o deixavam sossegar. Ainda não o deixam, claro, sou eu quem está aqui.

ARCANJO Quanto a isso, não se preocupe, ele estará aqui em dois dias.

LIMA É mesmo? Sabe que eu cansei de dizer que os malucos foram os reformadores do mundo?

ARCANJO Como assim?

LIMA As grandes reformas do mundo têm sido feitas por homens, e, às vezes mesmo mulheres, tidos por doidos.

ARCANJO Você, então, teve que abandonar a escola para cuidar de seus irmãos, por conta da doença de seu pai?

LIMA Tornei-me arrimo de família. Fomos morar no subúrbio, em Todos os Santos.

ARCANJO E você passou num concurso público para trabalhar como amanuense na Secretaria da Guerra.

LIMA E tão feliz fiquei que passei a beber.

ARCANJO Você já tinha vivido seu momento de boêmio.

LIMA Tomar umas e outras com os amigos é uma coisa. Beber para esquecer, beber porque se está desiludido, beber a ponto de acordar caído na sarjeta e ter delírios e outros sintomas, a ponto de ser confundido com um doido, é outra coisa.

NO CEMITÉRIO DOS MORTOS

ARCANJO Então você foi internado algumas vezes em hospícios.

LIMA E fica a dúvida: bebemos porque já somos loucos ou ficamos loucos porque bebemos?

ARCANJO Quem sabe? Eu sei quem sabe, mas nunca ouvi nada a respeito. Me diga, como é que uma coisa dessas acontece?

LIMA Passei a beber cada vez mais. Não me preocupava com meu corpo. Deixava crescer o cabelo, a barba, não me banhava a miúdo. "Todo o dinheiro que apanhava bebia. Delirava de desespero e desesperança; eu não obteria nada."

ARCANJO Você transformou uma das internações em arte, correto?

LIMA Isso. O livro *O cemitério dos vivos* nada mais é que anotações da terceira internação, e ficou inacabado. Há um outro, chamado *Diário do hospício*, que é inteirinho sobre esse assunto.

ARCANJO *O cemitério dos vivos* é um nome terrível, pra lá de triste.

LIMA Tanto quanto os fatos. Entrei no hospício no dia de Natal. Passei as famosas festas entre as quatro paredes de um manicômio. A noite do dia 24 tinha passado em claro, errando pelos subúrbios, em pleno delírio.

O TRISTE FIM DE LIMA BARRETO

ARCANJO E, então, um ataque cardíaco o trouxe até aqui.

LIMA Pois é. Foi na casa modesta de Todos os Santos, com minha irmã Evangelina se desvelando em cuidados.

ARCANJO Mais alguma coisa a declarar?

LIMA Desesperavam-me o mau emprego dos meus dias, a minha passividade, o abandono dos grandes ideais que alimentara. Não, eu não tinha sabido arrancar da minha natureza o grande homem que desejara ser; abatera-me diante da sociedade; não soubera revelar-me com força. Com vontade e grandeza... Sentia bem a desproporção entre o meu destino e os meus primeiros desejos.

ARCANJO Bonito. Triste, mas bonito. Isso... é um personagem que diz em um de seus livros, correto?

LIMA Corretíssimo. Isaías Caminha. Mas é próprio para minha pessoa.

ARCANJO Estou sabendo. A literatura é poderosa.

LIMA E a expressão da vida refletida e consciente evoca em nós, ao mesmo tempo, a consciência mais profunda da existência, os sentimentos mais elevados, os pensamentos mais sublimes. Ela ergue o homem de sua vida

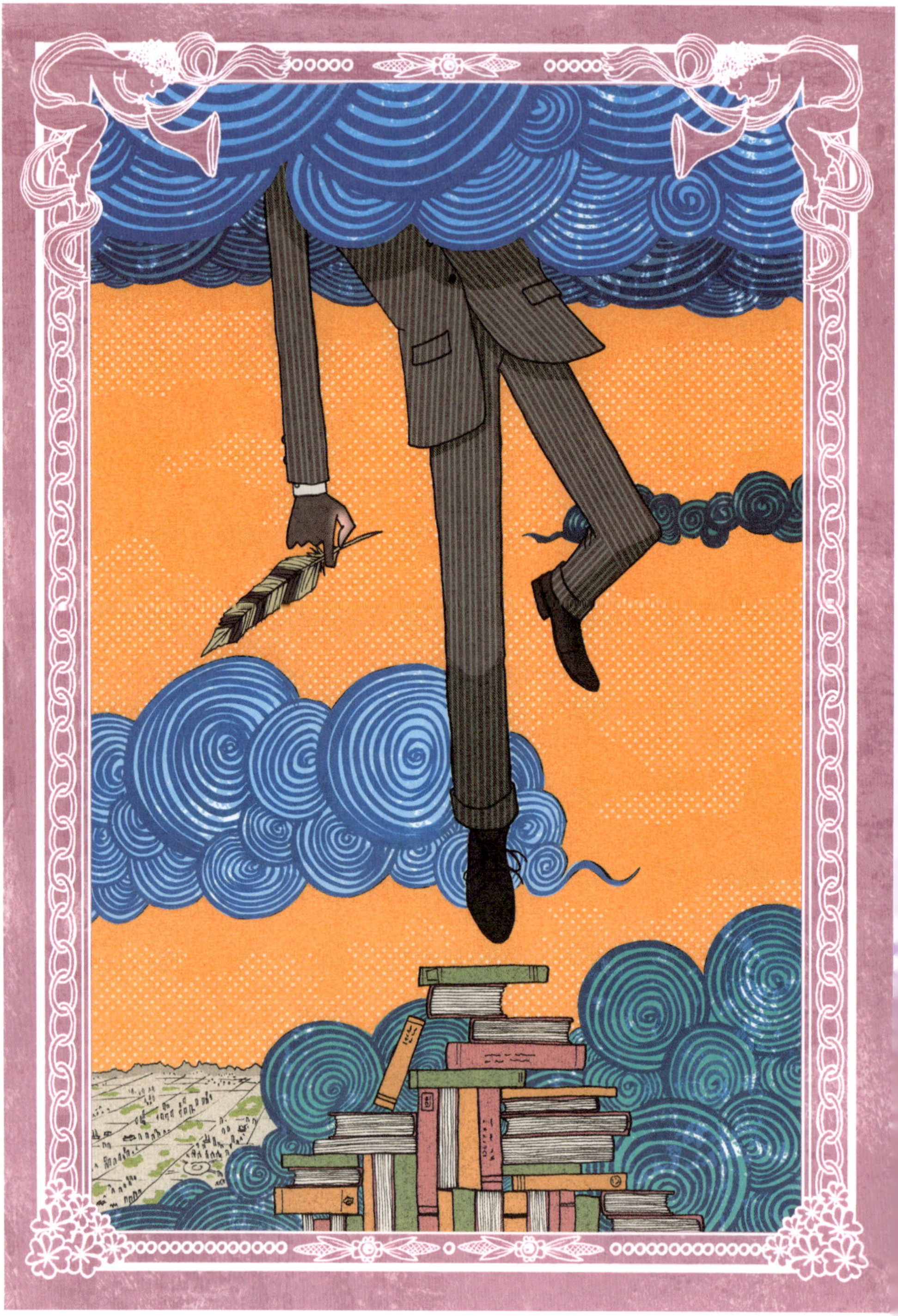

pessoal à vida universal, não só pela sua participação nas ideias e crenças gerais, mas também ainda pelos sentimentos profundamente humanos que exprime.

UM SEGREDO ASTRAL

ARCANJO Posso contar um segredo?

LIMA Por que não?

ARCANJO Você não se sentirá sozinho aqui.

LIMA É mesmo, meu caro arcanjo?

ARCANJO É mesmo, meu caro Afonso.

LIMA E quem me fará companhia? Minha mãe?

ARCANJO E seu pai, como eu já disse.

LIMA Não sei se fico feliz ou triste. Acho que feliz, porque vai terminar uma sequência enorme de dias sofridos.

ARCANJO E isso vai acontecer depois de amanhã. As últimas palavras dele serão: "Morreu Afonso?".

LIMA Não diga! Pobre homem. Em mais de um sentido.

UM MORTO IMORTAL

ARCANJO Bem, o livro de sua vida já está fechado, mas a vida de seus livros vai durar anos e anos, talvez séculos. Vai demorar, mas o valor de sua obra será descoberto e divulgado. Você será considerado um dos grandes contistas e romancistas brasileiros.

LIMA É bem difícil acreditar nisso.

ARCANJO Pois acredite. Toda a sua obra será publicada em 1956, e seus romances, novelas e livros de crônicas e contos, como *O triste fim de Policarpo Quaresma*, *Clara dos Anjos* e *Os bruzundangas* serão lidos em escolas.

LIMA *Os bruzundangas*? Vai ser uma publicação póstuma.

ARCANJO Estou sabendo. Serão feitas teses sobre você e sua obra, no Brasil e em outros países.

LIMA Tem certeza?

ARCANJO Absoluta! Sua obra vai influenciar as artes brasileiras.

LIMA É mesmo?

ARCANJO Mesmo. Grandes nomes da literatura brasileira deste século, como Mário de Andrade e Oswald de Andrade!

LIMA Dois irmãos?

ARCANJO Não. Nem primos. Amigos, até certo ponto da vida, mas isso são coisas que eu nem deveria comentar.

LIMA Acho que eu vou me divertir aqui.

ARCANJO Com certeza. O céu é realmente um paraíso. Último comentário: uma injustiça não poderá ser desfeita.

UM IMORTAL MORTAL

LIMA Academia Brasileira de Letras.

ARCANJO Exatamente. Você se candidatou três vezes — em 1918, 1919 e 1921.

LIMA Na primeira vez nem aceitaram minha inscrição.

ARCANJO Na segunda aceitaram, mas você não foi eleito.

LIMA Na terceira, me inscrevi em julho, mas retirei minha inscrição em agosto.

ARCANJO Por quê?

LIMA Porque sim.

ARCANJO Excelente razão. Eu imaginei que tinha sido por medo de mais uma vez não ser eleito.

LIMA Pode ser...

ARCANJO Eu sei, mas me calo, o coração tem razões que a própria razão desconhece.

LIMA Pois é.

ARCANJO Se isso acontecesse daqui a cinquenta anos, não seria da mesma maneira. Volto a dizer, acredite, você e sua obra são imortais e terão o respeito e a admiração que merecem.

LIMA Espero assistir a um pouco disso aqui de cima... se é que eu vou ficar por aqui.

ARCANJO Veja só, certa vez você escreveu uma história chamada *O pecado*, na qual acontece algo semelhante ao que acaba de acontecer neste portal, correto?

LIMA Sim.

ARCANJO Na história, alguém que chega aqui é mandado direto para o purgatório, por ser negro.

LIMA Isso mesmo.

ARCANJO Mas aqui, hoje, isso não vai acontecer, porque essas barbaridades são coisas terrenas. Vamos fechar o livro de sua vida e, veja, o portal do céu está se abrindo... Seja bem-vindo, fique à vontade, a casa é sua!

MONTEIRO LOBATO, O PAI DA EMÍLIA[6]

INTRODUÇÃO

Monteiro Lobato morreu no dia 4 de julho de 1948. Vinte anos depois, foram feitas várias homenagens ao grande escritor. Várias pessoas foram entrevistadas e falaram sobre ele — parentes, amigos e conhecidos de Lobato. Entre todos os depoimentos saudosos, um dos mais interessantes foi o de d. Lúcia, uma amiga de infância, que reproduziremos aqui. Em julho de 1968, d. Lúcia estava com oitenta e seis anos. Apesar do corpo "gastinho", como ela mesma disse, sua mente estava lúcida. Sua explicação para isso foi: "É que nunca deixei de ser uma menina, sabe?".

A entrevista foi como um longo bate-papo na varanda da casa principal do sítio onde d. Lúcia morou desde criança. A conversa teve apenas duas interrupções: uma ao meio-dia, para o almoço, e outra às sete da noite, para o jantar.

Antes e depois das duas refeições, e no intervalo entre elas, foram servidos vários lanches com café, leite, chá e sucos de frutas do pomar do sítio, além dos mais diversos tipos de salgadinhos, sanduíches e doces.

Em geral, as entrevistas começam com uma pergunta feita pelo entrevistador, que é respondida pelo entrevistado. Em seguida o entrevistador faz outra pergunta, aí o entrevistado responde, e assim vai.

No caso da entrevista de d. Lúcia foi diferente. Ela sempre foi famosa por fazer tudo de maneira peculiar, original e interessante. Começou a conversa com uma resposta e, em seguida, fez quatro perguntas. Vamos a ela, então.

---

6. A personagem d. Lúcia, que aparece neste capítulo, foi inventada pelo autor deste livro. A informação de que Monteiro Lobato usou uma amiga como inspiração para criar Narizinho, personagem das aventuras do Sítio do Picapau Amarelo, só é válida no âmbito da ficção. Mas todos os fatos referentes à vida de Monteiro Lobato são reais.

A ENTREVISTA

D. LÚCIA Verdade pura! É claro que eu sou a menina de narizinho arrebitado. Veja só meu perfil. Mas não sou a Narizinho. Digamos que fui a modelo para a também chamada Lúcia. No entanto, as aventuras daquela menina, seu primo, sua boneca falante e seus amigos saíram inteirinhas da cachola do Juca. Não sei se vocês sabem que esse era o apelido de José Bento. Não sei se vocês sabem que esse foi o segundo nome de José Renato. E não sei se vocês sabem que esse foi o primeiro nome de Monteiro Lobato. Mas tenho certeza de que sabem que meu querido amigo tinha a sabedoria, a inteligência, o bom humor, a coragem e a imaginação tão grandes quanto suas sobrancelhas.

D. Lúcia parou alguns segundos para respirar e continuou.

D. LÚCIA Posso fazer uma ou mais perguntas, não é? A reportagem que você e seus colegas irão fazer não será daquelas de um quarto de página, será? Vocês não vão picotar o que eu vou dizer e colar pedaços fora de ordem, me fazendo passar por idiota, vão? E você não vai citar o que a oposição anda dizendo, que sou uma velhinha caduca, demente e coroca, que tenho delírios de que sou a Narizinho do Sítio do Picapau Amarelo só porque morei a vida toda em um sítio em Taubaté e fui amiga de Juca. Vai?

D. Lúcia olhou para o entrevistador e fez mais duas perguntas.

D. LÚCIA Você vai ficar só sorrindo ou vai começar a me fazer perguntas? Meu Deus do céu! Como é que você poderia me perguntar alguma coisa se até agora eu não parei de falar?

ENTREVISTADOR A senhora quer que eu responda a alguma dessas perguntas?

D. LÚCIA A segunda, a terceira e a quarta, pode ser?

ENTREVISTADOR Com certeza. Nossa reportagem vai ocupar uma edição inteira da revista. Vai ser uma edição especial. Eu pretendo colocar a entrevista toda, sem cortes nem retoques.

D. LÚCIA Que beleza!

ENTREVISTADOR E não vou nem comentar sobre o que "a oposição anda dizendo", se assim a senhora preferir.

D. LÚCIA É assim que eu quero. Porém, se você vai colocar nossa conversa inteirinha, teríamos que gravar tudo de novo, não é? Ah, deixemos como está e não se fala mais nisso, que tal?

ENTREVISTADOR Para mim, está perfeito.

D. LÚCIA Que bom.

ENTREVISTADOR Posso começar a perguntar?

D. LÚCIA Você se incomodaria em responder a mais algumas perguntas antes de eu começar a responder às suas?

ENTREVISTADOR De maneira nenhuma.

D. LÚCIA Obrigada. Você ainda não experimentou os biscoitos de polvilho. São minha especialidade.

ENTREVISTADOR Que delícia!

D. LÚCIA Ih, o café esfriou.

ENTREVISTADOR Tudo bem, eu já tomei o suficiente.

D. LÚCIA Não seja bobinho. Nós não podemos passar horas conversando sem tomar golinhos de café para aquecer a garganta, podemos?

ENTREVISTADOR Acho que não.

D. LÚCIA Eu não acho, tenho certeza. Então, com licença, vou pedir para minha neta trazer mais um bule. Emília! Emilinha, minha flor! Isso mesmo, minha boneca, faça mais café. E já pode fritar os bolinhos. Obrigada.

ENTREVISTADOR Foi a senhora...

D. LÚCIA Não, não fui eu que escolhi o nome de minha neta, não. Foi minha filha, que não se chama Emília. Meu marido não quis, não deixou, bateu o pé, fez cara feia e até malcriação. Por puro ciúme.

ENTREVISTADOR De Monteiro Lobato?

D. LÚCIA Dele mesmo, claro. Imagine só, que bobagem. Mais que um amigo, Juca foi o irmão que eu não tive. E Judith e Esther foram as irmãs que eu não tive. Sou filha única. Minha mãe morreu no meu parto. Isso era bem comum antigamente. As crianças nasciam em casa em vez de virem ao mundo em maternidades, onde há todo tipo de equipamentos, técnicas de higiene e médicos e enfermeiras para emergências. O parto não é uma aventura só para os bebês, mas para as mães também. E ainda dizem que a ciência é inimiga do ser humano. Ela pode ser a pior inimiga, mas pode ser a melhor amiga também. Ah, me desculpe, eu fui até a Lua e voltei. Onde estávamos?

ENTREVISTADOR A senhora ia me fazer algumas perguntas.

D. LÚCIA É claro, que cabeça a minha. Quero saber o que você já sabe sobre Juca. Assim nós poderemos falar bastante do que você não sabe. Que tal?

ENTREVISTADOR Perfeito.

D. LÚCIA Você sabe que o menino chamado José Renato Monteiro Lobato nasceu em Taubaté, no dia 18 de abril de 1882?

ENTREVISTADOR Sim, seis anos antes da abolição da escravidão.

D. LÚCIA E que seu pai era José Bento Marcondes Lobato, e sua mãe, Olympia Augusta Monteiro Lobato?

ENTREVISTADOR Sim, e também sei que foi a mãe que o ensinou a ler e escrever.

D. LÚCIA Tem gente que acha que foi a avó Anacleta, porque era professora em Taubaté.

ENTREVISTADOR Mas foi mesmo d. Olympia.

D. LÚCIA Foi. Sabia que Juca passava horas e horas na biblioteca da casa do avô materno, o visconde de Tremembé?

ENTREVISTADOR Os avós estavam sempre entre a fazenda do Buquira e a casa na cidade, que ficava na rua Quinze de Novembro.

D. LÚCIA Você sabia que no Brasil os títulos de nobreza não passavam de pai para filho, como na Europa?

ENTREVISTADOR Sabia. O imperador d. Pedro II distribuiu esses títulos a torto e a direito, para conseguir apoio para governar o país. Aliás, ele não distribuiu nada.

D. LÚCIA Não mesmo.

ENTREVISTADOR Para se tornar barão, conde ou marquês, o cidadão tinha que pagar muitas taxas.

D. LÚCIA Verdade pura. É de seu conhecimento que Juca se casou com Purezinha?

ENTREVISTADOR Conhecida também como Maria da Pureza de Castro Natividade.

D. LÚCIA E eles tiveram quatro filhos.

ENTREVISTADOR Martha, Edgard, Guilherme e Ruth.

D. LÚCIA Os dois meninos morreram adultos, mas antes do pai, o que não me parece certo. Se bem que a vida é assim mesmo, não é? Nem sempre é justa, mas a gente aprende com as tristezas e as alegrias, os erros e os acertos.

ENTREVISTADOR É verdade.

D. LÚCIA E você sabe que Juca foi fazendeiro por um tempo, pois herdou a fazenda São José do Buquira quando faleceu o avô materno, o visconde de Tremembé?

ENTREVISTADOR Sei. E sei também que ele vendeu essa fazenda seis anos depois.

D. LÚCIA E que ele tanto fez que conseguiu viver por um bom tempo de escrever, traduzir, adaptar e editar livros?

ENTREVISTADOR Sim.

D. LÚCIA É de seu conhecimento que ele teve uma das primeiras editoras brasileiras?

ENTREVISTADOR Sim, chamada Monteiro Lobato e Cia.

D. LÚCIA Até o começo do século 20 os livros vendidos no Brasil eram editados em Paris ou Lisboa.

ENTREVISTADOR Mesmo os livros escritos por brasileiros.

D. LÚCIA Você deve saber que Juca passou seis meses preso porque teve coragem de dizer aos quatro ventos que havia petróleo no Brasil.

ENTREVISTADOR Hoje parece impossível que alguém acreditasse no contrário. Mas naquela época era melhor para o bolso de alguns políticos que isso não fosse divulgado.

D. LÚCIA E que, além de escrever os maravilhosos livros sobre o Sítio do Picapau Amarelo, ele escreveu livros para adultos?

ENTREVISTADOR Sim, começando por um de contos, chamado *Urupês*.

D. LÚCIA Muito bem. Por enquanto, vamos parar por aqui, porque não precisamos falar do fim dessa história tão bonita. Depois do almoço nós voltamos ao início, está bem?

ENTREVISTADOR Com certeza.

Depois de se fartar, tomar um cafezinho e ir ao banheiro, o entrevistador foi convidado a tirar uma pestana em uma das redes da varanda. Ele recusou e, entre um bocejo e outro, a entrevista continuou.

D. LÚCIA Sua vez de perguntar. Você se incomoda se eu fizer tricô enquanto conversamos?

ENTREVISTADOR Claro que não. Podemos começar?

D. LÚCIA Com certeza.

ENTREVISTADOR D. Lúcia, este sítio onde a senhora mora é o Sítio do Picapau Amarelo?

D. LÚCIA Mas que maneira criativa de me perguntar se eu sou a menina do narizinho arrebitado!

ENTREVISTADOR É?

D. LÚCIA É, não sou e sou, como já disse. Sobre o sítio, ele não é o de d. Benta Encerrabodes de Oliveira. Se bem que, se você andar por aí, com os olhos bem abertos, é capaz de ver um pica-pau amarelo.

ENTREVISTADOR É mesmo?

D. LÚCIA É, sim, meu filho. O nome deste sítio é Portão do Ribeirão, por causa de um pedaço mais raso da margem do ribeirão. Parece uma pequena praia, onde a água é calma. É o melhor trecho para quem quer nadar sem o risco de ser levado pela correnteza e de se afogar, que esse exagero de rio é bravo e não tem pena nem de criança.

ENTREVISTADOR Houve casos de afogamento?

D. LÚCIA Sim, mas antes de meu tempo. Eu mesma, quando era um pelotinho de gente, quase fui levada porque fui desafiada a mergulhar fora do portão e me pendurei em um galho de chorão, imagine só, feito a Jane do Tarzan.

ENTREVISTADOR Quem foi que desafiou a senhora?

D. LÚCIA Exatamente quem você está pensando. Mas foi ele mesmo que me salvou.

ENTREVISTADOR Juca?

D. LÚCIA Claro, aquele danado.

ENTREVISTADOR De qualquer maneira, este sítio serviu de inspiração para o da ficção.

D. LÚCIA Certamente.

ENTREVISTADOR E os bichos? A senhora tinha por acaso um leitão de estimação?

D. LÚCIA Tinha, sim, o único que sobrou de uma leva de sete. Quando eu era criança, comia-se muita carne de porco; ainda se come, mas não daquele jeito. A banha de porco, ou seja, a gordura do dito cujo, era usada para fazer pães, frituras, diversos pratos.

ENTREVISTADOR É mesmo?

D. LÚCIA É, sim. Mas hoje, neste sítio, não se come presunto, lombo nem toucinho. Desde que me tornei dona da casa, não admito que matem um porquinho. Os que já existiam por aqui foram se reproduzindo. Existe um bando deles soltos por aí. São todos de estimação, têm nome e apelido, feito cachorros.

ENTREVISTADOR E eles atendem pelo nome?

D. LÚCIA Claro, porcos são mais inteligentes que gatos e cachorros, sabia?

ENTREVISTADOR Não sabia, não.

D. LÚCIA Pois ficou sabendo. E essa história de tratar porco feito cachorro é um dos motivos de acharem que eu inventei o papo de que fui amiga do Monteiro Lobato.

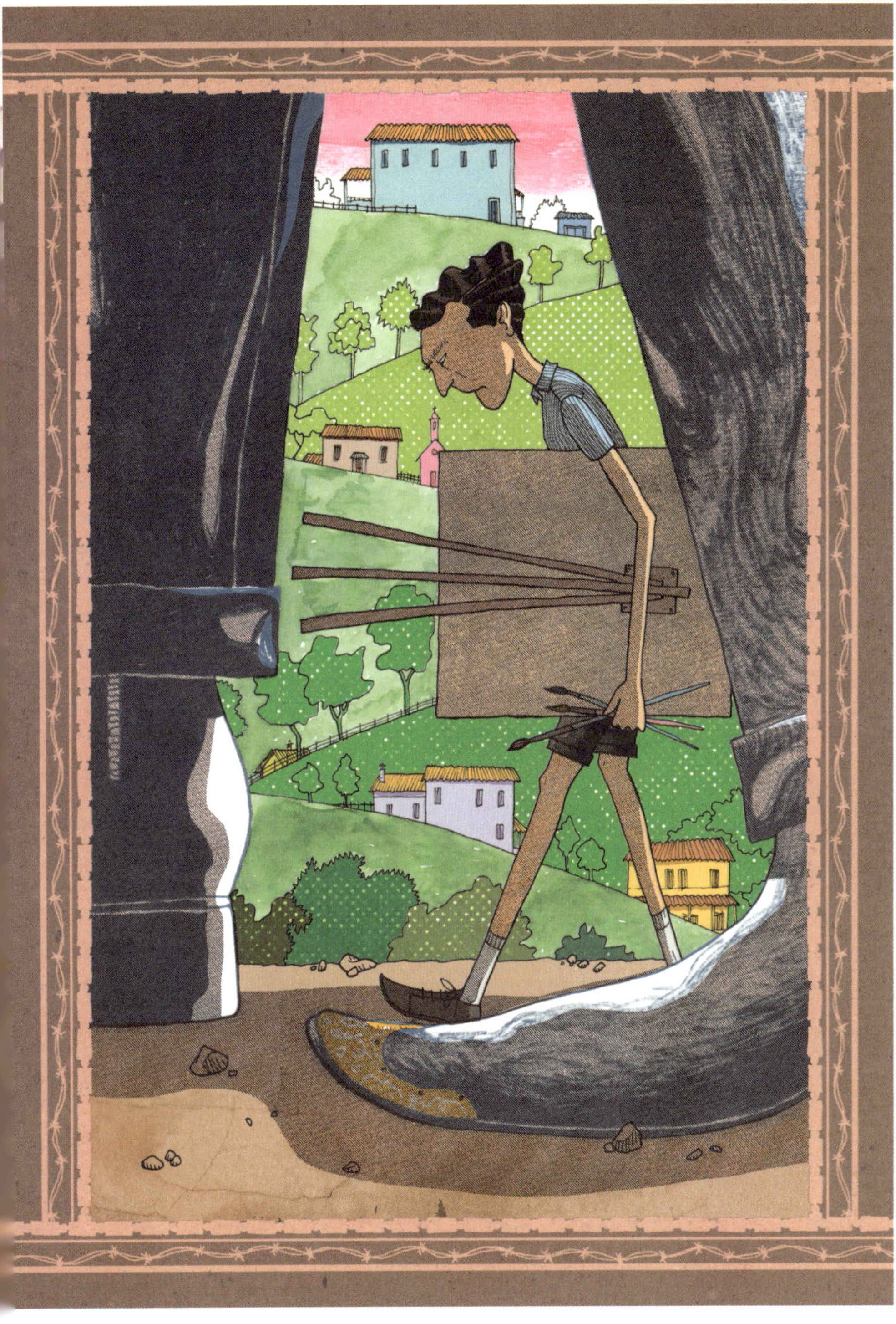

ENTREVISTADOR E galinhas?

D. LÚCIA Eu tenho, também, por causa dos ovos. Mas acredito que aqui seja o único lugar do mundo onde galos e galinhas morrem de velhice. E vivem todos soltos por aí.

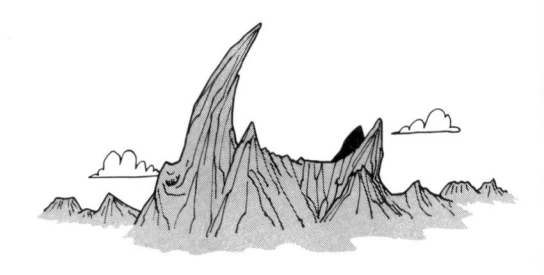

ENTREVISTADOR Tem bastante bicho por aí.

D. LÚCIA Tem mesmo. Você pode passar quanto tempo quiser andando por aí que não vai encontrar um rinoceronte que responde pelo nome de Quindim. Mas foi naquela cozinha ali, depois de devorar três quindins ainda quentinhos, que Juca teve essa ideia. Ou será que essa cena é uma daquelas que eu imaginei?

ENTREVISTADOR Quem pode saber?

D. LÚCIA Ninguém, já que eu mesma não sei. Depois a gente pode dar uma volta para você ver o rinoceronte que não se chama Quindim.

ENTREVISTADOR É mesmo?

D. LÚCIA É sim. Fica no alto daquele morro. É uma pedra esculpida pelo vento que parece muito um rinoceronte. Mas... do que é que eu estava falando mesmo?

ENTREVISTADOR A senhora estava contando do Rabicó.

D. LÚCIA Sim, mas não! Meu leitão não se chamava Rabicó nem era marquês. O único nobre que eu conheci e com quem convivi foi o visconde de Tremembé, avô de Juca.

ENTREVISTADOR E seu leitão de estimação morreu de velhice?

D. LÚCIA Acabou virando ceia de Natal, ainda que eu o tenha escondido o quanto pude. As crianças mal eram ouvidas pelos adultos naquela época, imagine se iam levar em conta uma maluquice dessas de ter estima por um prato farto.

ENTREVISTADOR As crianças não costumavam ter opinião a respeito de nada, não é?

D. LÚCIA Não, a gente tinha opinião. Mas não havia adulto que estivesse interessado nela. Parece incrível, mas no começo do século 20 não havia muito papo entre os miúdos e os graúdos. Nem mesmo minha avó, que era uma contadora de histórias compulsiva, prestava atenção no que eu tinha para dizer. As crianças eram essas criaturas que serviam para ouvir, sabe?

ENTREVISTADOR Esse talvez tenha sido um dos fatores para o sucesso imenso e imediato dos livros infantis de Monteiro Lobato, não?

D. LÚCIA Verdade pura! O primeiro deles, *A menina do narizinho arrebitado*, vendeu cinquenta mil exemplares em nove meses! Até hoje, no Brasil, isso é uma façanha própria de um Hércules.

ENTREVISTADOR Narizinho e Pedrinho foram as primeiras crianças brasileiras a serem ouvidas pelos adultos?

D. LÚCIA Foram, sim. Faziam todas aquelas perguntas para uma pessoa adulta e conseguiam respostas!

ENTREVISTADOR Isso não acontecia nem nas escolas, não é?

D. LÚCIA Não mesmo. O aluno ou a aluna que levantasse o braço pedindo para fazer uma pergunta fora de hora no mínimo levava uma bronca.

ENTREVISTADOR Mas existia hora para perguntas, então?

D. LÚCIA Não, foi só maneira de dizer.

ENTREVISTADOR E toda aquela esperteza e animação da Emília?

D. LÚCIA Esperteza, animação e falta de educação! Juca teve o cuidado de colocar toda aquela sabedoria espontânea e aquela irreverência em uma criança que não era criança. Só uma boneca de pano seria aceita com toda aquela falta de cerimônia...

ENTREVISTADOR Mas ela era como todas as crianças queriam ser, não era?

D. LÚCIA Ainda é, meu filho. Era exatamente isso que Juca queria, que as crianças fossem tão curiosas e sabidas e espevitadas quanto Emília. E que não se conformassem com nada, lutassem por suas ideias, tivessem coragem de discordar de tudo e todos. Principalmente dos adultos, ou seja, das autoridades.

ENTREVISTADOR Juca era parecido com ela?

D. LÚCIA Claro. A frase que eu mais ouvi da boca dele foi: "Eu estou sempre certo. Isso de errar é com os outros, ora essa!".

ENTREVISTADOR Ele era exatamente como a Emília, então?

D. LÚCIA Não era, não. Para a parte mais engraçada da Emília, aquela teimosia, o egoísmo infantil exagerado e o apego com os bilongues dela, Juca se inspirou em outra pessoa. Uma menina, uma verdadeira diabinha, mas eu não vou dizer o nome dela. Não mesmo!

> *Já tinham se passado quase duas horas desde o fim do almoço e já estava mais que na hora de entrevistador e entrevistada mastigarem alguma coisa.*
> *Biscoitos de polvilho caseiros e bolinhos de chuva — que podem ser comidos mesmo quando não está chovendo — foram servidos com uma xícara de chá de carqueja, que é amargo para o paladar e doce para o aparelho digestivo.*
> *Depois de meia hora de conversa jogada fora, recheada com o lanchinho, estavam ambos prontos para retomar a entrevista.*
> *Mais uma vez, foi d. Lúcia quem começou.*

D. LÚCIA Sempre que chega abril, me dá um nó na garganta de saudade daquele danado.

ENTREVISTADOR Por causa do aniversário dele?

D. LÚCIA É. E abril sempre foi o melhor mês do ano. Nem frio, nem quente. Nem mês das águas, nem de seca.

ENTREVISTADOR Alguma vez a senhora achou que seu amigo era um menino especial, que se tornaria um adulto excepcional?

D. LÚCIA Desde pequeno dava para saber que ele seria um puxa-fila da humanidade. Sábio sem ser sisudo. Bem-humorado e com bom gosto. Artista sem se desligar do que se passava no Brasil e no mundo.

ENTREVISTADOR O que a senhora achou de o dia 18 de abril passar a ser oficialmente o dia do livro infantojuvenil?

D. LÚCIA Uma lindeza. Ele sempre teve muito amor pelos livros. E a coleção de histórias do Sítio do Picapau Amarelo é um clássico, um ponto de partida para tudo de melhor que se escreveu para esse público.

ENTREVISTADOR A senhora sabe quais foram as primeiras leituras dele?

D. LÚCIA Com certeza Juca leu vários livros de Júlio Verne e várias vezes o Robinson Crusoé. No entanto, o primeiro livro da vida dele foi *João Felpudo*.

ENTREVISTADOR E os livros de Figueiredo Pimentel?

D. LÚCIA Ah, ele deve ter lido também. Antes dos livros do Sítio, os de Figueiredo Pimentel eram os melhores que as crianças tinham para ler no Brasil. Eu não sei se Juca leu algum, mas eu li vários. Eu tinha aqui alguns, inclusive o que eu acho que foi o primeiro a ser publicado, em 1894, chamado *Contos da carochinha*; nós éramos crianças.

ENTREVISTADOR É nesse livro que tem a história "Festa no céu"?

D. LÚCIA Não, essa fazia parte de outro, chamado *Histórias da avozinha*. Mas o nome dessa história é "O cágado e o urubu", viu?

ENTREVISTADOR É mesmo? Eu adoro essa história do cágado ir para a festa no céu escondido no violão do urubu.

D. LÚCIA Eu também gosto, mas minha preferida sempre foi a da d. Baratinha.

ENTREVISTADOR Pode ser que o Lobato tenha lido esses livros aqui?

D. LÚCIA Pode, sim, claro. Ele e as irmãs estavam sempre aqui, quando não estávamos os quatro na casa dos avós deles, no mato ou na beira do ribeirão, pescando lambari e traíra.

ENTREVISTADOR A senhora acredita que Figueiredo Pimentel tenha sido um precursor de Monteiro Lobato?

D. LÚCIA Acredito, afinal, quando ele começou a publicar, nós éramos crianças, como eu já disse.

ENTREVISTADOR Mas há quem acredite que Lobato não teve precursores, porque ele foi o primeiro a criar e escrever histórias para crianças brasileiras, com histórias brasileiras, personagens brasileiros, temas, jeito, linguagem e vocabulário brasileiros.

D. LÚCIA Pode ser. Mas Juca não nasceu pronto, não é? Ele devorou pilhas de livros e até o fim da vida continuou estudando, fuçando, aprendendo. O verdadeiro sábio reconhece que sabe muito pouco, não é?

ENTREVISTADOR Acho que sim.

D. LÚCIA Foi o que a gente procurou fazer e fez a infância inteira, a gente estava sempre brincando, aprendendo, brincando de aprender e aprendendo a brincar e a aprender.

ENTREVISTADOR Por falar em brincar, quais eram os brinquedos de Juca?

D. LÚCIA Ele não tinha. A Ruth e a Judith também não. Nem eu. Quase nenhuma criança tinha brinquedo. Não existiam brinquedos feitos no Brasil, só os importados, que eram caríssimos.

ENTREVISTADOR E com o que vocês brincavam?

D. LÚCIA A imaginação infantil transforma qualquer coisa em brinquedo. Numa das viagens que fiz pelo sertão nordestino, conheci uma menina que brincava de boneca com um osso de boi. Juca fazia bonecos com chuchu, mamão verde, beterraba. E sabugo de milho, claro.

ENTREVISTADOR De certa maneira, Lobato tinha um pouco de cada um dos principais personagens do Sítio, não é?

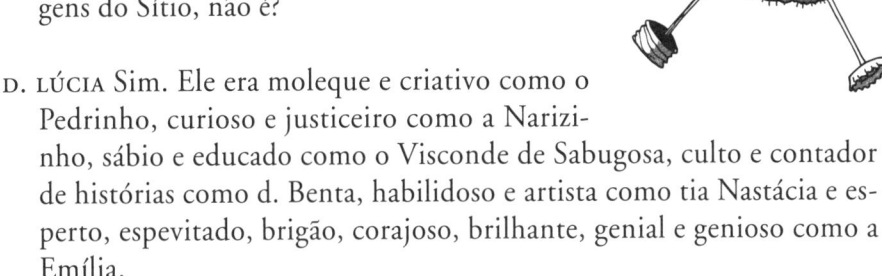

D. LÚCIA Sim. Ele era moleque e criativo como o Pedrinho, curioso e justiceiro como a Narizinho, sábio e educado como o Visconde de Sabugosa, culto e contador de histórias como d. Benta, habilidoso e artista como tia Nastácia e esperto, espevitado, brigão, corajoso, brilhante, genial e genioso como a Emília.

ENTREVISTADOR Vocês eram amigos inseparáveis?

D. LÚCIA Sim e não, na medida em que meninos e meninas podem ser amigos. Até certa idade éramos mais, depois menos, depois mais de novo. E sempre havia momentos, períodos, dias em que ele era só Pedrinho. Enfiando-se no mato para, por exemplo, caçar pequenos bichos.

ENTREVISTADOR Passarinhos, inclusive?

D. LÚCIA Sim, claro. Mas não pense mal de Juca, por favor. Afinal de contas, hoje é crime matar passarinho. Mas naquela época quase todos os meninos que tinham a oportunidade faziam isso. E a maioria das meninas não.

ENTREVISTADOR E a senhora?

D. LÚCIA Eu, então, menos ainda. Nunca. Não estou dizendo que era melhor ou pior do que acontece hoje. Simplesmente era daquele jeito. Enquanto os meninos passavam bastante tempo ao ar livre, as meninas se enfiavam na sala de estar e na cozinha para aprender a costurar, bordar e cozinhar.

ENTREVISTADOR A senhora sabe se ele teve alguma doença comum naquele tempo?

D. LÚCIA Os irmãos geralmente ficavam doentes juntos, um passava para o outro. Os amigos próximos também, claro. Foi assim comigo e com Juca. Tivemos caxumba aos nove anos, sarampo aos dez. Então, aos onze, ele teve tosse comprida. E eu, catapora.

ENTREVISTADOR Então ele não teve nada grave.

D. LÚCIA Não, e nada nos pulmões, como a doença que matou o pai dele.

ENTREVISTADOR Ele tinha quinze anos quando o pai faleceu, certo?

D. LÚCIA Certo. Nem para tudo tem remédio, não é?

ENTREVISTADOR E foi aí que ele ganhou a bengala, certo?

D. LÚCIA Errado. Juca tinha onze anos quando ganhou a bengala do pai.

ENTREVISTADOR É mesmo?

D. LÚCIA É, sim. Foi em... 1893. Eu sei porque foi quando ele mudou o segundo nome.

ENTREVISTADOR De José Renato ele passou a ser José Bento, não foi?

D. LÚCIA Como o pai. Exatamente porque queria ter as mesmas iniciais do senhor José Bento Marcondes Lobato. Mas teve outra razão, viu?

ENTREVISTADOR Qual?

D. LÚCIA Juca achava que Renato rimava com rato. Veja se não é uma ideia própria da Emília.

ENTREVISTADOR Então isso aconteceu quatro anos antes de o pai falecer.

D. LÚCIA E cinco anos antes de a mãe morrer de tristeza. Tem tudo a ver com o grande sonho que Juca descartou, o único sonho do qual ele abriu mão em toda sua vida.

ENTREVISTADOR Conte, por favor.

D. LÚCIA Conto, sim. Mas não agora, meu filho. A luz já está caindo. Eu preciso fechar a casa, dar uma finalizada na sopa e no assado e fazer minha toalete noturna. De modo que esse é o momento perfeito para você dar uma cochilada em uma dessas redes. Eu peço a alguém que o acorde depois, para o jantar. Que tal?

> *O entrevistador tentou resistir, mas acabou aceitando a sugestão de d. Lúcia. Depois do cochilo, ele tomou um banho de cachoeira, um banho de chuveiro e se fartou mais uma vez.*

O DIA DECISIVO

Em seguida, os dois voltaram para a varanda, então perfumada pelas flores noturnas, e a entrevista chegou em sua parte final, regada a várias xícaras de café e um golinho de licor de jabuticaba.

D. LÚCIA Não sei se os estudiosos concordam comigo, mas eu considero que Juca foi pintor antes de ser escritor.

ENTREVISTADOR E foi esse o sonho que ficou para trás?

D. LÚCIA Ele não escreveu quando criança e adolescente. Ele desenhou, pintou, fez caricaturas. Caso tivesse seguido seu gosto e sua vontade, era isso que ele teria como ofício, profissão. Mas quem tomou a decisão foi o sr. José Francisco Monteiro.

ENTREVISTADOR O visconde de Tremembé, certo?

D. LÚCIA Certo. O avô materno. Isso começou no dia 13 de junho de 1898, com a morte do pai de Juca. Quase um ano depois, no dia 22 de junho de 1899, faleceu a mãe. De depressão. Existiram e continuam existindo grandes histórias de amor como essa. Um não se recupera da morte do outro, não suporta viver sem o outro e morre logo depois.

ENTREVISTADOR O dia 22 de junho de 1899 foi, então, muito especial na vida de Monteiro Lobato.

D. LÚCIA Foi. Nesse dia morreu também um pintor.

ENTREVISTADOR E nasceu um escritor?

D. LÚCIA Lá isso é verdade. Ou não. Quem sabe? Será que ele teria conseguido sobreviver e criar uma família com a pintura?

ENTREVISTADOR Como foi que o avô tomou essa decisão?

D. LÚCIA Tomando, ora. Ele assumiu a tutela dos três netos e proibiu Juca de cursar a faculdade de belas-artes. Porque não estava na lista de três opções para os meninos de "boa família", que deviam usar pelo resto da vida um anel com pedra verde, azul ou vermelha.

ENTREVISTADOR As opções eram medicina, engenharia e direito?

D. LÚCIA Exatamente. Era imprescindível adquirir o título de doutor. Juca poderia usar o anel de rubi. Mas nunca usou. E nunca praticou a advocacia, claro.

ENTREVISTADOR Ele continuou desenhando e pintando depois disso, não é?

D. LÚCIA Sim, não sei até quando... Nós fomos perdendo o contato.

ENTREVISTADOR A senhora não se aflige ao imaginar que o Brasil e o mundo poderiam ficar sem a obra literária de Monteiro Lobato?

D. LÚCIA Claro, sem a maravilha das maravilhas que são os escritos do Juca. Mas... não sei. Talvez. Quem sabe?

ENTREVISTADOR Qual é a dúvida?

D. LÚCIA O que meu coração diz é que a felicidade de um ser humano é mais importante que qualquer outra coisa. Ainda mais se esse ser que foi tão humano foi seu amigo durante toda a infância e a adolescência.

ENTREVISTADOR Monteiro Lobato mudou mais de uma vez de vida, certo?

D. LÚCIA Certo. Ele foi funcionário público, jornalista, fazendeiro, dono de editora etc. Acho que sei aonde você quer chegar. O Juca poderia muito bem ter voltado atrás depois da morte do avô. Quem sou eu para dizer o que teria sido melhor para ele, sua família, o Brasil e o mundo?

ENTREVISTADOR Talvez ele tenha se realizado usando o talento visual em seus livros.

D. LÚCIA Com certeza. Por isso ele escreveu como a aranha costureira de mil anos costurava: usando a tesoura da imaginação, a linha do sonho e a agulha da fantasia!

MÁRIO DE ANDRADE,
UM ANTIGO MODERNO[7]

PRIMEIRA PARTE

ZÉ LOSAVO FIDUA Olá, sejam bem-vindos a nosso estúdio. Nosso, porque este programa não existe sem vocês, telespectadores! Então, ajeitem-se na poltrona, relaxem o corpo e aticem a mente, porque vocês estão convidados a descobrir a identidade secreta do personagem de hoje! Eu sou Zé Losavo Fidua, e está começando mais um...

ZÉ LOSAVO, ASSISTENTES E PLATEIA *Quem Serei Eu?*

Aplausos.

ZÉ LOSAVO Vamos chamar os candidatos de hoje para o grande prêmio!

Vinheta musical.

ZÉ LOSAVO Eugênia Lopes e Lopes, locutora e dubladora!

Aplausos.

ZÉ LOSAVO Walter Gavião, jornalista e comentarista esportivo!

Aplausos.

ZÉ LOSAVO Lurdinha Darlene, artista plástica e astróloga!

---

7. As falas de Mário de Andrade que aparecem neste capítulo têm como base uma entrevista com o escritor feita por Homero Senna, publicada originalmente na *Revista d'O Jornal*, em 18/02/1945, e depois incluída no livro *República das letras* (Homero Senna. Rio de Janeiro: Civilização Brasileira, 1996).

Aplausos.

ZÉ LOSAVO E Jucés Anacleto, dentista e ator!

Aplausos.

ZÉ LOSAVO Jucés é um nome bem original, não é?

JUCÉS ANACLETO É um nome artístico.

ZÉ LOSAVO Que interessante!

JUCÉS ANACLETO Meu nome é Julio César. Jucés é meu apelido de criança, que grudou e ficou.

ZÉ LOSAVO Formidável!

Aplausos.

ZÉ LOSAVO Vamos começar a competição de hoje?

EUGÊNIA LOPES E LOPES Vamos, sim, Zé Losavo.

WALTER GAVIÃO Vam'bora.

LURDINHA DARLENE Isso!

JUCÉS ANACLETO Ótimo.

ZÉ LOSAVO Vamos abrir a cortina do passado para revelar a personalidade oculta!

Aplausos.

ZÉ LOSAVO Olá, personagem oculto.

MENINO Olá, Zé Losavo. Como vai?

ZÉ LOSAVO Tudo bem, e com você?

MENINO Estou bem, obrigado.

ZÉ LOSAVO Bárbaro!

Aplausos.

ZÉ LOSAVO Para quem está vendo nosso programa pela primeira vez, aqui vai uma rápida explicação: este menino é ator e vai representar uma figura ilustre de nossa história. Ele responderá a perguntas dos candidatos sobre a vida da personagem representada, para que eles possam descobrir...

MENINO Quem serei eu?

Aplausos.

ZÉ LOSAVO Na primeira parte da competição, só poderão ser feitas perguntas sobre sua infância. Na segunda, sobre sua adolescência. E na terceira, sobre sua vida adulta.

EUGÊNIA Eu tenho uma dúvida, Zé!

ZÉ LOSAVO Diga, Eugênia.

EUGÊNIA Em que idade, exatamente, termina a infância e começa a adolescência?

WALTER Mandou bem, colega. Nos dias de hoje parece que a infância pode acabar aos sete anos, e a adolescência pode durar até os trinta!

Risos.

JUCÉS Não é?

ZÉ LOSAVO Formidável, Walter. A produção avisa que usaremos a seguinte definição: a infância termina entre nove e onze anos, e a adolescência vai até mais ou menos a faixa dos dezoito aos vinte e um anos.

LURDINHA Mas eu tenho vinte e seis e ainda me sinto uma menina!

Risos e aplausos.

ZÉ LOSAVO Só mais uma coisa antes de darmos início à competição! Lembrem-se de que o menino é um ator. Ele estudou e sabe a resposta para todas as perguntas. No entanto, ele não pode falar da mesma maneira que o personagem misterioso falava quando era criança, não é? Apesar de ele poder, em alguns momentos, citar frases registradas. Vamos dar a partida para nossa viagem ao passado?

Aplausos.

ZÉ LOSAVO Nossas assistentes fizeram um sorteio para estabelecer a ordem das perguntas dos candidatos, e a primeira é de Lurdinha Darlene!

Aplausos.

LURDINHA Ai, logo eu? Tudo bem. Como você se chama?

ZÉ LOSAVO Não, vejam, eu me esqueci de comentar uma regra: vocês não podem perguntar o nome do personagem oculto, porque senão ele deixa de ser... oculto! Certo, moçada?

JUCÉS Claro.

EUGÊNIA É óbvio...

WALTER Beleza.

LURDINHA Ai, é mesmo! Desculpe, galera. Foi mal!

ZÉ LOSAVO Faça, então, outra pergunta, Lurdinha!

LURDINHA Tá. Você está de óculos.

MENINO Não entendi. Isso é uma pergunta?

LURDINHA Ah, só a primeira parte. Escuta a segunda: que problema de visão você tem?

MENINO Miopia. Forte. As lentes dos meus óculos parecem fundos de garrafa!

Risos e aplausos.

ZÉ LOSAVO Que pergunta interessante, Lurdinha! Parabéns!

LURDINHA É mesmo? Mas olha, menino, seus óculos são uma graça, com esses aros bem redondos, viu?

MENINO Obrigado, moça.

ZÉ LOSAVO A segunda pergunta será feita por Jucés!

JUCÉS Beleza. Você é afrodescendente?

MENINO Que jeito complicado de perguntar se sou negrinho!

EUGÊNIA Não fale assim, meu bem.

MENINO Por quê? É assim que falavam quando eu era pequeno, ué.

JUCÉS Sei...

EUGÊNIA Mas era um jeito desrespeitoso de falar, não era? Pelo menos quando dito por algumas pessoas.

MENINO É, acho que sim.

WALTER Era pior que hoje, mas isso não quer dizer que o preconceito acabou.

LURDINHA Pois é!

ZÉ LOSAVO Muito bem. Responda à pergunta, por favor.

MENINO Tá bom. Eu sou afrodescendente por parte de mãe e de pai.

LURDINHA Adoro a cor de sua pele, viu?

MENINO Obrigado.

EUGÊNIA Esse comentário foi dispensável, em minha opinião.

LURDINHA Por quê?

MENINO É, por quê?

LURDINHA Tem tanta gente que passa bronzeador e fica horas debaixo do sol para ter uma cor parecida com a dele!

Aplausos.

JUCÉS Com certeza!

MENINO Pode ser, mas tem horas que é duro ter a pele mais escura...

EUGÊNIA Viu só?

ZÉ LOSAVO Nós poderíamos ficar horas trocando ideias sobre esse assunto, mas infelizmente nosso tempo não permite. Walter, a próxima pergunta é sua.

WALTER Beleza. Diga o ano em que você nasceu.

MENINO 1893.

LURDINHA Credo! Ele tem mais de cem anos!

JUCÉS É...

ZÉ LOSAVO Faz parte da brincadeira, não é?

MENINO Eu tô fazendo de conta que sou ele, né?

LURDINHA Ai, é verdade.

WALTER Pra quem não sabe: quando esse guri nasceu, fazia só cinco anos que o Brasil tinha acordado do pesadelo da escravidão.

EUGÊNIA E a ideia de igualdade entre todos os brasileiros começava a entrar na cabeça das pessoas.

JUCÉS Ainda parece que tá longe de entrar, galera!

Aplausos.

ZÉ LOSAVO Bravo, minha gente. É com você, Eugênia.

EUGÊNIA O nome dos pais eu posso perguntar?

ZÉ LOSAVO O nome sim, o sobrenome não.

EUGÊNIA Claro. E então, como seus pais se chamam?

MENINO Maria Luísa e Carlos Augusto.

ZÉ LOSAVO Lurdinha!

LURDINHA Você é libriano?

MENINO Sou.

LURDINHA Eu sabia.

MENINO Meu aniversário é no dia 9 de outubro.

ZÉ LOSAVO Formidável! Jucés, sua vez!

JUCÉS Você é pobre?

MENINO Não. Nem rico. A gente vive bem.

LURDINHA Que bom! Sei lá... É bom, né?

ZÉ LOSAVO Walter!

WALTER Em que cidade você nasceu?

MENINO Na terra da garoa.

WALTER São Paulo.

MENINO Isso mesmo. Eu sou paulista e paulistano. Com muito gosto.

Aplausos.

JUCÉS É muito bom a pessoa gostar do lugar onde nasceu, né?

Aplausos.

ZÉ LOSAVO Eugênia!

EUGÊNIA Qual é a profissão de seu pai e sua mãe?

MENINO Meu pai é escrivão; minha mãe, do lar.

LURDINHA Sou eu de novo, né?

ZÉ LOSAVO É, sim! Muito bem.

LURDINHA Qual é o nome de sua madrinha?

MENINO Nhã-nhã.

Risos.

LURDINHA Como...?

MENINO É apelido, ué. O nome dela é Ana Francisca e ela é a irmã caçula de minha mãe.

LURDINHA Que fofo.

ZÉ LOSAVO Jucés!

JUCÉS Você tem irmãos?

MENINO Tenho dois. O mais velho se chama Carlos, e o mais novo, Renato.

WALTER Onde foi sua primeira casa?

MENINO Rua Aurora, 320. A gente se mudou de lá para a rua Paiçandu quando meu avô morreu.

EUGÊNIA Houve outros endereços?

MENINO Rua Lopes Quintas, 546, na Barra Funda. Morei naquele sobrado até morrer.

ZÉ LOSAVO Lurdinha, sua vez de novo.

LURDINHA Você gosta de estudar?

MENINO Não.

JUCÉS E seus irmãos?

MENINO Eu sou o zero à esquerda da família, sabia?

Risos.

WALTER Você tira notas baixas, é?

MENINO Tiro, em todas as matérias, menos em português.

EUGÊNIA Eu gostaria de saber se depois de alguns anos você continua indo mal na escola.

MENINO Não, me dá não sei o quê, e eu começo a estudar feito um louco.

   Aplausos.

LURDINHA E você é arteiro?

MENINO Como todo menino.

   Pausa.

ZÉ LOSAVO Jucééés!

JUCÉS E você é arteiro?

LURDINHA Ai, eu acabei de perguntar isso e ele respondeu uns doze segundos atrás.

JUCÉS Mas eu quero saber outra coisa. Você desenha, pinta, dança, atua ou fica à toa?

   Risos.

MENINO Eu toco piano.

WALTER E você é bom nisso?

MENINO No começo, não. Todos os elogios vão para meu irmão menor, o Renato. Mas depois eu melhoro muito, sabe? Eu viro um menino-prodígio!

   Aplausos.

ZÉ LOSAVO Parabéns! Um dado muito importante sobre a figurinha carimbada de hoje acaba de ser revelado! Eugênia!

EUGÊNIA Você não faz mais nenhum tipo de arte?

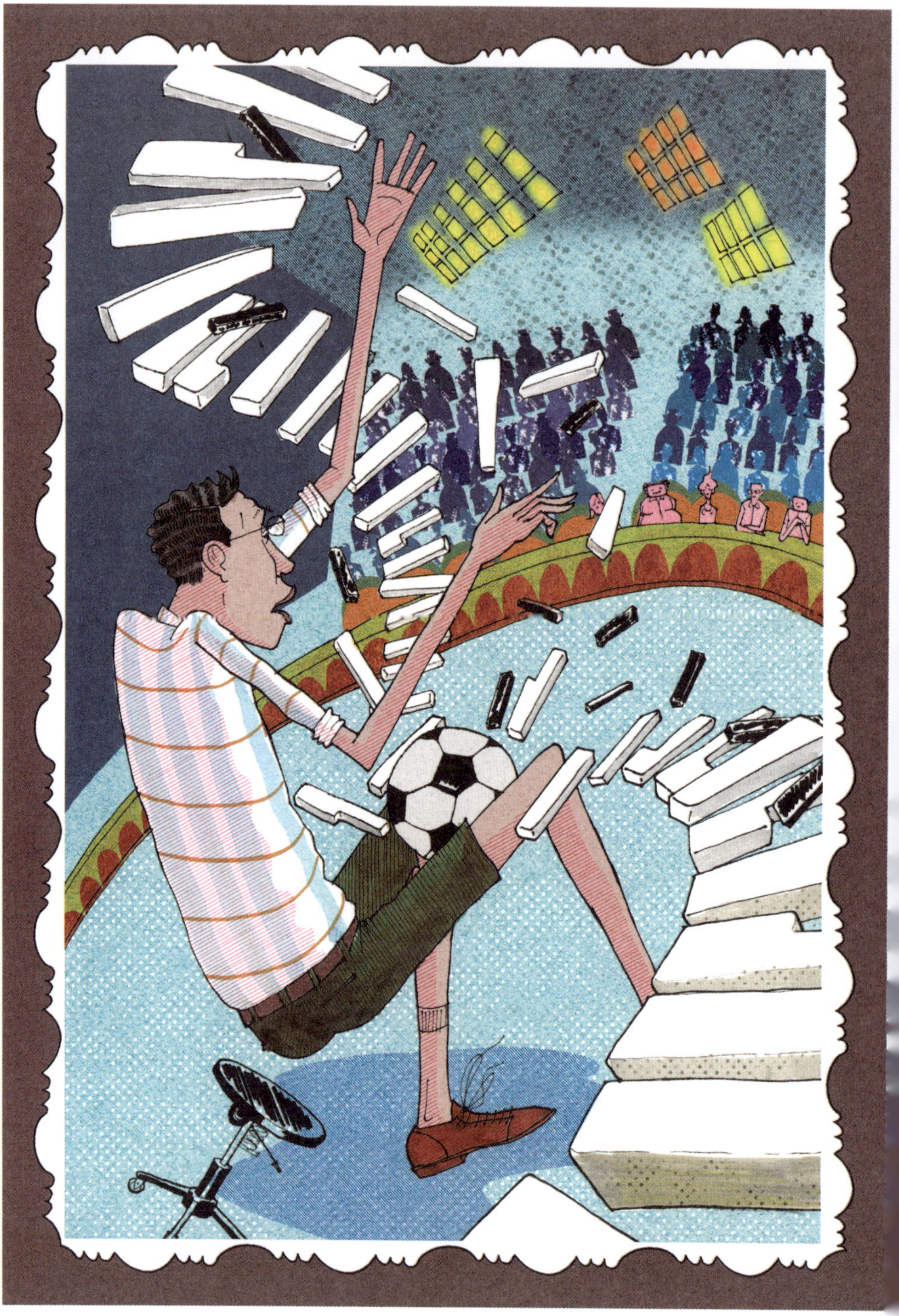

menino Com onze anos faço uma poesia cantada, esquisita, que deixa minha mãe irritada; com onze, escrevo um poema com palavras inventadas.

zé losavo Que interessante!

menino Me dá um estalo durante um piquenique de subúrbio. Me dá vontade de repente de fazer um poema herói-cômico sobre um desastre da Central. E faço.

Aplausos.

lurdinha Acontece, tipo, alguma coisa muito forte, que muda sua vida?

menino Acontece.

jucés Você lembra em que dia isso acontece?

menino Sabe que sim...? Foi no dia 12 de junho de 1913.

zé losavo Formidável! Esse evento tão importante aconteceu quando ele tinha vinte anos, na fase final da adolescência. Todos queremos saber o que aconteceu no dia que dividiu sua vida em antes e depois, não é?

todos É!

zé losavo Mas...

walter Que coisa. Tem sempre que ter um "mas"!

zé losavo Mas isso é assunto para a segunda parte do...

Vinheta musical.

todos *Quem Serei Eu?*

Aplausos.

SEGUNDA PARTE

ZÉ LOSAVO Voltamos a apresentar...

Vinheta musical.

TODOS *Quem Serei Eu?*

Aplausos.

ZÉ LOSAVO E quem começa perguntando é Walter Gavião!

WALTER Beleza. No dia 12 de junho de 1913 você decide o que vai ser quando crescer?

MENINO Não. Quer dizer, foi por causa de uma coisa que aconteceu nesse dia que eu decidi que não seria mais o que tinha decidido. Mas a decisão só aconteceu uns dias depois.

EUGÊNIA E o que você queria ser antes desse dia decisivo na sua vida?

MENINO Pianista concertista.

Aplausos.

LURDINHA Aconteceu algum acidente?

MENINO Nada que não aconteça com qualquer outro rapaz.

LURDINHA Você ficou tristinho. Por quê?

MENINO Nada, não.

ZÉ LOSAVO Jucés.

JUCÉS Eu ia fazer uma pergunta, mas mudei de ideia. É... Acontece algum acidente com alguém da sua família?

menino Acontece. Com meu irmão. Mais novo. O Renato.

walter Deixa comigo, Zé. Diga aí, por que você decide mudar seus planos?

menino Por causa de uma cabeçada num jogo de futebol.

   Pausa. Silêncio.

zé losavo Que revelação impressionante! Estão todos boquiabertos no estúdio!

eugênia Ai, é uma tragédia. Como isso aconteceu?

menino Os meninos, quando estão jogando bola, vivem dando caneladas, cotoveladas e cabeçadas uns nos outros. Só que essa coisa tão banal, para o Renato, foi fatal.

lurdinha Coitadinho! Quantos anos ele tem quando isso rola?

menino Catorze.

jucés Só? E você?

menino Vinte anos.

walter Você desiste do piano porque o Renato também tocava?

menino Não. Eu fico com as mãos tremendo sem parar. Não consigo tocar. Não posso nem pensar em tocar. Antes, eu estudava piano durante várias horas, todo dia. Depois não dava mais. Eu sabia que não ia mais me apresentar tocando piano. E aí eu comecei a ficar fraco, porque eu passei dias e dias sem dormir nem comer.

eugênia Você faz algum tipo de tratamento para se recuperar?

menino Que nada. Um tio me leva pra fazenda dele, pra ver se diminui o buraco que se formou em meu coração.

LURDINHA Que coisa! É nessa fazenda que acontece a divisão entre antes e depois, que muda sua vida para sempre?

MENINO É, sim.

ZÉ LOSAVO E é nesse momento crucial que vamos para nosso intervalo comercial. Fiquem ligados, porque logo mais iremos descobrir...

Vinheta musical.

MENINO *Quem Serei Eu?*

Aplausos.

[*Anúncios*]

TERCEIRA PARTE

ZÉ LOSAVO Voltamos a apresentar...

Vinheta musical.

TODOS *Quem Serei Eu?*

Aplausos.

ZÉ LOSAVO Estamos nos aproximando do momento em que um de nossos participantes ganhará o grande prêmio!

Aplausos.

ZÉ LOSAVO E será revelada a identidade de nosso personagem de hoje!

JUCÉS A primeira pergunta é minha, certo?

ZÉ LOSAVO Isso mesmo. Você está ligado no lance, não está?

jucés Claro. Aí, garoto, o que rola naquela fazenda?

menino Volto poeta da fazenda. Mas na verdade ninguém se faz escritor. Tenho a certeza de que fui escritor desde que fui concebido. Ou antes… Meu avô materno foi escritor de ficção, meu pai também.

walter Poeta? Afrodescendente? Nascido no século 19? Paulista e paulistano? Já posso dar meu lance.

zé losavo Parabéns!

   Aplausos.

zé losavo Diga qual é, em sua opinião, nosso personagem oculto!

   Vinheta musical.

walter Luiz Gama.

   Pausa. Silêncio.

zé losavo Sua resposta está cer… cer…

   Vinheta musical.

zé losavo Certamente errada! Mas valeu a participação. Uma salva de palmas para Walter Gavião!

   Aplausos.

zé losavo Onde foi que ele errou? Luiz Gonzaga Pinto da Gama era afrodescendente e poeta. Mas, em primeiro lugar, era baiano. Em segundo, o jornalista e advogado conhecido como "Amigo de Todos" nasceu em 21 de junho de 1830, portanto sessenta e três anos antes de nosso personagem oculto.

   Aplausos.

ZÉ LOSAVO Muito bem, agora são apenas três candidatos para o grande prêmio! E a próxima é você, Eugênia Lopes e Lopes!

EUGÊNIA Você escreve outro tipo de coisa, além de poesia?

MENINO Escrevo, sim. Contos, romances, crônicas, críticas.

EUGÊNIA Zé Losavo, quero dar um lance!

ZÉ LOSAVO Parabéns!

Aplausos.

EUGÊNIA O personagem oculto é Machado de Assis.

Pausa. Silêncio.

ZÉ LOSAVO Sua resposta está e... e...

Vinheta musical.

ZÉ LOSAVO Errada!

Aplausos.

EUGÊNIA Que pena! Eu tinha certeza.

ZÉ LOSAVO Joaquim Maria Machado de Assis era autor de poemas, contos, romances, crônicas e críticas, além de ser afrodescendente, mas... você esqueceu que ele nasceu no Rio de Janeiro!

EUGÊNIA Ah, é mesmo!

ZÉ LOSAVO E, além dele, os pais de Machadinho só tiveram uma filha, que morreu aos quatro anos.

EUGÊNIA É mesmo!

LURDINHA E ele era um típico geminiano.

EUGÊNIA É mesmo?

LURDINHA Sim!

ZÉ LOSAVO De qualquer maneira, foi um prazer ter você aqui conosco!

EUGÊNIA Obrigada!

 Aplausos.

LURDINHA Eu tenho um palpite, mas... Sei lá, acho que ainda não vou arriscar.

ZÉ LOSAVO Parabéns!

 Aplausos.

LURDINHA Me conta, existe uma biblioteca pública com seu nome?

MENINO Existe, sim.

ZÉ LOSAVO Que pergunta interessante, Lurdinha Darlene. Mas existem muitas bibliotecas públicas com nome de escritor na cidade de São Paulo. Inclusive uma biblioteca infantil, que se chama Monteiro Lobato.

JUCÉS Mas essa biblioteca com seu nome é a maior e mais importante biblioteca municipal?

MENINO É, sim. Ela fica num prediozão na esquina da rua São Luiz com a Xavier de Toledo.

LURDINHA Uma pergunta que eu queria fazer desde o começo: você é casado?

MENINO Não. Fui solteiro a vida toda.

JUCÉS Você tem outras profissões, além de escrever?

MENINO Tenho, sim, eu sou "or" e "ista".

Risos.

ZÉ LOSAVO Formidável! Mas o que você quer dizer com isso?

MENINO Além de poeta, sou professor e pesquisador. Como se não bastasse, sou também cronista, contista e romancista.

Aplausos.

JUCÉS Você escreveu um romance inteiro em oito dias, acomodado numa rede?

MENINO Escrevi. Mas não pense que levei só cento e noventa e duas horas para escrever esse romance, porque passei anos pesquisando o folclore brasileiro por todo o país antes de me ajeitar naquela rede na chácara de Pio Lourenço!

Aplausos.

LURDINHA O nome desse livro é *Macunaíma*?

MENINO *Macunaíma, o herói sem nenhum caráter.*

Aplausos.

ZÉ LOSAVO Que competição! Parece que um dos participantes vai ganhar o grande prêmio daqui a pouco!

JUCÉS Opa! Posso dar um lance?

ZÉ LOSAVO Pode, mas... Quando o jogo está na reta final, os dois últimos competidores têm que fazer uma pergunta antes de dar um lance. Você precisa perguntar e ouvir a resposta!

JUCÉS Você é, além de todas as profissões que mencionou, também um outro ista?

menino Sou, sim. Eu sou modernista.

lurdinha Dancei...

zé losavo Dê seu lance, Jucés Anacleto!

jucés O personagem oculto é Oswald de Andrade!

Pausa. Silêncio.

zé losavo Sua resposta está e... e...

Vinheta musical.

zé losavo Errada!

jucés Não é possível...! Ei, espera aí! Eu disse Oswald de Andrade? Oswald?

lurdinha É, foi isso aí...

menino Meu nome não é Oswald.

zé losavo Não mesmo! José Oswald de Sousa Andrade escreveu poemas, romances, críticas. Nasceu em São Paulo. Mas não era afrodescendente.

jucés Eu sei disso tudo, eu só me confundi com os nomes!

zé losavo Fique conosco, Jucés, para assistir ao final da competição, porque Lurdinha Darlene ainda precisa fazer uma pergunta e dar o lance certo para ganhar o grande prêmio.

lurdinha Lá vou eu! Você cria e organiza, junto com seu amigo Oswald de Andrade, um dos grandes auês da cultura brasileira do século 20, a Semana de Arte Moderna?

menino Sim. Foram seis dias muito intensos. O Teatro Municipal de São Paulo nunca mais foi o mesmo, São Paulo nunca mais foi a mesma, a arte brasileira nunca mais foi a mesma. E nós, artistas brasileiros, começamos a nos tornar menos europeus e mais... brasileiros!

Aplausos.

ZÉ LOSAVO Chegamos ao final da competição. Muito bem, Lurdinha Darlene, diga para nós...

MENINO Quem serei eu?

Vinheta musical.

LURDINHA Mário de Andrade!

ZÉ LOSAVO Sua resposta está e... e... exata!

Aplausos.

ZÉ LOSAVO Formidável! Parabéns! Você ganhou o grande prêmio! A identidade secreta de hoje é Mário Raul de Moraes Andrade!

LURDINHA Ê!

ZÉ LOSAVO Muito obrigado pela presença e não deixe de assistir ao próximo...

Vinheta musical.

TODOS *Quem Serei Eu?*

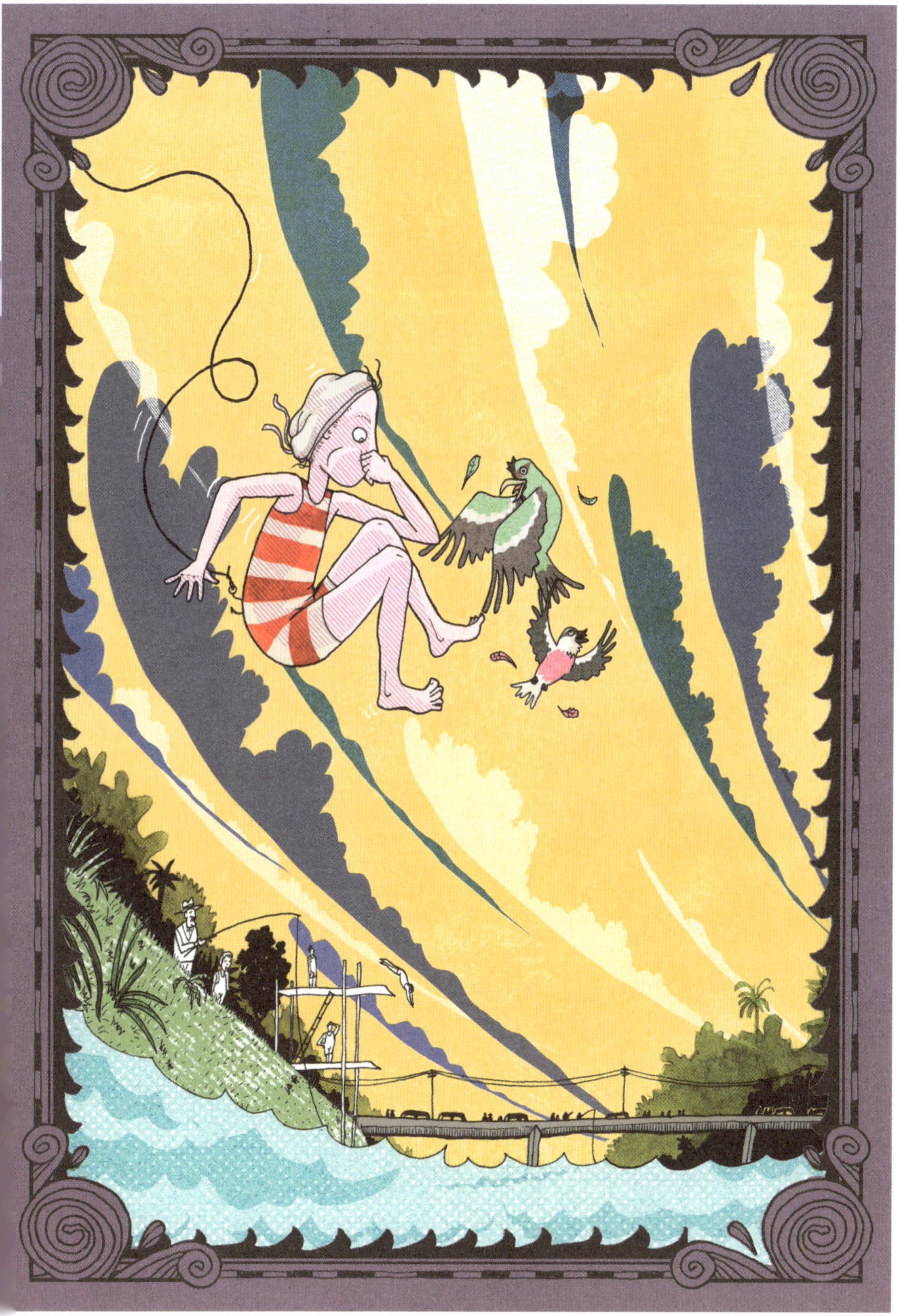

MARIA LENK,
UM PEIXE DENTRO
D'ÁGUA[8]

Dois dias antes desta entrevista, no dia 13 de janeiro de 2007, o Parque Aquático dos Jogos Pan-Americanos de 2007 passou oficialmente, por decreto do prefeito, a se chamar Parque Aquático Maria Lenk.

MUITAS VEZES A PRIMEIRA

ENTREVISTADOR A senhora foi a primeira mulher sul-americana a competir em Olimpíadas?

MARIA LENK Comecei com dezessete anos. Foi nos Jogos Olímpicos de 1932, em Los Angeles. Mas parece que foi ontem!

Risos.

ENTREVISTADOR A senhora foi também a primeira brasileira — e até hoje, a única — a quebrar dois recordes individuais, nos duzentos e nos quatrocentos metros nado peito.

MARIA LENK Foi na preparação para os Jogos Olímpicos de Tóquio, em 1939. Foram duas grandes alegrias, seguidas da pior decepção da minha vida.

ENTREVISTADOR Que foi...?

---

8. A entrevista relatada neste capítulo foi inventada pelo autor deste livro, que tomou como base frases ditas por Maria Lenk ao longo de sua vida. As informações que dizem respeito à sua vida pessoal e profissional são verdadeiras.

maria lenk Posso responder sobre isso depois?

entrevistador Claro.

maria lenk É que também parece que foi ontem.

entrevistador Eu entendo. Bem, a senhora foi a primeira brasileira a nadar borboleta.

maria lenk Depois eu conto como foi que eu aprendi a nadar borboleta. Eu posso garantir que você vai se surpreender.

entrevistador Quanto suspense!

Risos.

entrevistador A senhora também fez parte da primeira turma feminina formada em educação física no Brasil.

maria lenk Em 1938. Mas sabe que os homens não gostavam de atletas? Eu precisei esconder de meu noivo minha paixão pela natação.

entrevistador Por quê?

maria lenk Se ele soubesse que eu nadava, não casava.

entrevistador Que coisa.

maria lenk Acredite se quiser.

Risos.

entrevistador E a senhora ainda foi quem trouxe o nado sincronizado para cá.

maria lenk Não é exagero eu me sentir uma pioneira, você não acha?

Risos.

LONGEVIDADE E ESPORTE

ENTREVISTADOR A senhora completa hoje noventa e dois anos de idade.

MARIA LENK Exatamente. Apesar de não me sentir com essa idade. Foi no dia 15 de janeiro de 1915 que eu vim ao mundo, em São Paulo.

ENTREVISTADOR Pouco antes desta nossa conversa, a senhora nadou mil e quinhentos metros na piscina do Clube de Regatas Flamengo.

MARIA LENK Eu amo nadar.

ENTREVISTADOR Parece até que a senhora se sente melhor dentro d'água que fora.

MARIA LENK Não tenha dúvida disso. Atualmente eu preciso de duas bengalas para andar.

ENTREVISTADOR A senhora se machucou?

MARIA LENK Caí em casa e fraturei as pernas. A natação é o que me mantém viva. Se eu passar um dia sem nadar, fico deprimida.

ENTREVISTADOR Não é à toa que a senhora escreveu um livro chamado *Longevidade e esporte*, lançado em 2003.

MARIA LENK Eu sou a prova viva de que tudo que está escrito lá é verdade.

Risos.

ENTREVISTADOR Então sua experiência foi a base para mostrar nesse livro os benefícios da prática de esportes?

MARIA LENK Foi, mas eu usei também uma pesquisa que fiz durante três anos.

FAMÍLIA DE CAMPEÕES

ENTREVISTADOR Eu já devia ter feito esta pergunta: seu nome completo é...?

MARIA LENK Maria Emma Hulga Lenk Zigler.

ENTREVISTADOR Seus pais eram alemães?

MARIA LENK Pois é. Com um nome desses, eu só podia ser filha de alemães, austríacos ou suíços, não é?

Risos.

MARIA LENK Meus pais, Paul e Rosa Lenk, vieram da Alemanha em 1912, três anos antes de minha irmã e eu nascermos.

ENTREVISTADOR A senhora tinha uma irmã gêmea!

MARIA LENK Ela se chamava Hertha; eu a perdi aos seis meses de idade.

ENTREVISTADOR A senhora acha que, se essa tragédia não tivesse acontecido, ela teria se tornado nadadora também?

MARIA LENK Ah, é bem provável. No mínimo ela seria uma atleta. Nós nascemos em uma família de esportistas campeões.

ENTREVISTADOR Começando por seu pai.

MARIA LENK Meu pai foi campeão de ginástica de aparelhos em São Paulo e queria que a gente fizesse esporte para ficar mais forte. Nosso quintal parecia um ginásio, com barras fixas e argolas.

ENTREVISTADOR Isso não era muito comum nas casas, era?

MARIA LENK Nem um pouco!

Risos.

MARIA LENK Como muitos em nossa comunidade, eu mantinha o costume de fazer exercícios. Acabei virando nadadora, assim como minha irmã caçula, Sieglinde, que também venceu muitas provas. Já meu irmão, Ernesto, foi campeão brasileiro de basquete.

MAIÔ EXCOMUNGADO

ENTREVISTADOR A comunidade alemã era ligada em esportes?

MARIA LENK Havia muito incentivo para a prática de esportes e toda menina alemã ou de família alemã, como eu, fazia ginástica, nadava, cuidava do corpo e da saúde. Mas fora da comunidade tinha muito estranhamento.

ENTREVISTADOR A senhora chegou a sofrer discriminação?

MARIA LENK Quando fui morar em Amparo, interior de São Paulo, já tinha ido a dois Jogos Olímpicos e era famosa, mas fui excomungada pelo bispo local por causa do meu maiô.

ENTREVISTADOR Não acredito!

MARIA LENK Isso aconteceu antes da Segunda Guerra.

ENTREVISTADOR Certo, e eu imagino que os maiôs que a senhora usava não eram nada parecidos com um biquíni fio dental...

MARIA LENK Hoje eu vejo os vestidos das meninas nas ruas e lembro dos meus maiôs daquele tempo.

ENTREVISTADOR Eram grandes?

MARIA LENK Eram enormes! Sem falar que eram feitos de lã, o que não ajudava muito no desempenho. Ainda assim, tinha gente que os considerava indecentes.

ENTREVISTADOR A senhora pode dar um exemplo?

MARIA LENK Certa vez, fui convidada para inaugurar uma piscina em Minas, e os organizadores do evento me fizeram uma exigência: usar um "maiô católico". Como se o meu fosse um pecado!

ENTREVISTADOR E como a senhora foi excomungada pelo bispo de Amparo?

MARIA LENK Foi em 1938. Eu tinha acabado de me formar em educação física, mas não consegui trabalho no Rio nem em São Paulo.

ENTREVISTADOR Como?

MARIA LENK Eu não tinha padrinho, sabe...

ENTREVISTADOR Acho que sei...

MARIA LENK Mudei para Amparo, onde finalmente consegui uma vaga de professora. Ao chegar lá, descobri que não havia piscina pública.

ENTREVISTADOR Que difícil.

MARIA LENK Mas não desanimei e acabei convencendo um clube local a reformar a piscina e motivar as crianças da cidade a nadar. A natação contagiou Amparo e encheu a piscina de gente de todas as idades.

ENTREVISTADOR Que demais! E onde entra o bispo na história?

MARIA LENK O bispo não aguentou ver tanto maiô e calção e me acusou de péssimo exemplo para a sociedade amparense. Uma pecadora. Acabei sendo excomungada.

PEIXE DE ÁGUA DOCE

ENTREVISTADOR Falando em piscina, em qual piscina a senhora nadava quando criança?

MARIA LENK Não existia piscina em São Paulo. Eu nadava no rio Tietê com meu pai.

ENTREVISTADOR É difícil imaginar alguém nadando no Tietê, principalmente uma criança, e levada pelo pai.

MARIA LENK Pois é, o Tietê tinha águas transparentes, era uma delícia no verão.

ENTREVISTADOR Então foi o sr. Paul Lenk que a ensinou a nadar.

MARIA LENK Ele prendia meu maiô num anzol, ficava segurando a vara com uma corda do lado de fora do rio e dizia como eu devia fazer, enquanto desajeitadamente eu batia pernas e braços e bebia muita água.

ENTREVISTADOR Mas que método extravagante, para não dizer insólito ou mesmo... bizarro!

MARIA LENK Mas não foi ele quem inventou esse método. Todas as crianças daquela época aprendiam a nadar assim, presas por uma vara nas margens do Tietê.

ENTREVISTADOR O rio Tietê e a cidade de São Paulo estão muito mudados, não?

MARIA LENK Irreconhecíveis!

ÁGUA VERDADEIRA

MARIA LENK No Tietê foram realizadas competições de remo, que já foi quase tão popular quanto o futebol, e também natação e saltos. Clubes surgiram nas margens do rio.

ENTREVISTADOR A senhora era sócia de algum deles?

MARIA LENK O meu era o Clube Tietê, que tinha uma área delimitada para as crianças darem suas primeiras braçadas.

ENTREVISTADOR Nem todos os clubes tinham áreas especiais para natação?

MARIA LENK Com o tempo, a natação ganhou popularidade e os clubes resolveram criar áreas exclusivas para competições, evitando que os nadadores fossem levados pela correnteza ou atropelados por barcos de remo.

ENTREVISTADOR O que deve ter acontecido algumas vezes...

MARIA LENK Pois é. Mas provas mais longas aconteciam no trecho do rio que atravessava a cidade de São Paulo.

ENTREVISTADOR Tinha alguma mais importante?

MARIA LENK A mais famosa era a Travessia de São Paulo a Nado, criada em 1924 pelo jornalista Cásper Líbero, o mesmo que criaria depois a Corrida de São Silvestre.

ENTREVISTADOR No ano seguinte, 1925.

MARIA LENK E o mais curioso é ver que a São Silvestre ainda está aí, enquanto a travessia precisou ser cancelada porque nadar no Tietê ficou impraticável.

ENTREVISTADOR Por causa da poluição, é claro. A senhora sabe quando isso aconteceu?

MARIA LENK Foi... em 1944.

ENTREVISTADOR Em 1944, o Tietê não fazia mais jus ao nome dele, que em tupi quer dizer "água verdadeira".

MARIA LENK Pois é.

ENTREVISTADOR A senhora chegou a participar da Travessia de São Paulo a Nado?

MARIA LENK Só nos anos 1930, quando ela tinha patrocínio do jornal *A Gazeta* e até rendia fotos no jornal. Como atleta do Clube de Regatas Tietê, venci quatro anos seguidos, de 1932 a 1935.

ENTREVISTADOR Por que parou?

MARIA LENK Eu me mudei de São Paulo. Quem ocupou meu lugar no alto do pódio foi Sieglinde, minha irmã.

ENTREVISTADOR Em que data acontecia essa prova?

MARIA LENK Sempre no último domingo do ano. Milhares de pessoas iam para as margens do rio assistir à prova. Acho que era o maior evento esportivo da cidade. Mas nem tudo era perfeito.

ENTREVISTADOR Por quê?

MARIA LENK Quando chovia, as águas ficavam barrentas e alguns animais mortos passavam boiando. A gente achava tudo normal.

Risos.

ENTREVISTADOR Isso é que é espírito esportivo!

Risos.

MARIA LENK E eu contraí tifo por causa do rio.

ENTREVISTADOR Tifo? É uma doença infecciosa, não é?

MARIA LENK Pois é, transmitida por uma bactéria.

ENTREVISTADOR Quanta disposição!

MARIA LENK Por falar em doença, foi por causa de uma que eu comecei a nadar. Você quer saber como foi?

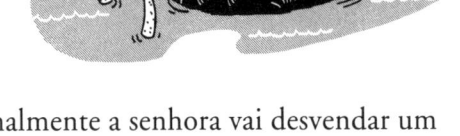

ENTREVISTADOR Claro, por favor! Finalmente a senhora vai desvendar um dos maiores mistérios desta história!

UM DIA ESPECIAL

MARIA LENK Tive uma pneumonia dupla aos dez anos e meu pai decidiu me ensinar a nadar para fortalecer o pulmão.

ENTREVISTADOR Quando foi isso?

MARIA LENK Ah, em algum dia de 1925. Foi um dia completamente decisivo na minha vida, mas eu não sei o dia nem o mês. Acho que meu pai não sabia que aquela atitude que ele tomou naquele dia ia ser crucial como foi para toda a minha vida.

OLIMPÍADAS DE LOS ANGELES, 1932

ENTREVISTADOR Sete anos depois, a senhora se tornou a primeira sul-americana a participar de uma Olimpíada.

MARIA LENK Eu me destaquei num campeonato interestadual que tinha apenas duas meninas e fui convidada para participar dos Jogos de Los Angeles.

ENTREVISTADOR E a senhora era a única mulher da delegação brasileira.

MARIA LENK Não só isso. Com dezessete anos, eu era a caçula dos oitenta e dois atletas da delegação.

ENTREVISTADOR Quanto tempo durou o percurso para Los Angeles?

MARIA LENK No fim das contas, a viagem durou um mês.

ENTREVISTADOR Tudo isso?

MARIA LENK E eu fiquei todo esse tempo sem treinar. Não fez diferença, porque não sabia mesmo o que era treinamento. Aprendi lá, porque conheci grandes campeãs e vi como elas treinavam.

ENTREVISTADOR A senhora não ganhou medalha.

MARIA LENK Não, meu melhor resultado foi um oitavo lugar nos duzentos metros, nado de peito. Para quem só tinha participado de competições no Tietê e um interestadual, não foi nada mal.

ENTREVISTADOR Não mesmo.

MARIA LENK Mas quando eu voltei, recebi muitas críticas por não ter trazido medalha. A importância de minha participação nos Jogos Olímpicos de Los Angeles só seria reconhecida anos depois.

ENTREVISTADOR Como se a participação de uma mulher brasileira pela primeira vez na competição não tivesse importância!

MARIA LENK As mulheres eram minoria em geral. Nós ficamos todas juntas em um hotel de luxo. Os homens ficaram na Vila Olímpica.

ENTREVISTADOR A primeira da história dos Jogos!

MARIA LENK E nós não voltamos para o Brasil como heróis. As pessoas perguntavam se tinha valido a pena tanto esforço, já que não ganhamos uma medalha sequer. Eu acreditava que sim.

OLIMPÍADAS DE BERLIM, 1936

ENTREVISTADOR Quatro anos depois, tudo foi mais fácil.

MARIA LENK Nem tudo foi da maneira ideal.

ENTREVISTADOR A senhora foi mais uma vez de navio.

MARIA LENK Fomos para a Alemanha de cargueiro, o *General Artigas*.

ENTREVISTADOR Dessa vez, a senhora não era a única mulher.

MARIA LENK Não. Éramos seis mulheres na delegação.

ENTREVISTADOR E a senhora treinou durante a viagem?

MARIA LENK Construíram no convés um tanque que servia de piscina para que a gente pudesse treinar durante a viagem.

ENTREVISTADOR Perfeito!

maria lenk Não. O tanque era pequeno e não permitia que déssemos mais de duas braçadas.

entrevistador Bem difícil, então...

maria lenk Mas não impossível. Nosso técnico, Carlito, teve uma ideia genial.

entrevistador Carlito era o apelido de Carlos de Campos Sobrinho?

maria lenk Isso mesmo. Ele teve uma ótima ideia: com uma corda, ele amarrava a gente na borda. Assim, eu podia nadar sem sair do lugar. Mas...

entrevistador Tinha que ter um "mas"!

maria lenk Pois é. As ondas fortes faziam com que eu fosse lançada contra as paredes do tanque e boa parte da água era jogada para fora. Treinar ali era uma aventura.

entrevistador E em Berlim seu desempenho foi bem melhor que o de quatro anos antes, em Los Angeles.

maria lenk Eu não fui muito bem, não. Infelizmente engordei um bocado por causa das seis refeições diárias do navio e não passei das provas semifinais. Mas...

entrevistador Desse "mas" eu gostei!

maria lenk Entrei para a história por ser a primeira mulher a nadar borboleta.

entrevistador Então chegou a hora de a senhora contar como aprendeu a nadar esse estilo.

maria lenk Pois é.

COMO NADAR BORBOLETA

maria lenk Aprendi a nadar esse estilo depois de ler uma revista alemã.

ENTREVISTADOR Como é que é? Uma revista?

MARIA LENK Exatamente!

> *Risos.*

ENTREVISTADOR Como assim?

MARIA LENK É que, da mesma forma que meu pai incentivava os exercícios, minha mãe insistia para que a gente aprendesse alemão. Então, ela importava revistas alemãs para que eu e meus irmãos pudéssemos praticar o idioma.

ENTREVISTADOR E em uma revista tinha um artigo chamado "Como nadar borboleta"!?

MARIA LENK Que nada!

> *Risos.*

MARIA LENK Foi numa dessas revistas que fiquei sabendo que o nadador John Higgins criara uma nova maneira de nadar peito.

ENTREVISTADOR O estilo borboleta nasceu assim?

MARIA LENK Na época, o regulamento do nado de peito dizia que os braços tinham que ir simultaneamente da frente para trás e de trás para a frente, mas não dizia se era por dentro ou por fora d'água. E esse campeão, Higgins, tirou vantagem disso e levou os braços por fora d'água, dando origem ao nado borboleta.

ENTREVISTADOR E com essa informação a senhora aprendeu o estilo.

MARIA LENK Eu comecei a fazer a mesma coisa e, então, nos Jogos de Berlim, ele era o único homem e eu a única mulher a nadar o que seria hoje o borboleta.

ENTREVISTADOR Foi uma sensação.

MARIA LENK Como é um estilo difícil, deixava todo mundo impressionado.

ENTREVISTADOR E quais foram os seus resultados finais em Berlim?

MARIA LENK Eu estava pesada e não fui bem nas provas, como era de se esperar. No entanto, pouco antes dos Jogos, bati um recorde mundial nadando borboleta, que infelizmente não foi homologado.

ENTREVISTADOR Por quê?

MARIA LENK Politicagem. A Confederação Brasileira de Desportos não quis reconhecer a marca indicada pela Federação Brasileira de Natação. Mas, em 1939, eu esqueceria essa mágoa ao bater dois recordes mundiais.

ENTREVISTADOR Na preparação para os Jogos de Tóquio.

A MAIOR DECEPÇÃO

MARIA LENK Eu estava me preparando para os Jogos Olímpicos de 1940 e poderia ter vencido, se eles não tivessem sido cancelados.

ENTREVISTADOR Por que foram cancelados?

MARIA LENK A Segunda Guerra acabou com esse sonho. Foi a maior decepção de minha vida.

ENTREVISTADOR A senhora tinha muita chance de ganhar medalhas.

MARIA LENK Sim. Meu tempo nos duzentos metros nado peito foi melhor até que o recorde brasileiro masculino.

ENTREVISTADOR Incrível.

MARIA LENK Por causa dos recordes, ganhei muitas homenagens. Mas nunca me conformei com o cancelamento dos Jogos Olímpicos de Tóquio.

AS DÉCADAS SEGUINTES

ENTREVISTADOR E daí para a frente?

MARIA LENK Encerrei a carreira de atleta, escrevi livros...

ENTREVISTADOR Entre eles, um chamado *Braçadas e abraços*, que é um título ótimo...

MARIA LENK Pois é.

ENTREVISTADOR O que mais?

MARIA LENK Casei e tive dois filhos, um menino e uma menina, além de um neto.

ENTREVISTADOR A senhora está se esquecendo de contar que continuou não só nadando, como ganhando campeonatos.

MARIA LENK Ah, sim, claro.

ENTREVISTADOR A senhora voltou a competir, na categoria Master, e bateu vários recordes mundiais. Além disso, entrou para o hall da fama da Federação Internacional de Natação e recebeu a homenagem Top Ten da entidade máxima desse esporte, por ser uma das dez melhores atletas Master do mundo, considerando desempenhos masculinos e femininos.

MARIA LENK É verdade. E no campeonato mundial da categoria 85-90 anos, que aconteceu em Munique em 2000, eu ganhei o apelido de "Mark Spitz da terceira idade"!

Risos.

ENTREVISTADOR Mark Spitz foi o nadador norte-americano que ganhou sete medalhas de ouro nas Olimpíadas de Munique, em 1972.

MARIA LENK Isso mesmo. E na mesma cidade, eu ganhei cinco medalhas de ouro.

entrevistador A senhora continua sendo um "peixe dentro d'água".

maria lenk Como eu já disse para você, eu amo nadar. E pretendo fazer meus mil e quinhentos metros todo dia, até o último dia de minha vida!

No dia 16 de abril de 2007, depois de nadar mil e quinhentos metros, Maria Lenk sentiu-se mal e foi levada para um hospital, onde faleceu não muito depois, aos noventa e dois anos de idade.

APÊNDICE 1

MACHADINHO, O ÓRFÃO REJEITADO

Quem conhece a história da literatura brasileira sabe que Machado de Assis foi e continua sendo um escritor muito importante. Várias pessoas acham que ele foi o maior escritor brasileiro do século 19. Muitas o consideram o maior escritor brasileiro de todos os tempos.

Por isso, Joaquim Maria Machado de Assis estava na lista de personagens deste livro. Até algum tempo atrás, a história dele era completamente interessante:

Era uma vez, há muitos e muitos anos, em um império onde reinava d. Pedro II, um menino pobre, feio e doente, mas muito inteligente. Ele era filho de uma portuguesa chamada Maria Leopoldina Machado da Câmara e um mestiço chamado Francisco José de Assis.

O menino tinha a pele bem escura, como a do pai, e nasceu quando ainda existia escravidão no Brasil. A casinha onde morava ficava no morro do Livramento, perto do centro do Rio de Janeiro, que era então a capital do Império.

Apesar de muito pobres, os pais de Machadinho eram alfabetizados. Isso era uma coisa extraordinária naqueles tempos, e provavelmente foi a mãe que ensinou o menino a ler e escrever.

Quando Machadinho tinha seis anos, morreram sua única irmãzinha e sua madrinha, que era rica e muito boa para ele. Quatro anos depois, a mãe do menino morreu também, de tuberculose.

O pai casou-se de novo, com uma mestiça bondosa chamada Maria Inês, que era lavadeira e doceira. Poucos anos depois, morreu o pai do menino, e ele se mudou com a madrasta para um bairro chamado São Cristóvão.

Que história difícil e bonita, não é? Pena que boa parte dessas informações é falsa. O historiador Gondin da Fonseca fez um trabalho de detetive e descobriu, por exemplo, que o pai de Machado de Assis morreu quando o escritor já tinha vinte e cinco anos. Por essas e outras, o "menino pobre, órfão de pai e mãe, que não podia ir à escola e vendia doces que sua madrasta fazia" não existiu.

Pensando bem, é uma façanha de super-herói o fato de um menino conseguir aprender sozinho a ler e escrever em português, inglês, francês e alemão. Ainda por cima numa época em que não existiam rádio, televisão, computador, internet etc.!

Machado não escreveu sua autobiografia nem pedaços dela. Ninguém escreveu sobre ele na época, porque ele não fazia questão de contar como tinha sido sua infância. Para os amigos íntimos e sua esposa, ele provavelmente contou. Mas nem sua amada Carolina nem seus amigos escreveram sobre o assunto, apesar de muitos serem escritores profissionais.

Mesmo em todos os textos sobre a infância e a adolescência de Machado de Assis que foram escritos antes da pesquisa de Gondin da Fonseca, sempre há, antes de qualquer informação, um "talvez", um "provavelmente", um "ao que tudo indica", um "dizem que"...

Por isso, infelizmente, o pobre órfão doente que enfrentou dificuldades inúmeras e gigantescas, o garoto que era uma mistura de Hércules, Sherlock Holmes, Super-Homem e Saci Pererê e depois se tornou um dos maiores escritores do Brasil, acabou fora deste livro sobre heróis da nossa gente.

Mas, mesmo assim, ele é e sempre será considerado um gênio. Carlos Drummond de Andrade, outro autor genial, o apelidou de Bruxo do Cosme Velho.

APÊNDICE 2

CHIQUINHA NO PALCO[9]

Aqui estão algumas indicações, sugestões e observações para a montagem da peça *Chiquinha de trás pra frente*.

PAPÉIS PRA TODO MUNDO

Essa é uma boa peça para ser feita por uma turma grande, porque tem papéis com falas para muita gente. No caso de haver mais meninas que meninos, elas podem fazer alguns dos papéis masculinos. Uma comédia musical não pede realismo.

A própria Chiquinha pode ser interpretada pela mesma atriz, ou por várias, ao longo do espetáculo.

O narrador pode ser feito por um ator ou uma atriz e não precisa, necessariamente, ser feito pela mesma pessoa em todo o espetáculo. É o tipo de personagem que pode mudar de corpo e voz sem dar nó na cabeça do público, desde que seja usado algum signo para caracterizá-lo. O figurino pode ser uma solução.

BEM MAIS SIMPLES

Uma montagem dessa peça certamente pode ser bem mais simples do que é indicado no texto. Ela não foi escrita com a finalidade de ser monta-

---

[9]. As montagens amadoras da peça que faz parte deste livro estão liberadas, desde que não haja ingressos vendidos. Para montagens profissionais, é preciso entrar em contato com o autor no site www.flaviodesouza.com ou pelo endereço de e-mail flaviodesouza55@gmail.com.

da, e se forem seguidas todas as indicações, a produção não custaria menos de um milhão de euros.

Para contar a história da maneira como ela foi escrita, não é preciso que todos os pianos andem sozinhos pelo palco ou outros delírios de um dramaturgo, que é também diretor de teatro e nunca pôde — nem poderá — contar com tantos recursos, que na verdade não são imprescindíveis.

SEM MÚSICA NÃO DÁ PÉ

Montar a peça sem a música de Chiquinha pode até dar certo, mas pode não dar pé. Afinal, um dos assuntos principais dela é a música que saiu da mente, dos dedos e do coração da compositora.

Então, não é preciso que todas as canções indicadas no texto sejam incluídas no espetáculo, mas pelo menos metade delas já fará a diferença.

BOA OPORTUNIDADE

A montagem do texto é uma boa oportunidade para que as pessoas envolvidas estudem os acontecimentos históricos da época vivida pela Chiquinha, assim como pesquisem sobre as roupas e adereços, a música, o teatro e as artes daquele período.

ÚLTIMAS SUGESTÕES

A melhor maneira de ensaiar essa peça é montá-la na ordem cronológica, depois juntar as cenas como elas estão no texto, ou seja, de trás pra frente.

Para ser engraçado e agradável para o público, um espetáculo precisa ser engraçado e agradável para quem está fazendo. Assim, a figura de um diretor é necessária — afinal, uma orquestra não se apresenta sem maestro — e é preciso haver disciplina dentro do palco e nos bastidores, mas também é necessário que os atores tenham liberdade para interpretar em vez de apenas dizer o texto decorado e obedecer às marcas.

Divirta-se o máximo que puder!

APÊNDICE 3

NOSSOS SETE BRASILEIROS NA LINHA DO TEMPO

1807 (29 de novembro) A bisavó, os avós paternos, o pai e o tio de Pedro de Alcântara fogem de Portugal, que estava para ser invadido pelo exército de Napoleão, e partem para o Brasil.

1808 (7 de março) A família real portuguesa chega ao Rio de Janeiro, onde se instala.

1817 (13 de maio) Os pais de Pedro de Alcântara, d. Pedro e d. Maria Leopoldina, se casam à distância.

1821 (26 de abril) A família real volta definitivamente para Portugal, deixando d. Pedro, o pai de Pedro de Alcântara, como príncipe regente.

1822 (7 de setembro) D. Pedro i declara a independência do Brasil, que deixa de ser colônia de Portugal e torna-se a única monarquia das Américas.

1825 (2 de dezembro) Nasce Pedro de Alcântara, herdeiro do trono do Brasil, futuro d. Pedro ii.

1826 (11 de dezembro) Morre a imperatriz d. Leopoldina, mãe de Pedro de Alcântara.

1830 (21 de junho) Nasce Luiz Gonzaga Pinto da Gama, filho da africana livre Luísa Mehin e de um fidalgo português de nome desconhecido, membro de uma das famílias mais ricas de Salvador, Bahia.

1831 (7 de abril) D. Pedro I abdica da coroa do Brasil, deixando de ser imperador. O pai e a madrasta bondosa de d. Pedro II vão para Portugal e nunca mais voltam ao Brasil.

1835 (20 de setembro) Início da Guerra dos Farrapos, conhecida também como Revolução Farroupilha.

1837 (2 de dezembro) É fundado o Colégio D. Pedro, o primeiro colégio de instrução secundária oficial do Brasil, em homenagem ao aniversário de doze anos do imperador menino.

1839 (21 de junho) Nasce, no Rio de Janeiro, Joaquim Maria Machado de Assis, filho do afrodescendente carioca Francisco José de Assis, pintor de paredes e dourador, e Maria Leopoldina Machado de Assis, portuguesa da ilha de São Miguel, no arquipélago de Açores.

1840 (10 de novembro) Aos dez anos, Luiz Gama é vendido como escravizado pelo próprio pai a um negociante e contrabandista, o alferes Antônio Pereira Cardoso.

1840 (março) Pedro de Alcântara compra seu equipamento fotográfico, oito meses antes de começar a ser vendido no Brasil.

1841 (18 de julho) Pedro de Alcântara é coroado imperador do Brasil, aos quinze anos. Isso deveria ter acontecido em 1844, quando ele completasse dezoito anos.

1843 (30 de maio) Pedro de Alcântara casa-se por procuração com Teresa Cristina Maria.

1843 (4 de setembro) Cerimônia de casamento, em pessoa, de Pedro de Alcântara e Teresa Cristina.

1845 (1º de março) Fim da Guerra dos Farrapos.

1846 (29 de julho) Nasce, no Rio de Janeiro, a princesa Isabel, que em 1888 assina a Lei Áurea.

1847 (17 de outubro) Nasce, no Rio de Janeiro, Francisca Edwiges Neves Gonzaga.

1848 (7 de novembro) Inicia-se, em Olinda, Pernambuco, a Insurreição Praieira.

1850 (4 de setembro) É assinada a Lei Eusébio de Queirós, que proíbe, no Brasil, a compra e venda de pessoas escravizadas.

1851 Fim da Insurreição Praieira.

1854 É inaugurada no Rio de Janeiro a iluminação pública a gás.

1858 (24 de dezembro) Chiquinha Gonzaga estreia como compositora, apresentando a obra natalina "Canção dos pastores", acompanhada de seu irmão Juca e seu tio e padrinho, o flautista Antônio Eliseu.

1861 (4 de setembro) Estreia a primeira ópera composta por Carlos Gomes, *A noite do castelo*, com imenso sucesso. Por causa dessa obra, o jovem compositor recebeu de d. Pedro II a Ordem Imperial da Rosa.

1862 Fica pronto o palácio de verão de Pedro de Alcântara, em Petrópolis, que hoje é um museu.

1863 Chiquinha Gonzaga se casa, aos dezesseis anos, com Jacinto Ribeiro do Amaral.

1864 (dezembro) Início da Guerra do Paraguai.

1870 Chiquinha Gonzaga separa-se de Jacinto Ribeiro Amaral, após um ultimato de seu marido para que ela escolhesse entre ele e a música.

1870 (março) Fim da Guerra do Paraguai.

1870 (19 de março) Estreia, no Scala de Milão — o teatro de ópera mais importante da Itália e do mundo —, *O guarani*, ópera adaptada do romance de José de Alencar, a ópera mais famosa, composta por Carlos Gomes.

1877 (fevereiro) É publicada a polca "Atraente", o primeiro sucesso como compositora de Chiquinha Gonzaga, quando ela tinha trinta anos.

1881 (13 de maio) Nasce Afonso Henriques de Lima Barreto, no Rio de Janeiro, a capital do Império.

1882 (18 de abril) Nasce José Renato Monteiro Lobato, em Taubaté, São Paulo.

1882 (24 de agosto) Luiz Gama morre, em São Paulo.

1883 Chiquinha Gonzaga compõe sua primeira trilha para teatro, para a peça *Viagem ao Parnaso*, de Artur Azevedo, mas o produtor não aceita que ela assine as canções, por ser mulher. Ele propõe que ela use um pseudônimo masculino, mas ela recusa.

1885 (17 de janeiro) Chiquinha Gonzaga estreia como compositora de teatro, com a opereta *A corte na roça*, com texto de Palhares Ribeiro, no teatro Príncipe Imperial.

1887 (dezembro) Morre a mãe de Lima Barreto, de tuberculose galopante.

1888 Chiquinha Gonzaga apresenta um concerto com cem violões, no teatro São Pedro, no Rio de Janeiro. Foi o primeiro concerto brasileiro com violões. O instrumento era considerado vulgar e impróprio para locais familiares.

1888 (13 de maio) A princesa Isabel assina a Lei Áurea, que acaba com a escravidão no Brasil.

1888 (13 de maio) Em seu aniversário de sete anos, Lima Barreto vai com seu pai ao centro do Rio para aplaudir a princesa Isabel e participar das festas.

1889 (15 de novembro) É proclamada a República no Brasil.

1889 (16 de novembro) D. Pedro II e sua família partem para o exílio na Europa, de madrugada, sem despedidas.

1889 Após a proclamação da República, o pai de Lima Barreto é demitido da Imprensa Nacional, por ser monarquista e ter conseguido o emprego por intermédio do visconde de Ouro Preto.

1891 (5 de dezembro) Pedro de Alcântara, O Magnânimo, morre em Paris, aos sessenta e seis anos.

1893 Monteiro Lobato, aos onze anos, muda seu nome de José Renato para José Bento, para que suas iniciais correspondessem às de seu pai, J. B. M. L., que estavam gravadas no castão da bengala que tinha passado a ser dele.

1893 (9 de outubro) Nasce, em São Paulo, Mário Raul de Moraes Andrade.

1893 Chiquinha Gonzaga recebe ordem de prisão por causa de uma cançoneta composta por ela, "Aperte o botão", por fazer referência favorável à Revolta da Armada, movimento civil e da Marinha contra o governo do presidente Floriano Peixoto. Ela se livra da prisão por interferência de parentes e amigos influentes.

1894 É publicado o primeiro livro para crianças de Armando Figueiredo Pimentel, *Contos da carochinha*, pela Livraria do Povo.

1895 Lima Barreto ingressa no Colégio D. Pedro.

1898 (13 de junho) Morre José Bento Marcondes Lobato, pai de Monteiro Lobato.

1899 Chiquinha Gonzaga compõe a primeira música especial para o Carnaval, "Ô abre alas".

1899 (22 de junho) Morre d. Olímpia Augusta Lobato, mãe de Monteiro Lobato. Seu avô materno, o visconde de Tremembé, assume sua tutela e pouco tempo depois o proíbe de cursar a faculdade de belas-artes e o obriga a cursar direito.

1902 Lima Barreto começa a colaborar com artigos e crônicas para vários jornais.

1904 Mário de Andrade, aos onze anos, faz seu primeiro poema, com palavras inventadas.

1905 Começa a ser publicada a primeira revista brasileira para crianças, a *Tico-tico*.

1908 (28 de março) Monteiro Lobato casa-se com Maria Pureza da Natividade — a Purezinha —, com quem tem quatro filhos: Edgard, Guilherme, Martha e Ruth.

1909 É publicado, em Lisboa, o primeiro romance de Lima Barreto, *Recordações do escrivão Isaías Caminha*.

1911 Começa a ser publicado, no *Jornal do Commercio do Rio de Janeiro*, em capítulos de folhetim, o livro mais importante de Lima Barreto, *O triste fim de Policarpo Quaresma*.

1911 Morre o visconde de Tremembé, avô de Monteiro Lobato, que herda a fazenda Buquira, para onde se muda.

1912 (11 de junho) Estreia o maior sucesso de Chiquinha Gonzaga, a burleta *Forrobodó!*, com texto de Luiz Peixoto e Carlos Bettencourt.

1912 Os pais de Maria Lenk imigram da Alemanha para o Brasil.

1913 (22 de junho) Renato, irmão caçula de Mário de Andrade, morre em decorrência de uma bolada durante um jogo de futebol. O choque e a depressão fazem Mário ficar com as mãos trêmulas e sem comer nem dormir, o que o leva a desistir de ser pianista concertista.

1915 (15 de janeiro) Nasce, em São Paulo, Maria Emma Hulga Lenk Zigler, a nadadora mais importante do Brasil.

1917 É editado o primeiro livro de poesias de Mário de Andrade, *Há uma gota de sangue em cada poema*.

1918 É publicado o primeiro livro de Monteiro Lobato, *O Saci-Pererê: resultado de um inquérito*.

1920 (dezembro) É publicado *A menina do narizinho arrebitado*, primeiro livro infantil de Monteiro Lobato, que teve cinquenta mil exemplares vendidos em menos de nove meses.

1921 Os restos mortais de Pedro de Alcântara são trazidos de volta ao Brasil.

1922 (13 a 18 de fevereiro) Acontece, no Teatro Municipal de São Paulo, a Semana de Arte Moderna, organizada pelos amigos escritores Mário de Andrade e Oswald de Andrade. Seis dias cheios de poemas, críticas de literatura, artes plásticas, música e cinema, além de aplausos e vaias, sendo o ponto de partida para mudanças em todas as artes no Brasil.

1922 (1º de novembro) Morre Lima Barreto, um precursor do modernismo.

1925 Maria Lenk pega pneumonia dupla, e seu pai, aconselhado por um médico, decide ensiná-la a nadar.

1925 Os restos mortais de Pedro de Alcântara são levados a Petrópolis.

1926 (16 a 23 de dezembro) Mário de Andrade escreve, em uma chácara próxima a Araraquara, seu livro mais importante e uma das obras-primas da literatura brasileira, *Macunaíma, o herói sem nenhum caráter*, publicado em 1928.

1931 *A menina do narizinho arrebitado*, primeiro livro infantil de Monteiro Lobato, é publicado, acrescido de mais dez histórias, com o nome *Reinações de Narizinho*.

1932 Maria Lenk, aos dezessete anos, vai para Los Angeles e é a primeira mulher sul-americana a participar dos Jogos Olímpicos.

1936 Maria Lenk participa dos Jogos Olímpicos de Berlim, onde não conquistou medalhas, mas ganhou muita experiência.

1935 (28 de fevereiro) Morre Chiquinha Gonzaga, aos oitenta e sete anos, dois dias antes do primeiro concurso de escolas de samba do Rio de Janeiro.

1938 Maria Lenk faz parte da primeira turma feminina que se forma em educação física no Brasil.

1939 (1º de setembro) Começa a Segunda Guerra Mundial.

1939 Na preparação para os Jogos Olímpicos de Tóquio, Maria Lenk é a primeira brasileira a quebrar dois recordes mundiais de natação. As Olimpíadas de Tóquio são canceladas por causa da guerra, justo quando Maria Lenk está no auge de sua forma física e poderia ganhar medalhas.

1939 Os restos mortais de Pedro de Alcântara são enterrados, quarenta e sete anos após sua morte.

1945 (25 de fevereiro) Morre, em sua casa em São Paulo, Mário de Andrade, aos cinquenta e um anos.

1945 (2 de setembro) Termina a Segunda Guerra Mundial.

1948 (4 de julho) Morre, em São Paulo, Monteiro Lobato, aos sessenta e seis anos de idade.

1952 (3 de junho) Estreia a primeira versão dos livros do Sítio do Picapau Amarelo, de Monteiro Lobato, na TV Tupi de São Paulo, que foi apresentada até 1962, adaptada pela escritora Tatiana Belinky. Os episódios diários eram apresentados ao vivo.

1956 Toda a obra de Lima Barreto é lançada em dezessete volumes, com as obras já publicadas e as inéditas — uma delas é *Os bruzundangas*.

1961 (13 de agosto) Começa a ser erguido o Muro de Berlim, que dividiu a cidade em duas e o país em Alemanha Ocidental (República Democrática Alemã) e Alemanha Oriental (República Federal da Alemanha).

1988 Maria Lenk entra para o hall da fama da Federação Internacional de Natação, homenageada como um dos dez melhores nadadores Master do mundo.

1989 (9 de novembro) Cai o Muro de Berlim.

1992 (abril) Começa a Guerra da Bósnia, nos Bálcãs, onde ficava a Iugoslávia, região onde começaram os conflitos que levaram à Primeira Guerra Mundial.

1995 (dezembro) Termina a Guerra da Bósnia.

2000 (agosto) Maria Lenk participa do campeonato mundial de natação na categoria de oitenta e cinco a noventa anos, em Munique, Alemanha, e ganha cinco medalhas de ouro.

2003 Maria Lenk lança o livro *Longevidade e esporte*, um dos vários escritos por ela.

2007 (13 de janeiro) O Parque Aquático dos Jogos Pan-Americanos do Rio de Janeiro recebe o nome de Parque Aquático Maria Lenk.

2007 (16 de abril) Maria Lenk morre aos noventa e dois anos, no Rio de Janeiro, após sentir-se mal na piscina do clube Flamengo, onde continuava nadando mil e quinhentos metros todas as manhãs.

CRÉDITOS DAS IMAGENS

p. 9: Acervo da Fundação Biblioteca Nacional – Brasil

p. 65: Acervo Chiquinha Gonzaga/ Instituto Moreira Salles

p. 117 e 188: Acervo Iconographia

p. 131: © Monteiro Lobato – Todos os direitos reservados.

p. 150: Coleção Mário de Andrade. Arquivo fotográfico do Acervo do Instituto de Estudos Brasileiros – USP

p. 172: Equipe AE/Estadão Conteúdo

SOBRE O AUTOR

Nasci em 1955 e, quando você estiver lendo este livro, já farei parte da chamada "terceira idade". Mas sinto que tenho, no máximo, a metade desses anos vividos. Escrever sobre a vida de várias pessoas, algumas do nascimento à morte, acelerou um processo que já estava acontecendo: me importo cada vez menos com o que já passou e não temo tanto o que ainda está por vir.

Entrei duas vezes na mesma faculdade, mas não completei nenhum dos cursos. Trabalhei com teatro, cinema, televisão, comerciais e revistas. Fui ator, dramaturgo, diretor, redator, autor roteirista, criador, redator final, ilustrador, tradutor e escritor de histórias em quadrinhos, livros para crianças, adolescentes e adultos.

Como todo artista do Brasil e do mundo, tive uma carreira tipo montanha-russa, com altos e baixos. Fiquei alguns momentos parado, sem saber como pagar o aluguel, as contas, a mensalidade da escola dos filhos... Mas sobrevivi. E continuo na montanha-russa, na maior parte do tempo escrevendo livros.

Certa tarde do início de março de 1961, tive minha primeira aula de artes plásticas e de teatro num curso livre na Fundação Armando Álvares Penteado, em São Paulo. Esse dia determinou tudo o que eu fiz e deixei de fazer até hoje. Descobri o mundo em que queria passar o resto da minha vida. Esse foi o meu "antes e depois".

SOBRE O ILUSTRADOR

Nasci em 1975, no interior de São Paulo, e nunca achei que viveria de desenhos. Bem antes de escolher qual carreira seguir, sonhei ser mágico, jogador de basquete, piloto de *bicicross* (hoje chamam de BMX) e só depois, quando assisti a alguns filmes do italiano Federico Fellini, quis ser cineasta. Porém, na hora de decidir que faculdade fazer, fui de rádio e TV. Desenho mesmo, até esse momento, só em margem de caderno.

Fui para São Paulo depois de formado e trabalhei com rádio, internet, assessoria de imprensa e decoração de festa (veja que não existe um momento certo pra decidir o que fazer da vida). Também apresentei um quadro de cultura na TV e fui um dos fundadores da Associação Cultural Gafieiras <www.gafieiras.org.br>, mas acabei voltando para o rádio. Trabalhei como produtor executivo na Eldorado FM por cinco anos. A essa altura, criei um site com umas poucas ilustrações feitas ao longo dos anos e que nunca tinham sido publicadas. A partir daí, alguns convites de trabalho começaram a aparecer, e passei a colaborar com várias revistas.

Meu "antes e depois" aconteceu quando retornei de umas férias em 2008. Percebi que as poucas horas que dedicava ao desenho me davam um prazer e um retorno (com elogios, claro!) que nunca tinha experimentado nas minhas andanças profissionais anteriores. No dia em que voltei ao trabalho, pedi demissão e, desde então, trabalho em casa, praticamente só desenhando ("praticamente" porque também faço parte da equipe de uma rádio on-line de música brasileira muito legal, que você pode conhecer em: <www.dpot.com.br>).

Este é meu quarto livro publicado. Meus primeiros foram *As invenções de Ivo* e *As falações de Flávio*, escritos por Rogério Trentini e publicados pela Companhia das Letrinhas, e *Viagem para outros tempos* (Liz Editora), de Mouzar Benedito. Para conhecer mais meus trabalhos, acesse: <www.danielalmeida.art.br>.

A marca FSC® é a garantia de que a madeira utilizada na fabricação do papel deste livro provém de florestas que foram gerenciadas de maneira ambientalmente correta, socialmente justa e economicamente viável, além de outras fontes de origem controlada.

ESTA OBRA FOI COMPOSTA EM ADOBE GARAMOND E IMPRESSA PELA GRÁFICA HROSA EM OFSETE SOBRE PAPEL ALTA ALVURA DA SUZANO S.A. PARA A EDITORA SCHWARCZ EM MARÇO DE 2024.

BERNARD CORNWELL

A Fuga de SHARPE

Tradução de
ALVES CALADO

1ª edição

EDITORA RECORD
RIO DE JANEIRO • SÃO PAULO
2012

CIP-BRASIL. CATALOGAÇÃO NA FONTE
SINDICATO NACIONAL DOS EDITORES DE LIVROS, RJ

C835f
Cornwell, Bernard, 1944-
A fuga de Sharpe / Bernard Cornwell; tradução de Ivanir Alves Calado. –
Rio de Janeiro: Record, 2012.
(As aventuras de um soldado nas Guerra Napoleônicas; 10)

Tradução de: Sharpe's escape
Sequência de: O ouro de Sharpe
ISBN 978-85-01-09943-3

1. Sharpe, Richard (Personagem fictício) – Ficção. 2. Guerras napoleônicas, 1800-1815 – Ficção. 3. Grã-Bretanha – História militar – Século XIX – Ficção. 6. Ficção inglesa. I. Alves-Calado, Ivanir, 1953-. II. Título. III. Série.

12-2983

CDD: 823
CDU: 821.111-3

Título original:
SHARPE'S ESCAPE

Copyright © Bernard Cornwell, 2004

Texto revisado segundo o novo Acordo Ortográfico da Língua Portuguesa.

Todos os direitos reservados. Proibida a reprodução, no todo ou em parte, através de quaisquer meios. Os direitos morais do autor foram assegurados.

Direitos exclusivos de publicação em língua portuguesa somente para o Brasil adquiridos pela
EDITORA RECORD LTDA.
Rua Argentina, 171 – Rio de Janeiro, RJ – 20921-380 – Tel.: 2585-2000, que se reserva a propriedade literária desta tradução.

Impresso no Brasil

ISBN 978-85-01-09943-3

Seja um leitor preferencial Record.
Cadastre-se e receba informações sobre nossos lançamentos e nossas promoções.

Atendimento e venda direta ao leitor:
mdireto@record.com.br ou (21) 2585-2002.

A Fuga de Sharpe é para Cece

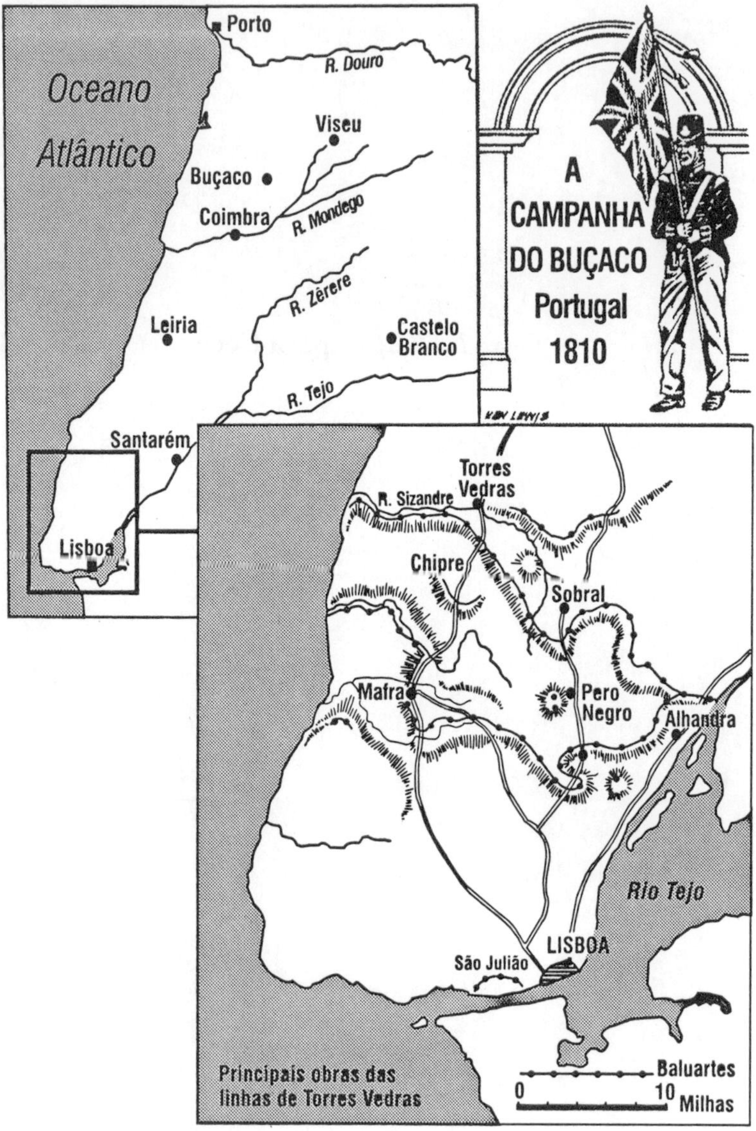
Porto
R. Douro
Oceano
Atlântico
Viseu
Buçaco
Coimbra
R. Mondego
R. Zêrere
Leiria
Castelo
Branco
R. Tejo
Santarém
Lisboa
A
CAMPANHA
DO BUÇACO
Portugal
1810
Torres
Vedras
R. Sizandre
Chipre
Sobral
Mafra
Pero
Negro
Alhandra
Rio Tejo
LISBOA
São Julião
Principais obras das
linhas de Torres Vedras
Baluartes
0
10
Milhas

PRIMEIRA PARTE

CAPÍTULO I

O Sr. Sharpe estava de mau humor. Péssimo humor. Na opinião do sargento Harper, procurava encrenca, e Harper raramente estava errado com relação ao capitão Sharpe. E o sargento Harper sabia o suficiente para não começar uma conversa com seu capitão quando Sharpe estava num clima tão sombrio. Mas, por outro lado, Harper gostava de viver perigosamente.

— Estou vendo que seu uniforme foi remendado, senhor — disse com animação.

Sharpe ignorou o comentário. Simplesmente continuou andando, subindo a encosta desnuda sob o sol calcinante de Portugal. Era setembro de 1810, quase outono, mas o calor do final de verão martelava a paisagem como uma fornalha. No topo do morro, mais ou menos 1,5 quilômetro à frente de Sharpe, havia uma construção de pedra parecida com um celeiro, perto de uma pequena estação de telégrafo. Esse local era uma plataforma de madeira preta sustentando um mastro alto de onde braços sinalizadores pendiam imóveis no calor da tarde.

— A costura nesse casaco é de uma qualidade rara — continuou Harper, parecendo não ter qualquer preocupação no mundo — e dá para ver que não foi o senhor mesmo quem fez. Parece trabalho de mulher, estou certo? — Ele pronunciou as últimas duas palavras como uma pergunta.

Sharpe continuou sem dizer nada. Sua comprida espada de cavalaria, de lâmina reta, batia contra a coxa esquerda enquanto ele caminhava. Trazia um fuzil pendurado no ombro. Supostamente os oficiais não deveriam carregar uma arma longa, como seus comandados, mas Sharpe já fora soldado e estava acostumado a levar uma arma de verdade para a guerra.

— Foi alguém que o senhor conheceu em Lisboa, foi? — insistiu Harper.

Sharpe chiou, mas fingiu que não tinha ouvido. O casaco de seu uniforme, decentemente remendado, como Harper notara, era da cor verde dos fuzileiros. Ele havia sido fuzileiro. Não, ainda pensava em si mesmo como fuzileiro, um dos homens de elite que carregavam o fuzil Baker e usavam o verde escuro em vez de o vermelho, mas as marés da guerra o haviam largado, junto com alguns de seus homens, num regimento de casacas vermelhas e agora ele comandava a Companhia Ligeira do South Essex, que o seguia morro acima. A maior parte deles usava as casacas vermelhas da infantaria britânica e carregava mosquetes de cano liso, mas um punhado, como o sargento Harper, ainda mantinha os antigos casacos verdes e lutava com o fuzil.

— Então, quem era ela? — perguntou Harper finalmente.

— Sargento Harper — disse Sharpe que acabou cedendo —, se quiser uma encrenca, continue com essa falação.

— Sim, senhor — respondeu Harper, rindo. Ele era um homem de Ulster, católico e sargento, de forma que não deveria ter amizade com um inglês, pagão e oficial, mas tinha. Gostava de Sharpe e sabia que Sharpe gostava dele, mas era suficientemente sensato para não dizer mais nenhuma palavra. Em vez disso, assobiou os primeiros compassos da canção "Gostaria que Todas as Guerras Tivessem Acabado".

Sharpe pensou inevitavelmente nas palavras que acompanhavam a música: "Numa campina de manhã, perolada pelo orvalho, uma bela donzela colhia violetas azuis", e a sutil insolência de Harper o obrigou a rir alto. Em seguida xingou o sargento, que estava rindo em triunfo.

— Foi Josefina — admitiu Sharpe.

— Ora, a Srta. Josefina! Como vai ela?

— Muito bem — respondeu Sharpe vagamente.

— Fico feliz em saber — disse Harper com sentimento genuíno. — Então o senhor tomou chá com ela, foi?

— Tomei um chá com ela, sargento, sim.

— Claro que tomou, senhor. — Harper caminhou alguns passos em silêncio, depois decidiu tentar a sorte de novo. — E eu pensei que o senhor estivesse caído pela Srta. Teresa.

— A Srta. Teresa? — perguntou Sharpe, como se o nome fosse desconhecido, embora nas últimas semanas mal tivesse parado de pensar na jovem com rosto de falcão que cavalgava pela fronteira da Espanha com as forças guerrilheiras. Olhou para o sargento, que tinha uma expressão de inocência plácida no rosto largo. — Gosto bastante de Teresa — continuou Sharpe na defensiva —, mas nem sei se algum dia irei vê-la de novo.

— Mas gostaria de ver — observou Harper.

— Claro que gostaria! Mas e daí? Existem mulheres que você gostaria de ver de novo, mas nem por isso se comporta como uma porcaria de um santo esperando por elas, não é?

— Verdade — admitiu Harper. — E dá para ver por que o senhor não queria voltar para perto de nós. Lá estava o senhor, tomando chá enquanto a Srta. Josefina costurava, e os dois deviam estar se divertindo muito.

— Eu não queria voltar porque me prometeram um mês de uma porcaria de licença — disse Sharpe asperamente. — Um mês! E me deram uma semana!

Harper não demonstrou nem um pouco de simpatia. O mês de licença deveria ser a recompensa de Sharpe por ter trazido de volta um montante de ouro que estava atrás das linhas inimigas, mas toda a Companhia Ligeira havia participado do serviço e ninguém sugerira que o resto dos homens recebesse um mês de folga. Por outro lado, Harper conseguia entender muito bem o mau humor de Sharpe, porque a ideia de perder a chance de passar um mês inteiro na cama de Josefina faria até um bispo cair na bebedeira.

— Uma porcaria de semana — rosnou Sharpe. — Desgraça de Exército!

Em seguida ficou de lado, saindo do caminho, e esperou a companhia se aproximar. Na verdade seu mau humor tinha pouco a ver com a licença interrompida, mas ele não poderia admitir a Harper o que realmente o estava incomodando. Olhou para a coluna, procurando a figura do tenente Slingsby. Esse era o problema. A porcaria do tenente Cornelius Slingsby.

À medida que os soldados alcançavam Sharpe, foram sentando-se ao lado do caminho. Agora Sharpe comandava 54 homens, graças a um alistamento na Inglaterra, e os recém-chegados se destacavam porque tinham casacas de um vermelho vivo. Os uniformes dos outros homens haviam empalidecido sob o sol e estavam tão remendados com pano marrom português que, a distância, eles mais pareciam mendigos do que soldados. Slingsby, claro, havia questionado isso.

— Novos uniformes, Sharpe — havia latido ele com entusiasmo. — Alguns novos uniformes farão os homens parecerem mais em forma. Um tecido bom e novo colocará um pouco de energia neles! Deveríamos requisitar isso.

Idiota desgraçado, pensara Sharpe. Os novos uniformes chegariam no devido tempo, provavelmente no inverno, e não fazia sentido pedi-los antes. Além disso, os homens gostavam das casacas velhas e confortáveis, assim como gostavam de suas mochilas francesas feitas de couro de boi. Todos os homens novos tinham mochilas inglesas, feitas pela Trotters, que apertavam o peito de uma maneira que, numa marcha longa, parecia que uma faixa de ferro incandescente comprimia as costelas. Chamavam isso de dores de Trotters, e as mochilas francesas eram muito mais confortáveis.

Sharpe voltou ao longo da companhia e ordenou que cada um dos recém-chegados lhe entregasse os cantis e, como ele havia esperado, absolutamente todos estavam vazios.

— Vocês são uns idiotas — disse. — Precisam racionar a água! Um gole de cada vez! Sargento Read!

— Senhor? — Read, que era casaca-vermelha e metodista, foi correndo até Sharpe.

— Certifique-se de que ninguém dê água a eles, sargento.

— Farei isso, senhor. Farei isso.

Os novos soldados estariam secos como poeira antes do fim da tarde. As gargantas ficariam inchadas e a respiração, áspera, mas pelo menos jamais seriam tão idiotas de novo. Sharpe continuou andando ao longo da coluna até onde o tenente Slingsby fechava a retaguarda.

— Nenhum retardatário, Sharpe — disse Slingsby com o tom ansioso de um terrier que acredita merecer uma recompensa. Era um homem baixo, de costas eretas, ombros retos, irradiando eficiência. — O Sr. Iliffe e eu os instigamos.

Sharpe não disse nada. Conhecia Cornelius Slingsby havia uma semana, e nesse tempo tinha desenvolvido uma aversão pelo sujeito que chegava às raias do assassinato. Não existia motivo para esse ódio, a não ser que desgostar de alguém à primeira vista fosse um bom motivo, mas tudo em Slingsby irritava Sharpe, fosse a nuca do sujeito, achatada como uma pá, os olhos protuberantes, o bigode preto, as veias partidas no nariz, o riso fungado ou o andar pomposo. Sharpe havia retornado de Lisboa e descoberto que Slingsby tinha substituído seu tenente, o confiável Robert Knowles, que fora nomeado ajudante do comandante do regimento.

— Cornelius está prestes a se tornar meu parente — dissera em tom vago o honorável coronel William Lawford —, e você vai descobrir que ele é um sujeito muito bom.

— Vou, senhor?

— Ele entrou tarde para o Exército — continuara Lawford —, motivo pelo qual ainda é tenente. Bom, ele recebeu uma patente honorária de capitão, claro, mas ainda é tenente.

— Eu entrei para o Exército cedo, senhor — dissera Sharpe —, e ainda sou tenente. Tenho patente honorária de capitão, claro, mas ainda sou tenente.

— Ah, Sharpe. — Lawford pareceu exasperado. — Ninguém reconhece mais suas virtudes do que eu. Se houvesse um posto vago de capitão... — Ele deixou a ideia no ar, mas Sharpe conhecia a resposta. Havia chegado a tenente, e isso era como um milagre para um homem que entrara para o Exército como soldado analfabeto. Recebera a patente honorária de capitão, o que significava que era pago como tal, ainda que seu verdadeiro posto continuasse sendo de tenente, mas só poderia conseguir a promoção verdadeira se comprasse uma vaga de capitão ou, muito menos provável, se fosse promovido por Lawford. — Eu valorizo você, Sharpe — continuara o coronel —, mas também tenho esperanças com relação a Cornelius. Ele tem

30 anos. Ou talvez 31. É velho para um tenente, mas é muito inteligente, Sharpe, e tem experiência. Muita experiência.

Esse era o problema. Antes de entrar para o South Essex, Slingsby estivera no 55°, um regimento que servira nas Índias Ocidentais, e a febre amarela dizimara os oficiais, de modo que Slingsby recebera a patente honorária de capitão e, mais ainda, de capitão da Companhia Ligeira do 55°. Como resultado, achava que sabia tanto sobre a vida militar quanto Sharpe. O que poderia até ser verdade, mas ele não sabia tanto quanto Sharpe sobre a guerra.

— Quero que você o ponha sob sua asa — terminara o coronel. — Ajude-o, Sharpe, tudo bem?

Ajude-o a ir cedo para a cova, pensara Sharpe azedamente, mas teve que esconder os pensamentos, e ainda se esforçava ao máximo para esconder o ódio enquanto Slingsby apontava para o posto do telégrafo.

— O senhor Iliffe e eu vimos homens lá em cima, Sharpe. Uma dúzia, acho. E um parecia estar usando uniforme azul. Não deveria haver ninguém lá em cima, não é?

Sharpe duvidou que o alferes Iliffe, um oficial recém-chegado da Inglaterra, tivesse visto alguma coisa; mas o próprio Sharpe havia notado os homens e seus cavalos 15 minutos antes, e desde então estivera imaginando o que os estranhos estariam fazendo no topo do morro, já que oficialmente o posto do telégrafo estava abandonado. Normalmente um punhado de soldados ficava ali, vigiando o aspirante da Marinha que operava os sacos pretos que eram erguidos e baixados pelo alto mastro para mandar mensagens de uma extremidade de Portugal a outra. Mas os franceses já haviam cortado a corrente mais ao norte e os ingleses tinham recuado para longe daqueles morros, e de algum modo aquele único posto não fora destruído. Não fazia sentido deixá-lo intacto para ser usado pelos franceses, e assim a companhia de Sharpe fora destacada do batalhão e recebera a tarefa simples de queimar o telégrafo.

— Poderia ser um francês? — perguntou Slingsby, referindo-se ao uniforme azul. Ele parecia ansioso, como se quisesse atacar morro acima. Media 1,60 metro e tinha um ar de alerta perpétuo.

— Não importa se for uma porcaria de um comedor de lesmas — disse Sharpe com azedume. — Nós estamos em maior número do que eles. Vou mandar o Sr. Iliffe lá para cima, para atirar nele. — Iliffe pareceu alarmado. Tinha 17 anos e aparentava 14. Era um moleque ossudo cujo pai havia comprado uma patente porque não sabia o que mais fazer com o garoto.

— Mostre o seu cantil — ordenou Sharpe a Iliffe.

Agora Iliffe pareceu apavorado.

— Está vazio, senhor — confessou, e se encolheu como se esperasse que Sharpe fosse castigá-lo.

— Sabe o que eu falei para os outros homens que estão com os cantis vazios? — perguntou Sharpe. — Que eram idiotas. Mas você não é, porque é oficial, e não existem oficiais idiotas.

— Correto, senhor — interveio Slingsby, depois fungou. Sempre fungava quando ria, e Sharpe conteve uma ânsia de cortar a garganta do desgraçado.

— Economize água — disse Sharpe, empurrando o cantil de volta para Iliffe. — Sargento Harper! Marchando!

Demoraram mais meia hora para chegar ao topo do morro. A construção parecida com um celeiro era evidentemente uma capela, porque uma estátua lascada da Virgem Maria ficava num nicho acima da porta. A torre do telégrafo fora construída de encontro à empena leste da capela, que ajudava a segurar a treliça de madeira grossa que sustentava a plataforma onde o aspirante havia usado sua habilidade misteriosa. Agora a torre estava deserta, com as cordas de sinalização batendo contra o mastro alcatroado ao vento forte que soprava ao redor do cume. As bexigas pintadas de preto haviam sido tiradas, mas as cordas usadas para movimentá-las continuavam no lugar. De uma delas pendia um quadrado de pano branco e Sharpe imaginou se os estranhos no topo do morro haviam içado a bandeira improvisada como um sinal.

Esses estranhos, uma dúzia de civis, estavam parados junto à porta da capela, e com eles havia um oficial de infantaria português, com a casaca azul desbotada em um tom muito parecido com o dos franceses. Foi o oficial que avançou para falar com Sharpe.

— Sou o major Ferreira — disse ele num bom inglês. — E o senhor é?
— Capitão Sharpe.
— E o capitão Slingsby.

O tenente Slingsby havia insistido em acompanhar Sharpe para se encontrar com o oficial português, assim como insistira em usar sua patente honorária mesmo não tendo o direito de continuar fazendo isso.

— Eu comando aqui — disse Sharpe laconicamente.

— E qual é o seu propósito, capitão? — perguntou Ferreira. Era um homem alto, magro e moreno, com bigode muito bem-aparado. Tinha os modos e a postura de alguém que crescera com privilégios, mas Sharpe detectou um incômodo que o major Ferreira tentava encobrir com modos rudes que provocavam Sharpe à insolência. Ele lutou contra a tentação e em vez disso falou a verdade:

— Recebemos a ordem de queimar o telégrafo.

Ferreira olhou para os homens de Sharpe, que lutavam para chegar ao cume. Pareceu perplexo com as palavras dele, mas então deu um sorriso pouco convincente.

— Farei isso pelo senhor, capitão. O prazer será meu.

— Eu mesmo cumpro minhas ordens, senhor.

Ferreira farejou a insolência e deu um olhar interrogativo. Por um segundo Sharpe achou que o major português pretendia repreendê-lo, mas em vez disso ele balançou a cabeça rapidamente.

— Se o senhor insiste — disse. — Mas faça isso depressa.

— Depressa, senhor! — interveio Slingsby com entusiasmo. — Não há sentido em esperar! — Em seguida se virou para Harper. — Sargento Harper! Os combustíveis, por favor. Depressa, homem, depressa!

Harper olhou para Sharpe em busca de aprovação, mas este não revelou nada, e com isso o grande irlandês gritou para a dúzia de homens que carregava redes de forragem da cavalaria cheias de palha. Mais seis homens traziam jarros de terebintina, e a palha foi amontoada ao redor das quatro pernas do posto de telégrafo e encharcada com a resina. Ferreira olhou-os trabalhar durante um tempo, depois voltou para perto dos civis, que pareciam preocupados com a chegada dos soldados ingleses.

— Tudo pronto, senhor — gritou Harper para Sharpe. — Posso acender? Slingsby nem deu tempo para a resposta de Sharpe.

— Sem delongas, sargento! — disse rapidamente. — Acenda!

— Espere — rosnou Sharpe, fazendo Slingsby piscar com a aspereza de sua voz.

Os oficiais deveriam tratar uns aos outros com cortesia diante dos subordinados, mas Sharpe havia gritado com raiva, e o olhar que lançou a Slingsby fez o tenente dar um passo atrás, surpreso. Ele franziu a testa, mas não disse nada enquanto Sharpe subia a escada até a plataforma do mastro, que ficava 4,5 metros acima do topo do morro. Três marcas nas tábuas mostravam onde o aspirante de Marinha posicionara seu tripé para olhar os postos de telégrafo mais próximos e ler as mensagens. O posto ao norte já fora destruído, mas olhando para o sul Sharpe conseguia ver a torre seguinte em algum lugar depois do rio Criz, ainda atrás das linhas britânicas. Ela não continuaria por trás dessas linhas por muito tempo, pensou. O exército do marechal Masséna estava jorrando para o centro de Portugal e os ingleses recuariam para suas posições defensivas recém-estabelecidas em Torres Vedras. O plano era recuar para as novas fortificações, deixar os franceses virem e então matar seus ataques fúteis ou vê-los morrer de fome.

E para ajudá-los a morrer de fome os ingleses e os portugueses não estavam deixando nada para trás. Cada celeiro, cada despensa, cada depósito estava sendo esvaziado. Plantações eram queimadas nos campos, moinhos eram destruídos e poços eram envenenados com carcaças. Os habitantes de cada cidade e povoado no centro de Portugal estavam sendo retirados, levando seus animais, com ordem de ir para trás das Linhas de Torres Vedras ou então subir para os morros altos, onde os franceses ficariam relutantes em segui-los. A intenção era que o inimigo encontrasse uma terra arrasada, desprovida de tudo, até de cordas de telégrafo.

Sharpe desamarrou uma das cordas de sinalização e puxou a bandeira branca que, por acaso, era um grande lenço de linho fino, com bainha bem feita e as iniciais PAF bordadas em azul num canto. Ferreira? Sharpe olhou para o major português lá embaixo, que estava observando-o.

— É seu, major? — perguntou.

— Não — gritou Ferreira de volta.

— Então é meu — disse Sharpe, guardando o lenço no bolso. Viu a raiva no rosto de Ferreira e a achou divertida. — Talvez vocês queiram afastar esses cavalos antes de queimarmos a torre. — E apontou na direção dos animais presos ao lado da capela.

— Obrigado, capitão — disse Ferreira gelidamente.

— Colocamos fogo agora, Sharpe? — perguntou Slingsby do chão.

— Não até que eu saia da porcaria da plataforma — rosnou Sharpe.

Em seguida, olhou ao redor mais uma vez e viu uma pequena névoa de fumaça de pólvora branco-acinzentada longe, no sudeste. Pegou seu telescópio, o instrumento precioso dado por Sir Arthur Wellesley, agora lorde Wellington. Pousou-o na balaustrada, ajoelhou-se e olhou na direção da fumaça. Podia ver pouca coisa, mas achou que estava enxergando a retaguarda inglesa em ação. A cavalaria francesa devia ter passado perto demais e um batalhão estava disparando saraivadas, apoiado pelos canhões da Artilharia Real. Podia ouvir as pancadas fracas dos canhões distantes. Virou o telescópio para o norte, as lentes viajando sobre um terreno duro, composto de morros, pedras e pastos nus, e não havia nada lá, absolutamente nada, até que de repente enxergou o que parecia ser um verde diferente. Então, virou a luneta rapidamente de volta, firmou-a e avistou-os.

Cavalaria. Cavalaria francesa. Dragões com suas casacas verdes. Estavam a pelo menos 1 quilômetro de distância, num vale, mas vindo na direção do posto de telégrafo. A luz do sol refletia-se em suas fivelas, nos freios e nos estribos enquanto Sharpe tentava contá-los. Quarenta? Sessenta homens, talvez; era difícil dizer porque o esquadrão estava serpenteando em meio a pedras no coração profundo do vale e indo do sol para a sombra. Pareciam não ter pressa especial e Sharpe se perguntou se teriam sido mandados para capturar o posto de telégrafo, que serviria tão bem aos franceses quanto havia servido aos ingleses.

— Temos companhia, sargento! — gritou para Harper. A decência e a cortesia exigiam que ele tivesse dito a Slingsby, mas mal conseguia se obrigar a falar com o sujeito, por isso falou com Harper. — Pelo menos um esquadrão de desgraçados verdes. A cerca de 1,5 quilômetro, mas podem chegar aqui em alguns minutos. — Fechou o telescópio, desceu a escada e acenou para o sargento irlandês. — Acenda.

A palha encharcada de terebintina irrompeu em chamas fortes e altas, mas demorou alguns instantes até que as grandes madeiras do andaime pegassem fogo. A companhia de Sharpe, como sempre fascinada pela destruição voluntária, olhava apreciando e aplaudiu quando a alta plataforma começou finalmente a queimar. Sharpe havia caminhado até a borda leste do pequeno topo, mas, sem ter a altura da plataforma, não podia mais ver os dragões. Teriam dado meia-volta? Se a esperança deles fosse capturar a torre de sinalização intacta, talvez decidissem abandonar o esforço ao ver a fumaça subindo do cume.

O tenente Slingsby juntou-se a ele.

— Não quero deduzir nada — disse em voz baixa —, mas você falou muito asperamente comigo agora mesmo, Sharpe. Foi demasiadamente áspero.

Sharpe não respondeu. Estava imaginando o prazer de estripar o desgraçadinho.

— Não me ressinto por mim mesmo — continuou Slingsby, ainda falando baixo —, mas não é bom para os homens. Nem um pouco. Diminui o respeito deles pela patente dada pelo rei.

Sharpe tinha consciência de que merecia a censura, mas não estava disposto a ceder 1 centímetro sequer a Slingsby.

— Você acha que os homens respeitam a patente dada pelo rei? — perguntou em vez disso.

— Naturalmente — Slingsby pareceu chocado com a pergunta. — Claro!

— Eu não respeitava — disse Sharpe, e perguntou-se se estava sentindo cheiro de rum no hálito de Slingsby. — Eu não respeitava a patente dada pelo rei quando marchava como soldado — continuou, decidindo que havia imaginado o cheiro. — Achava que a maioria dos palhaços era de sacanas que ganhavam dinheiro demais.

— Sharpe — protestou Slingsby, mas o que quer que fosse dizer morreu em sua língua, porque viu os dragões aparecendo na encosta inferior.

— São uns cinquenta — disse Sharpe. — E estão vindo para cá.

— Será que deveríamos entrar em formação? — Slingsby indicou a encosta leste, salpicada de pedras que esconderiam com bastante eficácia uma linha de escaramuça. O tenente empertigou as costas e bateu as botas. — Seria uma honra liderar os homens morro abaixo, Sharpe.

— Seria uma porcaria de uma honra — disse Sharpe com sarcasmo —, mas mesmo assim seria uma porcaria de um suicídio. Se vamos lutar com os filhos da mãe, prefiro estar no topo de um morro do que espalhado pela metade de uma encosta. Os dragões gostam de linhas de escaramuça, Slingsby. Isso lhes permite treinar com as espadas. — Ele se virou para olhar a capela. Havia duas pequenas janelas trancadas na parede virada para ele, e Sharpe achou que seriam boas seteiras caso fosse defender o topo da colina. — Quanto falta para o pôr do sol?

— Duas horas e cinquenta minutos — disse Slingsby instantaneamente.

Sharpe grunhiu. Duvidava que os dragões fossem atacar, mas, se atacassem, ele podia segurá-los facilmente até o crepúsculo, e nenhum dragão se demoraria em terreno hostil depois do anoitecer, por medo dos guerrilheiros.

— Fique aqui — ordenou a Slingsby. — Vigie-os e não faça nada sem me perguntar. Entendeu?

Slingsby pareceu ofendido, como tinha todo o direito de estar.

— Claro que entendi — respondeu em tom de protesto.

— Não tire nenhum homem do topo do morro, tenente. É uma ordem.

Sharpe andou na direção da capela, imaginando se seus homens poderiam abrir alguns buracos nas antigas paredes de pedra. Eles não possuíam as ferramentas adequadas, nenhuma marreta ou pé de cabra, mas a alvenaria parecia antiga e a argamassa estava esfarelando.

Para sua surpresa, o caminho até a porta da capela estava barrado pelo major Ferreira e um civil.

— A porta está trancada, capitão — disse o oficial português.

— Então vou derrubá-la — respondeu Sharpe.

— É uma capela — insistiu Ferreira, reprovando.

— Então vou rezar pedindo perdão depois de tê-la derrubado — disse Sharpe, tentando em seguida passar pelo major, que levantou a mão para impedi-lo. Sharpe ficou exasperado. — Há cinquenta dragões franceses vindo para cá, major, e vou usar a capela para proteger meus homens.

— Seu trabalho aqui está feito — disse Ferreira com aspereza — e você deve ir embora. — Sharpe não respondeu. Em vez disso tentou de novo passar pelos dois, mas eles continuaram bloqueando-o. — Estou lhe dando uma ordem, capitão — insistiu o oficial português. — Vá embora.

O civil ao lado de Ferreira havia tirado o paletó e enrolado as mangas da camisa, revelando braços enormes tatuados com âncoras. Até esse momento Sharpe não havia prestado atenção no sujeito, além de se impressionar com seu tamanho inacreditável, mas agora olhou no rosto do civil e encontrou pura animosidade. O sujeito tinha corpo de lutador, era tatuado como um marinheiro e havia uma mensagem inconfundível em seu rosto bruto e cheio de cicatrizes, de uma feiura espantosa. Sua testa era pesada, o maxilar, grande, o nariz, chato e os olhos pareciam de um animal. Nada se revelava ali, a não ser o desejo de lutar. E ele queria que a luta fosse homem a homem, punho contra punho, e pareceu desapontado quando Sharpe deu um passo atrás.

— Vejo que você é sensato — disse Ferreira em tom suave.

— Sou conhecido por isso — respondeu Sharpe, e em seguida levantou a voz. — Sargento Harper!

O grande irlandês apareceu vindo da lateral da capela e viu o confronto. O grandalhão, mais largo e mais alto do que Harper, que era um dos homens mais fortes do exército, tinha fechado os punhos. Parecia um buldogue esperando para ser solto, e Harper sabia cuidar de cães loucos. Deixou a arma de sete canos escorregar do ombro. Era uma arma curiosa, feita para a Marinha Real, destinada a ser usada no convés de um navio para tirar os atiradores inimigos de suas plataformas elevadas. Tinha sete canos de meia polegada juntos, disparados por uma única pederneira, e no mar aquela arma havia se mostrado poderosa demais, frequentemente partindo o ombro do homem que a disparava. Contudo, Patrick Harper tinha tamanho suficiente para fazer a arma de sete canos parecer pequena, e agora apontou-a num gesto casual para o brutamontes que bloqueava o caminho de Sharpe. A arma não estava engatilhada, mas nenhum civil pareceu notar isso.

— Está com problemas, senhor? — perguntou Harper inocentemente.

Ferreira pareceu alarmado, e não era para menos. O surgimento de Harper levara alguns outros civis a sacar pistolas, e de repente o topo do morro ficou barulhento enquanto pederneiras eram puxadas para trás. Temendo um banho de sangue, o major Ferreira gritou para baixarem as armas. Ninguém obedeceu até que o grandalhão, o brutamontes com os punhos à mostra, rosnou. Então, eles baixaram apressadamente as pederneiras, guardaram as armas e pareceram amedrontados com a desaprovação do gigante. Todos os civis eram patifes de aparência dura, fazendo Sharpe se lembrar dos bandidos que dominavam as ruas do leste de Londres, onde ele passara a infância. No entanto, o líder, o homem de rosto bruto e corpo musculoso, era o mais estranho e mais amedrontador. Era um lutador de rua, isso ficara óbvio pelo nariz quebrado e as cicatrizes na testa e nas bochechas, mas também era rico, já que a camisa de linho era de boa qualidade, os calções cortados com a melhor casimira e as botas com borlas de ouro eram de couro macio e caro. Ele parecia ter uns 40 anos, estava no auge da vida, era confiante no próprio tamanho. O homem olhou para Harper, evidentemente avaliando o irlandês como possível oponente, depois sorriu de modo inesperado e pegou o paletó, que espanou antes de vestir.

— O que há dentro da capela — disse o grandalhão dando um passo na direção de Sharpe — é de minha propriedade. — Seu inglês tinha sotaque forte e era falado numa voz que lembrava cascalho.

— E quem é você? — perguntou Sharpe.

— Permita-me apresentar o senhor... — começou a responder Ferreira.

— Meu nome é Ferrabrás — interrompeu o grandalhão.

— Ferrabrás — repetiu Ferreira, depois apresentou Sharpe. — Capitão Sharpe. — Em seguida deu de ombros para Ferrabrás, como a sugerir que os acontecimentos estavam fora de seu controle.

Ferrabrás se aproximou de Sharpe, erguendo-se mais alto do que ele.

— Seu trabalho aqui terminou, capitão. A torre não existe mais, portanto pode ir embora.

Sharpe saiu da sombra do gigante, desviou-se para passar em volta dele, então foi até a capela e ouviu o som nítido da catraca da arma de sete canos sendo engatilhada por Harper.

— Cuidado, agora — disse o irlandês. — Só é preciso um pequeno tremor para essa desgraçada disparar, e ela faria um estrago terrível na sua camisa, senhor. — Obviamente Ferrabrás havia se virado para interceptar Sharpe, mas a arma enorme o conteve.

A porta da capela estava destrancada. Sharpe empurrou-a e foram necessários alguns instantes para seus olhos se ajustarem à mudança da luz forte do sol para as sombras da capela, mas então viu o que havia dentro e xingou.

Havia esperado uma capela campestre, nua como as dezenas de outras que tinha visto, mas em vez disso a pequena construção estava lotada de sacos, tantos sacos que o único lugar que restava era uma passagem estreita levando a um altar grosseiro onde uma imagem da Virgem Maria, de manto azul, estava engalanada com pedacinhos de papel deixados por camponeses desesperados que iam ao topo do morro em busca de um milagre. Agora a Virgem olhava triste para os sacos enquanto Sharpe desembainhava a espada e furava um. Foi recompensado por um fio de farinha. Experimentou outro saco mais adiante e mais farinha escorreu para a terra batida do piso. Ferrabrás tinha visto o que Sharpe havia feito e arengou com Ferreira que, relutante, entrou na capela.

— A farinha está aqui com o conhecimento do meu governo — disse o major.

— O senhor pode provar isso? Tem algum papel?

— É coisa do governo português — disse Ferreira rigidamente. — E você irá embora.

— Eu tenho ordens — contrapôs Sharpe. — Todos temos ordens. Não deve ser deixada comida para os franceses. Nenhuma. — Ele golpeou outro saco, depois se virou enquanto Ferrabrás entrava na capela, o corpanzil sombreando a entrada. O gigante se moveu agourento pela passagem estreita entre os sacos, preenchendo-a, e de repente Sharpe tossiu alto e raspou os pés no chão enquanto Ferreira se espremia entre os sacos para deixar que Ferrabrás passasse.

A FUGA DE SHARPE

O homenzarrão estava estendendo a mão a Sharpe. Segurava moedas, moedas grossas de ouro, talvez uma dúzia delas, maiores do que guinéus ingleses e provavelmente equivalendo a três anos do salário de Sharpe.

— Nós dois podemos conversar — disse Ferrabrás.

— Sargento Harper! — gritou Sharpe. — O que as porcarias dos franceses estão fazendo?

— Mantendo distância, senhor. Ficando bem longe.

Sharpe olhou para Ferrabrás.

— Você não está surpreso com a vinda dos dragões franceses, não é? Estava esperando-os?

— Estou pedindo para você ir embora — disse Ferrabrás, chegando mais perto de Sharpe. — Estou sendo educado, capitão.

— Dói, não é? — respondeu Sharpe. — E se eu não for? E se eu obedecer minhas ordens, *senhor*, e me livrar desta comida?

Obviamente Ferrabrás não estava acostumado a desafios, porque pareceu estremecer, como se estivesse se forçando a ficar calmo.

— Eu posso penetrar no seu pequeno exército, capitão — disse em sua voz profunda —, posso encontrá-lo e posso fazer com que lamente o dia de hoje.

— Está me ameaçando? — perguntou Sharpe, atônito. O major Ferreira, atrás de Ferrabrás, fez alguns sons para acalmá-los, mas os dois homens o ignoraram.

— Pegue o dinheiro — disse Ferrabrás.

Sharpe havia tossido e raspado os pés para encobrir o som de seu fuzil sendo engatilhado. A arma pendia do ombro direito, o cano logo atrás de seu ouvido, e então ele moveu a mão direita para trás, até o gatilho. Olhou para as moedas, o que deve ter feito Ferrabrás pensar que havia tentado Sharpe, porque estendeu o ouro para mais perto. Sharpe olhou em seus olhos e apertou o gatilho.

O tiro acertou as telhas e encheu a capela com fumaça e barulho. O som ensurdeceu Sharpe e distraiu Ferrabrás por meio segundo, tempo em que Sharpe projetou o joelho direito contra a genitália do gigante, seguindo com um golpe da mão esquerda, com os dedos rígidos, contra os olhos do sujeito. Em seguida mandou a mão direita, com o punho fechado, contra seu pomo de adão. Achava que não teria chance numa luta justa, mas, como Ferrabrás, achava que lutas justas eram para os idiotas. Sabia que tinha que derrubar Ferrabrás depressa e machucá-lo tanto que o gigante não pudesse contra-atacar. Fizera isso em segundos, e o grandalhão estava dobrado ao meio, cheio de dor e lutando para respirar. Sharpe tirou-o do corredor, arrastando-o para o espaço diante do altar, e em seguida passou pelo horrorizado Ferreira.

— Tem algo a dizer, major? — perguntou, e quando Ferreira balançou a cabeça idiotamente, Sharpe voltou à luz do sol. — Tenente Slingsby! — gritou. — O que aqueles dragões desgraçados estão fazendo?

— Mantendo distância, Sharpe — respondeu Slingsby. — O que foi aquele tiro?

— Eu estava mostrando a um português como funciona um fuzil. Que distância?

— Pelo menos 800 metros. Na base do morro.

— Vigie-os, e quero trinta homens aqui agora. Sr. Iliffe! Sargento McGovern!

Sharpe deixou o alferes Iliffe no comando nominal dos trinta homens que tirariam os sacos da capela. Assim que estavam do lado de fora, os sacos foram cortados e o conteúdo foi espalhado no topo da colina. Ferrabrás saiu mancando da capela. Seus homens pareciam confusos e com raiva, mas estavam em número tremendamente inferior e não podiam fazer nada. Ferrabrás tinha recuperado o fôlego, mas estava com dificuldade para ficar de pé. Falou amargo com Ferreira, mas o major conseguiu colocar um pouco de bom-senso no gigante e, finalmente, todos montaram em seus cavalos e, com um último olhar ressentido para Sharpe, desceram pela trilha do oeste.

Sharpe observou-os se afastar e foi para perto of Slingsby. Atrás dele a torre do telégrafo ardia ferozmente, tombando subitamente com um grande estalo e uma explosão de fagulhas.

— Onde estão os comedores de lesma?

— Naquela ravina. — Slingsby apontou um trecho de terreno morto perto da base do morro. — Agora apeiaram.

Sharpe usou o telescópio e viu dois homens de uniforme verde agachados entre as pedras. Um deles tinha um telescópio e estava olhando o topo da colina. Sharpe deu um aceno animado para o sujeito.

— Eles não têm muita utilidade aqui, não é? — disse.

— Podem estar planejando nos atacar — sugeriu Slingsby ansioso.

— Não, a não ser que estejam cansados da vida.

Sharpe achava que os dragões tinham sido chamados para o oeste pela bandeira branca na torre do telégrafo, e agora que a bandeira fora substituída por uma nuvem de fumaça não se decidiam quanto ao que fazer. Apontou o telescópio mais para o sul e viu que ainda havia fumaça de canhões no vale onde a estrada principal corria junto ao rio. A retaguarda evidentemente estava se segurando, mas teria que recuar em breve porque, mais ao leste, era possível ver o grosso do exército inimigo que aparecia como colunas escuras marchando nos campos. Estavam muito longe, praticamente invisíveis mesmo através da luneta, mas estavam lá, uma horda sombreada, vinda para expulsar os ingleses do centro de Portugal. Era l'Armée de Portugal, como os franceses o chamavam, o Exército destinado a expulsar os casacas vermelhas para Lisboa, depois para o mar, de modo que Portugal finalmente fosse posto sob a bandeira tricolor, mas o exército português teria uma surpresa. O marechal Masséna marcharia para uma terra vazia e depois iria se ver diante das Linhas de Torres Vedras.

— Está vendo alguma coisa, Sharpe? — Slingsby chegou mais perto, obviamente querendo pedir o telescópio emprestado.

— Você andou bebendo rum? — perguntou Sharpe, de novo sentindo um bafo de álcool.

Slingsby pareceu alarmado, depois ofendido.

— Eu passo na pele — disse carrancudo, batendo no rosto — para afastar as moscas.

— Você faz o quê?

— É um truque que aprendi nas ilhas.

— Diabos — disse Sharpe, depois fechou o telescópio e enfiou no bolso. — Há franceses lá — disse apontando para o sudeste. — Milhares de franceses desgraçados.

Deixou o tenente olhando para o exército distante e voltou para apressar os casacas vermelhas que haviam formado uma corrente para jogar os sacos na colina, que agora parecia ter uma camada de neve alcançando os tornozelos dos homens. A farinha pairava como fumaça de pólvora descendo do cume, caía suavemente, formava montes, e mais sacos ainda eram jogados para fora da porta. Sharpe achou que demorariam umas duas horas para esvaziar a capela. Ordenou que dez fuzileiros se juntassem ao trabalho e mandou dez casacas vermelhas se unirem ao piquete de Slingsby. Não queria que eles começassem a reclamar que faziam todo o serviço enquanto os fuzileiros pegavam o trabalho fácil. O próprio Sharpe ajudou, entrando na fila e jogando sacos pela porta enquanto o telégrafo desmoronado terminava de queimar, as cinzas sopradas pelo vento maculando a farinha branca com manchas pretas.

Slingsby chegou quando os últimos sacos estavam sendo destruídos.

— Os dragões se foram, Sharpe. Acho que nos viram e foram embora.

— Bom. — Sharpe se obrigou a parecer civilizado, então foi para perto de Harper, que estava olhando os dragões se afastar. — Eles não quiseram brincar com a gente, Pat?

— Eles têm mais bom-senso do que aquele português grandão. O senhor deu uma dor de cabeça nele, não foi?

— O sacana queria me subornar.

— Ah, esse mundo é maligno, e eu que sempre sonhei em ganhar um belo suborno! — Ele pendurou a arma de sete canos no ombro. — E o que aqueles sujeitos estavam fazendo aqui em cima?

— Nada de bom — respondeu Sharpe, limpando as mãos antes de vestir o casaco remendado, agora sujo de farinha. — A porcaria do Sr. Ferrabrás ia vender a farinha aos comedores de lesma, Pat, e aquela porcaria de major português estava enfiado nisso até o rabo.

— Eles disseram isso?

— Claro que não, mas o que mais estariam fazendo? Meu Deus! Eles levantaram uma bandeira branca para dizer aos franceses que aqui em cima estava seguro, e se não tivéssemos chegado, Pat, eles teriam vendido a farinha.

— Deus e seus santos nos preservem do mal — disse Harper, achando divertido. — E é uma pena que os dragões não tenham vindo aqui em cima brincar.

— Uma pena? Por que diabos iríamos querer uma luta sem propósito?

— Porque o senhor poderia ter conseguido um dos cavalos deles, claro.

— E por que eu iria querer uma porcaria de cavalo?

— Porque o Sr. Slingsby vai ganhar um, vai sim. Ele mesmo me disse. O coronel vai dar um cavalo a ele.

— Isso não é da minha conta — disse Sharpe, mas mesmo assim a ideia de ver o tenente Slingsby num cavalo o irritou. Um cavalo, quer Sharpe quisesse ou não, era símbolo de status. Porcaria de Slingsby, pensou, e em seguida olhou os morros distantes e viu como o sol havia baixado. — Vamos para casa.

— Sim, senhor. — Harper sabia exatamente por que o Sr. Sharpe estava mal-humorado, mas não poderia dizer isso. Os oficiais deveriam ser irmãos em armas, e não inimigos de sangue.

Marcharam ao crepúsculo, deixando o topo do morro branco e soltando fumaça. Adiante estava o exército, e atrás dele os franceses.

Que haviam retornado a Portugal.

A SRTA. SARAH FRY, que jamais gostara do próprio sobrenome, bateu na mesa.

— Em inglês — insistiu. — Em inglês.

Tomás e Maria, com 8 e 7 anos, respectivamente, pareciam carrancudos, mas mudaram obedientemente do português nativo para o inglês.

— Robert tem um arco — leu Tomás. — Olhe, o arco é vermelho.

— Quando os franceses vão chegar? — perguntou Maria.

— Os franceses não virão — respondeu Sarah rapidamente. — Porque lorde Wellington vai impedi-los. De que cor é o arco, Maria?

— *Rouge* — respondeu Maria em francês. — Então, se os franceses não vêm, por que estamos enchendo as carroças?

— Nós estudamos francês nas terças e quintas — disse Sarah rapidamente. — E hoje é...?

— Quarta-feira — respondeu Tomás.

— Continue lendo — mandou Sarah, em seguida olhou pela janela, para onde os empregados estavam colocando móveis numa carroça.

Os franceses estavam chegando e todo mundo recebera ordens de sair de Coimbra e ir para o sul, em direção a Lisboa. Algumas pessoas diziam que a aproximação dos franceses era apenas um boato e se recusavam a partir, outras já haviam ido. Sarah não sabia em que acreditar, só que havia se surpreendido por receber tão bem aquela agitação. Era governanta na casa dos Ferreira havia apenas três meses, e suspeitava que a invasão francesa fosse o caminho para se livrar de um emprego que agora entendia ser um erro. Estava pensando no futuro incerto quando percebeu que Maria estava rindo porque Tomás havia acabado de ler que o jumento era azul, o que era um absurdo, e a Srta. Fry não era uma jovem que tolerasse absurdos. Bateu com os nós dos dedos no cocuruto de Tomás.

— De que cor é o jumento? — perguntou.

— Marrom — respondeu Tomás.

— Marrom — concordou Sarah, dando outro tapinha nele. — E o que você é?

— Um cabeçudo — respondeu Tomás, e então, baixinho, acrescentou em português: — *Cadela.*

Tomás havia falado um pouquinho alto demais e foi recompensado com um tapa forte na lateral da cabeça.

— Detesto linguagem chula — disse Sarah com raiva, acrescentando um segundo tapa — e detesto grosseria, e se você não pode demonstrar bons modos, vou pedir ao seu pai para lhe dar uma surra.

A menção ao major Ferreira fez as crianças saltarem atentas e um clima sombrio baixou na sala de aula enquanto Tomás lutava com a página seguinte. Para as crianças portuguesas era essencial aprender inglês e francês se quisessem ser respeitadas quando crescessem. Sarah se perguntou por que não aprendiam espanhol, mas quando sugerira isso ao major ele olhou-a com fúria absoluta. Respondeu que os espanhóis eram prole de bodes e macacos, e que seus filhos não sujariam a boca com a linguagem selvagem deles. Assim, Tomás e Maria aprendiam francês e inglês com a governanta que tinha 22 anos, olhos azuis, cabelos louros e estava preocupada com o futuro.

O pai de Sarah havia morrido quando ela tinha 10 anos, e sua mãe um ano depois. Sarah fora criada por um tio que, com relutância, pagou seus estudos, mas se recusou a fornecer qualquer tipo de dote quando ela chegou aos 18 anos. E assim, isolada da parte mais lucrativa do mercado matrimonial, tornou-se babá dos filhos de um diplomata inglês que fora enviado para Lisboa, e foi lá que a esposa do major Ferreira a conheceu e ofereceu o dobro do salário para ensinar aos seus dois filhos.

— Quero que nossos filhos sejam polidos — dissera Beatriz Ferreira.

E assim Sarah estava em Coimbra, polindo as crianças e contando os tique-taques pesados do grande relógio no salão enquanto Tomás e Maria se revezavam lendo as *Primeiras alegrias para almas infantis*.

— "A vaca é molhada" — leu Maria.

— Malhada — corrigiu Sarah.

— Malhada é o quê?

— De duas cores.

— Então por que não está escrito "de duas cores"?

— Porque está escrito malhada. Continue lendo.

— Por que não vamos embora?

— Essa é uma pergunta que vocês devem fazer ao seu pai — respondeu Sarah, e também desejou saber a resposta.

Coimbra evidentemente seria abandonada aos franceses, mas as autoridades insistiam que o inimigo não deveria encontrar nada na cidade a não ser construções abandonadas. Cada armazém, despensa e loja deveria ser completamente esvaziado. Os franceses deveriam entrar numa terra vazia e morrer de fome. Mas parecia a Sarah, quando levava seus dois jovens pupilos para as caminhadas diárias, que a maioria dos depósitos continuava cheia e os cais do rio estavam atulhados de provisões inglesas. Algumas pessoas ricas tinham ido embora, transportando as posses em carroças, mas evidentemente o major Ferreira decidira esperar até o último instante. Havia ordenado que seus melhores móveis fossem postos numa carroça, mas estava curiosamente relutante em tomar a decisão de abandonar Coimbra.

Antes que ele tivesse cavalgado para o norte com o objetivo de se juntar ao exército, Sarah havia lhe perguntado por que não mandava as pessoas da casa para Lisboa. E ele se virou para ela com seu olhar feroz, pareceu perplexo com a pergunta e disse para não se preocupar.

Mas ela se preocupava, e estava preocupada com o major Ferreira também. Ele era um patrão generoso, mas não vinha dos níveis mais altos da sociedade portuguesa. Não havia aristocratas entre seus ancestrais, nenhum título ou propriedade rural considerável. O pai dele fora um professor de filosofia que herdara inesperadamente a riqueza de um parente distante, e esse legado permitira ao major Ferreira viver bem, mas não com magnificência. Uma governanta não era julgada pela eficiência com que cuidava das crianças sob sua responsabilidade, e sim pelo status social da família para quem trabalhava, e em Coimbra o major Ferreira não possuía as vantagens da aristocracia nem o dom da inteligência que era muito admirado na cidade universitária. E quanto ao irmão dele! A mãe de Sarah, que Deus a tenha, teria descrito Ferrabrás como alguém tão comum quanto esterco. Era a ovelha negra da família, o filho voluntarioso e desgarrado que fugira na infância e voltara rico, não para se estabelecer, mas para aterrorizar a cidade como um lobo fazendo seu lar em um cercado de ovelhas. Sarah sentia pavor de Ferrabrás; todo mundo, menos o major, sentia pavor de Ferrabrás, o que não era de espantar. As fofocas em Coimbra diziam que Ferrabrás era um homem mau, desonesto, até mesmo um bandido, e o major Ferreira era maculado por esse contato, e por sua vez Sara sentia-se manchada por ele.

Mas estava presa com a família porque não tinha dinheiro suficiente para pagar a passagem de volta à Inglaterra, e mesmo que chegasse lá, como garantiria um novo posto sem um testemunho louvável dos patrões anteriores? Era um dilema, mas a Srta. Sarah Fry não era uma jovem tímida e o encarava, assim como encarava a invasão francesa, com um sentimento de que sobreviveria. A vida não era para ser sofrida, era para ser explorada.

— "Reynard é ruivo" — leu Maria.

O relógio continuou tiquetaqueando.

Não era uma guerra como Sharpe conhecia. O South Essex, recuando para o oeste em direção à região central de Portugal, era agora a retaguarda do exército, ainda que dois regimentos de cavalaria e uma tropa de artilheiros montados estivessem atrás dele, servindo como barreira para deter as unidades avançadas da cavalaria inimiga. Os franceses não estavam pressionando muito, por isso o South Essex tinha tempo de destruir qualquer provisão que encontrasse, fosse a colheita, um pomar ou animais, porque nada seria deixado para o inimigo. Por direito, cada habitante e cada migalha de comida já deveria ter ido para o sul, buscar refúgio atrás das Linhas de Torres Vedras, mas era espantosa a quantidade que ainda restava. Num povoado eles encontraram um rebanho de cabras escondido num celeiro, e em outro um grande tonel de azeite. As cabras foram mortas a baionetas e seus cadáveres, enterrados apressadamente numa vala, enquanto o óleo foi derramado no chão. Era sabido que os exércitos franceses viviam da terra, roubando o que precisassem, por isso a terra seria devastada.

Não havia provas de uma perseguição francesa. Nenhum dos canhões leves disparava e nenhum cavaleiro ferido aparecia depois de um breve entrechoque de sabres. Sharpe olhava continuamente para o leste e pensou ter visto a mancha de poeira no céu levantada pelas botas de um exército, mas poderia facilmente ser névoa provocada pelo calor. Houve uma explosão no meio da manhã, mas vinha da frente, onde, num vale profundo, engenheiros ingleses haviam explodido uma ponte. Os homens do South Essex reclamaram porque teriam que atravessar o rio, em vez de transpô-lo por uma estrada, mas, se a ponte fosse deixada, eles teriam reclamado por lhes negarem a chance de pegar água enquanto atravessaram o rio.

O honorável tenente-coronel William Lawford, oficial comandante do primeiro batalhão do regimento de South Essex, passou boa parte do dia na retaguarda da coluna, montado em um cavalo novo, um capão preto, do qual sentia um orgulho absurdo.

— Dei Portia a Slingsby — disse a Sharpe. Portia era sua égua anterior, que agora Slingsby montava, parecendo, a qualquer observador casual, o comandante da Companhia Ligeira. Lawford devia ter consciência do contraste, porque disse a Sharpe que os oficiais deveriam andar montados. — Isso dá aos homens algo para olhar com respeito, Sharpe — disse ele. — Você pode pagar por um cavalo, não pode?

O que Sharpe podia ou não pagar não era algo que ele pretendesse contar ao coronel.

— Prefiro que eles olhem com respeito por minha causa, e não pelo cavalo, senhor — comentou ele, em vez de responder.

— Você sabe o que eu quero dizer. — Lawford se recusou a ficar ofendido. — Se você quiser, Sharpe, eu procuro por aí e encontro algo que lhe sirva. O major Pearson, dos artilheiros, estava falando em vender um dos seus matungos, e provavelmente posso espremer um bom preço dele.

Sharpe não disse nada. Não gostava de cavalos, mas mesmo assim sentia ciúme porque a porcaria do Slingsby estava montando um. Lawford esperou uma resposta e, quando ela não veio, esporeou o capão que acelerou os cascos e trotou alguns passos adiante.

— Então, o que acha, Sharpe? — perguntou o coronel.

— O que acho, senhor?

— Do Relâmpago! Esse é o nome dele. Relâmpago. — O coronel deu um tapa no pescoço do animal. — Não é soberbo?

Sharpe olhou o cavalo e não disse nada.

— Anda, Sharpe! — encorajou Lawford. — Você não consegue ver a qualidade dele, hein?

— Ele tem quatro patas, senhor.

— Ah, Sharpe! — censurou o coronel. — Realmente! É só isso que você consegue dizer? — Em seguida Lawford se virou para Harper. — O que acha dele, sargento?

— É maravilhoso, senhor — disse Harper com entusiasmo genuíno. — Simplesmente maravilhoso. Por acaso é irlandês?

— É! — Lawford ficou deliciado. — É sim! Foi criado em County Meath. Vejo que conhece cavalos, sargento. — O coronel acariciou as orelhas do capão. — Ele salta cercas como o vento. Vai caçar magnificamente. Mal posso esperar para levá-lo para casa e fazê-lo saltar algumas sebes bem grandes. — O major se inclinou para Sharpe e baixou a voz. — Ele me custou algumas moedas, isso posso dizer.

— Tenho certeza que sim, senhor — respondeu Sharpe. — E o senhor passou adiante minha mensagem sobre o posto de telégrafo?

— Passei — disse Lawford. — Mas o pessoal está ocupado no quartel-general, Sharpe, tremendamente ocupado, e duvido que vão se preocupar demais com alguns quilos de farinha. Mesmo assim, você fez a coisa certa.

— Eu não estava pensando na farinha, senhor, mas sim no major Ferreira.

— Tenho certeza de que há uma explicação inocente — disse Lawford, despreocupado, trotando adiante em seguida e deixando Sharpe com seu mau humor.

Sharpe gostava de Lawford, que conhecera anos antes na Índia e que era um homem inteligente e afável, cujo único defeito talvez fosse uma tendência para evitar encrenca. Não encrenca de luta: Lawford jamais se furtara a uma luta com os franceses; mas odiava confronto com as próprias fileiras. Por natureza era um diplomata, sempre tentando aparar as arestas e encontrar áreas de concordância, e Sharpe não ficou surpreso pelo coronel ter se esquivado de acusar o major Ferreira de desonestidade. No mundo de Lawford, era sempre melhor acreditar que os cães que latiam estavam na verdade dormindo.

Assim, Sharpe tirou da mente o confronto do dia anterior e continuou andando, com metade dos pensamentos conscientes em o que cada homem da companhia estava fazendo e a outra metade em Teresa e Josefina. Ainda estava pensando nelas quando um cavaleiro passou por ele na direção oposta, deu meia-volta levantando poeira e chamou-o.

— Com problemas de novo, Richard?

Despertado do devaneio, Sharpe levantou os olhos e viu o major Hogan aparentando uma alegria indecente.

— Estou com problemas, senhor?

— Você está sério demais — disse Hogan. — Saiu da cama pelo lado errado, foi?

— Prometeram-me um mês de licença, senhor. Uma porcaria de mês! E tive uma semana.

— Tenho certeza que você não desperdiçou essa semana.

Hogan era irlandês, um engenheiro real cuja astúcia o retirara dos serviços de engenharia para servir Wellington como o homem que recolhia cada migalha de informação sobre o inimigo. Hogan precisava peneirar boatos trazidos por mascates, comerciantes e desertores, tinha que avaliar cada mensagem enviada pelos guerrilheiros que incomodavam os franceses dos dois lados da fronteira entre Espanha e Portugal e precisava decifrar os despachos capturados de mensageiros franceses pelos guerrilheiros, alguns ainda manchados de sangue. Também era velho amigo de Sharpe, e agora franziu a testa para o fuzileiro.

— Ontem à noite um cavalheiro apareceu no quartel-general para fazer uma reclamação oficial sobre você — disse ele. — Queria ver o Par, mas Wellington está ocupado demais lutando na guerra, por isso o sujeito foi mandado a mim. Sorte sua.

— Um cavalheiro?

— Estou esticando a palavra até os limites mais extremos. Ferrabrás.

— Aquele bastardo.

— A ilegitimidade é provavelmente a única coisa da qual ninguém pode acusá-lo.

— E o que ele disse?

— Que você bateu nele — respondeu Hogan.

— Então ele é capaz de dizer a verdade — admitiu Sharpe.

— Santo Deus, Richard! — Hogan examinou-o. — Você não parece machucado. Você bateu mesmo nele?

— Amassei o filho da mãe. Ele contou por quê?

— Não exatamente, mas posso adivinhar. Ele estava planejando vender comida ao inimigo?

— Quase duas toneladas de farinha. E tinha uma porcaria de um oficial português com ele.

— O irmão dele — disse Hogan. — O major Ferreira.

— Irmão dele!

— Não se parecem muito, não é? Mas sim, são irmãos. Pedro Ferreira ficou em casa, estudou, entrou para o Exército, casou-se decentemente, vive respeitavelmente, e o irmão fugiu em busca de poços de iniquidade.

Ferrabrás é apelido, tirado de um lendário gigante português cuja pele supostamente não podia ser perfurada por uma espada. Útil, isso. Mas o irmão dele é mais útil. O major Ferreira faz para os portugueses o que faço para o Par, mas imagino que não seja tão eficiente quanto eu. Porém, ele tem amigos no quartel-general francês.

— Amigos? — Sharpe pareceu cético.

— Um número razoável de portugueses se juntou aos franceses. São na maioria idealistas que acreditam estar lutando por liberdade, justiça, fraternidade e todo aquele absurdo visionário. De algum modo, o major Ferreira mantém contato com eles, o que é tremendamente útil. Mas quanto a Ferrabrás! — Hogan fez uma pausa, olhando para o alto do morro, onde um falcão pairava acima do capim pálido. — Nosso gigante é uma criatura ruim, Richard. Pior, impossível. Sabe onde ele aprendeu inglês?

— Como iria saber?

— Ele embarcou em um navio quando fugiu de casa — disse Hogan, ignorando a resposta carrancuda de Sharpe. — Depois, teve o infortúnio de ser posto à força na Marinha Real. Aprendeu inglês nos porões, ganhou reputação como o mais feroz lutador com os punhos nus em toda a frota do Atlântico, por fim desertou nas Índias Ocidentais. Aparentemente embarcou em um navio negreiro e foi subindo de posto. Agora se diz mercador, mas duvido que comercie alguma coisa legal.

— Escravos?

— Não mais, porém foi assim que ganhou o dinheiro que possui. Transportando os pobres coitados do litoral da Guiné para o Brasil. Agora mora em Coimbra, onde é rico e ganha dinheiro de maneiras misteriosas. É um sujeito bem impressionante, não acha? E não é desprovido de vantagens.

— Vantagens?

— O major Ferreira afirma que seu irmão tem contatos por Portugal inteiro e pelo oeste da Espanha, o que parece bem provável.

— Então vocês o deixam livre, mesmo sendo traidor?

— Algo assim — concordou Hogan, equânime. — Duas toneladas de farinha não é muito no quadro completo, e o major Ferreira me convence de que seu irmão está do nosso lado. De qualquer modo, eu pedi desculpas ao nosso gigante, disse que você é um homem grosseiro, sem refinamento, garanti que receberia uma reprimenda séria, coisa que agora você pode considerar feita, e prometi que ele jamais iria vê-lo de novo. — Hogan sorriu de orelha a orelha. — Portanto, o assunto está encerrado.

— Então eu cumpro o meu dever e caio na merda.

— Finalmente você captou a essência do que é ser um soldado — disse Hogan, cheio de alegria. — E o marechal Masséna está caindo no mesmo lugar.

— Está? Achei que estávamos recuando e ele avançando.

Hogan gargalhou.

— Há três estradas que ele poderia ter escolhido, Richard, duas muito boas e uma péssima, e em sua sabedoria ele escolheu esta, a ruim. — Era de fato uma estrada ruim, composta meramente por duas trilhas de rodas de carroça, cheias de buracos, dos dois lados de uma tira de capim e mato baixo, e atulhada de pedras suficientemente grandes para quebrar uma roda de carroça ou de canhão. — E essa estrada ruim — continuou Hogan — leva direto a um local chamado Buçaco.

— Eu deveria ter ouvido falar desse lugar?

— É um lugar muito ruim para qualquer um que tente atacá-lo. E o Par está reunindo tropas lá, na esperança de fazer sangrar o nariz do Monsieur Masséna. É uma coisa pela qual podemos estar ansiosos, Sharpe, algo a desejarmos. — Ele ergueu uma das mãos, bateu os calcanhares e saiu cavalgando, acenando para o major Forrest, que vinha na outra direção.

— Há dois fornos no próximo povoado, Sharpe — disse Forrest. — E o coronel gostaria que os seus rapazes cuidassem deles.

Os fornos eram grandes cavernas de tijolos onde os aldeões assavam o pão. A Companhia Ligeira usou picaretas para reduzi-los a entulho, de modo que os franceses não pudessem usá-los. Deixaram os preciosos fornos destruídos e continuaram marchando.

Para um local chamado Buçaco.

CAPÍTULO II

Robert Knowles e Richard Sharpe pararam no topo da serra do Buçaco e olharam para l'Armée de Portugal que, batalhão por batalhão, bateria por bateria e esquadrão por esquadrão, escorria dos morros do leste para encher o vale.

Os exércitos britânico e português haviam ocupado uma grande serra que seguia de norte a sul, bloqueando a estrada por onde os franceses avançavam na direção de Lisboa. Knowles supôs que a crista ficaria quase 300 metros acima do campo ao redor, e seu flanco leste, virado para os franceses, era extremamente íngreme. Duas estradas subiam em ziguezague pela encosta, serpenteando entre urzes, tojos e pedras; a melhor estrada chegava à crista da montanha perto da extremidade norte, logo acima de uma pequena aldeia empoleirada numa laje. Abaixo, no vale, depois de um riacho brilhante, ficavam algumas outras pequenas aldeias espalhadas, e os franceses estavam seguindo por trilhas de fazenda para ocupar esses assentamentos.

Os ingleses e os portugueses tinham uma visão privilegiada do inimigo que saía de um desfiladeiro coberto de floresta nos morros mais baixos depois marchavam passando por um moinho de vento antes de virar para o sul e assumir suas posições. Os franceses, por sua vez, podiam olhar a encosta alta e desnuda e ver um punhado de oficiais britânicos e portugueses observando-os. O exército propriamente dito, assim como a maioria dos canhões, estava escondido. A serra tinha 16 quilômetros de comprimento, era uma fortificação natural, e o general Wellington ordenara que seus homens ficassem afastados da crista larga de modo que os franceses que chegassem não percebessem que parte do terreno elevado era mais bem-defendido.

— É um tremendo privilégio — disse Knowles cheio de reverência.

— Um privilégio? — perguntou Sharpe com azedume.

— Ver uma coisa dessas — explicou Knowles, fazendo um gesto na direção do inimigo, e de fato era uma bela visão, tantos milhares de homens de uma só vez. A infantaria marchava em formações frouxas, os uniformes azuis parecendo pálidos contra o verde do vale, enquanto os cavalarianos, liberados da disciplina da marcha, galopavam ao lado do riacho levantando nuvens de poeira. E homens continuavam chegando do desfiladeiro, representando o poderio da França. Uma banda tocava perto do moinho de vento e, ainda que a música estivesse longe demais para ser ouvida, Sharpe imaginou que podia escutar as batidas do tambor mais grave como um coração distante. — Um exército inteiro — observou Knowles com entusiasmo. Eu deveria ter trazido meu bloco de desenho. Seria uma bela imagem.

— Uma bela imagem seria ver os patifes marcharem morro acima e serem trucidados.

— Você acha que eles não vão subir?

— Acho que seriam loucos se tentassem. — Sharpe franziu a testa para Knowles. — Está gostando de ser ajudante? — perguntou abruptamente.

Knowles hesitou, sentindo que a conversa se aproximava de um terreno perigoso, mas havia sido tenente de Sharpe antes de se tornar ajudante e gostava de seu antigo comandante.

— Não excessivamente — admitiu.

— Esse serviço sempre foi para um capitão, então por que ele o deu a você?

— O coronel acha que a experiência será vantajosa para mim — disse Knowles rigidamente.

— Vantajosa — observou Sharpe com amargura. — Não é sua vantagem que ele quer, Robert. Ele quer que aquele imprestável assuma minha companhia. É isso que ele quer. Quer que a porcaria do Slingsby seja capitão da Companhia Ligeira. — Sharpe não tinha provas, porque o coronel nunca dissera isso, mas era a única explicação que parecia fazer sentido. — Por isso precisou tirar você do caminho — encerrou, sabendo que tinha dito demais, porém o rancor o estava roendo e Knowles era um amigo que seria discreto com relação a essa explosão.

Knowles franziu a testa, depois afastou uma mosca insistente.

— Creio de verdade — disse, depois de pensar um momento — que o coronel acredita que está fazendo um favor a você.

— A mim! Um favor? Dando-me Slingsby!

— Slingsby tem experiência, Richard, muito mais do que eu.

— Mas você é um bom oficial e ele é um palhaço. Quem diabos é ele afinal?

— É o genro do coronel — explicou Knowles.

— Sei disso — respondeu Sharpe com impaciência. — Mas quem é ele?

— O homem que se casou com a irmã da Sra. Lawford — disse Knowles, recusando-se a se deixar levar.

— Isso diz tudo que a gente precisa saber, porcaria — reagiu Sharpe, carrancudo. — Mas ele não parece o tipo de sujeito que Lawford desejaria como cunhado. Não tem tônus suficiente.

— Não escolhemos os parentes, e tenho certeza de que ele é um cavalheiro.

— Inferno desgraçado — resmungou Sharpe.

— E ele deve ter adorado sair do 55º — continuou Knowles, ignorando o mau humor de Sharpe. — Meu Deus, a maior parte daquele regimento morreu de febre amarela nas Índias Ocidentais. Ele está muito mais seguro aqui, mesmo com aqueles sujeitos ameaçando. — Knowles apontou na direção das tropas francesas.

— Então por que diabos ele não comprou uma patente de capitão?

— Faltam seis meses de exigência.

Um tenente não tinha permissão de comprar a patente de capitão antes de ter servido por três anos no posto inferior, uma regra recém-introduzida que havia provocado muitas reclamações entre os oficiais ricos que desejavam uma promoção mais rápida.

— Mas por que ele entrou tão tarde para o Exército?

Se Slingsby tinha 30 anos, não podia ter se tornado tenente antes dos 27, idade em que alguns homens já eram majores. A maioria dos oficiais, como o jovem Iliffe, entrava muito antes dos 20 anos, e era estranho encontrar um homem que chegasse tão tarde ao Exército.

— Acredito... — respondeu Knowles, então ficou vermelho e conteve as palavras. — Novas tropas — disse em vez disso, apontando encosta abaixo, para onde um regimento francês, com as casacas de um azul estranhamente forte, passava marchando pelo moinho. — Ouvi dizer que o imperador mandou reforços para a Espanha. Os franceses não têm mais onde lutar atualmente. Os austríacos saíram da guerra, os prussianos não fazem nada, o que significa que o baixinho só pode tentar bater em nós.

Sharpe ignorou o resumo da estratégia do imperador feita por Knowles.

— Você acredita em quê?

— Nada. Eu falei demais.

— Você não falou porcaria nenhuma — protestou Sharpe e esperou, mas Knowles continuou em silêncio. — Quer que eu corte sua garganta magricela, Robert? Com uma faca bem cega?

Knowles sorriu.

— Você não deve repetir isso, Richard.

— Você me conhece, Robert. Eu jamais conto nada a ninguém. Juro por Deus, portanto conte antes que eu arranque suas pernas.

— Acredito que a irmã da Sra. Lawford teve problemas. Descobriu que estava grávida, não era casada, e o homem em questão era aparentemente um patife.

— Não fui eu — disse Sharpe rapidamente.

— Claro que não foi você. — Às vezes Knowles podia ser de uma obviedade pedante.

Sharpe riu.

— Então Slingsby foi recrutado para torná-la respeitável?

— Exato. Ele não é da gaveta de cima, claro, mas sua família é mais do que aceitável. Seu pai é administrador paroquial em algum lugar no litoral de Essex, acredito, mas eles não são ricos, de modo que a família de

Lawford recompensou Slingsby com uma comissão no 55º, com a promessa de trocá-la para o South Essex assim que houvesse uma vaga. Que surgiu quando o pobre Herrold morreu.

— Herrold?

— Companhia número três. Chegou numa segunda-feira, pegou febre na terça e morreu na sexta.

— Então a ideia — disse Sharpe, observando uma bateria de canhão francesa ser arrastada pela trilha junto ao riacho — é que a porcaria do Slingsby receba uma promoção rápida para se tornar um marido digno da mulher que não conseguiu manter as pernas fechadas.

— Eu não diria isso — respondeu Knowles indignado, depois pensou durante um segundo. — Bom, sim, eu diria isso. Mas o coronel quer que ele se saia bem. Afinal de contas, Slingsby fez um favor à família e agora eles estão tentando devolvê-lo.

— Dando a ele a porcaria do meu cargo.

— Não seja exagerado, Richard.

— Por que outro motivo o maricas está aqui? Eles tiram você do caminho, dão ao desgraçado um cavalo e rezam a Deus para que os franceses me matem. — Sharpe ficou em silêncio, não somente porque havia falado demais, mas porque Patrick Harper estava se aproximando.

O sargento grandalhão cumprimentou Knowles, animado.

— Sentimos sua falta, senhor.

— Posso dizer o mesmo, sargento — respondeu Knowles com prazer sincero. — Você está bem?

— Ainda respiro, senhor, e é isso que conta. — Harper se virou para olhar o vale embaixo. — Vejam aqueles desgraçados dementes. Fazendo fila para serem mortos.

— Eles vão dar uma olhada neste morro e procurar outra estrada — disse Sharpe.

No entanto, não havia sinal de que os franceses seguiriam esse bom conselho, porque os batalhões uniformizados de azul continuavam marchando firmemente vindos do leste, e as baterias de canhões, com poeira voando das rodas grandes, continuavam chegando aos povoados de baixo.

Alguns oficiais franceses cavalgaram até o topo de um contraforte que se projetava a leste da encosta e olharam pelos telescópios na direção dos poucos oficiais britânicos e portugueses visíveis no ponto em que a estrada melhor cruzava o alto da serra. Essa estrada, que ficava mais ao norte, subia ziguezagueando a encosta, seguindo a princípio no meio dos tojos e das urzes, depois cortando vinhedos embaixo da pequena aldeia empoleirada na encosta. Era a estrada que levava a Lisboa e às ordens do imperador de expulsar os ingleses de Portugal para que toda costa da Europa continental pertencesse aos franceses.

O tenente Slingsby, com sua casaca vermelha recém-escovada e as divisas polidas, veio oferecer sua opinião sobre o inimigo, e Sharpe, incapaz de suportar a companhia do sujeito, afastou-se para o sul. Observou os franceses cortando árvores para fazer fogueiras e abrigos. Alguns córregos desciam dos morros distantes para se juntar e formar um riacho maior, que corria para o sul em direção ao rio Mondego, que por sua vez tocava a extremidade sul da serra. As margens do rio maior estavam sendo pisoteadas por cavalos, alguns das parelhas de canhões, alguns das montarias de cavalaria e alguns dos oficiais, todos bebendo água depois da marcha.

Os franceses estavam se concentrando em dois lugares. Um emaranhado de batalhões se encontrava ao redor da aldeia de onde a estrada melhor subia para a extremidade norte da serra, enquanto outros estavam 3 quilômetros ao sul, juntando-se em outra aldeia de onde uma trilha, utilizável por cavalos de carga ou homens a pé, serpenteava até a crista do morro. Não era uma estrada de verdade, não havia marcas de carroças e em alguns lugares a trilha quase desaparecia no meio das sarças, mas mostrava aos franceses que havia uma rota que subia a encosta íngreme, de modo que agora suas baterias estavam se arrumando de cada lado da aldeia para que os canhões pudessem golpear a trilha à frente das tropas que avançassem.

Sons de machados e de árvores caindo vinham de trás de Sharpe. Uma companhia de cada batalhão fora destacada para fazer uma estrada logo atrás da crista do morro, uma estrada que permitiria a lorde Wellington levar suas forças a qualquer ponto dos 16 quilômetros da serra. Árvores estavam sendo derrubadas, arbustos, arrancados, pedras eram roladas para longe e o solo era alisado para que os canhões ingleses ou portugueses pudessem ser levados rapidamente para qualquer ponto de perigo. Era um trabalho gigantesco e Sharpe suspeitou que tudo seria desperdiçado, porque certamente os franceses não seriam loucos a ponto de subir o morro.

Só que alguns estavam subindo. Uns vinte oficiais montados, querendo uma visão mais próxima da posição dos ingleses e portugueses, tinham cavalgado ao longo do cume do contraforte que se projetava da serra. O lugar tinha menos de metade da altura da serra, mas servia como plataforma onde tropas poderiam se reunir para um ataque. Os artilheiros ingleses e portugueses haviam obviamente escolhido aquele ponto como alvo, já que, à medida que os cavaleiros franceses se aproximavam da junção do contraforte com a serra, um canhão disparou. O som foi abafado e duro, espantando um milhar de pássaros das árvores que cresciam densas na encosta reversa da serra. A fumaça do canhão se enrolou numa nuvem branco-acinzentada que foi levada para o leste no vento fraco. O projétil deixou um traço de fumaça de pólvora do pavio aceso enquanto descia num arco e explodia alguns passos além dos cavaleiros franceses. Um dos cavalos entrou em pânico e disparou na direção de onde tinha vindo, mas os outros pareceram despreocupados enquanto os cavaleiros tiravam telescópios e olhavam para o inimigo acima.

Então mais dois canhões dispararam, o som ecoando de volta nos morros do leste. Um era evidentemente um morteiro, porque a fumaça do pavio aceso subiu alta no céu antes de cair na direção dos franceses. Dessa vez um cavalo foi lançado de lado, deixando uma mancha de sangue na urze seca e pálida. Sharpe observava pelo telescópio e viu o francês que havia caído da sela e estava evidentemente incólume se levantar. Ele se espanou, sacou uma pistola e terminou com o sofrimento do cavalo, depois lutou para soltar a sela preciosa. Voltou andando com dificuldade para o leste, carregando sela, manta e arreios.

Mais franceses, alguns montados e alguns a pé, chegavam ao contraforte. Parecia loucura ir para onde os canhões apontavam, mas dezenas deles vadeavam o córrego e depois subiam o morro baixo para olhar os ingleses e os portugueses. Os tiros de canhão continuaram. Não era o fogo em *staccato* da batalha, e sim disparos desconexos enquanto os artilheiros faziam experimentações com cargas de pólvora e tamanhos de pavios. Se usassem pólvora demais a bala passava zunindo por cima do contraforte e explodia em algum ponto acima do riacho, e se o pavio fosse comprido demais a bala batia no chão, ricocheteava e ia pousar com o pavio ainda fumegando, dando ao franceses tempo para sair do caminho antes que o projétil explodisse. Cada detonação era um sopro de fumaça suja, surpreendentemente pequeno, mas Sharpe não conseguia ver os estilhaços mortais do invólucro partido que voavam sibilando a cada explosão.

Nenhum outro cavalo ou soldado francês foi atingido. Eles estavam bem espalhados e os projéteis caíam obstinadamente nos espaços entre os pequenos grupos de homens que pareciam tão despreocupados quanto pessoas passeando num parque. Olhavam para o topo da serra, tentando determinar onde as defesas eram mais densas, mas certamente era óbvio que os pontos onde as duas estradas chegavam ao cume seriam os locais a ser defendidos. Outra vintena de cavalarianos, alguns com casacas verdes e alguns vestidos de azul-celeste, atravessaram espadanando o riacho e esporearam subindo o morro mais baixo. O sol reluzia nos capacetes de latão, nas bainhas polidas, nos estribos e nas correntes dos freios. Era como se os franceses estivessem brincando de gato e rato com os tiros esporádicos de canhão, pensou Sharpe. Um obus explodiu perto de um grupo de soldados de infantaria, mas, quando a fumaça se dissipou, Sharpe viu que todos estavam de pé e pareciam rir, apesar de se encontrarem muito distantes. Sentiam-se confiantes, pensou, com a certeza de que tinham as melhores tropas do mundo, e sua sobrevivência aos disparos era uma provocação aos defensores da crista da serra.

A provocação foi evidentemente excessiva, porque um batalhão de tropas ligeiras portuguesas, vestindo casacos marrons, apareceu na crista do morro e, espalhado numa corrente de escaramuça dupla, avançou descendo a encosta em direção ao contraforte. Seguiu firme, morro abaixo, partindo em duas linhas frouxas, a cinquenta passos uma da outra, ambas espalhadas, dando uma demonstração de como os escaramuçadores iam à guerra. A maioria das tropas lutava ombro a ombro, mas os escaramuçadores como Sharpe seguiam adiante da linha e, no terreno de matança entre os exércitos, tentava derrubar os escaramuçadores inimigos e depois matar os oficiais de trás, de modo que, quando os dois exércitos colidissem — uma linha densa contra uma coluna enorme — o inimigo já estivesse sem líderes. Os escaramuçadores raramente cerravam fileiras. Lutavam perto do inimigo, onde um punhado de homens seria um alvo fácil para artilheiros inimigos, e assim as tropas ligeiras lutavam em formação frouxa, em pares, um homem atirando e depois recarregando enquanto seu colega o protegia.

Os franceses olharam os portugueses chegar. Não demonstraram alarme nem fizeram avançar nenhum escaramuçador próprio. Os obuses voavam em arco, encosta abaixo, com as detonações ecoando surdas nos morros do leste. A vasta massa dos franceses fazia seus bivaques, ignorando o pequeno drama na crista, mas uma dúzia de cavalarianos, vendo carne fácil nos escaramuçadores portugueses espalhados, instigou os cavalos morro acima.

Normalmente, os cavalarianos deveriam ter dizimado os escaramuçadores. Homens em formação frouxa não eram páreo para a cavalaria rápida, e os franceses, metade dos quais de dragões e a outra metade de hussardos, haviam desembainhado suas espadas longas ou seus sabres curvos e estavam antecipando um treino de corte contra homens desamparados. Os portugueses estavam armados com mosquetes e fuzis, mas assim que as armas fossem disparadas não haveria tempo de recarregar antes que os cavaleiros sobreviventes os alcançassem, e uma arma vazia não era defesa contra a lâmina comprida de um dragão. A cavalaria estava fazendo uma curva ao redor, para atacar o flanco da linha, uma dúzia de cavaleiros se aproximando de quatro portugueses a pé, mas a encosta era íngreme demais para os cavalos, que começaram a ter dificuldade. A vantagem da cavalaria era a velocidade, porém a encosta a roubava, de modo que os cavalos estavam se esforçando. Então, um fuzil estalou, a fumaça subindo sobre o capim. Um cavalo tropeçou, retorceu-se para longe e despencou. Outros dois fuzis dispararam e os franceses, percebendo que a encosta era sua inimiga, deram meia-volta e galoparam imprudentemente morro abaixo. O hussardo que perdera o cavalo seguiu a pé, abandonando o animal agonizante com seu precioso equipamento para os portugueses, que comemoraram a pequena vitória.

— Não tenho certeza se os caçadores tinham ordens de fazer isso — disse uma voz atrás de Sharpe, que se virou e viu o major Hogan chegando à crista. — Olá, Richard — disse ele, cheio de animação. — Você parece infeliz. — Em seguida estendeu a mão para pegar o telescópio de Sharpe.

— Caçadores? — perguntou Sharpe.

— É como os portugueses chamam seus escaramuçadores. — Hogan estava olhando para os escaramuçadores de casacos marrons enquanto falava. — É um nome muito bom, não acha? Caçadores? Melhor do que casacos verdes.

— Eu vou continuar sendo um casaco-verde.

Hogan observou os caçadores durante alguns instantes. Os fuzileiros deles tinham começado a disparar contra os franceses do contraforte, e o inimigo recuou prudentemente. Os portugueses permaneceram onde estavam, sem descer até o contraforte onde os cavaleiros poderiam atacá-los, contentes em terem feito sua demonstração. Dois canhões atiraram, os obuses caindo no espaço entre os caçadores e os franceses que restavam.

— O Par vai ficar muito insatisfeito — disse Hogan. — Ele detesta ver artilheiros disparando contra alvos inúteis. Isso simplesmente revela onde suas baterias estão postas e não causa qualquer dano ao inimigo. — Hogan virou o telescópio para o vale e passou um longo tempo olhando os acampamentos inimigos do outro lado do riacho. — Achamos que Monsieur Masséna tem 60 mil homens e talvez uma centena de canhões.

— E nós, senhor? — perguntou Sharpe.

— Cinquenta mil e sessenta — respondeu Hogan, devolvendo o telescópio a Sharpe. — E metade dos nossos são portugueses.

Havia algo em seu tom de voz que atraiu a atenção de Sharpe.

— Isso é ruim? — perguntou ele.

— Veremos, não é? — Em seguida Hogan bateu o pé no chão. — Mas temos isto. — Ele se referia à crista da serra.

— Aqueles rapazes parecem bem ansiosos. — Sharpe apontou os caçadores que agora recuavam morro acima.

— A ânsia das tropas novas é varrida rapidamente pelo fogo de canhão.

— Duvido que possamos descobrir — disse Sharpe. — Os comedores de lesma não vão atacar aqui em cima. Não são loucos.

— Eu certamente não gostaria de atacar subindo esta encosta — concordou Hogan. — Minha suspeita é que eles vão passar o dia olhando para nós e depois irão embora.

— De volta para a Espanha?

— Santo Deus, não. Se ao menos soubessem que há uma ótima estrada que dá a volta ao redor do topo desta serra — ele apontou para o norte — e não vão precisar lutar conosco aqui! Eles vão acabar descobrindo aquela estrada. Na verdade, é uma pena. Este seria um lugar fantástico para fazer o nariz deles sangrar. Mas eles podem vir. Os franceses acham que os portugueses não são de nada, de modo que talvez considerem que vale a tentativa.

— E os portugueses são de alguma coisa? — perguntou Sharpe. Os tiros de canhão haviam parado, deixando capim chamuscado e pequenos retalhos de fumaça no contraforte. Os franceses, tendo negado seu jogo de provocação, estavam retornando para suas linhas.

— Vamos descobrir sobre os portugueses caso os franceses decidam lutar contra nós — disse Hogan sério, depois sorriu. — Você pode jantar comigo esta noite?

— Esta noite? — Sharpe ficou surpreso com a pergunta.

— Falei com o coronel Lawford e ele se mostrou feliz em dispensar você, desde que os franceses não estejam incomodando. Às 6 horas, Richard, no mosteiro. Sabe onde é?

— Não, senhor.

— Vá para o norte — Hogan apontou crista acima — até encontrar um grande muro de pedras. Ache uma abertura nele, desça o morro entre as árvores até descobrir um caminho, siga-o até ver telhados. Seremos três.

— Três? — perguntou Sharpe, com suspeitas.

— Você, eu e o major Ferreira.

— Ferreira! — exclamou Sharpe. — Por que aquele abominável traidor de merda vai jantar conosco?

Hogan suspirou.

— Ocorreu-lhe, Richard, que as duas toneladas de farinha podiam ser um suborno? Algo para trocar por informações?

— E eram?

— É o que Ferreira diz. Se acredito nele? Não tenho certeza. Mas independentemente de qualquer coisa, Sharpe, acho que ele se arrepende do que aconteceu e quer fazer as pazes conosco. O jantar foi ideia dele, e devo dizer que achei um gesto decente. — Hogan viu a relutância de Sharpe. — Verdade, Richard. Não queremos que o ressentimento entre aliados vire uma infecção.

— Não queremos, senhor?

— Às 6 horas, Richard — disse Hogan com firmeza. — E tente dar a impressão de que está se divertindo.

O irlandês sorriu, depois voltou para a crista da serra, na qual oficiais estavam percorrendo o terreno para determinar onde cada batalhão seria posicionado. Sharpe quis encontrar uma boa desculpa para não ir ao jantar. Não era a companhia de Hogan que desejava evitar, e sim o major português, e sentiu-se cada vez mais amargo sentado no calor fora de época, observando o vento agitar as urzes sob as quais um exército de 60 mil homens tinha vindo disputar a serra do Buçaco.

SHARPE PASSOU A tarde colocando em dia os livros da companhia, ajudado por Clayton, o escriturário, que tinha o hábito irritante de dizer as palavras em voz alta enquanto as anotava.

— Isaiah Tongue, falecido — disse a si mesmo, depois soprou a tinta. — Ele tem viúva, senhor?

— Acho que não.

— Pergunto porque ele tinha direito a 4 xelins, 6 pence e meio penny.

— Coloque nos fundos da companhia.

— Se algum dia recebermos o pagamento — disse Clayton, soturno.

Os fundos da companhia eram para onde ia o dinheiro de sobra. Não que houvesse muito dele, mas os pagamentos devidos aos mortos eram postos lá, e de vez em quando eram gastos em conhaque ou em pagamento às mulheres dos soldados pela lavagem de roupas. Algumas dessas mulheres tinham vindo à crista da serra onde, junto de dezenas de civis, olhavam os franceses. Todos os civis tinham recebido ordem de ir para o sul, encontrar a segurança da região ao redor de Lisboa, que era protegida pelas Linhas de Torres Vedras, mas obviamente muitos haviam desobedecido, porque havia dezenas de portugueses observando os invasores. Alguns espectadores tinham trazido pão, queijo e vinho e agora sentavam-se em grupos, comendo, conversando e apontando para os franceses. Havia uma dúzia de monges, todos descalços, entre eles.

— Por que eles não usam sapatos? — perguntou Clayton

— Só Deus sabe

Clayton franziu a testa, desaprovando, na direção de um monge que havia se juntado a um pequeno grupo que comia na crista do morro.

— *Déjeuner à la fourchette* — disse, fungando com desaprovação

— Dejo quê? — perguntou Sharpe.

— Jantar com garfo — explicou Clayton. Ele fora lacaio numa casa importante antes de entrar para o South Essex e tinha um grande conhecimento dos costumes estranhos da nobreza. — É o que as pessoas de refinamento fazem, senhor, quando não querem gastar muito dinheiro. Dão-lhes comida e um garfo e deixam-nos andar pelo terreno cheirando as porcarias das flores. Dando risadinhas no jardim. — Ele franziu a testa para os monges. — Porcaria de monges papistas descalços. — Os homens de batina não eram monges, e sim frades da ordem dos carmelitas descalços, dois dos quais examinavam seriamente um canhão de 9 libras. — E o senhor deveria ver dentro da porcaria do mosteiro deles — continuou Clayton. — O altar de uma capela é cheio de peitos de madeira.

Sharpe olhou Clayton boquiaberto.

— Cheio de quê?

— Peitos de madeira, senhor, todos pintados para parecer de verdade. Com mamilos e tudo! Eu levei as sobras da ração para lá, senhor, e um guarda me mostrou. Não pude acreditar nos meus próprios olhos! Veja bem, os monges não podem ter a coisa de verdade, não é? Por isso devem se virar como podem. Vamos para o livro dos castigos agora, senhor?

— Em vez disso veja se consegue um pouco de chá — sugeriu Sharpe

Tomou o chá na crista do morro. Os franceses obviamente não planejavam atacar nesse dia, já que as tropas estavam espalhadas pelos bivaques perto das aldeias. Seu número havia crescido tanto que agora o terreno baixo estava escuro, coberto de homens, enquanto mais perto da serra artilheiros em mangas de camisa empilhavam projéteis ao lado das baterias recém-colocadas. A posição dessas baterias sugeria onde os franceses iriam atacar, caso atacassem, e Sharpe viu que o South Essex estaria logo à esquerda de qualquer ataque que subisse pela trilha precária do sul, interrompida perto do topo por uma barricada de árvores derrubadas, presumivelmente para impedir os franceses de arrastar sua artilharia na direção da crista. Mais canhões franceses estavam apinhados perto da estrada na extremidade norte da crista, o que sugeria a possibilidade de dois ataques, e Sharpe supôs que seriam como todos os outros ataques franceses que já presenciara: grandes colunas de homens avançando ao som de incontáveis tambores, esperando abrir caminho à força através da linha anglo portuguesa como aríetes gigantes. As vastas colunas deveriam dominar pelo medo as tropas inexperientes, e Sharpe olhou à esquerda, onde os oficiais de um batalhão português observavam o inimigo. Eles iriam se sustentar? O Exército português estivera se reorganizando nos últimos meses, mas estava passando pela terceira invasão de seu país em três anos, e até agora ninguém podia fingir que ele houvesse se coberto de glória.

Houve uma formação e uma inspeção de equipamentos no fim da tarde, e, quando ela terminou, Sharpe caminhou para o norte, ao longo da crista, até que viu o alto muro de pedra ao redor de um grande bosque. Os soldados portugueses e ingleses haviam feito aberturas no muro. Sharpe passou por uma delas e entrou no meio das árvores, então encontrou um caminho que descia o morro. Havia pequenas construções de tijolos, de aparência estranha e igualmente espaçadas, cada uma do tamanho de um barracão de jardim. Sharpe parou junto à primeira para espiar pela porta feita de ferro. Dentro havia estátuas de barro, de tamanho real, mostrando um grupo de mulheres ao redor de um homem seminu. Então viu a coroa de espinhos e percebeu que a figura central devia ser Jesus e que as casinhas de tijolos deviam fazer parte do mosteiro. Todas as pequenas construções tinham aquelas estátuas fantasmagóricas, e diante de várias daquelas capelas havia mulheres com xales, rezando ajoelhadas. Uma jovem muito bonita estava ao lado de outra, ouvindo timidamente um apaixonado oficial português que parou, sem graça, quando Sharpe entrou. O oficial recomeçou sua arenga assim que Sharpe havia descido uma escada de pedra que levava ao mosteiro. Uma oliveira antiga e nodosa crescia perto da entrada, e uma dúzia de cavalos com selas estava amarrada em seus galhos, enquanto dois casacas vermelhas montavam guarda junto à porta. Eles ignoraram quando Sharpe se curvou para passar pela entrada baixa, em arco, ladeada por portas cobertas com grossas camadas de cortiça. Uma das portas estava aberta e Sharpe olhou dentro, vendo um cirurgião em mangas de camisa numa pequena cela de monge. O cirurgião estava afiando um bisturi.

— Estou aberto para os negócios — disse ele, animado.

— Hoje não, senhor. Sabe onde posso encontrar o major Hogan?

— No fim do corredor, a porta à direita.

O jantar foi incômodo. Comeram numa das pequenas celas forradas de cortiça para manter do lado de fora o frio do inverno que estava para chegar. A refeição foi um cozido de cabrito com feijão, pão rústico, queijo e um farto suprimento de vinho. Hogan se esforçou ao máximo para manter a conversa, mas Sharpe tinha pouca coisa a dizer ao major Ferreira, que jamais se referiu aos acontecimentos no topo do morro onde Sharpe havia queimado a torre do telégrafo. Em vez disso, falou sobre o tempo passado no Brasil, onde havia comandado um forte num povoado português.

— As mulheres são lindas! — exclamou Ferreira. — As mulheres mais lindas de todo o mundo!

— Inclusive as escravas? — perguntou Sharpe, fazendo Hogan, que sabia que Sharpe estava tentando levar o assunto para o irmão do major, revirar os olhos.

— As escravas são as mais lindas! — disse Ferreira. — E muito solícitas.

— Não têm muita escolha — observou Sharpe azedamente. — Seu irmão não dava escolha a elas, não é?

Hogan tentou intervir, mas o major Ferreira conteve seu protesto.

— Meu irmão, Sr. Sharpe?

— Ele era mercador de escravos, não?

— Meu irmão foi muitas coisas. Na infância era espancado porque os monges que nos ensinavam queriam que ele fosse devoto. Ele não é devoto. Meu pai o espancava porque ele não lia seus livros, mas as pancadas não o transformaram num leitor. Ele se sentia mais feliz com os filhos dos serviçais, corria como um selvagem com eles até que minha mãe não suportou mais sua selvageria e ele foi mandado às freiras de Santo Espírito. Elas tentaram esmagar o espírito dele a pancadas, mas ele fugiu. Tinha 13 anos, e voltou 16 anos depois. Estava rico e muito decidido, Sr. Sharpe, a garantir que ninguém jamais bateria nele de novo.

— Eu bati — observou Sharpe.

— Richard! — censurou Hogan.

Ferreira ignorou Hogan, olhando para Sharpe do outro lado das velas.

— Ele não esqueceu — disse em voz baixa.

— Mas tudo foi esclarecido — interveio Hogan. — Foi um acidente! Desculpas foram pedidas. Experimente um pouco deste queijo, major. — Ele empurrou um prato de queijo por cima da mesa. — O major Ferreira e eu estivemos interrogando desertores durante toda a tarde, Richard.

— Franceses?

— Meu Deus, não. Portugueses. — Hogan explicou que, depois da queda de Almeida, muitos soldados daquela guarnição haviam entrado como voluntários para a Legião Portuguesa, uma unidade do exército francês. — Parece que fizeram isso porque lhes dava a chance de chegar perto das nossas linhas e desertar. Mais de trinta chegaram esta tarde. Todos dizem que os franceses atacarão de manhã.

— O senhor acredita neles?

— Acredito que estão contando o que sabem — respondeu Hogan — e que as ordens eram de se prepararem para um ataque. O que eles não sabem, claro, é se Masséna vai mudar de ideia.

— Monsieur Masséna — observou Ferreira acidamente — está ocupado demais com a amante para pensar com sensatez numa batalha.

— Amante? — perguntou Sharpe.

— Mademoiselle Henriette Leberton — disse Hogan, achando divertido. — Que tem 18 anos, Richard, enquanto Monsieur Masséna tem quantos? Cinquenta e um? Não, 52. Nada distrai um velho com tanta eficácia quanto carne nova, o que torna Mademoiselle Leberton uma de nossas aliadas mais valiosas. O governo de Sua Majestade deveria pagar uma pensão a ela. Um guinéu por noite, quem sabe?

Depois do jantar, Ferreira insistiu em mostrar a Hogan e Sharpe a capela onde, como Clayton dissera, havia seios de madeira num altar. Uma quantidade de velas pequenas tremulava ao redor daqueles objetos estranhos, e dezenas de outras velas haviam queimado até formar poças de cera.

— As mulheres trazem os seios para se curar de doenças — explicou Ferreira. — Doenças femininas. — Ele bocejou, depois tirou um relógio do bolso do colete. — Devo retornar ao topo da serra. Acho que vou dormir cedo. Talvez o inimigo venha ao amanhecer.

— Esperemos que sim — disse Hogan.

Ferreira fez o sinal da cruz, curvou-se diante do altar e foi embora. Sharpe ouviu o som das botas do major sumindo na passagem.

— Que diabo foi isso? — perguntou a Hogan.

— Que diabo foi o quê, Richard?

— Esse jantar!

— Ele estava sendo amigável. Mostrando a você que não existem ressentimentos.

— Mas existem! Ele disse que o irmão não esqueceu.

— Não esqueceu, mas foi convencido a deixar o assunto de lado. E você deveria fazer o mesmo.

— Eu não confiaria nesse patife nem um pouco — disse Sharpe, depois teve que dar um passo atrás porque a porta fora escancarada e um ruidoso grupo de oficiais ingleses entrou no pequeno aposento. Apenas um homem não estava com uniforme, usando em vez disso uma casaca azul e meia de seda branca. Era lorde Wellington, que olhou para Sharpe, mas pareceu não notá-lo.

Em vez disso o general acenou para Hogan.

— Veio rezar, major? — perguntou.

— Eu estava mostrando ao Sr. Sharpe o que há para ver, senhor.

— Duvido que o Sr. Sharpe precise ver réplicas — disse Wellington. — Ele provavelmente vê mais da coisa real do que a maioria de nós, não é? — O general falou com bastante afabilidade, mas com uma pitada de desprezo, depois olhou diretamente para Sharpe. — Ouvi dizer que você cumpriu com seu dever há três dias, Sr. Sharpe.

Sharpe ficou confuso, primeiro pela súbita mudança de tom e em seguida pela declaração, que pareceu estranha depois da censura anterior de Hogan.

— Espero que sim, senhor — respondeu com cautela.

— Não podemos deixar comida para os franceses — disse o general, virando-se de novo para os seios esculpidos. — E creio que eu havia deixado esse estratagema totalmente claro. — As últimas palavras foram ditas com aspereza e os outros oficiais ficaram em silêncio. Então Wellington sorriu e fez um gesto para os seios votivos. — Não consigo imaginar essas coisas na catedral de St. Paul. Você consegue, Hogan?

— Elas poderiam melhorar aquele lugar, senhor.

— Poderiam mesmo. Vou levar o assunto ao decano. — Em seguida deu sua risada equina e olhou abruptamente para Hogan de novo. — Alguma notícia de Trant?

— Nenhuma, senhor.

— Esperemos que a notícia seja boa. — O general acenou para Hogan, ignorou Sharpe de novo e levou seus convidados de volta para onde quer que estivessem jantando.

— Trant? — perguntou Sharpe.

— Há uma estrada ao redor do topo da serra. Temos lá uma vedeta de cavalaria e, espero, alguns milicianos portugueses sob o comando do coronel Trant. Eles têm ordem de nos alertar se virem algum sinal do inimigo, mas nenhuma notícia veio, por isso devemos esperar que Masséna não tenha conhecimento dessa rota. Se ele achar que a única estrada para Lisboa é subindo este morro, deverá vir por ele. Devo dizer que, por mais que pareça improvável, ele certamente atacará.

— E talvez ao amanhecer — disse Sharpe. — Por isso preciso dormir um pouco. — Ele riu para Hogan. — Então eu estava certo sobre a porcaria do Ferrabrás e o senhor estava errado?

Hogan devolveu o riso.

— Contar vantagem é muito pouco cortês, Richard.

— Como Wellington soube?

— Acho que o major Ferreira reclamou com o general. Ele disse que não, mas... — Hogan deu de ombros.

— Você não pode confiar naquele patife português. Arranje um de nossos malfeitores para cortar a garganta dele.

— Você é o único malfeitor que eu conheço, e já passou da hora de você dormir. Portanto boa noite, Richard.

Ainda não era tarde, provavelmente não mais do que 9 horas, mas o céu estava totalmente negro e a temperatura havia caído bastante. Um vento viera do oeste, trazendo ar frio do mar distante, e uma névoa se formava entre as árvores enquanto Sharpe subia de volta o caminho onde as estranhas estátuas se abrigavam em suas casinhas de tijolo. Agora o caminho estava deserto. A maior parte do exército se encontrava lá em cima, na crista do morro, e qualquer tropa atrás da linha estava acampada ao redor do mosteiro, onde as fogueiras ofereciam um pouco de luz que era filtrada pelas árvores, fazendo a sombra monstruosa de Sharpe tremular nos troncos, mas essa luz escassa foi sumindo à medida que ele subia. Não havia fogueiras no topo da serra porque Wellington havia ordenado que nenhuma fosse acesa, para que seu brilho não revelasse aos franceses onde o exército aliado se concentrava, mas Sharpe supunha que o inimigo teria adivinhado. A falta de fogueiras deixava a parte superior do morro numa escuridão desanimadora. A névoa ficou mais densa. A distância, depois do muro que cercava o mosteiro e sua floresta, Sharpe conseguia ouvir cantos vindos dos acampamentos inglês e português, mas o ruído mais alto era de seus próprios passos nas agulhas de pinheiros que cobriam o caminho.

A primeira capela surgiu à vista, iluminada por dentro por velas votivas que lançavam um pequeno brilho turvo através da névoa gélida. Um monge de manto preto estava ajoelhado, rezando perto da última capela. Quando

Sharpe passou, pensou em cumprimentá-lo, mas decidiu não interromper as devoções. Porém, nesse momento o sujeito abaixado saltou, agarrando Sharpe por trás do joelho esquerdo, e mais dois homens saíram de trás da capela, um deles com um porrete que acertou a barriga de Sharpe. Ele caiu com força, tentando desembainhar a espada, mas os dois que tinham vindo de trás da capela agarraram seus braços e o arrastaram para a construção, onde havia um pequeno espaço diante das estátuas. Eles chutaram algumas velas para abrir espaço. Um deles desembainhou a espada de Sharpe e jogou-a do lado de fora, enquanto o monge tirava o capuz.

Era Ferrabrás, vasto e alto, enchendo a capela com sua ameaça.

— Você me custou muito dinheiro — disse em seu inglês com sotaque forte. Sharpe ainda estava no chão. Tentou se levantar, mas um dos dois companheiros de Ferrabrás chutou-o no ombro e forçou-o para trás de novo. — Muito dinheiro — disse Ferrabrás em tom pesado. — Quer pagar agora? — Sharpe não disse nada. Precisava de uma arma. Tinha um canivete no bolso, mas sabia que jamais teria tempo de pegá-lo, quanto mais de desdobrar a lâmina. — Quanto dinheiro você tem? — perguntou Ferrabrás. Sharpe continuou sem dizer nada. — Ou prefere lutar comigo? Só com as mãos, capitão, cara a cara.

Sharpe fez uma sugestão breve do que Ferrabrás poderia fazer, e o grandalhão sorriu e falou em português com seus homens. Eles atacaram com as botas, chutando Sharpe, que encolheu os joelhos, protegendo a barriga. Supôs que teriam recebido a ordem de deixá-lo impotente, à mercê de Ferrabrás, mas a capela era pequena, o espaço deixado pelas estátuas era pouco e os dois homens acabavam atrapalhando um ao outro. Mesmo assim, os chutes doíam. Sharpe tentou agarrá-los, mas uma bota o acertou na lateral do rosto e ele caiu para trás, pesadamente, fazendo balançar a imagem de Maria Madalena, e isso lhe deu uma arma. Golpeou a estátua com o cotovelo direito, acertando o joelho dela com tanta força que a cerâmica se partiu. Sharpe agarrou um caco de quase 30 centímetros que terminava numa ponta maligna. Mandou a adaga improvisada contra o homem mais próximo, mirando sua virilha, mas o sujeito se retorceu e a cerâmica cortou a parte interna de sua coxa. Ele grunhiu. Agora Sharpe havia se levantado e usou a cabeça como um aríete contra a barriga do homem ferido. Um punho o acertou na lateral do nariz, uma bota golpeou suas costelas, mas ele usou a adaga de cerâmica contra Ferrabrás, abrindo um talho ao longo do maxilar do grandalhão. Então um golpe violento na lateral de sua cabeça lançou-o para trás, contra o colo de cerâmica de Cristo. Ferrabrás ordenou que seus homens saíssem da capela para abrir espaço e deu outro soco, que ressoou na capela, em Sharpe. Sharpe soltou sua faca improvisada, passou o braço em volta do pescoço do Filho de Deus e puxou com tanta força que soltou a cabeça inteira. Ferrabrás tentou um soco de esquerda e Sharpe desviou, depois pulou, mandando com toda a força a cabeça quebrada com sua coroa de espinhos contra o rosto de Ferrabrás. A cerâmica oca se despedaçou ao acertar, com as bordas serrilhadas fazendo cortes profundos nas bochechas do sujeito. Sharpe girou para a esquerda enquanto Ferrabrás se encolhia. Saiu cambaleando pela porta, tentando pegar a espada, mas os dois homens estavam do lado de fora e caíram sobre ele. Sharpe arfou, conseguindo se virar um pouco, mas em seguida levou um chute na barriga que o deixou sem ar.

Ferrabrás o havia chutado, e agora ordenou que seus dois homens puxassem Sharpe.

— Você não consegue lutar — disse. — Você é frágil.

E começou a dar socos, usando golpes curtos e duros que pareciam ter pouca força, mas para Sharpe era como se estivesse levando coices de um cavalo. Os golpes começaram em sua barriga, subiram pelo peito, até que um deles acertou seu rosto e o sangue brotou dentro da boca. Sharpe tentou se livrar dos dois homens, mas eles o seguravam com muita força e ele estava atordoado, confuso, semiconsciente. Um punho o acertou no pescoço e agora ele mal conseguia respirar, ofegando, e Ferrabrás gargalhou.

— Meu irmão disse que eu não deveria matar você, mas por que não? Quem vai sentir sua falta? — Ele cuspiu no rosto de Sharpe. — Soltem-no — disse em português aos dois homens, mudando então para o inglês. — Vejamos se esse inglês sabe lutar.

Os dois se afastaram de Sharpe, que cuspiu sangue, piscou e cambaleou dois passos para trás. Sua espada estava fora do alcance, e mesmo que pudesse pegá-la, duvidava que teria força para usá-la. Ferrabrás sorriu de sua fraqueza, avançou um passo e Sharpe cambaleou de novo, dessa vez meio tombando de lado, e baixou a mão para se firmar. Ali havia uma pedra, uma pedra grande, do tamanho de um biscoito de ração. Ele pegou-a no instante em que Ferrabrás dava um soco com o punho direito com o objetivo de nocauteá-lo para sempre. Ainda meio consciente, Sharpe bloqueou o punho com a pedra e os dedos de Ferrabrás estalaram contra ela. O grandalhão se encolheu e recuou um passo, atônito com a dor súbita. Sharpe tentou dar um passo na direção dele e usar a pedra de novo, mas um soco de esquerda acertou seu peito e jogou-o de volta no chão.

— Agora você é um homem morto — disse Ferrabrás. Estava massageando os dedos quebrados, e sentia tanta dor que teve vontade de matar Sharpe com chutes. Mirou a bota enorme contra a genitália de Sharpe, mas o golpe foi curto e acertou a coxa, porque ele conseguira se retorcer debilmente de lado. Ferrabrás chutou sua perna para longe, puxou a bota de novo e de repente surgiu uma luz no caminho atrás dele e uma voz.

— O que está acontecendo?! — gritou a voz. — Parados! Quem quer que sejam, fiquem parados!

As botas de dois ou três homens soaram no caminho. Os homens que se aproximavam deviam ter escutado a luta, mas não podiam ver praticamente nada em meio à névoa densa. Ferrabrás não esperou. Gritou para seus dois homens e correram passando por Sharpe, enfiando-se no meio das árvores. Sharpe se enrolou no chão, tentando espremer a dor das costelas e da barriga. Havia muito sangue em sua boca e o nariz estava sangrando. A luz chegou mais perto, uma lanterna carregada por um casaca vermelha.

— Senhor? — perguntou um dos três homens. Era um sargento e tinha os acabamentos da casaca no azul-escuro dos policiais militares.

— Estou bem — grunhiu Sharpe.

— O que aconteceu?

— Ladrões — disse Sharpe. — Deus sabe quem eram. Apenas ladrões. Meu Deus. Me ajudem.

Dois deles o levantaram enquanto o sargento pegava sua espada e sua barretina.

— Quantos eram? — perguntou o sargento.

— Três. Os desgraçados fugiram.

— Quer ver um cirurgião, senhor? — O sargento se encolheu ao ver o rosto de Sharpe à luz da lanterna. — Acho que deveria.

— Meu Deus, não. — Sharpe embainhou a espada, colocou a barretina no crânio machucado e recostou-se à capela. — Vou ficar bem.

— Podemos levá-lo ao mosteiro, senhor.

— Não. Vou subir até a crista do morro.

Ele agradeceu aos três homens, desejou uma noite pacífica e esperou até recuperar um pouco das forças, depois subiu o morro mancando, passou pelo muro e seguiu pela crista até encontrar sua companhia.

O coronel Lawford havia armado uma tenda perto da estrada nova que fora aberta ao longo do topo da serra. A porta da tenda estava aberta, revelando uma mesa iluminada por velas onde reluziam pratarias e cristais. O coronel ouviu uma sentinela pedir a senha a Sharpe, ouviu a resposta abafada e gritou pela porta aberta:

— Sharpe! É você?

Sharpe pensou brevemente em fingir que não tinha escutado, mas obviamente estava ao alcance da audição, por isso se virou para a tenda.

— Sim, senhor.

— Venha tomar um conhaque.

Lawford estava recebendo o major Forrest e Leroy, e com eles se encontrava o tenente Slingsby. Todos usavam sobretudos porque, depois dos últimos dias de calor brutal, a noite estava subitamente com um frio de inverno.

Forrest abriu espaço num banco feito de caixotes de munição, em seguida olhou para Sharpe.

— O que aconteceu com você?

— Levei um tombo, senhor. — A voz de Sharpe estava densa, e ele se inclinou de lado e cuspiu um grosso escarro de sangue. — Levei um tombo.

— Um tombo? — Lawford estava olhando Sharpe com expressão horrorizada. — Seu nariz está sangrando.

— Praticamente já parou, senhor — respondeu Sharpe, fungando o sangue. Lembrou-se do lenço que fora usado como bandeira branca no posto de telégrafo e o pegou. Parecia uma pena manchar o linho fino com sangue, mas colocou-o sobre o nariz, encolhendo-se de dor. Então notou que a mão direita estava com um talho, presumivelmente da adaga de cerâmica improvisada.

— Um tombo? — O major Leroy ecoou a pergunta do coronel.

— O caminho lá embaixo é traiçoeiro, senhor.

— Você está com um olho preto também — disse Lawford.

— Se você não estiver em condições — disse Slingsby —, terei o prazer de comandar a companhia amanhã, Sharpe. — Slingsby estava corado e suando, como se tivesse bebido demais. Ele olhou para o coronel Lawford e, como estava nervoso, deu uma gargalhada misturada com uma fungada. — Eu ficaria honrado em comandar, senhor — acrescentou rapidamente.

Sharpe lançou ao tenente um olhar assassino.

— Já me machuquei mais do que isso — disse gelidamente — quando o sargento Harper e eu tomamos a porcaria dessa Águia que está representada na sua divisa.

Slingsby se enrijeceu, pasmo com o tom de Sharpe, e os outros oficiais ficaram sem graça.

— Tome um pouco de conhaque, Sharpe — disse Lawford, tentando amenizar o clima. Em seguida serviu a bebida de uma jarra e empurrou o copo por cima da mesa de cavaletes. — Como estava o major Hogan?

Sharpe sentia dor. Suas costelas pareciam tiras de fogo e ele demorou um instante para compreender a pergunta e encontrar uma resposta.

— Confiante, senhor.

— Espero que sim — disse Lawford. — Não estamos todos? Você viu o Par?

— O Par? — perguntou Slingsby. Ele tropeçou ligeiramente na palavra, depois engoliu o resto de seu conhaque e serviu-se de mais.

— Lorde Wellington — explicou Lawford. — Então, você o viu, Sharpe?

— Sim, senhor.

— Espero que você tenha lhe dado minhas lembranças.

— Claro, senhor. — Sharpe disse a mentira obrigatória e se forçou a acrescentar outra: — E ele pediu que eu mandasse as lembranças dele.

— É muita educação da parte dele — disse Lawford, obviamente satisfeito. — E ele acha que os franceses virão dançar amanhã?

— Não disse, senhor.

— Talvez essa névoa os detenha — observou o major Leroy, espiando para fora da tenda, onde a neblina estava se adensando perceptivelmente.

— Ou talvez os encoraje — disse Forrest. — Nossos artilheiros não podem mirar no meio da névoa.

Leroy estava observando Sharpe.

— Você precisa de um médico?

— Não, senhor — mentiu Sharpe. Suas costelas doíam, o crânio latejava e um dos dentes superiores estava mole. A barriga era uma massa de dor, a coxa doía e ele estava com raiva. Obrigou-se a mudar de assunto: — O major Hogan acha que os franceses vão atacar.

— Então é melhor ficarmos atentos de manhã — disse Lawford, sugerindo que a reunião estava encerrada. Os oficiais entenderam a deixa, levantaram-se e agradeceram ao coronel, que estendeu a mão a Sharpe. — Fique um momento, por favor, Sharpe.

Slingsby, que parecia muito bêbado, terminou o que havia no copo, bateu-o na mesa e estalou os calcanhares.

— Obrigado, William — disse a Lawford, aproveitando-se do parentesco para usar o primeiro nome do coronel.

— Boa noite, Cornelius — respondeu Lawford, e esperou até que os três oficiais tivessem saído da barraca e se perdessem na névoa. — Ele bebeu bastante. Ainda assim, não acho que na véspera da primeira batalha de um homem um pequeno reforço seja inadequado. Sente-se, Sharpe, sente-se. Tome um pouco de conhaque. — E pegou um copo também. — Foi um tombo mesmo? Você parece ter passado pelas guerras.

— Estava escuro no meio das árvores, senhor — respondeu Sharpe, empedernido. — E pisei errado em alguns degraus.

— Você precisa tomar mais cuidado, Sharpe — disse Lawford, inclinando-se para acender um charuto numa vela. — Esfriou muito, não foi? — Ele esperou uma resposta, mas Sharpe não disse nada e o coronel suspirou. — Eu queria conversar com você — continuou entre as baforadas. — Sobre seus novos colegas. O jovem Iliffe está se saindo bem, não?

— Ele é um alferes, senhor. Se sobreviver um ano talvez tenha chance de crescer.

— Todos já fomos alferes um dia, e os carvalhos poderosos crescem a partir de sementes pequenas, não é?

— Ele ainda é uma porcaria de semente pequena.

— Mas o pai dele é meu amigo, Sharpe. Tem uma fazenda de alguns hectares perto de Benfleet e queria que eu cuidasse do filho.

— Vou cuidar dele — disse Sharpe.

— Tenho certeza que sim. E Cornelius?

— Cornelius? — perguntou Sharpe, querendo ganhar tempo para pensar. Encheu a boca sangrenta com conhaque, cuspiu no chão, depois bebeu um pouco e achou que isso tirava um pouco da dor.

— Como Cornelius está se saindo? — perguntou Lawford, afável. — Está sendo útil?

— Ele precisa aprender nossos modos — disse Sharpe, cauteloso.

— Claro que precisa, claro. Mas eu queria particularmente que ele ficasse com você.

— Por que, senhor?

— Por quê? — O coronel pareceu pasmo com a pergunta direta, mas balançou o charuto como a dizer que a resposta era óbvia. — Acho que ele é um ótimo sujeito, e serei honesto com você, Sharpe. Não sei se o jovem Knowles possui a verve correta para as escaramuças.

— Ele é um bom oficial — disse Sharpe indignado, depois desejou não ter falado com tanta ênfase, porque a dor nas costelas pareceu golpear direto o coração.

— Ah, não existe melhor! — concordou Lawford rapidamente. — E tem um caráter admirável. Mas vocês, escaramuçadores, não são sujeitos monótonos, são? São os chicoteadores! Preciso que minha Companhia Ligeira seja audaz! Agressiva! Astuta! — Cada uma dessas qualidades era acompanhada por uma pancada que chacoalhava os copos e talheres na mesa, mas o coronel fez uma pausa depois da terceira, evidentemente percebendo que astúcia carecia da força de audácia e agressão. Pensou alguns segundos, tentando encontrar uma palavra mais impressionante, depois continuou sem se importar com isso: — Acredito que Cornelius tem essas qualidades e espero que você, Sharpe, faça com que ele as demonstre. — Lawford fez outra pausa, como se esperasse que Sharpe respondesse, mas, quando o fuzileiro não disse nada, o coronel pareceu tremendamente sem graça. — O cerne da questão, Sharpe, é que Cornelius parece achar que você não gosta dele.

— A maioria das pessoas acha isso, senhor — disse Sharpe inexpressivamente.

— Acha? — Lawford pareceu surpreso. — Creio que sim. Nem todo mundo conhece você tão bem quanto eu. — Ele fez uma pausa para dar um trago no charuto. — Sente falta da Índia, Sharpe?

— Da Índia? — respondeu Sharpe com cautela. Ele e Lawford haviam servido lá juntos, quando Lawford era tenente e Sharpe, soldado raso. — Gostei bastante.

— Há regimentos na Índia onde seria bom ter um oficial experiente — disse Lawford em tom casual, e Sharpe sentiu uma pontada de traição, uma vez que as palavras sugeriam que o coronel queria se livrar dele. Não disse nada, e Lawford pareceu não ter percebido que fizera qualquer ofensa. — Então posso garantir a Cornelius que está tudo bem?

— Sim, senhor — respondeu Sharpe, e se levantou. — Devo ir inspecionar os piquetes, senhor.

— Claro que sim — disse Lawford, sem esconder a frustração com a conversa. — Deveríamos conversar com mais frequência, Sharpe.

Sharpe pegou sua barretina velha e saiu para a noite amortalhada pela névoa. Seguiu pela escuridão densa, percorrendo a crista larga da serra, depois desceu por um trecho curto da encosta leste até que pôde entrever a fileira de fogueiras inimigas borradas pela névoa na escuridão funda do vale. Que viessem, pensou, que viessem. Se não podia assassinar Ferrabrás, jogaria sua raiva contra os franceses. Ouviu passos atrás, mas não se virou.

— Boa noite, Pat — disse.

— O que aconteceu com o senhor? — Harper devia ter visto Sharpe dentro da barraca do coronel e o havia seguido descendo a encosta.

— Aquela porcaria do Ferrabrás e dois capangas.

— Tentaram matar o senhor?

Sharpe balançou a cabeça.

— Quase conseguiram. Teriam conseguido, se não fossem três policiais militares que apareceram.

— Policiais militares! Nunca imaginei que seriam úteis. E como vai o Sr. Ferrabrás?

— Eu o machuquei, mas não o suficiente. Ele me espancou, Pat. Tirou sangue.

Harper pensou nisso.

— E o que o senhor disse ao coronel?

— Que levei um tombo.

— Então é o que vou dizer aos rapazes quando eles notarem que o senhor está mais bonito do que o normal. E amanhã vou ficar de olho aberto para ver o Sr. Ferrabrás. Acha que ele vai voltar para mais?

— Não, ele fugiu.

— Vamos encontrá-lo, senhor, vamos encontrá-lo.

— Mas não amanhã, Pat. Amanhã estaremos ocupados. O major Hogan acha que os franceses vão subir o morro.

O que era um pensamento reconfortante para terminar o dia. Os dois sentaram-se, ouvindo as cantorias vindas dos acampamentos escuros, atrás. Um cachorro começou a latir em algum lugar das linhas britânicas e imediatamente dezenas de outros ecoaram o som, provocando gritos raivosos para que ficassem quietos. E lentamente a paz baixou de novo, a não ser por um cão que não queria parar. Continuou e continuou, latindo freneticamente, até que houve um estalo súbito de mosquete ou pistola.

— É assim que se faz — disse Harper.

Sharpe não disse nada. Só olhou morro abaixo, para onde as fogueiras francesas formavam um brilho fraco, enevoado.

— Mas o que faremos com o Sr. Ferrabrás? — perguntou Harper. — Ele não pode continuar impune depois de atacar um fuzileiro.

— Se perdermos amanhã, teremos que recuar através de Coimbra. É onde ele mora.

— Então vamos achar o sujeito lá — disse Harper, sério — e dar o que ele merece. Mas e se vencermos amanhã?

— Só Deus sabe — respondeu Sharpe e apontou para as fogueiras enevoadas lá embaixo. Havia milhares de fogueiras. — Seguiremos aqueles desgraçados de volta à Espanha, acho, e lutaremos com eles lá. — E continuaremos a lutar, pensou, mês após mês, ano após ano, até o próprio estalo do juízo final. Mas começariam amanhã, com 6 mil franceses que desejavam tomar um morro. Amanhã.

O marechal Ney, segundo no comando de l'Armée de Portugal, achava que todo o inimigo estava na crista do morro. Não havia fogueiras na escuridão lá no alto, para revelar a presença deles, mas Ney podia farejá-los. Instinto de soldado. Os desgraçados estavam montando uma armadilha, esperando que os franceses caminhassem morro acima para ser trucidados, e Ney achava que deveria fazer a vontade deles. Mandar as Águias morro acima e fazer picadinho dos desgraçados. Mas não era Ney quem tomaria essa decisão, por isso chamou um ajudante, o capitão D'Esmenard, e disse para encontrar o marechal Masséna.

— Diga a sua alteza que o inimigo está esperando para ser morto. Diga para voltar para cá depressa. Diga que há uma batalha a ser travada.

O capitão D'Esmenard tinha uma jornada de mais de 30 quilômetros e precisou ser escoltado por duzentos dragões que entraram ruidosamente na cidadezinha de Tondela muito depois do anoitecer. Uma bandeira tricolor balançava acima do pórtico da casa onde Masséna se alojava. Seis sentinelas estavam do lado de fora, com os mosquetes encimados por baionetas, refletindo a luz do braseiro que oferecia um pequeno calor no frio inesperado.

D'Esmenard subiu a escada e bateu à porta do marechal. Houve silêncio.

D'Esmenard bateu de novo. Dessa vez houve um risinho de mulher seguido pelo som nítido de uma mão batendo em carne, e então a mulher riu.

— Quem é? — gritou o marechal.

— Mensagem do marechal Ney, sua alteza. — O marechal André Masséna era duque du Rivoli e príncipe de Essling.

— De Ney?

— O inimigo parou, senhor. Está na crista da serra.

A garota guinchou.

— O inimigo o quê?

— Parou, senhor — gritou D'Esmenard pela porta. — O marechal acredita que o senhor deveria retornar.

Masséna estivera no vale abaixo da serra por alguns instantes à tarde, dera sua opinião de que o inimigo não ficaria para lutar e cavalgara de volta para Tondela. A garota disse alguma coisa e houve o som de outro tapa seguido por mais risinhos.

— O marechal Ney acredita que eles oferecerão batalha, senhor — disse D'Esmenard.

— Quem é você? — perguntou o marechal.

— O capitão D'Esmenard, senhor.

— Um dos rapazes de Ney, não é?

— Sim, senhor.

— Você comeu, D'Esmenard?

— Não, senhor.

— Vá lá embaixo, capitão, diga ao meu cozinheiro para lhe dar o jantar. Vou me juntar a você.

— Sim, senhor. — D'Esmenard fez uma pausa. Ouviu um grunhido, um suspiro, e depois o som das molas da cama guinchando ritmicamente.

— Ainda está aí, capitão? — gritou o príncipe de Essling.

D'Esmenard se esgueirou escada abaixo, dando passos na escada barulhenta no mesmo ritmo das molas da cama. Comeu frango frio. E esperou.

Pedro e Luís Ferreira sempre haviam sido próximos. Luís, o mais velho, o rebelde, o garoto enorme e incontrolável, fora o mais inteligente dos dois, e se não tivesse se exilado da família, se não tivesse sido enviado às freiras que o espancavam e zombavam dele, talvez tivesse garantido uma formação e se tornado erudito, mas na verdade esse seria um destino improvável para ele. Luís era grande demais, raivoso demais, despreocupado demais com seus sentimentos e com os dos outros, por isso havia se tornado Ferrabrás. Tinha navegado pelo mundo, matado homens na África, na Europa e na América, tinha visto os tubarões comerem os escravos agonizantes jogados ao mar perto do litoral do Brasil, e por fim tinha ido para casa, para o irmão mais novo, e os dois, tão diferentes, mas tão próximos, haviam se abraçado. Eram irmãos. Ferrabrás voltara para casa suficientemente rico para se estabelecer nos negócios, suficientemente rico para possuir uma vintena de propriedades pela cidade, mas Pedro insistiu que ele tivesse um quarto em sua casa, para usar quando quisesse.

— Minha casa é sua casa — havia garantido a Ferrabrás, e ainda que a esposa do major Ferreira pudesse pensar o contrário, não ousava protestar.

Ferrabrás usava raramente o quarto na casa do irmão, mas no dia em que os dois exércitos se encaravam no Buçaco, depois de seu irmão ter prometido atrair o capitão Sharpe para uma surra no meio das árvores, Ferrabrás havia prometido a Pedro que retornaria a Coimbra e ali guardaria o lar de Ferreira até que o padrão da campanha francesa estivesse nítido. As pessoas deveriam estar fugindo da cidade, indo para Lisboa, mas, se os franceses fossem contidos, essa fuga não seria necessária. E quer fossem contidos ou não, havia inquietação nas ruas, porque as pessoas estavam insatisfeitas com as ordens de abandonar os lares. A casa de Ferreira, grande e rica, comprada com o legado da riqueza de seu pai, seria um local provável para saques, mas ninguém ousaria tocá-la se Ferrabrás e seus homens estivessem lá. E assim, depois do fracasso em matar o fuzileiro insolente, o grandalhão cavalgou para cumprir a promessa.

A viagem da serra do Buçaco até a cidade de Coimbra era de menos de 30 quilômetros, mas a névoa e a escuridão diminuíam a velocidade de Ferrabrás e seus homens, de modo que era pouco antes do amanhecer quando passaram pelos imponentes prédios da universidade e desceram o morro até a casa de seu irmão. Houve um guincho nas dobradiças do portão do pátio do estábulo, onde Ferrabrás apeou, abandonou seu cavalo e entrou na cozinha para enfiar a mão ferida num tonel de água fria. Santo Deus, pensou, aquele fuzileiro desgraçado tinha que morrer. Tinha que morrer. Ferrabrás lamentou a injustiça da vida enquanto usava um pano para limpar os ferimentos no maxilar e nas bochechas. Encolheu-se de dor, mas ela não era tão ruim quanto o latejamento na virilha, que persistia desde o confronto na capela. Da próxima vez, prometeu Ferrabrás, da próxima vez enfrentaria o Sr. Sharpe apenas com os punhos e mataria o inglês como havia matado tantos outros, pulverizando-o numa massa sangrenta, cheia de gemidos. Sharpe precisava morrer, Ferrabrás havia jurado isso, e, se não cumprisse o juramento, seus homens achariam que ele estava enfraquecendo.

Estava sendo enfraquecido de qualquer modo. A guerra havia garantido isso. Muitas de suas vítimas tinham fugido de Coimbra e das fazendas ao redor, indo se abrigar em Lisboa. Esse revés temporário iria passar, e de qualquer modo Ferrabrás não precisava continuar extorquindo dinheiro. Era rico, mas gostava de manter o dinheiro fluindo porque não confiava em bancos. Gostava de terras, e os enormes lucros dos anos como mercador de escravos tinham sido investidos em vinhedos, fazendas, casas e lojas. Era dono de todos os bordéis de Coimbra, e praticamente não havia um estudante na universidade que não morasse numa casa pertencente a Ferrabrás. Era rico, rico além de seus sonhos de infância, mas jamais poderia ser rico o bastante. Adorava dinheiro. Ansiava por ele, amava-o, acariciava-o, sonhava com ele.

Enxaguou o queixo de novo e viu como a água pingava rosada do pano. Olhou para a mão que doía. Achava que tinha quebrado alguns dedos, mas ainda podia movê-los, de modo que o dano não era tão ruim. Mergulhou os dedos na água, depois virou-se de repente quando a porta da cozinha se abriu e a governanta de seu irmão, a Srta. Fry, de camisola e com um pesado roupão de lã, entrou na cozinha. Ela estava segurando uma vela e teve um pequeno susto ao ver o irmão do patrão.

— Desculpe, senhor — disse, e fez menção de sair.

— Entre — resmungou Ferrabrás.

Sarah preferiria ter voltado para seu quarto, mas tinha ouvido o barulho dos cavalos no pátio do estábulo e, esperando que fosse o major Ferreira trazendo novidades sobre o avanço francês, viera à cozinha.

— O senhor está ferido — disse.

— Caí do cavalo — respondeu Ferrabrás. — Por que está de pé?

— Para fazer chá. Faço todas as manhãs. E estava imaginando — ela pegou uma chaleira na prateleira — se o senhor teria notícias dos franceses.

— Os franceses são porcos. E isso é tudo que vocês precisam saber, portanto faça seu chá e um pouco para mim também.

Sarah pousou a vela, abriu o fogão e colocou acendalha na lenha. Assim que ela começou a queimar, pôs mais lenha no fogo. Quando as chamas estavam ardendo com intensidade já havia outros serviçais ocupados pela casa, abrindo janelas e varrendo os corredores, mas nenhum entrou na cozinha onde Sarah hesitou antes de encher a chaleira. A água no grande tonel estava manchada de sangue.

— Vou pegar um pouco no poço — disse ela.

Ferrabrás olhou-a sair pela porta. A Srta. Sarah Fry era um símbolo das aspirações do irmão. Para o major Ferreira e sua esposa, uma governanta inglesa era uma posse tão valiosa quanto porcelana fina, lustres de cristal ou mobília dourada. Sarah proclamava o bom gosto deles, mas Ferrabrás a considerava um desperdício pedante de dinheiro do irmão. Achava-a uma inglesa típica, esnobe, e em que iria transformar Tomás e Maria? Em copiazinhas empertigadas de si mesma? Tomás não precisava de bons modos nem aprender inglês; precisava saber se defender. E Maria? A mãe poderia lhe ensinar bons modos, e desde que fosse bonita, o que mais importava? Essa era a visão de Ferrabrás, de qualquer modo, mas ele também havia notado, desde que a Srta. Fry chegara à casa do irmão, que ela era bonita; mais do que simplesmente isso, era linda. De pele clara, cabelo claro, olhos azuis, alta, elegante.

— Quantos anos você tem? — perguntou quando ela retornou à cozinha.

— É da sua conta, senhor? — perguntou Sarah rapidamente.

Ferrabrás sorriu.

— Meu irmão me mandou aqui para proteger todos vocês. Gosto de saber o que estou protegendo.

— Tenho 22 anos, senhor.

Sarah pôs a chaleira no fogão, depois colocou o grande bule de chá inglês perto, para que a louça esquentasse. Pegou a peneira de latão, porém não tinha mais nada a fazer porque o bule ainda estava frio e a chaleira demoraria longos minutos para ferver no fogo recém-acordado. Então, porque não suportava ficar à toa, começou a polir algumas colheres.

Ferrabrás se dirigiu a ela outra vez:

— Tomás e Maria estão aprendendo direito?

— Quando se aplicam — respondeu Sarah rapidamente.

— Tomás contou que você bate nele.

— Claro que bato. Sou a governanta dele.

— Mas não bate em Maria?

— Maria não usa linguagem chula, e eu detesto linguagem chula.

— Tomás vai ser um homem, então vai precisar de linguagem chula.

— Então pode aprendê-la com o senhor — retrucou Sarah, olhando Ferrabrás nos olhos. — Mas vou ensinar a ele a não usá-la diante das damas. Se ele aprender apenas isso, terei sido útil.

Ferrabrás deu um grunhido que poderia ser de diversão. Sentia-se desafiado pelo olhar dela, que não parecia ter medo. Estava acostumado com os outros serviçais do irmão, que se encolhiam à sua passagem; eles baixavam os olhos e tentavam ficar invisíveis, mas essa garota inglesa era descarada. Contudo, também era linda, e ele se maravilhou com a linha do pescoço, sombreado pelos cabelos revoltos. Que pele branca!, pensou, tão delicada!

— Você ensina francês a eles. Por quê?

— Porque a esposa do major deseja assim. Porque é a língua da diplomacia. Porque o domínio do francês é um requisito da fidalguia.

Ferrabrás soltou um grunhido na garganta que era obviamente seu veredicto sobre a fidalguia, depois deu de ombros.

— Essa língua pelo menos será útil se os franceses vierem para cá.

— Se os franceses vierem para cá — disse Sarah — deveremos ter ido embora muito antes. Não foi isso que o governo ordenou?

Ferrabrás se encolheu enquanto movia a mão direita.

— Mas talvez eles não venham. Pelo menos se perderem a batalha.

— A batalha?

— O seu lorde Wellington está no Buçaco. Ele espera que os franceses o ataquem.

— Rezo para que sim — disse Sarah, cheia de confiança. — Porque então ele irá derrotá-los.

— Talvez. Ou talvez o seu lorde Wellington faça o que Sir John Moore fez em La Coruña. Lutar, vencer e fugir.

Sarah fungou para demonstrar o que achava dessa declaração.

— Os ingleses — disse Ferrabrás com selvageria — vão por mar.

Essa era uma crença geral em Portugal. Os ingleses eram oportunistas, procurando a vitória, mas fugiam de qualquer derrota possível. Tinham vindo, tinham lutado, mas não ficariam para o final. *Os ingleses vão por mar.*

Sarah temia um pouco que Ferrabrás estivesse certo, mas não admitiria.

— O senhor disse que seu irmão mandou-o para nos proteger? — perguntou em vez disso.

— Mandou. Ele não pode estar aqui. Tem que ficar com o exército.

— Então contarei com o senhor para garantir que eu tenha ido muito antes para a segurança se, como o senhor diz, os ingleses forem para o mar. Não posso ficar aqui se os franceses vierem.

— Não pode ficar aqui?

— Não. Sou inglesa.

— Eu irei protegê-la, Srta. Fry.

— Fico feliz em saber — disse ela rapidamente, e se virou de volta para a chaleira.

Cadela, pensou Ferrabrás, cadela inglesa metida a besta.

— Esqueça meu chá — disse ele, e saiu da cozinha pisando firme.

E então, a distância, entreouvido, houve um som como de trovão. Subiu e desceu, esvaiu-se até o nada, voltou, e no volume mais alto as janelas se sacudiram levemente nos caixilhos. Sarah olhou para o pátio, viu a névoa fria e cinza e soube que não eram trovões que escutava tão distantes.

Eram os franceses.

Porque o alvorecer havia chegado e no Buçaco as armas trabalhavam.

CAPÍTULO III

Sharpe dormiu mal. O chão estava molhado, o tempo ficou mais frio à medida que a noite passava e ele estava sentindo dor. As costelas machucadas golpeavam como facas sempre que ele se mexia, e quando finalmente abandonou o sono e se levantou na escuridão antes do alvorecer, sentiu vontade de se deitar de novo por causa da dor. Passou os dedos nas costelas, imaginando se os ferimentos seriam piores do que temia. O olho direito estava inchado, sensível ao toque e meio fechado.

— Acordou, senhor? — gritou uma voz ali perto.

— Estou morto.

— Uma xícara de chá, então, senhor?

Era Matthew Dodd, um fuzileiro da companhia de Sharpe que fora promovido a cabo enquanto Sharpe estava fora. Knowles dera a divisa extra a Dodd e Sharpe aprovava a promoção.

— Obrigado, Matthew — respondeu Sharpe, e fez uma careta de dor ao se curvar para pegar alguns pedaços de madeira úmida para ajudar a fazer uma fogueira. Dodd já havia usado um pedaço de aço e uma pederneira para acender um pouco de palha, que agora ele soprou levantando chamas fortes.

— Deveríamos ter fogueiras, senhor? — perguntou Dodd.

— Ontem à noite não, Matthew, mas nesta névoa maldita quem poderia enxergar uma fogueira? De qualquer modo, preciso de um pouco de chá, portanto acenda.

Sharpe acrescentou a lenha, depois ouviu os estalos e sibilos das chamas novas enquanto Dodd enchia uma chaleira com água e jogava dentro um punhado de folhas de chá que ele guardava na bolsa. Sharpe acrescentou algumas suas, depois colocou mais lenha na fogueira.

— Que madrugada úmida! — disse Dodd.

— Porcaria de névoa. — Sharpe podia ver que a névoa continuava densa.

— Vai amanhecer logo. — Dodd pôs a chaleira nas chamas.

— Ainda nem devem ser 2h30.

Aqui e ali, ao longo da crista, outros homens acendiam fogueiras que criavam retalhos reluzentes e turvos em meio à névoa, mas a maior parte do exército ainda dormia. Sharpe havia posto piquetes na borda leste da crista, mas nos próximos minutos não precisava verificá-los.

— O sargento Harper disse que o senhor caiu de uma escada — disse Dodd, olhando o rosto machucado de Sharpe.

— As escadas são coisas perigosas, Matthew. Especialmente no escuro, quando está escorregadio.

— Sexton, um cara da minha cidade, morreu assim. — O rosto magro de Dodd estava iluminado pelas chamas. — Subiu na torre da igreja para prender uma corda nova no grande sino tenor e escorregou. Dizem que ele foi castigado, veja bem, porque a mulher dele gostava de outro homem.

— De você, Matthew?

— Sr. Sharpe! — respondeu Dodd, chocado. — Eu, não!

O chá ficou pronto bem rápido e Sharpe tirou um pouco com sua caneca de latão. Em seguida, depois de agradecer a Dodd, atravessou o topo da crista na direção dos franceses. Não desceu a encosta, mas encontrou um pequeno afloramento que se destacava perto da estrada. O afloramento, que se projetava como um bastião a partir do topo da crista, estendia-se por uns cem passos antes de terminar num cômoro coroado por pedras espalhadas, e era ali que ele esperava encontrar as sentinelas. Bateu os pés no chão enquanto andava, querendo alertar os piquetes de sua presença.

— Quem está aí? — A pergunta veio rapidamente, mas Sharpe havia esperado isso, porque o sargento Read estava de serviço.

— O capitão Sharpe.

— Contrassenha, capitão? — exigiu Read.

— Um gole de chá quente, sargento, se você não atirar em mim.

Read seguia meticulosamente as regras, mas até mesmo um metodista podia ser convencido a ignorar a falta de senha com uma oferta de chá.

— A senha é Jessica, senhor — disse ele a Sharpe, reprovando.

— A mulher do coronel, é? O Sr. Slingsby se esqueceu de me dizer. — Ele entregou a caneca de chá a Read. — Alguma coisa feia acontecendo?

— Absolutamente nada, senhor, absolutamente nada.

O alferes Iliffe, que estava nominalmente encarregado do piquete, ainda que sob ordens rígidas de não fazer nada sem a concordância de seu sargento, veio e olhou boquiaberto para Sharpe.

— Bom dia, Sr. Iliffe — disse Sharpe.

— Senhor — gaguejou o garoto, apavorado demais para conversar.

— Tudo tranquilo?

— Acho que sim, senhor — respondeu Iliffe, olhando o rosto de Sharpe, sem saber direito se acreditava nos danos que via à meia-lua e nervoso demais para perguntar o que os havia causado.

A encosta leste despencava na névoa e na escuridão. Sharpe se agachou, encolhendo-se por causa da dor nas costelas, fechou os olhos e prestou atenção. Podia ouvir homens se movendo na encosta acima, o retinir de uma chaleira, o estalo das pequenas fogueiras sendo reacendidas. Um cavalo bateu a pata no chão e em algum lugar um bebê chorou. Nenhum desses sons o preocupava. Estava tentando escutar algo vindo de baixo, mas tudo permanecia calmo.

— Eles não virão antes do amanhecer — disse, sabendo que os franceses precisavam de um pouco de luz para encontrar a trilha morro acima.

— E o senhor acha que eles virão? — perguntou Read, apreensivo.

— É o que os desertores deles dizem. Como está a sua escorva?

— Nesta névoa? Não confio nela — respondeu Read, depois franziu a testa para Sharpe. — O senhor se machucou?

— Caí numa escada. Não estava atento. Seria melhor vocês limparem as armas ao amanhecer — continuou. — E vou alertar o batalhão. — Os seis homens do piquete haviam montado guarda no promontório rochoso durante o período de escuridão com mosquetes e fuzis carregados. Nesse ponto, o ar úmido teria penetrado na escorva e as chances eram de que as fagulhas não acendessem a pólvora. Assim, quando o exército fosse despertado pelos toques de corneta, os piquetes colocariam uma pitada nova de pólvora seca nas caçoletas e dispariam o mosquete para limpar a carga antiga. Se as pessoas não fossem alertadas, poderiam achar que os tiros significavam que os franceses haviam subido através da névoa. — Até lá fiquem de olhos abertos.

— Vamos ser rendidos ao amanhecer? — perguntou Read, ansioso.

— Vocês podem dormir duas horas depois do serviço. Mas afiem as baionetas antes de baixar a cabeça.

— O senhor acha... — O alferes Iliffe começou a fazer a pergunta, mas não terminou.

— Não sei o que esperar — respondeu Sharpe mesmo assim —, mas não se deve enfrentar a batalha com uma lâmina cega, Sr. Iliffe. Mostre o seu sabre.

Iliffe, como oficial de uma companhia de escaramuçadores, usava um sabre leve de cavalaria. Era velho, comprado barato na Inglaterra, com punho manchado e empunhadura de couro gasto. O alferes entregou a arma a Sharpe, que passou o polegar pelo gume externo, curvo, depois pela parte superior, afiada, das costas da lâmina.

— A 800 metros, lá atrás, há um regimento de dragões portugueses. Quando estiver claro, vá até lá, encontre o ferreiro deles e lhe dê 1 xelim para colocar um gume nessa lâmina. Você não conseguiria esfolar um gato com esse sabre. — Sharpe devolveu a arma e depois desembainhou a sua pela metade.

Perversamente, Sharpe não usava o sabre leve de cavalaria. Em vez disso, usava uma espada de cavalaria, uma arma de lâmina longa e reta, mal equilibrada e pesada demais, porém um instrumento brutal nas mãos de um homem forte. Parecia suficientemente afiada quando passou o dedo na ponta da lâmina, mas mesmo assim mandaria colocar um gume mais afiado na espada. Achava que era dinheiro bem gasto.

Voltou ao topo do morro e pegou outra caneca de chá, um instante antes do primeiro toque de corneta. Foi um som abafado, distante, porque vinha do vale abaixo, dos franceses invisíveis, mas em instantes uma vintena de cornetas e trompetes sacudiam a crista do morro com seu clamor.

— De pé! De pé! — gritou o major Leroy. Ele viu Sharpe através da névoa. — Bom dia, Sharpe! Que frio hein? O que aconteceu com o verão?

— Mandei os piquetes esvaziarem as armas, senhor.

— Não vou me alarmar — respondeu Leroy, depois se animou. — Isso é chá?

— Achei que os americanos não bebiam chá, senhor.

— Os americanos leais bebem, Sharpe. — Leroy, filho de pais que haviam fugido da vitória dos rebeldes nas Treze Colônias, roubou a caneca de Sharpe. — Os rebeldes jogavam o chá para os bacalhaus. — Ele bebeu e fez cara de nojo. — Você não usa açúcar?

— Nunca.

Leroy tomou outro gole e fez uma careta.

— Tem gosto de mijo quente de cavalo — disse, mas mesmo assim esvaziou a caneca. — Bom dia, rapazes! É hora de acordar! Em forma!

O sargento Harper havia levado o novo piquete na direção das pedras no pequeno afloramento onde o sargento Read ordenou que seus homens disparassem as armas contra o vazio brumoso. Leroy gritou, dizendo que o som deveria ser ignorado. O tenente Slingsby, apesar da bebedeira da noite anterior, parecia revigorado e elegante, como se montasse guarda no castelo de Windsor. Saiu de sua barraca, repuxou a casaca vermelha, ajeitou o ângulo da bainha do sabre e marchou atrás do piquete.

— Você deveria ter me esperado, sargento! — gritou para Harper.

— Eu mandei que ele fosse — disse Sharpe.

Slignsby girou, os olhos arregalados mostrando surpresa ao ver Sharpe.

— Bom dia, Sharpe! — O tenente parecia numa animação indecente. — Nossa, que olho preto incrível! Você deveria ter posto um bife em cima dele ontem à noite. Um bife! — Achando esse conselho engraçado, Slingsby fungou, gargalhando. — Como está se sentindo? Espero que melhor.

— Morto — disse Sharpe, e se virou de novo para o topo da crista, onde o batalhão estava entrando em formação.

Os homens ficariam ali durante o período monótono do amanhecer, nos momentos de perigo em que o inimigo poderia fazer um ataque surpresa. De pé diante da Companhia Ligeira, Sharpe olhou ao longo da linha e sentiu um jorro inesperado de afeto pelo batalhão. Eram quase seiscentos homens, a maioria dos pequenos povoados do sul de Essex, mas um bom número era de Londres e da Irlanda, e eram na maioria ladrões, bêbados, assassinos e idiotas, mas tinham sido transformados à força em soldados. Cada um conhecia os pontos fracos dos outros, gostava das piadas dos outros e achava que nenhum outro batalhão no mundo de Deus era tão bom quanto o seu. Podiam não ser tão loucos quanto os Connaught Rangers, que agora moviam-se para ocupar o posto à esquerda do South Essex, e certamente não eram tão elegantes quanto os batalhões da Guarda que estavam mais ao norte, mas eram confiáveis, teimosos, orgulhosos e confiantes. Uma gargalhada percorreu a companhia número quatro e Sharpe soube, mesmo sem ouvir o que a havia provocado, que Horace Pearce tinha acabado de fazer uma pilhéria e que seus homens quereriam passar a piada adiante.

— Silêncio nas fileiras! — gritou, e desejou ter ficado quieto por causa da dor.

Uma unidade portuguesa estava formada à direita do batalhão, e depois deles havia uma bateria de canhões portugueses de 6 libras. Canhões inúteis, pensou Sharpe, mas tinha visto um número suficiente de peças de 9 libras na crista para saber que as armas poderiam causar alguma matança naquele dia. Achou que a névoa estava se dissipando, porque podia ver os pequenos canhões de 6 libras mais claramente a cada minuto que passava, e, quando se virou para o norte e olhou para o topo das árvores do outro lado do muro mais distante do mosteiro, viu a brancura ficando rala e em retalhos.

Esperaram quase uma hora, mas nenhum francês veio. A névoa se esvaiu do topo do morro, mas continuava enchendo o vale como um grande rio branco. O coronel Lawford, montado em Relâmpago, cavalgou pela frente do batalhão, tocando o chapéu em resposta às saudações das companhias.

— Vamos nos sair bem hoje e acrescentar esplendor à nossa reputação — disse a cada companhia. — Cumpram com o seu dever e façam os franceses saberem que encontraram homens melhores! — Ele repetiu esse encorajamento para a Companhia Ligeira à esquerda da linha, ignorou o homem que perguntou o que era esplendor e sorriu para Sharpe. — Venha tomar o desjejum comigo, está bem, Sharpe?

— Sim, senhor.

— Bom homem. — Uma corneta soou 800 metros ao norte e Lawford girou na sela, encontrando o major Forrest. — Podemos descansar, major. Mas meio a meio, acho.

Metade dos homens permaneceu em formação, os outros foram liberados para fazer chá, comer e se aliviar, mas nenhum teve permissão para ir além da estrada recém-aberta, sumindo das vistas do batalhão. Se os franceses viessem, os homens deveriam estar alinhados em meio minuto. Duas mulheres de soldados da Companhia Ligeira estavam sentadas junto a uma fogueira, afiando baionetas com pedras de amolar e gargalhando de alguma piada contada pelo fuzileiro Hagman. O sargento Read, fora de serviço no momento, estava com um dos joelhos no chão, uma das mãos no mosquete, rezando. O fuzileiro Harris, que afirmava não acreditar em nenhum deus, certificava-se de que seu pé de coelho estivesse na bolsa, enquanto o alferes Iliffe tentava se esconder atrás da barraca do coronel, pondo os bofes para fora. Sharpe chamou-o.

— Sr. Iliffe!

— Senhor. — Iliffe, com fios de líquido amarelado pingando do queixo barbado, veio nervoso para perto de Sharpe, que desembainhou a espada.

— Pegue isso, Sr. Iliffe — disse Sharpe, fingindo não notar que o alferes estivera vomitando. — Encontre o ferreiro da cavalaria portuguesa e peça que ele ponha um gume nela. Um gume decente. Que dê para eu me barbear. — Ele entregou 2 xelins ao garoto, percebendo que seu conselho anterior, de que o próprio Iliffe deveria pagar 1 xelim, fora pouco prático, porque o alferes provavelmente não tinha uma moeda sequer para gastar. — Ande logo. Traga de volta assim que puder.

Robert Knowles, despido até a cintura, estava se barbeando do lado de fora da barraca de Lawford. A pele do peito e das costas era de um branco leitoso, enquanto o rosto era escuro como madeira velha.

— Você deveria deixar um bigode, Robert — disse Sharpe.

— Que ideia medonha! — respondeu Knowles, espiando-se no espelho encostado na tigela d'água. — Um tio meu usava bigode, e ele foi à falência. Como está se sentindo?

— Péssimo.

Knowles fez uma pausa, o rosto meio coberto de espuma, a navalha perto da bochecha, e olhou para Sharpe.

— Você está horrível. Entre, Richard, o coronel está esperando-o.

Sharpe pensou em pegar uma navalha emprestada, mas seu queixo ainda estava dolorido dos chutes, de modo que achou que poderia passar um dia sem se barbear, porém, no fim dele seu queixo pareceria coberto de pólvora preta. Enfiou-se na barraca e encontrou Lawford sentado a uma mesa de cavaletes coberta com uma toalha de linho fino e porcelana cara.

— Ovos escaldados — disse o coronel, caloroso. — Gosto de um ovo bem-escaldado. Sente-se, Sharpe. O pão não está duro demais. Como vão seus ferimentos?

— Quase não os noto, senhor — mentiu Sharpe.

— Bom homem. — O coronel pôs uma colherada de ovo mole na boca, depois fez um gesto através da lona, indicando o leste. — A névoa está se dissipando. Acha que os franceses virão?

— O major Hogan parecia certo disso, senhor.

— Então cumpriremos com o nosso dever, e será um bom treino para o batalhão, não é? Alvos de verdade! Isso é café, e café muito bom. Sirva-se.

Parecia que Sharpe seria o único convidado de Lawford, porque não havia pratos ou talheres para outra pessoa. Ele se serviu de café, de um ovo e de uma fatia de pão, e comeu em silêncio. Estava desconfortável. Conhecia Lawford havia mais de dez anos, mas não conseguia pensar em nada para dizer. Alguns homens, como Hogan ou o major Forrest, jamais ficavam sem assunto. Bastava colocá-los num grupo de estranhos e eles conseguiam tagarelar como maritacas, mas Sharpe sempre ficava mudo, a não ser com quem ele conhecesse muito bem. O coronel não pareceu se incomodar com o silêncio. Continuou comendo, lendo um exemplar velho de quatro semanas do *Times*.

— Santo Deus — disse ele num determinado ponto.

— O que foi, senhor?

— Tom Dyton morreu. Coitado. De velhice, diz aqui. Devia ter no mínimo 70 anos!

— Eu não o conheci, senhor.

— Tinha terras em Surrey. Era um bom sujeito. Casou-se com uma Calloway, o que é sempre uma coisa sensata a fazer. Os *Consols* continuam firmes, pelo que vejo. — Ele dobrou o jornal e empurrou por cima da mesa. — Gostaria de ler, Sharpe?

— Gostaria, senhor.

— É todo seu, então.

Sharpe não leria, mas o jornal seria útil de qualquer modo. Quebrou a casca de outro ovo e imaginou o que seriam os *Consols*. Sabia que era algo relacionado a dinheiro, mas não fazia ideia do que eram de fato.*

— Então você acha que os franceses virão? — perguntou Lawford, forçando uma afabilidade na voz e aparentemente sem perceber que havia feito a mesma pergunta apenas alguns minutos antes.

Sharpe sentiu um nervosismo no coronel e imaginou o que estaria causando-o.

— Acho que teremos que presumir que virão, senhor.

— Sim, sim. Preparar-se para o pior e esperar pelo melhor, não é? Muito sábio isso, Sharpe. — Lawford passou manteiga numa fatia de pão. — Então vamos presumir que haverá uma briga, não é? Wellington e Masséna brincando de quem é o rei do castelo, certo? Mas não deverá ser um dia difícil, não é?

Será que Lawford estava nervoso por causa da batalha? Parecia improvável, porque o coronel estivera em ações o bastante para saber o que viria, mas mesmo assim Sharpe tentou tranquilizá-lo.

Consols foram bônus do governo da Grã-Bretanha, emitidos originalmente em 1751, que pagavam juros perpétuos e não tinham data de vencimento. (*N. do T.*)

— Nunca devemos subestimar os comedores de lesma, senhor — disse com cautela. — E eles continuam vindo, não importa o que a gente jogue em cima, mas não, não deve ser difícil. Esse morro vai diminuir a velocidade deles e vamos matá-los.

— Foi o que pensei, Sharpe. — Lawford ofereceu um sorriso ofuscante. — O morro vai diminuir a velocidade deles e depois vamos matá-los. Então, no geral, a raposa está correndo, o perfume está no ar, estamos montados num ótimo cavalo e a situação é firme.

— Deveremos vencer, senhor, se é isso que quer dizer. E se os portugueses lutarem bem.

— Ah, sim, os portugueses. Não tinha pensado neles, mas parecem bons sujeitos. Coma este último ovo.

— Estou cheio, senhor.

— Tem certeza? É muita gentileza. Nunca digo não a um ovo bem-escaldado. Meu pai, que Deus o tenha, sempre acreditou que seria recebido nas portas do céu por um anjo carregando dois ovos escaldados numa bandeja de prata. Espero que tenha sido assim. — Sharpe decidiu que não havia como responder, por isso ficou quieto enquanto o coronel quebrava a casca do ovo, salpicava sal e enfiava a colher dentro. — O negócio, Sharpe — continuou Lawford, mas agora hesitante —, é que se a situação for firme e não precisarmos ficar ansiosos demais, eu gostaria de espalhar um pouco de experiência no batalhão. Sabe o que quero dizer?

— Os franceses farão isso, senhor.

— É? — Lawford pareceu surpreso.

— Sempre que lutam conosco eles jogam pás de experiência sobre nós.

— Ah, sei o que quer dizer! — Lawford comeu um pouco do ovo, depois limpou os lábios com um guardanapo. — Estou falando de experiência real, Sharpe, do tipo que servirá bem ao regimento. Os homens não aprendem o dever olhando, não é? E sim fazendo. Não concorda?

— Claro, senhor.

— Por isso decidi, Sharpe — Lawford não estava mais olhando para Sharpe, e sim concentrando-se no ovo —, que hoje Cornelius deve comandar a Companhia Ligeira. Ele não está assumindo o comando de vez, não pense nisso nem por um momento, mas quero que ele estenda suas asas. Quero ver como ele se sai, certo? E se não vai ser um negócio complicado, o dia de hoje será um batismo de sangue suave. — Ele enfiou mais uma colherada de ovo na boca e ousou lançar um olhar interrogativo para Sharpe. Sharpe não disse nada. Sentia-se furioso, humilhado e impotente. Queria protestar, mas de que adiantaria? Lawford obviamente havia se decidido, e lutar contra a decisão só faria o coronel firmar o pé mais ainda. — E você, Sharpe — Lawford sorriu agora que sentia que o pior havia passado —, acho que provavelmente precisa de um descanso. Esse seu tombo causou algum dano, não foi? Você parece exausto. Então deixe Cornelius mostrar o que tem, certo? Você pode usar o cavalo dele e servir como meus olhos. Aconselhar-me.

— Meu conselho, senhor — Sharpe não pôde evitar —, é deixar que seu melhor homem comande a Companhia Ligeira.

— E se eu fizer isso jamais saberei qual é o potencial de Cornelius. Não, Sharpe, deixe que ele mostre. Você já se provou. — Lawford olhou para Sharpe, querendo que ele concordasse com a sugestão, mas de novo Sharpe não disse nada. Sentia como se o chão de seu mundo tivesse despencado.

E nesse momento um canhão disparou no vale.

O obus zuniu em meio à névoa, saltou à luz do sol acima da crista onde, aparecendo como uma bola preta contra o céu claro, fez um arco sobre as tropas e caiu perto da estrada recém-construída que ligava as tropas inglesas e portuguesas ao longo da serra. Explodiu depois de quicar uma vez, sem causar dano, mas um estilhaço do invólucro, quase sem força, bateu na barraca de Lawford, fazendo a lona esticada estremecer.

— É hora de ir, Sharpe — disse Lawford, jogando na mesa o guardanapo sujo de ovo.

Porque os franceses estavam vindo.

Trinta e três batalhões franceses, formados em quatro colunas, foram lançados através do riacho e começaram a subir a encosta do outro lado, que estava muito obscurecida pela névoa. Era apenas o primeiro ataque. O segundo ainda estava sendo organizado, os 22 batalhões formando-se em mais duas grandes colunas que avançariam dos dois lados da estrada melhor, indo para a extremidade norte da crista, enquanto uma terceira coluna, menor, iria atrás para aproveitar o sucesso das outras. Juntos, os dois ataques formavam um martelo com bigorna. O primeiro, mais pesado, seguiria pela estrada inferior até a parte mais baixa da serra, capturaria seu cume amplo e depois viraria para o norte, golpeando os defensores que estivessem tentando conter desesperadamente o segundo golpe. O marechal Masséna, aguardando perto das tropas que dariam esse segundo golpe trovejante, imaginou as tropas inglesas e portuguesas reduzidas ao pânico; via-as fugindo da crista da serra, largando mochilas e armas, descartando qualquer coisa que diminuísse a velocidade; então, soltaria sua cavalaria para varrer a extremidade norte e trucidar os fugitivos. Batucou com os dedos no arção da sela, no ritmo dos tambores abafados pela névoa que soavam ao sul. Esses tambores impeliam o primeiro ataque subindo a encosta.

— Que horas são? — perguntou a um ajudante.

— Quinze para as 6, senhor.

— A névoa está se dissipando, não acha? — Masséna olhou para o vapor com seu único olho. O imperador havia arrancado o outro num acidente de tiro enquanto estavam caçando, e desde então Masséna usava tapa-olho.

— Talvez um pouco, senhor — disse o ajudante, em dúvida.

Esta noite, pensou Masséna, ele dormiria no mosteiro que supostamente ficava na outra encosta do morro. Mandaria uma tropa de dragões escoltar Henriette desde Tondela, de onde ele fora convocado tão abruptamente na noite anterior, e sorriu lembrando-se dos braços brancos da jovem estendendo-se brincalhões enquanto ele se vestia. Ele havia dormido uma ou duas horas com o exército e acordado cedo, encontrando um alvorecer frio e nevoento, mas achou que a névoa era amiga da França. Ela permitiria que as tropas subissem a maior parte da encosta antes que ingleses e portugueses pudessem vê-las e, assim que as Águias estivessem perto do cume, a coisa não deveria demorar muito.

Vitória ao meio-dia, pensou, e imaginou os sinos tocando em Paris para anunciar o triunfo das Águias. Imaginou que novas honras lhe seriam dadas. Já era príncipe de Essling, mas à noite, pensou, poderia ter ganhado uma dúzia de outros títulos reais. O imperador podia ser generoso com esse tipo de coisa, e ele esperava grandes coisas da parte de Masséna. O resto da Europa estava em paz, encolhida até a submissão pelos exércitos da França, e assim Napoleão mandara reforços para a Espanha, formara esse novo Exército de Portugal que fora confiado a Masséna e esperava que Lisboa fosse capturada antes que as folhas caíssem. Vitória, pensou Masséna, vitória ao meio-dia, e então os inimigos que restarem seriam perseguidos até Lisboa.

— Tem certeza de que há um mosteiro do outro lado do morro? — perguntou a um de seus ajudantes portugueses, um homem que lutava pelos franceses porque acreditava que eles representavam a razão, a liberdade, a modernidade e a racionalidade.

— Há, senhor.

— Dormiremos lá esta noite — anunciou Masséna, e virou seu único olho para outro ajudante. — Deixe dois esquadrões prontos para escoltar Mademoiselle Leberton desde Tondela.

Com esse conforto essencial garantido, o marechal esporeou o cavalo em meio à névoa. Parou perto do riacho e prestou atenção. Um único canhão ressoou ao sul, sinal de que o primeiro ataque estava acontecendo, e, quando o eco reverberante havia morrido, Masséna pôde ouvir os tambores baixos a distância, enquanto as quatro colunas do sul subiam a encosta. Era o som da vitória. O som das Águias indo para a batalha.

Havia demorado mais de duas horas para formar as quatro colunas. Os homens tinham sido acordados no escuro, e o toque de alvorada fora dado uma hora mais tarde, para fazer os ingleses pensarem que os franceses tinham dormido mais, porém as colunas estavam se formando muito antes do toque das cornetas. Sargentos com tochas acesas serviam como guias e os homens se formavam sob suas ordens, companhia a companhia, mas tudo isso havia demorado muito mais do que esperavam. A névoa confundia os homens recém-acordados. Oficiais davam ordens, sargentos gritavam, empurravam e usavam as coronhas dos mosquetes para forçar os homens nas fileiras. Alguns daqueles idiotas confundiam as ordens e entravam em colunas erradas, precisando ser tirados, xingados e mandados para o lugar certo, mas por fim os 33 batalhões foram reunidos nas quatro colunas de assalto na pequena campina ao lado do riacho.

Havia 18 mil homens nas quatro colunas. Se tivessem sido organizados numa linha de três fileiras, que era como os franceses faziam, iriam se estender por 3 quilômetros, mas em vez disso tinham sido concentrados em quatro colunas apertadas. As duas maiores abririam o ataque e as duas menores iriam atrás. Essas duas colunas maiores tinham oitenta homens nas filas da frente, mas havia mais oitenta filas atrás, e os grandes blocos formavam dois aríetes, quase 3 quilômetros de infantaria concentrados em dois quadrados móveis destinados a serem martelados contra a linha inimiga e esmagá-la com o puro peso.

— Fiquem próximos! — gritavam os sargentos enquanto eles começavam a subir a encosta. Uma coluna não prestaria se perdesse a coesão.

Para funcionar, tudo precisava ser como uma máquina, cada homem no passo certo, ombro a ombro, as fileiras de trás pressionando a da frente contra as armas inimigas. Essa primeira fila provavelmente morreria, assim como a de trás, e a de trás dessa, mas por fim o ímpeto da formação maciça iria forçá-la por cima dos próprios mortos, atravessando a linha inimiga, então a matança podia começar. Os tambores do batalhão estavam concentrados no centro de cada coluna e os meninos tocavam o belo ritmo da carga, parando de vez em quando para deixar que os homens gritassem o refrão: "*Vive l'Empereur!*"

Esse refrão ficou ofegante à medida que as colunas subiam. A encosta era tremendamente íngreme, exaurindo os pulmões, e os homens se cansavam e começavam a ficar para trás e se desgarrar. A névoa continuava densa. Arbustos de tojo esparsos e árvores retorcidas obstruíam as colunas que se dividiam ao passar por eles, e depois de um tempo os fragmentos não se juntavam de novo, simplesmente lutavam para escalar em meio à névoa silenciosa, imaginando o que os esperaria no cume. Antes de estarem na metade do morro as duas colunas da frente haviam se partido em grupos de homens cansados, e os oficiais, com espadas na mão, gritavam para os grupos formarem fileiras, apressarem-se, e davam ordens de diferentes partes do morro, o que só confundia as tropas mais ainda, de modo que elas iam primeiro numa direção e depois na outra. Os meninos dos tambores, seguindo as fileiras partidas, batiam mais lentamente à medida que ficavam mais cansados.

À frente das colunas, bem adiante, e espalhados em sua formação solta, os escaramuçadores franceses subiam em direção à luz. A névoa ficava mais rala à medida que eles se aproximavam do topo da encosta. Ali havia um enxame de tropas ligeiras francesas, mais de seiscentos *voltigeurs* diante de cada coluna, e seu trabalho era afastar os escaramuçadores ingleses e portugueses, forçá-los a voltar por cima do topo e depois começar a atirar contra as linhas de defesa. Esse fogo de escaramuça destinava-se a enfraquecer essas linhas e prepará-las para os golpes de marreta que viriam atrás.

Acima das colunas desorganizadas, ocultas pela névoa, as Águias voavam. As Águias de Napoleão, os estandartes franceses, as estatuetas douradas brilhando nos mastros. Duas tinham bandeiras tricolores presas, mas a maioria dos regimentos tirava as bandeiras dos mastros e as guardava no depósito na França, contando com a Águia do imperador como marca de honra.

— Juntos da Águia! — gritou um oficial.

Os homens espalhados tentaram formar fileiras e então, acima deles, ouviram os primeiros estalos em *staccato* enquanto os escaramuçadores começavam a lutar. Um canhão disparou no vale, depois outro, e subitamente duas baterias de artilharia francesa disparavam às cegas na névoa, esperando que os obuses estraçalhassem os defensores no topo do morro.

— Pelos dentes de Deus!

A exclamação foi arrancada do coronel Lawford que, espiando encosta abaixo, viu a horda de escaramuçadores franceses saindo da névoa. Os *voltigeurs* estavam em número muito maior do que as companhias ligeiras inglesas e portuguesas, mas os casacas vermelhas, os caçadores e os casacos verdes dispararam primeiro. Sopros de fumaça se projetaram da encosta. Um francês se retorceu e caiu para trás, então os *voltigeurs* se abaixaram sobre um dos joelhos e apontaram os mosquetes. A saraivada rachou a manhã, adensando a névoa com fumaça de pólvora. Sharpe viu dois casacas vermelhas e um português caírem. O segundo homem de cada par de escaramuçadores aliados disparou, mas os *voltigeurs* eram muitos e seu fogo de mosquete era quase ininterrupto, e os homens de casacas vermelhas, verdes e marrons estavam caindo para trás. Os *voltigeurs* avançavam em corridas curtas, eram pelo menos dois deles para cada escaramuçador aliado, e estava claro que os franceses estavam vencendo essa primeira disputa devido ao simples peso dos números.

O tenente Slingsby e as tropas ligeiras do South Essex haviam se arrumado na frente do batalhão, e agora se viam no flanco do avanço francês. À frente deles a encosta estava praticamente vazia, mas os *voltigeurs* eram densos à direita e por alguns instantes a companhia pôde se levantar e impelir contra esse flanco inimigo, porém um oficial francês viu o que estava acontecendo e gritou para duas companhias perseguirem os casacas vermelhas e os casacos verdes.

— Recuem agora — murmurou Sharpe. Ele estava montado em Portia, a égua de Slingsby, e a altura extra lhe dava uma visão clara da luta que acontecia a cerca de trezentos passos dali. — Recuem! — disse mais alto, e o coronel olhou-o irritado.

Mas, nesse momento, Slingsby entendeu o perigo e deu oito apitos. Isso dizia à Companhia Ligeira para recuar inclinando-se à esquerda, uma ordem que iria levá-los de volta encosta acima, na direção do batalhão. Essa era a ordem certa, a que Sharpe teria dado, mas Slingsby estava de sangue quente e não queria recuar para longe demais tão cedo, com isso cedendo a luta aos franceses. Por isso, em vez de se inclinar subindo o morro como havia ordenado, correu atravessando a face da encosta.

Os homens tinham começado a recuar subindo, mas, ao ver o tenente ficar mais embaixo, hesitaram.

— Continuem atirando! — gritou Slingsby. — Não se amontoem. Com inteligência, agora!

Uma bala acertou uma pedra perto do seu pé direito e ricocheteou para o céu. Hagman acertou o oficial francês que havia comandado o movimento contra o South Essex e Harris derrubou um sargento inimigo que caiu num arbusto de tojo, porém os outros franceses continuaram avançando e

Slingsby recuou lentamente, porém, em vez de ficar entre os franceses e o South Essex, agora estava no flanco inimigo. Outro oficial francês, achando que a Companhia Ligeira do South Essex fora empurrada de lado, gritou para os *voltigeurs* subirem direto o morro, na direção do flanco direito da linha do South Essex. Canhões abriram fogo no topo da colina, disparando da esquerda do batalhão, mirando a névoa atrás dos *voltigeurs*.

— Eles devem ter visto alguma coisa — disse Lawford, dando um tapinha no pescoço de Relâmpago para acalmar o garanhão, que se amedrontara com o estrondo súbito das peças de 6 libras. — Ouviu os tambores?

— Estou ouvindo — respondeu Sharpe. Era o velho som, o *pas de charge* francês, o barulho das Águias atacando. — Calças velhas — disse. Era o apelido dado pelos ingleses ao *pas de charge*.

— Por que nós chamamos isso assim?

— É uma música, senhor.

— Eu quero ouvi-la?

— Não por mim, senhor. Não sei cantar.

Lawford sorriu, mas na verdade não estivera escutando. Tirou seu chapéu de bicos e passou a mão pelos cabelos.

— O corpo principal deles não pode estar longe agora — disse, desejando que o confronto acabasse. Os *voltigeurs* não estavam mais avançando, e sim atirando contra a linha para enfraquecê-la antes da chegada da coluna.

Sharpe estava observando Slingsby que, ao ver os franceses lhe darem as costas, pareceu momentaneamente perplexo. Não havia se saído mal. Todos os seus homens estavam vivos, inclusive o alferes Iliffe que, ao devolver a espada de Sharpe, estivera pálido de nervosismo. Mas o garoto havia ficado firme, e isso era tudo que poderia ser esperado dele, enquanto o resto dos homens de Slingsby tinha acertado alguns inimigos, que agora subiam para longe da companhia. O que Slingsby deveria fazer, pensou Sharpe, era subir o morro e espalhar seus homens pela face do South Essex, mas nesse momento a primeira coluna surgiu saindo da névoa.

A princípio eram sombras, depois formas escuras e Sharpe não conseguia entendê-las, porque a coluna não era mais uma massa coerente de homens, e sim grupos que emergiam desorganizados da brancura. Mais dois canhões abriram fogo na crista do morro, com a bala sólida abrindo caminho pelas fileiras de homens, espirrando sangue na névoa. E mais homens vinham, centenas, e à medida que chegavam à luz juntavam-se correndo, tentando reorganizar a coluna, enquanto os canhões, recarregados com metralha, abriam enormes buracos em meio aos uniformes azuis.

Slingsby ainda estava no flanco, mas a visão da coluna o instigou a ordenar que os homens abrissem fogo. Os *voltigeurs* viram o que estava acontecendo e dúzias deles correram para interceptar a Companhia Ligeira.

— Pelo amor de Deus! — disse Sharpe em voz alta, e dessa vez Lawford não pareceu irritado, apenas preocupado. Slingsby, contudo, viu o perigo e gritou para seus homens recuarem o mais rápido possível. Eles subiram atabalhoadamente a encosta. Não foi uma retirada digna, eles não estavam disparando enquanto voltavam, apenas correndo para salvar a vida. Um ou dois, mais abaixo na encosta, correram morro abaixo para se esconder na névoa, mas o resto conseguiu subir até a crista, onde Slingsby gritou para se espalharem ao longo da face do batalhão.

— Tarde demais — disse Lawford baixinho — Tarde demais. Major Forrest! Chame os escaramuçadores.

A corneta soou e a Companhia Ligeira, ofegando devido à fuga por um triz, formou-se à esquerda da coluna. Os *voltigeurs* que a haviam perseguido para longe do flanco da coluna estavam agora disparando contra o South Essex. As balas sibilavam perto de Sharpe, já que a maioria dos franceses mirava nas duas bandeiras e contra o grupo de oficiais montados reunidos ao lado delas. Um homem caiu na companhia número quatro.

— Cerrar fileiras! — gritou um sargento, e um cabo, nomeado como fechador de fileiras, arrastou o ferido para longe.

— Leve-o ao cirurgião, cabo — disse Lawford, depois ficou olhando a grande massa de franceses, milhares deles agora visíveis nas margens da névoa em redemoinho, virar-se na direção das suas fileiras. — Preparem-se!

Perto de seiscentos homens engatilharam os mosquetes. Os *voltigeurs* sabiam o que vinha e dispararam contra o batalhão. Balas fizeram estremecer a seda amarela da bandeira do regimento. Mais dois homens foram atingidos na frente de Sharpe e um deles estava gritando de dor.

— Fechar! Fechar! — gritou um cabo.

— Pare com a porcaria desse barulho, garoto! — resmungou o sargento Willetts, da companhia cinco.

A coluna estava a duzentos passos de distância, ainda desorganizada, mas agora à vista do topo. Os *voltigeurs* se encontravam mais perto, a apenas cem passos, ajoelhando-se e disparando, levantando-se para recarregar e depois atirando de novo. Slingsby tinha deixado seus fuzileiros avançarem alguns passos à frente da linha e eles estavam atrapalhando os *voltigeurs*, derrubando seus oficiais e sargentos, mas vinte fuzis não podiam deter esse ataque. Seria um serviço para os casacas vermelhas.

— Quando dispararem — gritou Lawford —, mirem baixo! Não desperdicem o chumbo de Sua Majestade! Mirem baixo! — Ele cavalgou pela direita de sua linha, repetindo a mensagem. — Mirem baixo! Lembrem-se dos treinos! Mirem baixo!

A coluna estava se aglutinando, as fileiras arrastando os pés para se juntar, como se buscasse proteção. Uma bala sólida de 9 libras rasgou-a, lançando um jorro de sangue longo e rápido. Os tambores batiam freneticamente. Sharpe olhou à esquerda e viu os Connaught Rangers se juntando ao South Essex, vindo acrescentar suas saraivadas. Então a bala de um *voltigeur* acertou o topo da orelha esquerda da égua e raspou na manga de seu casaco. Ele podia ver o rosto dos homens na primeira fila da coluna, podia ver os bigodes, as bocas se abrindo para saudar o imperador. A metralha de um canhão de 9 libras se despedaçou no meio deles, rasgando a fileira em vermelho, mas eles se fecharam, passaram por cima dos mortos e agonizantes e vieram com as longas baionetas reluzindo. As Águias brilhavam à luz nova do sol. Mais canhões abriram fogo, arrebentando a coluna com metralhas carregadas sobre balas sólidas, e os franceses, sentindo que não havia artilharia à esquerda, foram se desviando nessa direção, agora subindo na direção do batalhão português à direita do South Essex.

— Estão se oferecendo para nós — disse Lawford. Ele havia cavalgado de volta ao centro do batalhão e agora observava enquanto os franceses se viravam para longe, revelando o flanco direito a seus mosquetes. — Acho que devemos entrar na dança, Sharpe, não acha? Batalhão! — Ele respirou fundo. — Preparar para avançar!

Lawford fez o South Essex marchar adiante, apenas 20 metros, mas isso amedrontou os *voltigeurs* que pensaram ser alvo de uma saraivada do regimento, por isso correram juntando-se à coluna que agora marchava inclinada pela frente do South Essex.

— Apontar! — gritou Lawford, e quase seiscentos mosquetes subiram aos ombros dos homens.

— Fogo!

A saraivada maciça bombeou uma longa nuvem de fumaça que cheirava a ovo podre, e em seguida as coronhas dos mosquetes bateram no chão, os homens pegaram cartuchos novos e começaram a recarregar.

— Pelotão, fogo agora! — gritou Lawford para seus oficiais, tirando em seguida o chapéu de novo e enxugando o suor da testa. Ainda estava frio, o vento soprando gélido do Atlântico distante, mas Lawford sentia calor. Sharpe ouviu os estalos da saraivada dos portugueses, em seguida o South Essex começou seu fogo contínuo, meia companhia atirando de cada vez, a partir do centro da linha, as balas jamais terminando, os homens realizando os movimentos bem-treinados de carregar e disparar, carregar e disparar. Agora o inimigo estava invisível, escondido do batalhão pela própria fumaça de pólvora. Sharpe cavalgou à direita da linha, deliberadamente não indo para a esquerda para que ninguém o acusasse de interferir com Slingsby.

— Mirem baixo! — gritou para os homens. — Mirem baixo!

Algumas balas voltavam da fumaça, mas quase todas eram altas demais. Em geral os homens inexperientes atiravam alto e os franceses, que estavam sendo açoitados pelos portugueses e pelo South Essex, tentavam disparar morro acima, contra uma nuvem de fumaça, e estavam sofrendo um castigo terrível com os mosquetes e os canhões. Alguns inimigos deviam estar em pânico, porque Sharpe viu duas varetas passarem zunindo no alto, prova de que os homens estavam apavorados demais para se lembrar do treino com mosquetes. Parou perto da companhia de granadeiros, olhou para os portugueses e achou que estavam atirando com tanta eficiência quanto qualquer batalhão de casacas vermelhas. Suas saraivadas de meia companhia eram constantes como um relógio, a fumaça rolando do centro do batalhão, e soube que as balas deviam estar golpeando com força a face das colunas que se desintegravam.

Mais mosquetes dispararam enquanto o 88°, composto pelos temidos Connaught Rangers, girava à frente da linha para atirar contra a ferida coluna francesa, mas de algum modo os franceses se sustentavam. Suas fileiras externas estavam sendo mortas e feridas, mas a massa de homens no interior da coluna continuava viva e outros subiam o morro para substituir os mortos. E toda a massa, sem ordem eficiente, mas apinhando-se, tentava avançar contra as saraivadas terríveis. Mais tropas de casacas vermelhas e marrons moviam-se na direção da luta, acrescentando seus mosquetes, mas os franceses continuavam pressionando contra a tempestade. A coluna estava se dividindo de novo, rasgada pelas balas sólidas e estraçalhada pela metralha, de modo que agora parecia que grupos desorganizados de homens lutavam morro acima passando por pilhas de mortos. Sharpe ouvia os oficiais e sargentos instigando-os, escutava os tambores frenéticos, agora desafiados por uma banda inglesa que tocava "Homens de Harlech".

— Não é muito apropriado! — O major Forrest havia se juntado a Sharpe e teve que gritar para ser ouvido acima do som denso dos mosquetes. — Não estamos num buraco.

— O senhor está ferido — disse Sharpe.

— Um arranhão. — Forrest olhou para a manga direita, rasgada e manchada de sangue. — Como vão os portugueses?

— Bem!

— O coronel perguntou onde você estava.

— Ele achou que eu voltaria para a Companhia Ligeira? — perguntou Sharpe azedamente.

— Agora não, Sharpe — censurou Forrest.

Sharpe virou a montaria desajeitadamente e instigou-a de volta até Lawford.

— Os patifes não estão se movendo! — disse o coronel, indignado. Lawford estava se inclinando para a frente na sela, tentando enxergar através da fumaça, e nos intervalos entre cada saraivada de meia companhia, quando a nuvem fétida ficava um pouco mais rala, conseguia vislumbrar os enormes grupos de franceses teimosos agarrando-se à encosta abaixo da crista. — Será que as baionetas podem empurrá-los? — perguntou a Sharpe. — Por Deus, estou pensando em experimentar aço. O que acha?

— Mais duas saraivadas? — sugeriu Sharpe. Abaixo, na encosta, era o caos. A coluna francesa, partida de novo, agora era composta de agrupamentos de homens que disparavam morro acima, contra a fumaça, enquanto mais homens, talvez outra coluna ou então desgarrados da primeira, juntavam-se continuamente aos grupos. A artilharia francesa se somava à balbúrdia. Eles deviam ter trazido seus morteiros para o pé da encosta, e os obuses, disparados às cegas no meio da névoa, zuniam do alto explodindo na área posterior, onde mulheres, fogueiras de acampamento, barracas e cavalos amarrados eram as únicas baixas. Um grupo de *voltigeurs* franceses tinha tomado o contraforte rochoso onde Sharpe havia posicionado seu piquete durante a noite. — Deveríamos tirar aqueles sujeitos — disse ele, apontando.

— Eles não estão nos fazendo mal — gritou Lawford acima do barulho —, mas não podemos deixar esses desgraçados ficarem aqui! — Ele apontou para os franceses amortalhados em fumaça. — Essa terra é nossa! — E respirou fundo. — Calar baionetas! Calar baionetas!

O coronel Wallace, comandante do 88º, devia ter tido a mesma ideia, porque Sharpe percebeu que os irlandeses haviam parado de atirar, algo que fariam apenas para fixar as lâminas de 43 centímetros em seus mosquetes. Estalos soaram ao longo de toda a linha do South Essex enquanto as duas fileiras prendiam os mosquetes nos canos enegrecidos. Os franceses, com bravura extraordinária, usaram a interrupção no fogo de mosquetes para tentar avançar de novo. Homens passavam por cima dos mortos e dos agonizantes, oficiais gritavam para avançarem, os tambores redobravam os esforços e de repente as Águias estavam movendo-se de novo. Agora os primeiros franceses estavam entre os corpos dos *voltigeurs* mortos e deviam ter se convencido de que mais um empurrão com força romperia a fina linha de tropas britânicas e portuguesas, mas para eles todo o topo do morro devia parecer ondulações de chamas e redemoinhos de fumaça.

— South Essex! — gritou Lawford. — Avançar! — Os canhões soltaram mais jatos de fumaça e pedaços incendiados de bucha no meio das apertadas colunas francesas. Agora Sharpe ouvia os gritos dos feridos. Tiros de mosquetes partiam de um amontoado de franceses à direita, mas o South Essex e os homens de Connaught estavam avançando, baionetas brilhantes, e Sharpe instigou a égua, seguindo o batalhão que de repente entrou em passo dobrado gritando seu desafio. Os portugueses, vendo os casacas vermelhas avançar, gritaram comemorando e calaram suas baionetas.

A carga atingiu o destino. Os franceses não estavam em formação adequada, a maioria não tinha mosquetes carregados e a linha britânica chegou aos amontoados dos soldados de casacas azuis e em seguida envolveu-os, cravando baionetas. O inimigo lutou e Sharpe ouviu o estalo de mosquetes se chocando, o raspar das lâminas, os palavrões e gritos de soldados feridos. Os inimigos mortos obstruíam os ingleses, mas estes passavam por cima dos corpos para rasgar os vivos com suas lâminas compridas.

— Manter as linhas! Manter as linhas! — gritou um sargento, e em certos lugares as companhias haviam se dividido porque alguns soldados atacavam um grupo francês e o resto atacava outro.

Sharpe viu dois soldados franceses escaparem numa dessas brechas e começarem a subir o morro. Virou a égua na direção deles e desembainhou a espada. Os dois homens, ouvindo a lâmina comprida raspar na boca da bainha, largaram imediatamente os mosquetes e abriram os braços em rendição. Sharpe apontou a espada morro acima, indicando que eram prisioneiros e deveriam ir para a bandeira do South Essex. Um partiu obedientemente, mas o outro agarrou o mosquete e correu morro acima. Sharpe deixou-o ir. Podia ver que as Águias estavam sendo levadas encosta abaixo, carregadas para longe para evitar a captura, e mais franceses, ao ver seus estandartes recuarem, abandonavam a luta desigual. Os canhões aliados tinham parado o fogo porque os alvos eram escondidos por seus próprios homens, mas os canhões franceses continuavam disparando em meio à névoa menos densa. Então, à direita de Sharpe, mais canhões abriram fogo e ele viu uma segunda coluna, maior ainda do que a primeira, aparecendo na base da encosta.

O primeiro ataque francês se partiu por trás. A maioria dos homens nas primeiras filas não podia escapar porque estava presa pelos colegas de trás e era devastada por baionetas britânicas e portuguesas, mas as fileiras da retaguarda francesa seguiam as Águias e, à medida que a pressão diminuía, o restante da coluna fugiu. Corriam saltando por cima dos mortos e feridos que marcavam sua passagem morro acima, e os casacas vermelhas e os portugueses os perseguiam. Um homem da companhia de granadeiros cravou a baioneta nas costas de um francês, golpeou-o de novo quando ele caiu, depois chutou-o e golpeou uma terceira vez quando o sujeito se recusou obstinadamente a morrer.

Um tambor pintado com uma águia francesa rolou morro abaixo. Um menino tocador, com um braço arrancado por uma bala de canhão, encolhia-se em sofrimento junto a um arbusto de tojo. Ingleses de casacas vermelhas e portugueses de casacos marrons passavam correndo por ele, decididos a perseguir e matar o inimigo em fuga.

— Voltem! — gritou Lawford com raiva. — Voltem! — Os homens não ouviam ou não se importavam; tinham vencido e agora simplesmente queriam matar. Lawford procurou Sharpe. — Pegue-os, Sharpe! Traga-os de volta.

Sharpe imaginou como, diabos, interromperia uma perseguição tão caótica, mas instigou obediente sua égua emprestada, que disparou imediatamente morro abaixo de modo tão violento que ele quase foi lançado pela parte de trás da sela. Puxou as rédeas para diminuir a velocidade, o animal se desviou à esquerda e Sharpe ouviu uma bala passar zunindo por ele. Levantou os olhos e viu que dezenas de *voltigeurs* ainda sustentavam o contraforte rochoso e estavam disparando contra ele. O animal continuou a correr, com Sharpe agarrado ao arção da sela para salvar a própria vida, e então ela tropeçou e ele sentiu-se voando. Por milagre seus pés se soltaram dos estribos e ele pousou na encosta com uma pancada violentíssima, rolou alguns metros e bateu numa pedra. Teve certeza de que havia quebrado uma dúzia de ossos, mas, quando verificou, descobriu que só estava arranhado. Ferrabrás o havia ferido de modo muito pior, mas a queda do animal tinha exacerbado esses ferimentos. Pensou que a égua tinha levado um tiro, mas ao girar para procurar sua espada caída viu-a trotando calmamente morro acima, sem qualquer dano aparente, a não ser a orelha cortada pela bala. Xingou-a, abandonando-a, pegou a espada e o fuzil e continuou descendo.

Gritou para os casacas vermelhas retornarem à crista do morro. Alguns eram irlandeses do 88º, muitos estavam ocupados saqueando os corpos dos franceses mortos e, como ele era um oficial desconhecido, rosnaram, xingaram ou simplesmente o ignoraram, desafiando-o implicitamente a se meter com eles. Sharpe deixou-os para lá. Se havia um regimento no exército que poderia cuidar de si mesmo eram os Connaught. Continuou correndo para baixo, gritando a todos os soldados que subissem ao topo imediatamente, mas a maioria estava na metade da longa encosta, quase chegando ao ponto para onde a névoa havia recuado, e Sharpe teve que correr para chegar a distância de ser ouvido. E foi então, enquanto a névoa redemoinhava para longe, que ele viu mais duas colunas francesas subindo do vale. Sabia da existência de outra coluna em algum lugar perto do cume, mas estas eram tropas novas que faziam um novo ataque.

— South Essex! — gritou. Sharpe já fora sargento e ainda tinha uma voz capaz de atravessar meia cidade, porém usá-la fez suas costelas jorrarem dor nos pulmões. — South Essex! Recuar! Recuar! — Um obus acertou a encosta a menos de cinco passos de distância, ricocheteou e explodiu em jatos de fumaça sibilante. Dois estilhaços do invólucro passaram girando junto de seu rosto, tão perto que ele sentiu o calor momentâneo e o tapa do ar quente. Os canhões franceses estavam ao pé da encosta, ligeiramente visíveis na névoa que ia se dissipando, e disparavam contra os homens que haviam perseguido a coluna partida, mas que agora tinham interrompido a imprudente corrida morro abaixo para olhar as novas colunas que avançavam. — South Essex! — rugiu Sharpe. A raiva em sua voz era áspera, e finalmente os homens se viraram para subir o morro com dificuldade.

Slingsby, com o sabre desembainhado, estava olhando para as colunas, mas, ao ouvir Sharpe, gritou subitamente para os homens darem meia-volta e retornar ao topo. Harper era um deles e, ao ver Sharpe, o grandalhão veio subindo a encosta diagonalmente. Sua arma de sete canos estava pendurada às costas e na mão ele carregava o fuzil com a espada-baioneta de 58 centímetros avermelhada até o cabo de latão. O resto da Companhia Ligeira, finalmente percebendo que mais colunas atacavam, correu atrás de Harper.

Sharpe esperou para se certificar de que cada casaca vermelha e cada fuzileiro havia se virado de volta. Obuses e balas sólidas dos franceses estavam chocando-se contra o morro, mas usar artilharia contra alvos tão espalhados era desperdício de pólvora. Uma bala de canhão, sem mais ímpeto depois do impacto e de ricochetear, rolou morro abaixo fazendo Harper saltar de lado, e em seguida ele riu para Sharpe.

— Demos uma lição neles, senhor.

— Vocês deveriam ter ficado no topo.

— É uma subida infernal — disse Harper, surpreso ao ver o quanto havia descido. Alcançou Sharpe e os dois subiram juntos. — O Sr. Slingsby — começou o irlandês, e ficou em silêncio.

— O Sr. Slingsby o quê?

— Disse que o senhor não estava bem e que ele ia assumir o comando.

— Então ele é um desgraçado mentiroso — respondeu Sharpe, sem se importar que não deveria dizer uma coisa dessas sobre outro oficial.

— É mesmo? — perguntou Harper em tom opaco.

— O coronel mandou que eu ficasse de fora. Ele quer que o Sr. Slingsby tenha uma chance.

— Ele tem esse direito.

— Eu deveria estar lá.

— Deveria mesmo, mas todos os rapazes estão vivos. Menos Dodd.

— Matthew? Ele morreu?

— Se está morto ou vivo, não sei. Mas não pude vê-lo em lugar nenhum. Eu estava de olho nos garotos, mas não pude encontrar Matthew. Talvez ele tenha subido o morro de volta.

— Eu não o vi — disse Sharpe. Os dois se viraram e contaram cabeças, e viram que todos os homens da Companhia Ligeira estavam presentes, menos o cabo Dodd. — Vamos procurá-lo enquanto subimos — sugeriu Sharpe, querendo dizer que procurariam seu corpo.

O tenente Slingsby, de rosto vermelho e sabre desembainhado, veio correndo até Sharpe.

— Você trouxe ordens, Sharpe? — perguntou ele.

— As ordens são para voltar ao topo do morro o mais rápido possível.

— Depressa, homens! — gritou Slingsby, depois se virou de volta para Sharpe. — Nossos rapazes se saíram bem!

— Foi?

— Flanqueamos os *voltigeurs*, Sharpe. Flanqueamos, por Deus! Nós fizemos o flanco deles virar.

— Foi?

— Uma pena você não ter visto. — Slingsby estava empolgado, orgulhoso. — Passamos por eles, penetramos na lateral e os machucamos.

Sharpe achou que a Companhia Ligeira fora levada a um lado onde tivera praticamente tanta utilidade quanto uma chaleira furada, e que depois fora perseguida de modo vergonhoso, mas ficou quieto. Harper soltou sua espada-baioneta, limpou a lâmina no casaco de um cadáver francês e passou rapidamente as mãos sobre os bolsos e as bolsas do sujeito.

Correu para alcançar Sharpe e ofereceu meia salsicha.

— Sei que o senhor gosta das salsichas dos comedores de lesma, senhor.

Sharpe colocou-a em sua bolsa, guardando para o jantar. Uma bala passou por ele sussurrando, quase sem velocidade, e ele olhou para cima, vendo sopros de fumaça vindos do contraforte rochoso.

— Uma pena os *voltigeurs* terem tomado aquele lugar — disse.

— Para nós não é problema — disse Slingsby, sem dar importância. — Nós os flanqueamos, por Deus, nós os flanqueamos e depois os castigamos!

Harper olhou para Sharpe, parecendo a ponto de começar a gargalhar, mas conseguiu manter o rosto impávido. Os grandes canhões ingleses e portugueses estavam martelando a segunda grande coluna, que havia chegado pouco depois da derrota da primeira. A coluna lutava no topo da crista, e as duas novas colunas, ambas menores do que as duas primeiras, subiam atrás. Outra bala dos *voltigeurs* em seu ninho rochoso passou por Sharpe, que se virou afastando-se deles.

— Ainda está com minha égua, Sharpe? — perguntou Slingsby.

— Aqui, não — respondeu Sharpe, e Harper fez um som abafado que transformou numa tosse.

— Disse alguma coisa, sargento Harper? — perguntou Slingsby rispidamente.

— Estou com fumaça na garganta, senhor — respondeu Harper. — A sensação é horrível, senhor. Sempre fui uma criança doente, por causa da fumaça de turfa na nossa cabana. Minha mãe, que Deus tenha sua alma, me fazia dormir do lado de fora, até que os lobos vieram me pegar.

— Lobos? — Slingsby pareceu cauteloso.

— Três lobos, senhor, grandes como o senhor imaginar, com línguas enormes babando, da cor da sua casaca, senhor, e depois disso eu tive que dormir dentro de casa e tossia a noite toda. Era toda aquela fumaça, sabe?

— Seus pais deviam ter construído uma chaminé — disse Slingsby, desaprovando.

— Ora, por que será que a gente não pensou nisso? — perguntou Harper com inocência, e Sharpe riu alto, ganhando um olhar maligno do tenente.

Agora o resto dos homens da Companhia Ligeira estava perto, e o alferes Iliffe se encontrava entre eles. Sharpe viu que a ponta do sabre do garoto estava vermelha. Apontou para ela.

— Muito bem, Sr. Iliffe.

— Ele veio para cima de mim, senhor. — O garoto havia subitamente encontrado a própria voz. — Um homem grande!

— Era um sargento, senhor — explicou Harris —, e ia furar o Sr. Iliffe.

— Ia mesmo! — Iliffe estava empolgado.

— Mas o Sr. Iliffe passou por ele rápido como um esquilo e cravou o aço na barriga dele. Foi um belo golpe, Sr. Iliffe — disse Harris, e o alferes ficou vermelho.

Sharpe tentou se lembrar da primeira vez em que estivera numa luta, aço contra aço, mas o problema era que fora criado em Londres, e havia praticamente nascido nesse tipo de selvageria. Mas para o Sr. Iliffe, filho de um empobrecido cavalheiro de Essex, devia ter sido um choque perceber que um brutamontes francês estava tentando matá-lo. E, lembrando-se de como o garoto havia vomitado, Sharpe achou que ele se saíra muito bem. Riu para Iliffe.

— Só um comedor de lesma, Sr. Iliffe?

— Só um, senhor.

— E você é oficial, hein? Deveria matar dois por dia!

Os homens riram. Iliffe apenas pareceu satisfeito consigo mesmo.

— Chega de conversa! — Slingsby assumiu o comando da companhia. — Rápido!

As bandeiras do South Essex haviam se movido para o sul, ao longo do topo da encosta, evidentemente indo na direção da luta com a segunda coluna, e a Companhia Ligeira se desviou para lá. Os obuses franceses tinham parado com seu assédio inútil contra a encosta e, em vez disso, disparavam contra a crista do morro, com os pavios deixando pequenos riscos de lápis no céu acima da Companhia Ligeira. Agora o som da segunda coluna era alto, uma cacofonia de tambores, gritos de guerra e o gaguejar dos mosquetes dos escaramuçadores.

Sharpe foi com a Companhia Ligeira até o topo do morro, onde com relutância deixou Slingsby comandá-la de novo enquanto procurava Lawford. A névoa, que havia se dissipado quase até o fundo do vale, estava se adensando de novo, com uma grande parte escondendo as duas colunas menores e rolando para o sul, até onde a segunda coluna francesa avançava pela trilha áspera que subia a encosta. Essa segunda coluna, maior do que a primeira, havia subido mais devagar e tivera menos dificuldade do que seus colegas derrotados porque tinham podido seguir a trilha que serpenteava pela encosta e ela lhes dava uma orientação na névoa, de modo que, quando irromperam à luz do sol, tinham conseguido manter as fileiras. Oito mil homens, impelidos por 163 tambores, aproximaram-se da crista. E ali, sob uma chuva de balas, pararam.

O primeiro batalhão do 74º das Terras Altas estivera esperando. Ao lado dele estava toda uma brigada de portugueses e, em seu flanco direito, duas baterias de peças de 9 libras. Os canhões atiraram primeiro, agredindo a coluna com balas sólidas e metralha, deixando as urzes escorregadias de sangue, então os escoceses das Terras Altas abriram fogo. A distância era muito grande, mais adequada a fuzileiros do que a casacas vermelhas, mas as balas chegaram ao alvo e em seguida os portugueses abriram fogo. A coluna, como um touro confundido por um ataque inesperado de cães terrier, parou. Colunas estavam de novo enfrentando linhas, e ainda que a coluna suplantasse em número a linha, a linha sempre conseguiria atirar mais do que a coluna. Só os homens da frente da coluna e um punhado ao longo da borda podiam usar os mosquetes, mas cada homem da linha britânica e portuguesa podia disparar sua arma, e a coluna estava sendo penetrada, avermelhada, martelada, porém sem nunca recuar. Os *voltigeurs*, que haviam perseguido os escaramuçadores escoceses e portugueses, recuaram para a frente da coluna, que agora tentava responder ao fogo dos mosquetes. Oficiais franceses gritavam para os homens marcharem, os tambores insistiam com o *pas de charge*, mas as primeiras filas não avançavam contra a chuva implacável das balas de mosquetes. Em vez disso, debilmente, respondiam ao fogo. Mas os homens da primeira fila da coluna morriam a cada segundo, e mais canhões portugueses chegaram ao flanco direito do 74º. Os canhões giraram, seus cavalos foram tirados do alcance dos mosquetes e os artilheiros enfiaram metralha sobre as balas sólidas. Os novos canhões dispararam e o canto esquerdo da coluna, que vinha à frente, começou a parecer o açougue do diabo. Era uma confusão encharcada de corpos partidos, sangue e homens gritando. Os canhões continuavam com seus coices, soltando jatos de fumaça a cada descarga, os canos inclinados para baixo, mirando a massa de franceses apinhados. Cada bala sólida precisava ser presa no cano com um círculo de corda para impedir que escorresse por ele, e os círculos de corda queimavam no ar como bolas de fogo ensandecidas, girando em redemoinhos loucos. Mais tropas aliadas vinham para a luta, marchando ao longo da estrada recém-construída, desde a extremidade sul da crista da serra. Essa extremidade sul estava calma, aparentemente sem ameaça por parte dos franceses, e os homens que chegavam se formavam ao sul dos canhões, acrescentando o fogo de seus mosquetes.

A coluna estremecia sob o ataque furioso dos canhões implacáveis, e então começou a se desviar para o norte. Os oficiais franceses podiam ver um espaço vazio na crista para além da brigada portuguesa e gritaram para os homens irem à direita. Um oficial *voltigeur* mandou uma companhia adiante para ocupar o topo enquanto, atrás deles, a massa desajeitada seguia em direção à abertura, deixando uma densa linha diagonal de corpos — os restos de suas linhas do flanco esquerdo e da frente — na encosta rochosa.

O tenente-coronel Lawford viu a coluna se aproximando e, com mais urgência, os *voltigeurs* correndo para reivindicar o terreno aberto.

— Sr. Slingsby! — gritou Lawford. — Distribua a Companhia Ligeira! Mande aqueles incréus de volta ao lugar deles. Batalhão! Mover-se à direita!

— Lawford estava fazendo o South Essex marchar para o espaço aberto, indo lacrá-lo, e Slingsby tinha o serviço de empurrar de volta os escaramuçadores inimigos. Sharpe, de novo montado na égua de Slingsby, que fora resgatada pelo major Forrest, cavalgava atrás do grupo da bandeira e contava as Águias na coluna que se movia lentamente. Pôde ver 15. Os estrondos dominavam o ar, o som dos mosquetes parecendo espinheiros secos queimando, e os estalos incessantes ecoavam no lado distante do vale. A fumaça de pólvora pairava sobre a névoa que havia se esgueirado de volta subindo a encosta, quase até o topo do morro. De vez em quando grandes massas vaporosas estremeciam quando uma bala sólida ou um obus dos franceses as atravessava. A colina estava salpicada de cadáveres, todos de casacas azuis. Um homem se arrastou morro abaixo, puxando uma perna quebrada. Um cachorro corria de um lado para o outro, latindo, tentando acordar o dono morto. Um oficial francês, largando a espada, levou as mãos ao rosto enquanto o sangue escorria entre os dedos. Canhões martelavam e escoiceavam, e então vieram os estalos característicos dos fuzis enquanto a companhia de Sharpe entrava em ação. Ele odiava simplesmente olhá-los, mas também os admirava. Eles eram bons. Tinham surpreendido os *voltigeurs*, os fuzileiros já haviam derrubado dois oficiais e agora os mosquetes entravam na luta.

Slingsby, segurando a bainha do sabre longe do chão irregular, andava de um lado para o outro atrás deles. Sem dúvida estava gritando ordens e Sharpe sentiu um jorro de ódio pelo sujeito. O desgraçado iria pegar seu posto só porque havia se casado com a cunhada de Lawford. O ódio era como bile e Sharpe levou a mão instintivamente ao fuzil, tirou-o do ombro e puxou a pederneira até a metade. Usou o polegar para empurrar para a frente a placa de percussão e o fuzil de aço saltou impelido pela mola. Sharpe tateou a caçoleta, certificando-se de que a escorva continuava no lugar depois da queda do cavalo. Confirmou que a pólvora estava ali, áspera sob seu polegar sujo e, o tempo todo olhando para Slingsby, empurrou o fuzil de aço de volta para o lugar e engatilhou a arma totalmente. Levantou-a ao ombro. A égua se mexeu e ele resmungou para que ela ficasse parada.

Apontou para as costas de Slingsby, para o nível da cintura. O lugar onde dois botões de latão eram costurados acima da abertura da casaca vermelha. Sentiu vontade de puxar o gatilho. Quem saberia? O tenente estava a cem passos de distância, o que era razoável para um fuzil. Sharpe imaginou Slingsby arqueando as costas enquanto sua coluna era atravessada, estremecendo ao cair, com o som das correntes da bainha da espada batendo no chão e o tremor da vida que lutava para permanecer num corpo agonizante. Desgraçadinho metido a besta, pensou Sharpe, e firmou o dedo no gatilho. Ninguém estava olhando-o, todos encaravam a coluna que chegava cada vez mais perto, e se algum homem estivesse olhando-o provavelmente presumiria que ele estivesse mirando contra um *voltigeur*. Não seria o primeiro assassinato de Sharpe e ele duvidou que fosse o último. Então um súbito espasmo de ódio o atravessou, um espasmo tão feroz que ele tremeu e, quase involuntariamente, puxou o gatilho até o final. O fuzil escoiceou seu ombro, espantando a égua, que deu um passo de lado.

A bala girou passando sobre as cabeças da companhia número quatro, errou o braço esquerdo do tenente Slingsby por 2 centímetros, acertou uma pedra na borda da colina e ricocheteou acertando um *voltigeur* sob o queixo. O sujeito tinha conseguido chegar bem perto de Slingsby e havia acabado de se levantar para disparar o mosquete de perto. A bala de Sharpe levantou-o do chão de modo que o morto pareceu impelido para trás por um jato de sangue, e em seguida o francês desmoronou num estrondo de mosquete, baioneta e corpo.

— Santo Deus, Richard! Que belo tiro! — O major Leroy estivera olhando. — Aquele sujeito estava tocaiando Slingsby! Eu estava vigiando-o.

— Eu também, senhor — mentiu Sharpe.

— Um tiro extremamente bom! E montado a cavalo! Viu, coronel?

— Leroy?

— Sharpe acabou de salvar a vida de Slingsby. O melhor tiro que já vi na vida!

Sharpe pendurou o fuzil descarregado no ombro. De repente sentiu vergonha. Slingsby podia ser irritante, metido a besta, mas nunca tentara prejudicar Sharpe. Não era culpa de Slingsby que seu riso, sua presença e sua simples chegada o irritassem tanto. E um novo sofrimento baixou sobre Sharpe, o sofrimento de saber que havia se rebaixado, e nem mesmo os parabéns enérgicos e imerecidos de Lawford o animaram. Deu as costas para o batalhão, olhando com expressão vazia para a área de trás, onde dois homens seguravam um granadeiro ferido sobre a mesa do lado de fora da barraca do cirurgião. Sangue saltou da serra que estava sendo movida para trás e para a frente no osso da coxa do sujeito. A alguns metros dali um ferido e duas mulheres do batalhão, todos com mosquetes franceses, vigiavam uma dúzia de prisioneiros. Um menininho brincava com uma baioneta francesa. Monges guiavam uma dúzia de mulas carregadas com barris de água que eles distribuíam às tropas aliadas. Um batalhão português, seguido por cinco companhias de casacas vermelhas, marchava para o norte pela estrada nova, evidentemente indo reforçar a extremidade norte da serra. Um mensageiro a cavalo, levando comunicados de um general a outro, seguia rapidamente pela estrada nova, deixando uma nuvem de fumaça para trás. O menininho xingou o cavaleiro que o havia amedrontado ao passar perto demais e as mulheres riram. Os monges deixaram um barril de água atrás do South Essex, depois seguiram para a brigada portuguesa.

— Eles estão longe demais para atacar! — gritou Lawford para Sharpe.

Sharpe se virou e viu que a coluna havia parado de novo. O terreno que os inimigos queriam tomar fora ocupado pelo South Essex e agora a vasta massa de homens se contentava em se espalhar lentamente para fora, primeiro formando uma linha densa e depois trocando tiros de mosquete com as tropas no topo do morro. O ataque fora contido e nem todos os toques de tambor do mundo o fariam se mover de novo.

— Precisamos de um par de canhões aqui — disse Sharpe, e olhou à esquerda para ver se alguma bateria estava próxima. Viu que o South Essex, ao se mover para bloquear o avanço da coluna, havia deixado no topo do morro uma grande abertura até onde estavam os Connaught Rangers, e essa abertura vinha sendo enchida rapidamente por uma nuvem de *voltigeurs*. Esses *voltigeurs* tinham vindo do contraforte rochoso e, ao ver a crista adiante deserta, haviam avançado para ocupar o terreno abandonado. Então a névoa estremeceu, foi varrida de lado por um sopro de vento e Sharpe viu que não eram apenas os *voltigeurs* que estavam preenchendo a abertura na linha britânica, mas que as duas últimas colunas francesas haviam chegado ao mesmo lugar. Antes elas estavam escondidas pela névoa, de modo que os artilheiros britânicos e portugueses as haviam poupado. Agora, correndo, elas se esforçavam pelos últimos metros até a crista vazia. Suas Águias refletiam o sol, a vitória estava a apenas alguns metros e não existia nada à frente dos franceses, a não ser o capim nu e o espaço vazio.

E Sharpe estava enxergando o desastre.

CAPÍTULO IV

Estranhamente, na manhã em que os canhões começaram a disparar e fazer as janelas, os vidros e os lustres vibrarem por toda Coimbra, Ferrabrás anunciou que as pessoas da casa de seu irmão, que haviam se preparado para ir até Lisboa, ao sul, ficariam em Coimbra, afinal de contas. Fez o anúncio no escritório do irmão, uma sala sombria forrada de livros não lidos, onde a família e os serviçais haviam se reunido por sua ordem.

Beatriz Ferreira, que sentia pavor do cunhado, fez o sinal da cruz.

— Por que vamos ficar? — perguntou.

— Você ouviu isso? — Ferrabrás fez um gesto na direção do som dos canhões, que era como um trovão abafado e interminável. — Nosso exército e as tropas inglesas estão dando combate. Meu irmão diz que, se houver uma batalha, o inimigo será contido. Bom, há uma batalha, portanto, se meu irmão está certo, os franceses não virão.

— Graças a Deus e aos santos — disse Beatriz Ferreira, e os serviçais murmuraram concordando.

— Mas e se eles vierem? — perguntou Sarah.

Ferrabrás franziu a testa porque achava a pergunta impertinente, mas supôs que isso era devido ao fato da Srta. Fry ser uma cadela inglesa arrogante que não sabia de nada.

— Se eles não forem parados — disse com irritação —, saberemos, porque nosso exército precisará recuar através de Coimbra. Então partiremos.

Mas por enquanto você presumirá que iremos ficar. — Ele balançou a cabeça para mostrar que seu anúncio estava terminado, e todos saíram da sala.

Ferrabrás sentia-se desconfortável na casa do irmão. O lugar era demasiadamente cheio dos pertences de seus pais, demasiadamente luxuoso. Seus aposentos em Coimbra ficavam em cima de um bordel, na cidade baixa, onde ele mantinha pouco mais do que uma cama, uma mesa e uma cadeira, mas havia prometido ficar de olho na casa e na família do irmão, e esse olho vigilante se estendia para além da batalha. Se ela fosse vencida, os franceses certamente recuariam. No entanto, Ferrabrás também estava tramando o que faria caso a batalha fosse perdida. Se lorde Wellington não conseguisse sustentar a grande serra do Buçaco contra os franceses, como defenderia os morros mais baixos à frente de Lisboa? Um exército derrotado não teria espírito para enfrentar de novo os franceses vitoriosos, e assim uma derrota em Buçaco certamente significaria que Lisboa cairia em menos de um mês. *Os ingleses vão por mar.* Seu irmão tinha tentado negar isso, tentara convencer Ferrabrás de que os ingleses ficariam, mas em seu coração Ferrabrás sabia que os aliados de Portugal correriam de volta ao mar e iriam para casa. E por que, caso isso acontecesse, ele deveria ficar preso em Lisboa com os conquistadores franceses? Era melhor ser apanhado aqui, em sua própria cidade, e Ferrabrás estava planejando um modo de sobreviver nesse novo mundo em que os franceses, finalmente, capturariam Portugal inteiro.

Nunca havia desconsiderado essa captura. Ferreira o havia alertado da possibilidade, e as toneladas de farinha que Sharpe havia destruído no topo do morro tinham sido uma oferta para os invasores, uma oferta para eles saberem que Ferrabrás era um homem com quem seria possível negociar. Teria sido um seguro, porque Ferrabrás não sentia amor pelos franceses; certamente não os queria em Portugal, mas sabia que era melhor ser parceiro do que vítima dos invasores. Era um homem rico, com muito a perder, e se os franceses oferecessem proteção ele permaneceria rico. Se resistisse, mesmo que não fizesse nada além de fugir para Lisboa, os franceses tirariam tudo dele. Não tinha dúvida de que perderia parte da riqueza caso os franceses viessem, mas se cooperasse com eles manteria mais do que o suficiente. Isso era apenas bom-senso e, sentado no escritório do irmão enquanto ouvia o tremor dos disparos distantes, pensava que fora um erro simplesmente pensar em fugir para Lisboa. Se essa batalha fosse vencida, os franceses jamais viriam para cá, e se fosse perdida, tudo estaria perdido. Portanto era melhor ficar perto de sua propriedade e protegê-la.

Seu irmão mais velho era a chave. Pedro Ferreira era um respeitado oficial do Estado-Maior e seus contatos se estendiam além das divisões dos exércitos até chegar aos oficiais portugueses que haviam se aliado aos franceses. Através do irmão, Ferrabrás podia alcançar os franceses e oferecer a coisa que eles mais queriam: comida. Em seu armazém na cidade baixa guardara biscoito duro que daria para seis meses, carne salgada para dois meses, bacalhau salgado para um mês e uma pilha de outros alimentos e materiais. Havia óleo para lampiões, couro para botas, tecido, ferraduras e cravos. Os franceses iriam querer roubar isso, mas Ferrabrás havia pensado num jeito de obrigá-los a comprar. Desse modo, sobreviveria.

Abriu a porta do escritório, gritou por uma serviçal e mandou-a chamar a Srta. Fry ao escritório.

— Não posso escrever — disse quando ela chegou, levantando a mão direita machucada para provar a incapacidade. Na verdade ele podia escrever, ainda que os dedos continuassem machucados e fosse doloroso flexioná-los, mas não queria. Queria que Sarah fizesse isso. — Você escreverá para mim, portanto sente-se.

Sarah se irritou com o tom brusco, mas sentou-se obediente à mesa do major, onde puxou papel, tinteiro e vidro de areia. Ferrabrás ficou atrás dela.

— Estou pronta — disse Sarah.

Ferrabrás não disse nada. Sarah olhou para a parede do outro lado, coberta de livros encadernados em couro. A sala cheirava a fumaça de charuto. Os tiros de canhão persistiam, um rugido distante que parecia trovão na província próxima.

— A carta é para meu irmão — disse Ferrabrás, espantando-a com a própria voz grave. Em seguida chegou mais perto ainda, deixando Sarah consciente de sua presença enorme logo atrás da cadeira. — Dê-lhe minhas lembranças e diga que tudo vai bem em Coimbra.

Sarah encontrou uma pena com ponta de aço, mergulhou-a na tinta e começou a escrever. A ponta fazia um som arranhado.

— Diga a ele — continuou Ferrabrás — que a dívida de honra não foi resolvida. O homem escapou.

— Só isso, senhor? — perguntou Sarah.

— Só isso — respondeu Ferrabrás com sua voz profunda. Sharpe desgraçado, pensou. Aquele fuzileiro maldito havia destruído a farinha, e assim o presente de Ferrabrás para os franceses não fora dado, e os franceses, que haviam esperado o produto, agora pensariam que ele não era digno de confiança. Isso deixava Ferrabrás e seu irmão com um problema. Como tranquilizar o inimigo? E será que o inimigo precisaria ser tranquilizado? Será que ao menos viria? — Diga ao meu irmão — continuou — que confio no julgamento dele para saber se o inimigo será parado ou não no Buçaco.

Sarah escreveu. Quando a tinta começou a diminuir na pena, mergulhou-a de novo e então se imobilizou, porque os dedos de Ferrabrás estavam tocando sua nuca. Por um instante ela não se mexeu, depois largou a pena com força.

— O senhor está tocando em mim.

— E daí?

— E daí pare! Ou quer que eu chame a esposa do major Ferreira?

Ferrabrás deu um risinho, mas afastou os dedos.

— Pegue sua pena, Srta. Fry, e diga ao meu irmão que rezo para que o inimigo seja contido.

Sarah acrescentou a nova frase. Estava ruborizando, não por embaraço, mas por fúria. Como Ferrabrás ousava tocá-la? Apertou a pena com força demais e a tinta espirrou em gotas minúsculas sobre as palavras.

— Mas diga a ele — persistiu a voz áspera atrás dela — que se o inimigo não for contido, decidi fazer o que discutimos. Diga que ele deve arranjar proteção.

— Proteção para que, senhor? — perguntou Sarah com voz tensa.

— Ele saberá o que estou dizendo — respondeu Ferrabrás com impaciência. — Só escreva, mulher. — Ele ouviu o som baixo da pena e sentiu, pela força da ponta contra o papel, a extensão da raiva da jovem. Ela era orgulhosa, pensou. Pobre e orgulhosa, uma mistura perigosa, e Ferrabrás a viu como um desafio. A maioria das mulheres sentia medo dele, até mesmo terror, e ele gostava disso, mas a Srta. Fry parecia achar que, porque era inglesa, estava segura. Ele gostaria de ver o terror substituir essa confiança, ver a frieza dela se esquentar transformando-se em medo. Ela lutaria, pensou, e isso tornaria a coisa ainda melhor, e pensou em tomá-la ali mesmo, na mesa, abafando seus gritos enquanto estuprava sua carne branca, mas ainda havia uma dor terrível em sua genitália devido ao chute dado por Sharpe, e ele sabia que não teria condições de terminar o que começasse. Além disso, preferia esperar até que a esposa do irmão tivesse saído da casa. Dentro de um ou dois dias, pensou, pegaria o orgulho inglês da Srta. Fry e limparia a bunda com ele. — Leia o que escreveu — ordenou.

Sarah leu as palavras em voz baixa. Satisfeito, Ferrabrás ordenou que ela escrevesse o nome dele e lacrasse a carta.

— Use isso. — Ele lhe deu seu sinete, e quando Sarah o comprimiu contra a cera viu a imagem de uma mulher nua. Ignorou-a, suspeitando corretamente que Ferrabrás estava tentando embaraçá-la. — Pode ir agora — disse ele com frieza. — Mas me mande Miguel.

Miguel era um dos seus homens de maior confiança, e recebeu a ordem de levar a carta até onde os canhões soavam.

— Encontre meu irmão — instruiu Ferrabrás. — Entregue isso a ele e me traga a resposta.

Os dias seguintes seriam perigosos, pensou Ferrabrás. Algum dinheiro e vidas seriam perdidos, mas se ele fosse esperto, e se tivesse só um pouco de sorte, poderia ganhar muito.

Inclusive a Srta. Fry. Que não importava. Em muitos sentidos, ele sabia, ela era uma distração, e distrações eram perigosas, mas também tornavam a vida interessante. O capitão Sharpe era uma segunda distração, e Ferrabrás notou, irritado, a coincidência de que estava obcecado subitamente por dois ingleses. Uma, ele tinha certeza, viveria e gritaria, enquanto o outro, o que usava o casaco verde, devia gritar e morrer.

Só seria preciso sorte e um pouco de esperteza.

A ESTRATÉGIA FRANCESA era simples. Uma coluna deveria ocupar o morro, virar para o norte e abrir caminho pela crista. Os ingleses e os portugueses, virando-se para enfrentar essa ameaça, seriam golpeados pelo segundo ataque na extremidade norte da crista e, presas numa pinça, as tropas de Wellington desmoronariam entre as duas forças francesas. A cavalaria de Masséna, liberada para a perseguição, iria ao encalço do inimigo derrotado até Coimbra. Assim que Coimbra fosse capturada, a marcha para Lisboa não poderia demorar muito.

Então Lisboa cairia. Navios ingleses seriam ejetados do Tejo e outras forças francesas avançariam para o norte, para capturar o Porto e com isso negar outro grande atracadouro aos ingleses. Portugal pertenceria aos franceses, o que restasse do Exército britânico marcharia para o cativeiro e as forças que o haviam derrotado ficariam livres para capturar Cádiz e destroçar os exércitos espanhóis espalhados no sul. Então a Inglaterra enfrentaria uma decisão: pedir a paz ou enfrentar anos de guerra inútil, e assim que Espanha e Portugal estivessem pacificados, a França poderia virar seus exércitos para quaisquer territórios novos que o imperador decidisse abençoar com a civilização francesa. Tudo era muito simples, na verdade, desde que uma coluna chegasse à crista da serra do Buçaco.

E duas colunas estavam lá. Ambas eram pequenas, apenas sete batalhões no total, menos de 4 mil homens, mas estavam lá, no topo, ao sol, olhando para os restos enfumaçados das fogueiras de acampamento inglesas. Mais franceses vinham atrás, e a única ameaça imediata era um batalhão português que marchava para o norte pela estrada nova feita logo depois da crista da serra. Esse batalhão, que não suspeitava de nada, foi recebido pela coluna francesa mais próxima com uma saraivada de mosquetes e, como os portugueses estavam em coluna de companhias, em ordem de marcha e não de luta, a saraivada se chocou contra as tropas da frente. Os franceses, vendo uma oportunidade, começaram a se arrumar numa linha improvisada, assim descobrindo as filas no centro da coluna que agora podiam acrescentar seu fogo. *Voltigeurs* haviam avançado pelo cume, quase até chegar à estrada recém-construída, e começaram a disparar contra o flanco dos portugueses. Mulheres inglesas e portuguesas fugiam dos *voltigeurs*, correndo de qualquer jeito com seus filhos.

Os portugueses começaram a recuar. Um oficial tentou organizá-los numa linha, mas um general francês, montado num grande garanhão cinza, ordenou que seus homens calassem baionetas e avançassem.

— *En avant! En avant!*

Os tambores batiam freneticamente enquanto a linha francesa avançava, e os portugueses, apanhados enquanto se organizavam, entraram em pânico à medida que as primeiras companhias, já dizimadas pelas saraivadas francesas, se rompiam. As companhias de trás mantiveram a posição e tentaram atirar para além dos próprios colegas, contra os franceses.

— Ah, meu bom Jesus — disse Lawford ao ver os franceses atravessados na crista.

Ele parecera atordoado pela visão, o que não era de espantar, porque via uma batalha perdida. Via uma coluna inimiga ocupar a terra onde seu batalhão fora postado. Via o desastre, até mesmo a desgraça particular. O general francês — Sharpe presumiu que fosse um general porque a casaca azul do sujeito tinha tantos enfeites dourados quanto o vestido de uma bem-sucedida prostituta de Covent Garden — levantara o chapéu emplumado na ponta da espada, como sinal de vitória.

— Santo Deus! — exclamou Lawford.

— Meia-volta — disse Sharpe baixinho, sem olhar para o coronel e quase parecendo falar consigo mesmo —, depois girar à direita.

Lawford não deu sinal de ter ouvido o conselho. Estava olhando o horror que se desdobrava, vendo os portugueses serem derrubados por balas. Para variar, eram os franceses que flanqueavam uma coluna aliada e estavam dando às tropas de casacas azuis o que geralmente recebiam. Os franceses não estavam numa linha bem-feita, nem em suas três fileiras — era mais como uma linha densa com sete ou oito fileiras, mas um número suficiente podia usar os mosquetes e os homens de trás abriam caminho para atirar contra os desamparados portugueses.

— Chame os escaramuçadores — disse Lawford a Forrest, depois deu um olhar ansioso para Sharpe, que continuou inexpressivo. Tinha dado sua sugestão, que era pouco ortodoxa, e agora estava por conta do coronel.

Agora os portugueses corriam, alguns descendo pela encosta reversa do morro, mas a maioria indo de volta para onde meio batalhão de casacas vermelhas havia parado. Os franceses tinham mais terreno para explorar e, melhor ainda, podiam atacar o flanco exposto do South Essex.

— Faça isso agora — disse Sharpe, talvez não suficientemente alto para o coronel ouvir.

— South Essex! — gritou Lawford acima do estardalhaço dos mosquetes. — South Essex! Meia-volta!

Por um segundo ninguém se mexeu. A ordem era tão estranha, tão inesperada que os homens não acreditaram nos próprios ouvidos, mas então os oficiais da companhia assumiram.

— Meia-volta! Rápido agora!

As duas fileiras do batalhão deram meia-volta. O que fora a fila de trás era agora a da frente, e as duas tinham as costas para a encosta e a grande coluna parada que continuava trocando tiros com o topo da serra.

— Batalhão, girar à direita sobre a companhia nove! — gritou Lawford. — Marche!

Isso era um teste para a capacidade do batalhão. Ele giraria como uma porta gigantesca, com apenas duas fileiras de profundidade, giraria em terreno difícil, por cima dos corpos de seus colegas feridos e das fogueiras agonizantes, e deveria fazer isso mantendo as fileiras e sob fogo, e, quando tivesse terminado, se terminasse, formaria uma linha de mosquetes virada para as novas colunas francesas. Esses franceses, vendo o perigo, haviam contido a carga e começaram a atirar contra o South Essex, permitindo que os portugueses se reorganizassem com o meio batalhão de casacas vermelhas que vinham marchando atrás deles pela estrada.

— Número nove, perfilar! — gritou Lawford. — Comecem a atirar quando estiverem em posição!

A companhia número nove, que estivera no flanco esquerdo do batalhão quando estava virada para a encosta, agora era a companhia do flanco direito e, como formava a dobradiça da porta, tinha a menor distância para marchar. Demorou apenas alguns segundos para a companhia se perfilar e James Hooper, seu capitão, ordenou que os homens carregassem as armas. A Companhia Ligeira, que normalmente desfilava do lado externo da número nove, estava correndo atrás do batalhão que girava.

— Coloque seu pessoal na frente, Sr. Slingsby! — gritou Lawford. — Na frente! Não atrás, pelo amor de Deus!

— Companhia número nove! — gritou Hooper. — Fogo!

"Companhia número oito! — A próxima estava perfilada. — Fogo!"

As companhias exteriores estavam correndo, segurando caixas de cartuchos abertas enquanto seguiam com dificuldade pelo terreno irregular. Um homem foi lançado para trás, estremecendo com um balaço. Lawford estava cavalgando atrás da porta giratória, com as bandeiras seguindo-o. Balas de mosquete sibilavam passando por ele enquanto os *voltigeurs*, que estavam mais perto do batalhão, disparavam contra os oficiais. A Companhia Ligeira, um pouco abaixo no morro e no flanco do batalhão, começou a atirar contra os franceses, que de repente viram que o South Essex formaria uma linha de flanco capaz de inundá-los com os temidos tiros de mosquetes ingleses, e os oficiais das colunas começaram a gritar para organizar os homens em três fileiras. O general no cavalo branco estava empurrando homens para ocuparem seus lugares. Uma procissão desigual de infantaria francesa, sobreviventes do primeiro ataque fracassado, vinha subindo o morro para se juntar aos sete batalhões que haviam rompido a linha inglesa. Os tambores continuavam tocando e as Águias haviam ganhado as alturas.

— South Essex! — Lawford estava de pé nos estribos. — Meia companhia, disparar do centro!

Os portugueses que haviam rompido fileiras diante do devastador fogo de mosquetes franceses estavam retornando para se juntar à linha do South Essex. Casacas vermelhas também se formavam no flanco esquerdo. Mais batalhões, trazidos da pacífica extremidade sul da crista, vinham correndo em direção à abertura, mas Lawford queria lacrá-la pessoalmente.

— Fogo! — gritou ele.

O South Essex havia perdido uma vintena de homens enquanto girava desajeitadamente na crista do morro, mas agora os homens estavam em fileiras e era isso que tinham sido treinados para fazer. Atirar e recarregar.

Era a habilidade essencial. Rasgar as extremidades do grosso cartucho de papel, escorvar a arma, fechar o fuzil de aço, levantar o mosquete, derramar a pólvora, colocar a bala, socá-la junto com o papel, largar a haste nos anéis do cano, levar o mosquete ao ombro, puxar o cão até engatilhar totalmente, mirar a fumaça, lembrar-se de mirar baixo, esperar a ordem de fogo. Os mosquetes escoiceavam os ombros machucados e os homens, sem pensar, encontravam um novo cartucho, rasgavam a ponta com os dentes enegrecidos, recomeçavam, e o tempo todo as balas francesas voltavam e de vez em quando havia um som enjoativo quando uma bala encontrava carne, ou um estalo quando ela acertava a coroa de um mosquete, ou um estalo oco quando furava uma barretina. Então o mosquete estava de volta ao ombro, o cão era puxado para trás, o comando vinha e a pederneira penetrava na placa de percussão, abrindo o fuzil de aço enquanto as fagulhas saltavam para baixo e havia uma pausa, menor do que a batida do coração de um pardal, antes que a pólvora na arma se acendesse e a bochecha do casaca vermelha ardesse por causa das migalhas de pólvora feroz lançadas da caçoleta, e o latão da coroa martelava o ombro, e os cabos gritavam atrás:

— Fechar! Fechar!

O que significava que algum homem estava morto ou ferido.

O tempo todo o som dos mosquetes partia do centro, um ruído interminável que lembrava gravetos se partindo, porém mais alto, muito mais alto, e os mosquetes franceses espocavam, mas os homens não podiam vê-los porque a fumaça de pólvora era mais densa do que a névoa que havia amortalhado a encosta ao amanhecer. E todos os homens tinham sede porque, quando mordiam os cartuchos, ficavam com restos de salitre da pólvora na boca e o salitre secava a língua e a garganta, de modo que o soldado ficava totalmente sem saliva.

— Fogo! — Os mosquetes chamejavam, deixando a nuvem de fumaça de pólvora subitamente sinistra com fogo, e os cascos do cavalo do coronel percutiam no chão atrás da fileira da retaguarda enquanto ele tentava enxergar através da fumaça. E em algum lugar, muito além das fileiras, uma banda tocava "A marcha dos granadeiros", mas ninguém tinha consciência de fato da música, só da necessidade de pegar um novo cartucho, rasgar a ponta, carregar a porcaria do mosquete e acabar com a coisa logo.

Eram ladrões, assassinos, idiotas, estupradores e bêbados. Nenhum havia entrado para o Exército por amor à pátria, e certamente não por amor ao rei. Tinham entrado porque estavam bêbados quando o sargento recrutador chegou ao seu povoado, ou porque um magistrado lhes oferecera uma escolha entre o cadafalso ou as fileiras, ou porque uma jovem estava grávida e queria se casar com eles, ou porque uma jovem não queria se casar com eles, ou porque eram idiotas que acreditavam nas mentiras ultrajantes dos recrutadores, ou simplesmente porque o Exército lhes dava meia garrafa de rum e três refeições por dia, e a maioria sentira fome desde então. Eram açoitados por ordem dos oficiais que, na maioria, eram cavalheiros que jamais seriam açoitados. Eram xingados de bêbados imbecis e enforcados sem julgamento se chegassem a roubar uma galinha sequer. Em casa, na Inglaterra, se saíssem do alojamento, as pessoas respeitáveis atravessavam a rua para evitá-los. Algumas tavernas se recusavam a servi-los. Eram muito mal pagos, multados por cada item que perdessem e as poucas moedas que conseguissem manter geralmente eram perdidas no jogo. Eram patifes imprestáveis, violentos como cães e rudes como suínos, mas tinham duas coisas.

Tinham orgulho.

E tinham a capacidade preciosa de disparar saraivadas de pelotão. Conseguiam disparar aquelas saraivadas de meia companhia mais rápido do que qualquer outro exército no mundo. Se você ficasse na frente daquelas casacas vermelhas as balas vinham densas como granizo. Era morte certa ficar no caminho deles; agora sete batalhões franceses estavam no átrio da morte, e o South Essex os rasgava em frangalhos. Um batalhão contra sete, mas os franceses não tinham chegado a se perfilar devidamente e agora os homens de fora tentavam retornar à proteção da coluna, por isso a formação francesa ficou mais apertada e as balas a acertavam implacavelmente. E mais homens, portugueses e britânicos, haviam estendido a linha do South Essex. Em seguida o 88º, os Connaught Rangers, veio do norte, e os franceses que tinham ocupado a crista estavam sendo atacados por dois lados, por inimigos que sabiam disparar mosquetes. Que haviam treinado até conseguir fazer isso de olhos vendados, bêbados ou loucos. Eram os matadores de casacas vermelhas e eram bons.

— Você consegue ver alguma coisa, Richard? — gritou Lawford por cima das saraivadas.

— Eles não vão se sustentar, senhor.

Graças a um capricho do vento, um pequeno sopro que afastara a fumaça lenta por alguns metros, ele estava com uma visão melhor do que a do coronel.

— Baionetas?

— Ainda não.

Sharpe via que os franceses estavam sendo golpeados brutalmente. Somente o South Essex disparava quase 1.500 balas de mosquete por minuto, e agora era um dos quatro ou cinco batalhões que haviam se aproximado das duas colunas francesas. A fumaça se adensava sobre a crista, cercando os franceses que permaneciam teimosos no cume. Como sempre, Sharpe ficou atônito com a quantidade de castigo que uma coluna era capaz de suportar. Ela parecia estremecer sob os golpes, mas não recuava, simplesmente encolhia enquanto as fileiras externas morriam sob a chuva terrível de balas de mosquetes inglesas e portuguesas.

Um homem grande, vestindo um casaco preto e velho, com um coto de charuto apagado entre os dentes amarelos e um sujo gorro de dormir, veio a cavalo atrás do South Essex. Era seguido por meia dúzia de ajudantes, o único sinal de que o homem grande e desgrenhado, com roupas civis, era alguém importante. Ele olhou os franceses morrendo, observou o fogo de pelotão do South Essex, tirou o charuto do meio dos dentes, olhou-o pensativo e cuspiu um fio de tabaco.

— Você deve ter sangue galês na porcaria do seu batalhão, Lawford — resmungou ele.

Surpreso com a voz do sujeito, Lawford se virou e prestou continência rapidamente.

— Senhor!

— E então, homem? Você tem uns galeses desgraçados?

— Tenho certeza de que sim, senhor.

— Eles são bons! — disse o homem com touca de dormir. — São bons demais para serem ingleses, Lawford. Talvez haja um povoado galês em Essex, hein?

— Tenho certeza de que sim, senhor.

— Você não tem certeza de porcaria nenhuma — disse o grandalhão. Seu nome era Sir Thomas Picton, e era o general que comandava aquela parte da serra. — Vi o que você fez, Lawford, e achei que você tinha perdido a porcaria do juízo! Meia-volta e girar à direita, é? No meio de uma porcaria de batalha? Ficou de miolo mole, pensei, mas você fez bem, homem, tremendamente bem. Estou orgulhoso. Você deve ter sangue galês. Tem algum charuto novo, Lawford?

— Não, senhor.

— Você não serve para muita coisa, não é?

Picton acenou rapidamente e partiu a cavalo, seguido pelos ajudantes que estavam tão bem-uniformizados quanto seu comandante estava malvestido. Lawford estufou o peito, olhou de volta para os franceses e viu que eles estavam desmoronando.

O major Leroy tinha ouvido o general e agora cavalgava até Sharpe.

— Nós agradamos Picton — disse sacando a pistola. — Agradamos tanto que ele acha que Lawford deve ter sangue galês. — Sharpe gargalhou. Leroy apontou a pistola e disparou contra os restos da coluna francesa mais próxima. — Quando eu era garoto, Sharpe, costumava atirar em guaxinins.

Sharpe viu um mosquete falhando na companhia quatro. Pederneira partida, suspeitou, então tirou uma de reserva do bolso e gritou o nome do homem.

— Pegue! — gritou e jogou a pederneira por cima da fileira de trás, antes de olhar para Leroy. — O que é um guaxinim?

— Uma porcaria de um animal inútil, Sharpe, que Deus pôs na terra para melhorar a capacidade de tiro dos garotos. Por que os desgraçados não se movem?

— Eles vão se mover.

— Então talvez levem sua companhia junto — disse Leroy, e virou a cabeça na direção da encosta, como se aconselhasse Sharpe a ir ver por si mesmo.

Sharpe cavalgou até o flanco da linha e viu que Slingsby havia levado a companhia encosta abaixo em direção ao norte, de onde, em linha de escaramuça, estavam atirando morro acima contra o flanco esquerdo dos franceses, enquanto um punhado de seus homens disparava morro abaixo para impedir que um pequeno grupo de franceses hesitantes reforçasse a coluna. Será que Slingsby queria ser um herói? Será que achava que a companhia poderia cortar a coluna francesa sozinha? Num momento, Sharpe sabia, os franceses iriam se romper e quase 6 mil homens se derramariam por cima da crista e correriam morro abaixo para escapar da matança, varrendo a Companhia Ligeira como se fosse palha de cereais. Esse momento chegou mais perto ainda quando ele ouviu o estrondo de um canhão do lado oposto da luta. Era metralha, a lata que se despedaçava na boca do canhão espalhando sua carga de balas de mosquete como um disparo da espingarda do diabo. Sharpe não tinha um momento, tinha apenas segundos, por isso instigou o cavalo morro abaixo.

— De volta à linha! — gritou para seus homens. — Voltem! Depressa!

Slingsby deu-lhe um olhar indignado.

— Nós estamos segurando eles — protestou. — Não podemos voltar agora!

Sharpe desceu do cavalo e entregou as rédeas a Slingsby.

— Volte ao batalhão, Slingsby. É uma ordem! Agora!

— Mas...

— Faça isso! — gritou Sharpe como um sargento.

Slingsby montou com relutância e Sharpe gritou para seus homens:

— Formar junto ao batalhão!

E, nesse momento, os franceses romperam fileiras.

Tinham aguentado mais do que qualquer general poderia pedir. Haviam ocupado o topo do morro e por um momento esplêndido parecia que a vitória seria deles, mas não haviam recebido o reforço maciço de que precisavam. Nesse tempo, os batalhões britânicos e portugueses haviam se reorganizado, depois os flanquearam e em seguida começaram uma chuva de balas. Nenhum exército do mundo poderia suportar aquelas saraivadas, mas os franceses haviam aguentado até o ponto em que somente a coragem não bastaria e o único impulso que lhes restava era sobreviver. Sharpe viu os uniformes azuis virem como uma onda se partindo sobre o horizonte. Ele e seus homens correram. Slingsby estava bem longe, instigando o cavalo morro acima, na direção da companhia de James Hooper, e os homens à esquerda da linha de escaramuça estavam bastante seguros, mas a maioria dos escaramuçadores não poderia escapar daquela corrida.

— Formem junto de mim! — gritou Sharpe. — Agrupar em quadrado!

Era uma manobra desesperada, que a infantaria partida usava nos momentos agonizantes contra uma cavalaria feroz, mas serviria. Trinta ou quarenta homens correram até Sharpe, virados para fora, com baionetas caladas.

— Indo para o sul, rapazes — disse Sharpe com calma. — Para longe deles.

Harper havia tirado do ombro sua arma de sete canos. A maré de franceses se partiu para evitar o grupo de casacas vermelhas e fuzileiros, jorrando para os dois lados, mas Sharpe mantinha os homens em movimento, 1 metro de cada vez, tentando escapar da torrente. Um francês não viu os homens de Sharpe e correu contra a espada-baioneta de Perkins e ficou ali até que o rapaz puxou o gatilho para expulsar, com um jorro de sangue, o sujeito da lâmina comprida.

— Devagar — disse Sharpe baixinho. — Devagar.

E nesse momento o general no cavalo branco, com a espada desembainhada e a trança de ouro reluzindo, veio direto na direção do quadrado e pareceu atônito ao encontrar inimigos à frente. Instintivamente, baixou a espada para dar o golpe de braço esticado. Harper puxou seu gatilho, assim como quatro ou cinco outros homens. A cabeça do cavalo e o homem atrás desapareceram num penacho de sangue. Ambos caíram, o cavalo deslizando morro abaixo, os cascos se sacudindo, e Sharpe gritou para seus homens se apressarem à esquerda, evitando o animal. O cavaleiro, com um buraco de bala na testa, escorregou até parar aos pés dos homens.

— É uma porcaria de general, senhor — disse Perkins, pasmo.

— Mantenham a calma — disse Sharpe. — Indo para a esquerda.

Agora estavam fora do jorro de franceses que corriam desesperadamente morro abaixo, saltando por cima de cadáveres, pensando apenas em escapar das balas dos mosquetes. Os batalhões ingleses e portugueses estavam indo atrás, não em perseguição, mas para formar uma linha na crista do morro, de onde atiravam contra os fugitivos, e algumas balas assobiaram sobre a cabeça de Sharpe.

— Romper agora! — disse ele a seus homens, que correram para longe do quadrado subindo na direção do batalhão.

— Foi por pouco — ofegou Harper.

— Vocês estavam na porcaria do lugar errado.

— Não foi saudável — disse Harper, depois procurou ver se algum homem fora deixado para trás. — Perkins! Que diabo é isso que você pegou?

— É um general francês, sargento — respondeu Perkins. Ele havia arrastado o cadáver morro acima, e agora se ajoelhava junto ao corpo e começava a revistar os bolsos.

— Deixe esse corpo em paz! — Era Slingsby, de volta, agora a pé, caminhando na direção da companhia. — Formar junto à companhia nove, rápido! Eu mandei você deixar isso em paz! — gritou ele para Perkins, que havia ignorado a ordem. — Anote o nome deste homem, sargento! — ordenou a Huckfield.

— Perkins! — disse Sharpe. — Reviste esse corpo muito bem. Tenente!

Slingsby olhou arregalado para Sharpe.

— Senhor?

— Venha comigo.

Sharpe foi andando com passo firme para a esquerda, para longe do alcance da audição da companhia, depois se virou para Slingsby e toda a sua fúria até então contida explodiu.

— Escute, seu filho da puta desgraçado, você praticamente perdeu a companhia lá embaixo. Quase perdeu! Absolutamente todos os homens! E eles sabem disso. Então feche a porcaria da boca até que tenha aprendido a lutar.

— Você está sendo ofensivo, Sharpe! — protestou Slingsby.

— É proposital.

— Desaprovo isso — disse Slingsby rigidamente. — Não serei insultado por gente da sua laia, Sharpe.

Sharpe sorriu, e não foi um sorriso bonito.

— Da minha laia, Slingsby? Vou lhe dizer o que eu sou, seu desgraçadinho chorão: sou um matador. Venho matando homens há quase trinta anos. Quer um duelo? Tudo bem. Espada, pistola, facas, qualquer coisa que você quiser, Slingsby. Só diga quando e onde. Mas até lá feche a porcaria da boca e saia daqui. — Ele voltou até Perkins, que havia praticamente despido o oficial francês. — O que achou?

— Dinheiro, senhor. — Perkins olhou para o ultrajado Slingsby, depois de volta para Sharpe. — E a bainha da espada, senhor. — Ele mostrou a Sharpe a bainha forrada de veludo azul cravejada de pequenos "N" dourados.

— Provavelmente é latão — disse Sharpe. — Mas nunca se sabe. Fique com metade do dinheiro e divida a outra metade.

Agora todos os franceses haviam recuado, a não ser os mortos ou feridos. Mas *voltigeurs* que tinham sustentado o contraforte rochoso permaneciam, e esses homens haviam sido reforçados por alguns sobreviventes das colunas derrotadas. O resto parou na metade da encosta, de onde simplesmente ficou olhando para cima. Nenhum havia retornado até o vale, que agora estava livre da névoa, de modo que os artilheiros franceses podiam mirar seus obuses para o alto deixando trilhas de fumaça, até explodir no meio dos mortos espalhados. As companhias de escaramuça britânicas e portuguesas estavam descendo, em meio às explosões dos obuses, para formar uma linha de piquete, mas Sharpe, sem ordens de Lawford ou qualquer outro, levou seus homens até onde o morro se projetava na direção do promontório rochoso sustentado pelos franceses.

— Fuzileiros — ordenou —, mantenham as cabeças deles abaixadas.

Deixou seus fuzileiros atirarem contra os franceses que, armados com mosquetes, não podiam responder. Enquanto isso, Sharpe examinou a parte inferior da encosta com seu telescópio, procurando por um corpo de casaco verde no meio dos montes de mortos franceses, mas não viu sinal do cabo Dodd.

Os fuzileiros de Sharpe continuaram seu treino intermitente de tiro ao alvo. Ele mandou os casacas vermelhas voltarem alguns passos para não se tornarem um alvo convidativo para os canhões franceses ao pé da encosta. O resto das tropas britânicas também havia marchado de volta, negando à artilharia inimiga um alvo limpo, mas a presença da cadeia de escaramuça na encosta avançada dizia à derrotada infantaria inimiga que as saraivadas continuavam esperando, fora de vista. Ninguém tentou avançar e, um a um, os canhões franceses ficaram em silêncio e a fumaça se afastou lentamente do morro.

Então os canhões começaram a disparar a cerca de 1,5 quilômetro ao norte. Durante alguns segundos eram só um ou dois canhões, e então baterias inteiras abriram fogo e o trovão recomeçou. O próximo ataque francês estava chegando.

O tenente Slingsby não se juntou de novo à companhia; em vez disso retornou ao batalhão. Sharpe não se importou.

Descansou na encosta, vigiou os franceses e esperou.

— A CARTA — instruiu Ferrabrás a Sarah — é para um tal de Sr. Verzi. — Ele andou de um lado para o outro atrás dela, com as tábuas do piso estalando sob seu peso. O som dos canhões reverberava baixinho na grande janela através da qual, no fim de uma rua que descia o morro, Sarah podia entrever o rio Mondego. — Diga ao Sr. Verzi que ele me deve — ordenou Ferrabrás.

A pena raspou o papel. Sarah, chamada para escrever uma segunda carta, havia enrolado uma echarpe no pescoço de modo que nenhum pedaço de pele ficasse exposto entre o cabelo e a gola alta do vestido bordado.

— Diga que ele pode quitar todas as dívidas que tem comigo fazendo um favor. Requisito acomodação num dos barcos dele. Quero uma cabine para a esposa, os filhos e todos da casa do meu irmão.

— Mais devagar, senhor — disse Sarah. Ela mergulhou a pena e escreveu. — Para a esposa, os filhos e todos da casa do seu irmão — disse ela ao terminar.

— Estou mandando a família e os serviçais a Lisboa — continuou Ferrabrás — e peço... não, exijo, Sr. Verzi, que lhes dê abrigo numa embarcação adequada.

— Numa embarcação adequada — repetiu Sarah.

— Se os franceses chegarem a Lisboa — continuou Ferrabrás —, a embarcação pode levá-los aos Açores e esperar lá até que o retorno seja seguro. Diga para esperar a esposa do meu irmão três dias depois do recebimento desta carta. — Ele esperou. — E diga, finalmente, que sei que ele tratará o pessoal do meu irmão como se fosse a família dele. — Era melhor que Verzi os tratasse bem, pensou Ferrabrás, se não queria ter as tripas socadas até virarem uma pasta em algum beco de Lisboa. Ele parou e olhou as costas de Sarah. Podia ver a coluna dela através do fino tecido azul. Sabia que a jovem tinha consciência de seu olhar e podia sentir a indignação dela. Isso o divertia. — Leia a carta.

Sarah leu e Ferrabrás olhou pela janela. Verzi iria obedecer, sabia disso, de modo que a esposa e a família do major Ferreira estariam bem longe caso os franceses viessem. Escapariam do estupro e da matança que sem dúvida aconteceriam, e quando os franceses tivessem se estabelecido, quando tivessem saciado seu apetite, seria seguro o retorno da família.

— O senhor parece ter certeza de que os franceses virão — disse Sarah quando terminou de ler.

— Não sei se eles virão ou não, mas sei que os preparativos precisam ser feitos. Se eles vierem, a família do meu irmão estará a salvo; se não, os serviços do Sr. Verzi não serão necessários.

Sarah salpicou areia no papel.

— Quanto tempo vamos esperar nos Açores? — perguntou.

Ferrabrás sorriu da falta de compreensão dela. Não tinha intenção de deixar Sarah ir para os Açores, mas ainda não era hora de contar.

— O tempo necessário.

— Talvez os franceses não venham — sugeriu Sarah, no momento em que novos tiros de canhão soavam mais altos do que nunca.

— Os franceses conquistaram todos os lugares na Europa — disse Ferrabrás, dando-lhe o sinete. — Agora ninguém luta contra eles, a não ser nós. Mas de 100 mil franceses reforçaram os exércitos na Espanha. No momento eles têm quantos soldados ao sul dos Pireneus? Trezentos mil? Você acredita mesmo, Srta. Fry, que podemos vencer contra tantos? Se vencermos hoje eles voltarão, em número ainda maior.

Ele mandou três homens com a carta. A estrada para Lisboa estava bastante segura, mas Ferrabrás ouvira dizer que havia problemas na cidade propriamente dita. O povo de lá acreditava que os ingleses planejavam abandonar Portugal, deixando-os para os franceses, e houvera tumultos nas ruas, de modo que a carta precisava ser bem-guardada. E nem bem a carta partiu, dois outros de seus homens chegaram com novas notícias de problemas. Um feitor havia aparecido no armazém e insistia que os víveres fossem destruídos.

Ferrabrás afivelou um cinto de faca, enfiou uma pistola no bolso e foi andando pela cidade. Muitas pessoas estavam nas ruas, ouvindo os tiros distantes dos canhões como se pudessem perceber, pelo aumento e diminuição do som, como ia a batalha. Abriam caminho para Ferrabrás, os homens tirando o chapéu à sua passagem. Dois padres, colocando os tesouros de sua igreja num carrinho de mão, fizeram o sinal da cruz ao vê-lo e Ferrabrás retaliou dando-lhes os chifres do diabo com a mão esquerda, depois cuspindo nas pedras do calçamento.

— Eu dei 30 mil vinténs àquela igreja há um ano — disse aos seus homens. Isso era uma pequena fortuna, aproximadamente 100 libras em dinheiro inglês. Ele gargalhou. — Os padres são como mulheres. Você dá e eles o odeiam.

— Então não dê — sugeriu um dos seus homens.

— A gente dá à igreja porque esse é o caminho para o céu. Mas uma mulher a gente toma. Esse também é o caminho para o céu.

Ele entrou num beco estreito e passou por uma porta entrando num vasto armazém mal-iluminado por claraboias empoeiradas. Gatos sibilaram para ele, depois saíram correndo. Havia dezenas daqueles animais, mantidos para proteger o conteúdo do armazém contra os ratos. À noite, Ferrabrás sabia, a construção era um campo de batalha sangrento enquanto os ratos lutavam contra os gatos famintos, mas estes sempre venciam, protegendo os barris de biscoito duro, os sacos de trigo, centeio e milho, os recipientes de latão cheios de arroz, as jarras de azeite, as caixas de bacalhau salgado e os tonéis de carne seca. Havia comida suficiente para alimentar o exército de Masséna até Lisboa, e tonéis de tabaco o suficiente para mantê-lo tossindo até Paris. Parou para coçar o pescoço de um enorme gato caolho, com cicatrizes de centenas de lutas. O gato mostrou os dentes para Ferrabrás, mas se submeteu à carícia, então o homem se virou para dois de seus capangas ao lado do feitor, que usava uma faixa verde mostrando que estava de serviço.

— Qual é o problema? — perguntou Ferrabrás.

Um feitor era um almoxarife oficial, nomeado pelo governo para garantir que houvesse rações suficientes para o Exército português. Cada cidade de tamanho considerável em Portugal tinha um feitor, que prestava contas à Junta de Provisões em Lisboa, e o almoxarife de Coimbra era um homem corpulento, de meia-idade, chamado Rafael Pires, que tirou o chapéu ao ver Ferrabrás e pareceu a ponto de se ajoelhar. Ferrabrás cumprimentou-o com bastante afabilidade.

— Sr. Pires. Sua esposa e sua família vão bem?

— Deus seja louvado, senhor, vão.

— Ainda estão aqui? O senhor não os mandou para o sul?

— Partiram ontem. Tenho uma irmã em Bemposta. — Bemposta era um lugar pequeno, perto de Lisboa, o tipo de cidade que os franceses poderiam ignorar durante o avanço.

— Então você é um felizardo. Eles não passarão fome nas ruas de Lisboa, não é? E o que o traz aqui?

Pires ficou remexendo no chapéu.

— Tenho ordens, senhor.

— Ordens?

Pires indicou com o chapéu os grandes montes de comida.

— Tudo isso deve ser destruído, senhor. Tudo.

— Quem diz?

— O capitão-mor.

— E o senhor recebe ordens dele?

— Fui orientado a receber, senhor.

O capitão-mor era o comandante militar de Coimbra e dos distritos ao redor. Era encarregado de recrutar e treinar a ordenança, os "habitantes armados" que reforçariam o exército caso o inimigo viesse, mas também deveria impor as decisões do governo.

— E o que o senhor vai fazer? — perguntou Ferrabrás. — Comer tudo?

— O capitão-mor está mandando homens para cá.

— Para cá? — Agora a voz de Ferrabrás estava perigosa.

Pires respirou fundo.

— Eles têm meus registros, senhor — explicou. — Sabem que o senhor andou comprando comida. Como poderiam não saber? O senhor gastou muito dinheiro. Recebi a ordem de encontrá-la.

— E?

— Ela deve ser destruída — insistiu Pires, e então, como se quisesse mostrar que estava impotente nessa situação, invocou um poder mais alto.

— Os ingleses insistem.

— Os ingleses — rosnou Ferrabrás. — Os ingleses vão por mar — gritou com Pires, depois se acalmou. Os ingleses não eram o problema. Pires era.

— O senhor disse que o capitão-mor pegou seus papéis?

— De fato.

— Mas ele não sabe onde a comida está armazenada?

— Os papéis só dizem quanta comida há na cidade e quem é o dono.

— Então ele tem meu nome e uma lista dos meus armazéns?

— Não uma lista completa, senhor. — Pires olhou as enormes pilhas de comida e se maravilhou ao ver o quanto Ferrabrás havia acumulado. — Ele só sabe que o senhor tem alguns suprimentos guardados e diz que devo garantir a destruição deles.

— Então garanta — disse Ferrabrás, despreocupado.

— Ele mandará homens para se certificar disso, senhor. Eu devo trazê-los aqui.

— Então o senhor não sabe onde ficam os armazéns — disse Ferrabrás.

— Devo fazer uma busca esta tarde em cada armazém da cidade, senhor! — Pires deu de ombros. — Vim alertá-lo — disse ele num apelo desamparado.

— Eu lhe pago, Pires, para impedir que minha comida seja tomada a preço de ladrão para alimentar o exército. Agora você vai trazer homens para destruí-la?

— Será que o senhor poderia transportá-la para outro lugar?

— Transportar! — gritou Ferrabrás. — Como, em nome de Deus, vou transportá-la? Seriam precisos cem homens e vinte carroças.

Pires apenas deu de ombros.

Ferrabrás olhou para o feitor.

— Você veio me avisar — disse em voz baixa — porque vai trazer os soldados aqui, não é? E não quer que eu o culpe, é isso?

— Eles insistem, senhor, eles insistem! — Agora Pires estava implorando. — E se nossas tropas não vierem, os ingleses virão.

— Os ingleses vão por mar — rosnou Ferrabrás, e usou a mão esquerda para dar um soco no rosto de Pires.

O golpe foi rápido e extraordinariamente forte, um direto que quebrou o nariz do feitor e o fez cambalear para trás com sangue jorrando das narinas. Ferrabrás continuou rapidamente, usando a mão direita ferida para acertar Pires na barriga. O golpe doeu em Ferrabrás, mas ele ignorou a dor porque era isso que um homem devia fazer. A dor devia ser suportada. Se um homem não pudesse aguentar a dor, não deveria lutar, então Ferrabrás empurrou Pires contra a parede do armazém e socou-o sistematicamente, esquerda e direita, cada golpe viajando uma curta distância, mas chegando com força de martelo. Os punhos se chocavam contra o corpo do feitor, rachando costelas e quebrando os malares, e o sangue espirrava nas mãos e nas mangas da camisa de Ferrabrás, mas ele não percebia o sangue, assim como não percebia a dor na mão e na genitália. Estava fazendo o que amava fazer e bateu com mais força ainda, silenciando os gritos patéticos do feitor, vendo a respiração do sujeito sair borbulhando cor-de-rosa enquanto seus punhos enormes faziam as costelas quebradas penetrarem nos pulmões. Era preciso uma força espantosa para isso. Matar um homem com as mãos nuas sem estrangulá-lo.

Pires se afrouxou contra a parede. Não parecia mais um homem, porém vivia. Sua carne visível estava inchada, sangrenta, uma polpa. Os olhos haviam se fechado, o nariz estava destruído, o rosto era uma máscara de sangue, os dentes estavam quebrados, os lábios retalhados em tiras, o peito esmagado, a barriga socada, mas ele conseguia permanecer de pé encostado à parede do armazém. O rosto arruinado olhava cego de um lado para o outro, então um punho o acertou no queixo e o osso se partiu com um estalo audível. Pires cambaleou, gemeu e finalmente caiu.

— Segurem-no de pé — disse Ferrabrás, tirando a casaca e a camisa.

Dois homens seguraram Pires por baixo dos braços e o puxaram para cima, e Ferrabrás chegou perto e socou com uma intensidade maligna. Seus punhos não viajavam para longe, aqueles não eram golpes impensados e sim socos curtos, precisos, que atingiam com força enjoativa. Trabalhou na barriga de Pires, depois subiu para o peito, batendo com tanta força que a cabeça dele balançava a cada golpe e a boca sangrenta espirrava saliva avermelhada no peito de Ferrabrás. Continuou dando socos até que a cabeça do sujeito se virou bruscamente para trás e então tombou de lado, como uma marionete cujo fio do cocuruto houvesse se partido. Um som chacoalhado brotou da garganta ferida. Ferrabrás o acertou uma última vez e deu um passo atrás.

— Coloquem-no no porão — ordenou — e cortem a barriga dele.

— Cortar a barriga? — perguntou um dos homens, achando que tinha ouvido mal.

— Dê alguma coisa para os ratos aproveitarem — disse Ferrabrás —, porque quanto antes eles terminarem, mais cedo ele terá ido embora.

Em seguida foi até Miguel, que lhe deu um trapo para limpar o sangue e o cuspe do peito e dos braços cobertos de tatuagens. Nos dois antebraços havia âncoras enroladas em correntes, três sereias no peito e cobras envolvendo a parte superior dos braços enormes. Nas costas havia um navio de guerra com velas enfunadas, os sobrejoanetes altos, as varredouras abertas e uma bandeira inglesa na popa. Ele vestiu a camisa, depois a casaca e olhou o corpo sendo arrastado para os fundos do armazém, onde havia um alçapão que dava no porão. Já havia um corpo de barriga aberta apodrecendo naquele negrume, restos de um homem que tentara revelar o depósito de Ferrabrás às autoridades. Agora mais um havia tentado, fracassado e morrido.

Ferrabrás olhou o armazém. Se os franceses não viessem, pensou, essa comida poderia ser vendida legalmente e com lucro, e se eles viessem isso poderia significar um lucro ainda maior. As próximas horas revelariam tudo. Fez o sinal da cruz, depois foi encontrar uma taverna, porque havia matado um homem e estava com sede.

Ninguém do batalhão veio para dar ordens a Sharpe, o que lhe serviu muito bem. Ele estava montando guarda ao contraforte rochoso onde achava que uma centena de soldados de infantaria franceses mantinha as cabeças baixas por causa de seus tiros esporádicos de fuzil. Desejou ter homens suficientes para expulsar os *voltigeurs* do morro, já que a presença deles era um convite para o inimigo tentar chegar ao cume de novo. Eles poderiam lançar uns dois batalhões até o afloramento e usá-los para atacar ao longo do contraforte, e esse movimento poderia ser encorajado pelo novo ataque francês que acontecia 1,5 quilômetro ao norte. Sharpe andou por um trecho do contraforte, provavelmente até longe demais, porque uns dois tiros de mosquete passaram assobiando por ele enquanto se agachava e pegava o telescópio. Ignorou os *voltigeurs*, sabendo que eles estavam atirando muito longe do alcance de precisão de um mosquete, e olhou as vastas colunas francesas que subiam pela estrada melhor, serpenteando até o povoado logo abaixo da crista norte da serra. Um moinho de vento, feito de pedra, com as pás retiradas e o maquinário desmantelado como todos os moinhos da região central de Portugal, ficava perto da crista, e havia um grupo de homens ao lado de sua torre atarracada, mas Sharpe não podia ver nenhuma tropa, a não ser as duas colunas francesas que estavam na metade da estrada e uma terceira, menor, um pouco atrás. As gigantescas formações francesas pareciam escuras contra a encosta. Canhões britânicos e portugueses disparavam do cume, turvando sua visão com fumaça branco-acinzentada.

— Senhor! Sr. Sharpe! — Era Patrick Harper chamando.

Sharpe fechou o telescópio e voltou, vendo o que havia provocado o chamado de Harper. Duas companhias de caçadores de casacos marrons estavam se aproximando do afloramento, e Sharpe supôs que as tropas portuguesas tinham ordem de expulsar o inimigo do contraforte rochoso. Dois canhões de 9 libras estavam sendo reposicionados para apoiar o ataque, mas Sharpe não via muita chance de isso dar certo. Os caçadores estavam aproximadamente em número igual ao dos *voltigeurs*, mas os franceses tinham cobertura e seria uma luta feia, caso decidissem ficar firmes.

— Eu não queria o senhor no caminho quando aqueles artilheiros começassem a atirar — explicou Harper, virando a cabeça na direção do par de peças de 9 libras.

— Foi decente da sua parte, Pat.

— Se o senhor morresse, Slingsby iria assumir o comando — disse Harper, sem qualquer traço de insubordinação.

— Você não gostaria disso?

— Sou de Donegal, senhor, e suporto qualquer coisa que o bom Deus mande para me atormentar.

— Ele me mandou, Pat, ele me mandou.

— Misteriosos são os caminhos do Senhor — interveio Harris.

Os caçadores estavam esperando cinquenta passos atrás de Sharpe. Ele os ignorou, e em vez disso perguntou de novo se algum homem tinha visto Dodd. O Sr. Iliffe, que não ouvira Sharpe perguntar antes, fez que sim, nervoso.

— Ele estava correndo, senhor.

— Onde?

— Quando fomos quase isolados, senhor. Na parte baixa. Parecia uma lebre.

O que combinava com o que Carter, parceiro de Dodd, havia pensado. Os dois praticamente tinham ficado presos pelos *voltigeurs* e Dodd escolhera a melhor saída, morro abaixo, enquanto Carter tivera a sorte de escapar morro acima, sem nada mais sério do que uma bala de mosquete na mochila, que, segundo ele, somente o havia ajudado a ir em frente. Sharpe supôs que Dodd iria se juntar ao grupo mais tarde. Ele era um homem do campo, sabia ler o terreno, sem dúvida evitaria os franceses e subiria pela parte sul da encosta. De qualquer modo, não havia nada que Sharpe pudesse fazer agora.

— Então vamos ajudar os rapazes portugueses? — perguntou Harper.

— Não na porcaria da sua vida — respondeu Sharpe. — A não ser que eles tragam uma porcaria de um batalhão inteiro.

— Ele vem pedir ao senhor — avisou Harper, apontando na direção de um magro oficial português que se aproximou da Companhia Ligeira. Seu uniforme marrom tinha acabamentos em preto e a barretina de frente alta era enfeitada por uma longa pluma preta. Sharpe notou que o oficial usava uma pesada espada de cavalaria e, de modo pouco comum, carregava um fuzil. Sharpe só conseguia pensar num oficial que andava armado desse jeito: ele próprio, e sentiu-se irritado por haver outro com as mesmas armas, mas então o sujeito que se aproximava tirou a barretina com pluma preta e deu um sorriso largo.

— Santo Deus — disse Sharpe.

— Não, não, sou só eu. — Jorge Vicente, que Sharpe tinha visto pela última vez no território selvagem a norte da cidade do Porto, estendeu a mão. — Sr. Sharpe — disse ele.

— Jorge!

— Agora sou capitão Vicente. — Vicente apertou a mão de Sharpe e então, para embaraço do fuzileiro, deu-lhe um beijo em cada bochecha. — E você, Richard, já deve ser major, não?

— Diabos, não, Jorge. Eles não promovem gente da minha laia. Isso pode manchar a reputação do Exército. Como vai você?

— Vou... como vocês dizem?... prosperando. Mas e você? — Vicente franziu a testa olhando o rosto de Sharpe. — Está ferido?

— Caí numa escada.

— Você deve ter cuidado — disse Vicente com solenidade, depois sorriu. — Sargento Harper! Que bom vê-lo.

— Sem beijos, senhor, sou irlandês.

Vicente cumprimentou os outros homens que havia conhecido na louca perseguição ao exército de Soult pela fronteira norte, depois se virou de novo para Sharpe.

— Tenho ordem de tirar aquelas coisas das pedras. — E fez um gesto na direção dos franceses.

— É uma boa ideia, mas vocês não estão em número suficiente.

— Dois portugueses equivalem a um francês — disse Vicente em tom despreocupado. — Você poderia fazer a honra de nos ajudar?

— Que diabo — disse Sharpe, depois evitou a resposta apontando para o fuzil Baker no ombro de Vicente. — E o que está fazendo com um fuzil?

— Imitando você — respondeu Vicente com franqueza. — Além disso, agora sou capitão de uma companhia de atiradores, como é que vocês dizem? *Marksmen*. Usamos fuzis, as outras companhias têm mosquetes. Eu me transferi do 18º quando criamos os batalhões de caçadores. E então, vamos atacar?

— O que você acha? — contrapôs Sharpe.

Vicente sorriu inseguro. Era soldado havia menos de dois anos; antes disso tinha sido advogado e, quando Sharpe o conheceu, o jovem português era adepto rígido das supostas regras da guerra. Isso poderia ter mudado ou não, mas Sharpe suspeitava que Vicente era um soldado nato, corajoso e decidido. Não era idiota, no entanto ainda estava nervoso com a possibilidade de mostrar suas habilidades a Sharpe, que lhe havia ensinado a maior parte do que sabia sobre lutas. Olhou para Sharpe, depois protegeu os olhos para espiar os franceses.

— Eles não vão ficar — sugeriu.

— Eles podem ficar, e são pelo menos cem desgraçados. Quantos somos? Cento e trinta? Se fosse por mim, Jorge, eu mandaria seu batalhão inteiro.

— Meu coronel me deu ordens para isso.

— Ele sabe o que está fazendo?

— Ele é inglês — respondeu Vicente com secura. O Exército português fora reorganizado e treinado nos últimos 18 meses, e um número gigantesco de oficiais ingleses havia se oferecido para entrar em suas fileiras em troca de uma promoção.

— Mesmo assim eu mandaria mais homens — disse Sharpe.

Vicente não teve chance de responder porque houve o som súbito de cascos no chão irregular e uma voz estentórea gritou com ele.

— Sem delongas, Vicente! Há franceses a matar! Ande logo, capitão, ande logo! Quem diabo é você? — Essa última pergunta foi feita a Sharpe, e veio de um cavaleiro que tinha dificuldade para conter seu garanhão entre os dois oficiais. A voz do cavaleiro revelava que era inglês, mas estava usando o marrom português, ao qual acrescentara um chapéu de bicos preto com um par de borlas douradas. Uma borla sombreava seu rosto, que parecia vermelho e brilhante.

— Sharpe, senhor — respondeu Sharpe à pergunta mal-humorada do sujeito.

— Do 95º?

— Do South Essex, senhor.

— Aquela turba de caipiras — disse o oficial. — Perderam uma bandeira há uns dois anos, não foi?

— Tomamos uma de volta em Talavera — respondeu Sharpe asperamente.

— Foi mesmo?

O oficial não pareceu particularmente interessado. Pegou um pequeno telescópio e olhou o afloramento rochoso, ignorando algumas balas de mosquete que, disparadas de grande distância, passaram ao largo, impotentes.

— Permita-me apresentar o coronel Rogers-Jones — disse Vicente. — O meu coronel.

— E o homem que ordenou que você tirasse aqueles patifes das pedras, Vicente — disse Roger-Jones. — Eu não disse para ficar aqui jogando conversa fora, disse?

— Eu estava procurando o conselho do capitão Sharpe, senhor.

— E ele tem algum a oferecer? — O coronel pareceu achar graça.

— Ele tomou uma Águia francesa — observou Vicente.

— Não por ter ficado parado conversando — respondeu Rogers-Jones. Em seguida fechou seu telescópio. — Vou mandar os artilheiros abrirem fogo, e você avance, Vicente. Você irá ajudá-lo, Sharpe — acrescentou descuidadamente. — Expulse-os, Vicente, depois fique lá para garantir que os desgraçados não voltem. — Em seguida deu meia-volta no cavalo e o esporeou para longe.

— Pelas lágrimas de Jesus Cristo — disse Sharpe. — Ele sabe quantos deles estão lá?

— Mesmo assim tenho minhas ordens — observou Vicente, desanimado.

Sharpe tirou o fuzil do ombro e carregou-o.

— Quer um conselho?

— Claro.

— Mande nossos fuzis pelo meio, em ordem de escaramuça. Eles devem se manter atirando, com intensidade e rápidos, sem os retalhos de couro, só para manter a cabeça dos desgraçados abaixada. O resto dos nossos rapazes seguirá atrás em linha. Baionetas caladas. Ataque-padrão de batalhão, Jorge, com três companhias, e esperemos que o desgraçado do seu coronel fique satisfeito.

— Nossos rapazes? — Vicente escolheu essas duas palavras do conselho de Sharpe.

— Não vou permitir que você morra sozinho, Jorge. Você provavelmente iria se perder tentando encontrar o portão do céu. — Ele olhou para o norte e viu a fumaça de canhões se adensando à medida que o ataque francês se aproximava da aldeia sob o cume da serra, então o primeiro canhão perto do contraforte disparou e um obus explodiu em fumaça e estilhaços logo depois do afloramento rochoso. — Então vamos — disse Sharpe.

Não era sensato, pensou, mas era a guerra. Engatilhou o fuzil e gritou para seus homens se aproximarem. Era hora de lutar.

CAPÍTULO V

A aldeia de Sula, empoleirada na encosta leste da serra, bem perto de onde a estrada do norte atravessava o cume, era um lugar pequeno e pouco notável. As casas eram apertadas, os montes de esterco eram grandes e por um longo tempo a aldeia nem mesmo tivera uma igreja, o que significava que um padre devia ser trazido de Moura, ao pé da serra, ou então um frade era chamado do mosteiro, para dar a extrema-unção aos agonizantes. Mas geralmente os sacramentos chegavam tarde demais, e assim os mortos de Sula iam para a longa escuridão sem bênção, motivo pelo qual o povo da região gostava de dizer que o povoado minúsculo era assombrado por fantasmas.

Na quinta-feira, 27 de setembro de 1810, a aldeia foi assombrada por escaramuçadores. Todo o primeiro batalhão do 95º regimento de fuzileiros estava dentro e ao redor da aldeia, e com eles estava o 3º de caçadores, muitos dos quais também usando o fuzil Baker, o que significava que mais de mil escaramuçadores vestidos de verde e marrom abriram fogo contra as duas colunas francesas que avançavam, e que também haviam mandado um número quase equivalente de escaramuçadores. Mas os franceses tinham mosquetes e eram recebidos por fuzis, de modo que os *voltigeurs* foram os primeiros a morrer sob a aldeia. O som da luta era como arbustos secos queimando, um estalar interminável de mosquetes e fuzis, aumentado pelas notas graves da artilharia na crista, que disparava obuses e granadas por cima dos escaramuçadores portugueses e ingleses, rasgando grandes buracos nas duas colunas que lutavam para subir a encosta atrás dos *voltigeurs*.

Para os oficiais franceses, na coluna, que examinassem a encosta acima, parecia que eram atacados apenas por escaramuçadores e pela artilharia. A artilharia fora posta numa laje do outro lado da aldeia e logo abaixo do horizonte, e perto dos canhões havia alguns cavaleiros que observavam ao lado do toco da torre do moinho pintada de branco. A artilharia golpeava as colunas, mandando as balas sólidas através das fileiras apertadas e explodindo obuses acima dos homens, mas duas baterias jamais poderiam parar aquelas grandes colunas. Os cavaleiros perto do moinho não corriam perigo. Só havia quatro ou cinco deles visíveis quando a fumaça dos canhões se dissipava, e todos usavam chapéus de bicos, o que significava que não eram cavalarianos. Assim parecia que os escaramuçadores ingleses e portugueses, apoiados pelos canhões, tinham a obrigação de derrotar o ataque. O que significava que os franceses deveriam vencer, porque não havia casacas vermelhas à vista, nenhuma maldita linha para envolver uma coluna com saraivadas de balas. Os tambores tocavam o *pas de charge* e os homens davam seu grito de guerra, "*Vive l'Empereur!*". Uma das duas colunas se dividiu em duas unidades menores para ultrapassar um afloramento de rocha, depois se juntou de novo na estrada enquanto dois obuses explodiam bem em cima de suas fileiras da frente. Uma dúzia de homens foi derrubada, a estrada poeirenta ficou subitamente vermelha e os sargentos arrastaram os mortos e feridos de lado, para que as fileiras atrás não fossem obstruídas. Adiante da coluna o som da escaramuça crescia de intensidade à medida que os *voltigeurs* se aproximavam e abriam fogo com os mosquetes contra os fuzileiros. Agora havia tantos escaramuçadores que o ruído de sua batalha era um estalar contínuo. A fumaça pairava sobre a encosta. "*Vive l'Empereur!*", gritavam os franceses, e os primeiros fuzileiros começaram a acertar as filas da vanguarda das colunas. Uma bala acertou uma Águia, arrancando a ponta de uma asa, e um oficial caiu na primeira fila, ofegando de dor enquanto os homens passavam ao redor. Os *voltigeurs*, diante do alcance maior dos fuzis, estavam sendo empurrados de volta para dentro das colunas, por isso o marechal Ney, que comandava o ataque, ordenou que mais companhias fossem enviadas fazendo o papel de escaramuçadores para empurrar os fuzileiros e caçadores encosta acima.

Os tambores mantinham seu ritmo monótono. Uma granada destinada a explodir no ar e mandar sua carga de balas para baixo e para a frente explodiu acima da coluna da direita, e os tambores pararam momentaneamente quando uma dúzia de meninos caiu e os homens atrás ficaram sujos com o sangue deles.

— Cerrar fileiras! — gritou um sargento e um obus estourou atrás dele, um chapéu voou espiralando e caiu na estrada com um som pesado, porque metade da cabeça do dono continuava dentro. Um menino tocador de tambor, com as duas pernas quebradas e a barriga cortada por fragmentos de obus, sentou-se e continuou tocando enquanto as fileiras passavam por ele. Os homens davam tapinhas em sua cabeça para desejar sorte, deixando-o para morrer em meio às videiras.

À frente das colunas os novos escaramuçadores franceses se espalharam e seus oficiais gritavam para subirem o morro, diminuir a distância e com isso inundar os odiados casacos verdes com fogo de mosquete. O fuzil Baker era um matador, mas era lento. Para dispará-lo com precisão o homem precisava embrulhar cada bala num pedaço de couro engordurado, depois socá-lo sobre a carga, e socar uma bala embrulhada era difícil e tornava o fuzil lento para carregar. Um homem podia disparar um mosquete três vezes enquanto um fuzileiro recarregava sua arma. Algum tempo poderia ser economizado esquecendo-se do retalho de couro, mas assim a bala não agarraria as sete raias em espiral dentro do cano e a arma ficaria pouco mais precisa do que um mosquete. Os *voltigeurs* reforçados subiam, e o simples peso de seu fogo forçava os fuzileiros e os caçadores para trás. Então mais escaramuçadores portugueses entraram na luta, todo o 1º regimento de caçadores, mas os franceses contrapuseram mais três companhias de tropas com casacos azuis, que saíram correndo das colunas e partiram as videiras para subir até onde a fumaça de pólvora salpicava a encosta. Seus mosquetes acrescentaram mais fumaça e suas balas pressionavam para trás os homens de casacos verdes e marrons. Um fuzileiro, com um tiro nos pulmões, estava curvado sobre uma das estacas de castanheira que sustentava as videiras, e um *voltigeur* desembainhou sua baioneta e golpeou o ferido até ele parar de estremecer. Em seguida, revistou seus bolsos para saquear moedas. Um sargento empurrou o *voltigeur* para longe do cadáver.

— Mate os outros primeiro! — gritou. — Suba o morro!

Agora o fogo francês era avassalador, uma inundação de chumbo, e caçadores e fuzileiros subiram com dificuldade até a aldeia, onde buscaram cobertura atrás de muros de pedra ou nas janelas dos casebres onde cacos de telha cascateavam, quebrados por tiros de mosquetes franceses e estilhaços de obuses disparados pelos canhões no vale. Os *voltigeurs* gritavam, encorajando uns aos outros, avançando intermitentes, apontando alvos.

— *Sauterelle! Sauterelle!* — gritou um sargento, apontando para um fuzileiro do 95º.

O grito significava "gafanhoto", o apelido dos franceses para as pestes verdes que se desviavam e atiravam, moviam-se e recarregavam, atiravam e moviam-se de novo. Uma dúzia de mosquetes disparou contra o homem que desapareceu num beco enquanto cacos de telha faziam barulho atrás dele.

Os escaramuçadores franceses estavam ao redor de toda a borda leste da aldeia, envolvendo-a em tiros de mosquete, e pequenos grupos corriam até as casas e disparavam contra sombras na fumaça. A estrada estava bloqueada com carretas de mão no ponto em que entrava na aldeia, mas uma companhia de tropas francesas atacou a barricada improvisada, que cuspiu fumaça e chamas quando fuzis dispararam de trás das carretas. Três franceses caíram, mas o restante chegou ao obstáculo e disparou contra os casacos verdes. Um obus explodiu no alto derrubando mais dois franceses e despedaçando telhas. A primeira carreta foi tirada do caminho e os franceses jorraram pela abertura. Mais *voltigeurs* pularam muros de quintal ou partiram por becos e por cima de montes de esterco. Obuses ingleses, portugueses e franceses explodiam entre as casas, despedaçando paredes e enchendo as vias estreitas de fumaça, estilhaços de metal zunindo e telhas quebradas, mas os *voltigeurs* estavam em número maior do que os fuzileiros e os caçadores e, por se encontrarem dentro da aldeia, os fuzis perdiam a vantagem da precisão à longa distância. Os homens de casacas azuis pressionavam, avançando grupo a grupo, liberando casas e quintais. A estrada foi liberada quando as últimas carretas foram arrastadas para longe. Agora a coluna estava perto da aldeia e os *voltigeurs* perseguiam os últimos caçadores e fuzileiros nas casas mais no alto. Um caçador, preso num beco, girou seu mosquete descarregado como um porrete e derrubou dois franceses antes que um terceiro cravasse uma baioneta em sua barriga. A aldeia fora abandonada pelos habitantes e os *voltigeurs* saquearam as casas pequenas, tomando quaisquer posses magras que os aldeões tivessem deixado na pressa de partir. Um homem lutava com outro por um balde de madeira, uma coisa que não valeria um *sou*, e ambos morreram quando caçadores atiraram neles através de uma janela.

A fumaça dos canhões ingleses criava nuvens leprosas no topo da encosta à medida que as colunas chegavam à aldeia. Os obuses batiam contra as colunas, mas as fileiras se fechavam, os homens marchavam e os tambores tocavam, parando somente para que o grito de "*Vive l'Empereur*" dissesse ao marechal Masséna, lá embaixo no vale onde os artilheiros franceses mandavam seus obuses na direção da crista da serra, que o ataque prosseguia.

O moinho de vento na laje abaixo da crista ficava a 500 metros da aldeia. Os *voltigeurs* tiraram os últimos escaramuçadores da borda oeste de Sula, fazendo-os correr subindo pelo terreno mais aberto entre a aldeia e o moinho. Uma coluna rodeou a aldeia, derrubando cercas e passando por cima de dois muros de pedra, mas a outra marchou direto através do centro de Sula. Pelo menos meia dúzia de telhados estava em chamas, os caibros incendiados por obuses. Outro obus explodiu no coração da rua principal, lançando de lado meia dúzia de soldados de infantaria junto com fumaça, sangue e chamas, e manchando as paredes caiadas das casas com o sangue espirrado.

— Cerrar fileiras! — gritavam os sargentos. — Cerrar fileiras!

Os tambores ecoavam nas paredes ensanguentadas, e no alto da serra os oficiais britânicos ouviam os gritos empolgados: "*Vive l'Empereur!*" Os *voltigeurs* estavam chegando cada vez mais perto e agora eram tão densos no terreno que seus tiros de mosquete pareciam saraivadas de pelotões. Os escaramuçadores ingleses e portugueses haviam desaparecido, indo para o norte entrando no meio de algumas árvores que coroavam a crista, e tudo que parecia estar à frente dos franceses era a laje onde os cavaleiros se encontravam perto do moinho. Balas começaram a acertar suas pedras brancas. Uma bateria de artilharia estava perto dele e sua fumaça ajudava a esconder os cavaleiros, dentre os quais havia um homem pequeno, carrancudo, de cabelos pretos e rosto sombrio empoleirado na sela enorme de um cavalo que parecia grande demais para ele. O homem olhava indignado para os franceses como se sua simples presença o ofendesse. Balas de mosquete passavam ao redor, mas ele as ignorava. Um ajudante, preocupado com a intensidade do fogo dos *voltigeurs*, pensou em sugerir que o homenzinho recuasse alguns passos, mas se conteve. Um conselho desses para Black Bob Craufurd, comandante da Divisão Ligeira, seria considerado uma fraqueza rematada.

Agora as colunas estavam no terreno aberto abaixo do moinho, e os *voltigeurs* eram golpeados por tiros de metralha que achatavam o capim como se uma tempestade súbita soprasse do oeste. Mais metralhas foram disparadas, cada qual causando seu punhado de baixas, e os oficiais *voltigeurs* ordenaram que seus homens retornassem às colunas. Seu serviço estava feito. Os escaramuçadores ingleses e portugueses tinham sido empurrados para trás e a vitória esperava no topo da serra. E essa vitória estava próxima, muito próxima, porque a crista estava vazia a não ser por duas baterias de canhões e o punhado de cavaleiros.

Pelo menos era o que os franceses pensavam. Mas atrás da laje, onde um caminho seguia paralelo ao topo do morro, havia um terreno morto, invisível de baixo. E escondidos, deitados para se proteger da artilharia francesa, estavam o 43º e o 52º. Eram dois batalhões de infantaria ligeira, o 43º de Monmouthshire e o 52º de Oxfordshire, e se consideravam os melhores dos melhores. Tinham direito a essa opinião, porque haviam sido treinados para uma dureza selvagem pelo homem pequeno e de papada escura que fazia cara feia para os franceses, ao lado do moinho. Um artilheiro girou para longe do cano de seu canhão de 9 libras, atingido nas costelas por uma bala de mosquete francês. Cuspiu sangue, depois seu sargento o arrastou para longe da alta roda do canhão e enfiou uma metralha no cano.

— Fogo! — gritou o capitão artilheiro, e a arma enorme deu um coice para trás empinando na culatra e cuspindo uma tempestade de fumaça na qual a metralha se despedaçou, liberando a carga de balas de mosquete contra as fileiras francesas.

— Cerrar fileiras! — gritavam os sargentos franceses.

E os feridos, deixando marcas de sangue como trilhas de lesmas, arrastavam-se de volta para a aldeia onde as paredes de pedra iriam protegê-los das explosões da metralha que rasgava tripas. Mas não havia metralha suficiente para acabar com as colunas. Elas eram grandes demais. As fileiras externas absorviam o castigo, deixavam seus mortos e agonizantes, enquanto as filas de trás passavam por cima dos cadáveres. Os casacas vermelhas escondidos podiam ouvir os tambores se aproximando, os gritos da infantaria e o som das balas de mosquete assobiando no alto. Esperavam, sabendo, pelo aumento do ruído, que Black Bob estava deixando o inimigo chegar perto, muito perto. Aquela não seria uma luta de tiros ao alcance máximo dos mosquetes, e sim uma chacina súbita, perturbadora. Então eles viram os artilheiros de uma bateria inglesa, que estavam recebendo uma chuva de tiros de mosquete da primeira fila da coluna da esquerda, abandonar as peças e correr de volta à segurança. Houve então um silêncio estranho. Não era um silêncio verdadeiro, claro, porque os tambores continuavam tocando e os franceses de casacas azuis soltavam seu grito de guerra, mas uma bateria inglesa ficara deserta, os canhões abandonados para o inimigo, e a outra estava recarregando, de modo que por um momento tudo pareceu estranhamente silencioso.

Então os franceses, que tinham sido arrebentados por balas sólidas e rasgados pela metralha mortífera, perceberam que a bateria fora abandonada. Deram um grande grito de comemoração e correram por cima das pedras para tocar o canhão quente, mas oficiais gritaram para eles os ignorarem. Os canhões poderiam ser levados embora mais tarde, porque nesse momento o que importava era alcançar a crista e com isso conquistar Portugal. Abaixo deles o marechal Masséna imaginava se Henriette acharia confortáveis as camas do mosteiro, se ele seria nomeado príncipe de Portugal e se seu cozinheiro poderia encontrar algo palatável entre as rações britânicas descartadas para fazer para o jantar. Todas essas perguntas eram pertinentes, porque o Exército de Portugal estava à beira da vitória.

Então Black Bob respirou fundo.

— Avançar! — gritou Sharpe. Ele havia concentrado os fuzileiros ingleses e portugueses no centro do contraforte, de onde poderiam disparar tiros precisos contra os *voltigeurs* agachados no meio das pedras soltas do afloramento. — Rápido — gritou. Em seguida se ajoelhou e disparou seu fuzil, cuja fumaça escondeu qualquer dano causado. — Avançar! Avançar!

— Se essa porcaria de ataque precisava ser feito, pensou, que fosse rápido, e instigou os fuzileiros, depois sinalizou chamando os casacas vermelhas e o resto dos portugueses que avançaram em uma linha dupla, atrás. Os canhões ajudavam. Um estava disparando metralha, as balas fazendo barulho nas pedras, enquanto o segundo estava usando pavios desesperadamente curtos, de modo que os obuses explodiam logo acima do afloramento. Ali seria o inferno, pensou Sharpe. Os franceses estavam sendo assaltados por tiros de fuzil, metralha e fragmentos de obuses, mas agarravam-se teimosamente ao promontório.

Pendurou o fuzil no ombro. Não tinha tempo para recarregar e, além disso, queria terminar o ataque rapidamente. Assim, antecipando, desembainhou a espada.

— Avançar! — gritou e sentiu uma bala passar junto à bochecha, cujo vento parecia um pequeno sopro de ar quente. Mais fumaça aparecia no meio das pedras enquanto os *voltigeurs* abriam fogo contra os fuzileiros, mas nenhuma bala de mosquete acertou porque a distância era grande. Os fuzis faziam um barulho mais profundo, mais rápido que os mosquetes. — Avançar! — gritou Sharpe de novo, ciente de que Vicente havia trazido a linha da companhia três logo atrás dos escaramuçadores. Os fuzileiros corriam adiante, ajoelhavam-se, miravam e disparavam, e uma bala de mosquete atravessou o arbusto de tojo à esquerda de Sharpe. Era um francês disparando baixo, pensou, um homem com experiência. Estava a cem passos do afloramento e o medo havia secado sua boca. O inimigo permanecia escondido, seus homens em terreno aberto, e outra bala passou perto o bastante para ele sentir o vento. Um caçador tombou, agarrando a coxa direita, deixando o fuzil cair nos pés de tojo. — Deixem-no! — gritou Sharpe para dois homens que iam ajudar o sujeito. — Continuem atirando! Avançar! Avançar!

O barulho do grande ataque ao norte estava em intensidade máxima, canhões e mosquetes, e então as duas peças de artilharia que apoiavam o ataque de Sharpe dispararam juntas; ele viu um obus explodir bem na beira das rochas e ouviu a metralha acertar pedra. Um francês pareceu se levantar lentamente, com o casaco azul ficando vermelho antes de ele tombar de volta.

— Mirem bem! — gritou Sharpe para seus homens.

Na empolgação da batalha havia a tentação de atirar de qualquer jeito, desperdiçando balas, e agora ele estava suficientemente perto para ver o inimigo agachado. Hagman disparou, depois pegou com o jovem Perkins um fuzil carregado e atirou de novo. Mais fumaça de mosquete saltou das rochas. Meu Deus, eles eram teimosos! Os fuzileiros correram mais dez passos adiante, ajoelharam-se, dispararam e recarregaram. Outro caçador foi acertado, dessa vez no ombro, e tombou pela lateral do contraforte. Uma bala acertou a barretina de Sharpe, empurrando-a para trás presa ao cordel, de modo que ficou pendurada no pescoço. Harper disparou seu fuzil, depois tirou do ombro a arma de sete canos, antecipando a ordem para correr até as pedras. Sharpe se virou e encontrou Vicente quase nos seus calcanhares.

— Deixe-me dar uma saraivada — disse o português.

— Fuzileiros! — gritou Sharpe. — Abaixados! Abaixados!

Os fuzileiros se deitaram. Vicente fez seus homens pararem.

— Apontar!

As ordens no exército português eram dadas em inglês, uma concessão aos muitos oficiais britânicos. Sharpe se esgueirou para o meio deles.

— Fogo! — gritou Vicente, e a saraivada estalou sobre o contraforte rochoso, bombeando fumaça, no momento em que os dois canhões dispararam e o afloramento virou subitamente um inferno de balas, estilhaços de obus e sangue.

— Carga! — gritou Sharpe e correu adiante, vendo o alferes Iliffe à esquerda com o sabre desembainhado.

Os portugueses estavam gritando enquanto avançavam, as palavras impossíveis de serem distinguidas, mas obviamente cheias de ódio pelos franceses. Todos tinham começado a correr. Agora era tudo fúria; fúria, ódio, terror e raiva, e a fumaça aparecia nas pedras enquanto os franceses disparavam. Um homem gritou atrás de Sharpe, que descobriu Harper ao seu lado, correndo desajeitadamente, e estavam a apenas dez passos das pedras mais próximas quando de repente uma fila de 12 franceses se levantou, com um oficial no centro, e apontou os mosquetes.

Harper estava com a arma de sete canos em posição baixa, junto ao quadril, mas puxou o gatilho instintivamente e as sete balas acertaram a fileira de franceses, abrindo um buraco no centro da pequena linha. O oficial foi atingido em cheio, caindo para trás, e os outros pareceram mais chocados pelo barulho da arma do que por suas balas, e de repente estavam se virando e correndo. Um ou dois atiraram primeiro, mas nenhuma bala chegou perto de Sharpe, que pulou em cima das pedras e viu que os *voltigeurs* já haviam recebido o suficiente. Estavam se derramando pelas bordas íngremes do afloramento enquanto o oficial francês ferido, acertado pela bala de Harper, gritava para ficarem e lutarem. Sharpe calou o sujeito com um golpe do punho da espada que o deixou meio atordoado. Caçadores, fuzileiros e casacas vermelhas subiam no afloramento, desesperados para pegar os franceses antes que escapassem. Alguns inimigos foram lentos e gritavam ao ser apanhados pelas baionetas. Um sargento, percebendo que a fuga era impossível, virou-se e tentou atingir Harper com a baioneta, que o derrubou de lado com a arma de sete canos e depois acertou-o no queixo com um punho. O sargento francês caiu para trás como se tivesse sido atingido por uma bala de 9 libras. Harper garantiu que ele ficasse caído golpeando sua testa com a coronha da arma de sete canos.

Uns vinte franceses ainda estavam no morro, alguns presos por medo de cair da borda leste.

— Larguem as armas! — rugiu Sharpe, mas nenhum deles falava inglês e em vez disso se viraram com as baionetas apontadas. Sharpe empurrou um mosquete de lado com a espada pesada e depois acertou-a na barriga de um homem, girando o aço para que a carne não agarrasse a lâmina, depois puxando a arma de volta de modo que o sangue espirrou nas pedras. Escorregou no sangue, ouviu um mosquete espocar, girou a espada contra outro francês e Vicente estava ali, com sua espada grande acertando um cabo. Sharpe se levantou, viu um francês parado na beira das rochas e estocou a espada contra as costas do sujeito, fazendo com que ele parecesse mergulhar do penhasco. Houve um instante de silêncio depois que o homem desapareceu, então um som veio lá de baixo, como um saco de tripas caindo sobre uma pedra.

E silêncio de novo, silêncio abençoado, a não ser pelo som percussivo dos canhões ao norte. Os franceses haviam saído do afloramento. Estavam correndo encosta abaixo, perseguidos por tiros de fuzil, e os portugueses de Vicente começaram a comemorar.

— Sargento Harper! — gritou Sharpe.

— Senhor? — Harper estava revistando as roupas de um morto.

— Contagem de baixas — ordenou.

Em seguida, limpou a espada num casaco azul, depois enfiou-a de volta na bainha. Um obus francês explodiu inofensivo abaixo das pedras enquanto Sharpe sentava-se, subitamente cansado, e se lembrava da meia salsicha que estava em sua bolsa. Comeu-a, depois ajeitou um pouco a barretina furada de balas antes de colocá-la de volta na cabeça. Era estranho, pensou, mas nos últimos minutos ele não tivera muita consciência das costelas machucadas, porém agora a dor o golpeava. Havia um *voltigeur* aos seus pés e o cadáver portava um daqueles sabres curtos e antiquados que todos os escaramuçadores franceses levavam antigamente, mas que haviam abandonado porque as lâminas só serviam para fazer colheita. O sujeito parecia estranhamente em paz, sem qualquer marca visível no corpo. Sharpe imaginou se ele estaria se fingindo de morto e cutucou-o com a bota. O homem não reagiu. Uma mosca andou pelo globo ocular do *voltigeur* e Sharpe admitiu que ele tinha que estar morto.

Harper veio andando entre as pedras.

— O Sr. Iliffe, senhor — disse ele.

— O que tem?

— Está morto, senhor. E nenhum dos outros tem ao menos um arranhão.

— Iliffe? Morto? — Por algum motivo isso não fazia sentido.

— Ele não deve ter sentido nada, senhor. — Harper bateu na testa. — Entrou direto.

Sharpe xingou. Antes daquele dia não gostava de Iliffe, mas na batalha o garoto havia mostrado coragem. Estivera aterrorizado, tão aterrorizado que vomitara diante da perspectiva de lutar, mas assim que as balas começaram a voar ele dominou o medo e isso foi admirável. Sharpe foi até o corpo, tirou o chapéu e olhou para Iliffe, que parecia vagamente surpreso.

— Ele teria sido um bom soldado — disse, e os homens da Companhia Ligeira murmuraram concordando.

O sargento Read pegou três homens que carregaram o corpo de Iliffe de volta ao batalhão. Lawford não ficaria satisfeito, pensou Sharpe, depois imaginou por que diabos não teria sido Slingsby a receber um tiro na testa. Seria um bom trabalho para um *voltigeur* naquela manhã, pensou, e perguntou-se por que diabos sua própria bala havia errado. Olhou para o sol e percebeu que ainda estavam na metade da manhã. Sentia-se como se tivesse lutado o dia inteiro, mas na Inglaterra algumas pessoas ainda nem teriam acabado de tomar o desjejum.

Era uma pena o acontecido com Iliffe, pensou, depois bebeu um pouco d'água, ouviu os canhões e esperou.

— Agora! — gritou o general Craufurd, e os dois batalhões se levantaram, parecendo aos franceses que haviam brotado subitamente do chão vazio. — Dez passos adiante! — gritou Craufurd, e eles marcharam com precisão, levantando os mosquetes carregados — Cinquenta e dois! — gritou Craufurd para o batalhão mais próximo numa voz cheia de raiva fria e determinação selvagem. — Vingar Moore! — O 52º estivera em Corunna onde, ao derrotar os franceses, tinham perdido seu amado general, Sir John Moore.

— Apontar! — gritou o coronel do 52º.

O inimigo estava perto, a menos de 25 metros. Estava olhando para cima, onde a longa linha vermelha aparecera tão subitamente. Até os novatos nas experimentadas fileiras francesas sabiam o que viria. A linha britânica se sobrepunha às colunas, cada mosquete era apontado para as primeiras filas de franceses, e um oficial francês fez o sinal da cruz enquanto a linha vermelha parecia dar um quarto de volta à direita e as armas iam aos ombros dos homens.

— Fogo!

A laje de pedra desapareceu em fumaça enquanto mais de mil balas de mosquete golpeavam as colunas. Dezenas de homens caíram, e os vivos, ainda marchando para cima em obediência aos tambores, descobriram que não conseguiam passar pela pilha de feridos que se retorcia. Adiante, podiam ouvir o raspar das varetas entrando nos canos dos mosquetes. Os artilheiros britânicos da bateria que restava dispararam quatro cargas de metralha que rasgaram os sobreviventes, nublando a cabeça das colunas com jorros de sangue.

— Disparar por meias-companhias! — gritou uma voz.

— Fogo!

As saraivadas começaram: o exercício ondulante, implacável, incessante e mecânico da morte. Os escaramuçadores ingleses e portugueses haviam se organizado de novo à esquerda e acrescentaram seu fogo, de modo que as cabeças das colunas estavam cercadas por chamas e fumaça e eram golpeadas por balas, retalhadas por metralha cuspida da laje de pedra. Uma centena de incêndios começou no capim enquanto as buchas acesas eram cuspidas dos canos.

Os tiros não vinham apenas da frente. Os escaramuçadores e as companhias externas do 43º e do 52º tinham girado descendo a encosta para envolver os franceses, que agora recebiam tiros de três lados diferentes. A fumaça das saraivadas das meias-companhias ondulava ao longo das fileiras vermelhas, as balas batiam na carne e ricocheteavam nos mosquetes, e o avanço dos franceses fora detido. Nenhuma tropa podia avançar para a nuvem de fumaça rasgada por chamas à medida que as saraivadas espocavam.

— Baionetas! Baionetas! — gritou Craufurd. Houve uma pausa enquanto os homens tiravam as lâminas de 43 centímetros e prendiam nos canos enegrecidos dos mosquetes. — Agora matem! — Black Bob estava exultante, assistindo a seus homens bem-treinados arruinar colunas com um número de soldados quatro vezes maior.

Os homens com mosquetes carregados atiravam, e os casacas vermelhas estavam descendo o morro, a princípio em passo firme, mas então as duas fileiras encontraram os mortos franceses e perderam a coesão enquanto abriam caminho entre os corpos. E ali, a apenas alguns metros, estavam os vivos. Os ingleses deram um grande grito de fúria e atacaram.

— Matem!

Black Bob estava logo atrás das fileiras, espada na mão, olhando furioso os franceses enquanto os casacas vermelhas estocavam com suas lâminas.

Era uma carnificina. A maioria dos franceses das primeiras fileiras que havia sobrevivido aos tiros de mosquetes e à metralha estava ferida. Além disso, eles estavam apinhados, e agora os casacas vermelhas vinham com baionetas. As lâminas longas golpeavam, eram torcidas e puxadas de volta. Agora o barulho mais alto na encosta era o dos gritos, homens gritando por misericórdia, implorando a Deus, xingando o inimigo, e as saraivadas das meias-companhias continuavam chicoteando dos flancos, fazendo com que nenhum francês pudesse se organizar em linha. Haviam marchado subindo uma colina da morte e estavam encurralados como ovelhas logo abaixo do cume, as balas os matando nos flancos, as lâminas pela frente e a única fuga do tormento era morro abaixo.

E se romperam. Num momento havia uma massa de homens encolhida sobre o ataque de aço e chumbo; e no outro, a começar pelas fileiras da retaguarda, era uma turba em fuga. As primeiras filas, presas pelos homens de trás, não podiam escapar e eram carne fácil para as selvagens lâminas de 43 centímetros, mas os homens de trás correram. Tambores rolavam morro abaixo, abandonados por meninos aterrorizados demais para fazer qualquer coisa além de escapar. E, enquanto iam, os escaramuçadores ingleses e portugueses vinham dos flancos para persegui-los. Os últimos franceses desistiram, perseguidos por casacas vermelhas, e alguns foram mortos na aldeia, onde as lâminas voltaram a trabalhar e as pedras do calçamento e das paredes brancas das casas estavam pintadas com mais sangue. Os gritos podiam ser ouvidos no vale onde Masséna observava, boquiaberto. Alguns franceses ficaram emaranhados nas videiras e os caçadores os pegaram ali, cortando suas gargantas. Fuzileiros derramavam balas atrás dos fugitivos. Um homem gritou por misericórdia numa casa da aldeia e o grito se transformou num berro terrível quando duas baionetas tiraram sua vida.

E então os franceses se foram. Tinham sido dominados pelo pânico, e a encosta ao redor da aldeia estava coberta de mosquetes abandonados e cadáveres. Alguns inimigos tiveram sorte. Dois fuzileiros arrebanharam prisioneiros e os cutucavam morro acima, em direção ao moinho onde os artilheiros ingleses tinham retomado sua bateria. Um capitão francês, que só escapara fingindo-se de morto, entregou a espada a um tenente do 52º. O tenente, um homem cortês, fez uma reverência e devolveu a espada.

— O senhor me fará a honra de acompanhar-me morro acima — disse, e então tentou conversar em seu francês de escola.

O tempo havia esfriado subitamente, não? O capitão francês concordou, mas também teria concordado se o inglês tivesse dito que estava quente. Ele tremia. Estava coberto de sangue que não era seu, vindo de ferimentos infligidos por metralha em homens que haviam subido perto dele. Viu seus homens mortos, viu outros agonizando, viu-os olhando do chão e tentando pedir uma ajuda que ele não poderia dar. Lembrou-se das baionetas vindo para ele e o júbilo de matar, nítido no rosto dos homens que as seguravam.

— Foi uma tempestade — disse sem saber o que falava.

— Não agora, o calor diminuiu, acho — respondeu o tenente, interpretando mal as palavras do prisioneiro. Os músicos das bandas do 43º e do 52º estavam recolhendo os feridos, quase todos franceses, e carregando-os ao moinho onde os que sobrevivessem seriam postos em carroças e levados ao mosteiro onde os cirurgiões esperavam. — Nós esperávamos fazer um jogo de críquete, se o tempo ficar firme amanhã — disse o tenente. — Já teve o privilégio de assistir ao críquete, monsieur?

— Críquete? — O capitão olhou boquiaberto para o casaca vermelha.

— Os oficiais da Divisão Ligeira esperam jogar contra o resto do exército, a não ser que o tempo ou a guerra intervenha.

— Nunca vi críquete — observou o francês.

— Quando o senhor chegar ao céu — disse o tenente, sério —, e rezo para que seja daqui a muitos anos, descobrirá que seus dias serão passados jogando críquete.

Logo ao sul houve mais tiros súbitos. Pareciam saraivadas britânicas, porque eram regulares e rápidas, mas vinham de quatro batalhões portugueses que guardavam a crista da serra à direita da Divisão Ligeira. A menor coluna francesa, destinada a reforçar o sucesso das duas que haviam subido através de Sula, havia se virado para longe da aldeia e se viu separada do ataque principal por uma ravina funda e coberta por mato; assim os homens subiam sozinhos, passando por um bosque de pinheiros, e quando emergiram na colina aberta, acima, viram somente tropas portuguesas adiante. Nenhuma casaca vermelha. A coluna estava em maior número do que os portugueses. Os franceses também conheciam o inimigo porque haviam derrotado os portugueses antes e não temiam os homens vestidos de marrom e azul tanto quanto temiam os mosquetes ingleses. Seria uma vitória simples, um golpe de marreta contra um inimigo desprezado, mas então os portugueses abriram fogo e as saraivadas ondulavam com precisão mecânica, as balas de mosquete eram disparadas para baixo, as armas eram recarregadas rapidamente e a coluna, como as do norte, viu-se atacada por três lados. De repente o inimigo desprezado estava impelindo os franceses de maneira vergonhosa morro abaixo. E assim a última coluna francesa correu, derrotada por homens que lutavam pela pátria. Toda a serra ficou vazia dos homens do imperador, a não ser os mortos, os feridos e os capturados. Um menino tocador de tambor chorava caído no vinhedo. Tinha 11 anos e estava com uma bala no pulmão. Seu pai, um sargento, estava morto a vinte passos dali e um pássaro bicava os olhos dele. Agora que os canhões haviam parado, os pássaros pretos vinham à encosta para seu festim.

A fumaça subia do morro. As armas esfriavam. Homens passavam garrafas d'água.

Os franceses estavam de volta no vale.

— Há uma estrada rodeando o norte da serra — lembrou um ajudante ao marechal Masséna, que não disse nada. Só ficou olhando o que restava de seus ataques contra o morro. Derrotados, todos eles. Derrotados até o nada. Derrotados. E o inimigo, de novo escondido atrás da crista da serra, esperava que ele tentasse mais uma vez.

— Lembra-se da Srta. Savage? — perguntou Vicente a Sharpe. Estavam sentados na ponta do afloramento rochoso, olhando os franceses derrotados.

— Kate? Claro que me lembro de Kate. Costumo imaginar o que aconteceu com ela.

— Casou-se comigo — disse Vicente, e pareceu absurdamente satisfeito consigo mesmo.

— Santo Deus — reagiu Sharpe, e então decidiu que isso provavelmente parecia uma resposta grosseira. — Parabéns!

— Raspei o bigode, como você sugeriu. E ela disse sim.

— Nunca entendi os bigodes. Deve ser igual a beijar um arbusto escurecido.

— E temos uma filha.

— Trabalho rápido, Jorge!

— Somos muito felizes — disse Vicente com solenidade.

— Que bom — disse Sharpe, e falava sério.

Kate Savage havia fugido de casa na cidade do Porto, e Sharpe a havia resgatado com a ajuda de Vicente. Isso acontecera 18 meses antes, e Sharpe se perguntava frequentemente o que teria acontecido com a jovem inglesa que herdara os vinhedos e a adega do pai.

— Kate ainda está em Porto, claro — disse Vicente.

— Com a mãe?

— Ela voltou para a Inglaterra, logo depois que entrei para meu novo regimento em Coimbra.

— Por que em Coimbra?

— Foi onde cresci, e meus pais ainda moram lá. Cursei a universidade em Coimbra, de modo que lá é de fato meu lar. Mas de agora em diante vou morar em Porto. Quando a guerra acabar.

— Vai ser advogado de novo?

— Espero que sim. — Vicente fez o sinal da cruz. — Sei o que você pensa sobre o direito, Richard, mas é a única barreira entre o homem e a bestialidade.

— Não serviu muito para impedir os franceses.

— A guerra está acima da lei, motivo pelo qual é tão ruim. A guerra libera todas as coisas que a lei restringe.

— Como eu.

— Você não é um homem tão ruim — disse Vicente com um sorriso.

Sharpe olhou para o vale embaixo. Os franceses haviam finalmente recuado para onde estavam na noite anterior, só que agora trabalhavam do outro lado do riacho, onde a infantaria cavava trincheiras e usava a terra para fazer anteparos.

— Aqueles patifes acham que vamos descer para acabar com eles — disse.

— E vamos?

— Meu Deus, não! Temos o terreno elevado. Não há sentido em abrir mão dele.

— Então o que faremos?

— Esperaremos ordens, Jorge, esperaremos ordens. E acho que as minhas estão chegando agora. — Sharpe apontou na direção do major Forrest que vinha a cavalo pela crista do contraforte.

Forrest parou perto das pedras e olhou para os mortos franceses, depois tirou o chapéu e acenou para Sharpe.

— O coronel quer a companhia de volta — disse parecendo cansado.

— Major Forrest — disse Sharpe —, quero apresentar o capitão Vicente. Eu lutei com ele em Porto.

— É uma honra — disse Forrest. — Uma honra. — Sua manga estava vermelha com o sangue que a bala de mosquete que o atingira havia tirado. Ele hesitou, tentando pensar em algo elogioso para dizer a Vicente, mas nada lhe ocorreu, por isso olhou de volta para Sharpe. — O coronel quer a companhia agora, Sharpe.

— De pé, rapazes! — Sharpe se levantou e apertou a mão de Vicente. — Fique de olho em nós, Jorge. Podemos precisar da sua ajuda de novo. E dê lembranças minhas a Kate.

Sharpe levou a companhia de volta pelo terreno chamuscado por fogo de mosquetes e fuzis. Agora a encosta estava silenciosa, sem canhões atirando, apenas o vento sussurrando no capim alto. Forrest cavalgava ao lado de Sharpe, mas não disse nada até chegarem às linhas do batalhão. O South Essex estava em fileiras, mas sentados e esparramados no capim, e Forrest indicou a extremidade esquerda da linha, como se ordenasse à Companhia Ligeira para ocupar seu lugar.

— O tenente Slingsby vai comandá-los por enquanto — disse Forrest.

— Vai o quê? — perguntou Sharpe, chocado.

— Por enquanto — respondeu Forrest, tentando acalmá-lo —, porque neste momento o coronel quer falar com você, Sharpe, e devo dizer que ele não está satisfeito.

Isso era um eufemismo. O honorável William Lawford estava de mau humor, mas sendo homem de polidez requintada, a raiva só se manifestava como uma ligeira tensão nos lábios e um olhar nitidamente inamistoso quando Sharpe chegou à sua barraca. Lawford saiu à luz do sol e acenou para Forrest.

— Fique, major — disse, e esperou enquanto Forrest apeava e dava as rédeas a um serviçal de Lawford, que levou o cavalo para longe. — Knowles! — Lawford chamou o ajudante, que estava na barraca. Knowles deu um olhar de simpatia a Sharpe, o que só deixou Lawford com mais raiva ainda. — É melhor ficar, Knowles — disse ele —, mas mantenha outras pessoas longe. Não quero que o que for dito aqui seja espalhado no batalhão.

Knowles pôs o chapéu e ficou parado a alguns passos de distância. Forrest foi para um dos lados enquanto Lawford olhava Sharpe.

— Será que pode se explicar, capitão? — disse ele gelidamente.

— Me explicar, senhor?

— O alferes Iliffe está morto.

— Lamento, senhor.

— Santo Deus! O garoto foi colocado sob meus cuidados! Agora tenho que escrever ao pai dele dizendo que a vida do garoto foi jogada fora por um oficial irresponsável que levou sua companhia num ataque sem qualquer autorização minha! — Lawford fez uma pausa, evidentemente com raiva demais para pronunciar as próximas palavras, depois bateu a mão na bainha da espada. — Eu comando este batalhão, Sharpe! Talvez você não tenha percebido. Acha que pode flanar por aí como quiser, matando homens à vontade, sem se reportar a mim?

— Eu recebi ordens, senhor — disse Sharpe, com rosto pétreo.

— Ordens? Eu não dei nenhuma ordem!

— Recebi ordens do coronel Rogers-Jones, senhor.

— Quem diabos é o coronel Rogers-Jones?

— Acho que comanda um batalhão de caçadores — interveio Forrest em voz baixa.

— Que droga, Sharpe — disse Lawford rispidamente. — A porcaria do coronel Rogers-Jones não comanda o South Essex!

— Eu recebi ordens de um coronel, senhor — insistiu Sharpe —, e obedeci. — Ele fez uma pausa. — E me lembrei de seu conselho, senhor.

— Meu conselho?

— Ontem à noite o senhor disse que queria que seus escaramuçadores fossem audazes e agressivos. E fomos.

— Também quero que meus oficiais sejam cavalheiros, que demonstrem cortesia.

Sharpe sentiu que haviam chegado ao verdadeiro objetivo da reunião. Lawford, era verdade, tinha um ressentimento genuíno por Sharpe ter levado a Companhia Ligeira a um ataque sem sua permissão, mas nenhum oficial poderia opor-se verdadeiramente a um homem que lutou contra o inimigo. A reclamação fora meramente um tiro de aviso para o ataque que viria. Sharpe não disse nada, apenas olhou fixamente para um ponto entre os olhos do coronel.

— O tenente Slingsby — disse o coronel — me contou que você o insultou. Que o convidou a um duelo. Que você o chamou de filho ilegítimo. Que xingou-o.

Sharpe lançou a mente de volta ao rápido confronto na encosta da serra, logo depois de ter tirado a companhia da frente do pânico francês.

— Duvido que eu o tenha chamado de filho ilegítimo, senhor. Eu não usaria esse tipo de palavra. Provavelmente chamei-o de filho da puta.

Knowles olhou para o oeste. Forrest olhou para o capim para esconder um sorriso. Lawford ficou atônito.

— Você o chamou de quê?

— De filho da puta, senhor.

— Isso é inteiramente inaceitável entre colegas oficiais — disse Lawford.

Sharpe ficou quieto. Geralmente era o melhor a fazer.

— Não tem nada para falar? — perguntou Lawford.

Sharpe sentiu-se obrigado a responder.

— Jamais fiz alguma coisa que não fosse pelo bem do batalhão.

Essa declaração veemente pegou Lawford desprevenido. Ele piscou.

— Ninguém está censurando seu serviço, Sharpe — disse ele rigidamente. — Em vez disso, estou tentando inculcar bons modos de oficial em seu comportamento. Não tolerarei grosserias contra um colega oficial.

— O senhor toleraria perder metade da sua Companhia Ligeira?

— Metade da minha Companhia Ligeira?

— Meu colega oficial — Sharpe não se incomodou em esconder o sarcasmo — estava com a Companhia Ligeira em ordem de escaramuça abaixo dos franceses. Quando rompessem fileiras, senhor, coisa que aconteceu, ele teria perdido todos. Teriam sido varridos. Para sorte do batalhão, senhor, eu estava lá e fiz o que precisava ser feito.

— Não foi isso que eu observei — disse Lawford.

— Aconteceu — respondeu Sharpe com firmeza.

Forrest pigarreou e olhou para uma haste de capim perto de seu pé direito. Lawford aproveitou a deixa.

— Major?

— Acho que o tenente Slingsby havia levado a Companhia Ligeira um pouco longe demais, senhor — observou Forrest em tom ameno.

— Audácia e agressividade não são coisas repreensíveis num oficial — disse Lawford. — Aplaudo o entusiasmo do tenente Slingsby, e isso não é motivo para você insultá-lo, Sharpe.

Era hora de morder a língua de novo, pensou Sharpe, por isso ficou quieto.

— E não admitirei um duelo entre meus oficiais — Lawford estava de volta à velha forma. — E não admitirei insultos gratuitos. O tenente Slingsby é um oficial experiente e entusiasmado, um trunfo indubitável para o batalhão, Sharpe, um trunfo. Está claro?

— Sim, senhor.

— Então você pedirá desculpas a ele.

De jeito nenhum, pensou Sharpe, e continuou olhando para o ponto entre os olhos de Lawford.

— Ouviu, Sharpe?

— Ouvi, senhor.

— Então vai se desculpar?

— Não, senhor.

Lawford pareceu ultrajado, mas durante alguns segundos ficou sem palavras.

— As consequências se me desobedecer, Sharpe — conseguiu falar finalmente —, serão duras.

Sharpe mudou o olhar de modo a encarar o olho direito de Lawford. Olhando direto para Lawford e deixando-o desconfortável. Viu fraqueza ali, depois decidiu que não era isso. Lawford não era um homem fraco, mas carecia de implacabilidade. A maioria dos homens era assim. A maioria dos homens era razoável, buscava o meio-termo e encontrava um terreno mútuo. Sentia-se feliz em disparar saraivadas, mas evitava chegar perto com uma baioneta. Mas agora era a hora de Lawford usar a lâmina. Ele havia esperado que Sharpe se desculpasse com Slingsby, e por que não? Era um gesto bem pequeno, parecia resolver o problema, mas Sharpe se recusava e Lawford não sabia o que fazer.

— Não vou me desculpar — disse Sharpe com muita aspereza —, senhor. — E a última palavra tinha toda a insolência que poderia ser investida em duas sílabas.

Lawford pareceu furioso, mas de novo não disse nada durante alguns segundos. Então, abruptamente, balançou a cabeça.

— Você já foi intendente, não foi?

— Sim, senhor.

— O Sr. Kiley está indisposto. No momento, enquanto decido o que fazer com você, assumirá o serviço dele.

— Sim, senhor — respondeu Sharpe com o rosto inexpressivo, sem trair qualquer reação.

Lawford hesitou, como se houvesse mais alguma coisa a ser dita, depois enfiou o chapéu de bicos na cabeça e se virou.

— Senhor — disse Sharpe.

Lawford se virou sem dizer nada.

— O Sr. Iliffe. Ele lutou bem hoje. Se vai escrever à família dele, pode dizer, com sinceridade, que ele lutou muito bem.

— Uma pena, então, ele estar morto — disse Lawford amargamente, e se afastou, chamando Knowles para acompanhá-lo.

Forrest suspirou.

— Por que não pede desculpa, Richard?

— Porque ele quase matou minha companhia.

— Sei disso, e o coronel também sabe, e o Sr. Slingsby sabe, e sua companhia sabe. Então engula um pouco do seu orgulho, Sharpe, e volte para eles.

— Ele — Sharpe apontou para a figura do coronel que se afastava — quer se livrar de mim. Quer que a porcaria do cunhado comande os escaramuçadores.

— Ele não quer se livrar de você, Sharpe — disse Forrest com paciência. — Santo Deus, ele sabe como você é bom! Mas precisa trazer Slingsby. Negócio de família, certo? A mulher dele quer que ele faça a carreira de Slingsby, e o que uma esposa quer, Sharpe, ela consegue.

— Ele quer se livrar de mim — insistiu Sharpe. — E ainda que eu pedisse desculpa, major, cedo ou tarde eu seria descartado, então é melhor que seja agora mesmo.

— Não vá longe — disse Forrest com um sorriso.

— Por quê?

— O Sr. Slingsby bebe — respondeu Forrest baixinho.

— Bebe?

— Demais. Por enquanto ele está se segurando, esperando que um novo batalhão lhe dê um novo começo, mas temo por ele. Eu tive um problema semelhante, Richard, mas vou agradecer se você não contar a ninguém. Suspeito que no fim o caro Sr. Slingsby reverterá ao velho comportamento. Isso acontece com a maioria dos homens.

— Com o senhor não aconteceu.

— Ainda não, Sharpe, ainda não. — Forrest sorriu. — Mas pense no que eu disse. Murmure um pedido de desculpas ao sujeito, certo? E deixe a coisa estourar.

Só quando o inferno congelar, pensou Sharpe. Porque não pediria desculpas.

E Slingsby comandava a Companhia Ligeira.

O MAJOR FERREIRA tinha lido a carta do irmão pouco depois da derrota da coluna francesa.

— Ele quer uma resposta, senhor — havia dito Miguel, o mensageiro de Ferrabrás. — Uma palavra.

Ferreira olhou através da fumaça dos canhões que pairava em fiapos sobre a colina onde tantos franceses haviam morrido. Isso era uma vitória, pensou, mas não demoraria muito até que encontrassem a estrada que passava ao largo da extremidade norte da serra. Ou talvez os vitoriosos ingleses e portugueses descessem varrendo a longa encosta do Buçaco e atacassem os franceses no vale. Mas não havia sinal de um ataque assim. Nenhum cavaleiro galopava para dar novas instruções aos generais, e quanto mais Wellington esperasse, mais tempo os franceses tinham para fazer as fortificações de terra do outro lado do riacho. Não, pensou o major, esta batalha estava terminada e lorde Wellington provavelmente pretendia recuar até Lisboa e oferecer outra batalha nas colinas ao norte da cidade.

— Uma palavra. — Miguel havia instigado o major de novo.

Ferreira concordou.

— Sim — disse ele, mas com voz pesada.

E assim que a palavra fatal foi dita ele virou o cavalo e esporeou para o norte, passando pela vitoriosa Divisão Ligeira, atrás do moinho cheio de marcas das balas de mosquetes, depois desceu em meio às árvores pequenas que cresciam na extremidade norte da serra. Ninguém observou sua ida. Ele era conhecido como explorador ocasional, um dos oficiais portugueses que, como suas contrapartidas britânicas, saía a cavalo para examinar a posição inimiga. E além disso havia milicianos portugueses nos morros de Caramula, ao norte da serra, e não era surpreendente que um oficial partisse para verificar a posição deles.

Mas ainda que a partida de Ferreira tivesse parecido bastante inocente, ele cavalgava nervoso. Todo o seu futuro, o futuro de sua família, dependia das próximas horas. O major havia herdado riqueza, mas jamais ganhara nenhuma. Seus investimentos haviam fracassado e somente o retorno do irmão havia restaurado suas fortunas, e essa fortuna seria ameaçada caso os franceses ocupassem Portugal. O que o major Ferreira deveria fazer agora era trocar de cavalo, saltar da sela patriótica para outra francesa, mas deveria fazê-lo de modo que ninguém jamais soubesse, e faria isso apenas para preservar seu nome, sua fortuna e o futuro da família.

Cavalgou por três horas, e passava do meio-dia quando virou para o leste, subindo um morro alto. Sabia que a milícia portuguesa, que vigiava a estrada ao norte da serra, estava bem atrás dele, e pelo que sabia não havia patrulhas de cavalaria britânicas ou portuguesas naqueles morros, mas mesmo assim fez o sinal da cruz e uma oração silenciosa para não ser visto por alguém do seu lado. E pensava nos Exércitos britânico e português como o seu lado. Era patriota, mas de que adiantava um patriota sem um tostão?

Parou no topo do morro. Ficou ali por um longo tempo, até ter certeza de que qualquer vedeta da cavalaria francesa o teria visto, então desceu lentamente a face leste do morro. Parou na metade da descida. Agora, qualquer um que se aproximasse poderia ver que ele não estava atraindo-os para uma emboscada. Não havia terreno morto atrás dele, não havia local para uma unidade de cavalaria se esconder. Havia apenas o major Ferreira numa encosta nua e comprida.

E, dez minutos depois de ele ter parado, uns vinte dragões com casacos verdes apareceram a 800 metros. Os cavaleiros se espalharam em linha. Alguns estavam com as carabinas fora dos coldres, mas a maioria tinha desembainhado espadas e Ferreira apeou para mostrar que não tentaria escapar. O oficial encarregado dos dragões olhou para cima, procurando algum perigo, e finalmente deve ter concluído que tudo estava bem, porque avançou com meia dúzia de seus homens. Os cascos dos cavalos levantavam tufos de poeira na colina seca. À medida que os dragões se aproximavam, Ferreira abriu os braços para mostrar que não estava armado e ficou totalmente imóvel enquanto os cavaleiros o rodeavam. Uma lâmina chegou perto de sua garganta, estendida pelo oficial, cujo uniforme fora desbotado pelo sol.

— Tenho uma carta de apresentação — disse Ferreira em francês.
— Para quem? — Foi o oficial que respondeu.
— Para vocês. Do coronel Barreto.
— E quem, em nome do santo Cristo, é o coronel Barreto?
— Ajudante do marechal Masséna.
— Mostre a carta.

Ferreira tirou o papel de um bolso, desdobrou e entregou-o ao oficial francês, que se inclinou na sela para pegá-lo. A carta, amassada e suja, explicava a qualquer oficial francês que o portador era de confiança e deveria receber toda a ajuda possível. Barreto dera a carta a Ferreira enquanto o major negociava o presente da farinha, mas agora ela era mais útil. O oficial dragão leu-a rapidamente, olhou uma vez para Ferreira e devolveu a carta.

— E o que o senhor quer?
— Ver o coronel Barreto, claro.

Levaram uma hora e meia para chegar à aldeia de Moura, onde os homens de Ney, que haviam atacado em direção ao moinho acima de Sula, estavam descansando. Os cirurgiões se ocupavam na aldeia e Ferreira teve que desviar o cavalo de uma pilha de braços e pernas amputados, do lado de fora de uma janela aberta. Ao lado do riacho, onde as pedras chatas serviam para as mulheres da aldeia lavarem as roupas, havia agora um monte de cadáveres. A maioria fora despida dos uniformes e sua pele branca estava rendilhada de sangue. Ferreira desviou os olhos enquanto seguia os dragões até um morro pequeno logo depois da aldeia onde, à sombra do moinho de vento de Moura, o marechal Masséna comia uma refeição de pão, queijo e galinha fria. Ferreira apeou e esperou enquanto o oficial dragão abria caminho entre os ajudantes e, enquanto esperava, olhou para a serra e imaginou o que qualquer general pensaria quanto a lançar seus homens numa encosta daquelas.

— Major Ferreira! — A voz era azeda. Um homem alto, com uniforme de coronel dos dragões franceses, se aproximou dele. — Dê-me um motivo, major — disse o coronel, apontando para o moinho —, para não colocarmos o senhor contra aquela parede e atirarmos? — Mesmo vestido como francês, o coronel era português. Havia sido oficial do antigo Exército português e vira sua casa ser queimada e sua família morta pela ordenança, a milícia portuguesa, que se voltara contra as classes privilegiadas durante o caos das primeiras invasões francesas. O coronel Barreto havia se juntado aos franceses, não porque odiasse Portugal, mas porque não via futuro para seu país a não ser que ele se livrasse da superstição e da anarquia. Acreditava que os franceses trariam as bênçãos da modernidade, mas somente se as forças francesas fossem alimentadas. — O senhor nos prometeu farinha! — disse Barreto com raiva. — E em vez disso havia uma infantaria inglesa nos esperando!

— Numa guerra, coronel, coisas dão errado — respondeu Ferreira humildemente. — A farinha estava lá, meu irmão estava lá, e então chegou uma companhia inglesa. Tentei mandá-la embora, mas eles não quiseram ir. — Ferreira soube que parecia débil, mas estava aterrorizado. Não com medo dos franceses, mas da possibilidade de algum oficial na serra vê-lo através de um telescópio. Duvidava que isso fosse acontecer. O topo do morro estava muito longe e seu casaco azul português pareceria francês àquela distância, mas mesmo assim estava apavorado. A traição era um negócio difícil.

Barreto pareceu aceitar a explicação.

— Encontrei os restos da farinha — admitiu ele. — Mas é uma pena, major. O exército está com fome. Sabe o que encontramos nesta aldeia? Meio barril de limões. De que adianta isso?

— Coimbra está cheia de comida — disse Ferreira.

— Cheia de comida, é? — perguntou Barreto com ceticismo.

— Trigo, cevada, arroz, feijão, figo, bacalhau seco, carne — respondeu Ferreira, peremptório.

— E como, em nome de Deus, vamos chegar a Coimbra, hein? — Barreto havia mudado para o francês porque um grupo de auxiliares de Masséna tinha vindo escutar a conversa. O coronel apontou a serra. — Aqueles desgraçados estão entre nós e Coimbra, Ferreira.

— Há uma estrada que passa ao largo da serra.

— Uma estrada que passa pelo desfiladeiro de Caramula. E quantos casacas vermelhas desgraçados estão nos esperando lá?

— Nenhum. Só há a milícia portuguesa. Não mais de quinhentos. Em três dias, coronel, o senhor pode estar em Coimbra.

— E em três dias os ingleses vão esvaziar Coimbra de toda a comida.

— Meu irmão lhes garante três meses de suprimentos. Mas só... — Ele hesitou e parou.

— Só o quê? — perguntou um francês.

— Quando seu exército entra numa cidade, monsieur — disse Ferreira muito humildemente —, ele não se comporta bem. Há saques, roubo, assassinato. Isso aconteceu todas as vezes.

— E?

— E se os seus homens entrarem nos armazéns do meu irmão, o que farão?

— Tomarão tudo — respondeu o francês.

— E destruirão o que não puderem tomar — terminou Ferreira. E olhou de volta para Barreto. — Meu irmão quer duas coisas, coronel. Quer um pagamento justo pela comida que fornecerá a vocês e quer que sua propriedade seja preservada desde o momento em que vocês entrarem na cidade.

— Nós tomamos o que quisermos — observou outro francês. — Não pagamos comida aos nossos inimigos.

— Se eu não disser ao meu irmão que vocês concordam — disse Ferreira, agora com a voz mais dura —, não haverá comida quando chegarem a Coimbra. Vocês podem não tomar nada, monsieur, ou podem pagar por alguma coisa e comer.

Houve um momento de silêncio, então Barreto balançou a cabeça abruptamente.

— Falarei com o marechal — disse e se virou.

Um dos ajudantes franceses, um major alto e magro, ofereceu uma pitada de rapé a Ferreira.

— Ouvi dizer que os ingleses estão construindo defesas diante de Lisboa. É verdade?

Ferreira deu de ombros, como a sugerir que os temores do francês fossem triviais.

— Há uma ou duas fortalezas novas — admitiu, porque tinha-as visto pessoalmente enquanto cavalgava de Lisboa para o norte —, mas são obras pequenas. O que também estão construindo, monsieur, é um porto novo em São Julião.

— Onde fica isso?

— A sul de Lisboa.

— Estão construindo um porto?

— Um porto novo, monsieur. Eles temem evacuar as tropas através de Lisboa. Pode haver tumultos. São Julião é um local remoto e será fácil para os ingleses levarem seus navios para lá sem problemas.

— E os fortes que você viu?

— Vigiam a estrada principal para Lisboa, mas existem outras.

— E a que distância eles ficam de Lisboa?

— Trinta quilômetros — supôs Ferreira.

— E existem morros lá?

— Não tão íngremes quanto esse. — Ferreira apontou na direção da serra elevada.

— Então eles esperam nos retardar nos morros enquanto recuam até o porto novo?

— Imagino que sim, senhor.

— Então vamos precisar de comida — concluiu o francês. — E o que o seu irmão quer, além de dinheiro e proteção?

— Quer sobreviver, monsieur.

— É o que todos queremos — disse o francês. Ele estava olhando os cadáveres azuis caídos na encosta leste da serra. — Que Deus nos mande logo de volta para a França.

Para surpresa de Ferreira, o próprio marechal retornou com o coronel Barreto. O caolho Masséna encarou Ferreira com intensidade, e este devolveu o olhar, vendo como o francês parecia velho e cansado. Finalmente Masséna cumprimentou.

— Diga ao seu irmão que vamos pagar um preço e diga que o coronel Barreto vai levar tropas para proteger sua propriedade. O senhor sabe onde fica essa tal propriedade, coronel?

— O major Ferreira me dirá — respondeu Barreto.

— Bom. É hora de meus homens terem uma refeição decente.

Masséna voltou para a sua galinha fria com pão, queijo e vinho enquanto Barreto e Ferreira primeiro regateavam o preço a ser pago, depois faziam arranjos para salvaguardar a comida. E quando isso terminou, Ferreira retornou pelo mesmo caminho por onde viera. Cavalgou ao sol da tarde, resfriado por um vento de outono, e ninguém o viu e ninguém nos exércitos português ou britânico achou estranho que ele estivesse longe desde o fim da batalha.

E na crista da serra e no vale embaixo as tropas esperavam.

SEGUNDA PARTE

Coimbra

CAPÍTULO VI

Os exércitos britânico e português permaneceram na crista da serra durante todo o dia seguinte enquanto os franceses continuavam no vale. Às vezes o estalo dos mosquetes ou fuzis espantava pássaros dos arbustos de tojo enquanto os escaramuçadores disputavam a longa encosta, mas na maior parte o dia foi calmo. Os canhões não dispararam. As tropas francesas, sem armas e vestidas em mangas de camisa, subiram a encosta para levar seus feridos que tinham sido deixados sofrendo durante a noite. Alguns feridos haviam se arrastado até o riacho enquanto outros tinham morrido na escuridão. Um *voltigeur* morto logo abaixo do contraforte rochoso exibia as mãos apertadas erguidas para o céu enquanto um corvo bicava seus lábios e seus olhos. Os piquetes ingleses e portugueses não perturbaram o trabalho do inimigo, apenas desafiando os poucos *voltigeurs* que subiam perto demais da crista. Quando os feridos tinham sido levados, os mortos foram carregados para as sepulturas que estavam sendo cavadas atrás das trincheiras feitas pelos franceses do outro lado do riacho, mas os bastiões defensivos eram um desperdício de esforço, porque lorde Wellington não tinha intenção de abrir mão do terreno elevado para lutar no vale.

O tenente Jack Bullen, um rapaz de 19 anos que estivera servindo na companhia nove, foi mandado à Companhia Ligeira para substituir Iliffe. Slingsby, como decretou Lawford, seria agora chamado de capitão Slingsby.

— Ele recebeu esse posto provisório no 55° — disse Lawford a Forrest — e isso irá distingui-lo de Bullen.

— Vai mesmo, senhor.

Lawford se irritou com o tom do major.

— É meramente uma cortesia, Forrest. Certamente você a aprova, não?

— De fato, senhor, mas valorizo mais Sharpe.

— O que diabos você quer dizer?

— Quero dizer, senhor, que preferia ter Sharpe comandando os escaramuçadores. Ele é o melhor homem para o serviço.

— E comandará, Forrest, comandará, assim que aprender a se comportar de maneira civilizada. Nós lutamos pela civilização, não é?

— Espero que sim — concordou Forrest.

— E não alcançaremos esse objetivo nos comportando com descortesia. Isso é que é o comportamento de Sharpe, Forrest, uma descortesia. Quero que isso seja erradicado.

Seria o mesmo que extinguir o sol, pensou o major Forrest. O major era um homem cortês, criterioso e sensato, mas duvidava que a eficiência de luta do South Essex fosse aumentada através de uma campanha para melhorar seus modos.

Havia uma atmosfera carrancuda no batalhão. Lawford considerou que fosse devido às baixas da batalha, que tinham sido enterradas na serra ou levadas em carroças para a misericórdia descuidada dos cirurgiões. Este era um dia em que o batalhão deveria estar ocupado, pensou Lawford, no entanto não havia o que fazer, a não ser esperar no cume longo e alto para o caso de os franceses recomeçarem os ataques. Ordenou que todos os mosquetes fossem limpos com água fervente, as pederneiras tinham que ser inspecionadas e substituídas caso estivessem lascadas demais, e a caixa de cartuchos de cada homem precisava ser enchida de novo, mas essas tarefas úteis levaram apenas uma hora e no fim desse tempo os homens não estavam mais animados do que no início. O coronel se fez visível e tentou encorajar os homens, mas tinha consciência dos olhares de reprovação e dos comentários em voz baixa, e como Lawford não era idiota, sabia exatamente o que os provocava. Continuava esperando que Sharpe pedisse as desculpas necessárias, mas o fuzileiro permaneceu teimosamente fora de vista, e finalmente Lawford procurou Leroy, o americano leal.

— Fale com ele — implorou.

— Ele não vai me ouvir, coronel.

— Ele respeita você, Leroy.

— É gentileza sua sugerir isso, mas ele é teimoso feito uma mula.

— O problema é que ele está ficando grande demais para as próprias botas — disse Lawford, irritado.

— Botas que ele tomou de um coronel de chasseurs francês, se bem me lembro — respondeu Leroy, olhando um abutre que circulava preguiçosamente sobre a serra.

— Os homens estão insatisfeitos — disse Lawford, decidindo evitar uma discussão sobre as botas de Sharpe.

— Sharpe é um homem estranho, coronel — observou Leroy, depois acendeu um dos charutos rústicos e escuros que eram vendidos por mascates portugueses. — A maioria dos homens não gosta dos oficiais, mas eles sentem um certo apreço por Sharpe. Ele os amedronta. Os homens querem ser como ele.

— Não consigo ver como amedrontar homens seria virtude num oficial — disse Lawford, chateado.

— Provavelmente é a melhor — respondeu Leroy em tom provocador. — Claro que ele não é um homem de convívio fácil — continuou o americano mais placidamente —, mas é um tremendo soldado. Salvou a vida de Slingsby ontem.

— Absurdo — disse Lawford, irritado. — O capitão Slingsby pode ter levado a companhia um pouco longe demais, mas ele a tiraria de volta, tenho certeza.

— Eu não estava falando disso. Sharpe atirou num sujeito que iria dar uma sepultura portuguesa a Slingsby. O melhor tiro que já vi na vida.

Na ocasião Lawford havia parabenizado Sharpe, mas agora não estava no clima para aliviar as circunstâncias.

— Havia muito fogo de todos os lados, Leroy — disse em tom despreocupado —, e o tiro pode ter vindo de qualquer lugar.

— Talvez — respondeu o americano, parecendo em dúvida. — Mas você tem que admitir que Sharpe foi tremendamente útil ontem.

Lawford se perguntou se Leroy teria ouvido o conselho em voz baixa para dar meia-volta no batalhão e em seguida girá-lo para o flanco francês. Tinha sido um bom conselho, e segui-lo havia salvado uma situação nitidamente insalubre, mas o coronel havia se convencido de que ele teria pensado em dar meia-volta e girar o batalhão sem Sharpe. Também havia se convencido de que sua autoridade estava sendo deliberadamente questionada pelo fuzileiro, e isso era intolerável.

— Eu só quero um pedido de desculpas! — protestou.

— Vou falar com ele, coronel — prometeu Leroy. — Mas se Sharpe disser que não vai se desculpar, o senhor pode esperar até o juízo final. A não ser que consiga que lorde Wellington o obrigue. É o único homem que amedronta Sharpe.

— Não vou envolver Wellington! — disse Lawford, alarmado. Ele já fora ajudante do general e sabia como o lorde detestava ser incomodado por questões pequenas, e, além disso, fazer esse pedido só revelaria o fracasso de Lawford. E era um fracasso. Ele sabia que Sharpe era um oficial tremendamente melhor do que Slingsby, mas prometera a Jessica, sua esposa, que faria o máximo para incrementar a carreira de Cornelius, e a promessa precisava ser cumprida. — Fale com ele — disse encorajando Leroy. — Sugira um pedido de desculpas por escrito, talvez. Ele não teria que entregar pessoalmente. Eu mesmo entregaria e rasgaria depois.

— Vou sugerir — respondeu Leroy, depois desceu a encosta detrás da serra, onde encontrou o intendente temporário do batalhão sentado com uma dúzia de esposas de soldados. Elas estavam rindo, mas ficaram em silêncio quando Leroy se aproximou. — Desculpe incomodá-las, senhoras. — O major tirou o surrado chapéu de bicos como cortesia para as mulheres, depois sinalizou para Sharpe. — Uma palavra? — Em seguida guiou Sharpe alguns passos morro abaixo. — Sabe o que vim dizer?

— Dá para adivinhar.

— E?

— Não, senhor.

— Foi o que pensei. Minha nossa, quem é ela?

Ele estava olhando de volta para as mulheres e Sharpe percebeu que o major estava se referindo a uma garota portuguesa bonita, de cabelos compridos, que havia se juntado ao batalhão na semana anterior.

— O sargento Enables a encontrou — explicou Sharpe.

— Meu Deus! Ela não deve ter mais de 11 anos — disse Leroy, depois olhou para as outras mulheres por um momento. — Maldição, mas aquela tal de Sally Clayton é bonita.

— Bonita e bem-casada.

Leroy riu.

— Já ouviu a história do hitita Urias, Sharpe?

— Hitita? Um boxeador?

— Não exatamente, Sharpe. Era um cara da Bíblia. O hitita Urias tinha uma esposa e o rei Davi a queria em sua cama, por isso mandou Urias para a guerra e ordenou que o general colocasse o pobre coitado na linha de frente, para que outro pobre coitado o matasse. E deu certo.

— Eu me lembrarei disso — disse Sharpe.

— Não consigo lembrar o nome da mulher. Não era Sally. Bom, o que devo dizer ao coronel?

— Que ele acabou de ganhar o melhor intendente do Exército.

Leroy deu um risinho e subiu o morro. Em seguida parou e voltou alguns passos.

— Betsabá — gritou para Sharpe.

— Betsa o quê?

— Era o nome dela, Betsabá.

— Parece outro nome de boxeador.

— Mas Betsabá deu um soco abaixo da linha da cintura — disse Leroy —, bem abaixo da linha da cintura! — Em seguida levantou o chapéu de novo para as mulheres do batalhão e foi andando. — Ele está pensando no assunto — disse ao coronel alguns instantes depois.

— Esperemos que pense com clareza — respondeu Lawford com devoção.

Mas, se Sharpe estava pensando no assunto, nenhum pedido de desculpas foi dado. Em vez disso, à medida que a tarde caía, o exército recebeu ordens de se preparar para uma retirada. Os franceses podiam ser vistos indo embora, evidentemente na direção da estrada que serpenteava na extremidade norte da serra, por isso os mensageiros galoparam ao longo da crista com ordens de que o exército deveria marchar para Lisboa antes do amanhecer. Somente o South Essex, dentre os batalhões britânicos, recebeu uma ordem diferente.

— Parece que vamos recuar, senhores — disse Lawford aos comandantes da companhia enquanto sua barraca era desmontada pelos ordenanças. Houve um murmúrio de surpresa que Lawford interrompeu com a mão erguida. — Há uma rota ao redor do topo da serra — explicou. — E, se ficarmos, os franceses vão nos flanquear. Vão ficar nas nossas costas, por isso vamos dançar andando de costas por alguns dias, até encontrarmos outro lugar para fazê-los sangrar, certo? — Alguns oficiais ainda pareciam surpresos porque, tendo obtido uma vitória, deveriam ceder o terreno, mas Lawford ignorou a perplexidade. — O batalhão deve partir esta noite e ir rapidamente para Coimbra. É uma marcha longa, infelizmente, mas necessária. Devemos chegar a Coimbra com a máxima urgência e ajudar os oficiais comissários a destruir os suprimentos do exército no cais do rio. Um regimento português está sendo enviado também. Nós dois somos a vanguarda, por assim dizer, mas nossa responsabilidade é grande. O general quer que essas provisões sejam destruídas até amanhã à noite.

— Nós devemos chegar a Coimbra esta noite? — perguntou Leroy com ceticismo. A cidade ficava a, pelo menos, 30 quilômetros e, segundo qualquer avaliação, essa era uma marcha muito ambiciosa, especialmente à noite.

— Vão ser fornecidas carroças para a bagagem — disse Lawford. — Inclusive as mochilas dos homens. Os feridos que possam andar vão vigiar as mochilas, as mulheres e as crianças vão com as carroças. Vamos marchar sem peso e rápido.

— Vai mandar um grupo avançado? — quis saber Leroy.

— Tenho certeza de que o intendente saberá o que fazer — disse Lawford.

— A noite será escura — observou Leroy. — A situação provavelmente está caótica em Coimbra. Dois batalhões procurando alojamentos e o pessoal do comissário estará na maioria bêbado. Nem Sharpe pode fazer isso sozinho, senhor. É melhor deixar que eu vá com ele.

Lawford pareceu indignado porque sabia que a sugestão de Leroy era uma expressão de simpatia por Sharpe, mas as objeções do americano tinham sido coerentes, por isso concordou com relutância.

— Faça isso, major — disse rapidamente. — E quanto ao resto de nós, quero que sejamos o primeiro batalhão a entrar em Coimbra, senhores! Não podemos deixar que os portugueses nos vençam, portanto estejam prontos para marchar em uma hora.

— A Companhia Ligeira vai na frente? — perguntou Slingsby. Ele estava praticamente explodindo de orgulho e eficiência.

— Claro, capitão.

— Vamos estabelecer um passo rápido — prometeu Slingsby.

— Temos um guia? — perguntou Forrest.

— Poderemos encontrar um, tenho certeza — respondeu Lawford. — Mas não é um caminho difícil. Ir para o oeste até a estrada principal, depois virar para o sul.

— Eu posso encontrá-la — disse Slingsby, confiante.

— E nossos feridos? — perguntou Forrest.

— Mais carroças serão fornecidas. Sr. Knowles? O senhor determinará esses arranjos? Esplêndido! — Lawford sorriu para mostrar que o batalhão era uma família feliz. — Estejam prontos para partir em uma hora, senhores!

Leroy encontrou Sharpe, que não fora convidado à reunião dos comandantes da companhia.

— Você e eu vamos para Coimbra, Sharpe — disse o major. — Você pode ir no meu cavalo de reserva e meu serviçal pode andar.

— Coimbra?

— Arranjar alojamentos. O batalhão vai esta noite.

— Você não precisa ir — disse Sharpe. — Já fiz arranjos de alojamento antes.

— Você quer andar até lá sozinho? — perguntou Leroy, depois riu. — Eu vou, Sharpe, porque o batalhão vai marchar 30 malditos quilômetros no crepúsculo e vai ser uma confusão só. Trinta quilômetros à noite? Eles nunca vão conseguir, e dois batalhões numa estrada estreita? Diabos, não preciso disso. Você e eu podemos ir à frente, marcar o lugar, encontrar uma taverna, e aposto 10 guinéus que o batalhão não chega antes do sol nascer.

— Guarde o seu dinheiro.

— E quando eles chegarem — continuou Leroy, animado —, vão estar num mau humor infernal. Por isso estou me nomeando seu ajudante, Sharpe.

Cavalgaram descendo o morro. O sol estava baixo e as sombras longas. Era quase fim de setembro e os dias iam diminuindo. As primeiras carroças com feridos britânicos e portugueses já estavam na estrada e Leroy e Sharpe precisavam se desviar delas. Passaram por aldeias semidesertas onde oficiais portugueses estavam convencendo as pessoas que restavam a sair. As discussões eram esganiçadas no crepúsculo. Uma mulher vestida de preto, com o cabelo grisalho coberto por um xale preto, bateu no cavalo de um oficial com uma vassoura, evidentemente gritando para o cavaleiro ir embora.

— Não podemos culpá-los — disse Leroy. — Eles ouviram dizer que vencemos a batalha e agora querem saber por que têm que ir embora de casa. É uma coisa terrível deixar a própria casa.

Seu tom era amargo e Sharpe olhou-o.

— Você já fez isso?

— Diabos, sim. Fomos expulsos pelos malditos rebeldes. Nos mudamos para o Canadá sem nada além da roupa do corpo. Os desgraçados prometeram uma restituição depois da guerra, mas nunca vimos um tostão. Eu era só um garoto, Sharpe. Achei tudo aquilo empolgante, mas as crianças não sabem de nada.

— Depois foram para a Inglaterra?

— E prosperamos, Sharpe, prosperamos. Meu pai ganhou dinheiro comerciando com os homens contra quem havia lutado. — Leroy gargalhou, depois cavalgou em silêncio por alguns metros, abaixando-se para passar sob um galho de árvore. — Então me conte sobre as tais fortificações que guardam Lisboa.

— Só sei o que Michael Hogan me contou.

— E o que ele contou?

— Que são as maiores defesas já erguidas na Europa. — Sharpe viu o ceticismo de Leroy. — Mais de 150 fortes, ligados por trincheiras. Morros foram alterados para ficar muito íngremes, vales foram enchidos com obstáculos, rios foram represados para inundar o local em volta, tudo isso foi enchido com canhões. Duas linhas, estendendo-se do Tejo até o oceano.

— Então a ideia é ficar por trás delas e rir da cara dos franceses?

— E deixar os desgraçados passarem fome — disse Sharpe.

— E você, Sharpe, o que fará? Pedir desculpa? — Leroy gargalhou da expressão de Sharpe. — O coronel não vai ceder.

— Nem eu.

— Então você vai continuar sendo intendente?

— Os portugueses querem oficiais ingleses. E se eu me juntar a eles ganho uma promoção.

— Diabos — disse Leroy, pensando nisso.

— Não que eu queira deixar a Companhia Ligeira — continuou Sharpe, pensando em Pat Harper e nos outros homens que considerava amigos. — Mas Lawford quer Slingsby, ele não me quer.

— Ele quer você, Sharpe, mas fez promessas. Você conheceu a mulher do coronel?

— Não.

— É bonita, bonita como uma pintura, mas quase tão suave quanto um dragão furioso. Eu a vi espancar um criado uma vez porque o pobre coitado não tinha enchido um vaso de flores com água suficiente, e quando terminou só restavam tiras de pele e manchas de sangue no sujeito. Nossa Jessica é uma dama formidável. Seria um oficial comandante muito melhor do que o marido. — O major pegou um charuto. — Mas eu não teria muita pressa para me juntar aos portugueses. Tenho uma suspeita de que o Sr. Slingsby vai cavar a própria sepultura.

— Bebida?

— Na noite depois da batalha ele estava com álcool até as orelhas. Na manhã seguinte estava ótimo.

Chegaram a Coimbra bem depois do anoitecer, e era quase meia-noite quando descobriram o escritório do major da cidade, o oficial britânico responsável pela comunicação com as autoridades locais. O próprio major não estava lá, mas seu serviçal, usando um gorro de dormir, abriu a porta e resmungou sobre oficiais que apareciam em horas pouco adequadas.

— O que o senhor deseja?

— Giz — disse Sharpe. — E vocês terão dois batalhões chegando antes do alvorecer.

— Minha nossa — ofegou o serviçal. — Dois batalhões? Giz?

— Pelo menos quatro bastões. Onde estão os oficiais do comissariado?

— Mais adiante na rua, senhor, seis portas à esquerda, mas se é atrás de rações que os senhores estão, sirvam-se no cais da cidade. Lá existem toneladas, senhor.

— Uma lanterna seria útil — disse o major Leroy.

— Lanterna, senhor. Há uma em algum lugar.

— E precisamos de estábulo para dois cavalos.

— Nos fundos, senhor. Vão estar seguros lá.

Assim que os cavalos estavam no estábulo e Leroy com a lanterna, eles seguiram pela rua marcando as portas com giz. SE, escrevia Sharpe, querendo dizer South Essex, 4-6, que dizia que seis homens da companhia número quatro seriam alojados na casa. Usaram as ruas pequenas perto da ponte sobre o Mondego, e depois de meia hora encontraram dois oficiais portugueses marcando com giz casas para seu batalhão. Nenhum batalhão havia chegado quando o serviço terminou, por isso Sharpe e Leroy encontraram uma taverna no cais, onde as luzes ainda estavam acesas, e pediram vinho, conhaque e comida. Comeram bacalhau seco e, no momento em que a refeição era servida, o som de botas ecoou na rua lá fora. Leroy se inclinou, abriu a porta da taverna e olhou.

— Portugueses — disse laconicamente.

— Então eles nos venceram? — perguntou Sharpe. — O coronel não vai ficar satisfeito.

— O coronel vai ser um homem muito infeliz por causa disso — respondeu Leroy, e já ia fechar a porta quando viu a legenda marcada em giz na madeira. SE, OC, ADJ, OCL, e o americano riu. — Colocou Lawford e os oficiais da companhia ligeira aqui, Sharpe?

— Achei que o coronel gostaria de ficar com o parente dele, senhor. Amigavelmente.

— Ou será que está colocando a tentação no caminho do Sr. Slingsby? Sharpe pareceu chocado.

— Santo Deus, eu não havia pensado nisso.

— Mentiroso desgraçado — disse Leroy, fechando a porta. Em seguida gargalhou. — Acho que não quero ter você como inimigo.

Dormiram no salão da taverna e, quando Sharpe acordou ao alvorecer, o South Essex ainda não havia chegado à cidade. Uma triste procissão de carroças, todas com homens feridos na serra do Buçaco, estava atravessando a ponte. E Sharpe, indo para o cais, viu que as laterais das carroças estavam manchadas com o sangue que pingava dos veículos. Teve que esperar para atravessar até a margem do rio porque o comboio de feridos era seguido por uma elegante carruagem puxada por quatro cavalos e cheia de baús, acompanhada por uma carroça onde estavam empilhadas mais coisas e à qual se agarravam meia dúzia de serviçais infelizes. Os dois veículos eram escoltados por cavaleiros civis armados. Assim que eles se foram, Sharpe atravessou os enormes montes de provisões do exército que tinham sido trazidos a Coimbra. Havia sacos de grãos, barris de carne seca, barriletes de rum, caixas de biscoito, tudo descarregado dos barcos do rio que estavam amarrados aos atracadouros. Cada barco tinha um número pintado na proa, sob o nome e a cidade do dono. As autoridades portuguesas haviam ordenado que os barcos fossem numerados e rotulados, depois listados segundo as cidades, para terem certeza de que todas as embarcações seriam destruídas antes da chegada dos franceses. O nome Ferreira estava pintado em meia dúzia das embarcações maiores, e Sharpe presumiu que fossem as de Ferrabrás. Todos os barcos estavam sob a guarda de casacas vermelhas, um dos quais, ao ver Sharpe, pendurou o mosquete no ombro e veio andando pelo cais.

— É verdade que estamos recuando, senhor?

— Estamos.

— Diabos. — O homem olhou para os enormes montes de provisões. — O que vai acontecer com isso aqui?

— Precisamos nos livrar delas. E daqueles barcos.

— Diabos — repetiu o homem, depois ficou olhando Sharpe marcar dezenas de caixas de biscoito e barris de carne como rações para o South Essex.

O batalhão chegou duas horas depois. Como Leroy havia previsto, estavam irritados, famintos e cansados. Sua marcha fora um pesadelo, com carroças obstruindo a estrada, nuvens escondendo a lua e pelo menos duas voltas erradas que haviam desperdiçado tanto tempo que, no fim, Lawford ordenara que os homens dormissem um pouco num pasto até que o amanhecer lhes desse alguma luz para encontrar o caminho. O major Forrest, deslizando cansado da sela, olhou de lado para Sharpe.

— Não me diga que você e Leroy vieram direto para cá.

— Viemos, senhor. E tivemos uma noite de sono.

— Que homem detestável você é, Sharpe.

— Não entendo como vocês se perderam. A estrada era praticamente reta. Quem vinha na frente?

— Você sabe quem vinha na frente, Sharpe — respondeu Forrest, depois se virou para olhar as pilhas de comida. — Como vamos destruir isso?

— Atirando nos barris de rum — sugeriu Sharpe — e jogando a farinha e os grãos no rio.

— Já pensou em tudo, não foi?

— É isso que uma boa noite de sono faz pela gente, senhor.

— Seu desgraçado.

O coronel adoraria descansar seu batalhão, mas as tropas portuguesas estavam começando a trabalhar e era impensável que o South Essex desmoronasse enquanto outros labutavam, por isso ele ordenou que cada companhia começasse a trabalhar com as pilhas de mantimentos.

— Podem mandar os homens fazerem chá — sugeriu aos seus oficiais. — Mas o desjejum deve ser comido enquanto trabalhamos. Bom dia, Sr. Sharpe.

— Bom dia, senhor.

— Espero que tenha tido tempo de pensar em sua questão — disse Lawford, e foi necessário um bocado de coragem para dizer isso, porque provocava uma situação desagradável, e o coronel ficaria muito mais feliz se Sharpe simplesmente tivesse se oferecido para pedir desculpas e melhorar o clima.

— Pensei, senhor — disse Sharpe com uma disposição surpreendente.

— Bom! — Lawford se animou. — E?

— O problema é a carne, senhor.

Lawford olhou-o sem compreender.

— A carne?

— Podemos atirar nos barris de rum, senhor — disse Sharpe, empolgado —, jogar os grãos e a farinha no rio, mas e a carne? Não podemos queimar. — Ele se virou e olhou para os barris enormes. — Se o senhor me fornecer alguns homens, verei se encontro um pouco de terebintina. E encharco tudo com ela. Nem os franceses são capazes de comer carne com terebintina. Ou talvez possamos mergulhá-la em tinta.

— Isso é um problema para você — disse Lawford gelidamente. — Mas eu tenho negócios do batalhão. Você arranjou alojamento para mim?

— A taverna na esquina, senhor. — Sharpe apontou. — Tudo está marcado.

— Vou cuidar dos papéis — disse Lawford com ar superior, querendo dizer que desejava se deitar durante uma hora. Em seguida acenou rapidamente para Sharpe e, chamando seus serviçais, foi encontrar o alojamento.

Sharpe riu e andou ao longo das enormes pilhas. Homens estavam cortando sacos de grão e levantando a tampa dos barris de carne. Os portugueses estavam trabalhando com mais entusiasmo, mas haviam chegado à cidade tarde da noite e com isso tinham conseguido dormir algumas horas. Outros soldados portugueses haviam sido mandados pelas ruas estreitas para dizer aos habitantes que restavam que deveriam fugir, e Sharpe pôde escutar vozes de mulheres protestando. Ainda era cedo. Uma névoa fraca se agarrava ao rio, mas o vento oeste havia mudado para o sul, e aquele prometia ser outro dia quente. O estalo agudo dos fuzis soou, espantando pássaros no ar, e Sharpe viu que os portugueses estavam atirando nos barris de rum. Ali perto, Patrick Harper estava golpeando os barris com um machado que havia surrupiado.

— Por que não atira neles, Pat? — perguntou Sharpe.

— O Sr. Slingsby não deixa, senhor.

— Não deixa?

Harper golpeou outro barril com o machado, liberando uma torrente de rum nas pedras do calçamento.

— Ele diz para economizarmos a munição, senhor.

— Para quê? Há cartuchos o bastante.

— Foi o que ele disse, senhor; para não atirar.

— Trabalhe, sargento! — Slingsby veio marchando a passo rápido junto à fila de barris. — Se quer manter essas divisas, dê o exemplo! Bom dia, Sharpe!

Sharpe se virou lentamente e examinou Slingsby de cima a baixo. O sujeito podia ter marchado a noite toda e dormido num campo, mas estava perfeitamente arrumado, cada botão brilhando, o couro reluzindo, a casaca vermelha escovada e as botas limpas. Slingsby, desconfortável sob o olhar irônico de Sharpe, fungou.

— Eu disse bom dia, Sharpe.

— Ouvi dizer que você se perdeu — respondeu Sharpe.

— Bobagem. Foi só um desvio! Para evitar as carroças. — O sujeitinho passou por Sharpe e olhou irritado para a Companhia Ligeira. — Trabalhem direito! Há uma guerra para ganharmos!

— Pelo amor de Deus, volte — pediu Harper baixinho.

Slingsby se virou, com os olhos arregalados.

— Disse alguma coisa, sargento?

— Ele estava falando comigo — respondeu Sharpe, e foi na direção de Slingsby, erguendo-se acima dele. Obrigou-o a recuar entre dois montes de caixotes, levando-o até onde ninguém do batalhão poderia ouvir. — Ele estava falando comigo, seu merda. E se interromper mais uma conversa minha vou arrancar suas tripas ensanguentadas pelo cu e enrolar na sua garganta. Quer ir contar isso ao coronel?

Slingsby estremeceu visivelmente, mas então pareceu descartar as palavras de Sharpe como se nunca tivessem sido ditas. Encontrou uma passagem estreita entre os caixotes, deslizou por ela como um terrier perseguindo um rato e bateu palmas.

— Quero progresso! — gritou para os homens.

Sharpe foi atrás de Slingsby, procurando encrenca, mas então viu que as tropas portuguesas eram do mesmo batalhão que havia tomado o contraforte rochoso, porque o capitão Vicente estava comandando os homens que atiravam nos barris de rum, e isso foi distração suficiente para evitar que fizesse mais bobagens contra Slingsby. Desviou-se. Vicente viu-o chegando e sorriu dando as boas-vindas, mas, antes que os dois pudessem se cumprimentar, o coronel Lawford veio andando pelo cais calçado de pedras.

— Sharpe! Sr. Sharpe!

Sharpe prestou continência ao coronel.

— Senhor!

— Não sou homem de reclamar, você sabe — reclamou Lawford. — Sou mais acostumado ao desconforto do que a maioria das pessoas, mas aquela taverna não é um alojamento adequado. Não numa cidade assim! Há pulgas nas camas.

— Quer um lugar melhor, senhor?

— Quero, Sharpe, quero. E depressa.

Sharpe se virou.

— Sargento Harper! Preciso de você. Tenho sua permissão para levar o sargento Harper, senhor? — perguntou a Lawford, que estava perplexo demais para questionar a necessidade de companhia por parte de Sharpe, e apenas concordou. — Dê-me meia hora, senhor — disse Sharpe, tranquilizando o coronel —, e o senhor terá o melhor alojamento da cidade.

— Apenas alguma coisa adequada — disse Lawford, como se isso fosse insignificante. — Não estou pedindo um palácio, só algo que seja levemente adequado.

Sharpe sinalizou para Harper e foi até Vicente.

— Você cresceu aqui, não foi?

— Foi o que eu lhe disse.

— Então sabe onde mora um sujeito chamado Ferrabrás?

— Luís Ferreira? — O rosto de Vicente misturou surpresa e alarme. — Sei onde o irmão dele mora, mas Luís? Ele pode morar em qualquer lugar.

— Pode me mostrar a casa do irmão dele?

— Richard — alertou Vicente. — Ferrabrás não é um homem com quem...

— Sei o que ele é — interrompeu Sharpe. — Ele fez isso comigo. — E apontou para o olho roxo que estava desbotando. — A que distância fica?

— São dez minutos de caminhada.

— Pode me levar até lá?

— Deixe-me perguntar ao meu coronel — disse Vicente, e saiu correndo na direção do coronel Rogers-Jones, que estava montado e segurando um guarda-chuva aberto para se proteger do sol matinal.

Sharpe viu Rogers-Jones fazer que sim para Vicente.

— O senhor terá seu alojamento em vinte minutos, senhor — disse a Lawford, depois segurou o cotovelo de Harper e os dois seguiram Vicente para longe do cais.

— Aquele filho da mãe do Slingsby — disse Sharpe enquanto andavam.

— Filho da mãe, filho da mãe!

— Eu não deveria escutar isso — observou Harper.

— Vou esfolar o desgraçado vivo — disse Sharpe.

— Quem? — perguntou Vicente, levando-os por becos estreitos onde eram obrigados a se desviar de grupos de pessoas insatisfeitas que finalmente se preparavam para sair da cidade. Homens e mulheres carregavam trouxas de roupas, punham crianças às costas e reclamavam amargamente com qualquer pessoa de uniforme que vissem.

— Um sacana chamado Slingsby — disse Sharpe. — Mas vamos nos preocupar com ele mais tarde. O que você sabe a respeito de Ferrabrás?

— Sei que a maioria das pessoas tem medo dele — respondeu Vicente, levando-os por uma pequena praça onde a porta de uma igreja estava aberta. Uma dúzia de mulheres com xales pretos estava ajoelhada na frente, e todas olharam ao redor com medo quando um trovejar com ruídos metálicos soou numa rua próxima. Era o som de uma bateria de artilharia descendo o morro na direção da ponte. O exército devia ter marchado muito antes do amanhecer e agora as primeiras tropas chegavam a Coimbra. — Ele é um criminoso — continuou Vicente —, mas não foi criado em uma família pobre. Seu pai era colega do meu, e até ele admitia que o filho era um monstro. A ovelha negra da família. Tentaram tirar o mal de dentro dele a pancadas. O pai tentou, os padres tentaram, mas Luís é filho de Satã. — Vicente fez o sinal da cruz. — E poucos ousam se opor a ele. Esta é uma cidade universitária!

— Seu pai ensina aqui?

— Dá aulas de direito, mas não está aqui agora. Ele e minha mãe foram para o norte, até Porto, para ficar com Kate. Mas gente como meu pai não sabe lidar com um homem como Ferrabrás.

— Isso é porque seu pai é advogado. Sacanas como Ferrabrás precisam de alguém como eu.

— Ele lhe deu um olho roxo.

— Eu lhe dei coisa pior — disse Sharpe, lembrando-se do prazer de chutar a genitália de Ferrabrás. — E o coronel quer uma casa, por isso vamos encontrar a casa de Ferreira e dá-la a ele.

— Acho que não é sensato misturar vingança pessoal com guerra.

— Claro que não é sensato, mas é tremendamente agradável. Está achando agradável, sargento?

— Nunca me senti mais feliz — disse Harper, sombrio.

Tinham subido à cidade alta, onde saíram numa pequena praça ensolarada. Do lado oposto havia uma casa de pedras claras com uma porta da frente grandiosa, uma entrada lateral que evidentemente dava num pátio de estábulo e três andares com janelas fechadas. A casa era antiga, as pedras esculpidas com pássaros heráldicos.

— Esta é a casa de Pedro Ferreira — disse Vicente, e ficou olhando Sharpe subir os degraus da frente. — Dizem que Ferrabrás assassinou muitas pessoas — observou, infeliz, fazendo um último esforço para dissuadir Sharpe.

— Eu também — disse Sharpe, e bateu na porta com força, mantendo o estardalhaço até que ela foi aberta por uma mulher alarmada, usando avental. A mulher repreendeu Sharpe num jorro indignado em português. Um rapaz estava atrás dela, mas recuou para as sombras ao ver Sharpe enquanto a mulher, grisalha e pesadona, tentava empurrar o fuzileiro escada abaixo. Sharpe ficou onde estava. — Pergunte a ela onde Luís Ferreira mora — disse a Vicente.

Houve uma conversa breve.

— Ela disse que o Sr. Ferreira está residindo nesta casa por enquanto — respondeu Vicente. — Mas agora não está aqui.

— Ele mora aqui? — perguntou Sharpe, em seguida riu e pegou um pedaço de giz num bolso e rabiscou SE OC na porta azul brilhante. — Diga a ela que um importante oficial inglês usará a casa esta noite e que deseja uma cama e refeição. — Sharpe ouviu a conversa entre Vicente e a mulher grisalha. — E pergunte a ela se há estábulos para os animais. — Havia. — Sargento Harper?

— Senhor?

— Você consegue achar o caminho de volta até o cais?

— É só descer o morro, senhor.

— Traga o coronel para cá. Diga que ele tem o melhor alojamento da cidade e que há estábulos para seus cavalos.

Sharpe passou pela mulher e entrou no corredor, olhando irritado para o sujeito que havia recuado mais ainda. O homem tinha uma pistola no cinto, mas não demonstrou qualquer sinal de querer usá-la enquanto Sharpe empurrava uma porta e avistava um cômodo escuro com uma mesa, um retrato sobre a lareira e prateleiras cheias de livros. Outra porta dava para uma sala confortável com cadeiras de pés finos, mesas douradas e um sofá estofado em seda cor-de-rosa. A empregada estava discutindo com Vicente, que tentava acalmá-la.

— Ela é a cozinheira do major Ferreira — explicou Vicente — e diz que seu patrão e o irmão dele não vão ficar satisfeitos.

— É por isso que estamos aqui.

— A esposa e os filhos do major foram embora — disse Vicente, ainda traduzindo.

— Nunca gostei de matar homens diante da família deles — respondeu Sharpe.

— Richard! — reagiu Vicente, chocado.

Sharpe riu para ele e subiu a escada, seguido por Vicente e a cozinheira. Encontrou o quarto grande e abriu as janelas.

— Perfeito — disse, olhando a cama de dossel com cortinas de tapeçaria. — O coronel pode trabalhar bastante aí. Muito bem, Jorge! Diga à mulher que o coronel gosta de comida simples e bem-feita. Ele vai fornecer as rações, a refeição só precisa ser preparada, mas não deve haver nenhum tempero estrangeiro para estragar. Quem é o homem que está lá embaixo?

— Um empregado — traduziu Vicente.

— Quem mais está na casa?

— Empregados do estábulo — disse Vicente, traduzindo a resposta da cozinheira. — O pessoal da cozinha e a Srta. Fry.

Sharpe achou que tinha ouvido mal.

— Senhorita quem?

Agora a cozinheira parecia amedrontada. Falou depressa, olhando para o andar de cima.

— Ela disse — traduziu Vicente — que a governanta das crianças está trancada lá em cima. É inglesa.

— Diabos. Trancada? Qual é o nome dela?

— Fry.

Sharpe subiu até o sótão. A escada ali não tinha tapete e as paredes eram malcuidadas.

— Srta. Fry! — gritou. — Srta. Fry! — Foi recompensado por um grito incoerente e o som de um punho batendo numa porta. Ele empurrou a porta e descobriu que estava mesmo trancada. — Para trás! — gritou.

Chutou a porta com força, batendo com o calcanhar perto da fechadura. Todo o sótão pareceu estremecer, mas a porta aguentou. Chutou de novo e ouviu som de madeira lascando, então puxou a perna para trás e deu um último golpe violento na porta, que voou abrindo-se. E ali, encolhida sob a janela, com os braços em volta dos joelhos, estava uma mulher com cabelos cor de ouro pálido. Ela olhou para Sharpe, que devolveu o olhar, então desviou os olhos rapidamente ao se lembrar dos bons modos, porque a mulher, que lhe havia parecido indubitavelmente linda, estava nua como um ovo recém-posto.

— Sou seu criado, senhora — disse olhando para a parede.
— O senhor é inglês? — perguntou ela.
— Sou, senhora.
— Então me arranje algumas roupas! — exigiu ela.
E Sharpe obedeceu.

FERRABRÁS TINHA MANDADO a esposa, os filhos e seis empregados do irmão partirem ao amanhecer, mas ordenara que a Srta. Fry subisse para seu quarto. Sarah protestou, insistindo que deveria viajar com as crianças e que seu baú já estava na carroça de bagagens, porém Ferrabrás ordenou que ela esperasse no quarto.
— Você irá com os ingleses — disse ele.
A mulher do major Ferreira também protestou.
— As crianças precisam dela!
— Ela irá com a gente dela — gritou Ferrabrás para a cunhada. — Portanto entre na carruagem!
— Eu vou com os ingleses? — perguntou Sarah.
— *Os ingleses vão por mar* — rosnou ele. — E você pode fugir com eles. Seu tempo aqui acabou. Você tem um papel e uma pena?
— Claro.
— Então escreva uma carta de recomendação. Eu assino em nome do meu irmão. Mas você pode se refugiar com o seu povo. Portanto espere no seu quarto.
— Mas minhas roupas, meus livros! — Sarah apontou para a carroça de bagagens. Suas pequenas economias, em moedas, também estavam no baú.
— Vou mandar que tirem. Agora vá.
Sarah havia subido para o quarto e escrito uma carta de recomendação em que se descrevia como eficiente, trabalhadora e boa em instilar disciplina nas crianças sob seus cuidados. Não disse nada sobre as crianças gostarem dela, porque não sabia se era verdade, nem acreditava que era parte de seu trabalho elas gostarem. Havia parado uma vez, enquanto escrevia, para se inclinar sobre a janela quando ouviu o portão do pátio do estábulo sendo aberto, e viu a carruagem e a carroça de bagagens, escoltadas por

quatro homens montados e armados com pistolas, espadas e maldade, saindo à rua com estardalhaço. Sentou-se de novo e acrescentou uma frase dizendo, com sinceridade, que era honesta, sóbria e assídua, e tinha acabado de escrever a última palavra quando ouviu passos pesados subindo a escada para os quartos dos empregados. Soube instantaneamente que era Ferrabrás, e um instinto lhe disse para trancar a porta, mas antes mesmo que pudesse se levantar de trás da mesinha Ferrabrás havia empurrado a porta e parado na entrada.

— Vou ficar aqui — anunciou ele.

— Se achar sensato, senhor — disse ela num tom que sugeria que não se importava.

— E você vai ficar comigo.

Por um instante Sarah pensou que tinha ouvido mal, depois balançou a cabeça, descartando a ideia.

— Não seja ridículo. Vou viajar com as tropas britânicas.

Ela parou abruptamente, distraída pelos tiros que vinham da cidade baixa. O som vinha dos fuzis furando os primeiros barris de rum, mas Sarah não sabia disso e imaginou se ele pressagiava a chegada dos franceses. Tudo estava confuso demais. Primeiro tinham vindo as notícias da batalha, depois um anúncio de que os franceses haviam sido derrotados, e agora todo mundo recebia ordens para deixar Coimbra porque o inimigo vinha chegando.

— Você vai ficar comigo — repetiu Ferrabrás peremptoriamente.

— Com toda a certeza não vou!

— Cale a porcaria dessa boca — reagiu Ferrabrás, e viu o choque no rosto dela.

— Acho melhor o senhor sair — disse Sarah.

Ainda falava com firmeza, mas agora seu medo era óbvio e excitava Ferrabrás, que se inclinou sobre a mesa, fazendo as pernas finas do móvel estalarem.

— Essa é a carta? — perguntou ele.

— Que o senhor prometeu assinar.

Em vez disso ele rasgou-a em pedacinhos.

— Vá se danar — disse ele. E acrescentou algumas palavras que havia aprendido na Marinha Real, e o efeito de cada uma era como um tapa nela. A coisa poderia chegar a esse ponto, pensou ele. De fato, certamente chegaria, e esse era o prazer de dar uma lição naquela cadela inglesa arrogante. — Seu dever agora, mulher — terminou —, é me satisfazer.

— O senhor perdeu a cabeça.

Ferrabrás sorriu.

— Sabe o que eu posso fazer com você? Posso mandar você com Miguel para Lisboa, e ele pode embarcá-la para o Marrocos ou para a Argélia. Posso vendê-la nesses lugares. Sabe quanto um homem pagaria por carne branca na África? — Ele fez uma pausa, gostando de ver o horror no rosto dela. — Você não seria a primeira jovem que vendi.

— O senhor vai sair daqui! — disse Sarah, agarrando-se aos últimos fiapos de desafio.

Estava procurando uma arma, qualquer arma, mas não havia nada ao alcance, a não ser o tinteiro, e ela estava a ponto de pegá-lo e jogá-lo nos olhos dele quando Ferrabrás tombou a mesa de lado e a fez recuar para a janela. Tinha a ideia de que uma boa mulher preferiria morrer a ser desonrada, e imaginou se deveria se jogar pela janela e morrer no pátio do estábulo, mas a ideia era uma coisa, e a realidade era impossível.

— Tire o vestido.

— O senhor vai sair! — conseguiu dizer Sarah e, nem bem havia falado, Ferrabrás deu-lhe um soco na barriga.

Foi um golpe forte e rápido que tirou seu fôlego. Enquanto ela se dobrava, Ferrabrás simplesmente puxou o vestido azul pelas costas abaixo, rasgando-o. Ela tentou se agarrar aos restos da vestimenta, mas ele era forte demais. E quando ela segurou com força a roupa de baixo ele simplesmente deu-lhe um tapa fazendo seu crânio ressoar. Sarah caiu contra a parede e só pôde ficar olhando enquanto ele jogava suas roupas rasgadas no pátio. Então, abençoadamente, Miguel havia gritado de baixo, dizendo que o major, o irmão de Ferrabrás, havia chegado.

Sarah abriu a boca para gritar pedindo socorro ao patrão, mas Ferrabrás lhe deu outro soco na barriga, deixando-a incapaz de emitir qualquer som. Então ele jogou as roupas de cama pela janela.

— Vou voltar, Srta. Fry — disse, e em seguida forçou seus braços magros a se abrirem, olhando-a. Ela chorava de raiva, mas nesse momento o major Ferreira gritou de baixo e Ferrabrás soltou-a, saiu do quarto e trancou a porta.

Sarah ficou tremendo de medo. Ouviu os dois irmãos saírem de casa e pensou em tentar fugir pela janela, mas a parede do lado de fora não tinha qualquer ponto de apoio, nem saliências, era apenas uma queda longa até o pátio do estábulo, de onde Miguel sorriu para ela e deu um tapinha na pistola presa ao cinto. Assim, nua e com vergonha, havia se sentado no estrado de corda da cama e foi quase dominada pelo desespero.

Então ouviu passos na escada e se encolheu embaixo da janela, envolvendo os joelhos com os braços, até que escutou uma voz inglesa. A porta foi aberta a pancadas e um homem alto, de rosto marcado por cicatrizes, olho roxo, casaco verde e uma longa espada estava olhando-a.

— Sou seu criado, senhora — disse ele, e Sarah estava salva.

Tendo arranjado a venda da comida aos franceses, o major Ferreira queria se certificar de que a quantidade que ele prometera ao inimigo realmente existia. Era verdade. Havia comida suficiente no grande armazém de Ferrabrás para alimentar o exército de Masséna durante semanas. O major Ferreira seguiu o irmão andando pelos corredores escuros em meio às pilhas de caixas e barris, e de novo se maravilhou vendo que Ferrabrás tinha conseguido juntar tanta coisa.

— Eles concordaram em pagar — disse Ferreira.

— Bom — respondeu Ferrabrás.

— O próprio marechal me garantiu.

— Bom.

— E será dada proteção quando os franceses chegarem.

— Bom.

— O acordo — disse Ferreira, passando por cima de um gato — é nos encontrarmos com o coronel Barreto na Igreja de São Vicente, ao sul de Mealhada. — O lugar ficava a menos de uma hora, a cavalo, ao norte de Coimbra. — E ele trará os dragões direto ao armazém.

— Quando?

Ferreira pensou por alguns segundos.

— Hoje é sábado — disse. — Os ingleses podem sair amanhã e os franceses chegarem na segunda-feira. Possivelmente só será na terça. Mas podem vir na segunda, de modo que devemos estar em Mealhada amanhã à noite.

Ferrabrás concordou. Seu irmão havia se saído bem, pensou ele, e se o encontro com os franceses ocorresse com tranquilidade, o futuro de Ferrabrás estava seguro. Os ingleses fugiriam de volta para casa, os franceses capturariam Lisboa e Ferrabrás teria se estabelecido como um homem com quem os invasores poderiam negociar.

— Então amanhã você e eu iremos até Mealhada — disse ele. — E hoje?

— Preciso me apresentar ao exército, mas amanhã vou arranjar uma desculpa.

— Então vou vigiar a casa — disse Ferrabrás, pensando nos óbvios prazeres que o esperavam no andar de cima.

Ferreira examinou duas carroças paradas na lateral do armazém. Estavam cheias de mercadorias úteis, tecido e ferraduras, óleo para lampiões e pregos, coisas que os franceses valorizariam. Então, entrando mais ainda no prédio enorme, fez uma careta.

— Esse cheiro — disse, lembrando-se de um homem cuja morte ele havia testemunhado no armazém. — É o corpo?

— Agora são dois — respondeu Ferrabrás com orgulho, depois se virou porque um jorro de luz inundou o armazém quando a porta exterior foi aberta. Um homem gritou seu nome e ele reconheceu a voz de Miguel. — Estou aqui! — gritou. — Nos fundos!

Miguel foi correndo até os fundos, onde baixou a cabeça respeitosamente.

— O inglês — disse ele.

— Que inglês?

— O que estava no topo do morro, senhor. O que o senhor atacou no mosteiro.

O bom humor de Ferrabrás se evaporou como a névoa do rio.

— O que é que tem?

— Está na casa do major.

— Jesus Cristo! — A mão de Ferrabrás foi instintivamente à pistola.

— Não! — disse Ferreira, ganhando um olhar malévolo do irmão. O major olhou para Miguel. — Ele está sozinho?

— Não, senhor.

— Quantos?

— Três, senhor, e um é um oficial português. Dizem que outros estão vindo porque um coronel vai usar a casa.

— Acantonamento — explicou Ferreira. — Haverá uma dúzia de homens na casa quando você voltar, e você não pode começar uma guerra com os ingleses. Não aqui, não agora.

Era um bom conselho, e Ferrabrás sabia disso, então pensou em Sarah.

— Ele achou a moça?

— Sim, senhor.

— Que moça?

— Não importa — respondeu Ferrabrás peremptoriamente, e era verdade. Sarah Fry não era importante. Seria uma diversão, mas acabar com o capitão Sharpe seria muito mais prazeroso. Pensou durante alguns segundos. — Por que os ingleses estão aqui? — perguntou ao irmão. — Por que não marcham direto até os navios deles?

— Porque provavelmente vão oferecer batalha de novo ao norte de Lisboa — disse Ferreira.

— Mas por que esperar aqui? — insistiu Ferrabrás. — Por que acantonam homens aqui? Eles vão lutar por Coimbra? — Parecia uma perspectiva improvável, porque as muralhas da cidade tinham sido quase todas derrubadas. Era um local de aprendizado e comércio, não de luta.

— Eles vão ficar aqui só por tempo suficiente para destruir os suprimentos nos cais.

Então uma ideia ocorreu a Ferrabrás, uma ideia arriscada, mas que poderia render a diversão pela qual ansiava.

— E se eles soubessem que esses suprimentos estão aqui? — Fez um gesto em direção às pilhas dentro do armazém.

— Iriam destruí-los, claro.

Ferrabrás pensou de novo, tentando se colocar no lugar do inglês. Como o capitão Sharpe reagiria? O que ele faria? Havia um risco, pensou Ferrabrás, um risco verdadeiro, mas Sharpe havia declarado guerra contra ele, isso era óbvio. Por que outro motivo o inglês teria ido à casa de seu irmão? E Ferrabrás não era homem de recusar um desafio, de modo que o risco deveria ser corrido.

— Você disse que havia um oficial português com eles?

— Sim, senhor. Acho que o reconheci. É filho do professor Vicente.

— Aquele merda — rosnou Ferrabrás, depois pensou de novo e viu o caminho livre para acabar com a rixa. — Vamos fazer o seguinte — disse a Miguel.

E preparou sua armadilha.

CAPÍTULO VII

Isso é esplêndido, Sharpe, realmente esplêndido. — O coronel Lawford andou por seu novo alojamento, abrindo portas e inspecionando quartos. — O gosto na mobília é um tanto exagerado, não acha? Um pouquinho de vulgaridade, talvez. Mas muito esplêndido, Sharpe. Obrigado. — Ele parou para olhar um espelho com moldura dourada e ajeitou o cabelo. — Há uma cozinheira aqui?

— Sim, senhor.

— E estábulos, você disse?

— Nos fundos, senhor.

— Vou inspecionar — disse Lawford em tom grandioso. — Mostre-me. — Era evidente, por seus modos altivos e afáveis, que não recebera nenhuma nova reclamação de Slingsby sobre a grosseria de Sharpe. — Devo dizer, Sharpe, que você é um intendente muito bom, quando se empenha nisso. Talvez devêssemos confirmá-lo no posto. O Sr. Kiley não está melhorando, segundo disse o médico.

— Eu não faria isso, senhor — disse Sharpe enquanto guiava Lawford pela cozinha. — Porque estou pensando em me oferecer a serviço dos portugueses. O senhor teria que encontrar alguém para me substituir.

— Você está pensando em quê? — perguntou Lawford, chocado pela notícia.

— Em servir aos portugueses, senhor. Eles ainda estão pedindo oficiais ingleses, e pelo que sei, não são muito exigentes. Provavelmente não vão notar meus modos.

— Sharpe! — disse Lawford bruscamente.

Então, parou de modo abrupto, porque tinham entrado no pátio do estábulo, onde o capitão Vicente tentava acalmar Sarah Fry, que agora usava um vestido de Beatriz Ferreira, uma vestimenta de seda preta que a mulher do major Ferreira usara quando estava de luto pela mãe. Sarah agradecera pelo vestido, mas sentiu-se repelida por sua feiura e só se acalmou quando lhe garantiram que era a única roupa que restava na casa. Lawford, sem perceber o vestido e notando simplesmente que ela era tremendamente bonita, tirou o chapéu e fez uma reverência.

Sarah ignorou o coronel e se virou para Sharpe.

— Eles levaram tudo!

— Quem? — perguntou Sharpe. — O quê?

— Meu baú! Minhas roupas! Meus livros! — Seu dinheiro também havia desaparecido, mas ela não disse nada a respeito. Em vez disso perguntou a um empregado do estábulo, em português fluente, se seu baú tinha sido mesmo deixado na carroça. Tinha.

— Permita-me apresentar a Srta. Fry, senhor — disse Sharpe. — Este é o coronel Lawford, senhorita, nosso oficial comandante.

— A senhorita é inglesa! — disse Lawford, animado.

— Eles levaram tudo! — Sarah girou para o empregado do estábulo e gritou com ele, ainda que a culpa não fosse do rapaz.

— A Srta. Fry era a governanta aqui, senhor — explicou Sharpe acima do barulho. — E de algum modo foi deixada para trás quando a família partiu.

— Governanta, é? — O entusiasmo de Lawford por Sarah Fry diminuiu notavelmente à medida que entendia seu status. — É melhor se preparar para deixar a cidade, Srta. Fry. Os franceses chegarão em um ou dois dias!

— Eu não tenho nada! — protestou Sarah.

Harper, que havia trazido o coronel e sua comitiva para a casa, agora levava os quatro cavalos de Lawford para o pátio.

— Quer que eu escove Relâmpago, senhor? — perguntou ao coronel.

— Meus rapazes farão isso. É melhor você voltar ao capitão Slingsby.

— Sim, senhor, imediatamente, senhor, claro, senhor — disse Harper, sem se mexer.

— Tudo! — gemeu Sarah. A cozinheira veio ao pátio e gritou para a garota inglesa ficar quieta. Furiosa, Sarah se virou para ela.

— Se o senhor permitir — disse Sharpe, levantando a voz acima do estardalhaço —, o major Forrest me mandou encontrar terebintina. Ele quer arruinar a carne seca, e o sargento Harper seria de muita ajuda para mim.

— Ajuda? — Lawford, distraído pelo sofrimento de Sarah e pelos protestos da cozinheira, não estava prestando atenção de verdade.

— Ele tem um olfato melhor do que o meu, senhor — disse Sharpe.

— Ele tem um... — começou a perguntar o coronel, então franziu a testa para Sarah, que estava gritando com a cozinheira em português. — Faça o que quiser, Sharpe, o que quiser, e pelo amor de Deus leve embora a Srta. não-sei-das-quantas, está bem?

— Ele prometeu tirar o baú da carroça! — disse Sarah, apelando a Lawford. Estava com raiva e, como ele era coronel, parecia esperar que fizesse alguma coisa.

— Tenho certeza de que tudo isso será resolvido — respondeu ele. — Geralmente as coisas podem ser resolvidas. Quer acompanhar a senhorita... hum, a dama, Sharpe? Talvez as mulheres do batalhão possam ajudá-la. A senhorita realmente precisa ir embora, minha cara. — O coronel sabia que não conseguiria dormir enquanto aquela mulher protestasse por causa de suas posses desaparecidas. Em qualquer outra ocasião ficaria satisfeito em entretê-la, porque ela era uma coisinha muito bonita, mas precisava descansar. Ordenou que seus serviçais levassem sua valise para cima, disse ao tenente Knowles para colocar um par de sentinelas na casa e outro par no pátio do estábulo, depois se virou, olhando para trás imediatamente. — E quanto àquela proposta, Sharpe. Não faça nada impensado.

— Com relação à terebintina, senhor?

— Você sabe exatamente o que estou dizendo — disse Lawford irritado. — Os portugueses, Sharpe, os portugueses. Ah, meu Deus! — Essa última exclamação era porque Sarah havia começado a chorar.

Sharpe tentou acalmá-la, mas ela estava devastada pela perda do baú e de suas pequenas economias.

— Srta. Fry — disse Sharpe, e ela o ignorou. — Sarah! — Ele pôs a mão gentilmente nos ombros dela. — Você vai ter tudo de volta!

Ela o encarou e não disse nada.

— Vou dar um jeito em Ferrabrás, se ele ainda estiver aqui.

— Ele está!

— Então acalme-se, garota, e deixe isso comigo.

— Meu nome é Srta. Fry — disse Sarah, ofendida com o "garota".

— Então acalme-se, Srta. Fry. Vamos conseguir suas coisas de volta.

Harper revirou os olhos diante daquela promessa.

— Terebintina, senhor.

Sharpe se virou para Vicente.

— Onde vamos achar terebintina?

— Só o Senhor Deus sabe. Num depósito de madeira? Eles não tratam madeira com isso?

— E o que você vai fazer agora? — perguntou Sharpe.

— Meu coronel me deu permissão para ir à casa dos meus pais, só para ver se está tudo em segurança.

— Então vamos com você — disse Sharpe.

— Não há terebintina lá.

— Dane-se a terebintina — reagiu Sharpe, em seguida se lembrou que havia uma dama presente. — Desculpe, senhorita. Só vamos manter você em segurança, Jorge — acrescentou, e depois se virou para Sarah. — Vou levá-la mais tarde para as mulheres do batalhão — prometeu — e elas cuidarão da senhorita.

— As mulheres do batalhão? — perguntou ela.

— As esposas dos soldados — explicou Sharpe.

— Não existem esposas de oficiais? — perguntou Sarah, com ciúmes de sua posição precária. Uma governanta podia ser uma serviçal, mas uma serviçal privilegiada. — Espero ser tratada com respeito, Sr. Sharpe.

— Srta. Fry, a senhorita pode descer o morro agora e tentar encontrar uma esposa de oficial. Há algumas. Nenhuma no nosso batalhão, mas pode procurar, e tem todo o direito de tentar. Mas estamos procurando terebintina, e se quiser proteção é melhor ficar conosco. — Ele pôs a barretina e se virou.

— Vou ficar com vocês — disse Sarah, lembrando-se de que Ferrabrás estava à solta em algum lugar da cidade.

Os quatro continuaram subindo pela cidade alta, indo para um bairro de construções grandes e elegantes que Vicente explicou que era a universidade.

— Ela está aqui há muito tempo — disse com reverência — quase tanto quanto Oxford.

— Conheci um homem de Oxford — disse Sharpe — e matei-o.

Ele riu da expressão chocada de Sarah. Estava num humor estranho, querendo ser cruel e despreocupado com as consequências. Lawford podia ir para o inferno, pensou, e Slingsby com ele; Sharpe só queria se livrar dos dois. Dane-se o Exército, pensou. Tinha servido bem e o Exército se voltara contra ele, por isso também podia ir para o inferno.

A casa de Vicente era geminada com outras, todas com as janelas fechadas. A porta estava trancada, mas Vicente pegou uma chave embaixo de uma pedra grande escondida num espaço sob os degraus de pedra.

— É o primeiro lugar onde um ladrão procuraria — disse Sharpe.

Mas nenhum ladrão havia entrado. A casa tinha cheiro de mofo, porque estava fechada havia algumas semanas, mas tudo continuava arrumado. As estantes na grande sala da frente haviam sido esvaziadas e o conteúdo levado para o porão, onde estava guardado em caixotes de madeira, cada caixote cuidadosamente rotulado com indicação do conteúdo. Outras caixas continham vasos, pinturas e bustos dos filósofos gregos. Vicente trancou o porão com cuidado, escondeu a chave embaixo de uma tábua do piso, ignorou o conselho de Sharpe, de que era o primeiro lugar onde um ladrão procuraria, e subiu para o andar de cima, onde as camas estavam desnudas, com os cobertores empilhados em armários.

— Os franceses provavelmente vão invadir — disse ele —, mas podem usar os cobertores. — Em seguida foi ao seu antigo quarto e voltou com um manto preto desbotado. — Minha capa de estudante — disse animado. — Nós costumávamos prender uma fita colorida para mostrar que disciplina estudávamos, e a cada ano, no fim das aulas, queimávamos as fitas.

— Parece a coisa mais divertida do mundo — disse Sharpe.

— Eram bons tempos. Eu gostava de ser estudante.

— Agora você é um soldado, Jorge.

— Até os franceses irem embora — disse ele, dobrando a capa junto com os cobertores.

Vicente trancou a casa, escondeu a chave e levou Sharpe, Harper e Sarah pela universidade. Todos os estudantes e professores tinham ido embora, fugido para Lisboa ou para o norte do país, mas os empregados continuavam guardando os prédios. Um deles acompanhou Sarah e os três soldados, destrancando as portas e deixando-os entrar nas salas. Havia uma biblioteca, um fantástico lugar cheio de enfeites dourados, relevos e livros encadernados em couro, que Sarah olhou fascinada. Ela deixou com relutância os volumes antigos para seguir Vicente, que mostrava as salas onde havia estudado, depois subiram aos laboratórios onde relógios, balanças e telescópios reluziam nas prateleiras.

— Os franceses vão adorar isso — disse Sharpe com desprezo.

— Há homens cultos no Exército francês — respondeu Vicente. — Eles não fazem guerra contra a sabedoria. — E acariciou um planetário, um instrumento magnífico feito de tiras de latão curvas e esferas de cristal que imitavam o movimento dos planetas. — O conhecimento — disse com seriedade — está acima da guerra.

— O quê? — perguntou Sharpe.

— O conhecimento é sagrado — insistiu Vicente. — Está acima das fronteiras.

— Certo — concordou Sarah. Ela estivera em silêncio desde que haviam saído da casa de Ferreira, mas a universidade tranquilizou-a, mostrando que havia um mundo de contenção civilizada longe das ameaças da escravidão na África. — Uma universidade é um santuário — disse ela.

— Um santuário! — Sharpe achou divertido. — Vocês acham que os comedores de lesma vão entrar aqui, dar uma olhada e dizer que isso é sagrado?

— Acho que os franceses só estão interessados em comida e vinho — disse Vicente.

— Eu posso pensar em outra coisa — observou Sharpe, recebendo um olhar sério de Sarah.

— Não há comida aqui — insistiu Vicente. — Apenas coisas mais elevadas.

— E os comedores de lesma vão entrar aqui e ver beleza. Valor. Algo que não podem ter. Então o que eles farão, Pat?

— Vão arrebentar essa porcaria toda, senhor — respondeu Harper prontamente. — Desculpe, senhorita.

— Os franceses vão guardar o local — insistiu Vicente. — Eles têm homens honrados, homens que respeitam o conhecimento.

— Homens honrados! — disse Sharpe com escárnio. — Eu estive num lugar chamado Seringapatam, Jorge. Na Índia. Lá havia um palácio cheio de ouro! Você deveria ter visto! Rubis e esmeraldas, tigres de ouro, diamantes, pérolas, mais riquezas do que você pode pensar! Por isso os homens de honra o guardaram. Os oficiais, Jorge. Colocaram uma guarda confiável para impedir que nós, pagãos, entrássemos e tirássemos tudo. E sabe o que aconteceu?

— O palácio foi salvo, espero — disse Vicente.

— Os oficiais tiraram tudo. Limparam direitinho. Lorde Wellington foi um deles, e deve ter ganhado um ou dois tostões com aquilo. Quando terminaram, não havia um fio de bigode de ouro dos tigres.

— Isto aqui ficará em segurança — insistiu Vicente, mas infeliz.

Saíram da universidade, descendo o morro de volta para as ruas mais estreitas na cidade baixa. Sharpe teve a impressão de que as pessoas de importância, as pessoas da universidade e a maioria dos habitantes ricos tinham saído do local, mas restavam milhares de homens e mulheres comuns. Alguns estavam fazendo as malas e indo embora, mas a maioria aceitara com fatalismo que os franceses viriam e só esperavam sobreviver à ocupação. Um relógio marcou 11 horas em algum lugar e Vicente pareceu preocupado.

— Preciso voltar.

— Primeiro vamos comer alguma coisa — disse Sharpe, e entrou numa taverna. Estava apinhada e as pessoas lá dentro não ficaram satisfeitas em ver soldados, porque não entendiam a razão da cidade estar sendo abandonada para os franceses, mas abriram espaço numa mesa, com relutância. Vicente pediu vinho, pão, queijo e azeitonas, e de novo fez menção de ir embora. — Não se preocupe — disse Sharpe, impedindo-o. — Vou pedir que o coronel Lawford explique ao seu coronel. Dirá que você estava numa missão importante. Você sabe como lidar com seus superiores?

— Com respeito — respondeu Vicente.

— Confundindo-os — disse Sharpe. — A não ser os que não podem ser confundidos, como Wellington.

— Mas ele não vai embora? — perguntou Sarah. — De volta à Inglaterra?

— Não, senhorita, por Deus — respondeu Sharpe. — Ele tem uma surpresa preparada para os franceses. Uma corrente de fortes atravessando o território ao norte de Lisboa. Eles vão quebrar a cabeça lá e nós vamos ficar sentados olhando. Não vamos embora.

— Achei que vocês iam voltar para a Inglaterra — disse Sarah.

Ela havia concebido a ideia de viajar com o exército, de preferência com uma família de qualidade, e recomeçar. Não sabia como faria isso sem dinheiro, roupas ou uma carta de apresentação, mas não estava disposta a ceder ao desespero que sentira de manhã cedo.

— Não vamos para casa enquanto a guerra não for vencida — disse Sharpe. — Mas o que faremos com você? Vamos mandá-la para casa?

Sarah deu de ombros.

— Não tenho dinheiro, Sr. Sharpe. Nem dinheiro, nem roupas.

— Você tem família?

— Meus pais morreram. Tenho um tio, mas duvido que ele esteja disposto a me ajudar.

— Quanto mais vejo famílias, mais feliz me sinto em ser órfão.

— Sharpe! — disse Vicente, reprovando.

— A senhorita vai ficar bem — interveio Harper.

— Como?

— É que agora a senhorita está com o Sr. Sharpe. Ele vai garantir que a senhorita fique bem.

— E por que Ferrabrás trancou você? — perguntou Sharpe.

Sarah ficou vermelha e baixou os olhos para a mesa.

— Ele... — Ela começou, mas não sabia como terminar.

— Ele ia? — perguntou Sharpe, sabendo exatamente o que ela estava relutante em dizer. — Ou fez?

— Ia — respondeu ela em voz baixa, depois recuperou a compostura e encarou-o. — Ele disse que ia me vender no Marrocos. Disse que pagam muito dinheiro por... — Sua voz ficou no ar.

— Aquele filho da mãe não perde por esperar — disse Sharpe. — Desculpe a linguagem, senhorita. O que vamos fazer é encontrá-lo, tirar o dinheiro dele e dar a você. É simples, não? — E riu para ela.

— Eu disse que a senhorita ia ficar bem — disse Harper, como se o trato já estivesse cumprido.

Vicente não havia tomado parte na conversa, porque um homem grande havia entrado na taverna e sentado ao lado do oficial português. Os dois estavam conversando e Vicente, com o rosto preocupado, se virou para Sharpe, dizendo:

— Este homem se chama Francisco, e me contou que há um armazém cheio de comida. O lugar está trancado e fica escondido. O dono planeja vender tudo aos franceses.

Sharpe olhou para Francisco. É um rato, pensou, um rato de rua.

— O que Francisco quer? — perguntou.

— Quer? — Vicente não entendeu a pergunta.

— O que ele quer, Jorge? Por que está contando isso?

Houve uma conversa rápida em português.

— Ele disse que não quer que os franceses fiquem com qualquer comida — traduziu Vicente.

— Ele é patriota, então? — perguntou Sharpe com ceticismo. — Então como ele sabe dessa comida?

— Ele ajudou a entregar. Ele é... como vocês dizem? Um homem que tem uma carreta.

— Um carroceiro — respondeu Sharpe. — Então ele é um carroceiro patriota?

Houve outra conversa rápida antes de Vicente traduzir.

— Ele diz que o homem não pagou a ele.

Isso fez muito mais sentido para Sharpe. Talvez Francisco fosse um patriota, mas a vingança era muito mais digna de crédito.

— Mas por que nós? — perguntou.

— Por que nós? — Vicente estava perplexo de novo.

— Há pelo menos mil soldados no cais — explicou Sharpe. — E um número maior ainda está marchando pela cidade. Por que ele veio falar conosco?

— Ele me reconheceu — disse Vicente. — Ele cresceu aqui, como eu.

Sharpe tomou um gole de vinho olhando intensamente para Francisco, que parecia astuto como o inferno, mas tudo fazia sentido se ele realmente fora trapaceado na hora do pagamento.

— Quem está armazenando a comida?

Outra conversa.

— Ele disse que o nome do sujeito é Manuel Lopes. Nunca ouvi falar dele — disse Vicente.

— Uma pena não ser o maldito Ferrabrás — disse Sharpe. Desculpe, senhorita. E onde fica esse tal armazém?

— A dois minutos daqui — respondeu Vicente.

— Se há tanta comida quanto ele diz, teremos que levar um batalhão até lá, mas é melhor olhar o material primeiro. — Ele apontou a arma de sete canos de Harper. — Esse brinquedo está carregado?

— Sim, senhor. Mas não escorvado.

— Escorve, Pat. Se o Sr. Lopes não gostar da gente, isso deve acalmá-lo.

Ele deu algumas moedas a Vicente para pagar pelo vinho e pela comida e o oficial português pagou, enquanto Francisco olhava Harper escorvar a arma de sete canos. Francisco pareceu nervoso com a arma, o que não era surpreendente por causa da aparência temível.

— Preciso de mais balas para isso — disse Harper.

— Quantas você tem?

— Depois dessa carga? — Harper bateu na calça, depois baixou a pederneira com cuidado, para deixar a arma em segurança. — Vinte e três.

— Vou surrupiar algumas de Lawford — disse Sharpe. — A porcaria da pistola de cavalaria que ele tem usa balas de meia polegada, e ele nunca atira com aquela droga. Desculpe, senhorita. Ele não gosta de disparar com ela, porque é poderosa demais. Deus sabe por que ele a mantém. Talvez para amedrontar a esposa. — Sharpe olhou para Vicente. — Está preparado? Vamos achar essa maldita comida, então você pode se apresentar ao seu coronel. Isso deve colocar você no livro de mérito dele.

Francisco estava ansioso enquanto os guiava para fora da taverna, passando por um beco íngreme. Antes de chegar a ela estivera perguntando pela cidade se alguém tinha visto dois homens de uniformes verdes que acompanhavam o filho inteligente do professor Vicente, e não demorou muito para descobrir que estavam na Três Corvos. Ferrabrás ficaria satisfeito.

— Aqui, senhor — disse Francisco a Vicente, e apontou o outro lado da rua, onde havia uma grande porta dupla num muro de pedras.

— Por que eu não conto simplesmente ao coronel? — sugeriu Vicente.

— Porque se você voltar aqui e descobrir que esse filho da mãe mentiu para nós, desculpe, senhorita, você vai parecer um idiota. Não; vamos olhar lá dentro, depois você vai ao seu coronel e levamos a Srta. Fry ao batalhão.

A porta estava trancada com cadeado.

— Atiro nele? — sugeriu Vicente.

— Você só vai estragar o mecanismo e piorar a coisa.

Sharpe tateou em sua mochila até encontrar o que queria. Era uma gazua. Andava com uma desde que era criança e usou-a para desdobrar as alavancas curvas, escolheu uma e se curvou junto ao cadeado.

Vicente ficou pasmo.

— Você sabe fazer isso?

— Já fui ladrão — respondeu Sharpe. — Ganhava a vida assim. — Ele viu a expressão de Sarah. — Nem sempre fui oficial e cavalheiro — disse a ela.

— Mas agora é? — perguntou ela, ansiosa.

— Ele é oficial, senhorita — disse Harper. — Certamente é oficial.

Em seguida tirou do ombro a arma de sete canos e engatilhou-a. Olhou para um lado e para outro da rua, mas ninguém parecia se interessar por eles. Um dono de loja estava empilhando roupas num carrinho de mão, uma mulher gritava para duas crianças e um pequeno grupo de pessoas lutava com bolsas, caixas, cachorros, cabras e vacas descendo o morro em direção ao rio.

O cadeado estalou e Sharpe soltou-o da lingueta. Então, antes de abrir a porta, tirou o fuzil do ombro e engatilhou-o.

— Segure Francisco — disse a Harper —, porque se não houver nada aqui dentro vou atirar nesse filho da mãe grandalhão. Desculpe, senhorita.

Francisco tentou se soltar, mas Harper segurou-o com força enquanto Sharpe arrastava uma das enormes bandas da porta. Entrou escuridão adentro, atento a qualquer movimento, mas não viu nenhum, e, enquanto seus olhos se acostumavam às sombras, enxergou as caixas, os barris e os sacos, empilhados até as traves e caibros do teto alto.

— Diabos! — disse, pasmo. — Desculpe, senhorita.

— A blasfêmia — observou Sarah, olhando as pilhas enormes — é pior do que o mero xingamento.

— Vou tentar me lembrar disso, senhorita. Vou mesmo. Santo Deus todo-poderoso! Olhem só para isso!

— É comida? — perguntou Vicente.

— O cheiro é de comida — disse Sharpe. Em seguida desengatilhou o fuzil, pendurou-o no ombro e desembainhou a espada, que cravou num saco. Grãos escorreram para fora. — Pelas lágrimas de Jesus... desculpe, senhorita. — Ele embainhou a espada e olhou o vasto depósito ao redor. — Toneladas de comida!

— Isso importa? — perguntou Sarah.

— Ah, importa. Um exército não pode lutar se não tiver comida. O truque desta campanha, senhorita, é deixar os comedores de lesma irem para o sul, fazê-los parar diante de Lisboa e ficar olhando enquanto passam fome. Isso aqui poderia mantê-los vivos durante semanas!

Harper havia soltado Francisco, que recuou e de repente saiu correndo pela rua. Harper, espantado com as pilhas de comida, não notou. Sharpe, Vicente e Sarah estavam andando pelo corredor central, olhando para cima, atônitos. As mercadorias estavam empilhadas em quadrados, cada pilha com cerca de 6 por 6 metros, separadas por corredores. Sharpe contou uma dúzia de pilhas. Alguns barris estavam estampados com a seta larga do governo britânico, o que significava que tinham sido roubados. Harper estava seguindo os outros três, depois se lembrou de Francisco e se virou, vendo homens saindo da casa do outro lado da rua. Havia meia dúzia deles e estavam preenchendo a entrada larga do armazém. E também viu que estavam com pistolas nas mãos.

— Encrenca! — gritou.

Sharpe se virou, viu as sombras na entrada, soube instintivamente que Francisco os havia traído e também soube que estava encrencado.

— Aqui, Pat! — gritou e ao mesmo tempo empurrou Sarah com força para um dos becos entre os sacos.

A porta aberta do armazém estava sendo fechada, escurecendo o espaço enorme. Sharpe estava tirando o fuzil do ombro quando os primeiros tiros vieram da direção da porta que se fechava. Uma bala acertou um saco perto da sua cabeça, outra ricocheteou num aro de barril e bateu na parede dos fundos e uma terceira acertou Vicente, que girou para trás, largando seu fuzil. Sharpe chutou a arma na direção de Sarah e arrastou Vicente para o espaço estreito, depois voltou ao corredor central e mirou na direção da porta. Não viu nada, então voltou para trás dos sacos. Um pouco de luz vinha de um punhado de claraboias sujas no teto alto, mas não muita. Havia movimento na outra ponta do corredor e ele se virou, levantando o fuzil ao ombro, mas era Harper, que tinha evitado sensatamente o corredor central correndo pelo flanco das altas pilhas.

— São seis, senhor — explicou Harper. — Talvez mais.

— Não podemos ficar aqui. Vicente foi atingido.

— Meu Deus! — exclamou Harper.

— Desculpe, senhorita — disse Sharpe em nome de Harper, e olhou para Vicente, que estava consciente, mas ferido. Tinha caído quando a bala o acertou, mas fora mais pelo choque do que por qualquer outra coisa, e agora estava de pé, encostado em algumas caixas.

— Estou sangrando — disse ele.

— Onde?

— No ombro esquerdo.

— Você está cuspindo sangue?

— Não.

— Então vai viver — disse Sharpe, e deu o fuzil de Vicente a Harper — Me dê a arma de sete canos, Pat, e leve o Sr. Vicente e a Srta. Fry para os fundos. Veja se há alguma saída. Mas espere um segundo. — Sharpe prestou atenção. Podia ouvir alguns sons baixos, mas podiam ser ratos ou gatos. — Use a parede lateral — sussurrou para Harper, e primeiro foi até lá e espiou pela beirada. Havia uma sombra num canto. Sharpe saiu para o espaço aberto e a sombra cuspiu fogo. Uma bala raspou a parede ao lado. Ele levantou o fuzil e viu a sombra desaparecer. — Agora, Pat.

Harper arrebanhou Vicente e Sarah até os fundos do armazém. Deus queira que haja uma porta lá, pensou Sharpe, em seguida pendurou o fuzil no ombro esquerdo, pôs a arma de sete canos no direito e subiu na pilha mais próxima. Foi enfiando as botas nos espaços entre os sacos de grãos, sem se importar com o barulho. Quase perdeu o apoio uma vez, mas a raiva o impelia e ele rolou para o topo da grande pilha, onde tirou a arma de sete canos do ombro. Engatilhou-a, esperando que ninguém embaixo ouvisse o estalo. Um gato grande sibilou para ele, com as costas arqueadas e o rabo erguido, mas decidiu não reivindicar o platô encalombado no topo dos sacos e foi embora.

Sharpe se esgueirou sobre os sacos. Arrastava-se de barriga, ouvindo o leve murmúrio de vozes, de modo que soube que havia homens no corredor do outro lado dos sacos e que estavam planejando o melhor modo de terminar o que haviam começado. Sabia que eles teriam medo dos fuzis, mas também estariam confiantes.

Mas evidentemente não estavam confiantes demais. Queriam evitar uma luta, se pudessem, porque Ferrabrás gritou subitamente:

— Capitão Sharpe!

Não houve resposta. Garras rasparam do lado oposto do armazém e rodas fizeram barulho nas pedras do calçamento lá fora.

— Capitão Sharpe!

Sem resposta, ainda.

— Saia! — gritou Ferrabrás. — Peça desculpas e poderá ir embora. É só isso que eu quero. Um pedido de desculpas.

Nem no inferno, pensou Sharpe. Ferrabrás queria preservar sua comida até a chegada dos franceses, e no momento em que Sharpe ou seus companheiros aparecessem em local aberto seriam baleados. Portanto era hora de armar uma emboscada contra aqueles que os haviam emboscado.

Esgueirou-se até a borda da pilha e, muito lentamente, espiou. Havia um grupo de homens lá embaixo. Meia dúzia, talvez, e nenhum olhava para cima. Nenhum havia pensado em verificar o terreno elevado, mas deveriam saber que lutavam contra soldados e que soldados sempre buscam o terreno alto.

Sharpe levou a arma de sete canos à frente. As sete balas de meia polegada tinham sido enfiadas sobre bucha e pólvora, mas sempre havia chance, uma boa chance, de que alguma rolasse do cano no momento em que apontasse a arma para baixo. Não tinha tempo para socar mais bucha em cima das balas, por isso o truque era atirar depressa, muito depressa, e isso significava que não poderia mirar. Recuou, ficou de pé e se imobilizou quando outra voz falou:

— Capitão Sharpe! — Quem falava não era um dos homens abaixo dele. A voz parecia vir mais de perto das grandes portas. — Capitão Sharpe Aqui é o major Ferreira.

Então o filho da mãe estava ali. Sharpe posicionou a arma de sete canos, pronto para avançar e atirar, mas Ferreira falou de novo:

— Você tem minha palavra de oficial! Nenhum mal lhe será feito! Meu irmão quer um pedido de desculpas, nada mais! — Ferreira fez uma pausa, depois falou em português, presumivelmente porque sabia que Jorge Vicente estava com Sharpe, e Sharpe achava que a mente organizada, jurídica e confiante de Vicente poderia acreditar em Ferreira, por isso deu sua própria resposta. Num movimento rápido foi até a borda, virou os canos da arma para o corredor abaixo e puxou o gatilho.

Três balas estavam soltas e tinham começado a rolar, e isso reduziu o poder enorme da arma, mas mesmo assim a explosão ecoou nas paredes de pedra como trovão e o coice dos canos quase arrancou a arma das mãos de Sharpe enquanto a fumaça se acumulava no corredor abaixo. Também houve gritos, um áspero grito de dor e o som de pés enquanto os homens corriam para longe do horror inesperado que havia arrotado lá em cima. Uma pistola disparou, despedaçando uma claraboia, mas Sharpe já estava correndo para a parte de trás do armazém. Pulou por cima do corredor seguinte, caindo numa pilha de barris que se balançou perigosamente, mas seu ímpeto impulsionou-o, espalhando gatos. Em seguida, deu outro pulo e chegou à extremidade.

— Achou alguma coisa, Pat?

— Só uma porcaria de um alçapão grande, nada mais.

— Pegue! — Sharpe jogou a arma de sete canos, depois desceu, procurando pontos de apoio nas bordas das caixas e pulando os últimos 2 metros. Olhou à esquerda e à direita, mas não viu qualquer sinal de Ferrabrás ou seus homens. — Onde, diabos, eles estão?

— O senhor acertou algum? — perguntou Harper, em voz esperançosa.

— Dois, talvez. Onde fica o alçapão?

— Aqui.

— Meu Deus, isso fede!

— Tem alguma coisa maligna aí embaixo, senhor. Há um monte de moscas.

Sharpe se agachou, pensando. Escapar pela frente do armazém significaria ir pelos corredores entre as pilhas de comida, e Ferrabrás devia ter homens cobrindo todas as passagens. Sharpe provavelmente conseguiria, mas a que custo? Pelo menos mais um ferido. E estava com uma mulher. Não poderia expô-la a mais fogo. Levantou o alçapão, deixando escapar um sopro de ar fétido. Algo morto estava lá embaixo no escuro. Um rato? Olhou para baixo, viu uma escada descendo no negrume, mas as sombras sugeriam um porão, e assim que estivesse na base da escada poderia atirar para cima da escada de pedra. Ferrabrás e seus homens teriam que enfrentar esse fogo para se aproximar. E, quem sabe, talvez houvesse uma saída por lá.

Soaram passos no lado oposto do armazém, em seguida mais sons vindos do topo das pilhas. Ferrabrás havia aprendido rapidamente e mandado homens para ocupar o terreno elevado, e Sharpe soube que agora estava realmente numa armadilha e o porão era a opção que restava.

— Para baixo — ordenou. — Todos vocês. Para baixo.

Ele foi o último a descer, fechando desajeitadamente o alçapão, deixando a madeira pesada baixar devagar de modo que Ferrabrás talvez não percebesse que os inimigos estavam debaixo do piso. Havia uma escuridão de breu ao pé da escada, e o lugar era tão fétido que Sarah teve ânsias de vômito. Moscas zumbiam no escuro.

— Carregue a arma de sete canos, Pat — disse Sharpe —, e me dê os fuzis.

Sharpe se agachou na escada com um fuzil nas mãos e dois ao lado. Qualquer um que abrisse o alçapão seria uma silhueta contra a luz fraca do armazém e receberia uma bala em troca da tentativa.

— Se eu atirar — sussurrou para Harper —, você tem que recarregar o fuzil antes da arma de sete canos.

— Sim, senhor. — Harper seria capaz de recarregar um fuzil vendado no meio da escuridão do inferno.

— Jorge? — perguntou Sharpe, e a resposta foi um sibilo, revelando a dor de Vicente. — Vá tateando pelas paredes e veja se há uma saída.

— O major Ferreira estava lá em cima — disse Vicente, parecendo reprovar.

— Ele é tão mau quanto o irmão. Estava planejando vender a droga da farinha para os franceses, Jorge, só que eu impedi, por isso ele me atraiu para uma surra no Buçaco. — Sharpe não tinha provas disso, claro, mas parecia óbvio. Ferreira havia convencido Hogan a convidar Sharpe para o jantar no mosteiro e devia ter avisado ao irmão que o fuzileiro estaria sozinho no caminho escuro, depois. — Tateie ao longo das paredes, Jorge. Veja se há uma porta.

— Há ratos — disse Vicente.

Sharpe pegou seu canivete no bolso, abriu a lâmina e sussurrou o nome de Sarah.

— Pegue isso — disse, e tateou buscando a mão dela. Colocou o cabo do canivete em seus dedos. — Tenha cuidado, é uma faca. Quero que você corte uma tira da bainha do seu vestido e veja se consegue pôr uma bandagem no ombro de Jorge.

Ele achou que ela poderia protestar por ter que estragar o único vestido que tinha, mas Sarah não disse nada e um instante depois Sharpe ouviu o som de seda sendo rasgada. Ele se esgueirou um pouco, subindo a escada, e tentou escutar. Durante um tempo houve silêncio, depois o estrondo súbito de uma pistola e outro estrondo, praticamente simultâneo, quando a bala acertou o alçapão. A bala ficou presa, sem atravessar a madeira pesada. Ferrabrás estava anunciando que havia encontrado Sharpe, mas obviamente o gigante não estava disposto a levantar o alçapão e invadir o porão, porque houve outro longo silêncio.

— Eles querem que a gente pense que foram embora — disse Sharpe.

— Não há saída — anunciou Vicente.

— Sempre há uma saída — disse Sharpe. — Os ratos entram, não é?

— Mas há dois mortos aqui. — Vicente parecia enojado. O cheiro era insuportável.

— Eles não podem nos machucar se estiverem mortos — sussurrou Sharpe. — Tire o casaco e a camisa, Jorge, e deixe a Srta. Fry colocar uma bandagem.

Sharpe esperou. Esperou. Vicente estava sibilando de dor e Sarah fazia ruídos para tranquilizá-lo. Sharpe chegou perto do alçapão. Ferrabrás não tinha ido embora, ele sabia, e imaginou o que o sujeito faria em seguida. Abrir o alçapão e disparar uma saraivada de tiros de pistola para baixo? Suportar as baixas? Sharpe duvidava. Ferrabrás esperava que os fugitivos fossem enganados a pensar que o armazém estava vazio e subissem a escada, mas Sharpe não cairia nessa. Esperou, ouvindo o som da vareta de Harper socando as sete balas.

— Carregada, senhor — disse Harper.

— Então vamos esperar que os filhos da mãe venham — disse Sharpe.

Sarah inspirou o ar subitamente e ele ignorou isso. Então houve uma pancada súbita e forte que soou tão alta quanto um canhão disparando, e Sharpe se encolheu para trás, esperando uma explosão, mas a pancada foi seguida por silêncio. Algo pesado tinha sido posto no alçapão. Depois houve outra pancada, e mais uma, seguida pelo som de algo sendo arrastado, e depois toda uma sucessão de pancadas e coisas arrastadas.

— Eles estão pondo peso sobre o alçapão — disse Sharpe.

— Por quê? — perguntou Sarah.

— Estão nos prendendo aqui, senhorita, e vão voltar quando estiverem preparados. — Sharpe achou que Ferrabrás não queria atrair mais atenção para seu armazém começando outro tiroteio enquanto ainda havia tropas britânicas e portuguesas na cidade. Esperaria até o exército ir embora, e então, antes da chegada dos franceses, traria mais homens, mais armas e abriria o porão. — Portanto, temos tempo.

— Tempo para quê? — perguntou Vicente.

— Para sair, é claro. Todos vocês, ponham os dedos nos ouvidos. — Ele esperou alguns segundos, em seguida disparou o fuzil escada acima. A bala se cravou no alçapão. Os ouvidos de Sharpe estavam zumbindo enquanto ele encontrava outro cartucho, arrancava a bala com os dentes, cuspia-a e depois escorvava o fuzil. — Dê-me sua mão, Pat — disse, pondo em seguida o resto do cartucho, só o papel e a pólvora, na palma da mão de Harper.

— O que você está fazendo? — perguntou Vicente.

— Sendo Deus e fazendo a luz.

Ele tateou dentro do casaco, encontrou o exemplar do *Times* que Lawford havia lhe dado e rasgou o papel ao meio. Colocou metade de volta no casaco e torceu a outra metade bem apertada e em seguida pôs no chão.

— Pronto, senhor. — Harper, que havia adivinhado o que Sharpe queria, torceu o cartucho de papel fazendo um tubo em que deixou a maior parte da pólvora.

— Encontre o fecho — disse Sharpe e esperou enquanto Harper explorava o fuzil que Sharpe estava segurando.

— Achei, senhor — disse Harper, depois segurou o papel torcido junto à caçoleta.

— Está feliz por ter vindo comigo hoje, Pat?

— É o dia mais feliz da minha vida, senhor.

— Vejamos onde estamos — disse Sharpe. Em seguida, puxou o gatilho e o fuzil da arma se abriu, enquanto a pederneira o acertava para lançar a fagulha para cima. Houve um clarão quando a pólvora na caçoleta pegou fogo, e Harper estava com o cartucho de papel no lugar exato, porque uma fagulha o acertou e acendeu, subitamente brilhante. Sharpe segurou o jornal torcido e acendeu uma ponta. Harper estava lambendo os dedos queimados enquanto Sharpe deixava o jornal bem-enrolado pegar fogo. Tinha mais ou menos um minuto antes que o papel se queimasse totalmente, mas havia pouco a ver, a não ser dois corpos no fundo do porão. E era uma visão horrenda, porque os ratos estiveram com os homens, mastigando o rosto até o crânio e escavando as barrigas inchadas, cheias de vermes e moscas. Sarah se virou para um canto e vomitou enquanto Sharpe examinava o resto do porão, que era um quadrado de cerca de 6 metros com piso de pedras. O teto era de pedras e tijolos sustentado por arcos feitos com tijolos estreitos.

— Trabalho romano — disse Vicente, olhando um dos arcos.

Sharpe olhou para o topo da escada, mas as laterais eram feitas de pedra maciça. O fogo do jornal estava no fim e ele jogou-o no degrau mais baixo, enquanto as chamas tremulavam agonizantes.

— Estamos presos — disse Vicente, mal-humorado. Ele havia rasgado sua camisa, e agora o ombro esquerdo estava com uma bandagem desajeitada, mas Sharpe podia ver sangue em sua pele e as bordas rasgadas da camisa. Então as chamas se apagaram e o porão voltou a ficar escuro.

— Não há saída.

— Sempre há uma saída — insistiu Sharpe. — Uma vez fiquei preso numa sala em Copenhague, mas consegui sair.

— Como? — perguntou Vicente.

— Pela chaminé.

Sharpe estremeceu com a lembrança daquele espaço preto, apertado, que espremia os pulmões, por onde havia subido com dificuldade antes de chegar numa câmara cheia de fuligem na qual teve de se retorcer como uma enguia até descer por outro tubo.

— Uma pena os romanos não terem construído uma chaminé aqui — disse Harper.

— Só teremos que esperar e sair lutando — sugeriu Vicente.

— Não podemos — disse Sharpe com brutalidade. — Quando Ferrabrás voltar, Jorge, ele não vai se arriscar. Vai abrir aquele alçapão e estará acompanhado por vinte homens com mosquetes só esperando para nos matar.

— Então o que faremos? — perguntou Sarah em voz baixa, ligeiramente recuperada.

— Vamos destruir aquela comida lá em cima — disse Sharpe, apontando no escuro em direção aos suprimentos do armazém. — É o que Wellington deseja, não é? É o nosso dever. Não podemos passar o tempo todo lamentando as adversidades, senhorita. Temos trabalho a fazer.

Mas primeiro, e ele não sabia como, precisava escapar.

Ferrabrás, seu irmão e três dos homens do armazém foram para uma taverna. Dois não puderam ir. Um tinha sido acertado no crânio por uma bala da arma de sete canos e, mesmo tendo sobrevivido, não podia falar, controlar os movimentos ou compreender nada, por isso Ferrabrás ordenou que fosse levado ao Mosteiro de Santa Clara, na esperança de que ainda houvesse freiras por lá. Um segundo homem, atingido no ombro pelo mesmo disparo, tinha ido para casa a fim de que a esposa pusesse uma tala e uma bandagem no braço quebrado. Os ferimentos dos dois homens haviam enraivecido Ferrabrás, que olhou soturno para seu vinho.

— Eu avisei — disse Ferreira. — Eles são soldados.

— Soldados mortos — respondeu Ferrabrás. Esse era o seu único consolo. Os quatro estavam presos e teriam que ficar no porão até que Ferrabrás os tirasse, e ele brincava com a ideia de deixá-los lá. Quanto tempo demorariam para morrer? Será que ficariam loucos na escuridão sufocante? Atirariam uns nos outros? Virariam canibais? Talvez, dali a semanas, ele abrisse o alçapão e um sobrevivente se arrastaria para a luz, piscando, e ele chutaria o desgraçado até a morte. Não, preferiria chutar os três homens até a morte e ensinar outra lição a Sarah Fry. — Vamos tirá-los esta noite — disse.

— Os ingleses vão estar na cidade esta noite — observou Ferreira — e há tropas acantonadas na rua atrás do armazém. Se ouvirem tiros podem não ser tão fáceis de enganar quanto os de hoje à tarde. — Uma patrulha portuguesa tinha ouvido os disparos no armazém e ido investigar. Mas Ferreira, que não havia participado da luta e ficara parado junto à porta, tinha ouvido as botas nas pedras do calçamento e saiu para receber a patrulha, explicando que tinha homens lá dentro matando cabras.

— Ninguém vai ouvir os tiros dados naquele porão — disse Ferrabrás com escárnio.

— Você quer correr esse risco? Com aquela arma grande? O som parece de um canhão!

— Então amanhã de manhã — rosnou Ferrabrás.

— Amanhã de manhã os ingleses ainda vão estar aqui — observou o major com paciência. — E à tarde você e eu devemos ir para o norte encontrar os franceses.

— Você vai para o norte encontrar os franceses. E Miguel vai com você. — Ele olhou para Miguel, que deu de ombros, aceitando.

— Eles estão esperando conhecer você — observou Ferreira.

— Então Miguel vai se passar por mim! — reagiu Ferrabrás rispidamente. — Os franceses desgraçados vão saber a diferença? E eu fico aqui e faço meus jogos no momento em que os ingleses tiverem ido embora. Quando os franceses vão chegar?

— Se vierem amanhã, será de manhã, talvez. Digamos, uma ou duas horas depois do alvorecer.

— Isso me dá tempo. — Ferrabrás só queria tempo suficiente para ouvir os três homens implorando por uma misericórdia que não viria. — Eu me encontro com você no armazém — disse a Ferreira. — Traga os franceses para vigiá-lo e eu estarei lá dentro, esperando. — Ferrabrás sabia que estava se permitindo ficar distraído. Sua prioridade era manter a comida em segurança e vendê-la aos franceses, e os quatro prisioneiros não importavam, até agora. Tinham-no desafiado, por enquanto haviam vencido, de modo que agora, mais do que nunca, era uma questão de orgulho, e um homem não podia recuar diante de uma afronta ao seu orgulho. Fazer isso significaria ser menos do que um homem.

Mas Ferrabrás sabia que não existia um problema de verdade. Sharpe e seus companheiros estavam condenados. Ele havia empilhado mais de uma tonelada de caixas e barris sobre o alçapão, não existia outra saída do porão e era apenas uma questão de tempo. Assim Ferrabrás havia vencido, e isso era um consolo. Ele havia vencido.

A MAIOR PARTE dos exércitos inglês e português que recuava havia usado uma estrada a leste de Coimbra, atravessando o Mondego num vau, mas um número suficiente de homens recebera ordens de usar a estrada principal, fazendo passar um jorro constante de soldados, canhões, munições e carroças pela Ponte de Santa Clara, que ia de Coimbra até o pequeno subúrbio na margem sul do Mondego, onde ficava o novo Mosteiro de Santa Clara. Os soldados eram acompanhados por um fluxo aparentemente interminável de civis, carrinhos de mão, cabras, cachorros, vacas, ovelhas e sofrimento que arrastava os pés sobre a ponte, penetrando nas ruas estreitas ao redor do convento e depois indo para o sul, na direção de Lisboa. O progresso era dolorosamente vagaroso. Uma criança quase foi atropelada por um canhão e o cocheiro só a evitou batendo com a arma num muro, onde a roda se partiu e demorou quase uma hora para ser consertada. Uma carreta de mão desmoronou na ponte, derramando livros e roupas, e uma mulher gritou quando soldados portugueses jogaram a carroça partida e o conteúdo no rio, que já estava denso de destroços enquanto as tropas no cais jogavam barris despedaçados e sacos rasgados na água. Caixas de biscoito eram lançadas, e os biscoitos, duros como pedra, flutuavam aos milhares rio abaixo. Outros soldados haviam juntado madeira e carvão e estavam fazendo uma fogueira enorme na qual jogavam carne-seca. Outras tropas ainda, todas portuguesas, tinham recebido ordem de acabar com todos os fornos de padaria na cidade, e uma companhia do South Essex usava marretas e picaretas para destruir os barcos atracados.

O tenente-coronel Lawford retornou ao cais no início da tarde. Tinha dormido bastante bem e comido uma refeição surpreendentemente boa, composta de galinha, salada e vinho branco, enquanto sua casaca vermelha era escovada e passada. Em seguida, montado em Relâmpago, desceu ao cais onde descobriu seu batalhão com calor, suando, desgrenhado, sujo e exausto.

— O problema é a carne-seca — disse o major Forrest. — Deus sabe que ela não vai queimar.

— Sharpe não disse alguma coisa sobre terebintina?

— Eu não o vi — respondeu Forrest.

— Eu esperava que ele estivesse aqui — disse Lawford, olhando o cais cheio de fumaça, que fedia a rum derramado e carne queimada. — Ele salvou uma garota bem bonita. Uma inglesa, imagine só. Eu fui um tanto rude com ela, acho, e julguei que deveria prestar meus respeitos.

— Ele não está aqui — respondeu Forrest.

— Ele vai aparecer. Sharpe sempre aparece.

O capitão Slingsby veio marchando pelo cais, parou batendo os pés e prestou continência rigidamente a Lawford.

— Um homem está desaparecido, coronel.

Lawford encostou o cabo do chicote de montaria na ponta da frente de seu chapéu de bicos, respondendo à continência.

— Como vão as coisas, Cornelius? Espero que tudo bem.

— Os barcos foram destruídos, senhor, todos eles.

— Esplêndido.

— Mas o sargento Harper está desaparecido. Ausentou-se sem permissão.

— Eu lhe dei permissão, Cornelius.

Slingsby se eriçou.

— Não fui consultado, senhor.

— Foi um lapso, tenho certeza. E também tenho certeza de que o sargento Harper vai retornar logo. Ele está com o Sr. Sharpe.

— Isso é outra coisa — disse Slingsby em tom sombrio.

— Sim? — perguntou Lawford com cautela.

— O Sr. Sharpe trocou mais palavras comigo hoje de manhã.

— Você e Sharpe precisam resolver essa situação — disse Lawford rapidamente.

— E ele não tem o direito, senhor, absolutamente nenhum direito, de tirar o sargento Harper de suas tarefas devidas. Isso apenas o encoraja.

— Encoraja? — Lawford ficou ligeiramente confuso.

— À impertinência, senhor. Ele é muito irlandês.

Lawford olhou para Slingsby, imaginando se detectava cheiro de rum no hálito do cunhado.

— Imagino que ele seja mesmo irlandês — disse o coronel finalmente —, já que veio da Irlanda. Como Relâmpago! — Ele se inclinou adiante e acariciou as orelhas do cavalo. — Nem tudo que é irlandês precisa ser depreciado, Cornelius.

— O sargento Harper não demonstra respeito suficiente pela comissão dada por Sua Majestade, senhor.

— O sargento Harper — interveio Forrest — ajudou a capturar a Águia em Talavera, capitão. Antes que você se juntasse a nós.

— Não duvido que ele seja capaz de lutar, senhor — disse Slingsby. — Isso está no sangue deles, não é? Como cães briguentos. São ignorantes e brutais, senhor. Eu tive um número suficiente deles no 55º, e sei. — Ele olhou de volta para Lawford. — Mas preciso me preocupar com a economia interna da Companhia Ligeira. Ela precisa ser retificada e ter melhor aparência. Não é bom ter homens impertinentes.

— O que você quer? — perguntou Lawford com um toque de aspereza.

— Que o sargento Harper retorne para mim, senhor, para o lugar que é dele, e que seja obrigado a se comportar como um soldado.

— Será seu dever garantir isso quando ele retornar — disse Lawford em tom pomposo.

— Muito bem, senhor — respondeu Slingsby, em seguida prestou continência de novo, deu meia-volta e marchou de volta para sua companhia.

— Ele é muito entusiasmado — disse Lawford.

— Eu nunca havia notado qualquer falta de entusiasmo ou mesmo de eficiência na nossa Companhia Ligeira — respondeu Forrest.

— Ah, eles são sujeitos ótimos! São sujeitos realmente ótimos, mas às vezes os melhores cães caçam melhor com uma mudança de donos. Novos modos, Forrest, desencavam hábitos antigos. Não concorda? Que tal jantar comigo esta noite?

— Seria gentileza sua, senhor.

— E vamos começar cedo amanhã. Dar adeus a Coimbra, não é? E que os franceses tenham misericórdia dela.

Trinta quilômetros ao norte as primeiras tropas francesas chegavam à estrada principal. Tinham varrido de lado a milícia portuguesa que havia bloqueado a trilha sinuosa ao norte, ao redor da serra do Buçaco, e agora suas patrulhas de cavalaria galopavam por fazendas sem defesa e desertas. O exército virou para o sul. Coimbra vinha em seguida, depois Lisboa, e com isso chegaria a vitória.

Porque as Águias marchavam para o sul.

CAPÍTULO VIII

A primeira ideia era quebrar o alçapão e depois atacar o que estivesse empilhado em cima.
— Vamos passar pela borda do alçapão — sugeriu Vicente — e depois talvez possamos quebrar a caixa que está em cima. Tiramos tudo que está na caixa, certo? Depois passamos através dela.

Sharpe não conseguiu pensar em nenhuma outra opção, por isso ele e Harper começaram a trabalhar. Tentaram primeiro levantar o alçapão, agachando-se embaixo e fazendo força, mas a madeira não se moveu uma fração de centímetro sequer, por isso começaram a tentar escavar as tábuas. Vicente, com o ombro ferido, não podia ajudar, então ele e Sarah ficaram sentados no porão, o mais longe dos corpos apodrecidos que podiam, ouvindo Sharpe e Harper atacar o alçapão. Harper usava sua espada-baioneta. Como era uma lâmina mais curta do que a espada de Sharpe, ele trabalhava mais no topo da escada. Sharpe tirou o casaco, despiu a camisa e enrolou-a na lâmina para poder segurar o gume sem se cortar. Disse a Harper o que estava fazendo e sugeriu que ele protegesse as mãos, também.

— Mas é uma pena — disse Sharpe. — Essa é uma camisa nova.

— Presente de uma certa costureira de Lisboa?

— Foi, sim.

Harper deu um risinho, depois golpeou a lâmina para cima. Sharpe fez o mesmo com sua espada e os dois trabalharam quase em silêncio, golpeando no escuro, lascando e soltando pedaços de madeira dura e antiga. De vez em quando uma lâmina encontrava um prego e eles xingavam.

— É uma verdadeira aula de linguagem — disse Sarah depois de um tempo.

— Desculpe, senhorita — respondeu Sharpe.

— A gente nem nota, quando está no Exército — explicou Harper.

— Todos os soldados xingam?

— Todos — respondeu Sharpe. — O tempo todo. Menos Daddy Hill.

— O general Hill, senhorita — explicou Harper. — Ele é conhecido por ter a boca muito limpa.

— E o sargento Read — acrescentou Sharpe. — Ele jamais xinga. É metodista, senhorita.

— Eu o ouvi xingar — disse Harper — quando a porcaria do Batten roubou oito páginas da bíblia dele para usar como... — Ele parou de repente, decidindo que Sarah não queria saber que uso Batten fizera do livro do Deuteronômio. Depois grunhiu quando uma lasca enorme se soltou.

— Vamos atravessar isso em pouco tempo — disse animado.

As tábuas do alçapão tinham pelo menos 7,5 centímetros de grossura e eram reforçadas por duas traves fortes do lado de baixo. Por enquanto Sharpe e Harper estavam ignorando a trave ao lado deles, achando que era melhor atravessar o alçapão com as lâminas antes de se preocupar com um modo de tirar a peça maior. As tábuas eram duras, mas eles aprenderam a enfraquecer o veio através de golpes repetidos, depois raspavam, empurravam e usavam as espadas como alavanca para tirar as partes soltas. A madeira quebrada vinha em quantidades minúsculas, em poeira, lasca por lasca, e a área apertada nos degraus dava pouco espaço a eles. De vez em quando precisavam descansar só para esticar os músculos, e em outras ocasiões parecia que, por mais que golpeassem, nenhum outro pedaço se soltaria, porque as duas armas não eram adequadas ao serviço. O aço era fino demais, por isso não podia ser usado para um grande esforço de alavanca, por medo de partirem as lâminas. Sharpe usou seu canivete durante um tempo, com a serragem caindo nos olhos, depois usou a espada de novo, com a mão enrolada no pano perto da ponta para firmar o aço. E mesmo quando atravessassem o alçapão, pensou, só teriam um buraco pequeno. Deus sabia como iriam alargá-lo, mas todas as batalhas precisavam ser lutadas dando um passo de cada vez. Não havia sentido em se preocupar com o futuro se não houvesse futuro, por isso ele e Harper trabalhavam com paciência. O suor escorria pelo peito nu de Sharpe, moscas se arrastavam sobre ele, a poeira se acumulava na boca e as costelas doíam.

O tempo não significava nada no escuro. Eles poderiam ter trabalhado uma hora ou dez. Sharpe não sabia, mas sentia que a noite devia ter caído lá fora, no mundo que agora parecia tão distante. Trabalhava com teimosia, tentando não pensar na passagem do tempo, e lentamente lascava e furava, golpeava e raspava, até que finalmente impeliu a espada com força para cima e o golpe vibrou em seu braço porque a ponta havia acertado algo mais sólido do que a madeira. Golpeou de novo e soltou um palavrão.

— Desculpe, senhorita.

— O que foi? — perguntou Vicente. Ele estivera dormindo e pareceu alarmado.

Sharpe não respondeu. Em vez disso usou o canivete, cutucando o pequeno buraco que havia feito na parte superior da madeira. E quando havia alargado o furo suficientemente, sondou com a lâmina do canivete para raspar o que havia em cima do alçapão. Por fim, xingou de novo.

— Filhos da puta!

— Sr. Sharpe! — disse Sarah, mas cansada, como se soubesse que travava uma batalha perdida.

— Eles provavelmente são filhos da puta, senhorita — disse Harper, depois golpeou sua espada-baioneta pelo buraco lascado que havia feito e foi recompensado pelo mesmo som de aço em pedra. Deu sua opinião, pediu desculpas a Sarah e afrouxou os ombros.

— Eles fizeram o quê? — perguntou Vicente.

— Puseram pedras em cima — respondeu Sharpe. — E outras coisas em cima das pedras. Os desgraçados não são tão idiotas quanto parecem. — Ele desceu a escada e sentou-se com as costas na parede. Sentia-se desgastado, exausto e doía simplesmente respirar.

— Não podemos passar pelo alçapão? — perguntou Vicente.

— Não há a mínima chance.

— E então? — perguntou Vicente, hesitando.

— Então vamos pensar, maldição — disse Sharpe, mas não conseguiu pensar em mais nada, apenas no inferno e na danação. Estavam muito bem presos.

— Como os ratos entram? — perguntou Sarah depois de um tempo.

— Esses filhinhos da mãe podem passar por fendas do tamanho do seu dedo mindinho — disse Harper. — Não é possível manter um bom rato do lado de fora, se ele quiser entrar.

— Então por onde eles entram? — insistiu ela.

— Pela borda do alçapão — supôs Sharpe. — Por onde não conseguimos sair.

Ficaram sentados num silêncio soturno. As moscas se acomodaram de novo nos cadáveres.

— Se disparássemos nossas armas — disse Vicente — alguém poderia ouvir?

— Aqui embaixo, não — respondeu Sharpe, preferindo manter todo o poder de fogo para o momento em que Ferrabrás viesse pegá-los.

Encostou a cabeça na parede e fechou os olhos, tentando pensar. O teto? Tijolos e pedras. Centenas de tijolos e pedras desgraçados. Imaginou-se atravessando-os e subitamente estava num campo cheio de flores, uma bala passou por ele, em seguida outra. Foi acertado na perna e acordou de repente, percebendo que alguém havia dado um tapa em seu tornozelo direito.

— Eu dormi? — perguntou.

— Todos dormimos — respondeu Harper. — Deus sabe que horas são.

— Meu Deus. — Sharpe se espreguiçou, sentindo a dor nos braços e nas pernas resultante de trabalhar no espaço apertado da escada. — Meu Deus — disse com raiva. — Não podemos nos dar ao luxo de dormir. Não com esses filhos da puta vindo nos pegar.

Harper não respondeu. Sharpe podia ouvir o irlandês movendo-se, aparentemente espreguiçando-se no chão. Supôs que ele queria dormir de novo e não aprovou, mas não conseguia pensar em algo mais útil para Harper fazer, por isso não disse nada.

— Estou ouvindo alguma coisa — disse Harper depois de um tempo. Sua voz vinha do centro do porão, do piso.

— Onde? — perguntou Sharpe.

— Encoste o ouvido na pedra, senhor.

Sharpe se esticou e encostou o ouvido no piso. Sua audição não era mais como antigamente. Muitos anos de mosquetes e fuzis a haviam embotado, mas ele prendeu o fôlego, prestou atenção e ouviu uma sugestão levíssima de água correndo.

— Água?

— Há um riacho correndo aqui embaixo — disse Harper.

— Igual ao Fleet — concordou Sharpe.

— O quê? — perguntou Vicente.

— É um rio em Londres, e ele corre no subterrâneo por um grande trecho. Ninguém sabe que ele está lá, mas está. Construíram a cidade em cima.

— Fizeram o mesmo aqui — disse Harper.

Sharpe bateu no piso com o punho da espada, mas não foi recompensado com um som oco. No entanto tinha quase certeza de que o barulho da água estava ali. E Sarah, cuja audição não fora embotada pelas batalhas, teve certeza.

— Certo, Pat — disse Sharpe, com o ânimo restaurado e a dor nas costelas parecendo menos forte. — Vamos levantar a droga dessa pedra.

Era mais fácil falar do que fazer. Usaram as armas de novo, raspando as bordas de uma grande pedra para trabalhar entre ela e as vizinhas. Harper encontrou um ponto onde havia uma lasca do tamanho de seu dedo mindinho na borda e trabalhou ali, enfiando a espada-baioneta no alicerce.

— Embaixo é entulho — disse ele.

— Só esperemos que essa porcaria não esteja presa com argamassa.

— Não — disse Harper com desprezo. — Por que alguém poria argamassa numa pedra de piso? A gente só coloca as desgraçadas no cascalho e bate com força. Para trás, senhor.

— O que você vai fazer?

— Vou levantar essa coisa.

— Por que não usamos uma alavanca?

— Porque o senhor vai quebrar sua espada, e isso vai deixá-lo num humor muito ruim. Só me dê espaço E esteja pronto para segurar quando eu levantar a desgraçada.

Sharpe se moveu. Harper abriu as pernas acima da pedra, enfiou dois dedos embaixo da borda e fez força. Ela não se mexeu. Xingou, firmou-se de novo e usou toda a sua enorme força. Houve um som raspado, e Sharpe, tocando a borda da pedra com os dedos, sentiu-a mover-se um pouquinho para cima. Harper grunhiu, conseguiu enfiar um terceiro dedo embaixo e deu outro puxão gigantesco. De repente a pedra foi levantada e Sharpe enfiou o cano do fuzil embaixo da borda erguida, para expô-la.

— Pode soltar agora.

— Deus salve a Irlanda! — disse Harper, empertigando-se. A pedra estava pousada no cano do fuzil e eles a deixaram ali enquanto Harper recuperava o fôlego. — Agora nós dois podemos conseguir, senhor. Com o senhor do outro lado? Vamos virar essa vadia agora. Desculpe, senhorita.

— Estou começando a me acostumar — disse Sarah em voz resignada.

Sharpe pôs as mãos embaixo da borda.

— Pronto?

— Agora, senhor.

Fizeram força e a pedra subiu, e continuou subindo até virar ao contrário e cair sobre o cadáver mais próximo com um som molhado, espirrado, soltando um jato de vapor fétido junto com uma nuvem de moscas invisíveis. Sarah soltou um som de nojo. Sharpe e Harper estavam rindo.

Agora podiam sentir um trecho quadrado de entulho, um espaço de tijolos quebrados, pedra e areia, e usaram as mãos para limpá-lo, às vezes afrouxando com uma lâmina o entulho comprimido. Vicente usou a mão direita para ajudar e Sarah empurrava o material escavado para longe.

— Não há fim para essa droga — disse Harper, e quanto mais tiravam, mais entulho caía dos lados. Desceram 60 centímetros e então, finalmente, o entulho acabou e as mãos cansadas e sangrando de Sharpe encontraram uma superfície curva que parecia de ladrilhos arrumados de pé. Continuaram limpando até ficarem com um quadrado de cerca de 60 centímetros de lado na superfície em arco.

Vicente usou a mão direita para tatear o que Sharpe achava que eram ladrilhos.

— São tijolos romanos — supôs Vicente. — Os romanos faziam os tijolos muito finos, como ladrilhos. — Ele tateou mais um tempo, explorando a forma em arco. — É o topo de um túnel.

— Um túnel? — perguntou Sharpe.

— O riacho — disse Sarah. — Os romanos devem ter canalizado ele.

— E vamos entrar nele.

Agora Sharpe podia ouvir a água correndo mais claramente. Então havia água ali, e a água corria para o rio através de um túnel, e esse pensamento o encheu de uma esperança feroz.

Ajoelhou-se na beira do buraco, equilibrando-se numa pedra que estava meio solta por causa do entulho que havia caído de baixo, e começou a golpear com a coronha de latão de um fuzil.

— O que você está fazendo — disse Vicente, avaliando o que acontecia pelo som opaco da coronha batendo nos tijolos — é golpear o topo do arco. Isso só vai apertar os tijolos em cunha.

— O que estou fazendo — respondeu Sharpe — é quebrar o desgraçado. — Achou que Vicente devia estar certo, mas sentia-se frustrado demais para trabalhar com paciência nos tijolos antigos. — E espero estar fazendo isso com seu fuzil.

A coronha acertou de novo, em seguida Harper se juntou do outro lado e os dois fuzis batiam com força nos tijolos. Sharpe conseguia ouvir cacos batendo na água. Por fim, Harper deu um golpe fortíssimo e um pedaço grande dos tijolos antigos despencou. E de repente, como se fosse possível, o porão se encheu com um fedor ainda pior, um fedor das entranhas mais profundas do inferno.

— Ah, merda! — disse Harper, encolhendo-se.

— É isso que é — observou Vicente em voz fraca. O cheiro era tão ruim que tornava difícil respirar.

— Um esgoto? — perguntou Sharpe, incrédulo.

— Jesus Cristo! — disse Harper, depois de tentar encher os pulmões. Sarah suspirou.

— Vem da cidade alta — explicou Vicente. — A maior parte da cidade baixa usa fossas nos porões. É um esgoto romano. Eles o chamavam de cloaca.

— Eu chamo de nossa saída — disse Sharpe, e golpeou com o fuzil de novo. Agora os tijolos caíam com mais facilidade e ele podia sentir o buraco se alargando. — É hora de enxergar de novo — disse.

Pegou a metade que restava do exemplar do *Times* de Lawford e encontrou seu fuzil, identificando-o pela lasca que faltava no apoio de bochecha do lado esquerdo da coronha, onde uma bala de mosquete francês havia arrancado um pedaço da madeira. Precisava de seu próprio fuzil porque sabia que ainda estava descarregado, então escorvou-o enquanto Harper torcia o jornal. O papel enrolado pegou fogo na segunda tentativa. Em seguida as chamas ficaram de um estranho verde-azulado quando Harper levou o papel aceso para perto do buraco.

— Ah, não! — disse Sarah, olhando para baixo.

O som podia ser fraco, mas vinha de um líquido com espuma esverdeada que brilhava a uns 2 metros ou pouco mais que isso abaixo. Ratos, amedrontados pela luz súbita, correram pela borda da gosma, raspando os pés nos tijolos velhos, pretos e cheios de limo. A julgar pela curva do esgoto antigo, Sharpe achou que os efluentes teriam pelo menos 30 centímetros de profundidade. Então as chamas queimaram os dedos de Harper e ele deixou o papel cair. O jornal queimou em azul por um segundo, depois todos ficaram no escuro de novo. Graças a Deus a maior parte dos ricos havia fugido de Coimbra, pensou Sharpe, caso contrário o antigo esgoto romano estaria com imundície quase até a borda.

— Você está pensando mesmo em descer naquilo? — perguntou Vicente em voz incrédula.

— Na verdade não temos escolha. É ficar aqui e morrer ou descer lá. — Ele tirou as botas. — Talvez a senhorita queira usar minhas botas — disse a Sarah. — Elas devem ser suficientemente altas para mantê-la livre de você-sabe-o-quê, mas talvez seja bom tirar o vestido também.

Houve alguns segundos de silêncio.

— Você quer que eu... — começou Sarah, então sua voz ficou no ar.

— Não, senhorita — disse Sharpe com paciência. — Não quero que faça nada que a senhorita não queira, mas se o vestido entrar naquela sujeira vai feder até o céu quando sairmos, e pelo que sei a senhorita não tem outra coisa para usar. Nem eu, e é por isso que vou me despir.

— Você não pode pedir à Srta. Fry que se dispa — disse Vicente, chocado.

— Não estou pedindo — respondeu Sharpe, tirando seu macacão da cavalaria francesa. — Isso é com ela. Mas se você tiver algum tino, Jorge, também vai se despir. Enrole tudo dentro do seu casaco ou da camisa e amarre as mangas em volta do pescoço. Diabos, homens, ninguém pode ver nada! Aí embaixo está escuro como o Hades. Aqui, senhorita, as minhas botas. — Ele empurrou-as pelo chão.

— O senhor quer que eu entre num esgoto, Sr. Sharpe? — perguntou Sarah, baixinho.

— Não, senhorita, não quero. Quero que a senhorita esteja em campos verdes e feliz, com dinheiro suficiente para o resto da vida. Mas para levá-la até lá preciso passar por um esgoto. Se quiser, pode esperar aqui e Pat e eu vamos sair e voltamos para pegá-la, mas não posso prometer que Ferrabrás não virá primeiro. De modo que a escolha é sua, senhorita.

— Sr. Sharpe? — Sarah pareceu indignada, mas evidentemente não estava assim. — Está certo. Peço desculpas.

Por um momento houve apenas o farfalhar de roupas, depois os quatro enrolaram tudo em trouxas. Sharpe estava usando apenas as ceroulas e enrolou as outras roupas dentro do macacão, depois apertou bem a trouxa com as dragonas. Pôs as roupas ao lado do buraco, junto com o cinto da espada, onde estavam a bolsa de munição, a bainha e o embornal.

— Eu vou primeiro — disse. — Senhorita? Siga-me e mantenha a mão nas minhas costas, para saber onde estou. Jorge? Você vem em seguida e Pat será a retaguarda.

Sharpe sentou-se na beira do buraco, depois Harper segurou seus pulsos e baixou-o. Pedaços de entulho e tijolos caíram na imundície. Em seguida os pés de Sharpe estavam no líquido e Harper grunhia com o esforço.

— Só mais 5 centímetros, Pat.

Em seguida seus pulsos se soltaram da mão de Harper e ele caiu por esses últimos centímetros e quase se desequilibrou, porque o fundo do esgoto era tremendamente escorregadio.

— Meu Deus — disse, cheio de nojo e quase sufocando por causa do ar nauseabundo. — Alguém me entregue o cinto da espada e depois as roupas.

Ele pendurou a espada embainhada no pescoço. Sua barretina estava presa na fivela da caixa de cartuchos e a bainha vazia pendia junto à coluna. Em seguida amarrou as pernas do macacão por cima do cinto.

— Fuzil? — disse, e alguém o empurrou para baixo e ele pendurou a arma no ombro, depois pegou a espada com a mão direita. Achou que a lâmina serviria para sondar o caminho. Por um momento se perguntou para que lado ir, subindo o morro em direção à universidade ou descendo para o rio, e decidiu que a melhor esperança de escapar era pelo rio. O esgoto precisava despejar sua sujeira em algum lugar, e era esse lugar que ele queria. — Agora você, senhorita. E tenha cuidado. Está escorregadio como... — Ele parou, contendo a linguagem. — Não fique com medo — continuou ao ouvi-la ofegar enquanto passava pelo buraco. — O sargento Harper vai baixá-la, mas eu vou segurá-la porque quase escorreguei quando desci. Tudo bem?

— Não me importo — disse ela, quase sem fôlego devido à intensidade do fedor.

Sharpe estendeu as mãos, encontrou a cintura despida e sustentou-a enquanto ela colocava os pés com as botas dentro do esgoto. Sarah se firmou, mas o pânico ou o horror ainda a fez se balançar em busca do equilíbrio, e ela o agarrou com força enquanto Sharpe passava os braços em volta de sua cintura fina.

— Tudo bem — disse ele. — Você vai sobreviver.

Vicente baixou a trouxa de roupas de Sarah e, como ela estava tremendo e com medo, Sharpe amarrou-a em volta do pescoço da jovem que permanecia agarrada a ele.

— Agora você, Jorge — disse Sharpe.

Harper foi o último. Ratos passavam rapidamente roçando neles, com o som das garras sumindo no túnel invisível. Sharpe até conseguia ficar de pé, mas curvou-se na esperança de ver ao menos uma fresta de luz no esgoto, porém não havia nada.

— Você deve se segurar em mim, senhorita — disse, imaginando que a cortesia de chamá-la de "senhorita" não era realmente necessária agora que os dois estavam praticamente nus e enfiados na merda até os tornozelos, mas suspeitou que ela questionaria se ele a chamasse de outro modo. — Jorge, segure-se à roupa da Srta. Fry. E vamos todos devagar.

Sharpe sondava cada passo com a espada, depois avançava um pouquinho antes de sondar de novo, mas depois de um tempo ficou mais confiante e o ritmo aumentou até estarem arrastando os pés. Sarah estava com as mãos em sua cintura, apertando-o com força, e sentia-se quase tonta. Algo estranho havia acontecido com ela nos últimos minutos, quase como se, ao se despir e entrar num esgoto, tivesse largado a vida anterior, a ligação precária, mas firme, com a respeitabilidade, e tivesse se permitido cair num mundo de aventura e irresponsabilidade. De repente, e inesperadamente, estava feliz.

Coisas sem nome penduradas no teto do esgoto roçavam no rosto de Sharpe e ele se abaixava para evitá-las, morrendo de medo de pensar no que seriam, e depois de um tempo usou a espada para limpar o ar à frente. Tentava contar quantos metros andavam, mas desistiu porque o progresso era dolorosamente vagaroso. Depois de um tempo o piso do esgoto subiu enquanto o teto ficava na mesma altura, e ele teve que se agachar para continuar andando. Mais fiapos roçavam em seu cabelo. Outras coisas pingavam do teto, e então o piso do túnel caiu abruptamente e ele estava cutucando a espada num vazio fétido.

— Parem — disse aos companheiros, depois empurrou a espada cautelosamente até uns 60 centímetros adiante e uns 30 mais abaixo. Havia algum tipo de poço coletor, ou então a base do túnel havia desmoronado numa caverna. — Solte-me — disse a Sarah. Sondou de novo, avaliou a distância e então, ainda abaixado, deu um passo longo e chegou com segurança ao outro lado, mas seu pé escorregou e ele caiu com força contra a lateral do esgoto. Usou a palavra eficaz. — Desculpe, senhorita — disse, com a voz ecoando no túnel. Tinha conseguido manter as roupas longe da sujeira, mas o escorregão o havia amedrontado e suas costelas estavam doendo de novo, a ponto de ser difícil respirar. Levantou-se lentamente e descobriu que conseguia ficar ereto porque o teto era mais alto de novo. Virou-se para Sarah. — Na sua frente há um buraco no chão. Só tem a largura de um passo grande. Encontre a borda com os pés.

— Encontrei.

— Você vai dar um passo longo, 60 centímetros para a frente e 30 para baixo, mas primeiro segure minhas mãos. — Ele encostou a espada na parede, estendeu as mãos e encontrou as dela. — Está pronta?

— Estou. — Ela parecia nervosa.

— Escorregue as mãos para a frente, segure meus antebraços com força. — Ela obedeceu e Sharpe agarrou os braços dela perto dos cotovelos. — Estou segurando, e você vai dar um passo longo, mas com cuidado. É escorregadio como...

— Merda? — perguntou Sarah, e riu de si mesma por ousar dizer a palavra em voz alta.

Depois respirou fundo o ar fétido e se lançou à frente, mas o pé de trás escorregou e ela caiu, gritando de medo, mas viu-se puxada para a segurança. Sharpe havia de certo modo esperado que ela escorregasse, e agora puxou-a com força contra seu corpo e ela veio com facilidade, totalmente sem peso, e se agarrou a ele a ponto de Sharpe sentir os seios nus encostados em sua pele. Ela estava ofegando.

— Tudo bem, senhorita. Muito bem.

— Ela está bem? — perguntou Vicente, ansioso.

— Nunca esteve melhor — respondeu Sharpe. — Há alguns soldados que eu não traria aqui embaixo porque iriam desmoronar, mas a Srta. Fry está se saindo bem. — Ela estava agarrada a ele, tremendo ligeiramente, as mãos frias em sua pele nua. — Sabe do que eu gosto na senhorita?

— Do quê?

— Você não reclamou uma vez sequer. Bom, reclamou dos nossos palavrões, claro, mas vai superar isso, porém não reclamou nem uma vez do que aconteceu. Não são muitas mulheres que eu poderia levar por um esgoto sem ficar com os ouvidos cheios. — Ele deu um passo atrás, tentando soltar-se dela, mas Sarah insistiu em permanecer agarrando-o. — Você precisa dar algum espaço para o Jorge — disse ele, e levou-a um passo mais adiante, onde ela manteve o braço em volta da sua cintura. — Se eu não achasse que é uma ideia idiota, acharia que a senhorita está se divertindo.

— Estou — respondeu Sarah, e deu um risinho.

Ainda estava segurando-o e tinha o rosto contra seu peito. E Sharpe, sem pensar bem, baixou a cabeça e beijou sua testa. Por um segundo ela ficou totalmente imóvel, depois passou o outro braço em volta dele e levantou o rosto para encostar a bochecha na dele. Diabos, pensou Sharpe. Num esgoto?

Houve um som espadanado e alguém se chocou contra Sharpe e Sarah, depois agarrou ambos.

— Está em segurança, Jorge? — perguntou Sharpe.

— Estou. Desculpe, senhorita — disse Vicente, decidindo que sua mão havia inadvertidamente segurado algo inadequado.

Harper veio por último e Sharpe se virou para guiá-los, consciente das mãos de Sarah em sua cintura. Estremeceu ao passar por outro túnel de esgoto que vinha pelo lado direito. Um pingo de alguma coisa espirrou da água que caía e bateu em sua coxa. Sentiu que agora esse túnel estava descendo de forma mais íngreme. Ali a imundície era mais rasa, porque boa parte do esgoto fora interrompida atrás do lugar onde o piso subia, mas o que havia corria mais depressa, e ele tentou não pensar no que poderia estar batendo em seus tornozelos. Seguia em passos minúsculos, com medo das pedras escorregadias embaixo, mas durante boa parte do tempo seus dedos dos pés chapinhavam numa gosma parecida com geleia. Começou a usar a espada tanto como apoio quanto como sonda, e agora tinha certeza de que a descida ia ficando mais íngreme. Onde aquilo iria sair? No rio? O esgoto começou a se inclinar para baixo e Sharpe parou, suspeitando que não poderiam ir mais longe sem escorregar em qualquer horror que houvesse embaixo. Podia ouvir a corrente túrgida espirrando lá embaixo, mas em quê? Um poço de merda? Outro esgoto? E qual era o tamanho da queda?

— O que é? — perguntou Sarah, preocupada porque Sharpe havia parado.

— Problemas — respondeu ele, e prestou atenção de novo, detectando outro som, um ruído em segundo plano, contínuo e fraco, e percebeu que tinha que ser o rio.

O esgoto ia descendo, depois corria para a saída no Mondego, mas até que ponto caía, ou até que ponto era íngreme, não dava para saber. Procurou com o pé direito alguma pedra solta ou fragmento de tijolo e, quando encontrou alguma coisa, empurrou-a pela curva da lateral do esgoto até aquilo estar fora do líquido. Jogou-a à frente, ouviu-a bater nas laterais do esgoto até cair, e ouviu um som de água espirrando.

— O esgoto vira para baixo — explicou — e cai em algum tipo de poço.

— Não é algum tipo de poço — ajudou Harper. — É um poço de mijo e merda.

— Obrigado, sargento — disse Sharpe.

— Precisamos voltar — sugeriu Vicente.

— Para o porão? — perguntou Sarah, alarmada.

— Meu Deus, não — disse Sharpe. Ele pensou em baixar-se pendurado na alça do fuzil, mas então se lembrou do terror de quando achou que estava preso na chaminé em Copenhague. — Pat? Dê meia-volta, retorne devagar e vá batendo nas paredes. Nós vamos atrás.

Viraram-se no escuro. Sarah insistiu em ir atrás de Sharpe, mantendo as mãos em sua cintura. Harper usou o punho da espada-baioneta, fazendo o som opaco ecoar triste no negrume fétido. Sharpe estava com esperanças, mesmo contra as probabilidades, de encontrarem algum lugar onde o esgoto passasse junto a um porão, algum local que não estivesse coberto por metros de terra e cascalho. E, se não pudessem encontrar, teriam que voltar passando pelo armazém até encontrar um local onde o esgoto se abrisse para a superfície. Seria uma noite longa, pensou, se ainda era noite. E então, a menos de dez passos retornando pelo esgoto, o som mudou. Harper bateu de novo e foi recompensado outra vez com um som oco.

— É isso que o senhor está procurando?

— Vamos quebrar a parede — disse Sharpe. — Jorge? Você vai ter que segurar as roupas do sargento Harper. Srta. Fry? Segure as minhas. E mantenha a munição longe da água suja.

Bateram mais um pouco na parede, descobrindo que o ponto oco tinha uns 3 metros de comprimento na curva superior do esgoto.

— Se houver alguém aí — disse Harper —, vamos fazer uma tremenda surpresa.

— E se isso cair sobre nós? — perguntou Sarah.

— Então seremos esmagados — respondeu Sharpe. — Portanto, se acredita num deus, senhorita, reze agora.

— O senhor não acredita?

— Acredito no fuzil Baker e na espada pesada de cavalaria Pattern 1796, desde que você afie a parte oposta da lâmina, de modo que a ponta não escorregue nas costelas do comedor de lesma. Se não afiar a parte oposta da lâmina, senhorita, terá que espancar os desgraçados até a morte com ela.

— Vou me lembrar disso — disse Sarah.

— Está pronto, Pat?

— Pronto — respondeu Harper, levantando seu fuzil.

— Então vamos dar uma surra nesse túnel desgraçado.

E deram.

As ÚLTIMAS TROPAS inglesas e portuguesas saíram de Coimbra no amanhecer da segunda-feira. Pelo que sabiam, cada migalha de comida na cidade fora destruída, queimada ou jogada no rio, e todos os fornos de padaria tinham sido demolidos. O lugar deveria estar vazio, porém mais de metade dos 40 mil habitantes da cidade havia se recusado a partir, porque achavam que a fuga era inútil e que, se os franceses não os alcançassem na estrada, iriam pegá-los em Lisboa. Alguns, como Ferrabrás, ficaram para proteger suas posses. Outros estavam velhos, doentes demais ou desesperançosos demais para tentar a fuga. Que os franceses viessem, pensavam os que iam ficar, porque suportariam tudo e o mundo continuaria.

O South Essex foi o último batalhão a atravessar a ponte. Lawford cavalgava na retaguarda e olhou para trás procurando algum sinal de Sharpe ou Harper, mas o sol nascente mostrava o cais vazio junto ao rio.

— Isso não é do feitio de Sharpe — reclamou.
— É bem do feitio de Sharpe — observou o major Leroy. — Ele tem um jeito independente, coronel. O sujeito é rebelde. Truculento. São características muito admiráveis num escaramuçador, não acha?

Lawford suspeitou que estava sendo alvo de zombaria, mas era suficientemente honesto para perceber que estava sendo zombado com razão.

— Ele não teria desertado?
— Sharpe, não — disse Leroy. — Ele foi apanhado por algum problema. E vai voltar.

— Ele me falou alguma coisa sobre entrar para o Exército português — observou Lawford preocupado. — Você não acha que ele faria isso, não é?

— Eu não o culparia. Um homem precisa ter seu trabalho reconhecido, coronel, não acha?

Lawford foi poupado de responder porque o capitão Slingsby, montado em Portia, voltou ruidosamente pela ponte, deu meia-volta e ficou ao lado de Lawford e Leroy.

— Aquele sargento irlandês continua sumido — disse em tom de reprovação.

— Nós estávamos falando disso — respondeu Lawford.

— Vou colocá-lo nos livros como desertor — anunciou Slingsby. — Desertor — repetiu com veemência.

— Você não fará nada disso! — reagiu Lawford com uma aspereza que até mesmo ele achou surpreendente. Mas, ao mesmo tempo em que falava, percebeu que tinha começado a achar Slingsby irritante. O sujeito era como um cãozinho latindo sem parar, sempre nos seus calcanhares exigindo atenção, e Lawford tinha começado a suspeitar que o novo comandante de sua Companhia Ligeira gostava um pouquinho demais de beber. — O sargento Harper — explicou num tom mais calmo — está em serviço, destacado com um oficial deste batalhão, um oficial respeitado, Sr. Slingsby, e o senhor não questionará a conveniência desse serviço.

— Claro que não, senhor — disse Slingsby, pasmo com o tom de voz do coronel. — É só que eu gosto de tudo ao modo de Bristol. O senhor me conhece. Um lugar para cada coisa e cada coisa em seu lugar.

— Tudo está em seu lugar — disse o coronel.

Só que não estava. Sharpe e Harper haviam desaparecido e Lawford temia secretamente que fosse por sua culpa. Virou-se de novo, mas não havia sinal deles. Então o batalhão passou pela ponte e marchou pelas sombras das ruas pequenas ao redor do convento.

De repente Coimbra ficou estranhamente silenciosa, como se prendesse o fôlego. Algumas pessoas foram até a antiga porta da cidade na muralha medieval e olharam nervosas pela estrada, esperando, contra todas as chances, que os franceses não viessem.

Ferrabrás não se preocupava com os franceses, pelo menos por enquanto. Primeiro teria sua doce vingança, e levou sete homens ao armazém onde, antes de tirar as coisas de cima do alçapão, acendeu dois braseiros. Demorou para o carvão pegar fogo e ele usou os minutos para fazer barricadas com barris de carne-seca, de modo que, se os três homens subissem a escada atirando, ficariam presos entre as barreiras onde seus homens estariam abrigados. Assim que o carvão começou a soltar uma fumaça fétida ele ordenou que os homens liberassem o alçapão. Tentou escutar algum som vindo de baixo, mas não havia nada.

— Eles estão dormindo — disse Francisco, o maior dos homens de Ferrabrás.

— Logo estarão dormindo para sempre — observou Ferrabrás. Três homens seguravam mosquetes. Quatro tiraram os barris e as caixas, e, quando todos haviam sido removidos, Ferrabrás ordenou que dois dos quatro pegassem seus mosquetes e que os outros dois arrastassem as pedras de calçamento postas sobre o alçapão. Deu um risinho ao ver os buracos na madeira. — Eles tentaram, não é? Devem ter levado horas! Cuidado agora! — Restava apenas uma pedra e ele esperava que o alçapão fosse empurrado violentamente para cima a qualquer segundo. — Disparem assim que eles empurrarem — disse aos seus homens e ficou olhando quando a última pedra foi puxada.

Nada aconteceu.

Esperou, observando o alçapão fechado, e ainda assim nada aconteceu.

— Eles acham que vamos descer — disse Ferrabrás. Em vez disso, se esgueirou até o alçapão, segurou a alça de metal, sinalizou para seus homens ficarem a postos e puxou.

A porta do alçapão subiu alguns centímetros. Francisco empurrou o cano de seu mosquete embaixo e o levantou mais um pouco. Estava agachado, esperando que um tiro viesse da escuridão, mas houve apenas silêncio. Ferrabrás foi até o alçapão e puxou-o totalmente até ele tombar para trás, batendo na parede dos fundos do armazém.

— Agora — disse ele, e dois homens empurraram o braseiro fazendo os carvões acesos cascatearem pela escada, enchendo o porão com uma fumaça densa e sufocante. — Agora eles não vão demorar. — Ferrabrás sacou uma pistola. Matar os homens primeiro, pensou, e guardar a mulher para mais tarde.

Esperou ouvir tosses, mas nenhum som veio da escuridão. A fumaça pairava na escada. Ferrabrás se esgueirou adiante, tentando escutar, em seguida disparou a pistola para baixo antes de recuar de novo. A bala ricocheteou em pedra, mas em seguida houve silêncio de novo, exceto pelo zumbido nos ouvidos.

— Use seu mosquete, Francisco — ordenou, e Francisco foi até a borda, disparou para baixo e saltou de volta para trás.

Nada, ainda.

— Será que morreram? — sugeriu Francisco.

— Esse fedor seria capaz de matar um boi — disse outro homem, e de fato o cheiro que vinha do porão era denso e terrível.

Ferrabrás ficou tentado a descer, mas havia aprendido a não subestimar o capitão Sharpe. Com toda a probabilidade, pensou, Sharpe estava esperando, escondido à esquerda ou à direita da escada, só aguardando que a curiosidade trouxesse um dos inimigos para baixo.

— Mais chamas — ordenou Ferrabrás, e dois homens quebraram alguns caixotes velhos. Os fragmentos foram acesos e jogados no porão, para adensar a fumaça. Mais madeira foi jogada para baixo, até que o chão ao pé da escada parecesse uma massa em chamas, e mesmo assim ninguém se moveu lá embaixo. Ninguém ao menos tossiu.

— Eles têm que estar mortos — disse Francisco. Ninguém sobreviveria àquele turbilhão de fumaça.

Ferrabrás pegou um mosquete com um dos homens e, muito lentamente, tentando não fazer barulho, esgueirou-se escada abaixo. As chamas estavam quentes em seu rosto, a fumaça era feroz, mas por fim ele conseguiu enxergar dentro do porão. E ficou parado olhando, sem acreditar no que via, porque bem no centro, cercado de carvões em brasa e madeira chamuscando, havia um buraco parecido com uma sepultura. Olhou, sem compreender por um momento, e então, subitamente e de um modo raro, sentiu medo.

Os filhos da mãe tinham ido embora.

Ferrabrás, ficou parado no degrau de baixo. Francisco, curioso, passou por ele, esperou um momento que o pior da fumaça se dissipasse, depois chutou as chamas de lado para espiar dentro do buraco. Fez o sinal da cruz.

— Que há aí embaixo? — perguntou Ferrabrás.

— Um esgoto. Será que eles se afogaram?

— Não — respondeu Ferrabrás, depois estremeceu porque um som de pancadas veio do buraco fétido.

O ruído parecia vir de muito longe, mas era um som duro, ameaçador, e Ferrabrás se lembrou de um sermão que havia suportado, feito por um frade dominicano que alertava as pessoas de Coimbra sobre o inferno que as esperava se não mudassem de vida. O frade havia descrito o fogo, os instrumentos de tortura, a sede, a agonia, a eternidade de choro sem esperança, e naquele ruído ecoante Ferrabrás pensou ter escutado os implementos do inferno ressoando. Virou-se instintivamente e subiu correndo a escada. O sermão fora tão poderoso que durante dois dias depois disso Ferrabrás tentara mudar sua postura. Não visitou nenhum dos bordéis que possuía na cidade, e agora, diante daquele som e da visão do buraco cercado de fogo, o terror do pecador lhe veio de novo. Estava dominado por um medo de que agora Sharpe fosse o caçador e ele a caça.

— Aqui em cima! — ordenou a Francisco.

— Aquele barulho... — Francisco estava relutando em sair do porão.

— É ele — disse Ferrabrás. — Você quer descer para procurar?

Francisco olhou dentro do buraco, depois subiu correndo a escada e fechou o alçapão. Ferrabrás ordenou que as caixas fossem empilhadas de volta em cima, como se isso pudesse impedir Sharpe de irromper daquele submundo fétido.

Então outra pancada soou, agora nas portas do armazém. Ferrabrás girou e levantou sua arma. A nova pancada foi repetida e Ferrabrás conteve o medo, indo na direção do som.

— Quem é? — gritou.
— Senhor? Senhor? Sou eu, Miguel!

Ferrabrás abriu uma das folhas da porta do armazém e pelo menos uma coisa estava certa no mundo, porque Miguel e o major Ferreira haviam retornado. Ferreira, sensatamente, havia abandonado seu uniforme e usava um terno preto, e com ele estava um oficial francês e um esquadrão de cavalarianos de aparência dura, armados com espadas e mosquetes curtos. Ferrabrás voltou a ter consciência dos sons da rua: um grito em algum lugar, os sons de cascos e botas. Estava à luz do dia, o inferno fora trancado e os franceses haviam chegado.

E ele estava em segurança.

As coronhas dos fuzis batiam na parede do esgoto e Sharpe foi recompensado instantaneamente pelo som áspero de tijolos se mexendo.

— Richard! — gritou Vicente, alertando. Sharpe olhou ao redor e viu minúsculos brilhos de luz nos recessos mais distantes do esgoto. Os brilhos chamejaram, piscaram e sumiram, refletindo sua luz fantasmagórica nas coisas que cintilavam nas laterais do túnel.

— É Ferrabrás jogando fogo no porão — disse Sharpe. — Seu fuzil está carregado, Jorge?

— Claro.

— Fique vigiando nessa direção. Mas duvido que os patifes venham.

— Por que não viriam?

— Porque não querem lutar conosco aqui embaixo. Porque não querem andar na merda. Porque estão com medo. — Ele golpeou os velhos tijolos com o fuzil, acertando repetidamente numa espécie de frenesi, e Harper trabalhava ao seu lado, cronometrando seus golpes com os de Sharpe. E de repente a alvenaria antiga desmoronou. Alguns tijolos cascatearam junto aos pés de Sharpe, espirrando esgoto em suas pernas, mas a maior parte caiu no espaço que ficava do outro lado da parede. A boa notícia era que eles caíam com um ruído seco, e não com um espirro que anunciaria que só haviam conseguido entrar em uma das muitas fossas cavadas sob as casas da cidade baixa. — Você consegue passar, Pat?

Harper não respondeu, apenas entrou no espaço negro. Sharpe se virou de novo para olhar as minúsculas fagulhas de fogo caindo, que achou que não deviam estar a mais de cem passos de distância. A jornada pelo esgoto parecera muito mais longa. Um pedaço maior caiu, chamejou em verde-azulado e sumiu, mas não antes que sua luz se refletisse nas paredes mostrando que o túnel estava vazio.

— É outra porcaria de porão — disse Harper, com a voz ecoando no escuro.

— Pegue isso. — Sharpe estendeu seu fuzil e sua espada pelo buraco. Harper segurou as armas, em seguida Sharpe subiu, raspando a barriga na borda áspera dos tijolos quebrados e depois escorregando para um piso de pedra. O ar estava subitamente fresco. O fedor continuava ali, claro, porém menos concentrado, e ele respirou fundo antes de ajudar Harper a puxar as trouxas de roupa pelo buraco. — Srta. Fry? Dê-me suas mãos. — Sharpe levantou-a pelo buraco, recuou e ela caiu de encontro a ele, encostando o cabelo em seu rosto. — Você está bem?

— Estou — disse ela. E sorriu. — É verdade, Sr. Sharpe, por algum motivo estou me divertindo.

Harper estava ajudando Vicente a passar pelo buraco. Sharpe levantou Sarah gentilmente.

— A senhorita deve se vestir.

— Eu estava achando que minha vida precisava mudar — disse ela —, mas não esperava isso. — Sarah continuava segurando-o e ele podia senti-la tremendo, mas não de frio. Sharpe passou a mão pelas costas dela, acompanhando a coluna. — Há luz — disse ela numa espécie de espanto, e Sharpe se virou, vendo que de fato havia uma levíssima tira cinza no outro lado do cômodo espaçoso.

Segurou a mão de Sarah e andou com cuidado passando por pilhas do que pareciam ser peles. Percebeu que o lugar fedia a couro, mas esse cheiro era um alívio depois da intensidade do fedor do esgoto. A tira cinza ficava alta, perto do teto, e Sharpe teve que subir numa pilha de peles para descobrir que uma delas fora pregada sobre uma janela pequena e alta. Arrancou-a, vendo que a janela tinha apenas 30 centímetros de altura e era atravessada por grossas barras de ferro, mas ela dava junto ao pavimento de uma rua que, depois das últimas horas, parecia um vislumbre do céu. O vidro estava imundo, mas mesmo assim pareceu que o porão era inundado de luz.

— Sharpe! — censurou Vicente, e Sharpe se virou, vendo que a luz fraca revelava a quase nudez de Sarah. Ela pareceu ofuscada pela luz, depois se abaixou atrás de uma pilha de peles.

— É hora de se vestir, Vicente — disse Sharpe. Em seguida pegou a trouxa de Sarah e levou-a até ela. — Preciso das minhas botas — disse, virando as costas.

Ela sentou-se para tirar as botas.

— Aqui — disse, e Sharpe se virou, vendo que Sarah ainda estava quase nua enquanto estendia as botas. Havia um desafio nos olhos da jovem, quase como se estivesse atônita com a própria ousadia.

Sharpe se agachou.

— Você vai ficar bem — disse. — Uma pessoa forte como você vai sobreviver a isso.

— Vindo do senhor, Sr. Sharpe, isso é um elogio?

— É — respondeu ele. — E isso também é. — Ele se inclinou para beijá-la. Ela devolveu o beijo e sorriu enquanto ele se balançava para trás.

— Sarah — disse ele.

— Acho que agora fomos apresentados convenientemente — admitiu ela.

— Bom — disse Sharpe, e deixou-a se vestindo.

— E o que vamos fazer agora? — perguntou Haper quando todos estavam vestidos de novo.

— Vamos sair daqui. — Sharpe se virou ao ouvir o som de botas na rua, depois viu pés passando pela janelinha. — O exército ainda está aqui, então vamos sair para garantir que Ferrabrás perca toda aquela comida do armazém. — Em seguida afivelou o cinto da espada e pôs o fuzil no ombro. — E então vamos prendê-lo, colocá-lo contra um muro e atirar no filho da puta, embora sem dúvida você gostaria que ele tivesse um julgamento primeiro, Jorge.

— Você pode atirar nele — respondeu Vicente.

— Ótimo. — Sharpe atravessou o cômodo até onde uma escada de madeira subia para uma porta. Ela estava fechada, evidentemente com uma tranca do outro lado, mas as dobradiças ficavam dentro do porão e os parafusos estavam cravados em madeira podre. Sharpe enfiou a espada embaixo de uma dobradiça, forçou-a com cuidado, para o caso de ela ser mais forte do que parecia, em seguida fez uma forte pressão que arrancou-a do portal. Uma tropa de cavalaria passou lá fora ruidosamente. — Eles devem estar indo embora — disse Sharpe, movendo a espada para a dobradiça de baixo. — Vamos torcer para que os franceses não estejam perto demais.

A segunda dobradiça foi arrancada do portal e Sharpe puxou-a, forçando a porta para dentro. Ela se inclinou presa à tranca, mas se abriu o suficiente para ele ver um corredor que tinha uma porta pesada na outra extremidade, e assim que Sharpe ia passar pela abertura meio bloqueada, alguém começou a bater naquela outra porta. Ele pôde vê-la estremecendo, pôde ver poeira se soltando das tábuas e levantou uma das mãos para silenciar os companheiros enquanto recuava.

— Que dia é hoje? — perguntou.

Vicente pensou um segundo.

— Segunda? Primeiro de outubro?

— Meu Deus — disse Sharpe, imaginando se os cavalos na rua seriam franceses e não ingleses. — Sarah? Chegue perto da janela e diga se pode ver um cavalo.

Ela subiu, encostou o rosto no vidro sujo e fez que sim.

— Dois cavalos.

— Eles têm o rabo cortado?

A porta na extremidade do corredor estava se sacudindo com os golpes, e ele soube que ela deveria ceder a qualquer segundo.

Sarah olhou de novo pelo vidro.

— Não.

— Então são os franceses — disse Sharpe. — Veja se pode bloquear a janela, querida. Encoste um pedaço de couro nela. Depois se esconda! Volte para perto de Pat.

O porão ficou escuro de novo quando Sarah pôs um pedaço de couro rígido em cima da janelinha, depois voltou para se juntar a Harper e Vicente no canto mais distante, onde permaneceram escondidos por um dos enormes montes de pele. Sharpe ficou olhando a porta do outro lado tremer, depois ela se lascou para dentro e ele viu o uniforme azul com o cinturão branco atravessado no peito. Recuou descendo a escada.

— Franceses — disse sério, em seguida atravessou o porão e se agachou com os outros.

Houve gritos de comemoração quando os franceses invadiram a casa. Passos soavam altos nas tábuas do piso acima. Então alguém chutou a porta meio quebrada do porão e Sharpe escutou vozes. Vozes em francês, não muito satisfeitas. Os homens evidentemente pararam junto à porta do porão e um deles fez um som de nojo, presumivelmente por causa do fedor de esgoto.

— *Merde* — disse uma das vozes.

— *C'est un puisard* — observou outra.

— Ele está dizendo que é uma fossa — sussurrou Sarah no ouvido de Sharpe.

Então houve um som de líquido espirrando quando um dos soldados urinou na escada. Houve uma explosão de gargalhadas, e então os franceses saíram. Sharpe, agachado perto de Sarah no canto mais escuro do porão, ouviu os sons distantes de botas e cascos, vozes e gritos. Um tiro soou, depois outro. Não era som de batalha, de muitos tiros se fundindo para formar um metralhar interminável, e sim disparos simples enquanto os homens arrebentavam cadeados ou simplesmente atiravam por diversão.

— Os franceses estão aqui? — perguntou Harper, incrédulo.

— Todo o maldito exército — respondeu Sharpe. Em seguida carregou seu fuzil, enfiou a vareta de volta nas argolas e esperou. Ouviu botas descendo a escada da casa acima, e mais botas no corredor. Depois houve silêncio e ele decidiu que os franceses tinham ido procurar um local mais saudável para saquear. — Vamos subir para o sótão — disse.

Talvez fosse porque tinha estado no subterrâneo por tempo demais, ou talvez apenas um instinto de ir para o alto, mas sabia que não poderiam ficar ali. Alguns franceses em algum momento iriam revistar o porão inteiro, por isso guiou-os através das peles empilhadas e subiu a escada. A porta externa estava aberta, mostrando a luz do sol nas ruas, mas não havia ninguém à vista, por isso Sharpe foi rapidamente pelo corredor, viu uma escada à direita e subiu de dois em dois degraus.

A casa estava vazia. Os franceses a haviam revistado e não encontraram nada além de mesas pesadas, bancos e camas, por isso tinham ido procurar coisas mais valiosas. No topo do segundo lance de degraus havia uma porta quebrada, com o cadeado partido, e acima dela ficava uma escada estreita que subia até vários cômodos no sótão, que parecia se estender por três ou quatro casas. O cômodo maior, comprido, baixo e estreito, tinha uma dúzia de camas baixas de madeira.

— São alojamentos de estudantes — disse Vicente.

Houve gritos em casas próximas, sons de tiros, em seguida vozes embaixo e Sharpe supôs que mais soldados haviam entrado na casa.

— A janela — disse, em seguida abriu a mais próxima e passou, vendo-se numa canaleta que passava atrás de um baixo parapeito de pedras. Os outros foram atrás de Sharpe, que encontrou um refúgio na empena norte, que não era visível de nenhuma janela do sótão. Espiou por cima do parapeito enxergando um beco estreito e sombreado. Um cavaleiro francês, com uma mulher atravessada no arção da sela, deu um tapa nas ancas da jovem, depois levantou seu vestido preto e bateu de novo. — Eles estão se divertindo — disse Sharpe azedamente.

Podia ouvir os franceses nos cômodos do sótão, mas nenhum saiu para o telhado. Sharpe se recostou nas telhas e olhou morro acima. Os grandes prédios da universidade dominavam o horizonte, e abaixo deles havia milhares de telhados e torres de igrejas. As ruas estavam se inundando com os invasores, mas nenhum se encontrava no alto, mesmo que aqui e ali Sharpe visse pessoas amedrontadas que, como ele, haviam se refugiado sobre as telhas. Estava tentando encontrar o armazém de Ferrabrás. Sabia que não estava longe, sabia que tinha um teto alto e inclinado, e finalmente achou que o havia identificado, a cerca de cem passos morro acima.

Olhou para o outro lado do beco. As casas dali tinham o mesmo tipo de parapeito protegendo o teto, e ele achou que poderia saltar facilmente aquela distância. Mas Vicente, com o ombro ferido, poderia ter dificuldade, e o vestido comprido e rasgado de Sarah iria atrapalhá-la.

— Você terá que ficar aqui, Jorge, e tomar conta da Srta. Fry. Pat e eu vamos explorar.

— Vamos?

— Tem alguma coisa melhor para fazer, Pat?

— Podemos ir com vocês — disse Vicente.

— É melhor ficarem aqui, Jorge. — Sharpe pegou seu canivete e abriu a lâmina. — Já cuidou de ferimentos? — perguntou a Sarah.

Ela balançou a cabeça.

— É hora de aprender. Tire a bandagem do ombro de Jorge e encontre a bala. Tire-a. Tire qualquer fiapo da camisa ou do paletó. Se ele mandar parar porque está doendo, cave mais fundo. Seja impiedosa. Arranque a bala e qualquer outra coisa, depois limpe o ferimento. Use isso. — Ele deu seu cantil que ainda tinha um pouco d'água. — Depois faça uma bandagem nova — continuou antes de colocar o fuzil de Vicente, carregado, junto dela. — E se um francês vier aqui, atire nele. Pat e eu vamos escutar e voltaremos. — Sharpe duvidou que ele ou Harper pudessem reconhecer o som de um fuzil no meio de todos os outros disparos, mas achou que Sarah poderia precisar dessa garantia. — Acha que consegue fazer tudo isso?

Ela hesitou, depois concordou.

— Posso.

— Vai doer feito o inferno, Jorge — alertou Sharpe —, mas só Deus sabe se vamos conseguir achar um médico nesta cidade hoje. Portanto deixe a Srta. Fry fazer o melhor que puder. — Em seguida se empertigou e se virou para Harper. — Você consegue pular por cima desse beco, Pat?

— Deus salve a Irlanda. — Harper olhou para o espaço entre as casas.

— É uma distância terrivelmente longa, senhor.

— Então certifique-se de não cair — disse Sharpe.

Em seguida subiu no parapeito, no ponto em que fazia um ângulo reto com relação ao beco. Afastou-se alguns passos para ganhar velocidade, depois correu e deu um salto desesperado por cima do vazio. Chegou ao outro lado com facilidade, passando por cima do parapeito e se chocando com as telhas, sentindo uma agonia chamejar nas costelas. Arrastou-se de lado e ficou olhando enquanto Harper, maior e menos ágil, seguia-o. O sargento pousou atravessado no parapeito, perdendo o fôlego quando a borda se chocou contra sua barriga, mas Sharpe agarrou seu casaco e puxou-o.

— Eu disse que era uma distância longa — disse Harper.

— Você come demais.

— Meu Deus, nós estamos no exército? — disse Harper, depois se espanou e seguiu Sharpe ao longo da canaleta.

Passaram por claraboias e janelas, mas não havia ninguém dentro para vê-los. Em alguns lugares o parapeito havia desmoronado e Sharpe subiu pela empena do telhado, porque era mais segura para pisar. Tiveram que se desviar de uma dúzia de chaminés, depois desceram até outro beco, onde teriam de saltar de novo.

— Esse é mais estreito — disse Sharpe, para encorajar Harper.

— Aonde vamos, senhor?

— Ao armazém. — Sharpe apontou para a grande empena de pedra. Harper olhou o espaço aberto.

— Seria mais fácil ir pelo esgoto — resmungou.

— Se quiser ir, Pat, encontre-se comigo lá.

— Já cheguei até aqui — disse Harper, e se encolheu quando Sharpe saltou. Foi atrás, chegando em segurança, e os dois subiram pelo telhado seguinte e foram ao longo da crista até chegarem à rua que separava o quarteirão de casas do prédio que Sharpe achava ser o armazém.

Sharpe escorregou pelas telhas até a canaleta perto do parapeito, depois olhou por cima. Recuou instantaneamente.

— Dragões — disse.

— Quantos?

— Uma dúzia? Vinte?

Ele teve certeza de que era o armazém. Tinha visto a grande porta dupla, uma delas escancarada, e da crista do telhado vira as claraboias da construção que ficavam ligeiramente acima, no morro. A rua era larga demais para saltarem, portanto não havia como chegar àquelas claraboias a partir do telhado. Mas então Sharpe espiou de novo e viu que os dragões não estavam saqueando. Todos os outros franceses na cidade pareciam ter sido soltos, sem coleiras, mas aqueles dragões estavam montados nos cavalos, com as espadas desembainhadas, e ele percebeu que deviam ter sido postados para vigiar o armazém. Estavam afastando os soldados de infantaria, usando a parte achatada das espadas caso algum ficasse muito insistente.

— Eles estão com a maldita comida, Pat.
— Que façam bom proveito.
— Não, não mesmo — disse Sharpe com violência.
— E como, em nome de Deus, vamos tirar a comida deles?
— Não sei bem.

Sharpe sabia que a comida precisava ser tomada para que os franceses fossem derrotados, mas por um momento sentiu-se tentado a deixar tudo aquilo para lá. Para o diabo. O Exército o havia tratado mal, então por que diabos deveria se importar? Mas se importava, e preferia se danar a ver Ferrabrás ajudando os franceses a vencer a guerra. O barulho na cidade estava ficando mais forte, o som de gritos, de desordem, de caos à solta, e os tiros frequentes de mosquetes estavam espantando centenas de pombos. Espiou os dragões uma terceira vez e viu que formavam duas linhas para bloquear as extremidades da ruela e manter a infantaria francesa longe do armazém. Uma quantidade grande de homens protestava com os dragões e Sharpe achou que a presença dos cavalarianos teria despertado o boato de que havia comida naquela rua. E a infantaria, que tinha ficado cada vez mais faminta à medida que marchava por uma terra despida de tudo, provavelmente estava desesperada de fome.

— Não sei bem — repetiu Sharpe —, mas tenho uma ideia.
— Ideia para quê, senhor?
— Para manter esses filhos da mãe com fome — respondeu Sharpe, e era o que Wellington queria, portanto Sharpe daria isso ao lorde. Manteria os filhos da mãe com fome.

CAPÍTULO IX

Um comissário-chefe veio inspecionar a comida. Era um homenzinho chamado Laurent Poquelin, baixo, atarracado e careca feito um ovo, mas com bigode comprido que torcia nervosamente sempre que estava preocupado, e tinha estado muito preocupado nas últimas semanas, porque l'Armée de Portugal havia estado numa terra sem comida e ele era responsável por alimentar 65 mil homens, 17 mil cavalos da cavalaria e mais 3 mil cavalos e mulas variados. Isso não poderia ser feito numa terra devastada, num local onde cada pomar fora deixado sem frutas, onde as despensas tinham sido esvaziadas, os armazéns despojados, os poços envenenados, os animais levados embora, os moinhos desmontados e os fornos destruídos. Nem o próprio imperador poderia fazer isso! Nem todas as forças do céu poderiam fazer, no entanto esperava-se que Poquelin fizesse o milagre, e as pontas de seu bigode estavam destroçadas de nervosismo. Ele recebera ordem de carregar suprimentos para três semanas com o exército, e havia tais suprimentos nos depósitos da Espanha, mas nem de longe havia animais de carga suficientes para carregar uma quantidade tão grande. E mesmo que Masséna tivesse relutantemente reduzido a artilharia de cada divisão de 12 canhões para oito e tivesse liberado esses cavalos para puxar carroças em vez de canhões, Poquelin só conseguira suprir o exército por uma semana. Então a fome havia se estabelecido. Dragões e hussardos tinham sido enviados a quilômetros de distância da linha de marcha do exército para procurar comida, e cada busca dessas havia desgastado mais cavalos, e a cavalaria reclamava dele porque não havia ferraduras de substituição. E alguns cavaleiros morriam a cada vez, porque os camponeses de Portugal os emboscavam nos morros. Não parecia importar quantos desses camponeses fossem enforcados ou mortos a tiros, outros vinham assediar as equipes de busca. O que significava que mais cavaleiros precisavam ser mandados para proteger os forrageadores, e mais ferraduras eram necessárias, e, como não havia mais ferraduras, Poquelin levava a culpa. E os forrageadores raramente encontravam comida, e se encontravam, em geral comiam a maior parte, e Poquelin também levava a culpa por isso. Começara a desejar que tivesse seguido o conselho lacrimoso de sua mãe e virado padre; qualquer coisa seria melhor do que servir num exército que sugava uma teta seca e o acusava de ineficiência.

Mas agora o milagre havia acontecido. Num golpe, os problemas de Poquelin estavam terminados.

Havia comida. Tanta comida! Ferrabrás, um carrancudo mercador português que fazia Poquelin tremer de medo, havia fornecido um armazém tão atulhado de suprimentos quanto os melhores depósitos da França. Havia centeio, trigo, arroz, biscoitos, rum, queijo, milho, peixe seco, limões, feijão e carne-seca o bastante para alimentar o exército durante um mês! Havia outras coisas valiosas, também. Barris de óleo para lampiões, rolos de barbante, caixas de ferraduras, sacos de pregos, barriletes de pólvora, um saco de botões de chifre, pilhas de velas e peças de tecido, nada disso tão essencial quanto a comida, mas tudo lucrativo porque, ainda que Poquelin fosse distribuir a comida, as outras coisas ele poderia vender para seu próprio enriquecimento.

Explorou o armazém seguido por um trio de *fourriers*, cabos-intendentes, que anotavam a lista de suprimentos vendida por Ferrabrás. Era impossível listar tudo, porque a comida estava em pilhas que precisariam de uns vinte homens-hora para desmontar. Mas Poquelin, homem meticuloso, ordenou que os *fourriers* retirassem sacos de grãos do topo de uma pilha para se certificar de que o centro do monte não fosse composto de sacos de areia. Fez o mesmo com alguns barris de carne-seca, e nas duas vezes viu que tudo estava certo. E as estimativas da comida aumentaram, de modo que o ânimo de Poquelin decolou. Havia até mesmo duas carroças dentro do armazém e, para um exército com escassez de transporte, esses dois veículos eram quase tão valiosos quanto a comida.

Em seguida começou a remexer as pontas esgarçadas do bigode. Tinha comida, e com isso os problemas do exército pareciam resolvidos, mas, como sempre, havia uma mosca na sopa. Como esses novos suprimentos poderiam ser transportados? Não adiantaria dar ração de vários dias para as tropas porque os soldados iriam se empanturrar com todo o lote na primeira hora e reclamariam de fome ao anoitecer. E Poquelin tinha muito poucos cavalos e mulas para carregar essa quantidade enorme. Mesmo assim precisava tentar.

— Reviste a cidade em busca de carroças — ordenou a um dos *fourriers*. — Qualquer carroça. Carrinhos de mão, carretas, qualquer coisa! Precisamos de homens para empurrar os carros. Arrebanhe civis para empurrar os carros.

— Devo fazer tudo isso? — perguntou o *fourrier* espantado, a voz abafada porque estava comendo um pedaço de queijo.

— Vou falar com o marechal — disse Poquelin em tom pomposo, depois fez uma careta. — Você está comendo?

— Estou com um dente doendo, senhor — murmurou o sujeito. — Inchou todo. O doutor disse que quer arrancar. Peço permissão para ir arrancar meu dente, senhor.

— Recusada — disse Poquelin. Sentiu-se tentado a pegar a espada e espancar o sujeito pela insolência, mas nunca havia desembainhado a arma e sentiu medo de que, se tentasse, descobriria que a lâmina havia enferrujado na boca da bainha. Contentou-se em bater no sujeito com a mão. — Devemos dar o exemplo — disse rispidamente. — Se o exército está com fome, nós estamos com fome. Não comemos a comida do exército. Você é um idiota. O que você é?

— Um idiota, senhor — respondeu obedientemente o *fourrier*, mas pelo menos não era mais um idiota com fome.

— Leve uma dúzia de homens para arranjar as carroças. Qualquer coisa que tenha rodas — ordenou Poquelin, confiando que o marechal Masséna aprovaria sua ideia de usar civis portugueses como animais de carga.

O exército deveria marchar para o sul dentro de um ou dois dias, e corria o boato de que ingleses e portugueses fariam uma última defesa nos morros ao norte de Lisboa, por isso Poquelin só precisava fazer um novo depósito 60 ou 70 quilômetros ao sul. Ele tinha algum transporte, claro, o bastante para levar talvez um quarto da comida, e essas mulas e carroças existentes poderiam voltar para pegar mais, o que significava que o armazém precisava ser protegido enquanto seu conteúdo precioso era transferido demoradamente para mais perto de Lisboa. Poquelin voltou correndo à porta do armazém e procurou o coronel dos dragões que estavam vigiando a rua.

— Dumesnil!

O coronel Dumesnil, como todos os soldados franceses, desprezava o comissário. Virou o cavalo com uma lentidão insolente, cavalgou até Poquelin parando alto, acima dele, depois deixou a espada desembainhada baixar de modo a ameaçar vagamente o homenzinho.

— Quer falar comigo?

— Você verificou se não há outras portas para o armazém?

— Claro que não verifiquei — respondeu Dumesnil, sarcástico.

— Ninguém deve entrar, entendeu? Ninguém! O exército está salvo, coronel, está salvo!

— *Alléluia* — disse Dumesnil secamente.

— Informarei ao marechal Masséna que você é responsável pela segurança dos suprimentos — disse Poquelin, pomposo.

Dumesnil se inclinou na sela.

— O próprio marechal Masséna me deu ordens, homenzinho. E eu obedeço às minhas ordens. Não preciso receber outras de você.

— Você precisa de mais homens — disse Poquelin, preocupado porque os dois esquadrões de dragões, isolando a rua dos dois lados da porta do armazém, já estavam contendo uma multidão de soldados famintos. — Por que aqueles homens estão aqui? — perguntou com petulância.

— Porque correm boatos de que há comida aí. — Dumesnil balançou a espada na direção do armazém. — E porque estão com fome. Mas, pelo amor de Deus, pare de reclamar! Eu tenho homens suficientes. Faça o seu trabalho, Poquelin, e pare de dizer como fazer o meu.

Poquelin, contente por ter cumprido seu dever enfatizando a Dumesnil como a comida era importante, foi procurar o coronel Barreto, que estava esperando com o major Ferreira e o assustador Ferrabrás ao lado da porta do armazém.

— Está tudo certo — disse Poquelin a Barreto. — Há até mais do que você havia dito!

Barreto traduziu para Ferrabrás que, por sua vez, fez uma pergunta.

— O cavalheiro quer saber quando será pago — disse Barreto a Poquelin com sarcasmo óbvio.

— Agora — respondeu Poquelin, mas não estava em seu poder fazer o pagamento.

No entanto, queria dar a boa notícia a Masséna, e o marechal certamente pagaria ao saber que o exército tinha comida mais do que suficiente para chegar a Lisboa. Só isso era necessário. Chegar a Lisboa, porque nem mesmo os ingleses poderiam tirar todos os suprimentos daquela cidade grande. Um tesouro esperava em Lisboa, e agora l'Armée de Portugal tinha meios de chegar lá.

Os dragões ficaram de lado para que Poquelin e seus companheiros passassem. Em seguida os cavaleiros fecharam a rua de novo. Uma enorme quantidade de soldados com fome tinha ouvido falar da comida e gritava que ela deveria ser distribuída agora, mas o coronel Dumesnil estava pronto para matá-los caso tentassem pegá-la. Ficou sentado, com o rosto duro, imóvel, a longa espada desembainhada. Era um soldado com ordens, o que significava que a comida estava em mãos seguras e o Exército de Portugal estava a salvo.

Sharpe e Harper voltaram ao telhado onde Vicente e Sarah esperavam. Vicente estava curvado, aparentemente com dor, e Sarah, com o vestido preto brilhando com manchas de sangue fresco, parecia pálida.

— O que aconteceu? — perguntou Sharpe.

Em resposta, ela mostrou o canivete ensanguentado.

— Tirei a bala — disse em voz baixa.

— Muito bem.

— E um monte de fiapos de pano — acrescentou com mais confiança.

— Melhor ainda.

Vicente se recostou nas telhas. Tinha o peito à mostra e uma nova bandagem, arrancada de sua camisa, enrolada grosseiramente em volta do ombro. O sangue atravessava o pano.

— Dói? — perguntou Sharpe.

— Dói — respondeu Vicente com secura.

— Foi difícil — observou Sarah —, mas ele não emitiu um som sequer.

— Isso porque ele é um soldado — disse Sharpe. — Você consegue mexer o braço? — perguntou a Vicente.

— Acho que sim.

— Tente — disse Sharpe. Vicente pareceu perplexo, depois entendeu a sensatez da ordem e, encolhendo-se de dor, conseguiu levantar o braço esquerdo, o que sugeria que a junta do ombro não estava mutilada. — Você vai se recuperar completamente, desde que mantenha o ferimento limpo. — Olhou para Harper. — Larvas?

— Agora não, senhor — respondeu Harper. — Só se o ferimento ficar ruim.

— Larvas? — perguntou Vicente em voz débil. — Você disse larvas?

— Não há coisa melhor, senhor — disse Harper com entusiasmo. — É a melhor coisa para um ferimento sujo. A gente coloca as diabinhas ali e elas limpam tudo, deixam a carne boa e o senhor fica como novo. — Ele deu um tapinha na mochila. — Eu sempre carrego meia dúzia. É muito melhor do que ir a um cirurgião, porque só o que aqueles filhos da mãe querem é cortar a gente.

— Odeio cirurgiões — disse Sharpe.

— Ele odeia advogados — explicou Vicente a Sarah. — E agora odeia cirurgiões. Será que gosta de alguém?

— De mulheres — respondeu Sharpe. — Gosto de mulheres. — Ele estava olhando por cima da cidade, ouvindo gritos e tiros, e pelo barulho soube que a disciplina francesa havia desmoronado. Coimbra estava no caos, entregue à luxúria, ao ódio e ao fogo. Três nuvens de fumaça já subiam das ruas estreitas obscurecendo o céu claro da manhã, e ele suspeitou que outras viriam se juntar a elas. — Eles estão incendiando casas e nós temos trabalho a fazer. — Em seguida se abaixou e pegou um pouco de bosta de pombo que enfiou nos canos da grande arma de Harper. Usou as mais grudentas que pôde encontrar, colocando cuidadosamente uma pequena quantidade em cada cano. — Soque, Pat — disse. A bosta serviria como bucha para segurar as balas quando o cano fosse inclinado para baixo, e o que ele planejava implicaria virar a arma diretamente para baixo. — Muitas dessas casas têm alojamentos de estudantes? — perguntou a Vicente.

— Muitas, sim.

— Como esta? — Sharpe indicou o telhado junto deles. — Com quartos que se estendem pelo sótão?

— É muito comum, são chamadas de *repúblicas*. Algumas ocupam casas inteiras, outras apenas partes. Cada uma tem seu próprio governo. Cada membro tem direito a um voto, e quando eu estava aqui eles...

— Tudo bem, Jorge, conte mais tarde. Só espero que as casas diante do armazém sejam repúblicas. — Ele deveria ter olhado enquanto estava lá, mas não havia pensado. — O que precisamos agora — continuou — é de uniformes.

— Uniformes? — perguntou Vicente.

— Uniformes franceses, Jorge. Então poderemos nos juntar ao carnaval. Como está se sentindo?

— Fraco.

— Pode descansar aqui alguns minutos enquanto Pat e eu vamos arranjar roupas novas.

Sharpe e Harper se esgueiraram de volta pela canaleta e passaram pela janela aberta, entrando no sótão deserto.

— Minhas costelas estão doendo demais — reclamou Sharpe enquanto esticava o corpo.

— O senhor enrolou alguma coisa nelas? Não vão melhorar se não enrolar.

— Não queria ver o anjo da morte — resmungou Sharpe. O anjo da morte era o médico do batalhão, um escocês cujos tratamentos eram conhecidos como "extrema-unção".

— Vou enrolar as desgraçadas para o senhor quando tivermos um minuto.

Harper foi até a porta e tentou escutar vozes embaixo. Sharpe acompanhou-o descendo a escada lentamente, com cuidado para não fazer barulho demais. Uma garota começou a gritar no andar seguinte. Parou de repente como se tivesse levado um tapa, depois começou de novo. Harper chegou ao patamar e foi na direção de onde vinham os gritos.

— Sem sangue — sussurrou Sharpe. Uma casaca de uniforme suja de sangue novo iria chamar muita atenção. Vozes de homens vinham do andar de baixo mas não estavam interessadas na garota ali em cima. — Seja rápido — disse Sharpe passando pelo irlandês — e use toda a brutalidade que quiser.

Sharpe empurrou a porta e continuou em movimento, vendo três homens no quarto. Dois seguravam a garota no chão enquanto o terceiro, um sujeito grande que havia tirado o casaco e baixado a calça até os tornozelos, estava se ajoelhando quando a coronha do fuzil de Sharpe acertou-o na base do crânio. Foi um golpe perverso com força suficiente para jogar o homem sobre a barriga nua da jovem. Sharpe julgou que o sujeito devia estar fora da luta, puxou o fuzil para trás e acertou o homem da esquerda no queixo, ouviu o osso estalar e viu toda a mandíbula ficar torta. Sentiu o terceiro homem caindo com o golpe de Harper e acabou com o sujeito de queixo partido dando outro golpe da coronha de latão na lateral do crânio. Pela sensação, o golpe devia ter fraturado a cabeça do sujeito, mas então foi agarrado em volta das pernas pelo primeiro homem, que de algum modo havia sobrevivido ao ataque inicial. Atrapalhado pela calça abaixada, o sujeito tentou agarrar a virilha de Sharpe, desequilibrando-o, porém em seguida a coronha pesada da arma de sete canos acertou a nuca do homem, que escorregou para baixo, gemendo. Harper lhe deu um último tapa, só para garantir.

A garota, totalmente nua, ficou olhando horrorizada, e já ia gritar de novo quando Harper pegou suas roupas, mas ele pôs um dedo sobre os lábios. Ela prendeu o fôlego, olhando-o, e Harper sorriu para ela, depois entregou as roupas.

— Vista-se, querida — disse ele.

— Inglês? — perguntou ela, passando o vestido pela cabeça.

Harper pareceu horrorizado.

— Sou irlandês, querida.

— Pelo amor de Deus, galã — disse Sharpe. — Suba a escada e traga aqueles dois para baixo.

— Sim, senhor — respondeu Harper, e foi para a porta.

A garota, ao vê-lo partir, soltou um gritinho de alarme. O irlandês olhou-a de volta, deu uma piscadela, a garota pegou o resto da roupa e foi atrás dele, deixando Sharpe com os três homens. O grandalhão, que havia levado pancadas muito fortes, mostrava sinais de recuperação, levantando a cabeça e raspando a mão calosa no chão. Sharpe tirou a baioneta do sujeito e enfiou-a debaixo das costelas dele. Houve muito pouco sangue. O sujeito arfou, abriu os olhos uma vez para espiar Sharpe, em seguida houve um som áspero na garganta e sua cabeça baixou. Ficou imóvel.

Os outros, ambos muito jovens, estavam inconscientes. Sharpe achou que o de queixo quebrado e deslocado provavelmente morreria do golpe no crânio. Estava com o rosto branco e sangue escorria do ouvido, e ele não mostrou qualquer sinal de consciência enquanto Sharpe o despia. O segundo, golpeado por Harper, gemeu ao ser despido e Sharpe silenciou-o com uma pancada. Em seguida tirou seu casaco e vestiu um azul. Serviu bastante bem. Era abotoado num dos lados do largo acabamento branco que enfeitava a frente e terminava na cintura, mas um par de abas pendia atrás. As abas tinham pontas brancas reviradas, enfeitadas com pares de granadas vermelhas flamejantes, o que significava que o verdadeiro dono da casaca era de uma companhia de granadeiros. O colarinho rígido era vermelho e os ombros tinham curtas dragonas vermelhas. Sharpe colocou o cinturão branco cruzado no peito, preso no ombro esquerdo pela tira da dragona, e dele pendia a baioneta. Decidiu não pegar a calça branca do sujeito. Já usava o macacão de oficial da cavalaria francesa, e ainda que a mistura de casaco e macacão fosse incomum, poucos soldados tinham uniformes completos depois de estarem em campanha por algumas semanas. Prendeu seu cinto da espada embaixo das abas do casaco e soube que isso era um risco, porque nenhum soldado comum usaria espada, mas presumiu que os outros achariam que ele havia saqueado a arma. Pendurou o fuzil no ombro, sabendo que, para qualquer olhar casual, a arma pareceria um mosquete. Esvaziou a mochila de couro de boi e colocou dentro seu casaco e sua barretina, depois tirou a barretina do soldado, uma peça vermelha e preta que exibia na frente uma placa de latão mostrando uma águia sobre o número 19, tornando Sharpe um novo recruta do 19º Batalhão de Infantaria da Linha. A caixa de cartuchos, que pendia embaixo da baioneta na ponta do cinturão cruzado, tinha na tampa um distintivo de latão mostrando uma granada.

Harper voltou e ficou espantado por um segundo ao ver Sharpe vestindo a cor azul do inimigo, depois riu.

— Cai bem no senhor.

Vicente e as duas garotas vinham atrás. Sharpe viu que a portuguesa era jovem, com uns 15 anos. Os olhos eram brilhantes e o cabelo, escuro e comprido. Ela viu o traço de sangue na camisa do homem que estivera a ponto de estuprá-la, depois cuspiu nele e, antes que alguém pudesse impedir, pegou uma baioneta e cravou no pescoço dos outros dois, fazendo o sangue jorrar alto pela parede. Vicente abriu a boca para protestar, mas ficou quieto. Dezoito meses antes, quando Sharpe o havia conhecido, a mente jurídica de Vicente reagiria a essa punição sumária aos estupradores. Agora ele não disse nada enquanto a garota cuspia no homem que havia matado, depois foi até o segundo, deitado de costas e respirando com um som áspero saindo do queixo partido. Parou acima dele, posicionando a baioneta acima da boca retorcida.

— Nunca gostei de estupradores — disse Sharpe em tom afável.

— É uma escória — concordou Harper. — Uma porcaria de escória.

Sarah olhava, mesmo não querendo olhar, mas incapaz de afastar a visão da baioneta sendo carregada pela garota com as duas mãos. A garota parou, adorando aquele momento, e em seguida deu o golpe para baixo.

— Vistam-se — disse Sharpe a Vicente e Harper. O homem agonizante gorgolejou atrás dele e seus calcanhares tamborilaram brevemente no chão. — Pergunte o nome dela — pediu a Sarah.

— Ela se chama Joana Jacinto — disse Sarah depois de uma conversa rápida. — Mora aqui. Seu pai trabalhava no rio, mas ela não sabe onde ele está. E pediu para agradecer.

— Nome bonito, Joana — disse Harper, agora vestido como um sargento francês. — E é uma garota útil, não é? Sabe usar uma baioneta.

Sharpe ajudou Vicente a vestir o casaco azul, deixando-o pender do ombro esquerdo em vez de forçar o braço para dentro da manga.

Sarah teve outra conversa com Joana.

— Ela disse que quer ficar conosco.

— Claro que deve ficar — disse Harper, antes que Sharpe pudesse dar sua opinião.

O vestido marrom-escuro de Joana fora rasgado nos seios quando os soldados a despiram, e os restos tinham se sujado de sangue quando ela matou o segundo soldado, por isso ela abotoou a camisa de um dos mortos por cima dele, depois pegou um mosquete. Sarah, não querendo parecer menos beligerante, pôs outro no ombro.

Não era uma grande força. Dois fuzileiros, duas mulheres e um caçador português ferido. Mas Sharpe avaliou que bastaria para acabar com o sonho francês.

Por isso pendurou seu fuzil no ombro, puxou o cinto da espada para cima e guiou-os escada abaixo.

A MAIOR PARTE da infantaria francesa em Coimbra era do 8º Corpo, uma unidade recém-montada com jovens chegados recentemente dos alojamentos na França, e eram maltreinados, maldisciplinados e se ressentiam de um imperador que os fizera marchar para uma guerra que, na maior parte, eles não entendiam. E, acima de tudo, estavam com fome. Centenas saíram das fileiras para explorar a universidade, mas, encontrando pouca coisa desejada, extravasaram a frustração despedaçando tudo que pudesse ser quebrado. Coimbra era famosa por seu trabalho em ótica, mas os microscópios tinham pouca utilidade para soldados, por isso eles arrebentaram os lindos instrumentos com mosquetes, depois despedaçaram os belos sextantes. Um punhado de telescópios foi salvo, porque essas coisas eram valorizadas, mas os instrumentos maiores, compridos demais para serem carregados, foram destruídos, enquanto um conjunto sem paralelos de lentes finamente polidas, acondicionadas em veludo num armário de gavetas largas e rasas, foi quebrado sistematicamente. Uma sala estava cheia de cronômetros, todos sendo testados, e eles foram reduzidos a molas amassadas, engrenagens e caixas despedaçadas. Um belo conjunto de fósseis foi transformado em cacos, e uma coleção de minerais — trabalho de uma vida inteira, cuidadosamente catalogados separando quartzos, espatos e minérios brutos — foi espalhada a partir de uma janela. Porcelana fina foi destroçada, pinturas arrancadas das molduras, e, se a maior parte da biblioteca foi poupada, isso aconteceu apenas porque havia um número grande demais de volumes para ser destruído. Mesmo assim alguns homens tentaram, puxando livros raros das estantes e rasgando-os, mas logo se entediaram e se contentaram em quebrar alguns belos vasos romanos que ficavam sobre pedestais dourados. Eles odiavam os portugueses, por isso vingavam-se no que o inimigo valorizava.

    A Velha Catedral de Coimbra fora construída por dois franceses do século XII, e agora outros franceses uivavam de prazer porque muitas mulheres haviam se abrigado perto dos altares. Um punhado de homens tentara proteger suas esposas e suas filhas, mas os mosquetes dispararam, os homens morreram e os gritos começaram. Outros soldados atiravam no altar principal dourado, mirando os santos esculpidos que guardavam a Virgem de rosto triste. Uma criança de 6 anos tentou puxar um soldado para longe de sua mãe e teve a garganta cortada, e, quando uma mulher não quis parar de gritar, um sargento cortou sua garganta também. Na Nova Catedral, em cima do morro, *voltigeurs* se revezaram mijando na pia batismal, e, quando ela estava cheia, batizaram as garotas que eles haviam capturado no prédio, dando a todas o mesmo nome, *Putain*. Em seguida um sargento leiloou as jovens que choravam e de cujo cabelo pingava urina.

Na Igreja de Santa Cruz, que era mais antiga do que a Velha Catedral, as tropas encontraram os túmulos dos dois primeiros reis de Portugal. Os sepulcros lindamente esculpidos foram arrebentados, os caixões despedaçados e os ossos de Afonso, o Conquistador, que havia libertado Lisboa dos muçulmanos no século XII, foram tirados do tecido que os enrolava e jogados no chão. Seu filho, Sancho I, fora enterrado numa mortalha de linho branco com borda de tecido de ouro, então um artilheiro rasgou a mortalha e pendurou-a nos ombros antes de dançar sobre os restos do cadáver. Havia uma cruz de ouro cravejada de joias no túmulo de Sancho, e três soldados brigaram por causa dela. Um morreu e os outros dois partiram a cruz para cada um ficar com uma metade. Havia mais mulheres na Igreja de Santa Cruz, e elas sofreram como as outras, enquanto seus homens eram levados ao Claustro do Silêncio e mortos a tiros.

Na maior parte os soldados queriam comida. Invadiram casas, abriram porões a chutes e revistaram em busca de qualquer coisa que pudessem comer. Havia bastante, porque a cidade não fora adequadamente esvaziada de alimentos, mas eram soldados demais, e a raiva crescia quando alguns homens comiam e outros permaneciam com fome, e a raiva se transformou em fúria quando foi alimentada pelos enormes suprimentos de vinho descobertos nas tavernas. Espalhou-se um boato de que havia um grande estoque de comida num armazém da cidade baixa, e centenas de homens convergiram para ele, mas descobriram que o lugar estava vigiado por dragões. Alguns ficaram esperando que os dragões fossem embora, enquanto outros iam procurar mulheres ou saque.

Uns poucos homens tentaram impedir a destruição. Um oficial tentou tirar dois artilheiros de cima de uma mulher e foi chutado no chão, depois golpeado com uma espada. Um sargento devoto, ofendido com o que acontecia na Velha Catedral, foi morto a tiros. A maioria dos oficiais, sabendo que era inútil tentar impedir a orgia de destruição, escondeu-se atrás de barricadas montadas em casas e esperou o fim da loucura, enquanto outros simplesmente participavam.

O marechal Masséna, escoltado por hussardos e acompanhado por seus ajudantes e sua amante — vestida de modo atraente com um uniforme azul de hussardo — alojou-se no palácio do arcebispo. Dois coronéis de infantaria foram ao palácio e reclamaram do comportamento das tropas, mas receberam pouca simpatia da parte do marechal.

— Eles merecem uma pequena folga — disse ele. — Foi uma marcha difícil, uma marcha difícil. E eles são como cavalos. Ficam melhores se a gente aliviar as rédeas de vez em quando. Então deixem que eles brinquem, senhores, deixem que eles brinquem.

Masséna certificou-se de que Henriette estivesse confortável no quarto do arcebispo. Ela não gostava dos crucifixos pendurados na parede, por isso Masséna jogou-os pela janela, depois perguntou o que ela gostaria de comer.

— Uvas e vinho — respondeu ela, e Masséna ordenou que um dos seus serviçais revistasse a cozinha do palácio e encontrasse as duas coisas.

— E se não houver, senhor? — perguntou o serviçal.

— Claro que existem uvas e vinho! — reagiu Masséna rispidamente. — Santo Deus todo-poderoso, será que nada pode ser feito no Exército sem questionamentos? Encontre a porcaria das uvas, encontre a porcaria do vinho e leve-os para mademoiselle!

Em seguida ele voltou à sala de jantar do palácio, onde haviam sido abertos mapas na mesa do arcebispo. Eram mapas ruins, inspirados mais pela imaginação do que pela topografia. Um dos ajudantes de Masséna achava que haveria outros melhores nas universidades, e estava certo, mas quando os encontrou estavam reduzidos a cinzas.

Os generais do exército se reuniram na sala de jantar onde Masséna planejou o próximo estágio da campanha. Ele fora rechaçado na serra do Buçaco, mas essa derrota não o impedira de passar ao flanco esquerdo do inimigo e com isso expulsar ingleses e portugueses do centro de Portugal. Agora o exército de Masséna estava no Mondego e o inimigo recuava em direção a Lisboa, mas isso ainda deixava o marechal com outros oponentes. A fome atacava suas tropas, assim como os guerrilheiros portugueses que vinham atrás de suas forças como lobos seguindo um rebanho de ovelhas. O general Junot sugeriu que era hora de uma pausa.

— Os ingleses estão indo para seus navios — disse ele. — Deixe-os. Depois mande uma tropa retomar as estradas de volta até Almeida.

Almeida era a fortaleza na fronteira portuguesa onde a invasão havia começado, e ficava a mais de 160 quilômetros a leste, no fim da estrada monstruosamente árdua que o exército francês havia percorrido com enorme dificuldade.

— Com que objetivo? — perguntou Masséna.

— Para transportarmos suprimentos — declarou Junot. — Suprimentos e reforços.

— Que reforços? — A pergunta foi sarcástica.

— A unidade de Drouet? — sugeriu Junot.

— Eles não vão se mexer — disse Masséna com azedume. — Não terão permissão de se mexer. — O imperador havia ordenado que Masséna recebesse 130 mil homens para a invasão, mas menos de metade desse número fora reunido na fronteira, e, quando Masséna implorou por mais homens, o imperador mandara uma mensagem dizendo que suas forças atuais eram adequadas, que o inimigo era risível e que a tarefa de invadir Portugal era fácil. Mas o imperador não estava ali. Ele não comandava um exército de homens passando fome, cujos sapatos estavam se despedaçando, um exército cujas linhas de suprimento eram inexistentes porque os malditos guerrilheiros portugueses controlavam as estradas que serpenteavam pelos morros até Almeida. O marechal Masséna não queria retornar àqueles morros. Chegar a Lisboa, pensou, chegar a Lisboa. — As estradas daqui até Lisboa são melhores do que as que nós já percorremos?

— Cem vezes melhores — respondeu um dos seus ajudantes portugueses.

O marechal foi até uma janela e olhou a fumaça que subia dos prédios pegando fogo na cidade.

— Temos certeza de que os ingleses estão indo para o mar?

— Para onde mais eles podem ir? — retrucou um general.

— Lisboa?

— Não pode ser defendida — observou o ajudante português.

— Para o norte? — Masséna se virou de volta para a mesa e bateu com um dedo nas marcas riscadas num mapa. — Para esses morros? — Ele estava apontando para o terreno ao norte de Lisboa, onde se estendiam morros por mais de 32 quilômetros entre o Atlântico e o largo rio Tejo.

— São morros baixos — respondeu o ajudante. — E há três estradas que os atravessam e uma dúzia de trilhas trafegáveis.

— Mas esse tal de Wellington pode oferecer batalha nesse lugar.

— Se fizer isso, ele se arrisca a perder o exército — interveio o marechal Ney.

Masséna se lembrou do som das saraivadas na serra do Buçaco e imaginou seus homens lutando contra um fogo daqueles outra vez, depois se desprezou por ceder ao medo.

— Podemos manobrar para tirá-lo dos morros — sugeriu, e essa era uma ideia sensata, porque o exército inimigo certamente não tinha tamanho suficiente para guardar uma frente com 32 quilômetros de largura. Bastaria ameaçá-lo num dos lados, pensou Masséna, e lançar as Águias pelos morros a 16 quilômetros de distância. — Há fortes nesses morros, não há? — perguntou.

— Ouvimos boatos de que ele está fazendo fortes para guardar as estradas — respondeu o ajudante português.

— Então marcharemos pelos morros — disse Masséna. Desse modo, os novos fortes poderiam ser deixados para apodrecer enquanto o exército de Wellington era cercado, humilhado e derrotado. O marechal ficou olhando o mapa e imaginou as bandeiras do exército derrotado desfilando por Paris e sendo lançadas aos pés do imperador.

— Podemos dar a volta no flanco dele de novo — disse. — Mas não se lhe dermos tempo para escapar. Ele precisa ser pressionado.

— Então vamos marchar para o sul? — perguntou Ney.

— Dentro de dois dias — decidiu Masséna. Ele sabia que precisava desse tempo para que o exército se recuperasse da captura de Coimbra. — Que os homens fiquem de rédeas soltas hoje — disse. — E amanhã vamos chicoteá-los de volta para as Águias e garantir que estejam prontos para a partida na quarta-feira.

— E o que os homens vão comer? — perguntou Junot.

— O que puderem — reagiu Masséna rispidamente. — E tem que haver comida aqui, não é? Os ingleses não podem ter raspado a cidade inteira.

— Há comida — disse uma voz nova, e os generais, resplandecentes em azul, vermelho e dourado, deram as costas para os mapas e viram o comissário-chefe Poquelin aparentando uma satisfação incomum consigo mesmo.

— Quanta comida? — perguntou Masséna causticamente.

— O suficiente para nos levar a Lisboa, senhor, mais do que o suficiente. — Durante dias Poquelin tentara evitar os generais, por medo do escárnio que lançariam sobre ele, mas sua hora havia chegado. Este era seu triunfo. O comissário fizera o seu trabalho. — Preciso de transporte e de um bom batalhão para ajudar a levar os suprimentos, mas temos tudo de que precisamos. Mais ainda! Caso se lembre, o senhor prometeu comprar esses suprimentos. O homem manteve a palavra. Ele está esperando aí fora.

Masséna se lembrava vagamente de ter feito a promessa, mas agora que a comida estava em sua posse ficou tentado a quebrá-la. O tesouro do exército não era grande e o estilo francês não era comprar suprimentos que pudessem ser roubados. Viver da terra, dizia sempre o imperador.

O coronel Barreto, que viera ao palácio com Poquelin, viu a indecisão no rosto de Masséna.

— Se negarmos a promessa, senhor — disse ele com respeito —, ninguém em Portugal acreditará em nós. E em uma ou duas semanas deveremos governar aqui. Precisaremos de cooperação.

— Cooperação. — O marechal Ney cuspiu a palavra. — Uma guilhotina em Lisboa fará com que cooperem bem depressa.

Masséna balançou a cabeça. Barreto estava certo, era tolice fazer novos inimigos à beira da vitória.

— Pague a ele — disse, apontando um ajudante que tinha a chave do baú do dinheiro. — E em dois dias — disse a Poquelin — comece a transportar os suprimentos para o sul. Quero um depósito em Leiria.

— Leiria? — perguntou Poquelin.

— Aqui, homem, aqui! — Masséna bateu num mapa com o dedo indicador, e Poquelin se esgueirou nervoso entre os generais para procurar a cidade que, ele descobriu, ficava a cerca de 60 quilômetros ao sul de Coimbra, na estrada para Lisboa.

— Preciso de carroças — disse Poquelin.

— Você terá todas as carroças e mulas que possuímos — prometeu Masséna com grandiosidade.

— Não há cavalos suficientes — observou Junot com azedume.

— Nunca há cavalos suficientes! — disse Masséna com rispidez. — Então use homens. Use a porcaria dos camponeses. — Ele apontou a janela, indicando a cidade. — Ponha arreios neles, chicoteie, faça com que trabalhem!

— E os feridos? — perguntou Junot alarmado. Seriam necessárias carroças para carregar os feridos para o sul, se quisessem que eles ficassem com o exército e fossem protegidos dos guerrilheiros portugueses.

— Eles podem ficar aqui — decidiu Masséna.

— E quem vai guardá-los?

— Vou encontrar homens — respondeu Masséna, impaciente com essas ninharias. O que importava era que tinham comida, o inimigo estava recuando e Lisboa ficava somente a 160 quilômetros ao sul. A campanha avançara até a metade, mas a partir de agora seu exército marcharia em estradas boas, portanto não era hora de cautela, e sim de atacar.

E em duas semanas, pensou, teria Lisboa e a guerra seria vencida.

SHARPE NEM BEM chegara à rua e um homem tentou arrancar Sarah de seu lado. Ela não parecia atraente, porque o vestido preto estava amarrotado e rasgado na bainha, o cabelo estava solto e o rosto sujo, mas o homem agarrou seu braço, depois protestou loucamente quando Sharpe o apertou contra a parede com a coronha do fuzil. Sarah cuspiu no homem e acrescentou algumas palavras que esperava serem suficientemente grosseiras para chocá-lo.

— Você fala francês? — perguntou Sharpe a ela, sem se importar que o soldado os ouvisse.

— Francês, português e espanhol — respondeu ela.

Sharpe deu uma pancada na genitália do sujeito, como lembrança, depois levou seus companheiros pelos corpos de dois homens, ambos portugueses, caídos nas pedras do calçamento. Um fora estripado e seu sangue escorria 3 metros pela sarjeta, afastando-se do cadáver que estava sendo farejado por um cão de três patas. Uma janela se quebrou acima deles, fazendo chover cacos brilhantes. Uma mulher gritou e os sinos em uma igreja começaram uma cacofonia terrível. Nenhum soldado francês se importou com eles, a não ser para perguntar se haviam acabado com as duas garotas, e somente Sarah e Vicente entenderam as perguntas. A rua ficou mais apinhada à medida que subiam o morro e chegavam mais perto de onde, segundo os boatos, havia comida suficiente para uma multidão. Sharpe e Harper usaram seu tamanho para abrir caminho pelos soldados. Depois, chegando às casas que ficavam diante do armazém de Ferrabrás, Sharpe entrou na primeira porta e subiu a escada. Uma mulher, com sangue no rosto e segurando um bebê, encolheu-se para longe deles no patamar. Sharpe subiu o último lance de escada e descobriu, para seu alívio, que o sótão era como o primeiro, um aposento comprido que passava pelas casas separadas embaixo. Alguns estudantes haviam morado ali, e agora suas camas estavam viradas, todas menos uma, onde um soldado francês dormia. Ele acordou quando os passos soaram altos nas tábuas e, ao ver duas mulheres, rolou da cama. Sharpe estava abrindo uma janela para o telhado e se virou quando o homem estendeu as mãos para Sarah, que sorriu para ele e, com força surpreendente, mandou o cano do fuzil contra sua barriga. O sujeito soltou o ar, ofegando, dobrou-se e Joana o acertou com o cabo do mosquete, girando-o até acertar a coronha em sua testa. O homem, sem emitir um som, desmoronou para trás. Sarah riu, descobrindo habilidades que antes não suspeitara possuir.

— Fique aqui com as mulheres — disse Sharpe a Vicente — e esteja pronto para correr feito o diabo. — Ele atacaria os dragões de cima, e achava que os cavalarianos viriam contra os agressores usando as escadas mais próximas do armazém, ignorando que o sótão dava acesso a quatro escadas separadas nas quatro casas. Sharpe planejava retornar por onde tinha vindo, e, quando os dragões chegassem ao sótão, ele teria sumido muito antes. — Venha, Pat.

Subiram no teto, o mesmo que haviam examinado antes e, seguindo a canaleta atrás do parapeito, chegaram à empena de onde, inclinando-se,

Sharpe conseguiu ver de novo os cavaleiros três andares abaixo. Pegou com Harper a arma de sete canos.

— Há um oficial lá embaixo, Pat — disse ele. — Está à esquerda, montado num cavalo cinza. Quando eu avisar, atire nele.

Harper colocou um pouco de bosta de pombo no cano do seu fuzil e socou-a para prender a bala no lugar, depois se esgueirou à frente e espiou a rua. Havia dragões dos dois lados da via curta, usando o peso dos cavalos e a ameaça das longas espadas para manter à distância a infantaria faminta. O oficial estava logo atrás do grupo da esquerda, facilmente perceptível por causa da peliça com borda de pele que pendia de seu ombro esquerdo e porque a manta verde de sua sela não tinha bolsa presa. Nenhum dragão olhou para cima, e por que olharia? Seu trabalho era guardar a rua, não vigiar os telhados. Harper mirou o fuzil para baixo e puxou o cão.

Sharpe ficou ao seu lado com a arma de sete canos.

— Pronto?

— Estou pronto.

— Você primeiro — disse Sharpe.

Harper precisava se certificar da mira, mas para Sharpe não havia necessidade de mirar com a arma de sete canos, porque ela não tinha precisão. Era só uma máquina de trucidar, suas sete balas se espalhando como metralha dos canos unidos.

Harper alinhou a mira no capacete de latão do oficial, que tinha uma pluma marrom na crista. O cavalo cinza se remexeu e o francês acalmou-o, depois olhou para trás, e nesse momento Harper disparou. A bala abriu o capacete, de modo que um jato de sangue espirrou brevemente para cima, depois mais sangue jorrou por baixo da borda do capacete enquanto o oficial tombava de lado vagarosamente. Nesse momento Sharpe atirou contra os outros dragões, o ruído da arma de sete canos parecendo um disparo de canhão ecoando na fachada do armazém. Fumaça encheu o ar. Um cavalo relinchou.

— Corram! — disse Sharpe.

Voltaram pelo mesmo caminho, passaram pela janela e desceram a escada mais distante, com Vicente e as mulheres atrás. Sharpe ouviu um tumulto na outra extremidade da casa. Homens estavam gritando alarmados, os cascos dos cavalos ressoavam altos nas pedras do calçamento, e então ele estava na porta da frente e, com as duas armas penduradas no ombro, enfiou-se na multidão. Sarah se agarrou ao seu cinto. Os soldados de infantaria estavam avançando, mas por cima da cabeça deles Sharpe conseguiu enxergar dragões entrando na casa mais distante. Pelo que dava para ver, apenas um homem ficara na sela, e esse homem estava segurando uma dúzia de rédeas. Contudo, os cavalos iam sendo empurrados de lado pelo jorro de soldados de infantaria que de repente entendiam que o armazém estava sem guardas.

Os dragões tinham feito exatamente o que Sharpe quisera, o que ele achava que fariam. Seu oficial estava morto, outros estavam feridos e, sem liderança, seu único pensamento era se vingar dos homens que os haviam atacado, por isso entraram em bando na casa e deixaram o armazém sem guardas, a não ser por um punhado de dragões impotentes para conter o jorro de homens que atacava as portas. Um sargento dragão tentou impedi-los usando a parte chata da espada contra os da frente, mas foi arrancado da sela, seu cavalo foi empurrado e as grandes folhas da porta foram puxadas. Um enorme grito de comemoração soou. O resto dos dragões deixou os homens passarem correndo, pensando apenas em se salvar e salvar os cavalos.

— Vai ser o caos aí dentro — disse Sharpe a Harper. — Vou entrar sozinho.

— Para fazer o quê?

— O que tenho que fazer — respondeu Sharpe. — Você e o capitão Vicente cuidem das garotas. — Sharpe preferiria levar Harper, porque o tamanho e a força do irlandês seriam de um valor enorme no armazém apinhado, mas o perigo maior seria que os cinco se separassem no interior escuro e confuso, e era melhor que Sharpe trabalhasse sozinho. — Esperem por mim — disse, depois entregou a Harper sua mochila e seu fuzil e, armado apenas com a espada e a arma de sete canos descarregada, foi empurrando e abrindo caminho pela rua, passando pelo cavalo apavorado do oficial morto e finalmente entrando no armazém.

A entrada estava apinhada e, assim que entrou, encontrou homens puxando caixas, sacos e barris para baixo, dificultando a passagem, mas Sharpe usou a coronha da arma, abrindo caminho com violência. Um artilheiro tentou impedi-lo, dando um soco forte, e Sharpe arrebentou os dentes do sujeito com a coronha reforçada com latão. Depois passou por cima de um enorme monte de sacos esparramados de uma das grandes pilhas e chegou numa área relativamente menos apinhada. Dali pôde ir até a borda do armazém, onde se lembrava de ter visto os suprimentos empilhados em duas carroças paradas ao lado da grande parede de madeira que dividia esse armazém do outro, ao lado. Poucos homens estavam ali, porque os franceses estavam interessados em comida e não em velas, botões, pregos e ferraduras.

Um homem havia subido numa das carroças, separando as mercadorias, e Sharpe viu que o sujeito já estava com um saco cheio, presumivelmente de comida, por isso deu uma pancada em sua nuca com a arma de sete canos, chutou-o enquanto ele estava caindo, pisoteou seu rosto quando ele tentou se mexer, depois olhou dentro do saco. Biscoitos, carne-seca e queijo. Levaria aquilo, porque todos eles estavam com fome, por isso pôs o saco de lado, depois desembainhou a espada e usou a lâmina para quebrar dois barris de óleo para lampiões. Era óleo de baleia, que soltou um fedor enorme enquanto se derramava dos barris quebrados e pingava no leito da carroça. Havia algumas peças de tecido na outra ponta da carroça e ele subiu para ver do que eram feitos. Descobriu, como esperava, que eram de linho. Sacudiu duas peças, deixando o tecido ficar solto sobre a carga da carroça.

Pulou para o chão, embainhou a espada, depois abriu um cartucho para fazer uma mecha de papel cheia de pólvora. Escorvou e carregou a arma, depois olhou ao redor, vendo os homens arrastando os suprimentos como demônios. Uma pilha de barris de rum desmoronou, esmagando um homem que gritou enquanto suas pernas eram quebradas por um barril cheio que se partiu espalhando o rum no piso. Um francês bateu em outro barril com um machado, depois enfiou uma caneca de latão no rum. Uma dúzia de outros juntou-se a ele, e ninguém notou Sharpe engatilhando a arma descarregada.

Ele puxou o gatilho, a escorva chamejou e a mecha de papel pegou fogo soltando fagulhas furiosas. Sharpe deixou a chama crescer até que a mecha estivesse queimando bastante, depois jogou-a no óleo sobre o leito da carroça. Por um segundo o papel queimou sozinho, então um lençol de chamas se espalhou na carroça. Sharpe agarrou o saco de comida e correu.

Durante alguns passos não foi atrapalhado. Os homens em volta do barril de rum o ignoraram enquanto ele passava se esgueirando, mas então o linho pegou fogo e houve um clarão súbito de luz. Um homem gritou um aviso, a fumaça começou a se espalhar e o pânico teve início. Uma dúzia de dragões lutava para entrar no armazém, tendo recebido a ordem inútil de expulsar os homens que roubavam a comida preciosa, e agora uma onda de soldados cheios de terror os golpeou, dois dos quais caíram, e houve gritos e rosnados, um som de tiro, então a fumaça se adensou com rapidez espantosa enquanto a carroça pegava fogo. Os cartuchos na bolsa do homem cuja comida Sharpe havia roubado começaram a explodir, um pedaço de papel aceso caiu no rum e súbitas chamas azuis onduraram pelo chão.

Sharpe jogou homens para longe do caminho, pisoteou-os, chutou-os, depois desembainhou a espada porque achou que era a única coisa que iria tirá-los da frente. Golpeou homens com a lâmina e eles se retorceram de lado, protestando, depois se encolheram para longe da raiva em seu rosto. Atrás dele um pequeno barril de pólvora explodiu e o fogo se espalhou pelo armazém enquanto Sharpe lutava para atravessar a confusão, só que não havia como passar. Uma enorme quantidade de homens aterrorizados bloqueava os espaços entre os montes, por isso Sharpe embainhou a espada, jogou o saco de comida no topo de uma pilha de caixas e subiu pela lateral. Correu pelo topo. Gatos fugiam dele. A fumaça se acumulava em volta dos caibros. Ele pulou numa pilha de sacos de farinha meio desmoronada, atravessou-a indo para a porta, depois deslizou do lado oposto. Baixou a cabeça e correu, pisoteando homens caídos, usando a força para escapar da fumaça, irrompeu pelas portas saindo à rua, agarrando o saco de comida para mantê-lo em segurança, e voltou à casa onde havia deixado Harper.

— Deus salve a Irlanda. — Harper estava parado junto à porta, observando o caos. A fumaça saía em rolos pela porta enorme, e mais fumaça brotava pela claraboias quebradas. Soldados, chamuscados e tossindo, saíam cambaleando. Gritos soavam de dentro do armazém, então houve outra explosão quando os barris de rum se partiram. Agora havia na porta um brilho como de uma fornalha gigante e o som do incêndio era como o rugido de um rio enorme atravessando uma ravina. — O senhor fez isso? — perguntou Harper.

— Fiz — respondeu Sharpe. De repente sentiu-se cansado e com uma fome atroz. Entrou na casa onde Vicente e as garotas esperavam num cômodo pequeno, enfeitado com a pintura de um santo segurando um cajado de pastor. Olhou para Vicente. — Leve-nos a algum lugar seguro, Jorge.

— Onde é seguro num dia como hoje? — perguntou Vicente.

— Algum lugar muito longe desta rua — respondeu Sharpe, e os cinco saíram pela porta dos fundos. Olhando para trás, Sharpe viu que o armazém ao lado do de Ferrabrás havia pegado fogo e seu teto estava em chamas. Mais dragões chegavam, porque Sharpe ouviu o som de cascos ressoando nas ruas estreitas, mas era tarde demais.

Desceram por um beco, subiram por outro, atravessaram uma rua e passaram por um pátio onde uma dúzia de soldados franceses estavam deitados, totalmente bêbados. Vicente os guiava.

— Vamos subir o morro — disse, não porque achasse que a cidade alta fosse mais segura do que a baixa, mas porque ali havia sido seu lar.

Ninguém os impediu. Eram apenas mais um bando de soldados exaustos cambaleando pela cidade. Atrás deles havia fogo, fumaça e raiva.

— O que diremos se nos interpelarem? — perguntou Sarah a Sharpe.

— Que somos holandeses.

— Holandeses?

— Eles têm soldados holandeses.

A cidade alta parecia mais calma. Ali estavam aquartelados principalmente os cavalarianos, e alguns deles mandaram os intrometidos da infantaria irem embora, mas Vicente os guiou por um beco, através de um pátio, e desceu alguns degraus entrando no jardim de uma casa grande. Ao lado do jardim havia um pequeno chalé.

— Essa casa pertence a um professor de teologia — explicou Vicente.
— E os empregados dele moram aqui.

O chalé era minúsculo, e até agora nenhum francês o havia descoberto. Na subida do morro Sharpe tinha visto que algumas casas tinham uma casaca de uniforme pendurada na porta, indicando que soldados a haviam tomado e que aquele lugar não deveria ser saqueado. Por isso tirou seu casaco azul e pendurou-o num prego acima da porta do chalé. Talvez isso mantivesse o inimigo longe, talvez não. Comeram, todos esfomeados, rasgando a carne-seca e mastigando o biscoito duro, e Sharpe sentiu vontade de se deitar e dormir pelo resto do dia, porém sabia que os outros deviam estar sentindo a mesma coisa.

— Durmam um pouco — disse.

— E você? — perguntou Vicente.

— Alguém precisa montar guarda.

O chalé tinha um quarto pequeno, pouco maior do que um armário, e Vicente ficou com ele porque era oficial, enquanto Harper foi para a cozinha onde fez uma cama com cortinas, cobertores e um sobretudo. Joana o havia seguido e a porta da cozinha foi fechada com firmeza atrás dela. Sarah desmoronou numa poltrona velha e quebrada, de onde se projetavam tufos de crina.

— Vou ficar acordada com você — disse a Sharpe, e um instante depois estava dormindo a sono solto.

Sharpe carregou seu fuzil. Não ousava sentar-se porque sabia que jamais ficaria acordado, por isso permaneceu de pé junto à porta, com o fuzil carregado ao lado, ouvindo os gritos distantes e vendo a grande nuvem de fumaça que manchava o céu sem nuvens. E soube que tinha cumprido com seu dever.

Agora só precisavam retornar ao exército.

CAPÍTULO X

Ferrabrás e seu irmão voltaram à casa do major, que fora poupada do saque sofrido pelo resto da cidade. Uma tropa de dragões do mesmo esquadrão que havia cavalgado para proteger o armazém fora postada do lado de fora da casa, e agora esses homens foram substituídos por uma dúzia de outros enviados pelo coronel Barreto que, quando seu dia de trabalho estivesse terminado, planejava se alojar na casa. Miguel e cinco outros homens de Ferrabrás estavam na casa, a salvo da atenção dos franceses, e foi Miguel quem interrompeu as comemorações dos irmãos informando que o armazém estava pegando fogo.

Ferrabrás tinha acabado de abrir a terceira garrafa de vinho. Ouviu Miguel, levou a garrafa para a janela e espiou morro abaixo. Viu a fumaça subindo, mas deu de ombros.

— Pode ser qualquer prédio nas imediações — disse sem dar importância.

— É o armazém — insistiu Miguel. — Eu fui ao telhado. Deu para ver.

— E daí? — Ferrabrás fez um brinde com a garrafa. — Nós já vendemos! A perda é dos franceses, não nossa.

O major Ferreira foi até a janela e viu a fumaça. Então fez o sinal da cruz.

— Os franceses não vão pensar assim — disse baixinho, pegando a garrafa do irmão.

— Eles nos pagaram! — reagiu Ferrabrás, tentando pegar a garrafa de volta.

Ferreira pôs o vinho fora do alcance do irmão.

— Os franceses vão acreditar que nós vendemos a comida e depois destruímos. — O major olhou a rua que descia o morro, como se esperasse vê-la se enchendo de franceses. — Vão querer o dinheiro de volta.

— Jesus — disse Ferrabrás. Seu irmão estava certo. Ele olhou para o dinheiro: quatro alforjes cheios com o ouro francês. — Jesus — repetiu, à medida que as implicações do incêndio se assentavam em sua cabeça enevoada pelo vinho.

— É hora de ir — disse o major, assumindo o comando da situação.

— De ir? — Ferrabrás continuava confuso.

— Eles virão atrás de nós! — insistiu o major. — Na melhor das hipóteses só vão querer o dinheiro de volta, na pior, vão atirar em nós. Santo Deus, Luís! Primeiro perdemos a farinha na capela, agora isso? Acha que vão acreditar que não fomos nós que fizemos isso? Vamos! Agora!

— Para o pátio do estábulo! — ordenou Ferrabrás a Miguel.

— Não podemos ir a cavalo! — protestou Ferreira. Os franceses estavam confiscando todos os cavalos que encontravam, e os contatos de Ferreira com o coronel Barreto e os franceses não lhe garantiriam nada se ele fosse visto montado. — Precisamos nos esconder — insistiu. — Vamos nos esconder na cidade até ser seguro ir embora.

Ferrabrás, seu irmão e os seis homens carregaram tudo que era valioso na casa. Tinham o ouro que acabara de ser pago pelos franceses, algum dinheiro que o major Ferreira mantivera escondido em seu escritório e um saco de placas de prata. Levaram tudo por um beco atrás do estábulo, passaram por um segundo beco e entraram numa das muitas casas abandonadas que já haviam sido revistadas pelos franceses. Não ousaram ir mais longe porque as ruas estavam cheias de invasores, por isso se refugiaram no porão e rezaram para não serem descobertos.

— Quanto tempo vamos ficar aqui? — perguntou Ferrabrás azedamente.

— Até os franceses partirem — respondeu Ferreira.

— E depois?

Ferreira não respondeu de imediato. Estava pensando. Pensando que os ingleses não iriam simplesmente marchar para seus barcos. Tentariam parar os franceses de novo, provavelmente perto das novas fortalezas que tinha visto serem construídas na estrada ao norte de Lisboa. Isso significava que os franceses teriam que lutar ou então manobrar ao redor dos exércitos inglês e português, e isso daria tempo. Tempo para ele alcançar Lisboa. Tempo para chegar ao dinheiro escondido na bagagem de sua esposa. Tempo para encontrar a mulher e os filhos. Portugal estava para desmoronar e os irmãos precisariam de dinheiro. Muito dinheiro. Poderiam ir para os Açores ou até para o Brasil, então esperar o fim da tempestade no conforto e retornar para casa quando tudo houvesse passado. E se os franceses fossem derrotados? Ainda assim precisariam de dinheiro, e o único obstáculo era o capitão Sharpe, que sabia da traição de Ferreira. O desgraçado havia fugido do porão, mas ainda estaria vivo? Parecia mais provável que os franceses o tivessem matado, porque Ferreira não podia imaginá-los fazendo prisioneiros em sua orgia de morte e destruição, mas a ideia de que o fuzileiro estivesse vivo era preocupante.

— Se Sharpe estiver vivo — pensou em voz alta —, o que ele fará?

Ferrabrás cuspiu para mostrar sua opinião sobre Sharpe.

— Vai voltar ao exército — respondeu Ferreira à sua própria pergunta.

— E dizer que você é traidor?

— Então será a palavra dele contra a minha — disse Ferreira. — E se eu estiver lá, a palavra dele não terá muito peso.

Ferrabrás olhou para o teto do porão.

— Podemos dizer que a comida foi envenenada — sugeriu. — Que era uma armadilha para os franceses?

Ferreira fez que sim, reconhecendo a utilidade da sugestão.

— O importante é chegarmos a Lisboa. Beatriz e as crianças estão lá. Meu dinheiro está lá. — Ele pensou em ir para o norte e se esconder, mas quanto mais tempo ficasse ausente do exército, maiores seriam as suspeitas sobre sua ausência. Melhor voltar, blefar e reivindicar suas posses. Então, com dinheiro, poderia sobreviver ao que acontecesse. Além disso, sentia falta da família. — Mas como vamos chegar a Lisboa?

— Vamos para o leste — sugeriu um dos homens. — Vamos para o leste até o Tejo e descemos o rio.

Ferreira olhou para o sujeito, pensando, mas na verdade não havia o que pensar. Não poderia ir diretamente para o sul porque os franceses estariam lá, mas se ele e o irmão partissem para o leste através das montanhas, viajando pelas terras altas onde os franceses não ousariam ir por medo dos guerrilheiros, por fim chegariam ao Tejo, e o dinheiro que carregavam seria mais do que suficiente para comprar um barco. Então, em dois dias poderiam estar em Lisboa.

— Tenho amigos nas montanhas — disse Ferreira.

— Amigos? — Ferrabrás não havia acompanhado o pensamento do irmão.

— Homens que pegaram em armas comigo. — Como parte de seus deveres, Ferreira havia distribuído mosquetes entre as pessoas das montanhas para encorajá-las a se tornar guerrilheiros — Eles nos darão cavalos — continuou, cheio de confiança. — E saberão se os franceses estão em Abrantes. Se não estiverem, encontramos nosso barco lá. E os homens dos morros podem fazer outra coisa por nós. Se Sharpe estiver vivo...

— A essa altura ele está morto — insistiu Ferrabrás.

— Se estiver vivo — continuou o major Ferreira, paciente —, terá que pegar a mesma rota para chegar ao exército dele. E os guerrilheiros podem matá-lo por nós. — Ele fez o sinal da cruz, porque de repente tudo estava claro. — Cinco de nós vamos ao Tejo, depois para o sul. Quando chegarmos ao nosso exército vamos dizer que destruímos as provisões do armazém, e, se os franceses chegarem, partiremos para os Açores.

— Só cinco de nós? — perguntou Miguel. Havia oito homens no porão.

— Três de vocês ficarão aqui — sugeriu Ferreira e olhou o irmão em busca de aprovação, que Ferrabrás deu com um aceno da cabeça. — Três homens devem ficar aqui para vigiar minha casa e fazer os reparos necessários antes de nossa volta. E quando voltarmos, esses homens serão bem-recompensados.

A suspeita do major, de que sua casa precisaria de reparos, era justificada porque, a apenas 150 metros dali, dragões estavam procurando-o. Os franceses acreditavam que tinham sido enganados pelo major Ferreira e seu irmão, e agora tentavam se vingar. Derrubaram a porta da frente, mas não encontraram ninguém, a não ser a cozinheira que estava bêbada na cozinha, e quando acertou uma frigideira na cabeça de um dragão levou um tiro. Os dragões jogaram seu corpo no quintal, depois destruíram sistematicamente tudo que puderam quebrar. Móveis, quadros, louça, panelas, tudo. Os balaústres da escada foram retirados, janelas foram destroçadas e os postigos, arrancados das dobradiças. Não encontraram nada além dos cavalos nos estábulos, e os levaram para ser montarias de reserva da cavalaria francesa.

O crepúsculo chegou e o sol chamejou em carmim acima do Atlântico distante, depois afundou. Os incêndios na cidade continuavam ardendo, iluminando o céu enfumaçado. A primeira fúria dos franceses havia diminuído, mas ainda havia gritos no escuro e lágrimas na noite, porque as Águias haviam tomado a cidade.

Sharpe se encostou no portal, sombreado por uma pequena varanda de madeira por onde uma trepadeira subia e caía. A pequena horta era bem-plantada em fileiras, mas Sharpe não sabia o que crescia ali. Contudo, reconheceu um feijão-trepador que pegou e guardou num bolso, para os dias de fome adiante. Encostou-se no portal de novo, ouvindo os tiros na cidade baixa e os roncos de Harper na cozinha. Cochilou, sem perceber, até que um gato se esfregou em seus tornozelos e o acordou com um susto. Tiros ainda soavam na cidade, e a fumaça continuava se agitando vitoriosamente no alto.

Acariciou o gato, bateu com as botas no chão, tentou ficar acordado, mas caiu de novo no sono de pé e acordou vendo um oficial francês sentado na entrada do jardim com um bloco de desenho. O sujeito estava desenhando Sharpe, e ao ver que o modelo havia acordado levantou a mão como a dizer que ele não deveria se alarmar. Continuou desenhando, o lápis com movimentos rápidos e confiantes. Falou com Sharpe, a voz relaxada e amigável, e Sharpe grunhiu de volta, mas o oficial não pareceu se importar com o fato de que seu modelo não dizia coisa com coisa. O crepúsculo já havia baixado quando o oficial terminou e se levantou, trazendo o desenho e pedindo sua opinião. O francês estava sorrindo, satisfeito com seu trabalho, e Sharpe olhou o desenho de um homem com aparência de vilão, cheio de cicatrizes e amedrontador, encostado em mangas de camisa contra o portal, com um fuzil apoiado ao lado e uma espada pendendo da cintura. Será que o idiota não tinha visto que eram armas inglesas? O oficial, que era jovem, louro e bonito, instigou Sharpe querendo uma resposta, e Sharpe deu de ombros, imaginando se teria que desembainhar a espada e transformar o sujeito em filé.

Então Sarah apareceu e disse alguma coisa em francês fluente. O oficial tirou o quepe de forrageiro, fez uma reverência e mostrou o desenho a Sarah, que deve ter expressado prazer, porque o homem o arrancou do caderno grande e deu a ela com outra reverência. Os dois falaram durante mais alguns minutos, ou melhor, o oficial falou e Sarah pareceu concordar com tudo que ele dizia, acrescentando muito poucas palavras. E então, finalmente, o oficial beijou sua mão, acenou amigável para Sharpe e desapareceu subindo a escada e passando pelo arco do outro lado.

— O que foi aquilo? — perguntou Sharpe.

— Eu disse que éramos holandeses. Ele pareceu achar que você era cavalariano.

— Ele viu a espada, o macacão e as botas — explicou Sharpe. — Não ficou com suspeitas?

— Ele disse que você era a própria imagem de um soldado moderno — respondeu Sarah, ainda olhando o desenho.

— Esse sou eu. Uma obra de arte.

— Na verdade, ele disse que você era a imagem da fúria de um povo liberada sobre um mundo velho e corrupto.

— Diabos.

— E disse que era uma pena o que estava sendo feito na cidade, mas que era inevitável.

— O que há de errado com a disciplina?

— Disse que era inevitável — continuou Sarah, ignorando a pergunta de Sharpe — porque Coimbra representa o velho mundo de superstição e privilégios.

— Então ele era outro comedor de lesma cheio de... — começou Sharpe.

— Merda? — interrompeu Sarah.

Sharpe olhou-a.

— Você é estranha, querida.

— Que bom.

— Você dormiu?

— Dormi. Agora é sua vez.

— Alguém precisa montar guarda — disse Sharpe, embora ele não tivesse feito um serviço particularmente bom. Havia caído no sono quando o oficial francês veio, e por pura sorte era um homem com um caderno de desenho, e não um desgraçado querendo saquear. — O que você poderia fazer — sugeriu — é ver se o fogo na cozinha pode ser reavivado e preparar um pouco de chá.

— Chá?

— Há algumas folhas no meu embornal. Você precisa catá-las, e elas acabam meio misturadas com pólvora, mas a maioria de nós gosta do sabor.

— O sargento Harper está na cozinha — disse Sarah timidamente.

— Está preocupada com o que poderia ver? — perguntou Sharpe com um sorriso. — Ele não vai se importar. Não há muita privacidade no Exército. O Exército é um tremendo aprendizado.

— É o que estou descobrindo. — Sarah foi para a cozinha, mas voltou informando que o fogão estava frio.

Ela havia se movido o mais silenciosamente possível, mas mesmo assim tinha acordado Harper, que rolou de sua cama improvisada e chegou à sala com olhos remelentos.

— Que horas são?

— Está anoitecendo — respondeu Sharpe.

— Está tudo quieto?

— A não ser por seus roncos. E tivemos a visita de um francês que bateu papo com Sarah sobre a situação do mundo.

— É uma situação terrível mesmo — disse Harper. — Uma vergonha, de fato. — Ele balançou a cabeça, depois sopesou a arma de sete canos. — O senhor deveria dormir um pouco. Deixe-me vigiar por um tempo. — Ele se virou e sorriu enquanto Joana saía da cozinha. Ela havia tirado o vestido rasgado e parecia estar usando apenas a camisa do francês, que descia até a metade das coxas. Passou os braços pela cintura de Harper, pousou a cabeça morena nos ombros dele e sorriu para Sharpe. — Nós dois vamos vigiar — disse Harper.

— É assim que vocês chamam isso? — Sharpe segurou seu fuzil. — Me acordem quando estiverem cansados. — Achava que tinha mais necessidade de um sono decente do que de chá, mas sabia que Harper provavelmente era capaz de beber alguns litros. — Quer fazer um pouco de chá primeiro? Nós íamos acender o fogão.

— Eu faço o chá na lareira, senhor. — Harper apontou para a pequena lareira onde havia uma panela de três pernas, projetada para ficar sobre as brasas. — Tem água na horta — acrescentou, indicando uma tina de água da chuva. — Portanto a cozinha é toda sua, senhor. E durma bem.

Sharpe se curvou para passar pela porta baixa e depois fechou-a, vendo-se numa escuridão quase total. Tateou para encontrar a porta dos fundos, atrás da qual havia um pequeno pátio cercado, iluminado fantasmagoricamente pelo luar que se filtrava através da fumaça no ar. Havia uma bomba no canto do pátio e ele manobrou a alavanca para jogar água numa bacia de pedra. Usou um punhado de palha para esfregar a imundície das botas, depois tirou-as e lavou as mãos. Tirou o cinto da espada e levou o cinto, a espada e as botas de volta para a cozinha. Fechou a porta, em seguida se ajoelhou para encontrar a cama no escuro.

— Cuidado — disse Sarah em algum lugar no emaranhado de cobertores e sobretudos.

— O que você... — começou Sharpe, depois achou que era uma pergunta idiota e não terminou.

— Acho que eu não era realmente necessária lá fora — explicou Sarah. — Não que o sargento Harper tenha sido pouco amigável, não foi, mas tive a impressão nítida de que os dois poderiam se virar sem mim.

— Provavelmente é verdade.

— E não vou manter você acordado — prometeu ela.

Mas manteve.

Era de manhã quando Sharpe acordou. De algum modo o gato havia entrado na cozinha e estava sentado na pequena prateleira ao lado do fogão, onde ficou se lavando e ocasionalmente espiando Sharpe com os olhos amarelos. O braço esquerdo de Sarah estava atravessado no peito de Sharpe e ele se maravilhou ao ver como a pele da jovem era lisa e pálida. Ela continuava dormindo, com uma mecha de cabelos dourados estremecendo a cada respiração junto aos lábios abertos. Sharpe escorregou de baixo do braço dela e, nu, abriu a porta da cozinha só o bastante para enxergar a sala.

Harper estava na poltrona, com Joana dormindo atravessada em seu colo. O irlandês se virou ao escutar as dobradiças rangendo.

— Tudo quieto, senhor — sussurrou.

— Você deveria ter me acordado.

— Por quê? Não havia nada se mexendo.

— E o capitão Vicente?

— Saiu de fininho, senhor. Foi ver o que estava acontecendo. Prometeu que não iria longe.

— Vou fazer um pouco de chá — disse Sharpe, e fechou a porta.

Havia um cesto de acendalha e uma caixa de lenha ao lado do fogão. Trabalhou o mais silenciosamente possível, mas ouviu Sarah se remexer e se virou, vendo-a olhá-lo do amontoado de cobertas.

— Você está certo — disse ela. — O Exército é um aprendizado.

Sharpe se encostou no fogão. Ela sentou-se, apertando o sobretudo de Harper diante dos seios, e ele encarou-a. Ela o encarou de volta e nenhum dos dois falou, até que ela subitamente coçou a coxa.

— Quando você esteve na Índia — perguntou ela inesperadamente — conheceu pessoas que acreditavam que, depois da morte, voltariam como outra pessoa?

— Não que eu saiba.

— Disseram-me que eles acreditam nisso — disse Sarah, solenemente.

— Eles acreditam em todo tipo de bobagem. Não dava para saber de tudo.

— Quando eu voltar — disse Sarah, inclinando a cabeça para encostá-la na parede —, acho que vou voltar como homem.

— É um bocado de desperdício.

— Porque vocês são livres — observou ela, olhando as ervas secas penduradas nos caibros.

— Eu não sou livre. Tenho o Exército me sugando por todos os lados. Como pulgas. — Ele olhou-a se coçar de novo.

— O que nós fizemos ontem à noite — disse Sarah, e ficou ligeiramente ruborizada, e era claro que precisava se obrigar a falar do que acontecera com tanta naturalidade no escuro — não mudou você. Você é a mesma pessoa. Eu não sou.

Sharpe escutou a voz de Vicente na sala, e um instante depois houve uma batida na porta da cozinha.

— Num minuto, Jorge — gritou Sharpe. Em seguida olhou nos olhos de Sarah. — Eu deveria me sentir culpado?

— Não, não — respondeu ela rapidamente. — É só que tudo mudou. Para uma mulher — ela olhou para as ervas de novo — isso não é uma coisa pequena. Acho que, para um homem, é.

— Não vou deixar você sozinha.

— Eu não estava preocupada com isso — disse Sarah, mas estava — É só que agora tudo é novo. Eu não sou a mesma pessoa de ontem. E isso significa que amanhã será diferente também. — Ela deu-lhe um meio sorriso. — Entende?

— Provavelmente você terá que conversar mais comigo quando eu estiver acordado. Mas por enquanto, querida, preciso ouvir o que o Jorge tem a dizer, e preciso um pouco desse maldito chá. — Ele se inclinou e beijou-a, depois pegou suas roupas.

Sarah levantou o vestido rasgado que estava no meio dos panos embolados. Já ia passá-lo pela cabeça e estremeceu.

— Está fedendo — disse com nojo.

— Use isso — ofereceu Sharpe, jogando sua camisa, depois vestiu o macacão, passou as alças pelos ombros nus e calçou as botas. — Teremos que nos virar com o que temos. Lave tudo. Duvido que a porcaria dos franceses parta hoje, e parece que estamos bem seguros aqui. — Ele esperou até ela ter abotoado a camisa, depois abriu a porta. — Desculpe, Jorge, eu só estava fazendo o fogo.

— Os franceses não estão indo embora — informou Vicente junto à porta. Estava em mangas de camisa e tinha feito uma tipoia para o braço esquerdo. — Não pude ir longe, mas consegui enxergar morro abaixo, e eles não estão fazendo qualquer preparativo.

— Estão recuperando o fôlego — disse Sharpe. — Provavelmente vão partir amanhã. — Ele se virou para olhar Sarah. — Veja se o fogo de Patrick está aceso, está bem? Diga a ele que preciso de uma chama para acender este.

Sarah passou por Vicente, que ficou de lado para deixá-la ir à sala, depois ele olhou de Sarah para Joana, ambas com as pernas à mostra e vestindo camisas sujas. Entrou na cozinha e franziu a testa para Sharpe.

— Isso aqui parece um bordel — disse reprovando.

— Os paletós verdes sempre tiveram sorte, Jorge. E ambas são voluntárias.

— Isso justifica?

Sharpe empurrou mais acendalha no fogão.

— Não precisa de justificativa, Jorge. É a vida.

— Motivo pelo qual temos a religião, para nos erguermos acima da vida.

— Eu sempre tive sorte em escapar da lei e da religião.

Vicente pareceu frustrado com essa resposta, mas então viu o retrato a lápis de Sharpe, que Sarah havia posto numa prateleira, e seu rosto se iluminou.

— Isso ficou bom! Está igualzinho a você!

— É um desenho sobre a fúria de um povo liberada sobre um mundo corrupto, Jorge.

— É?

— Foi o que o sujeito que desenhou disse, algo assim.

— Não foi a Srta. Fry?

— Foi um oficial francês, Jorge. Ontem à noite, enquanto você estava dormindo. Saia da frente, o fogo está vindo. — Ele e Vicente abriram caminho para Sarah, que carregava um pedaço de madeira aceso e o empurrou dentro do fogão, depois ficou olhando para garantir que o fogo havia pegado. — O que vamos fazer — disse Sharpe enquanto

Sarah soprava nas chamas pequenas — é ferver um pouco d'água, lavar as roupas e catar as pulgas.

— Pulgas? — Sarah pareceu alarmada.

— Por que você acha que estava se coçando, querida? Você provavelmente tem alguma coisa pior do que pulgas, mas temos o dia inteiro para nos limpar. Vamos esperar até os comedores de lesma irem embora, e isso vai ser no mínimo amanhã.

— Eles não vão hoje? — perguntou ela.

— Aqueles bêbados? Os oficiais não conseguiriam jamais colocá-los em ordem hoje. Amanhã, se tiverem sorte. E esta noite vamos dar uma olhada nas ruas, mas duvido que possamos. Eles devem ter patrulhas. É melhor esperar até irem embora, depois atravessar a ponte e ir para o sul.

Sarah pensou por um segundo, depois franziu a testa enquanto coçava a cintura.

— Você vai seguir os franceses? — perguntou. — Como vamos passar por eles?

— O caminho mais seguro — respondeu Vicente — seria ir para o Tejo. Devemos atravessar algumas montanhas altas para chegar ao rio, mas assim que estivermos lá podemos conseguir um barco. Algo para nos levar até Lisboa, rio abaixo.

— Mas antes disso há outro serviço a fazer — disse Sharpe. — Procurar Ferrabrás.

Vicente franziu a testa.

— Por quê?

— Porque ele nos deve, Jorge, ou pelo menos a Sarah. O filho da puta roubou o dinheiro dela, por isso temos que pegá-lo de volta.

Vicente estava obviamente insatisfeito com a ideia de prolongar a rixa com Ferrabrás, mas não verbalizou qualquer objeção.

— E se uma patrulha vier aqui hoje? — perguntou em vez disso. — Eles devem estar revistando a cidade, arrebanhando os soldados, não é?

— Você fala a língua desses sapos?

— Não bem, mas falo um pouco.

— Então diga a eles que você é italiano, holandês, qualquer coisa que quiser, e prometa que vamos nos juntar à nossa unidade. Coisa que faremos, se conseguirmos sair daqui.

Fizeram chá, compartilharam um desjejum de biscoito, carne-seca e queijo, depois Sharpe e Vicente montaram guarda enquanto Harper ajudava as duas mulheres a lavar a roupa. Ferveram tudo para tirar o fedor do esgoto. E quando tudo estava seco, o que demorou quase o dia inteiro, Sharpe usou um atiçador quente para matar os piolhos nas costuras. Harper havia arrancado algumas cortinas do quarto, lavado, rasgado em tiras compridas e agora insistiu em enfaixar as costelas de Sharpe, que ainda estavam com hematomas e doloridas. Sarah viu as cicatrizes nas costas dele.

— O que aconteceu? — perguntou ela.

— Fui açoitado — explicou Sharpe.

— Por quê?

— Por algo que não fiz.

— Deve ter doído.

— A vida dói. Aperte bem, Pat.

As costelas ainda estavam doloridas, mas ele conseguia respirar sem se encolher, o que certamente significava que as coisas estavam se consertando. As coisas também estavam se consertando na cidade, porque hoje Coimbra estava mais silenciosa, embora a nuvem de fumaça, agora mais fina, continuasse subindo do armazém. Sharpe suspeitou que os franceses teriam salvado alguns suprimentos do incêndio, mas nem de longe o suficiente para libertá-los da fome que lorde Wellington havia programado para derrotar a invasão. Ao meio-dia Sharpe se esgueirou até o fim do beco tortuoso e viu, como havia suspeitado, patrulhas de soldados franceses desencavando homens das casas, e ele e Harper encheram o beco com entulho do jardim para sugerir que não valia a pena explorar o local. O ardil devia ter dado certo, porque nenhuma patrulha foi explorar a passagem estreita. Ao anoitecer houve sons de cascos e rodas com aro de ferro nas ruas próximas, e, quando estava totalmente escuro, Sharpe passou pelos obstáculos no beco e viu duas baterias de artilharia estacionadas na rua. Meia dúzia de sentinelas guardava os veículos e um homem, mais alerta do que os outros, viu a sombra de Sharpe na entrada do beco e gritou para ele se identificar. Sharpe se agachou. O homem gritou de novo e, não recebendo resposta, deu um tiro contra a escuridão. A bala ricocheteou acima da cabeça de Sharpe enquanto ele se esgueirava para trás.

— *Un chien* — gritou outra sentinela. O primeiro homem espiou dentro do beco, não viu nada e concordou que devia ter sido um cão.

Sharpe montou guarda durante a segunda metade da noite. Sarah ficou com ele, olhando o jardim enluarado. Contou como havia crescido e como perdera os pais.

— Eu me tornei um incômodo para meu tio — disse com tristeza.

— Por isso ele se livrou de você?

— O mais rápido que pôde. — Ela estava sentada na poltrona e estendeu a mão para passar o dedo pelos reforços de couro em zigue-zague no macacão de Sharpe. — Os ingleses vão ficar mesmo em Lisboa?

— Vai ser necessário mais do que esse bando de franceses para tirá-los — disse Sharpe com desprezo. — Claro que vamos ficar.

— Se eu tivesse 100 libras arranjaria uma casinha em Lisboa e ensinaria inglês. Gosto de crianças.

— Eu não.

— Claro que gosta. — Ela lhe deu um tapinha.

— Você não voltaria à Inglaterra?

— O que posso fazer lá? Ninguém quer aprender português, mas um grande número de portugueses quer que os filhos aprendam inglês. Além disso, na Inglaterra eu não passo de mais uma mulher sem perspectiva, sem fortuna nem futuro. Aqui eu me beneficio da questão de ser diferente.

— Você me intriga — disse Sharpe, e levou outro tapa. — Você poderia ficar comigo.

— E ser mulher de soldado? — Ela gargalhou.

— Não há nada errado nisso — defendeu-se Sharpe.

— Não, não há. — Sarah ficou em silêncio por um tempo. — Até dois dias atrás — continuou subitamente —, eu achava que a minha vida dependia de outras pessoas. Dos patrões. Agora acho que ela depende de mim. Você me ensinou isso. Mas preciso de dinheiro.

— Dinheiro é fácil — disse Sharpe, sem dar importância.
— Esse não é o senso mais comum — respondeu ela secamente.
— Roube.
— Você já foi mesmo ladrão?
— Ainda sou. Uma vez ladrão, sempre ladrão, só que agora roubo do inimigo. E um dia vou ter o suficiente para parar de fazer isso, então vou impedir que os outros roubem de mim.
— Você tem uma visão simples da vida.
— A gente nasce, sobrevive, morre. Qual é a complicação nisso?
— É uma vida de animal, e nós somos mais do que animais.
— É o que me dizem, mas, quando a guerra chega, as pessoas agradecem por existirem homens como eu. Pelo menos agradeciam.
— Agradeciam?
Ele hesitou, depois deu de ombros.
— Meu coronel quer se livrar de mim. Ele tem um cunhado que quer colocar no meu cargo, um sujeito chamado Slingsby. Ele tem bons modos.
— É uma coisa boa de ter.
— Não quando 5 mil franceses vêm para cima de você. Aí os bons modos não levam ninguém longe. O que a gente precisa é de pura disposição para a violência.
— E você tem isso?
— Aos baldes, querida.
Sarah sorriu.
— E o que vai acontecer com você agora?
— Não sei. Vou voltar, e se não gostar do que encontrar lá, vou achar outro regimento. Me juntar aos portugueses, talvez.
— Mas vai continuar sendo soldado?
Sharpe confirmou com a cabeça. Não conseguia imaginar outra vida. Havia ocasiões em que achava que gostaria de ser dono de alguns hectares de terra e plantar, mas não sabia nada sobre plantação e sabia que esse desejo era um sonho. Permaneceria sendo soldado, e supunha, quando pensava nisso, que teria um fim de soldado, suando febril numa enfermaria ou morto num campo de batalha.

Sarah deve ter adivinhado o que ele estava pensando.

— Acho que você vai sobreviver — disse.

— Acho que você também vai.

Em algum lugar no escuro um cachorro uivou e o gato arqueou as costas junto à porta e sibilou. Depois de um tempo Sarah caiu no sono, e Sharpe se agachou perto do gato e olhou a luz se esgueirar lentamente pelo céu. Vicente acordou cedo e se juntou a ele.

— Como vai o ombro? — perguntou Sharpe.

— Dói menos.

Vicente ficou sentado em silêncio.

— Se os franceses partirem hoje — disse depois de um tempo —, não seria sensato irmos também?

— Quer dizer, esquecer Ferrabrás?

Vicente confirmou com a cabeça.

— Nosso dever é nos juntarmos ao exército — disse.

— É, mas se nos juntarmos ao exército, Jorge, eles vão nos colocar na lista negra pela ausência. O seu coronel não vai ficar satisfeito. Por isso precisamos levar alguma coisa.

— Ferrabrás?

Sharpe balançou a cabeça.

— Ferreira. É sobre ele que precisam saber. Mas para encontrá-lo temos que procurar o irmão.

Vicente aceitou isso.

— Então, quando voltássemos, não teríamos simplesmente nos ausentado, teríamos feito alguma coisa útil.

— E em vez de nos pisotear, eles vão nos agradecer.

— Então quando os franceses forem embora vamos procurar Ferreira? E fazermos com que ele marche para o sul, preso?

— É simples, não? — disse Sharpe com um sorriso.

— Não sou tão bom nisso quanto você.

— Em quê?

— Em ficar longe do regimento. Em estar sozinho.

— Sente falta de Kate, não é?

— Sinto falta de Kate, também.

— Deve sentir mesmo, e você é bom nisso, Jorge. Você é um dos melhores soldados do exército, e se entregar Ferreira eles vão considerá-lo um herói. E em dois anos será coronel e eu continuarei sendo capitão, e vai desejar que nunca tivéssemos tido essa conversa. É hora de fazer um pouco de chá, Jorge.

Os franceses partiram. Demorou a maior parte do dia para os canhões, as carroças, os cavalos e os homens atravessarem a Ponte de Santa Clara, serpentear pelas ruas estreitas do outro lado e sair na estrada principal que os levaria para o sul, na direção de Lisboa. Durante todo o dia patrulhas percorreram as ruas, tocando cornetas e gritando para os homens voltarem às suas unidades, e era fim de tarde quando a última corneta soou e o barulho de botas, cascos e rodas foi sumindo de Coimbra. Os franceses não tinham ido embora totalmente. Mais de 3 mil feridos foram deixados no grande Mosteiro de Santa Clara ao sul do rio, e esses homens precisavam de proteção. Os franceses haviam estuprado, assassinado e saqueado pela cidade, e os soldados feridos seriam vítimas fáceis de vingança, por isso eram vigiados por 150 soldados reforçados por trezentos convalescentes que não tinham condições de marchar com o exército, mas ainda podiam usar os mosquetes. A pequena guarnição era comandada por um major que recebera o título grandioso de governador de Coimbra, mas o número minúsculo de homens sob seu comando não lhe dava o controle da cidade. Ele postou a maior parte da força no convento, porque era onde estavam os homens vulneráveis, e colocou piquetes nas estradas principais que saíam da cidade, mas todo o resto estava sem vigilância.

Assim os habitantes sobreviventes emergiram numa cidade devastada. Suas igrejas, escolas e ruas estavam cheias de corpos e lixo. Havia centenas de mortos e o grito dos enlutados ecoava nos becos. As pessoas buscavam vingança, e as paredes caiadas do convento ficaram cheias de marcas de balas de mosquete enquanto homens e mulheres atiravam às cegas contra o prédio onde os franceses se escondiam. Algumas pessoas insensatas chegaram a tentar atacar o convento e foram mortas por saraivadas disparadas das portas e janelas. Depois de um tempo a loucura terminou. Os mortos ficaram caídos nas ruas perto do convento enquanto os franceses estavam dentro, protegidos por barricadas. Os pequenos piquetes nas ruas externas, nenhum com mais de trinta homens, fortificavam-se em casas e esperavam que o marechal Masséna subjugasse o inimigo e mandasse reforços de volta para Coimbra.

Sharpe e seus companheiros deixaram a casa pouco depois do amanhecer. Usavam seus próprios uniformes de novo, mas por duas vezes nos primeiros cinco minutos foram xingados por mulheres furiosas, e Sharpe percebeu que as pessoas da cidade não reconheciam os casacos verdes e marrons. Assim, antes que alguém tentasse atirar de um beco, eles tiraram os casacos, amarraram as barretinas nos cintos e andaram em mangas de camisa. Passaram por um padre que estava ajoelhado para oferecer a extrema-unção a três mortos. Uma criança se agarrava chorando à mão de um morto, mas o padre soltou-a dos dedos rígidos e, com um olhar de reprovação para a arma no ombro de Sharpe, levou a menina rapidamente para longe.

Sharpe parou antes da esquina que se abria numa pequena praça diante da casa do major Ferreira. Não sabia se o sujeito estava em Coimbra ou não, mas não iria se arriscar e olhou com cautela pela quina da parede. Pôde ver que a porta da frente estava solta das dobradiças, que cada vidro das janelas estava faltando e que os postigos tinham sido arrancados ou quebrados.

— Ele não está aí — disse.
— Como você sabe? — perguntou Vicente.
— Porque teria pelo menos bloqueado a porta.
— Talvez eles o tenham matado — sugeriu Harper.
— Vamos descobrir.

Sharpe tirou o fuzil do ombro, engatilhou-o, disse para os outros esperarem e em seguida correu através do trecho ensolarado, subiu a escadaria da entrada da casa de três em três degraus e logo estava dentro do corredor, onde se agachou ao pé da escada, prestando atenção.

Silêncio. Chamou os outros. As duas jovens passaram primeiro pela porta e os olhos de Sarah se arregalaram em choque ao ver a destruição. Harper olhou para o topo da escada.

— Eles arrebentaram esta bosta de lugar — disse. — Desculpe, senhorita.

— Tudo bem, sargento — respondeu Sarah. — Não me importo mais com isso.

— É que nem o esgoto, senhorita — disse Harper. — Se ficar nele por muito tempo a gente se acostuma. Meu Deus, eles fizeram um bom trabalho aqui!

Tudo que pudesse ser quebrado fora despedaçado. Pedaços de cristal de um lustre se partiam sob as botas de Sharpe enquanto ele explorava o corredor e olhava dentro da sala e do escritório. A cozinha era uma confusão de potes quebrados e panelas amassadas. Até o fogão fora arrancado da parede e despedaçado. Na sala de aulas as pequenas cadeiras, a mesa baixa e a escrivaninha de Sarah tinham sido transformadas em lascas. Eles subiram a escada, olhando em cada cômodo, sem encontrar nada além de destruição e sujeira deliberada. Não havia sinal de Ferrabrás ou seu irmão.

— Os filhos da puta foram embora — disse Sharpe, depois de abrir os armários no quarto grande e não encontrar nada além de um baralho.

— Mas o major Ferreira estava do lado dos franceses, não é? — perguntou Harper, perplexo porque os franceses haviam destruído a casa de um aliado.

— Ele não sabe de que lado está — respondeu Sharpe. — Só quer ficar do lado vitorioso.

— Mas ele vendeu a comida, não foi? — perguntou Harper.

— Achamos que sim — respondeu Sharpe.

— E você a queimou — interveio Vicente. — E o que os franceses vão concluir? Que os irmãos os enganaram.

— Então as chances são de que os franceses tenham matado os dois. Seria um bom dia de trabalho para uma porcaria de um francês.

Ele pendurou o fuzil no ombro e subiu o resto da escada até o sótão. Não esperava encontrar nada ali, mas pelo menos as janelas altas serviam como ponto de observação para ver a cidade baixa e que tipo de presença os franceses estariam mantendo. Sabia que eles continuavam na cidade, porque podia ouvir tiros esporádicos ao longe, parecendo vir de perto do rio, mas quando olhou por uma janela quebrada não pôde ver nenhum inimigo, nem mesmo uma fumaça de mosquete. Sarah o havia seguido enquanto os outros ficavam no andar de baixo. Ela se inclinou sobre o parapeito e olhou para os morros distantes ao sul, do outro lado do rio.

— O que faremos agora? — perguntou.
— Vamos nos juntar ao exército.
— Assim?
— Temos que andar bastante, e você vai precisar de botas melhores, roupas melhores. Vamos procurar.
— Quanto tempo precisaremos andar?
— Quatro dias? Cinco? Talvez uma semana. Não sei.
— E onde você vai encontrar roupas para mim?
— Na estrada, querida, na estrada.
— Na estrada?
— Quando os franceses partiram — explicou —, estavam carregando todo o saque, mas alguns quilômetros de marcha fazem as pessoas mudar de ideia. Começam a jogar coisas fora. Haverá centenas de coisas na estrada para o sul.

Ela olhou seu vestido, rasgado, sujo e amarrotado.
— Estou horrenda.
— Você está linda — disse Sharpe, depois se virou porque duas batidas rápidas haviam soado no andar de baixo.

Ele levou o dedo aos lábios e, movendo-se com o máximo de suavidade possível, esgueirou-se de volta à escada. Harper estava embaixo e levantou três dedos, depois apontou para a outra escada. Então havia três pessoas na casa. Harper olhou para baixo, depois levantou quatro dedos e balançou a mão de um lado para o outro, dizendo a Sharpe que poderiam ser mais de três. Saqueadores, provavelmente. Os franceses haviam passado por Coimbra uma vez, mas restariam coisas para pegar, e gente o bastante havia subido da cidade baixa para enriquecer na alta.

Sharpe desceu a escada de cima, pisando nas laterais dos degraus, indo muito devagar. Vicente estava atrás de Harper, com o fuzil apontando para o corredor de baixo enquanto Joana ficava junto à porta do quarto, com o mosquete no ombro. Sharpe chegou ao lado de Harper. Agora podia escutar vozes. Alguém estava com raiva. Sharpe engatilhou o fuzil, encolhendo-se com o pequeno som feito pelo mecanismo, mas ninguém embaixo escutou. Apontou um dedo para si mesmo, depois para baixo, e Harper balançou a cabeça.

Sharpe desceu a outra escada mais lentamente ainda. Ela estava atulhada com pedaços da balaustrada e cacos de cristal, e a cada degrau ele precisava encontrar um espaço livre para o pé e transferir o peso suavemente. Estava na metade quando ouviu os passos vindo do corredor embaixo e se agachou. Levantou o fuzil e nesse momento surgiu um homem, que viu Sharpe e olhou-o atônito. Sharpe não disparou. Se Ferrabrás tivesse voltado, ele não queria alertá-lo. Em vez disso sinalizou para o homem se deitar no chão, mas em vez disso ele se virou, gritando um aviso. Harper disparou, a bala passando por cima do ombro de Sharpe e acertando o homem nas costas, fazendo-o se esparramar no corredor. Agora Sharpe estava movendo-se, descendo de quatro em quatro degraus. O ferido estava se arrastando pela passagem. Sharpe chutou-o nas costas, pulou por cima dele e um segundo homem apareceu na entrada escura da cozinha. Sharpe atirou, com a chama do fuzil saltando luminosa na passagem escura antes que a fumaça enchesse o lugar. Sharpe desceu os poucos degraus que levavam à cozinha, encontrou um corpo embaixo, correu até a porta dos fundos e se jogou de costas quando um homem disparou do quintal.

Harper correu até a porta dos fundos e não parou; simplesmente levantou o fuzil vazio e a ameaça bastou para fazer o sujeito partir correndo. Sharpe estava recarregando a arma. Joana chegou à cozinha e ele pegou o mosquete dela, deu-lhe o fuzil meio carregado e voltou correndo pela passagem, pulou por cima do morto e do ferido e entrou na sala, cuja janela dava para o quintal. A parte corrediça, com vidro quebrado brilhando nas bordas, estava levantada. Sharpe correu até lá e não viu ninguém embaixo.

— O quintal está vazio! — gritou para Harper.

Harper saiu pela porta da cozinha, atravessou o quintal e fechou o portão.

— Saqueadores? — perguntou a Sharpe.

— Provavelmente. — Sharpe desejava não ter aberto fogo. A ameaça dos fuzis bastaria para assustar os saqueadores, mas supunha que estava nervoso e por isso havia matado um homem que quase certamente não merecia. — Idiota — disse censurando-se, depois foi pegar seu fuzil com Joana, mas Sarah estava agachada ao lado do ferido no corredor.

— É Miguel — disse ela.

— Quem?

— Miguel. Um dos homens de Ferrabrás.

— Tem certeza?

— Claro que tenho.

— Fale com ele — disse Sharpe a Vicente. — Descubra onde os malditos irmãos estão. — Sharpe passou por cima do ferido e pegou seu fuzil. Terminou de recarregá-lo e voltou ao corredor onde Vicente estava interrogando Miguel.

— Ele não quer falar — disse Vicente. — Só está pedindo um médico.

— Onde ele foi atingido?

— No lado do corpo — respondeu Vicente, apontando para a cintura de Miguel, onde a roupa estava escurecida pelo sangue.

— Pergunte onde Ferrabrás está.

— Ele não quer dizer.

Sharpe colocou sua bota sobre a parte da roupa encharcada de sangue e Miguel ofegou de dor.

— Pergunte de novo.

— Sharpe, você não pode... — começou Vicente.

— Pergunte de novo! — rosnou Sharpe, e olhou nos olhos de Miguel, depois sorriu para o ferido, um sorriso cheio de significados. Miguel começou a falar. Sharpe tirou a bota de cima do ferimento, ouvindo a tradução de Vicente.

Os irmãos Ferreira achavam que Sharpe estava provavelmente morto, mas também que ele não era importante, desde que chegassem ao exército primeiro e dessem sua versão dos fatos. E estavam tentando chegar a ele através dos morros, indo na direção de Castelo Branco, porque a estrada para essa cidade estaria livre dos franceses, mas planejavam virar para o sul assim que se aproximassem do rio. Queriam chegar a Lisboa, porque era lá que a família e a fortuna do major haviam encontrado refúgio temporário, e tinham deixado Miguel e dois outros para vigiar a propriedade em Coimbra.

— É só isso que ele sabe? — perguntou Sharpe.

— É só isso que ele sabe — respondeu Vicente, depois afastou o pé de Sharpe do ferimento de Miguel.

— Pergunte o que mais ele sabe.

— Você não pode torturar uma pessoa — reprovou Vicente.

— Não estou torturando, mas vou, se ele não contar tudo.

Vicente falou de novo com Miguel, que jurou pela santa Virgem que havia contado tudo que sabia, mas era mentira. Poderia ter alertado sobre os guerrilheiros que esperavam nos morros, mas achou que estava morrendo e, como um desejo final, queria a morte para os homens que haviam atirado nele. Esses homens lhe puseram uma bandagem e prometeram que tentariam encontrar um médico, mas nenhum médico veio, e Miguel, abandonado na casa, sangrou até a morte.

Enquanto Sharpe e seus companheiros deixavam a cidade.

A PONTE NÃO estava guardada. Isso deixou Sharpe perplexo, mas ele sentiu que a guarnição francesa era minúscula, o que sugeria que o inimigo decidira lançar todas as tropas num ataque a Lisboa, arriscando-se a deixar Coimbra mal protegida. As pessoas nas ruas lhes disseram que o Mosteiro de Santa Clara estava cheio de soldados, mas era bem fácil evitá-lo, e no fim da manhã eles se encontravam bem ao sul da cidade, na estrada para Lisboa.

A beira da estrada estava realmente cheia de saques descartados, mas muitas pessoas reviravam as coisas abandonadas e Sharpe não tinha tempo de procurar roupas e botas para as mulheres. E não podia ficar na estrada, porque isso só os levaria à retaguarda francesa. Assim, quando o sol estava no ponto mais alto, viraram para o leste, atravessando o campo. Sarah e Joana, sem calçados robustos, iam descalças.

Subiram morros íngremes. As poucas aldeias estavam desertas, e no meio da tarde se viram no meio de árvores. Pararam para descansar num ponto em que um grande afloramento de rochas se projetava no vale como a proa de um navio monstruoso, e do cume Sharpe conseguiu ver tropas francesas mais abaixo. Pegou seu telescópio, descobriu que o instrumento não estava danificado depois das aventuras e apontou-o para as sombras do vale, onde viu mais de cinquenta dragões revistando uma aldeia em busca de comida.

Sarah juntou-se a ele.

— Posso? — pediu ela estendendo a mão para o telescópio. Sharpe entregou-o e ela olhou para baixo. — Eles estão só derramando água no chão — disse depois de um tempo.

— Estão procurando comida.

— Como isso ajuda?

— Os camponeses não podem carregar toda a colheita para um lugar seguro, por isso às vezes enterram-na. Abrem um buraco, colocam os grãos dentro, cobrem de terra e colocam o capim de volta em cima. Você pode passar por cima e não ver, mas se derramar água no solo ela afunda mais depressa onde foi cavado.

— Eles não estão encontrando nada.

— Bom — disse Sharpe, e olhou-a, pensando em como seu rosto era belo e também que ela era uma criatura intrépida. Como Teresa, refletiu, e imaginou o que a garota espanhola estaria fazendo, ou se ao menos estava viva.

— Eles estão indo embora — informou Sarah, e fechou o telescópio, notando a pequena placa de latão presa ao cano maior. — *Em agradecimento* — leu em voz alta. — *AW*. Quem é AW?

— Wellington.

— Por que ele agradeceu a você?

— Uma luta na Índia, na qual eu o ajudei.

— Só isso?

— Ele havia caído do cavalo. Na verdade ficou bem encrencado. Mesmo assim saiu com bastante segurança.

Sarah entregou-lhe a luneta.

— O sargento Harper diz que você é o melhor soldado do exército.

— Pat é cheio de bobagens irlandesas. Veja bem, ele próprio é um terror. Não existe ninguém melhor numa luta.

— E o capitão Vicente diz que você lhe ensinou tudo que ele sabe.

— Jorge é cheio de bobagens portuguesas.

— No entanto você acha que seu posto de capitão está ameaçado?

— O Exército não se importa se a gente é bom, querida.

— Não acredito.

— Eu gostaria de não acreditar — disse Sharpe, em seguida riu. — Mas eu me viro, querida.

Sarah ia falar, mas o que quer que desejasse exprimir ficou não dito porque houve um estalar de tiros no outro lado do vale. Sharpe se virou e não viu nada. Os dragões na aldeia estavam montando de novo nos cavalos e olhavam para o sul, mas evidentemente não conseguiam ver coisa alguma, porque não se moveram naquela direção. O som dos mosquetes prosseguiu, um ruído agudo e distante, e foi morrendo lentamente.

— Ali — disse Sharpe, e apontou para o outro lado do vale amplo, onde mais cavaleiros franceses se espalhavam num morro alto. Sarah olhou e não viu nada, até que Sharpe lhe devolveu o telescópio e disse para onde olhar. — Eles foram emboscados, provavelmente.

— Achei que não deveria haver ninguém aqui. Eles não receberam ordens de ir para Lisboa?

— O povo tinha escolha — explicou Sharpe. — Poderia ir para Lisboa ou subir para os terrenos altos. Acho que esses morros estão cheios de gente. Só precisamos esperar que essas pessoas sejam amigáveis.

— Por que não seriam?

— Como você se sentiria com relação a um Exército que a mandasse ir embora de casa? Que destrói seus moinhos, sua colheita e quebra seus fornos? Eles odeiam os franceses, mas não têm muito amor por nós também.

Dormiram embaixo das árvores. Sharpe não acendeu fogueira, porque não tinha ideia de quem estava naqueles morros nem do que eles pensavam sobre os soldados. Acordaram cedo, com frio e sentindo a umidade, e partiram morro acima às primeiras luzes cinzentas. Vicente ia adiante, por um caminho que subia constantemente para o leste, na direção de uma cordilheira de picos rochosos, o mais alto deles coroado pelo cotoco de uma torre antiga.

— Uma atalaia — disse Vicente.

— Uma o quê?

— Atalaia. Uma torre de vigia. São muito antigas. Foram construídas para ficar de olho nos mouros. — Vicente fez o sinal da cruz. — Algumas foram transformadas em moinhos de vento, outras simplesmente caíram em decadência. Quando chegarmos àquela poderemos ver o caminho adiante.

O sol, riscado por nuvens roxas e rosas, estava atrás deles. O dia esquentava, ajudado por um vento sul. Longe, ao sul, uma mancha esgarçada de fumaça subia de um vale, prova de que os franceses estavam revirando o campo, mas Sharpe estava confiante que nenhum cavaleiro subiria tão alto. Ali em cima não existia nada para roubar, havia somente urzes, tojo e pedras.

As duas jovens sofriam. O caminho era pedregoso e os pés de Sarah estavam tão doloridos que Sharpe a fez usar suas botas, primeiro enrolando os pés dela em tiras de pano da beira do que restava do vestido dela.

— Mesmo assim você vai ter bolhas — avisou, mas durante um tempo ela fez um progresso melhor.

Joana, mais acostumada às dificuldades, continuava em frente, porém as solas de seus pés estavam sangrando. E continuavam subindo, às vezes perdendo a torre de vista enquanto o caminho serpenteava através de fendas.

— Caminhos de cabras — supôs Vicente. — Nada além disso poderia viver aqui.

Chegaram a um pequeno vale no alto, onde um riacho minúsculo escorria no meio das pedras cheias de musgo. Sharpe encheu os cantis, depois distribuiu o resto da comida que havia apanhado no armazém de Ferrabrás. Joana estava massageando os pés e Sarah tentava não demonstrar a dor das bolhas novas. Sharpe virou a cabeça na direção de Harper.

— Você e eu — disse — vamos subir aquele morro. — Harper olhou o morro que se erguia à esquerda. Ficava ao norte, fora do caminho, e o rosto dele demonstrou perplexidade quanto ao motivo de Sharpe desejar subi-lo. — Isso vai dar um descanso a eles — disse Sharpe, e pegou as botas com Sarah, que, agradecida, enfiou os pés na água. — Daquele pico podemos enxergar até bem longe. — Talvez não tanto quanto veriam da torre de vigia, mas subir o morro era uma desculpa para dar às jovens um tempo para se recuperarem.

Subiram.

— Como estão seus pés? — perguntou Harper.

— Cortados em pedacinhos — respondeu Sharpe.

— Eu estive pensando que deveria dar minhas botas a Joana.

— Ela provavelmente iria achar que estava usando um barco em cada pé.

— Mas ela está se virando. Aquela ali é durona.

— Precisa ser para aguentar você, Pat.

— Com as mulheres sou brando como a luz.

Subiram direto em meio às urzes emaranhadas, por uma encosta tão íngreme quanto a que os franceses haviam assaltado na serra do Buçaco, e os dois pararam de falar muito antes de chegar ao cume. Estavam economizando o fôlego. O suor escorria pelo rosto de Sharpe à medida que chegava perto do cume coroado por rochas espalhadas. Ele olhava para cima, desejando que as pedras ficassem mais próximas, e foi na quarta ou quinta olhada que viu o pequeno movimento, o cano encurtado movendo-se, e se jogou de lado.

— Para baixo, Pat!

Sharpe estava levando o fuzil à frente quando o mosquete disparou. O sopro de fumaça floresceu no meio das pedras e a bala rasgou o arbusto de urze entre ele e Harper. Sharpe se levantou imediatamente e, esquecendo o cansaço, subiu correndo o morro numa linha diagonal, desafiando quem estivesse no cume a atirar contra ele, mas nenhum disparo soou. Em vez disso pôde ouvir o som de uma vareta entrando num cano e soube que quem havia disparado estava recarregando a arma, então girou morro acima, sempre olhando as pedras em busca da visão de outro cano. Por fim viu o homem, um rapaz, acabando de se levantar de trás de uma pedra. Sharpe parou e ergueu o fuzil. O rapaz viu-o e começou a mover o mosquete. Então entendeu que mais 1 centímetro de movimento faria o soldado de casaco verde puxar o gatilho, por isso ficou totalmente imóvel.

— Baixe a arma — disse Sharpe.

O rapaz não entendeu. Olhou de Sharpe para Harper, que agora estava subindo pelo outro lado.

— Baixe a porcaria da arma — rosnou Sharpe, e avançou, mantendo o fuzil no ombro. — Baixe!

— *Arma!* — gritou Harper em português. — *Por terra!*

O rapaz parecia a ponto de dar meia-volta e sair correndo.

— Anda, filho — disse Sharpe. — Me dê uma desculpa.

Então o rapaz pousou o mosquete no chão e pareceu aterrorizado, enquanto os dois homens de verde subiam pelos dois lados. Abaixou-se atrás de uma pedra, encolhendo-se, esperando levar um tiro.

— Meu Deus — disse Sharpe, porque agora estava no topo do morro e podia ver que o rapaz era um vigia, e que na longa encosta mais distante havia uns vinte outros homens, alguns amontoados no ponto onde o caminho que Sharpe e seus companheiros estavam usando atravessava a lateral do morro. Meia dúzia de outros, evidentemente alertados pelo rapaz, estavam subindo para o topo do morro, mas pararam abruptamente ao ver Sharpe e Harper surgindo no cume. — Você estava dormindo, não é? — disse Sharpe. — Só nos viu quando era tarde demais.

O rapaz não entendeu, só ficou olhando desamparado para Sharpe e Harper.

— Essa foi boa, Pat — disse Sharpe, pegando o mosquete do rapaz e jogando-o de lado. — Aprendeu a falar português bem depressa.

— Uma palavra ou duas, senhor.

Sharpe gargalhou.

— E o que esses patifes querem, hein? — Virou-se e olhou para os seis homens mais próximos, que estavam olhando para o alto da longa encosta. Todos eram civis, refugiados ou possivelmente guerrilheiros. Estavam a duzentos passos de distância. Um deles tinha um cachorro, quase um lobo, preso por uma corda. O cão estava latindo e tentando se afastar do dono para atacar morro acima. Todos os homens tinham mosquetes. Sharpe se virou e olhou para onde Vicente estava espiando encosta acima, e chamou-o. Esperou, depois viu Vicente e as duas mulheres começarem a subir. — Será melhor se todos estivermos no mesmo lugar — explicou a Harper, depois se virou de novo porque um dos seis homens havia disparado um mosquete.

Os homens abaixo do morro não podiam ver o companheiro, que estava escondido pela pedra, e talvez tivessem presumido que ele havia fugido, por isso um deles abriu fogo. A bala foi longe. Sharpe nem ouviu-a passar, mas então um segundo homem atirou. O cão, agitado pelo som dos disparos, agora estava uivando, uivando e pulando. Um terceiro homem disparou, e dessa vez a bala passou perto da cabeça de Sharpe.

— Eles precisam de uma lição — disse Sharpe. Foi até o rapaz, puxou-o de pé e encostou o fuzil em sua cabeça. Os mosquetes pararam de atirar.

— A gente poderia atirar na porcaria do cachorro — sugeriu Harper.

— Você tem certeza de que consegue matá-lo a duzentos passos de distância? E não somente feri-lo? Porque se você só acertar de raspão, Pat, aquele cachorro vai querer um bocado de carne irlandesa como vingança.

— O senhor está certo, é melhor atirar neste desgraçado aqui — respondeu Harper, ficando do outro lado do prisioneiro cheio de terror. Agora os seis homens estavam discutindo entre si, enquanto o restante, os que pareciam estar esperando numa emboscada onde o caminho atravessava a crista mais baixa, começava a subir para o cume.

— São quase trinta — disse Harper. — Teremos dificuldade de enfrentar trinta.

— Quinze para cada um? — sugeriu Sharpe com petulância, depois balançou a cabeça. — Não será necessário. — Esperava que não, mas precisava primeiro de Vicente no topo do morro para falar com os homens.

Que começaram a se espalhar de modo que Sharpe não pudesse passar por eles.

Haviam esperado e ele viera ao seu encontro. E tinham ordens para matar.

TERCEIRA PARTE

As Linhas de Torres Vedras

CAPÍTULO XI

Vicente alcançou Sharpe e Harper primeiro, ultrapassando as duas mulheres atrapalhadas pelos vestidos rasgados e pelos pés descalços. Vicente olhou para os homens armados que os observavam, depois falou com o rapaz que parecia cada vez mais relutante em responder à medida que a voz de Vicente ficava mais furiosa.

— Eles receberam ordens de nos procurar e matar — explicou ele a Sharpe.

— Matar-nos? Por quê?

— Porque eles disseram que nós somos traidores — cuspiu Vicente com raiva. — O major Ferreira esteve aqui com o irmão e mais três homens. Disseram que andamos conversando com os franceses e que agora estávamos tentando alcançar nosso exército para espioná-lo. — Ele se virou de volta para o rapaz e disse algo em tom irado, depois olhou de volta para Sharpe. — E eles acreditaram! São idiotas!

— Eles não nos conhecem — observou Sharpe, apontando os homens no morro embaixo. — E talvez conheçam Ferreira, não é?

— Conhecem — confirmou Vicente. — Ferreira forneceu armas a eles no início do ano. — Em seguida apontou para as armas que os homens estavam usando, depois se virou de novo para o rapaz, fez uma pergunta, recebeu uma palavra como resposta e começou a descer o morro imediatamente.

— Aonde você vai? — gritou Sharpe.

— Conversar com eles, claro. O líder é um homem chamado Soriano.
— São guerrilheiros?
— Todos os homens nos morros são guerrilheiros — respondeu Vicente, depois baixou o fuzil do ombro, desembainhou o cinto da espada e, desarmado para demonstrar que não queria fazer mal, começou a descer o morro.

Sarah e Joana chegaram ao topo. Joana começou a interrogar o rapaz, que parecia ter mais medo dela do que tivera de Vicente, que chegou ao grupo de seis homens e estava falando com eles. Sarah ficou ao lado de Sharpe e tocou gentilmente o braço dele, como se quisesse se proteger.

— Eles querem nos matar?
— Provavelmente têm outra coisa em mente para você e Joana, mas querem me matar, matar Pat e Jorge. O major Ferreira esteve aqui. Disse que éramos inimigos.

Sarah fez uma pergunta ao rapaz, depois se virou de volta para Sharpe.
— Ferreira esteve aqui ontem à noite — disse.
— Então o filho da puta está um dia à nossa frente.
— Senhor?

Harper estava olhando para baixo do morro e Sharpe se virou para lá, vendo que os seis homens haviam feito Vicente refém, apontando um mosquete para sua cabeça. A implicação era óbvia. Se Sharpe matasse o rapaz, eles matariam Vicente.

— Merda — disse Sharpe, sem ter certeza do que fazer agora.

Joana tomou a decisão. Correu morro abaixo, escapando facilmente da tentativa de Harper de impedi-la, e gritou para os homens que seguravam Vicente. Ficou a 20 metros deles e contou o que havia acontecido em Coimbra, como os franceses haviam estuprado, roubado e matado, e disse que fora arrastada para um quarto por três franceses e que os soldados ingleses a haviam salvado. Desabotoou a blusa para mostrar o vestido rasgado, depois xingou os guerrilheiros porque tinham sido enganados por seus verdadeiros inimigos.

— Vocês confiam em Ferrabrás? — perguntou. — Alguma vez Ferrabrás demonstrou alguma gentileza? E se esses homens são espiões, por que estão aqui? Por que não viajaram com os franceses? — Um homem evidentemente tentou responder, mas ela cuspiu em sua direção. — Você está fazendo o trabalho do inimigo — disse com desprezo. — Quer que suas mulheres e suas filhas sejam estupradas? Ou não é homem suficiente para ter uma mulher? Prefere brincar com as cabras, não é? — Ela cuspiu pela segunda vez, abotoou a blusa e se virou de volta para o morro.

Quatro homens a seguiram. Foram com cautela, com os mosquetes virados para Sharpe e Harper, pararam a uma distância segura e fizeram uma pergunta. Joana respondeu e Sarah traduziu para Sharpe.

— Ela está dizendo que você queimou a comida que Ferrabrás vendeu aos franceses na cidade. — Evidentemente Joana estava contando mais coisas aos quatro homens porque continuou, cuspindo as palavras como balas, a voz cheia de desprezo, e Sarah sorriu. — Se ela fosse minha aluna, eu lavaria sua boca com sabão.

— Que bom que não sou seu aluno — disse Sharpe. Os quatro homens, evidentemente envergonhados pela veemência de Joana, olharam-no e ele viu a dúvida no rosto deles. Num impulso, Sharpe colocou o rapaz de pé. Os quatro mosquetes se viraram imediatamente para cima. — Vá — disse Sharpe ao rapaz, soltando o colarinho esgarçado. — Vá e diga que não queremos fazer mal.

Sarah traduziu, e o rapaz, com um gesto de gratidão, desceu o morro correndo na direção dos companheiros. O mais alto deles pendurou o mosquete no ombro e subiu lentamente. Continuou fazendo perguntas que Joana respondeu, mas enfim olhou para Sharpe e convidou os estranhos a falar com ele.

— Isso significa que ele acredita em nós? — perguntou Sharpe.

— Eles não têm certeza — respondeu Sarah.

Demorou quase uma hora para convencerem os homens de que haviam sido enganados pelo major Ferreira, e só quando Vicente pôs a mão direita num crucifixo e jurou pela sua vida, pela alma da esposa e pela vida de sua filhinha os homens aceitaram que Sharpe e os companheiros não eram traidores. Depois levaram os fugitivos a uma pequena aldeia no alto do morro, que não passava de alguns casebres onde os pastores ficavam durante o verão. Agora o local estava apinhado de refugiados esperando a guerra acabar. Os homens estavam armados, na maioria com mosquetes ingleses que Ferreira havia fornecido, e era por isso que tinham confiado no major, mas um número suficiente dos fugitivos conhecia o irmão do major e tinham se mostrado preocupados quando Ferrabrás chegou à sua aldeia. Outros conheciam a família de Vicente e ajudaram a convencer Soriano de que o oficial português dizia a verdade.

— Eles eram cinco — disse Soriano a Vicente. — E nós lhes demos mulas. As únicas que tínhamos.

— Eles disseram para onde iam?

— Para o leste, senhor.

— Para Castelo Branco?

— E depois para o rio — confirmou Soriano.

Ele fora moleiro, mas seu moinho havia sido desmantelado e os preciosos mecanismos de madeira queimados. Agora não sabia como ganhar a vida atrás das linhas francesas.

— O que você fará — disse Vicente — é levar seus homens para o sul e atacar os franceses. Vão encontrar grupos forrageadores ao pé do morro. Matem-nos. Continuem matando. E nesse tempo nos dê sapatos e roupas para as mulheres e guias para nos levar atrás do major Ferreira.

Uma mulher no povoado olhou o ferimento no ombro de Vicente e disse que estava se curando bem, depois cobriu-o de novo com musgo e uma bandagem nova. Sapatos e meias foram encontrados para Sarah e Joana, mas os únicos vestidos eram pesados e pretos, vestimentas inadequadas para viajar quilômetros em terreno ruim. Sarah convenceu as mulheres a abrirem mão de calções, camisas e paletós de rapazes. Havia pouca comida na aldeia, mas um pouco de pão duro e queijo de cabra foi embrulhado em pano e dado a eles. E então, quase ao meio-dia, o grupo partiu. Pelo que Vicente pôde avaliar, tinham cerca de 100 quilômetros de viagem antes de chegar ao rio Tejo, onde esperavam encontrar um barco para descer na direção de Lisboa e dos exércitos britânico e português.

— Três dias de caminhada — disse Sharpe. — Talvez menos.

— Trinta quilômetros por dia? — Sarah pareceu em dúvida.

— Devemos fazer mais do que isso — insistiu Sharpe.

O exército conseguia marchar 24 quilômetros por dia, mas era atrapalhado por canhões, bagagens e feridos que andavam devagar. O general Craufurd, tentando inutilmente alcançar Talavera a tempo para a batalha, fizera a Brigada Ligeira marchar mais de 65 quilômetros num dia, mas isso fora em estradas razoavelmente decentes e Sharpe sabia que sua rota seria pelo campo, subindo morros e descendo vales, seguindo os caminhos onde nenhuma patrulha francesa ousaria cavalgar. Achou que teria sorte se alcançassem o rio em quatro dias, e isso significava que iria fracassar, porque os irmãos Ferreira tinham mulas e provavelmente completariam a jornada em dois.

Pensou nisso enquanto caminhavam para o leste. Era um território nu e elevado, estéril e vazio, mas dava para ver povoados lá embaixo no vale. Seria uma caminhada longa e sem recompensa, pensou, porque, quando chegassem ao rio e encontrassem um barco, os irmãos estariam muito à frente, provavelmente em Lisboa, e Sharpe sabia que o exército jamais lhe daria permissão para continuar com a rixa na cidade.

— Castelo Branco é a única rota para o rio? — perguntou a Vicente.

Vicente balançou a cabeça.

— É a rota segura. Não tem franceses. E esta estrada leva até lá.

— Você chama isso de estrada? — Era uma trilha que servia para homens e mulas, mas nem de longe merecia o nome de estrada. Sharpe se virou e viu que a torre de vigia perto de onde haviam encontrado Soriano ainda era visível. — Nunca vamos alcançar os filhos da puta — resmungou.

Vicente parou e riscou um mapa tosco na terra, com o pé. Mostrava o Tejo serpenteando para o oeste a partir da Espanha, depois virando para o sul na direção do mar, com isso estreitando a península em que Lisboa fora construída.

— O que eles estão fazendo — disse — é ir direto para o leste, mas se você quiser se arriscar podemos ir para o sul através da serra da Lousã. Esses morros não são tão altos quanto os outros, mas os franceses podem estar lá.

Sharpe olhou o mapa.

— Mas alcançaríamos o rio mais ao sul?

— Alcançaríamos o Zêzere. — Vicente riscou outro rio, um afluente do Tejo. — E se seguirmos o Zêzere ele encontrará o Tejo bem ao sul do lugar aonde eles estão indo.

— Economizaríamos um dia?

— Se não houver franceses. — Vicente parecia em dúvida. — Quanto mais ao sul chegarmos, maior é a probabilidade de que os encontremos.
— Mas isso economizaria um dia?
— Talvez mais.
— Então vamos.

Assim viraram-se para o sul e não viram dragões, nenhum francês e poucos portugueses. No segundo dia depois do encontro com os homens de Soriano começou a chover: uma garoa cinza, atlântica, que os encharcou até os ossos e os deixou com frio e doloridos, mas agora estavam descendo, indo dos morros nus para pastos, vinhedos e pequenos campos murados. Os três guias os deixaram, não querendo ir até o vale do Zêzere, onde os franceses poderiam estar, mas Sharpe, jogando a cautela ao vento, seguiu uma estrada em direção ao rio. Era crepúsculo quando chegaram ao rápido Zêzere salpicado pela chuva, e passaram a noite numa capela, embaixo da mão estendida de um santo de gesso cujos ombros estavam cheios de cocô de pombo. Na manhã seguinte atravessaram o rio num local onde a água espumava branca sobre pedras lúgubres e escorregadias. Harper fez uma corda curta juntando as alças dos fuzis e dos mosquetes, depois cada um ajudou o outro a passar de pedra em pedra, vadeando onde fosse preciso, o que demorou muito mais do que Sharpe havia esperado, mas assim que chegaram do lado oposto ele se sentiu mais seguro. O exército francês estava na estrada para Lisboa, e agora essa estrada ficava a mais de 30 quilômetros a oeste, na margem oposta do rio, e ele supunha que qualquer grupo de forrageadores franceses ficaria daquele lado do Zêzere, por isso andava abertamente na margem leste. O caminho ainda era difícil porque o rio fluía rápido entre morros altos, serpenteando entre rochas enormes, mas foi ficando mais fácil à medida que iam para o sul, e ao cair da tarde estavam seguindo trilhas que iam de aldeia em aldeia. Alguns habitantes continuavam em suas casas e informavam que tinham visto o inimigo. Eram pessoas pobres, mas ofereceram queijo, pão e peixe aos estranhos.

Chegaram ao Tejo no fim daquela tarde. Agora o tempo estava pior. A chuva vinha do oeste em grandes massas cinzentas que golpeavam as árvores e transformavam pequenas valas em córregos. O Tejo era largo, uma grande massa de água sendo golpeada pela chuva forte. Sharpe se agachou à margem e procurou qualquer sinal de barcos, e não viu nenhum. O governo português havia percorrido o rio, levando qualquer embarcação para impedir que os franceses as usassem para passar ao largo das novas defesas em Torres Vedras, mas sem um barco Sharpe estava preso, e ao atravessar o Zêzere havia posto o rio entre eles e Lisboa, de forma que para atravessá-lo de volta e seguir a margem direita do Tejo em direção ao exército teria que voltar rio acima para encontrar um ponto em que o rio menor pudesse ser vadeado.

— Vai haver um barco — disse. — Havia um em Porto, lembra?

— Lá tivemos sorte — respondeu Vicente.

— Não é sorte, Jorge. — Na cidade do Porto ingleses e portugueses tinham destruído as embarcações do Douro, mas Sharpe e Vicente haviam encontrado alguns barcos, o bastante para permitir a travessia do exército. — Não é sorte — repetiu Sharpe —, são os camponeses. Eles não podem comprar barcos novos, por isso devem ter dado ao governo os barcos velhos e em mau estado e escondido os bons, portanto só precisamos encontrar um.

Ferreira e seu irmão achariam mais fácil conseguir um barco, pensou Sharpe azedamente. Eles carregavam dinheiro. Sharpe olhou rio acima, rezando para estar à frente deles.

Passaram a noite num barracão que vazava feito uma peneira, e na manhã seguinte, com frio, molhados e cansados, caminharam rio acima, chegando a uma aldeia onde um grupo de homens, todos armados, alguns com arcabuzes antigos, os encontraram no fim da rua. Vicente falou com eles, mas ficou claro que não estavam com disposição para serem amigáveis. Os povoados do rio tinham sido revistados pelo exército português com o objetivo de garantir que nenhum barco fosse deixado para os inimigos, e Vicente não pôde convencê-los a revelar algum que pudesse estar escondido. E as armas dos homens, mesmo velhas na maioria, convenceram Sharpe de que estavam perdendo tempo.

— Eles estão dizendo para irmos a Abrantes — explicou Vicente. — Dizem que lá existem barcos escondidos.

— Há barcos escondidos aqui — resmungou Sharpe. — A que distância fica Abrantes?

— Podemos chegar ao meio-dia, talvez.

Vicente pareceu em dúvida. E os irmãos Ferreira, pensou Sharpe, certamente já estariam no rio viajando para o sul. Confiava razoavelmente que, ao seguirem o Zêzere, haviam conseguido ficar à frente deles, mas esperava vê-los passar a qualquer momento, escapando.

— Eu posso falar com eles — sugeriu Vicente, indicando os homens. — Se eu prometer que volto e pago pelo barco, talvez eles nos vendam um.

— Eles não vão acreditar numa promessa dessas — disse Sharpe. — Não, vamos continuar andando. — Saíram da aldeia, seguidos por sete homens que comemoravam a vitória. Sharpe os ignorou. Agora estava indo para o norte, na direção totalmente errada, mas não disse nada até que os aldeões, certos de que haviam afastado a ameaça, abandonaram-nos com um grito de alerta para ficarem longe. Sharpe esperou até que estivessem fora de vista. — É hora de sermos maus — disse. — Esses filhos da puta têm um barco e eu o quero.

Levou os companheiros para fora da estrada, subindo no terreno elevado, depois voltaram na direção da aldeia, ficando escondidos nas árvores ou atrás de fileiras de videiras que se estendiam sobre estacas de castanheira. A chuva continuava caindo. Seu plano era bastante simples: encontrar algo que os aldeões valorizassem mais do que os barcos e ameaçar essa coisa, mas à medida que se esgueiravam de volta para as casas não viram nada óbvio para tomar. Não havia animais de criação, nada a não ser algumas galinhas ciscando num quintal cercado, mas os homens que haviam acompanhado os estranhos para fora da aldeia estavam comemorando na taverna. Seus gritos e risos eram altos e Sharpe sentiu a raiva aumentar.

— Vamos entrar depressa — disse — e fazê-los morrer de medo.

Harper tirou a arma de sete canos do ombro.

— Estou pronto quando o senhor estiver.

— Nós dois vamos entrar — disse Sharpe a Vicente e às mulheres. — Vocês três ficam junto à porta. E pareçam dispostos a usar as armas.

Ele e Harper pularam uma cerca, correram por cima de algumas fileiras de pés de feijão e empurraram a porta dos fundos da taverna. Uma dúzia de homens estava reunida ali dentro, ao redor de um barril de vinho. A maioria ainda tinha as armas nos ombros, mas Sharpe havia atravessado o salão antes que qualquer um pudesse pegar um mosquete. Harper estava berrando para eles de perto da lareira vazia, com a arma de sete canos apontada para o grupo. Sharpe começou arrancando mosquetes dos ombros e, quando um homem fez menção de resistir, deu-lhe uma pancada no rosto com o cano do fuzil. Depois chutou o barril de vinho do pequeno suporte, fazendo-o bater no piso de pedras com um som parecido com o disparo de um canhão. Então, quando os homens se encolheram com o barulho, recuou até a porta da frente e apontou o fuzil para eles.

— Preciso de uma porcaria de um barco — rosnou.

Vicente assumiu a palavra. Pendurou seu fuzil no ombro, avançou lentamente e falou baixinho. Falou sobre a guerra, sobre os horrores em Coimbra, e prometeu que o mesmo aconteceria na aldeia deles se os franceses não fossem derrotados.

— Suas mulheres serão violadas — disse. — Suas casas serão queimadas, seus filhos assassinados. Eu vi isso. Mas o inimigo pode ser vencido, será vencido, e vocês podem ajudar. Vocês devem ajudar. — De repente ele era um advogado, a taverna seu tribunal e os homens desarmados o júri, e o discurso que fez era apaixonado. Nunca falara num tribunal, sua advocacia fora exercida num escritório onde trabalhava com os regulamentos do comércio portuário, mas sonhara em ser advogado e agora falava com eloquência e honestidade. Apelou ao patriotismo dos aldeões, mas então, sabendo que tipo de homens eles eram, prometeu que pagaria pelo barco. — Integralmente — disse. — Mas não agora. Não temos dinheiro. Mas juro por minha honra que voltarei aqui e pagarei o preço que combinarmos. E quando os franceses tiverem ido embora — terminou —, vocês terão a satisfação de saber que ajudaram a derrotá-los.

Ele parou, virou-se e fez o sinal da cruz, e Sharpe viu que os homens haviam se comovido com o discurso. Ainda era uma situação complicada, porque a promessa de dinheiro no futuro era o mesmo que um sonho, e o patriotismo lutava com a cupidez, mas finalmente um homem concordou. Ele confiaria no jovem oficial e venderia seu barco.

O barco não era grande coisa, não passava de um velho esquife que fora usado para atravessar pessoas na foz do Zêzere. Media 18 pés, com bojo largo, dois bancos para remadores e quatro conjuntos de toletes para remos. Tinha uma proa alta e curva e uma popa larga e chata. O barqueiro o havia escondido afundando-o no Zêzere, mas os homens da aldeia tiraram as pedras de dentro, fizeram-no flutuar, forneceram remos e depois exigiram que Vicente repetisse a promessa de pagar pela embarcação. Só então permitiram que Sharpe e os companheiros embarcassem.

— Qual é a distância até Lisboa? — perguntou Vicente.

— À deriva ele chega em um dia e uma noite — disse o barqueiro, depois ficou olhando seu barco ser remado com pouca habilidade para o meio da corrente.

Sharpe e Harper estavam com os remos e nenhum dos dois era acostumado com essas coisas, e a princípio estavam desajeitados, mas a corrente é que fazia o serviço de verdade, girando-os e levando-os rio abaixo enquanto eles aprendiam a controlar os remos longos até que finalmente remavam firmes pelo centro do Tejo. Vicente estava na proa, olhando o rio adiante, e Joana e Sarah ficaram na popa larga. Se não estivesse chovendo, se o vento forte não agitasse o rio jogando água fria num barco que vazava perceptivelmente, poderia ser uma diversão, mas em vez disso eles tremiam sob um céu escuro enquanto o barquinho era varrido para o sul entre os flancos dos grandes morros enegrecidos pela chuva. O rio seguia rápido, carregando a água desde longe, da Espanha, para jogá-la no mar.

E então os franceses os viram.

O FORTE ERA conhecido simplesmente como Obra Número 119, e não era exatamente um forte, e sim apenas um bastião construído no cume de um morro baixo, que em seguida recebera um paiol coberto e seis plataformas de canhão. Os canhões eram de 12 libras, tirados de uma flotilha de navios de guerra russos que haviam se abrigado em Lisboa durante uma tempestade no Atlântico e ali foram capturados pela Marinha Real. Já os artilheiros eram uma mistura de portugueses e ingleses que haviam preparado as armas pouco familiares para eles, determinando que os tiros atravessariam o vale amplo que se espalhava para o leste e para o oeste abaixo da Obra Número 119. A leste ficavam mais dez fortes e bastiões que serpenteavam em duas linhas através dos topos dos morros. Eram as Linhas de Torres Vedras.

Três estradas grandes cortavam as linhas. A mais importante, na metade do caminho entre o Tejo e o mar, era a estrada principal para Lisboa, mas havia outra, correndo ao lado do rio e, portanto, não longe da Obra Número 119, e essa estrada a leste oferecia outra rota para a capital portuguesa. Masséna, claro, não precisava usar nenhuma das duas, nem a terceira que cortava a linha em Torres Vedras e era protegida pelo rio Sizandre. Podia escolher flanquear as três estradas numa tentativa de marchar pelo território aberto, atacando através do terreno mais selvagem e solitário que ficava entre as estradas, mas só encontraria mais fortes e bastiões.

Encontraria mais do que fortes recém-construídos. As encostas voltadas para o norte haviam sido escarpadas por milhares de trabalhadores que atacaram o solo para torná-las mais íngremes, de modo que nenhuma infantaria pudesse investir morro acima. E nos pontos em que as encostas eram feitas de rochas, os engenheiros haviam perfurado e explodido as pedras para criar novos penhascos. Se a infantaria ignorasse as encostas escarpadas e suportasse o bombardeio da artilharia vindo das cristas, poderia marchar para os vales entre os morros íngremes, mas ali encontraria enormes barreiras de espinheiros preenchendo o terreno baixo como represas monstruosas. As barricadas de espinheiros eram reforçadas por árvores derrubadas, protegidas onde possível por represas que inundavam os vales e flanqueadas por bastiões menores, de modo que qualquer coluna que atacasse seria afunilada para um local de morte sob a chuva de tiros de canhões e mosquetes.

Quarenta mil soldados, na maioria portugueses, guarneciam os fortes, e o resto dos dois exércitos estava colocado atrás das linhas, pronto para marchar assim que um ataque ameaçasse. Alguns soldados ingleses estavam estacionados nas linhas e o South Essex recebera um setor entre a Obra Número 114 e a Obra Número 119, onde o tenente-coronel Lawford havia convocado seus oficiais superiores para mostrar o alcance de suas responsabilidades. O capitão Slingsby foi o último a chegar e os outros homens observaram-no subindo com cuidado os degraus altos e enlameados que chegavam à plataforma de tiro.

— Aposto 1 guinéu que ele não vai conseguir — murmurou Leroy para Forrest.

— Não posso conceber que ele esteja bêbado — disse Forrest, sem muita certeza, porém.

Todos os outros acreditavam que Slingsby estava bêbado. Ele vinha subindo os degraus muito lentamente, tomando um cuidado exagerado para colocar os pés no centro exato de cada degrau. Só olhou para cima ao chegar ao topo quando, com satisfação evidente, anunciou aos oficiais reunidos que eram 43 degraus ao todo.

Essa notícia deixou o coronel Lawford perplexo. Ele fora o único a não olhar a subida precária de Slingsby, mas agora se virou com um ar de surpresa educada.

— Quarenta e três?

— É uma coisa importante de saber, senhor — disse Slingsby. Queria dizer que era importante para o caso de alguém precisar subir os degraus no escuro, mas essa explicação sumiu de sua cabeça antes que ele tivesse tempo de dizê-la. — Muito importante, senhor — acrescentou sério.

— Tenho certeza de que todos vamos nos lembrar — observou Lawford com uma certa aspereza, depois fez um gesto para a paisagem ao norte, encharcada pela chuva. — Se os franceses vierem, senhores, é aqui que vamos fazê-los parar.

— Ouçam, ouçam! — disse Slingsby. Todos o ignoraram.

— Vamos deixá-los vir — continuou Lawford — e permitir que se partam contra nossas posições.

— Que se partam — disse Slingsby, mas em voz baixa.

— E é possível que tentem passar aqui. — Lawford se apressou para o caso de seu cunhado acrescentar mais palavras. Apontou para o oeste, onde um pequeno vale serpenteava para o sul, passando pela Obra Número 119 e depois se enrolando por trás do morro. — Ontem o major Forrest e eu cavalgamos para o norte e olhamos para nossa posição a partir do ponto de vista dos franceses.

— Muito sábio — observou Slingsby.

— E, visto daqueles morros — continuou Lawford —, aquele vale é uma tentação. Parece penetrar nas nossas linhas.

— Penetrar — repetiu Slingsby, balançando a cabeça. O major Leroy meio esperou que ele pegasse um caderno e um lápis e anotasse a palavra.

— Na verdade — continuou Lawford —, o vale está totalmente bloqueado. Não leva a nada, senão a uma barricada de árvores caídas, espinheiros e terra inundada, mas os franceses não sabem.

— Ridículo — murmurou Slingsby, mas era difícil saber se era um julgamento sobre Lawford ou os franceses.

— Mas mesmo assim devemos esperar um ataque — prosseguiu Lawford — e estarmos preparados para enfrentá-lo.

— Soltar o gato — observou Slingsby obscuramente, mas só Leroy escutou.

— Se esse ataque acontecer — disse Lawford, com a capa se enfunando num sopro súbito de vento úmido que chegou ao topo do morro —, os inimigos estarão sob fogo de artilharia desta obra e de todos os outros fortes ao alcance. Se sobreviverem, ficarão encurralados no vale e vamos disparar saraivadas da lateral deste morro sobre eles. Eles não podem subir o morro, o que significa que só podem sofrer e morrer no vale.

Slingsby pareceu surpreso com isso, mas conseguiu não dizer nada.

— O que não podemos fazer — continuou Lawford — é permitir que os franceses estabeleçam baterias no vale maior.

Ele apontou para o terreno baixo que ficava à frente da Obra Número 119. Era o vale amplo ao norte das linhas, e do lado oposto dele ficavam os morros que sem dúvida se tornariam as posições francesas. O trecho de terras baixas já fora rico e fértil, mas os engenheiros haviam rasgado o represamento da margem do Tejo, deixando o rio inundar boa parte do terreno abaixo do forte. As inundações iam e vinham com a maré, que agora estava alta, de modo que abaixo da Obra Número 119 havia um trecho de água ondulada pelo vento, seguindo frouxamente o curso de um riacho que vinha do oeste e serpenteava pelo vale até sua confluência com o Tejo.

O córrego fazia uma grande curva dupla sob o morro onde Lawford estava. Desviava-se do lado norte do vale, quase chegava ao sul e depois se curvava de volta para se juntar ao Tejo. Dentro da primeira curva, na margem inglesa, havia um celeiro antigo que era pouco mais do que ruínas de pedras no meio de um bosque, e dentro da segunda curva, portanto do lado francês do riacho, havia o que já fora uma fazenda próspera com uma casa grande, alguns casebres menores, uma queijaria e dois barracões para o gado. Agora tudo isso estava abandonado, as pessoas e os animais tinham ido para o sul escapando dos franceses, e as construções pareciam tristes no meio da paisagem inundada. A fazenda em si ficava em terreno alto e seco, empoleirada num pequeno outeiro, de modo que parecia uma ilha num lago agitado pelo vento; contudo, quando a maré baixasse, as águas se esvairiam lentamente, mas o terreno continuaria encharcado e qualquer avanço francês ao lado do Tejo seria forçado a se desviar para o oeste, do lado oposto do vale, até chegar ao terreno mais seco em algum lugar perto do celeiro meio arruinado. O inimigo poderia atravessar o riacho ali e avançar contra as obras britânicas, uma possibilidade que Lawford levantou com seus oficiais.

— E se os demônios conseguirem colocar alguns canhões pesados naquele celeiro ou nas construções daquela fazenda — ele apontou para a fazenda que ficava 800 metros a leste do celeiro e era ligada à construção menor por uma trilha que atravessava o riacho numa ponte de pedra, embora com a enchente apenas os parapeitos da ponte estivessem visíveis — eles poderão bombardear estas posições. Isso não acontecerá, senhores.

O major Leroy achou que era uma proposta improvável. Para chegar ao celeiro dilapidado os franceses precisariam atravessar o riacho, e chegar à fazenda implicaria ultrapassar um trecho longo de atoleiros, e nenhuma das duas hipóteses tornaria fácil o transporte de canhões e caixas de munição. Leroy suspeitava que Lawford soubesse disso, mas também achava que o coronel não queria que seus homens ficassem complacentes.

— E para impedir que isso aconteça, senhores — disse Lawford —, vamos patrulhar. Vamos patrulhar vigorosamente. Patrulhas do tamanho de companhias, lá embaixo no vale, de modo que qualquer francês desgraçado que mostre o nariz vai terminar com ele sangrando. — Lawford se virou e apontou para o capitão Slingsby. — Sua tarefa, Cornelius...

— Patrulhar vigorosamente — disse Slingsby com rapidez.

— É estabelecer um piquete naquele celeiro — prosseguiu Lawford, irritado com a interrupção. — Dia e noite, Cornelius. A Companhia Ligeira vai viver lá, entendeu?

Slingsby olhou para o velho celeiro ao lado do riacho. O teto havia caído parcialmente e o lugar não parecia nem de longe tão confortável quanto os alojamentos que a Companhia Ligeira havia recebido no povoado atrás da Obra Número 119, e por um momento Slingsby pareceu não entender totalmente a ordem.

— Vamos residir lá, senhor? — perguntou em tom lamentoso.

— No celeiro, Cornelius — respondeu Lawford paciente. — Fortifique o local e fique lá, a não ser que toda a porcaria do exército francês o ataque, e nessa eventualidade você tem minha permissão relutante para recuar. — Os outros oficiais deram risinhos, reconhecendo a piada, mas Slingsby fez que sim, sério. — Quero a Companhia Ligeira em posição ao anoitecer, e vocês serão rendidos no domingo. Enquanto isso nossas patrulhas vão mantê-los com provisões. — Lawford parou porque um posto de telégrafo próximo havia começado a transmitir uma mensagem e todos os oficiais se viraram para olhar as bexigas de porco insufladas subindo junto ao mastro. — E agora, senhores — disse Lawford recuperando a atenção de todos —, quero que caminhem por este trecho da linha. — Fez um gesto em direção ao leste. — Que se familiarizem com cada forte, cada caminho, cada centímetro. Poderemos ficar aqui por muito tempo. Cornelius? Uma palavra.

Os outros oficiais se afastaram, indo explorar a linha entre a Obra Número 119 e a Obra Número 114. Quando estava sozinho com Slingsby, Lawford franziu a testa para o sujeito baixinho.

— Dói-me perguntar, mas você está bêbado?

Slingsby não respondeu imediatamente, em vez disso fez uma cara de indignado e pareceu que ia dar uma resposta ríspida, mas então as palavras lhe faltaram e ele simplesmente se virou e olhou para o vale. A chuva em seu rosto fazia parecer que ele estava chorando.

— Bebi muito ontem à noite — confessou finalmente com voz abjeta.
— E peço desculpas.

— Todos fazemos isso de vez em quando — disse Lawford —, mas não toda noite.

— Faz bem à gente.
— Faz bem?

— O rum detém a febre. É um fato conhecido. Ele é feb... — Slingsby parou, depois tentou de novo. — É febri...

— Febrífugo — disse Lawford por ele.

— Exato — respondeu Slingsby vigorosamente. — O Dr. Wetherspoon me disse isso. Era nosso companheiro nas Índias Ocidentais e um bom homem, muito bom. Dizia que o rum é o único feb... a única coisa que funciona. Eles morriam às centenas, morriam mesmo! Mas eu, não. Rum. É um remédio!

Lawford suspirou.

— Eu lhe ofereci uma oportunidade — disse baixinho — e é uma oportunidade que a maioria dos homens aceitaria com prazer. Você tem o comando de uma companhia, Cornelius, uma companhia muito boa, e parece cada vez mais provável que ela precisará de um novo capitão. Sharpe? — Lawford deu de ombros, imaginando onde Sharpe estaria. — Se Sharpe não retornar, terei que nomear outro homem.

Slingsby apenas balançou a cabeça.

— Você é o candidato óbvio, mas não se estiver embriagado.

— O senhor está certo, e peço desculpa. É medo da febre, senhor, só isso.

Meu medo é que os franceses ataquem ao amanhecer. À meia-luz, Cornelius, com um toque de névoa matinal. Não poderemos ver muita coisa daqui de cima, mas se você estiver no celeiro irá vê-los rapidamente. Por isso estou colocando-o lá, Cornelius. Um piquete! Se eu ouvir seus mosquetes e fuzis disparando saberei que o inimigo está lá fora e que você está recuando para cá. Então mantenha uma boa vigilância e não me desaponte.

— Não desapontarei, senhor. Não desapontarei. — Se Slingsby estivera mais do que um pouco bêbado quando chegou ao bastião, agora estava completamente sóbrio. Não pretendera estar bêbado. Tinha acordado com frio e pensara que um pouquinho de rum poderia reanimá-lo. Não pretendera beber demais, mas o rum lhe dava confiança e ele precisava dela, porque estava achando muito difícil administrar a Companhia Ligeira. Os homens não gostavam dele, sabia disso, e o rum lhe dava o ímpeto para suportar o comportamento impertinente. — Não vou desapontá-lo, senhor — disse, pondo sinceridade em cada palavra.

— Isso é bom — respondeu Lawford calorosamente. — Muito bom.

— Na verdade ele não precisava do piquete no velho celeiro, mas para manter a promessa feita à esposa precisaria transformar Slingsby num oficial decente, de modo que agora iria lhe dar um serviço simples, que o mantivesse alerta em vez de ficar à toa atrás das linhas. Essa era a chance de Slingsby mostrar que podia comandar homens, e Lawford era generoso ao dá-la. — E insisto numa última coisa.

— Qualquer coisa, senhor — disse Slingsby ansioso.

— Nada de rum, Cornelius. Não leve seu remédio para o piquete, entendeu? E se sentir que está ficando com febre, volte e deixaremos um médico vê-lo. Use flanela, certo? Isso deve manter a febre longe.

— Flanela — repetiu Slingsby, concordando.

— E o que você fará agora — continuou o coronel, paciente — é levar uma dúzia de homens para fazer reconhecimento na fazenda. Há um caminho que desce o morro atrás da Obra Número 118. — Ele apontou. — E enquanto isso o resto da sua companhia pode se preparar. Limpar mosquetes, afiar baionetas, colocar pederneiras novas e encher as caixas de cartuchos. Diga ao Sr. Knowles que você vai tirar rações para três dias e esteja pronto para partir esta tarde.

— Muito bem, senhor. E obrigado, senhor.

Lawford viu Slingsby descer os degraus, depois suspirou e pegou o telescópio, que montou num tripé já colocado no bastião. Curvou-se junto à ocular e olhou a paisagem ao norte. Os morros do outro lado do vale eram coroados por três moinhos de vento destruídos, não restando nada além dos cotocos de pedras. Achou que eles se tornariam as torres de vigia dos franceses. Virou o instrumento para a direita, finalmente vislumbrando o Tejo que seguia amplo para o mar. Uma canhoneira da Marinha Real estava ancorada no rio, com a bandeira pendendo frouxa na chuva.

— Se eles vierem — disse uma voz atrás de Lawford —, não poderão usar a estrada, porque está inundada, por isso serão obrigados a fazer um desvio e vir diretamente para cá.

Lawford se levantou e viu que era o major Hogan, envolto numa capa impermeável e com uma lona também impermeável preta cobrindo o chapéu de bicos.

— Você está bem? — cumprimentou Lawford.

— Estou sentindo um resfriado chegando — respondeu Hogan. — Uma porcaria de um resfriado. O primeiro do inverno, não é?

— Ainda não é inverno, Hogan.

— Mas parece. Posso? — Hogan fez um gesto para o telescópio.

— À vontade. — Lawford enxugou cortesmente a chuva na objetiva. — Como vai o Par?

— O lorde prospera — respondeu Hogan, curvando-se junto ao telescópio. — E manda lembranças. Está com raiva, claro.

— Com raiva?

— Todas essas criaturas agourentas que dizem que a guerra está perdida, Lawford. Homens que escrevem para casa e têm suas opiniões obtusas publicadas nos jornais. Ele gostaria de atirar em todos eles. — Hogan ficou quieto durante alguns segundos enquanto olhava a canhoneira inglesa no rio, depois virou um olhar malicioso para Lawford. — Você não vai escrever para casa dando uma opinião ruim sobre a estratégia do lorde, vai, Lawford?

— Santo Deus, não! — respondeu Lawford honestamente.

Hogan se abaixou de novo junto ao telescópio.

— A inundação não é tão grande quanto esperávamos, ou quanto o coronel Fletcher esperava. Mas deve bastar. De qualquer modo, eles não podem usar a estrada, portanto o que os desgraçados farão, Lawford, é marchar para o interior. Seguir a base daqueles morros. — Hogan estava acompanhando com o telescópio a possível rota dos franceses. — E em algum lugar perto do celeiro abandonado vão atravessar o rio e vir direto para você.

— Exatamente o que eu havia suposto, depois vão avançar para aquele vale. — Ele apontou para o terreno baixo que se enroscava ao redor do morro.

— Onde morrerão — disse Hogan com uma satisfação indecente. Em seguida se empertigou e se encolheu com uma pontada nas costas. — Na verdade, Lawford, não espero que eles tentem. Mas eles podem ficar desesperados. Alguma notícia de Sharpe?

Lawford hesitou, surpreendido pela pergunta, depois percebeu que provavelmente aquele era o motivo para Hogan tê-lo procurado.

— Nenhuma.

— Está perdido, então?

— Temo que seja hora de tirá-lo dos livros — respondeu Lawford, querendo dizer que poderia declarar Sharpe oficialmente desaparecido e com isso criar o posto vago de capitão.

— É um pouquinho prematuro, não acha? — sugeriu Hogan vagamente.

— Mas isso é com você, Lawford, é totalmente com você, e não é da minha conta se você vai tirá-lo ou não. — Ele se curvou de novo para o telescópio e olhou para um dos moinhos destruídos que coroavam o morro do outro lado do vale amplo. — O que ele estava fazendo quando sumiu?

— Procurando terebintina, acho. Isso e escoltando uma inglesa.

— Ah! — disse Hogan, ainda vagamente, depois se empertigou de novo. — Uma mulher, é? Parece coisa do Sr. Sharpe, não? É bom para ele. Isso foi em Coimbra, certo?

— Foi em Coimbra, sim — confirmou Lawford, depois acrescentou indignado: — Ele não apareceu!

— Outro sujeito desapareceu lá — disse Hogan, parando na borda do bastião e olhando para os morros ao norte, através da chuva. — Um major bastante importante. Ele faz para os portugueses o que eu faço para o Par. Seria ruim se ele caísse nas mãos dos franceses.

Lawford não era idiota e sabia que Hogan não estava jogando conversa fora.

— Você acha que está tudo ligado?

— Sei que está ligado. Sharpe e esse sujeito tiveram o que você poderia chamar de discordância.

— Sharpe não me contou! — Lawford estava chateado.

— Farinha? No topo de um morro?

— Ah. Ele me contou. Mas sem detalhes.

— Richard jamais desperdiça detalhes com oficiais superiores — disse Hogan, e parou para pegar uma pitada de rapé. Espirrou. — Ele não conta para não ficarmos confusos. Mas enfrentou a situação, de certa forma, e como resultado foi tremendamente espancado.

— Espancado?

— Na noite depois da batalha.

— Ele disse que tropeçou e caiu.

— Bom, ele diria, não é? — Hogan não ficou surpreso. — Portanto, sim, os dois estavam ligados mas é muito duvidoso se ainda estão. Muito duvidoso, mas não impossível. Tenho grande fé em Sharpe.

— Eu também.

— Tem mesmo — disse Hogan, que sabia mais sobre o South Essex do que Lawford jamais adivinharia. — Então, se Sharpe aparecer, Lawford, mande-o ao quartel-general do Par, está bem? Diga que precisamos das informações que ele tenha sobre o major Ferreira. — Hogan duvidava muito que Wellington quisesse perder um segundo com Sharpe, mas Hogan queria, e não seria ruim se Lawford pensasse que o general compartilhava esse desejo.

— Claro que direi — prometeu Lawford.

— Estamos em Pero Negro, umas duas horas a cavalo, a oeste. E, claro, vamos mandá-lo de volta assim que pudermos. Tenho certeza de que você está ansioso para que Sharpe retome seus deveres adequados. — Uma leve tensão na palavra "adequados" não escapou a Lawford, que sentiu uma levíssima censura, e o coronel ficou pensando se deveria explicar exatamente o que acontecera entre Sharpe e Slingsby, quando Hogan soltou subitamente uma exclamação e encostou o olho no telescópio. — Nossos amigos chegaram — disse.

Por um momento Lawford achou que Hogan estava se referindo a Sharpe, mas então viu cavalos no morro do outro lado e soube que eram os franceses. As primeiras patrulhas haviam chegado às linhas, e isso significava que o exército de Masséna não poderia estar longe.

As Linhas de Torres Vedras, construídas sem o conhecimento do governo britânico, haviam custado 200 mil libras. Eram as maiores e mais caras obras defensivas jamais feitas na Europa.

E agora seriam testadas.

ERAM DRAGÕES, os inevitáveis dragões de casacas verdes que cavalgavam ao longo do rio sob os morros altos da margem oeste do Tejo. Eram pelo menos trinta e obviamente estavam forrageando, porque tinham duas pequenas vacas amarradas ao cavalo de um dos homens. Mas agora, na tarde molhada, viram o barquinho com seus três homens e duas mulheres, e a chance de praticar um esporte era boa demais para os dragões deixarem passar. Começaram gritando que o barco deveria ser trazido para sua margem, mas não tinham expectativa de que suas palavras fossem entendidas, quanto mais obedecidas, e alguns segundos depois o primeiro homem atirou.

O tiro de carabina bateu na água a cinco passos do barco. Sharpe e Harper começaram a remar com mais força, levando a embarcação obliquamente para longe dos cavaleiros, em direção à margem leste. Os dragões esporearam até adiante, e uma dúzia ou mais dos cavaleiros apearam onde um afloramento coberto de mato se projetava no rio.

— Eles estão se preparando para atirar contra nós — alertou Vicente.

O rio fazia uma curva ao redor da ponta de terra coberta de mato, e na margem leste, a cem passos dos dragões, uma árvore enorme havia caído na água e estava meio dentro do rio e meio fora, com os galhos magros e branqueados pelo sol se projetando na garoa. Sharpe, virando-se no banco, viu a árvore e fez força com o remo esquerdo para guiar o barco na direção dela. Os outros dragões haviam apeado e correram para a margem, onde se ajoelharam, miraram e dispararam. As balas ricochetearam no rio e uma delas arrancou uma lasca da amurada do barquinho.

— Está vendo aquela árvore, Pat? — perguntou Sharpe.

Harper se virou no banco, grunhindo em confirmação, e os dois puxaram os remos pesados enquanto outra saraivada estalava na margem oposta. Então a proa alta e alcatroada bateu nos galhos mortos que se emaranhavam no remanso criado pelo tronco enorme e pálido. Uma bala de carabina acertou a madeira morta e outra passou zunindo acima enquanto Vicente puxava o barco mais para dentro do abrigo formado pela árvore caída. Agora, desde que mantivessem a cabeça baixa, os dragões não podiam vê-los ou acertá-los, mas isso não deteve os franceses, que continuavam com tiros irregulares, evidentemente convencidos de que cedo ou tarde o barco deveria reaparecer.

Vicente se cansou disso primeiro. Levantou-se e apontou o fuzil por cima da árvore.

— Preciso descobrir se ainda consigo disparar um fuzil — disse.

— Seu ombro esquerdo não vai impedir — observou Sharpe.

— Quero dizer disparar com precisão — disse Vicente, e se curvou diante da alça de mira.

Os dragões estavam usando carabinas de cano liso, menos precisas ainda do que um mosquete, mas àquela distância o fuzil de Vicente era mortal, e ele mirou num homem montado que presumiu ser um oficial. Os dragões o tinham visto, mas Vicente não sabia se tinham visto sua arma, e um jorro de disparos ressoou na margem oposta. Nenhum chegou perto. Sharpe estava espiando por cima do tronco, curioso para saber até que ponto Vicente era bom atirador. Ouviu o som do fuzil e viu o oficial dragão se sacudir com força para trás, deixando um jorro de sangue. O sujeito caiu de lado.

— Bom tiro — observou Sharpe, impressionado.

— Treinei durante todo o último inverno. — Vicente podia disparar o fuzil bastante bem, mas recarregar doía o ombro ferido. — Se devo ser líder de uma companhia de atiradores, preciso atirar bem, não é?

— É — respondeu Sharpe, enquanto uma saraivada de disparos de carabina chacoalhava entre os galhos mortos.

— E ganhei todas as competições — disse Vicente do modo mais modesto que conseguiu. — Mas foi só por causa do treino — Ele socou uma bala nova e se levantou de novo. — Desta vez vou matar o cavalo.

E matou. Sharpe e Harper acrescentaram balas contra o grupo de dragões apeados. As carabinas retaliaram com disparos furiosos, mas todos foram desperdiçados. Alguns batiam na árvore, porém a maioria voava inofensiva por cima. Vicente se encolheu ao recarregar, depois atirou calmamente num homem que estava enfiado até os joelhos no rio, na esperança de diminuir a distância, e os dragões finalmente perceberam que estavam se fazendo de idiotas ao oferecer alvos fáceis a homens que usavam fuzis, por isso correram de volta para os cavalos, montaram e desapareceram entre as árvores.

Sharpe viu os cavaleiros indo para o sul, em meio às árvores, enquanto recarregava seu fuzil.

— Eles vão estar nos esperando rio abaixo.

— A não ser que estejam voltando ao exército — sugeriu Harper.

Vicente se levantou e espiou por cima da árvore, mas não viu qualquer inimigo.

— Acho que vão ficar perto do rio — disse. — Não devem ter encontrado muita comida entre Coimbra e aqui, por isso devem querer fazer uma ponte em algum lugar.

— Uma ponte? — perguntou Harper.

— Para chegar a esta margem. Deve haver muita comida deste lado. E, se eles fizerem uma ponte, será em Santarém.

— Onde fica isso?

— Ao sul — disse Vicente, apontando rio abaixo. — É uma velha fortaleza junto ao rio.

— E teremos que passar por lá? — perguntou Sharpe.

— Sugiro que façamos isso esta noite. Deveríamos descansar aqui um pouco, esperar a escuridão e depois flutuar rio abaixo.

Sharpe imaginou se seria isso que os irmãos Ferreira estariam fazendo. Olhava constantemente para o norte, de certa forma esperando vê-los, e se preocupava porque não via. Talvez eles tivessem mudado de ideia. Talvez tivessem ido para as montanhas do norte, ou então haviam atravessado o Tejo muito acima e usado o dinheiro para comprar cavalos que os levassem pela margem leste. Disse a si mesmo que isso não importava, que a única coisa importante era voltar ao exército, mas queria encontrar os irmãos. Ferreira, pelo menos, deveria pagar por sua traição, e Sharpe tinha contas a acertar com Ferrabrás.

Demoraram-se até o crepúsculo, fazendo uma fogueira em terra e preparando uma lata de chá forte, temperado com pólvora, das últimas folhas que estavam nas mochilas de Sharpe e Harper. Qualquer dragão já teria cavalgado muito antes para sua base, com medo dos guerrilheiros que ficavam mais perigosos no escuro. E, à medida que a luz diminuía, Sharpe e Harper empurraram o barco para fora do refúgio e o deixaram deslizar rio abaixo outra vez. A chuva persistiu: uma garoa fina que os encharcava e esfriava à medida que as última luzes sumiam. Agora estavam à mercê da corrente, incapazes de enxergar ou guiar, e deixaram o barco ir aonde quisesse. Às vezes, a distância, havia o brilho enevoado de uma fogueira no alto dos morros a oeste, e uma vez houve uma fogueira maior, muito mais perto, mas era um mistério quem a teria acendido. Uma ou duas vezes bateram em pedaços de madeira à deriva, e em outro momento roçaram numa árvore caída. Cerca de uma hora depois, quando parecia a Sharpe que estavam deslizando por horas, viram um agrupamento de luzes enevoadas pela chuva no alto da margem oeste.

— Santarém — disse Vicente baixinho.

Havia sentinelas na muralha alta, iluminadas por fogueiras atrás do parapeito, e Sharpe presumiu que fossem franceses. Podia ouvir homens cantando na cidade e imaginou os soldados nas tavernas, pensou se os estupros e o terror que haviam imperado em Coimbra estariam visitando o povo de Santarém. Agachou-se no barco, mesmo sabendo que nenhuma sentinela naquela muralha alta poderia ver qualquer coisa contra o negrume do rio, mas finalmente as luzes foram sumindo até haver apenas a escuridão molhada. Sharpe caiu no sono. Sarah tirava água do barco com uma caneca de estanho. Harper roncava enquanto Joana tremia ao lado. Agora o rio era mais largo e mais rápido, e Sharpe acordou antes do amanhecer vendo árvores enevoadas na margem oeste e brumas por toda a parte. A chuva havia parado. Pôs os remos para fora do barco e deu alguns puxões, mais para se aquecer do que para qualquer outra coisa. Sarah sorriu para ele, da popa.

— Sonhei com uma xícara de chá — disse ela.

— Não sobrou nada.

— Era por isso que eu estava sonhando.

Harper havia acordado e começou a remar, mas pareceu a Sharpe que não estavam fazendo qualquer progresso. A névoa havia se adensado e o barco parecia suspenso numa brancura perolada, onde a água sumia. Puxou os remos com mais força e finalmente viu a forma vaga de uma árvore retorcida na margem leste. Manteve o olhar fixo na árvore, continuou remando com o máximo de força possível e lentamente se convenceu de que permanecia no mesmo lugar, por mais força que fizesse.

— É a maré — disse Vicente.

— Maré?

— Ela sobe o rio e está nos carregando para trás — respondeu Vicente.

— Ou tentando. Mas vai virar.

Sharpe pensou em ir para a margem leste e atracar o barco, mas depois decidiu que os irmãos Ferreira, que talvez não estivessem muito atrás, poderiam passar em meio à névoa, por isso ele e Harper fizeram força com os remos até que suas mãos se encheram de bolhas com o esforço de lutar contra a maré montante. A névoa ficou mais clara, a maré finalmente enfraqueceu e uma gaivota passou voando. Ainda faltavam quilômetros para o mar, porém havia um cheiro de sal e a água era salobra. O dia estava ficando mais quente e isso parecia adensar a névoa, que pairava em retalhos parecidos com fumaça de pólvora acima da água cinzenta cheia de redemoinhos. Eles precisaram chegar mais perto da margem oeste para evitar os restos esgarçados de uma armadilha para peixes feita de redes, juncos e pedaços de pau que se projetava da margem leste, indo longe. Não havia movimento na margem oeste, por isso eles pareciam estar sozinhos num rio pálido sob um céu perolado, mas então, da frente, veio o estrondo inconfundível de um canhão. Pássaros saltaram das árvores na margem e voaram em círculos enquanto o som ecoava em alguns morros fora de vista, ribombava no vale do rio e sumia.

— Não consigo ver nada — comentou Vicente na proa.

Sharpe e Harper haviam descansado seus remos e os dois se viraram para olhar à frente, mas havia apenas a névoa sobre o rio. Outro canhão soou e Sharpe achou ter visto um trecho da névoa se adensar, então deu mais duas remadas e ali, aparecendo como um navio fantasma no meio do vapor, havia uma canhoneira disparando contra a margem oeste. Havia dragões naquele local, meio vistos na névoa, espalhando-se para longe dos tiros. Outro canhão soou no barco ancorado no meio do rio, e uma carga de metralha derrubou dois cavalos. Sharpe viu um jorro súbito de sangue manchar a névoa e sumir quase instantaneamente, então o canhão da proa da canhoneira disparou e uma bala sólida passou sobre a água, caindo uns 20 metros à frente do esquife. Tinha sido um tiro de alerta, e havia um homem de pé no bico da proa, gritando para eles chegarem perto.

— São ingleses — disse Vicente.

Em seguida levantou-se na proa do esquife e balançou os dois braços enquanto Sharpe e Harper remavam na direção da canhoneira que tinha um mastro alto, bojo baixo e seis aberturas para canhões visíveis a bombordo, voltados rio acima. Uma bandeira branca pendia na popa e uma bandeira inglesa estava no topo do mastro.

— Aqui! — gritou o homem. — Tragam essa droga de barco para cá!

Os dois canhões de popa dispararam contra os dragões que recuavam, agora galopando para dentro da névoa e deixando cavalos mortos para trás. Três marinheiros com mosquetes esperavam o esquife, apontando as armas para o barco.

— Algum de vocês fala inglês? — gritou outro homem.

— Eu sou o capitão Sharpe!

— Quem?

— Capitão Sharpe, regimento de South Essex. E aponte a porcaria desses mosquetes para outro lugar!

— Você é inglês?

A perplexidade poderia se dever à aparência de Sharpe, porque ele não estava usando seu casaco e a barba havia crescido densa.

— Não, sou chinês, porcaria. — O esquife bateu na lateral alcatroada da canhoneira e Sharpe olhou para um tenente da Marinha, muito jovem.

— Quem é você?

— Tenente Davies, eu comando aqui.

— Sou o capitão Sharpe, este é o capitão Vicente, do Exército português, e o grandalhão é o sargento Harper. Mais tarde apresento as damas. O que precisamos, tenente, se puder fazer a gentileza, é de um pouco de chá de verdade.

Subiram a bordo usando as placas de corrente que prendiam os enfrechates do grande mastro, e Sharpe prestou continência a Davies que, mesmo aparentando ter apenas 19 anos e sendo tenente, estava acima dele porque, como oficial comandante de uma embarcação de Sua Majestade, tinha o posto equivalente ao de major do Exército. Os marinheiros deram gritos de comemoração quando Joana e Sarah passaram pela amurada com seus calções encolhidos pela chuva.

— Silêncio no convés! — rosnou Davies, e os marinheiros ficaram instantaneamente em silêncio. — Prendam os canhões — ordenou ele. — Prendam aquele barco! Depressa, depressa! — Ele fez um gesto indicando que Sharpe e seus companheiros deveriam ir para a popa do barco. — Bem-vindos ao *Esquilo*, e acho que podemos fornecer chá. Posso perguntar por que estão aqui?

— Viemos de Coimbra — respondeu Sharpe. — E você, tenente?

— Estamos aqui para entreter os comedores de lesma. — Davies era um rapaz muito alto e muito magro, usando uniforme surrado. — Subimos o rio com a maré, matamos alguns franceses idiotas o bastante para aparecer na margem e voltamos para baixo.

— Onde estamos? — perguntou Sharpe.

— Cinco quilômetros ao norte de Alhandra. É onde suas linhas alcançam o rio. — Ele parou junto a uma escada de tombadilho. — Há uma cabine embaixo, e as damas são bem-vindas a ocupá-la, mas devo dizer que é tremendamente apertada. E úmida também.

Sharpe apresentou Sarah e Joana, que optaram por ficar no convés de popa, quase todo ocupado por um sarilho enorme. O *Esquilo* não possuía timão, e o convés de popa era simplesmente a parte de trás do convés principal, apinhado de marinheiros. Davies explicou que essa embarcação era um cúter de 12 canhões e que, mesmo podendo ser facilmente manobrada por seis ou sete homens, precisava de uma tripulação de quarenta para os canhões.

— E mesmo assim estamos com pouca gente — reclamou —, e só podemos disparar os canhões de um dos lados. De qualquer modo, um lado geralmente basta. Chá, não é?

— E uma navalha emprestada? — perguntou Sharpe.

— E algo para comer — disse Harper baixinho, olhando com inocência para a enorme vela mestra enrizada num enorme botaló que se projetava acima da minúscula bandeira branca.

— Chá, navalha, desjejum — disse Davies. — Pare de ficar arregalado, Sr. Braithwaite! — Isso foi dito a um aspirante que estava olhando para Joana e Sarah e evidentemente tentando decidir se preferia mulheres de cabelos escuros ou claros. — Pare de ficar olhando e diga a Powell que precisamos de desjejum para cinco convidados.

— Cinco convidados, sim, senhor.

— E será que posso pedir a vocês que fiquem de olho em outro barco? — perguntou Sharpe a Davies. — Tenho a suspeita de que cinco sujeitos estão nos seguindo, e quero que sejam impedidos.

— Esse é meu trabalho — disse Davies. — Parar qualquer coisa que tente descer o rio. Srta. Fry? Será que posso lhe trazer uma cadeira? Para a senhorita e sua acompanhante?

O desjejum foi servido no convés. Havia grossos pratos de louça branca cheios de bacon, pão e ovos gordurosos, e depois Sharpe cegou a navalha de Davies raspando a barba crescida. O serviçal de Davies havia escovado seu casaco verde, limpado e polido as botas e a bainha de metal da espada. Sharpe se apoiou na amurada, sentindo um alívio súbito porque a viagem estava terminando. Em questão de horas, pensou, poderia estar de volta ao batalhão, e isso estragou seu bom humor, porque supunha que seria condenado ao contínuo desprazer de Lawford. A névoa estava muito mais rala e a maré ia baixando, fazendo redemoinhos em volta do *Esquilo*, que estava ancorado pela proa e pela popa, de modo que seu pequeno costado permanecesse virado rio acima. Sharpe podia ver uma cadeia de ilhas perto da margem oeste, trechos baixos de areia coberta de capim que abrigavam um canal menor. E rio abaixo, para além de uma curva ampla e quase invisíveis acima dos fiapos de neblina, dava para ver os mastros de outros navios. Era toda uma esquadra de canhoneiras, disse Davies, postada para guardar o flanco da linha de defesa. Em algum lugar, a distância, um canhão disparou, com o som abafado no ar que ia se aquecendo.

— Será um belo dia, para variar — Davies se encostou na amurada ao lado de Sharpe —, se essa maldita névoa sumir.

— Fico feliz por me livrar da chuva — disse Sharpe.

— Prefiro a chuva à névoa. Não dá para disparar canhões se a gente não enxerga a droga do alvo. — Ele olhou a pequena claridade do sol através da névoa, tentando avaliar as horas. — Vamos ficar aqui mais uma hora, depois desceremos a Alhandra. Vamos deixá-los em terra lá. — Ele olhou a bandeira inglesa que balançava frouxa no topo do mastro. — Porcaria de vento sul — disse, indicando que não poderia velejar rio abaixo, mas sim que teria que deixar a corrente levá-lo.

— Senhor! — havia um homem no vau onde o mastro principal se juntava ao mastaréu. — Um barco, senhor!

— Onde?

O homem apontou. Sharpe pegou seu telescópio e procurou a oeste. E então, através de um tremular da névoa, viu um barco pequeno descendo pelo canal entre as ilhas e a margem. Só dava para ver a cabeça dos homens no barco. Davies correu pelo convés.

— Soltar a regeira de popa — gritou. — Homens números um e dois!

O *Esquilo* girou na âncora de proa, a corrente fazendo-o rodar até que os canhões estivessem apontando, em seguida a tensão foi absorvida pela âncora de popa, firmando o barco num ângulo novo.

— Disparar um tiro de alerta assim que puderem! — ordenou Davies.

Houve uma pausa enquanto o *Esquilo* se firmava. Então o capitão artilheiro, que estivera olhando ao longo do cano, saltou para trás e puxou seu cordão de disparo. O pequeno canhão recuou preso às cordas e a fumaça densa enevoou a amurada. O segundo canhão disparou quase imediatamente, com a bala sólida sibilando acima da ilha baixa e espirrando água no canal à frente do barco em fuga.

— Eles não querem parar, senhor! — gritou o homem no topo do mastro.

— Dispare contra eles, Sr. Combes! Diretamente contra eles!

— Sim, senhor.

O próximo tiro acertou a ilha e ricocheteou alto, por cima do barco que viajava rápido na corrente ajudado pela maré vazante. Sharpe duvidou que os disparos fizessem o barco parar. Subiu alguns degraus dos enfrechates e usou seu telescópio, mas podia ver pouca coisa dos ocupantes escondidos pela névoa. No entanto tinham que ser os irmãos Ferreira. Quem mais poderia ser? E pensou, mas não pôde ter certeza, que um dos homens no barco era grande demais. Ferrabrás, supôs.

— Tenente! — gritou.

— Sr. Sharpe?

— Naquele barco há dois homens que precisam ser capturados. É meu dever. — Isso não era de fato verdade. O dever de Sharpe era retornar ao serviço, e não prolongar uma rixa, mas Davies não sabia. — Podemos pegar emprestado um dos seus barcos para persegui-los?

Davies hesitou, imaginando se a concessão desse desejo contrariaria suas ordens atuais.

— As canhoneiras rio abaixo vão pegá-los — observou.

— Elas não saberão que eles são procurados — disse Sharpe, em seguida fez uma pausa enquanto os canhões da proa do *Esquilo* disparavam e erravam de novo. — Além disso, eles provavelmente irão para terra antes de chegar à sua esquadra. E, se isso acontecer, termos que ser postos em terra para segui-los.

Davies pensou durante mais um segundo, viu que o barco fugitivo havia quase desaparecido na névoa, depois se virou para o aspirante Braithwaite.

— O escaler, Sr. Braithwaite. Depressa! — Em seguida se virou de volta para Sharpe, que havia retornado ao convés. — As damas ficarão aqui. — Não era uma pergunta.

— Não ficaremos — respondeu Sarah com firmeza, e levantou seu mosquete francês. — Chegamos até aqui juntos e vamos terminar isso juntos.

Por um segundo Davies pareceu a ponto de discutir, depois decidiu que a vida seria mais simples se todos os hóspedes não convidados estivessem fora do *Esquilo*. O canhão de popa disparou uma última vez e a fumaça cobriu o convés.

— Desejo sorte a vocês — disse.

E eles passaram sobre a amurada e partiram em perseguição.

CAPÍTULO XII

O marechal André Masséna estava entorpecido. Não dizia nada, apenas olhava. Era pouco depois do amanhecer, um dia depois de suas primeiras patrulhas terem chegado às novas obras inglesas e portuguesas, e agora ele estava agachado atrás de um baixo muro de pedras onde seu telescópio estava apoiado e girava lentamente o instrumento ao longo do topo dos morros ao sul. E em toda parte via bastiões, canhões, muros, barricadas, mais canhões, homens, postos de telégrafo, mastros de bandeiras. Em toda parte.

Ele estivera planejando as comemorações de vitória em Lisboa. Havia uma bela praça ao lado do Tejo onde metade do exército poderia se perfilar, e o maior problema que havia previsto era o que fazer com os milhares de prisioneiros britânicos e portugueses que esperava capturar, mas em vez disso estava olhando uma barreira aparentemente interminável. Viu como as encostas mais baixas dos morros adiante haviam sido cortadas para ficar mais íngremes, como os canhões inimigos estavam protegidos por pedras, viu rotas de aproximação inundadas, viu o fracasso.

Respirou fundo e continuou sem ter o que dizer. Inclinou-se para trás e afastou o olho do telescópio. Havia pensado em manobrar ali, mostrar parte de seu exército na estrada para atrair as forças inimigas, que pensariam na iminência de um ataque, e então lançaria a maior parte do l'Armée de Portugal girando para o oeste, num gancho que cortaria os homens de Wellington. Teria acuado os ingleses e os portugueses contra o Tejo e depois aceitado, magnânimo, sua rendição, mas em vez disso não havia lugar para seu exército ir, a não ser contra aquelas muralhas, aqueles canhões e as encostas tornadas mais íngremes.

— As obras se estendem até o Atlântico — informou secamente um oficial do Estado-Maior.

Masséna não disse nada e um de seus ajudantes, sabendo o que se passava na mente do superior, fez a pergunta.

— Certamente não é por toda a extensão, não é?

— Absolutamente todos os quilômetros — respondeu peremptoriamente o oficial do estado-maior. Ele havia cavalgado por toda a extensão da península, protegido por dragões e observado em todo o caminho por um inimigo abrigado em baterias, fortes e torres de vigia. — E durante boa parte — continuou sem remorso — as obras são protegidas pelo rio Sizandre, e há uma segunda linha por trás.

Masséna encontrou a própria voz e se virou furioso para o oficial.

— Uma segunda linha? Como você sabe?

— Porque ela é visível, senhor. Duas linhas.

Masséna olhou de novo pelo telescópio. Haveria algo estranho nos canhões no bastião que ficava bem à frente? Lembrou-se de que, quando fora sitiado pelos austríacos em Gênova, tinha posto canhões falsos em suas defesas. Haviam pintado troncos de árvore que se projetavam de plataformas e, vistos a uma distância de mais de duzentos passos, eles se pareciam com canos de canhões, e os austríacos tinham evitado as baterias falsas.

— Qual é a distância até o mar? — perguntou.

— Quase 50 quilômetros, senhor — respondeu o ajudante, fazendo uma suposição.

Masséna fez as contas. Havia pelo menos dois bastiões a cada quilômetro, e todos os bastiões que podia ver abrigavam quatro canhões, alguns tinham mais. Assim, com uma estimativa cautelosa, havia oito canhões por quilômetro, o que significava que Wellington devia ter juntado quatrocentos canhões só para a primeira linha, e essa era uma suposição ridícula. Não havia tantos canhões em Portugal, e isso encorajou o marechal a acreditar que alguns eram falsos. Então pensou na Marinha britânica e se perguntou se ela teria trazido os canhões dos navios para a terra. Santo Deus, pensou, mas como teriam feito isso?

— Por que não sabíamos? — perguntou. Houve silêncio, e Masséna se virou e olhou o coronel Barreto. — Por que não sabíamos? — perguntou de novo. — Você me disse que eles estavam construindo um par de fortes para proteger a estrada! Isso parece um par de fortes vagabundos?

— Não fomos informados — disse Barreto com azedume.

Masséna se curvou para o telescópio. Estava com raiva, mas conteve o sentimento, tentando encontrar um ponto fraco nas defesas cuidadosas do inimigo. Diante dele, ao lado do bastião que exibia os canhões estranhamente escuros, havia um vale que se enrolava atrás do morro. Ali ele não podia ver defesas, mas isso tinha pouca importância, porque todo o terreno baixo estava oculto pela névoa. Os topos dos morros, com seus fortes e moinhos de vento, estavam ao sol, mas os vales permaneciam amortalhados. No entanto, ele desejou que aquele pequeno vale que serpenteava atrás do morro mais próximo estivesse sem defesas. Qualquer ataque subindo pelo vale seria assediado pelos canhões nos morros, claro, se fossem canhões de verdade, mas assim que passassem pela abertura e chegassem atrás do morro, o que poderia impedir as Águias? Será que Wellington estava enganando-o? Será que as defesas seriam mais para trapacear do que reais? Talvez os bastiões de pedra não tivessem argamassa adequada, os canhões fossem falsos e toda a defesa elaborada seria uma farsa para dissuadir qualquer ataque. E Masséna sabia que deveria atacar. À frente estava Lisboa com seus suprimentos, atrás havia uma terra devastada, e se seu exército não quisesse passar fome, deveria avançar. A raiva cresceu por dentro outra vez, mas ele afastou-a. A raiva era um luxo. No momento sabia que deveria demonstrar uma confiança sublime, caso contrário a simples existência daquelas defesas esmagaria o ânimo de seu exército.

— *C'est une coquille d'oeuf* — disse.

— Uma o quê? — Um ajudante achou ter ouvido mal.

— *Une coquille d'oeuf* — repetiu Masséna, ainda olhando pelo telescópio. Queria dizer que era uma casca de ovo. — Basta um tapinha — continuou — e ela vai se partir.

Houve silêncio, a não ser pelo som intermitente dos tiros de uma canhoneira britânica no rio Tejo, que ficava a cerca de 1,5 quilômetro a leste. Os ajudantes e generais, olhando por cima da cabeça de Masséna, achavam que a linha de defesa era uma casca de ovo muito impressionante.

— Eles fortificaram o topo dos morros — explicou Masséna —, mas esqueceram-se dos vales no meio. E isso, senhores, significa que vamos abri-los. Vamos abri-los como uma virgem. — Ele preferiu essa comparação à da casca de ovo, porque repetiu-a. — Como uma virgem — disse com entusiasmo, depois fechou o telescópio e se levantou. — General Reynier?

— Senhor?

— Está vendo aquele vale? — Masséna apontou através do terreno baixo coberto de névoa, onde o pequeno vale serpenteava atrás de um dos morros fortificados. — Mande suas tropas por ali. Vá depressa, antes que a névoa se dissipe. Veja o que há por lá.

Ele perderia alguns homens, mas valeria a pena, porque descobriria se os vales eram o ponto fraco na defesa de Wellington, e então Masséna poderia escolher seu vale e sua hora para arreganhar essa virgem. Masséna deu um risinho com o pensamento, sentindo o ânimo restaurado, e estendeu o telescópio a um ajudante. Nesse momento um dos canhões escuros no morro oposto disparou e a bala atravessou o vale, acertou a encosta vinte passos abaixo do muro e ricocheteou por cima da cabeça de Masséna. Os ingleses tinham estado vigiando-o e deviam ter decidido que ele havia passado tempo demais parado. Masséna tirou o chapéu de bicos, fez uma reverência ao inimigo, reconhecendo a mensagem, e voltou para onde os cavalos esperavam.

Ele atacaria.

O MAJOR FERREIRA não havia previsto isso. Tinha pensado que o barco, que eles haviam comprado por muito dinheiro ao sul de Castelo Branco, iria levá-los até os cais de Lisboa, mas agora viu que a marinha inglesa estava bloqueando o rio. Era a última das muitas dificuldades enfrentadas na viagem. Uma das mulas havia ficado manca e isso os atrasara. Tinham demorado para descobrir um homem disposto a vender um barco escondido, e então, quando estavam no rio, haviam se emaranhado numa armadilha de peixes que os segurou por mais de uma hora. Na manhã seguinte alguns forrageadores franceses os usaram como treino de tiro, obrigando-os a remar para um afluente do Tejo e ficar escondidos até que os franceses se entediassem e fossem embora. Agora, com o fim da jornada não muito longe, surgia a canhoneira.

A princípio, vendo o barco no meio do rio, Ferreira não ficara alarmado. Tinha o posto e o uniforme para passar por qualquer oficial aliado, mas então, inesperadamente, o barco havia aberto fogo. Ele não sabia que o *Esquilo* estava alertando, ordenando que ficasse à capa ou então encalhasse o barco na ilha na borda do canal menor; em vez disso, acreditou que estava sob ataque e gritou para seu irmão e os três empregados remarem com mais força. Na verdade entrou em pânico. Estivera preocupado com sua recepção em Lisboa desde que o exército havia se retirado de Coimbra. Será que alguém ficara sabendo da comida no armazém? Sentia a consciência culpada e essa consciência o fez tentar passar pelos tiros. E acreditou ter conseguido até que viu, indistinta através da camada de névoa que pairava sobre o trecho de terra envolvido pela curva do rio, a floresta de mastros que indicava uma esquadra inteira de canhoneiras barrando a passagem. Agora estava de pé na proa, olhando em volta, e viu, com uma grande pontada de alívio, os fortes que guardavam a estrada principal a norte de Lisboa. Um redemoinho de névoa se abrindo mostrou os fortes no morro e Ferreira viu a bandeira portuguesa balançando acima do mais próximo. Por isso puxou impulsivamente as cordas do leme para levar o barco em direção à terra. Era melhor lidar com soldados portugueses, pensou, do que com marinheiros ingleses.

— Estamos sendo seguidos — avisou o irmão.

Ferreira se virou e viu o escaler correndo pelo centro do rio.

— Vamos para a terra — disse. — Eles não vão nos seguir lá.

— Não?

— Eles são marinheiros. Odeiam terra firme. — Ferreira sorriu. — Vamos para o forte — disse, apontando o queixo para os novos bastiões que dominavam a estrada. — Vamos conseguir cavalos e estaremos em Lisboa esta tarde.

O barco bateu contra a margem e os cinco homens carregaram para cima suas armas e moedas francesas. Ferreira olhou uma vez para o escaler e viu que ele estava se esforçando para atravessar a corrente. Presumiu que os marinheiros fossem tentar pegar seu barco, e podiam fazer isso porque agora ele estava em segurança. Mas quando os cinco homens atravessaram os arbustos no topo da margem encontraram outra dificuldade. Ali o rio era represado, porém mais ao sul o grande anteparo de terra fora cortado para deixar a água inundar a estrada. Ferreira viu que não seria fácil ir até o forte mais próximo porque a terra estava inundada, e isso significava que teriam que ir para o interior, passando ao largo da inundação. Isso não seria grande problema, mas então sentiu um alarme porque, em algum lugar na névoa adiante, um canhão soou. O eco rolou entre os morros, mas nenhum tiro chegou perto deles e nenhum outro disparo soou, o que sugeria que não havia necessidade de se preocupar. Provavelmente era um artilheiro ajustando sua peça ou testando um bota-fogo refeito. Caminharam para o oeste, seguindo a borda da inundação, e depois de um tempo, vagamente em meio à névoa, Ferreira viu uma fazenda em terreno mais elevado. Havia um trecho amplo de atoleiro entre eles e a fazenda, mas achou que, se pudesse chegar àquelas construções, não estaria muito longe dos fortes nos morros ao sul. Esse pensamento lhe deu uma convicção de que tudo ficaria bem, que os sofrimentos dos últimos dias seriam coroados por um sucesso não merecido, porém bem-vindo. Começou a rir.

— O que foi? — perguntou seu irmão.
— Deus é bom conosco, Luís. Deus é bom.
— É?
— Nós vendemos aquela comida aos franceses, pegamos o dinheiro deles e a comida foi destruída! Vou dizer que enganamos os franceses, o que nos tornará heróis.

Ferrabrás sorriu e bateu na sacola de couro pendurada no ombro.

— Seremos heróis ricos.
— Provavelmente serei promovido a tenente-coronel por causa disso — disse Ferreira. Ele explicaria que tinha ouvido falar na comida guardada e que ficara para trás, com o objetivo de garantir sua destruição, e um feito

assim garantiria que fosse promovido. — Foram alguns dias ruins — admitiu para o irmão —, mas nós conseguimos. Santo Deus!
— O que foi?
— Os fortes — disse Ferreira, atônito. — Olhe todos aqueles bastiões!
— A névoa obscurecia o vale, mas era uma névoa baixa e, quando eles subiram uma encosta suave, Ferreira pôde enxergar o topo dos morros e viu que todos os pontos mais altos tinham seu pequeno forte. E pela primeira vez percebeu a extensão das novas obras. Tinha pensado que somente as cidades estavam sendo guardadas, mas ficou claro que a linha se estendia até longe, terra adentro. Será que atravessava toda a península? Iria até o mar? E, se ia, certamente os franceses jamais alcançariam Lisboa. Sentiu um súbito jorro de alívio por ter sido obrigado a sair de Coimbra, porque, se tivesse ficado, se o armazém não fosse queimado, ele inevitavelmente seria recrutado pelo coronel Barreto. — Aquele incêndio maldito nos fez um favor — disse ao irmão. — Porque vamos vencer. Portugal sobreviverá.

Ele só precisava chegar a um forte que tivesse a bandeira portuguesa e tudo estaria terminado; a incerteza, o perigo, o medo. Tudo estaria acabado e ele teria vencido. Virou-se procurando a bandeira portuguesa que vira balançando acima da névoa, e nesse momento viu seus perseguidores saindo do rio. Viu os casacos verdes.

Então não estava acabado. Não de todo. E desajeitadamente, atrapalhados pelo peso do dinheiro, os cinco homens começaram a correr.

O GENERAL SARRUT reuniu quatro batalhões de infantaria ligeira. Alguns eram *chasseurs* e outros, *voltigeurs*, mas, quer fossem chamados de caçadores ou de saltadores, todos eram escaramuçadores e não havia distinção real entre eles, a não ser que os *chasseurs* tinham dragonas vermelhas nas casacas azuis e os *voltigeurs* as tinham verdes ou vermelhas. Ambos se consideravam tropas de elite, treinadas para lutar contra escaramuçadores inimigos no espaço entre as linhas de batalha.

Todos os quatro batalhões eram do segundo regimento, que havia deixado a França com 89 oficiais e 2.600 homens, mas agora os quatro batalhões estavam reduzidos a 71 oficiais e pouco mais de 2 mil homens.

Não carregavam a Águia do regimento porque não iam à batalha. Estavam fazendo reconhecimento, e as ordens do general Sarrut eram claras. Os escaramuçadores deveriam avançar em ordem frouxa pelo terreno baixo diante dos fortes inimigos, e o quarto batalhão, à esquerda da linha, deveria sondar o pequeno vale e, caso não encontrasse resistência, o terceiro iria atrás. Avançariam apenas o suficiente para determinar se o vale estava bloqueado ou defendido de algum outro modo e, quando isso fosse estabelecido, os batalhões deveriam recuar para os morros ocupados pelos franceses. A névoa era ao mesmo tempo uma maldição e uma bênção. Uma bênção porque significava que os quatro batalhões poderiam avançar sem serem vistos pelos fortes inimigos, e uma maldição porque atrapalharia a visão do vale menor. Mas, quando os primeiros homens chegassem àquele vale, Sarrut esperava que a névoa estivesse quase totalmente dissipada. Então, claro, poderia esperar um fogo furioso de artilharia dos fortes inimigos, mas como seus homens estariam em ordem de escaramuça, somente um tiro muito sortudo poderia causar dano.

O general Sarrut estivera muito mais preocupado com a perspectiva da cavalaria inimiga, mas Reynier havia descartado essa preocupação.

— Eles não terão cavalarianos selados e a postos — afirmara ele. — E demorariam meio dia para conseguir isso. Caso se incomodem em lutar com você no vale, será a infantaria, por isso terei a brigada de Soult a postos para cuidar dos filhos da mãe.

A brigada de Soult era uma mistura de cavalaria: *chasseurs*, hussardos e dragões, mil cavaleiros que tinham apenas 653 cavalos no total, mas isso deveria bastar para cuidar de qualquer escaramuçador inglês ou português que tentasse impedir o reconhecimento de Sarrut.

A manhã ia pelo meio quando os homens de Sarrut estavam prontos para avançar, e o general já ia ordenar que o primeiro batalhão saísse para o vale amortalhado pela névoa quando um dos ajudantes do general Reynier desceu o morro galopando. Sarrut observou o oficial vir cuidadosamente pela encosta.

— Vai ser uma mudança de ordens — previu azedamente para um dos seus ajudantes. — Agora eles vão querer que a gente ataque Lisboa.

O ajudante de Reynier conteve o cavalo levantando torrões de solo, depois se inclinou adiante para dar um tapinha no pescoço do animal.

— Há um piquete inglês, senhor — disse ele. — Acabamos de ver do topo do morro. Estão num celeiro arruinado perto do riacho.

— Não importa — respondeu Sarrut. Nenhum piquete poderia impedir quatro batalhões de uma excelente infantaria ligeira.

— O general Reynier sugere que os capturemos, senhor — disse o ajudante em tom respeitoso.

Sarrut gargalhou.

— Ao nos ver, capitão, eles vão correr feito lebres!

— A névoa, general — respondeu o ajudante respeitosamente. — Está em retalhos, e o general Reynier sugere que, se o senhor for para o oeste, pode passar ao redor deles. Ele acha que o oficial deles pode ter alguma informação sobre as defesas.

Sarrut resmungou. Uma sugestão de Reynier equivalia a uma ordem, mas parecia uma ordem sem sentido. Sem dúvida o piquete tinha um oficial, porém era extremamente improvável que um homem desses possuísse qualquer conhecimento útil. No entanto Reynier precisava ser obedecido.

— Diga a ele que faremos isso — respondeu, em seguida mandou um dos seus ajudantes até a frente da coluna e ordenou que meio batalhão desse a volta para o oeste. Isso os levaria através da névoa, provavelmente fora da visão do celeiro, e eles poderiam voltar para isolar o piquete. — Diga ao coronel Feret para avançar agora — ordenou ao ajudante. — E vá com ele. Garanta que não avancem longe demais. O resto das tropas marchará dez minutos depois de ele partir. E diga para ser rápido!

Deu ênfase a essas últimas palavras. O objetivo da tarefa era meramente descobrir o que havia atrás do morro inimigo, e não obter uma vitória que faria a turba parisiense aplaudir. Não existia vitória a ser conquistada ali, meramente informações a recolher, e quanto mais tempo suas tropas ficassem no terreno baixo, por mais tempo seriam expostas ao fogo dos canhões. Era um serviço que seria feito com muito mais eficiência por um esquadrão de cavalaria que pudesse galopar atravessando o vale em instantes, mas a cavalaria estava em má forma. Os cavalos estavam exaustos e famintos, e esse pensamento lembrou Sarrut que o piquete inglês no velho celeiro devia ter rações. Isso o animou. Deveria ter pensado em dizer ao ajudante para guardar um pouco e trazer de volta, se as rações fossem encontradas, mas o ajudante era um jovem esperto e sem dúvida faria isso de qualquer modo. Ovos frescos, talvez? Ou toucinho? Pão fresco, manteiga, leite amarelo e quente da vaca? Sarrut sonhava com essas coisas enquanto os *chasseurs* e *voltigeurs* passavam pisando firme. Tinham marchado por um longo caminho nos últimos dias e deviam estar com fome, mas pareciam bastante animados enquanto passavam pelo cavalo do general. Alguns usavam botas sem solas, ou então tinham as solas amarradas com barbante, e os uniformes estavam desbotados, rasgados e puídos, mas ele notou que os mosquetes estavam limpos e não duvidava de que lutariam bem se, de fato, fossem convocados. Suspeitava que para a maioria deles a manhã seria uma caminhada cansativa por campos encharcados, animada pelo fogo aleatório da artilharia britânica. A última companhia passou marchando e Sarrut esporeou o cavalo para ir atrás.

Adiante dele havia uma brigada de escaramuçadores, um vale enevoado, um inimigo que não suspeitava e, por enquanto, silêncio.

O TENENTE JACK Bullen era um rapaz decente que vinha de família decente. Seu pai era juiz e os dois irmãos mais velhos eram advogados, mas o jovem Jack Bullen jamais brilhara na escola, e mesmo que os professores tenham tentado enfiar latim e grego a pancadas em seu crânio, seu crânio vencera a batalha e permaneceu intocado por qualquer língua estrangeira. Bullen jamais havia se importado com as surras. Tinha sido um garoto forte, alegre, do tipo que catava ovos de pássaros, corria com outros moleques e subia na torre da igreja se fosse desafiado, e agora era um rapaz forte e alegre que achava que ser um oficial no regimento de Lawford era praticamente a melhor coisa que a vida poderia oferecer. Gostava de ser soldado e gostava dos soldados. Alguns oficiais temiam os subordinados mais do que temiam os inimigos, mas o jovem Jack Bullen, de 19 anos, gostava da companhia dos soldados rasos. Adorava as piadas ruins, bebia com entusiasmo seu chá de gosto azedo e considerava que todos — até os que seu pai poderia condenar à morte, ao degredo ou aos trabalhos forçados — eram sujeitos fantásticos, embora preferisse ficar com os sujeitos fantásticos de sua antiga companhia. Gostava da companhia número nove, e ainda que não desgostasse com intensidade da Companhia Ligeira, achava-a difícil. Não os subordinados. Bullen tinha um talento natural para se dar bem com os subordinados, mas achava o oficial comandante da Companhia Ligeira uma tremenda provação. Era preciso muita coisa para desanimar o jovem Jack Bullen, mas de algum modo o capitão Slingsby havia conseguido.

— Ele está esquisito, senhor — disse com respeito o sargento Read.

— Ele está esquisito — repetiu Bullen com voz opaca.

— Esquisito, senhor — confirmou Read. Esquisito significava doente, mas na verdade Read quisera dizer que o capitão Slingsby estava bêbado, embora como sargento não pudesse dizer isso.

— Esquisito, como? — perguntou Bullen. Ele poderia ter andado os vinte passos e descoberto pessoalmente, mas era encarregado das sentinelas que se alinhavam junto ao rio, perto do celeiro arruinado, e não queria realmente encarar Slingsby.

— Muito esquisito, senhor — disse Read, sério. — Está falando sobre a esposa, senhor. Dizendo coisas ruins sobre ela.

Bullen queria ouvir que coisas eram ditas, mas sabia que o sargento metodista jamais contaria, por isso apenas resmungou, concordando.

— Isso está incomodando os homens, senhor — disse Read. — Não se deve falar essas coisas sobre as mulheres. Principalmente sobre esposas.

Bullen suspeitou que as falas de Slingsby estariam divertindo os homens, mais do que incomodando, e isso era ruim. Um oficial, mesmo que amigável, precisava manter certa dignidade.

— Ele consegue andar?

— Mal, senhor — respondeu Read, e depois emendou a resposta. — Não, senhor.

— Ah, santo Deus — disse Bullen, e viu Read se encolher diante da leve blasfêmia. — Onde ele conseguiu a bebida?

Read fungou.

— O empregado dele, senhor. Trouxe uma mochila cheia de cantis e o capitão esteve bebendo a noite toda, senhor.

Bullen imaginou o que deveria fazer. Não poderia mandar Slingsby de volta ao batalhão, porque não considerava que fosse seu trabalho destruir a reputação do comandante. Seria um ato desleal.

— Fique de olho nele, sargento — disse impotente. — Talvez ele se recupere.

— Mas não posso cumprir as ordens dele, senhor, não num estado assim.

— Ele está dando ordens?

— Disse para prender Slattery, senhor.

— Sob qual acusação?

— De ter olhado estranho para ele, senhor.

— Ah, nossa! Ignore as ordens dele, sargento, e isso é uma ordem. Diga a ele que eu mandei.

Read fez que sim.

— O senhor está assumindo o comando?

Bullen hesitou, sabendo que a pergunta era importante. Se dissesse que sim, estava reconhecendo formalmente que Slingsby não estava apto para comandar, e isso resultaria inevitavelmente num inquérito.

— Estou assumindo até que o capitão se recupere — respondeu, o que pareceu um meio-termo decente.

— Muito bem, senhor. — Read prestou continência e se virou.

— E, sargento? — Bullen esperou até que Read se virasse de volta. — Não olhe de modo estranho para ele.

— Não, senhor — respondeu Read com solenidade. — Claro que não, senhor. Eu não faria uma coisa dessas.

Bullen tomou um gole de chá e descobriu que estava frio. Pousou a caneca numa pedra e foi até o riacho. A névoa havia se adensado ligeiramente, pensou, por isso só conseguia enxergar até uns 60 ou 70 metros. Mas, perversamente, os topos dos morros a 400 metros de distância estavam bastante nítidos, o que provava que a névoa era apenas uma camada baixa encobrindo a terra úmida. Ela iria se dissipar. Lembrou-se das maravilhosas manhãs de inverno em Essex, quando a névoa se afastava mostrando o grupo de caça espalhado numa perseguição gloriosa. Gostava de caçar. Sorriu sozinho, lembrando-se do grande capão preto de seu pai, um tremendo caçador, que sempre se desviava para a esquerda ao pousar do outro lado de uma cerca. Toda vez seu pai gritava: "Ordem no tribunal! Ordem no tribunal!" Era uma piada familiar, uma das muitas que tornava feliz o lar dos Bullen.

— Sr. Bullen? — Era Daniel Hagman, o homem mais velho da companhia, chamando a 12 passos rio acima.

Bullen, que estivera pensando em como estariam preparando os cavalos para a temporada de caça aos filhotes de raposa em casa, andou até o fuzileiro.

— Hagman?

— Pensei ter visto alguma coisa, senhor. — Hagman apontou em meio à névoa. — Agora não há nada.

Bullen espiou e não viu coisa alguma.

— Essa névoa vai se dissipar logo.

— O tempo vai estar totalmente limpo em uma hora, senhor. Vai ser bom ter um pouco de sol.

— Vai mesmo.

Então começaram os tiros.

SHARPE TEMIA QUE os irmãos Ferreira montassem uma emboscada nos arbustos no topo da margem do rio, por isso tinha pedido que Braithwaite levasse o escaler mais abaixo do ponto onde os irmãos haviam abandonado seu barco, num local onde o rio não tinha árvores. Havia dito a Sarah e Joana para ficarem no bote, mas elas o ignoraram, subindo atrás dos três homens. Vicente estava preocupado com a presença delas.

— Elas não deveriam estar aqui.

— Nós não deveríamos estar aqui, Jorge. — Sharpe olhou para o pântano, então viu os irmãos Ferreira e seus três companheiros no meio da névoa. Os cinco caminhavam para o interior, parecendo não ter qualquer preocupação no mundo. — Não deveríamos estar aqui, mas estamos, e elas também. Então vamos acabar com isso. — Ele tirou o fuzil do ombro e se certificou de que a escorva ainda estivesse na caçoleta. — Deveria ter disparado e recarregado a bordo do *Esquilo* — disse a Harper.

— O senhor acha que a pólvora está úmida?

— Pode estar.

Ele temia que a névoa tivesse umedecido a carga, mas agora não podia fazer nada a respeito. Começaram a andar, mas, por terem desembarcado mais ao sul, involuntariamente Sharpe os colocara mais fundo no pântano, e a caminhada era difícil. O chão, na melhor das hipóteses, os fazia chapinhar. Na pior era uma lama pegajosa; e como a maré estava baixando, a terra fora encharcada recentemente. Sharpe se virou para o norte, achando que ali a terra seria mais firme, porém os cinco fugitivos estavam aumentando a distância a cada passo.

— Tirem as botas — recomendou Harper. — Eu cresci em Donegal, e não há nada que não saibamos sobre pântanos.

Sharpe ficou com as botas. As dele iam até os joelhos e não eram um impedimento tão grande, mas os outros tiraram os calçados e fizeram progresso mais rápido.

— Só precisamos chegar suficientemente perto para atirar nos desgraçados — disse Sharpe.

— Por que eles não olham em volta? — perguntou Sarah.

— Porque estão preguiçosos — respondeu Sharpe. — Porque acham que estão em segurança.

Haviam chegado a um terreno mais firme, uma área um pouco mais alta entre o pântano e os morros ao norte, e agora iam rapidamente, diminuindo a distância com relação aos cinco homens que continuavam parecendo despreocupados como se tivessem saído para um dia de diversão. Caminhavam com as armas penduradas, batendo papo. Ferrabrás se erguia bem mais alto do que os companheiros, e Sharpe sentia uma ânsia de se ajoelhar, mirar e atirar nas costas do desgraçado, mas não confiava na carga do fuzil, por isso continuou andando. Longe, à esquerda, podia ver algumas construções na névoa: duas cabanas, um celeiro, alguns barracões e uma casa maior. Supôs que o local havia sido uma fazenda próspera antes dos engenheiros inundarem o vale. Suspeitou que o terreno pantanoso se estendesse quase até aquelas construções meio percebidas, que pareciam estar em terreno mais alto. E achou que Ferreira tentaria chegar à fazenda e depois ir para o sul. Ou então, se os irmãos percebessem que estavam sendo seguidos, iriam se entocar nas construções e seria um inferno tirá-los. Sharpe começou a se apressar mais, porém nesse momento um dos homens se virou e olhou diretamente para ele.

— Porcaria — disse Sharpe, e se abaixou sobre um dos joelhos.

Os cinco homens começaram a correr, uma corrida desajeitada porque estavam carregando armas e moedas. Sharpe ajeitou a mira, puxou o cão até o final e apertou o gatilho. Soube instantaneamente que havia errado porque o fuzil hesitou, depois soltou uma tosse chiada em vez de um estrondo, o que significava que a carga umedecida pela névoa havia disparado, mas fracamente, e a bala devia ter caído perto. Começou a recarregar enquanto Harper e Vicente disparavam, e uma das balas devia ter acertado um homem na perna, porque ele caiu. Sharpe estava colocando uma carga nova. Não havia tempo para enrolar a bala em couro. Imaginou por que diabos o exército não fornecia balas já enroladas, depois enfiou a vareta contra a bala, escorvou, ajoelhou-se e disparou outra vez. Joana e Sarah também dispararam, mesmo que seus mosquetes fossem inúteis àquela distância. O homem que havia caído estava de pé outra vez, sem dar sinal de que fora ferido, porque estava correndo muito para alcançar os companheiros. Harper atirou e um dos homens girou violentamente, como se a bala tivesse passado extremamente perto, e então todos os cinco estavam em um terreno mais elevado e correndo para as construções. Vicente disparou seu segundo tiro no momento em que os homens sumiram em meio às paredes de pedra.

— Maldição — disse Sharpe, enfiando outra bala no cano.

— Eles não vão ficar lá — observou Vicente em voz baixa. — Vão correr para o sul.

— Então vamos pelo pântano — disse Sharpe, e partiu, espirrando lama e pisando no capim encharcado.

Queria ir para o sul da fazenda e cortar o caminho dos fugitivos, mas percebeu quase imediatamente que a tentativa era inútil. O terreno era um atoleiro, havia partes inundadas à frente, e, quando estava com água até os joelhos, parou. Xingou porque podia ver os cinco homens saindo da fazenda e indo para o sul, mas eles também foram atrapalhados pela parte inundada e se viraram de novo para o oeste. Sharpe encostou o fuzil no ombro, seguiu Ferrabrás na mira e apertou o gatilho. Harper e Vicente também atiraram, mas estavam disparando contra alvos móveis e as três balas erraram. Em seguida os cinco homens sumiram na névoa persistente. Sharpe pescou outro cartucho.

— Nós tentamos — disse a Vicente.

— Eles estarão em Lisboa esta tarde. — Vicente ajudou Sharpe a se livrar de um trecho de lama. — Vou denunciar o major Ferreira, claro.

— Ele terá ido embora muito antes, Jorge. Ou isso ou será a palavra dele contra a sua, e ele é major e você é capitão, portanto você sabe o que isso significa. — Sharpe olhou a névoa a oeste. — É uma pena. Eu devia uma surra àquele filho da puta.

— É por isso que você o perseguiu? — perguntou Sarah.

— Tanto quanto por qualquer outra coisa. — Sharpe enfiou outra bala no fuzil, escorvou-o e pendurou no ombro. — Vamos achar terra seca e ir para casa.

— Eles não foram embora! — disse Harper de súbito, e Sharpe se virou para ver, milagrosamente, que os cinco homens estavam retornando à fazenda. Estavam correndo, olhando para a névoa atrás deles. Sharpe tirou o fuzil do ombro e imaginou o que diabos estaria acontecendo.

Então viu a linha de escaramuça. Por um momento teve certeza de que devia ser uma companhia inglesa ou portuguesa, mas então viu as casacas azuis e os cinturões diagonais brancos, viu as dragonas e que alguns homens usavam sabres curtos, e soube que eram franceses. E havia mais de uma companhia, porque, saindo da névoa, começou a aparecer uma horda inteira de escaramuçadores.

Então, do oeste, veio o estalar agudo de mosquetes. Os escaramuçadores se viraram para o som, pararam. Agora os irmãos Ferreira estavam nas construções da fazenda. Harper engatilhou seu fuzil.

— O que, em nome de Deus, está acontecendo?

— Isso se chama batalha, Pat.

— Deus salve a Irlanda.

— Ele pode começar nos salvando — disse Sharpe. Porque parecia que, ainda que seus inimigos estivessem encurralados, os franceses os haviam encurralado também.

UM CAPRICHO DA névoa salvou Bullen. Ele estava alerta, todos os seus homens estavam alertas, porque tiros haviam soado a leste, em algum ponto da terra inundada na direção do rio, e Bullen estivera a ponto de ordenar que o sargento Huckfield levasse uma dúzia de homens para investigar os sons quando um redemoinho de vento, trazido das alturas no sul, afastou um retalho de brancura no lado oeste do celeiro arruinado e Bullen viu homens correndo. Homens de casacas azuis, carregando mosquetes, e por um ou dois segundos ficou tão atônito que não fez nada. Os franceses — ele mal podia acreditar que eram os franceses — já estavam ao sul dele, evidentemente correndo para ficar entre o celeiro e os fortes, e entendeu imediatamente que não poderia levar seus homens de volta aos morros.

— Senhor! — gritou um dos fuzileiros, e a palavra tirou Bullen do choque.

— Sargento Read! — Bullen estava tentando pensar em tudo enquanto falava. — Casacas vermelhas, vão para a fazenda. Para o lugar aonde fomos ontem à noite. Levem as mochilas! — Bullen havia comandado uma patrulha até a grande casa de fazenda no crepúsculo. Tinha seguido a trilha elevada durante a maré baixa, atravessado o riacho na pequena ponte de pedra, examinado as construções desertas e depois explorado uma pequena distância em direção ao Tejo, até ser obrigado a parar por causa do pântano. Agora a fazenda era seu melhor refúgio, um lugar com paredes de pedra, pântano por todos os lados e só um ponto de aproximação: a trilha que partia da ponte. Desde que pudesse alcançar aquela estradinha antes dos franceses. — Fuzileiros! — ordenou. — Aqui! Sargento McGovern! Pegue dois homens e tire o capitão Slingsby daqui. Fuzileiros! Vocês são a retaguarda! Vamos!

Bullen foi o último a sair, andando de costas no meio dos fuzileiros. A névoa havia se fechado de novo e o inimigo estava escondido, mas, quando Bullen estava a apenas trinta passos do celeiro, os franceses apareceram lá, correndo para as ruínas. Um deles viu os casacos verdes a leste e gritou um alerta. *Voltigeurs* se viraram e dispararam, mas a saraivada foi dispersa porque estavam em ordem de escaramuça, ainda que as balas tivessem passado perigosamente perto de Bullen, o que o fez recuar mais depressa ainda. Podia ver meia dúzia de franceses correndo em sua direção e já ia se virar e fugir quando alguns fuzis estalaram e dois franceses caíram. O sangue era brilhante nos calções sujos. Ele se virou e viu que os casacos verdes estavam em ordem de escaramuça. Estavam fazendo o que eram treinados para fazer, e agora alguns dispararam de novo, fazendo outro francês tombar para trás, sacudindo-se.

— Podemos enfrentá-los, senhor — disse Hagman. — Provavelmente é só uma patrulha. Harris! Atenção à esquerda! O senhor vá correndo. — Falou com Bullen de novo. — Sabemos o que estamos fazendo, e essa pistola não terá muita utilidade.

Bullen nem mesmo tivera consciência de ter sacado a pistola que fora presente de seu pai. Mesmo assim disparou-a e desejou que a pequena bala tivesse acertado um francês, mas era muito mais provável que o sujeito tivesse sido lançado para trás pelo tiro de um fuzileiro. Outro fuzil disparou. Os casacos verdes estavam indo para trás, cada homem recuando enquanto seu parceiro ficava de vigia. Os franceses atiravam de volta, mas de muito longe. A fumaça de seus mosquetes criava retalhos de névoa mais densos. Por um milagre os *voltigeurs* não estavam seguindo com muita intensidade os passos de Bullen. Tinham esperado encurralar o piquete no celeiro arruinado e ninguém dera ordens para desviar o ataque em direção ao leste, e esse atraso garantiu minutos preciosos a Bullen. Ele percebeu que Hagman estava certo e que os fuzileiros não precisavam de suas ordens, por isso passou correndo por eles até a ponte onde o sargento Read esperava com os casacas vermelhas. O capitão Slingsby estava bebendo num cantil, mas pelo menos não causava problemas. Os fuzis disparavam do meio da névoa e Bullen imaginou se deveria ir diretamente para o sul, seguindo os pântanos junto ao riacho, quando viu que havia franceses naquele espaço aberto e ordenou que os casacas vermelhas atravessassem a ponte de volta para a fazenda. Agora os fuzileiros estavam correndo para trás, ameaçados por uma nova corrente de escaramuça feita por *voltigeurs* que tinham vindo da névoa. Santo Deus, pensou Bullen, os comedores de lesma estavam em toda parte!

— Para a fazenda! — gritou para os casacas vermelhas.

A casa da fazenda era uma construção forte, erguida na face oeste de uma pequena encosta, de modo que a porta da frente era alcançada através de alguns degraus de pedra e as janelas ficavam 2,5 metros acima do chão. Era um refúgio perfeito, pensou Bullen, desde que os franceses não trouxessem artilharia. Dois casacas vermelhas puxaram o capitão Slingsby escada acima e Bullen foi atrás, entrando numa sala grande unida a uma cozinha, com a porta e as duas janelas altas viradas para a trilha que levava à ponte. Bullen não podia ver a ponte no meio da névoa, mas podia ver fuzileiros recuando depressa pela trilha, e soube que os franceses não deviam estar muito atrás.

— Aqui! — gritou para os casacos verdes, depois explorou o resto de seu forte improvisado. Uma segunda porta e uma única janela davam para os fundos, onde um quintal era limitado por outras construções de telhado baixo. Numa das extremidades do cômodo havia uma escada que levava ao sótão, onde havia três quartos. Bullen dividiu os homens em seis esquadrões, um para cada janela virada para a trilha, um para a porta e um para cada um dos pequenos quartos de cima. Postou uma única sentinela na porta dos fundos, esperando que os franceses não chegassem ao quintal. — Quebrem o telhado — disse aos homens que postou no andar de cima. Agora os primeiros *voltigeurs* estavam na trilha e as balas de seus mosquetes pipocavam nas paredes de pedra da casa.

— Há homens no quintal, senhor — disse a sentinela junto à porta dos fundos.

Bullen pensou que eram franceses e abriu a porta de trás, mas viu que um dos estranhos tinha uniforme de major português e que todos os outros eram civis, um dos quais era o maior homem que Bullen já vira. O major português olhou arregalado, aparentemente tão perplexo em ver Bullen quanto este estava em vê-lo, então o major se recuperou.

— Quem é você? — perguntou.

— Tenente Bullen, senhor.

— Há inimigos lá — disse o major, apontando para o leste, e Bullen xingou, porque estivera pensando que talvez seus homens pudessem vadear na direção do rio e com isso se colocar sob a proteção da canhoneira inglesa que ele ouvira disparando no alvorecer. Agora parecia que estava cercado, por isso não tinha opção além de fazer a melhor defesa possível.

— Vamos nos juntar a vocês — anunciou o major, e os cinco entraram na casa onde Bullen, a conselho do major, colocou um punhado de homens na janela do leste vigiando o inimigo que o major vira na direção do rio.

Houve um estrondo quando telhas partidas cascatearam do telhado onde os homens abriram caminho pelo sótão, depois o estardalhaço de tiros enquanto os civis portugueses atiravam contra homens vindos do leste. Bullen se virou para ver contra o que eles estavam disparando, e nesse momento uma saraivada espocou no oeste, um vidro de uma janela se despedaçou e um casaca vermelha girou para trás com uma bala no pulmão. Ele começou a tossir uma espuma de sangue.

— Fogo! — gritou Bullen.

Outro homem foi atingido, dessa vez junto à porta da casa. Bullen foi até uma janela, espiou por cima do ombro de um casaca vermelha e viu um francês correndo para a esquerda, outros indo para a direita e outros ainda vindo pela trilha. Mosquetes e fuzis disparavam no telhado, mas ele não viu um único francês cair. A sala comprida e baixa ecoava com o estrondo das armas, enchia-se de fumaça, e então os canhões ingleses e portugueses na crista do morro acrescentaram seu ruído. Os homens nas janelas dos fundos estavam atirando tanto quanto os da frente.

— Eles estão indo para os lados, senhor — disse Read, querendo dizer que os franceses procuravam os flancos da casa, onde não havia janelas.

— Matem-nos, rapazes! — gritou Slingsby subitamente. — E Deus salve o rei Jorge.

— O patife do rei Jorge — murmurou um casaca vermelha, depois xingou porque fora atingido por uma lasca de madeira arrancada de uma janela por uma bala de mosquete.

— Cuidado à esquerda! Cuidado à esquerda! — gritou um homem, e três mosquetes espocaram juntos.

Bullen correu para a porta dos fundos, espiou e viu fumaça de pólvora na extremidade oposta do quintal, onde cabanas e currais se amontoavam. Que diabos estava acontecendo? De algum modo havia esperado que os franceses ficassem na trilha, atacando somente do oeste, mas agora percebeu que essa havia sido uma esperança idiota. Os *voltigeurs* estavam cercando a fazenda e golpeando-a com tiros de mosquete. Bullen pôde sentir o pânico. Tinha 20 anos e mais de cinquenta homens precisavam de sua liderança. Até agora ele já a havia demonstrado, mas estava sendo atacado pelo som dos mosquetes inimigos, pelo matraquear interminável de balas contra as paredes de pedra e pelo capitão Slingsby, que agora estava de pé e gritando para os homens olharem no branco dos olhos dos inimigos.

Então o major português resolveu parte de seus problemas.

— Eu cuido deste lado — disse a Bullen, apontando para o leste.

Bullen suspeitou que houvesse menos inimigos lá, porém sentiu-se grato porque podia esquecê-los agora. Olhou de volta para o oeste, que estava recebendo o grosso do ataque, embora a maior parte se desperdiçasse nas paredes de pedra. Viu que o problema estava ao norte e ao sul, porque assim que os franceses percebessem que eles não tinham armas cobrindo os flancos da construção, certamente iriam se concentrar ali.

— Vamos abrir buracos nas pontas das empenas, senhor — sugeriu Hagman, entendendo intuitivamente o problema de Bullen, e não esperou a resposta do tenente. Subiu a escada para tentar arrancar a alvenaria nas extremidades do telhado junto à empena.

Bullen podia ouvir os franceses gritando uns para os outros e, por falta de algo melhor para fazer, disparou sua pistola pela porta aberta. Então outro sopro de vento afastou mais a névoa e ele viu, para sua perplexidade, que todo o vale do outro lado da ponte estava cheio de franceses. A maioria se afastava, avançando numa enorme linha de escaramuça em direção aos fortes, e os artilheiros disparavam contra eles do topo dos morros, com os obuses explodindo acima do capim, adensando a névoa com sua fumaça e aumentando o barulho.

Um casaca vermelha caiu para trás, junto de uma janela, sangue espirrando do crânio. Outro foi acertado no braço e largou o mosquete, que disparou, e a bala acertou um fuzileiro no tornozelo. O ruído lá fora era incessante, o som das balas batendo nas paredes de pedra era um tambor do diabo. Bullen podia ver o medo no rosto dos soldados, e isso não era ajudado pelo fato de que agora Slingsby havia sacado sua espada e estava gritando para os homens dispararem mais rápido. A frente da casaca vermelha de Slingsby estava suja de baba e ele cambaleava ligeiramente.

— Fogo! — gritava ele. — Fogo! Deem o inferno a eles!

Estava com um cantil aberto na mão esquerda e Bullen, subitamente com raiva, empurrou o capitão de lado, fazendo-o cambalear e sentar-se. Outro homem, junto à porta, foi ferido no braço pela lasca de um cabo de mosquete acertado por uma bala. Agora alguns homens se recusavam a ir para a porta. Havia mais do que apenas medo em seus rostos, havia o puro terror. O som das armas era ampliado na sala, os gritos dos franceses pareciam horrivelmente próximos, havia os estrondos incessantes e mais profundos dos grandes canhões no morro, e na casa de fazenda havia fumaça, sangue fresco e o início de pânico.

Então a corneta soou. Era um toque estranho, que Bullen jamais ouvira, e lentamente o fogo de mosquetes morreu enquanto a corneta soava de novo. Um dos casacas vermelhas que guardavam a janela voltada para o oeste gritou que um francês estava balançando uma bandeira branca na ponta de uma espada.

— Cessar fogo! — gritou Bullen. — Cessar fogo!

Em seguida foi cautelosamente até a porta e viu um homem alto, com casaca francesa, calções brancos e botas de montaria se aproximar pela trilha. Bullen decidiu que não queria que os soldados ouvissem a conversa, por isso saiu, tirando o chapéu. Não tinha bem certeza do motivo para ter feito isso, mas não possuía um pano branco, e tirar a barretina parecia a segunda melhor opção.

Os dois homens se encontraram a vinte passos da casa de fazenda. O francês fez uma reverência, tirou o chapéu de bicos, colocou-o de novo, em seguida tirou o lenço da ponta da espada.

— Sou o capitão Jules Derain — anunciou num inglês impecável — e tenho a honra de ser ajudante do general Sarrut. — Em seguida pôs o lenço no bolso do peito e embainhou a espada com tanta força que o punho se chocou na boca da bainha. Foi um som agourento.

— Tenente Jack Bullen — respondeu Bullen.

Derain esperou.

— O senhor tem um regimento, tenente? — perguntou depois da pausa.

— O South Essex.

— Ah — disse Derain, uma resposta que implicava sutilmente que jamais ouvira falar da unidade. — Meu general saúda sua bravura, tenente, mas deseja que entenda que qualquer defesa a mais é o equivalente ao suicídio. O senhor gostaria de aproveitar esta oportunidade para se render?

— Não, senhor — respondeu Bullen instintivamente. Não fora criado para ceder com tanta facilidade.

— Dou-lhe os parabéns por um belo sentimento, tenente — disse Derain, depois tirou um relógio do bolso e abriu a tampa. — Em cinco minutos, tenente, teremos um canhão perto da ponte. — Ele fez um gesto em direção à trilha enevoada e tão apinhada de *voltigeurs* que Bullen não teve a chance de ver se Derain dizia a verdade. — Três ou quatro tiros deverão convencê-lo, mas se ceder primeiro, claro, viverá. Se me obrigar a usar o canhão, não oferecerei outra chance de se render nem serei responsável pelo comportamento de meus homens.

— No meu Exército — disse Bullen — os oficiais são considerados responsáveis.

— Agradeço diariamente por não estar no seu Exército — retrucou Derain em tom tranquilo, depois tirou o chapéu e fez outra reverência. — Cinco minutos, tenente. Desejo-lhe um bom dia.

Em seguida virou-se e foi andando. Uma massa de *voltigeurs* e *chasseurs* estava na trilha, mas, pior, Bullen podia ver mais homens dos lados da casa da fazenda. Se a fazenda era praticamente uma ilha no pântano, ela já pertencia mais aos franceses do que a ele. Colocou sua barretina e voltou para a casa, observado pelos soldados franceses.

— O que eles queriam, tenente? — Foi o oficial português que fez a pergunta.

— Nossa rendição, senhor.

— E qual foi sua resposta?

— Não — respondeu Bullen, e ouviu os homens murmurando, mas não sabia se estavam concordando com ele ou chateados com sua decisão.

— Meu nome é major Ferreira — disse Ferreira, chamando Bullen para perto da lareira, onde teriam um pouco de privacidade —, e sou do Estado-Maior português. É importante que eu chegue às nossas linhas, tenente. O que desejo que você faça, e sei que será difícil, é barganhar com os franceses. Diga que vai se render. — Ele levantou a mão para impedir o protesto de Bullen. — Mas diga, também, que tem cinco civis aqui e que sua condição para se render é que os civis fiquem livres.

— Cinco civis? — Bullen conseguiu interrompê-lo com a pergunta.

— Fingirei que sou um deles — disse Ferreira em tom despreocupado. — E assim que tivermos passado pelas linhas francesas você se entregará, e garanto que lorde Wellington ficará sabendo de seu sacrifício. Também não tenho dúvida de que você será trocado muito em breve.

— Meus homens não serão — disse Bullen com beligerância.

Ferreira sorriu.

— Estou lhe dando uma ordem, tenente.

Ele parou para tirar a casaca do uniforme, evidentemente decidindo que a falta dela iria disfarçar seu status militar. O homenzarrão de rosto amedrontador veio para perto dele, usando seu corpanzil como persuasão a mais, e os outros civis ficaram logo atrás, com suas armas e os sacos pesados.

— Eu reconheço você! — disse Slingsby de repente, de perto da lareira. E piscou para Ferrabrás. — Sharpe bateu em você.

— Quem é você? — perguntou Ferreira friamente.

— Eu comando aqui — respondeu Slingsby, e tentou fazer uma saudação com a espada, mas só conseguiu acertar o pesado console de madeira. — Sou o capitão Slingsby.

— Até que o capitão Slingsby se recupere — disse Bullen, com vergonha de admitir a um estrangeiro que seu oficial comandante estava bêbado —, eu comando.

— Então vá, tenente. — Ferreira apontou para a porta.

— Faça o que ele manda — disse Slingsby, ainda que na verdade não tivesse entendido a conversa.

— É melhor fazer o que ele diz, senhor — murmurou o sargento Read. O sargento não era covarde, mas achava que ficando ali eles convidavam a morte. — Os franceses vão cuidar de nós.

— O senhor não pode me dar ordens — disse Bullen, desafiando Ferreira.

O major conteve o grandalhão, que havia resmungado e dado um passo à frente.

— É verdade — disse Ferreira a Bullen. — Mas se você não se render, tenente, e formos capturados, no fim seremos trocados e eu terei algumas coisas a dizer a lorde Wellington. Coisas, tenente, que não melhorarão suas chances de ser promovido. — Ele fez uma pausa, depois baixou a voz. — Isso é importante, tenente.

— Importante! — ecoou Slingsby.

— Por minha honra — disse Ferreira com solenidade. — Preciso alcançar lorde Wellington. É um sacrifício que lhe peço, tenente. Na verdade imploro, mas ao fazê-lo o senhor servirá bem ao seu país.

— Deus salve o generoso rei — disse Slingsby.

— Por sua honra? — perguntou Bullen a Ferreira.

— Por minha honra mais sagrada — respondeu o major.

Assim Bullen se virou para a porta. A Companhia Ligeira iria se render.

O CORONEL LAWFORD olhava para o vale. Agora a névoa ia desaparecendo rapidamente, mostrando toda a área coberta por escaramuçadores franceses. Centenas de escaramuçadores! Estavam espalhados de modo que os canhões ingleses e portugueses tinham pouco ou nenhum efeito. Os obuses explodiam, estilhaços voavam no ar com sopros de fumaça preta, mas Lawford não podia ver baixas francesas.

Também não podia ver sua Companhia Ligeira.

— Maldição — disse baixinho, depois se curvou para o telescópio no tripé e observou o celeiro arruinado meio encoberto pelo resto da névoa, e, mesmo podendo ver homens se movendo perto das paredes arruinadas, tinha quase certeza de que não usavam casacos verdes nem vermelhos. — Maldição.

— Que diabos aqueles patifes estão fazendo? Bom dia, Lawford. Que diabos os desgraçados malditos acham que estão fazendo? — Era o general Picton que vinha subindo os degraus, vestindo um sobretudo preto e surrado, e fez uma careta na direção do inimigo. Estava com o mesmo gorro de dormir, com borla, que usara durante a batalha na serra do Buçaco. — Uma porcaria de manobra idiota, qualquer que seja. — Seus ajudantes, sem fôlego, seguiram-no até o bastião onde um canhão de 12 libras disparava, ensurdecendo todo o mundo e amortalhando o ar com fumaça. — Parem com a porcaria dos tiros! — berrou Picton. — E então, Lawford, que diabos eles estão fazendo?

— Eles mandaram uma brigada de escaramuçadores, senhor — respondeu Lawford, e não era uma resposta particularmente útil, mas foi tudo o que conseguiu pensar.

— Eles mandaram escaramuçadores? Mas nada pesado? Só saíram para dar uma droga de um passeio, é?

Tiros de mosquete espocavam no vale. Pareciam vir da grande fazenda abandonada, oculta pela névoa que ficava mais densa sobre o terreno pantanoso. Mas estava claro que algo acontecia ali, porque trezentos ou quatrocentos escaramuçadores franceses, em vez de avançar pelo vale, estavam atravessando a ponte e indo na direção da fazenda. A inundação ia recuando com a maré vazante, mostrando a grande curva do riacho que envolvia a fazenda.

— Eles estão lá — anunciou o major Leroy, que tinha seu próprio telescópio apoiado no parapeito e olhava a névoa esgarçada. Só podia ver os telhados da fazenda e não havia sinal da Companhia Ligeira desaparecida, mas Leroy podia ver dezenas de *voltigeurs* disparando contra as construções. Apontou o vale. — Eles devem estar na fazenda, senhor.

— Quem está na fazenda? — perguntou Picton. — Que fazenda? De quem diabos vocês estão falando?

Essa era a pergunta que Lawford temera, mas não tinha opção além de confessar o que havia feito.

— Eu coloquei nossa Companhia Ligeira lá, como um piquete, senhor.

— Você fez o quê? — perguntou Picton em tom ameaçador.

— Eles estavam no celeiro — disse Lawford, apontando para a construção arruinada.

Não podia explicar que os havia posto lá como uma oportunidade para seu cunhado sentir o gosto do comando da Companhia Ligeira. E que supusera que até mesmo Slingsby teria o bom-senso de recuar no momento em que estivesse diante de uma força avassaladora.

— Só no celeiro? — perguntou Picton.

— Eles receberam ordem de patrulhar — respondeu Lawford.

— Maldição, homem — explodiu Pictou. — Maldição! Um piquete tem praticamente tanta utilidade quanto uma teta num cabo de vassoura. Uma cadeia de piquetes, homens, uma cadeia de piquetes! Uma droga de piquete? Os franceses desgraçados deram a volta neles, não foi? Seria o mesmo que você ordenar que os pobres-diabos fizessem fila e atirassem na própria cabeça. Seria um fim mais rápido. E onde diabos eles estão agora?

— Há uma fazenda — disse Leroy, apontando, e nesse momento a névoa se dissipou o suficiente para mostrar a face oeste da fazenda, de onde brotava a fumaça de mosquetes.

— Meu bom Jesus Cristo, merda — resmungou Picton. — Você não quer perdê-los, quer, Lawford? É ruim na porcaria do Exército de Sua Majestade quando você perde toda uma Companhia Ligeira. Isso fede a descuido. Acho melhor resgatá-los. — As últimas palavras, ditas num sotaque galês exagerado, foram cheias de desprezo.

— Meu batalhão está a postos — argumentou Lawford com o máximo de dignidade que pôde.

— O que resta dele — disse Picton. — E temos os portugueses, não é? — Ele se virou para um ajudante.

— Ambos os batalhões estão prontos, senhor.

— Então vão, cacete! — ordenou Picton. — Mande-os, Lawford. — Lawford e os outros oficiais do South Essex desceram correndo os degraus. Picton balançou a cabeça. — É tarde demais, claro — disse a um ajudante. — Tarde demais. — Ficou olhando a fumaça de pólvora adensar a névoa ao redor da fazenda distante. — Os pobres-diabos estarão na rede muito antes que Lawford tenha uma chance, mas não podemos ficar sem fazer nada, não é? Não podemos simplesmente não fazer nada. — Ele se virou furioso para os artilheiros. — Por que estão parados aí como putas em porta de alojamento? Mandem fogo para cima desses filhos da puta. — Ele apontou os escaramuçadores que ameaçavam a fazenda. — Matem aqueles vermes!

Os canhões foram realinhados, então escoicearam para trás e sua fumaça saltou no vale enquanto os obuses zuniam, deixando para trás os traços de fumaça dos pavios. Picton fez um muxoxo.

— Uma droga de um piquete num celeiro — disse a ninguém em particular. — Nenhum regimento galês seria tão cretino! É disso que precisamos. Mais regimentos galeses. Eu poderia limpar a porcaria da Europa se tivesse regimentos galeses suficientes, e em vez disso preciso resgatar a porcaria dos ingleses. Só Deus sabe por que o todo-poderoso fez a porcaria dos estrangeiros.

— Chá, senhor — disse um ajudante, trazendo ao general uma generosa caneca de estanho que, pelo menos, silenciou-o por um tempo. Os canhões continuavam disparando.

CAPÍTULO XIII

Sharpe seguiu com dificuldade no meio do pântano até chegar à borda do terreno mais elevado, onde ficava a fazenda. Esperava levar um tiro, mas parecia que os irmãos Ferreira e seus três companheiros não estavam esperando por ele na borda leste da construção. E quando chegou ao canto de um estábulo viu o motivo. *Voltigeurs* franceses, um enxame deles, estavam do outro lado da casa, que evidentemente se encontrava sob cerco. Franceses vinham em sua direção, mas por enquanto não pareciam tê-lo notado e evidentemente pretendiam se infiltrar no meio das construções para cercar a casa sitiada.

— Quem está lutando contra quem? — perguntou Harper enquanto se juntava a Sharpe.

— Deus sabe. — Sharpe tentou escutar e achou ter detectado o som mais agudo de fuzis vindo da casa. — Aquilo são fuzis, Pat?

— Sim, senhor.

— Então os que estão lá dentro têm que ser nossos colegas — disse, e passou em volta do estábulo. Imediatamente soaram mosquetes na casa e as balas bateram nas paredes de pedra do estábulo e se cravaram nas divisórias de madeira que separavam a fila de baias abertas. Ele se agachou atrás da parede de madeira mais próxima, que tinha uns 2,5 metros de altura. O estábulo era aberto no lado virado para o quintal, e os mosquetes continuavam disparando da casa, as balas passando sobre sua cabeça ou batendo nas paredes de pedra. — Talvez sejam os portugueses — gritou de volta para Harper. Se Ferreira havia descoberto um piquete português na casa de fazenda, sem dúvida pudera convencê-los a atirar contra Sharpe. — Fique onde está, Pat.

— Não posso, senhor. Os franceses desgraçados estão chegando perto demais.

— Espere — disse Sharpe, em seguida se levantou atrás da divisória e apontou o fuzil contra a casa. Imediatamente as janelas viradas para ele sumiram em fumaça enquanto os mosquetes disparavam. — Agora! — gritou, e Harper, Vicente, Sarah e Joana viraram a esquina e se juntaram a ele na baia, que estava com uma crosta de bosta antiga de vaca. — Quem são vocês? — gritou Sharpe para a casa, mas sua voz se perdeu no barulho constante dos mosquetes que ecoava ao redor do quintal enquanto as balas chocavam-se com estalos, e se houve alguma resposta da casa ele não ouviu.

Em vez disso, dois franceses apareceram entre as cabanas do outro lado do pátio e Harper atirou em um deles. O outro se abaixou logo antes que a bala de Vicente arrancasse uma lasca de pedra da parede. O homem que Harper havia acertado se arrastou para longe e Sharpe apontou seu fuzil para a abertura entre as construções, esperando que outro *voltigeur* aparecesse a qualquer momento.

— Terei que chegar à casa — disse ele, em seguida espiou de novo por cima da divisória e viu o que achou que era uma casaca vermelha na janela da residência. Não havia mais *voltigeurs* do outro lado do pátio e ele pensou brevemente em ficar onde estava e esperar que os franceses não o encontrassem, mas inevitavelmente acabariam descobrindo. — Fiquem atentos a qualquer maldito francês — disse a Harper, indicando o outro lado do pátio. — Vou correr feito o diabo. Acho que há casacas vermelhas lá dentro, por isso só preciso chegar até os patifes.

Ele se retesou, preparando-se para atravessar o pátio costurado pelas balas, e nesse instante ouviu uma corneta soando. Ela tocou uma segunda e uma terceira vez, e vozes gritaram em francês, algumas terrivelmente próximas. Os tiros morreram lentamente até haver silêncio, a não ser pelo estrondo da artilharia nas alturas e o estalar de obuses explodindo no vale do outro lado da casa.

Sharpe esperou. Nada se movia, nenhum mosquete disparava. Esgueirou-se ao redor da divisória até a baia seguinte e não atiraram contra ele.

Não conseguia ver ninguém. Levantou-se cautelosamente e olhou para a casa, mas quem estivera nas janelas agora se encontrava lá dentro e ele não podia ver nada. Os outros seguiram-no até o novo compartimento, em seguida foram um a um pelos espaços onde o gado era guardado, e ainda assim não houve qualquer tiro.

— Senhor! — disse Harper em tom de alerta, e Sharpe se virou e viu um francês observando-os ao lado de um barracão do outro lado do quintal.

O homem não estava apontando o mosquete, em vez disso acenou para eles e Sharpe percebeu que o toque de corneta devia ter pressagiado uma trégua. Um oficial apareceu ao lado do soldado francês e ele indicou que Sharpe e seus companheiros deveriam retornar ao estábulo. Sharpe mostrou dois dedos para ele, depois correu para a construção seguinte, que era uma queijaria. Abriu a porta com estrondo e viu dois franceses dentro, que se viraram, levantando um pouco os mosquetes, e logo viram o fuzil apontado para eles.

— Nem pensem nisso — disse Sharpe.

Em seguida atravessou o chão de pedras e abriu a porta mais próxima da casa. Vicente, Harper e as duas mulheres seguiram-no entrando na queijaria, e Sarah falou com os dois franceses, que agora estavam totalmente aterrorizados.

— Eles receberam ordem de não atirar até que a corneta soe de novo — disse a Sharpe.

— Diga que é melhor não atirarem, então — respondeu Sharpe.

Depois espiou pela porta para ver quantos *voltigeurs* havia entre a queijaria e a casa, e não viu nenhum, mas quando olhou em volta da quina havia uns vinte deles a poucos metros de distância. Estavam agachados de lado, então um se virou, viu o rosto de Sharpe junto à porta da queijaria e deve ter presumido que ele era francês, porque simplesmente bocejou. Os *voltigeurs* só estavam esperando. Dois homens até se deitaram e um deles pôs a barretina sobre os olhos, como se tentasse tirar um cochilo. Sharpe não pôde ver qualquer oficial, mas tinha certeza de que devia haver algum por perto.

Sharpe recuou de volta para longe da visão dos franceses e imaginou quem diabos estaria dentro da casa. Se fossem ingleses ele estava em segurança, mas, se fossem portugueses, Ferreira mandaria matá-lo. Se ficasse onde estava, seria morto ou capturado pelos franceses quando a trégua terminasse.

— Vamos para a casa — disse aos companheiros —, mas há um punhado de franceses do outro lado da esquina. Ignorem-nos. Mantenham as armas baixas, não olhem para eles e andem como se fossem donos da porcaria desse lugar. — Deu uma última olhada, não viu ninguém na janela da fazenda, viu os *voltigeurs* conversando ou descansando e decidiu se arriscar. Era só atravessar o quintal. Só dozes passos. — Vamos.

Mais tarde Sharpe imaginou que os franceses simplesmente não sabiam o que fazer. Os oficiais superiores, que poderiam ter tomado uma decisão instantânea com relação aos soldados inimigos que obviamente violavam a trégua, estavam na frente da fazenda, e os que viram os três homens e as duas mulheres emergirem da queijaria e atravessarem o ângulo do pátio até a porta dos fundos da casa ficaram surpresos demais para reagir imediatamente, e, quando algum francês conseguiu se decidir, Sharpe já estava na casa. Um homem abriu a boca para protestar, mas Sharpe sorriu para ele.

— Lindo dia, hein? — disse. — Deve secar nossas roupas molhadas. — Sharpe empurrou os outros pela porta e, entrando por último, viu os casacas vermelhas. — Quem diabos estava tentando nos matar? — perguntou em voz alta e, como resposta, o atônito fuzileiro Perkins apontou sem palavras para o major Ferreira.

Sharpe, sem interromper o passo, atravessou o cômodo e acertou Ferreira na lateral da cabeça com a coronha do fuzil. O major tombou como um boi levando uma machadada. Ferrabrás se adiantou, mas Harper encostou o cano do fuzil na cabeça do grandalhão.

— Faça isso — disse o irlandês baixinho. — Por favor.

Casacas vermelhas e casacos verdes olhavam para Sharpe. O tenente Bullen, na porta da frente, havia parado e se virado, e agora olhava Sharpe como se visse um fantasma.

— Logo vocês! — disse Sharpe. — Logo vocês, seus merdas. Estavam tentando me matar lá fora! Atiradores de merda, todos vocês! Nenhuma bala chegou nem perto de mim! É o Sr. Bullen, não é?

— Sim, senhor.

— Aonde vai, Sr. Bullen? — Sharpe não esperou resposta e se virou. — Sargento Huckfield! Desarme esses civis. E se esse filho da puta grandalhão criar encrenca, atire nele.

— Atirar nele, senhor? — perguntou Huckfield, atônito.

— Está surdo, merda? Atire nele! Se ele ao menos estremecer, atire nele. — Sharpe se virou de volta para Bullen. — E então, tenente?

Bullen ficou sem graça.

— Nós íamos nos render, senhor. O major Ferreira disse que deveríamos. — Ele fez um gesto para Ferreira, que estava caído imóvel. — Sei que ele não comanda aqui, senhor, mas foi o que ele disse e... — Sua voz ficou no ar. Ia acrescentar que Slingsby havia recomendado a rendição, mas isso seria abrir mão da responsabilidade e, portanto, desonroso. — Sinto muito, senhor — disse arrasado. — A decisão foi minha. O francês disse que estão trazendo um canhão.

— O filho da puta miserável mentiu — disse Sharpe. — Eles não têm canhão. Num terreno molhado como esse? Seriam necessários vinte cavalos para trazer um canhão aqui. Não, ele só queria amedrontar você, porque sabe melhor do que ninguém que todos poderíamos morrer de velhice aqui dentro. Harvey, Kirby, Batten, Peters. Fechem essa porta — ele apontou para a porta da frente — e empilhem todas as mochilas atrás. Bloqueiem!

— E a porta de trás, senhor? — perguntou o fuzileiro Slattery.

— Não, Slats, deixe aberta, vamos precisar dela. — Sharpe deu uma olhada rápida por uma das janelas da frente e viu que era alta demais por fora, de modo que nenhum francês poderia escalar até o parapeito. — Sr. Bullen? Você comanda este lado. — Estava falando das duas janelas e da porta da frente da casa. — Mas só precisa de quatro homens. Eles não podem passar por essas janelas. Há algum casaca vermelha lá em cima?

— Sim, senhor.

— Traga para baixo. Lá em cima só fuzis. Carter, Pendleton, Slattery, Sims. Subam aquela escada e tentem parecer que estão se divertindo. Sr. Vicente? Pode subir, com esse ombro?

— Posso.

— Leve seu fuzil e cuide dos rapazes lá em cima. — Sharpe se virou de volta para Bullen. — Mantenha quatro homens atirando contra os filhos da puta. Não mirem, só disparem. Quero todos os outros casacas vermelhas deste lado da sala. Srta. Fry?

— Sr. Sharpe?

— Esse mosquete está carregado? Bom. Aponte para Ferrabrás. Se ele se mexer, atire. Se ele respirar, atire. Perkins, fique com as damas. Esses homens são prisioneiros e trate-os como tal. Sarah? Mande que se sentem e ponham as mãos na cabeça. Se algum deles mexer a mão, mate-o. — Sharpe foi até os quatro homens e chutou suas sacolas para o lado da sala e ouviu o tilintar das moedas. — Parece que é o seu dote, Srta. Fry.

— Os cinco minutos passaram, senhor — informou Bullen. — Pelo menos é o que acho. — Ele não tinha relógio, e só podia supor.

— Foi isso que eles lhe deram? Então vigie a frente, Sr. Bullen, vigie a frente. Esse lado da casa é sua responsabilidade.

— Eu vou comandar aqui. — Slingsby, que havia observado Sharpe em silêncio, afastou-se de repente da lareira. — Eu estou no comando aqui — emendou.

— Você tem uma pistola? — perguntou Sharpe a Slingsby, que pareceu surpreso com a pergunta, mas depois fez que sim. — Entregue-a. — Sharpe segurou a pistola, levantou o cão e soprou a pólvora da escorva de modo que a arma não disparasse. A última coisa que precisava era de um bêbado com uma arma carregada. Pôs a arma de volta na mão de Slingsby, depois sentou-o de volta junto à lareira. — O que vai fazer, Sr. Slingsby, é vigiar a chaminé. Garanta que os franceses não desçam por ela.

— Sim, senhor — disse Slingsby.

Sharpe foi até a janela dos fundos. Não era grande, mas não seria difícil um homem passar por ela, por isso colocou seis soldados guardando-a.

— Atirem em qualquer patife que tente passar, e usem as baionetas se ficarem sem balas. — Ele sabia que os franceses deviam ter usado os últimos minutos para se reorganizar, mas tinha certeza de que não possuíam artilharia, por isso no fim só poderiam tentar invadir a casa. E agora achava que o ataque principal viria dos fundos e convergiria para a janela e a porta que ele deixara deliberadamente abertas. Tinha 18 homens virados para essa porta, em três fileiras, a primeira ajoelhada e as outras de pé. A única preocupação era com Ferrabrás e seus companheiros, e Sharpe apontou o fuzil para o grandalhão. — Se me causar encrenca eu dou você a meus homens para treino de baioneta. Só fique aí sentado. — Em seguida foi até a escada. — Sr. Vicente? Seus homens podem atirar assim que tiverem alvos! Acordem os desgraçados. Vocês aqui embaixo — ele se virou de novo para a sala grande —, esperem.

Ferreira se remexeu e ficou de quatro, e Sharpe acertou-o de novo com a coronha do fuzil. Depois Harris gritou de cima, dizendo que os franceses estavam em movimento. Os fuzis estalaram no espaço do telhado, lá fora houve um grito de comemoração e uma enorme saraivada francesa golpeou a parede externa e passou pelas janelas abertas, batendo nas traves do teto. Os gritos vinham dos fundos da casa e Sharpe, parado junto à única janela virada para o leste, viu homens correndo de trás dos estábulos de um lado, e das cabanas, do outro.

— Esperem! — gritou. — Esperem! — Os franceses continuavam gritando, talvez encorajados pela falta de tiros, e então a carga veio subindo os degraus até a porta de trás, que estava aberta. Sharpe gritou para os homens ajoelhados: — Primeira fila! Fogo! — O barulho foi ensurdecedor dentro do cômodo e as seis balas, miradas à distância de três passos, não podiam errar. Os homens da primeira fila se arrastaram de lado para carregar os mosquetes e a segunda fila, que estivera de pé, ajoelhou-se. — Segunda fila, fogo! — Mais seis balas. — Terceira fila, fogo! — Harper avançou com a arma de sete canos, mas Sharpe sinalizou para ele ficar onde estava. — Guarde para depois, Pat — disse, em seguida foi até a porta e viu que os franceses haviam bloqueado os degraus com homens mortos e agonizantes, mas um oficial corajoso estava tentando levar seus homens por entre os corpos. Sharpe levantou o fuzil, atirou na cabeça do sujeito e deu um passo atrás antes que uma saraivada irregular passasse abrindo caminho pela porta vazia.

Agora essa porta se encontrava bloqueada por cadáveres, um dos quais estava quase inteiro dentro da casa. Sharpe empurrou o corpo para fora e fechou a porta, que imediatamente começou a tremer enquanto as balas de mosquete acertavam a madeira grossa. Depois desembainhou sua espada e foi até a janela, onde três franceses tentavam agarrar as baionetas dos casacas vermelhas, procurando arrancar os mosquetes das mãos dos inimigos. Sharpe golpeou com a espada, decepou uma mão pela metade e o francês recuou, e então um novo jorro de homens chegou à janela, mas Harper recebeu-os com a arma de sete canos. E sempre que a arma enorme disparava, o simples barulho parecia atordoar o inimigo, porque a janela ficava subitamente livre de atacantes. Sharpe ordenou que os cinco homens disparassem obliquamente pela abertura, contra os *voltigeurs* que tentavam abrir o caminho até a porta.

Um estrondo de mosquetes anunciou um segundo ataque do outro lado da casa. *Voltigeurs* estavam golpeando a porta da frente, fazendo sacudir a pilha de mochilas atrás, mas Sharpe usou os homens que haviam disparado as saraivadas letais na porta dos fundos para reforçar os mosquetes na frente da casa, cada um disparando rápido por uma janela e depois se abaixando. De repente os franceses perceberam a força da casa de fazenda e seu ataque terminou abruptamente enquanto eles recuavam pelos lados da construção. Deixaram a frente sem inimigos, mas os fundos davam para o pátio com as construções que ofereciam cobertura, e o fogo ali era interminável. Sharpe recarregou o fuzil, ajoelhou-se perto da janela dos fundos e viu um *voltigeur* no fim do pátio estremecer para trás ao ser acertado por uma bala disparada do sótão. Sharpe disparou contra outro homem e os *voltigeurs* correram para buscar cobertura, em vez de enfrentar mais tiros de fuzil.

— Cessar fogo! — gritou Sharpe. — E parabéns. Expulsamos os patifes! Recarregar. Verificar pederneiras.

Houve um momento de silêncio, mas os canhões nas alturas eram ruidosos e Sharpe percebeu que a artilharia nos fortes estava disparando contra os homens que atacavam a fazenda, porque podia ouvir os estilhaços batendo no telhado. Os fuzileiros no sótão continuavam atirando. Seu ritmo era lento, e isso era bom, indicando que Vicente estava garantindo que eles mirassem bem antes de puxar os gatilhos. Olhou para os prisioneiros, achando que poderia usar o fuzil de Perkins e os mosquetes que Joana e Sarah carregavam.

— Sargento Harper?

— Senhor!

— Amarre esses filhos da puta. Mãos e pés. Use alças de mosquetes.

Meia dúzia de homens ajudou Harper. Enquanto era amarrado, Ferrabrás olhou para Sharpe, mas não resistiu. Sharpe também amarrou as mãos do major. Slingsby estava de quatro, remexendo nas mochilas empilhadas atrás da porta da frente, e, quando havia encontrado a sua, com o suprimento de rum, voltou para a lareira e desarrolhou um cantil.

— Pobre coitado — disse Sharpe, espantado por sentir alguma pena de Slingsby. — Há quanto tempo ele está de porre?

— Desde Coimbra — respondeu Bullen. — Mais ou menos ininterruptamente.

— Eu só o vi bêbado uma vez.

— Ele provavelmente estava com medo do senhor.

— De mim? — Sharpe pareceu surpreso. Foi até a lareira, abaixou-se apoiado num dos joelhos e olhou o rosto de Slingsby. — Desculpe ter sido grosseiro com você, tenente. — Slingsby piscou para Sharpe, com confusão e depois surpresa no rosto. — Ouviu?

— Isso é decente da sua parte, Sharpe — respondeu Slingsby, depois bebeu mais um pouco.

— Pronto, Sr. Bullen. O senhor me ouviu. Um pedido de desculpas.

Bullen riu, já ia falar, mas nesse momento os fuzis no telhado soaram e Sharpe se virou para as janelas.

— Estejam preparados!

Os franceses voltaram pelos fundos, mas dessa vez haviam reunido uma grande força de *voltigeurs*, com ordens de derramar tiros através da única janela enquanto uma dúzia de homens tirava os corpos dos degraus, abrindo caminho para uma força de ataque que cometeu o erro de soltar um enorme grito de guerra enquanto partia. Sharpe escancarou a porta e Harper ordenou que a primeira fila disparasse, depois a segunda e depois a terceira, e os corpos se empilharam ao pé da escada, mas os franceses continuavam chegando, passando de qualquer jeito por cima dos corpos, e um mosquete estalou ao lado do ouvido de Sharpe. Ele viu que era Sarah disparando contra o ataque persistente. E mais franceses ainda subiam os degraus. Harper havia recarregado a primeira fila, mas um homem de casaca azul tinha sobrevivido ao tiroteio e passou pela porta, onde Sharpe o recebeu com a ponta da espada.

— Segunda fileira — gritou Harper. — Fogo!

Sharpe torceu a lâmina tirando-a da barriga do sujeito, puxou-o para dentro da casa e fechou a porta de novo. Sarah estava olhando os homens recarregarem e imitou-os. A porta estava se sacudindo, com poeira voando das tábuas a cada bala que acertava, mas agora ninguém estava tentando abri-la, e os mosquetes que tinham mantido os homens de Sharpe longe das janelas pararam de atirar enquanto os franceses frustrados recuavam para os flancos da casa, onde estavam a salvo dos tiros.

— Estamos vencendo — disse Sharpe, e os homens riram através das manchas de pólvora no rosto.

E era quase verdade.

Dois dos ajudantes do general Sarrut completaram o reconhecimento e, se o bom-senso tivesse prevalecido, seu ato de bravura teria encerrado a empolgação da manhã. Os dois homens, ambos montados em bons cavalos, haviam se arriscado sob o fogo dos canhões para galopar para dentro do vale que serpenteava atrás do bastião que os ingleses chamavam de Obra Número 119. Obuses, tiros de fuzil e até mesmo algumas balas de mosquete caíam em volta dos dois cavalos que corriam para a sombra do morro leste, depois os dois cavaleiros viraram os animais, levantando torrões de solo, e esporearam de volta pelo mesmo caminho. Um obus estourou logo atrás, tirando sangue da anca de um cavalo, mas os dois oficiais empolgados escaparam em segurança, galoparam em meio aos escaramuçadores mais avançados, saltaram o riacho e puxaram as rédeas ao lado do general.

— O vale está bloqueado, senhor — informou um deles. — Há árvores, arbustos e paliçadas bloqueando o vale. Não há como passar.

— E há um bastião com canhões acima do bloqueio — disse o segundo ajudante. — Só esperando uma tentativa de passar pelo vale.

Sarrut xingou. Agora seu trabalho estava completo. Poderia prestar contas ao general Reynier, que por sua vez prestaria contas ao marechal Masséna, dizendo que nenhum dos canhões era falso e que o pequeno vale, longe de oferecer passagem pela linha inimiga, era parte integral das defesas. Agora ele só precisava soar a chamada e os escaramuçadores recuariam, a fumaça das armas se dissiparia e a manhã reverteria ao silêncio, mas, enquanto os dois cavaleiros retornavam da excursão, Sarrut vira caçadores portugueses, de uniformes marrons, vindo do vale bloqueado. Parecia que o inimigo queria lutar, e nenhum general francês se tornava marechal recusando um convite desses.

— Como eles saíram de suas linhas? — quis saber, apontando os escaramuçadores portugueses.

— Há um caminho estreito pela parte de trás do morro, senhor — respondeu o ajudante mais observador. — Protegido pelos portões e pelos fortes.

Sarrut resmungou. Essa resposta sugeria que ele não poderia ter esperança de atacar os fortes através do caminho usado pelos portugueses, mas de jeito nenhum iria recuar quando os inimigos estavam oferecendo luta. O mínimo que poderia fazer era tirar sangue do nariz deles.

— Avancem — ordenou. — E que diabos aconteceu com aquele piquete?

— Entocou-se.

— Onde?

O ajudante apontou para a fazenda cercada de fumaça. A névoa havia praticamente sumido, mas havia tanta fumaça ao redor da fazenda que parecia neblina.

— Então desentoque-os! — ordenou Sarrut. Originalmente havia zombado da ideia de capturar um mero piquete, mas a frustração o fizera mudar de ideia. Tinha trazido quatro batalhões de primeira para o vale e não podia simplesmente marchar com eles de volta sem nada para mostrar. Até mesmo um punhado de prisioneiros serviria como uma espécie de vitória. — Havia alguma comida naquele celeiro? — perguntou.

Um ajudante estendeu um pedaço de biscoito do exército inglês, assado duas vezes, duro como uma bala sólida e quase igualmente palatável. Sarrut desdenhou daquilo e instigou o cavalo através do córrego, passou pelo celeiro e entrou no pasto onde havia mais notícias ruins. Os portugueses, longe de serem golpeados com força, estavam impelindo os *voltigeurs* e os *chasseurs* de volta. Dois batalhões contra quatro e os dois estavam vencendo. Sarrut ouviu o estalo característico de fuzis e soube que aquelas armas estavam fazendo o confronto pender a favor dos portugueses.

Por que diabos o imperador insistia que os fuzis eram inúteis? O que era inútil, pensou Sarrut, era colocar mosquetes contra escaramuçadores. Os mosquetes eram para ser usados contra formações inimigas, e não contra indivíduos, mas um fuzil podia acertar uma pulga nas costas de uma puta a cem passos de distância.

— Peça ao general Reynier para liberar a cavalaria — disse a um ajudante. — Isso vai varrer aqueles desgraçados.

A coisa havia começado como um reconhecimento e estava se transformando numa batalha.

O South Essex desceu pelo lado leste do morro onde ficava a Obra Número 119, enquanto os portugueses tinham vindo do lado oeste, e agora esses dois batalhões bloqueavam a entrada do pequeno vale. Assim o South Essex estava à direita dos portugueses, a 800 metros de distância, e na frente deles havia um trecho de pasto cercado pelo córrego inundado e os pântanos que cercavam a fazenda sitiada. À esquerda de Lawford ficava a encosta do morro, o flanco dos portugueses, e no vale à sua frente o enxame de *voltigeurs* e *chasseurs* cujas formações esparsas eram pontuadas pelos jorros explosivos de fumaça dos canhões ingleses e portugueses.

— É uma maldita confusão! — protestou Lawford. A maior parte dos oficiais do South Essex não tivera tempo de pegar seus cavalos, mas Lawford estava montado em Relâmpago, e da altura da sela podia ver a trilha que atravessava a ponte e levava à fazenda. Era para lá que iria, decidiu. — Coluna dupla de companhias — ordenou —, distância de um quarto. — Em seguida olhou para a casa da fazenda e percebeu, pela intensidade dos tiros e pela densidade da fumaça, que a Companhia Ligeira estava resistindo bravamente. — Parabéns, Cornelius — disse em voz alta. Poderia ter sido imprudente da parte de Slingsby ter recuado para a fazenda e não para os morros, mas pelo menos ele estava lutando com empenho. — Avançar, major! — disse a Forrest.

Agora cada companhia do South Essex estava em quatro fileiras. Duas companhias iam lado a lado, de modo que o batalhão estava arrumado com duas companhias de largura e quatro de profundidade, com a companhia número nove sozinha na retaguarda. Para o general Picton, olhando do alto, parecia mais uma coluna francesa do que uma unidade britânica, mas isso permitia que o batalhão se mantivesse em boa ordem enquanto avançava obliquamente, com o pântano à direita e o terreno aberto e os morros à esquerda.

— Vamos nos arrumar como fileira quando necessário — explicou Lawford a Forrest. — Vamos varrer aqueles homens da trilha da fazenda, capturar a ponte e depois mandar três companhias até as construções. Você pode levá-las. Espane a porcaria daqueles comedores de lesma, traga o pessoal de Cornelius, junte-se a nós de novo e vamos voltar para o jantar. Acho que podemos acabar com aquele presunto com pimenta. Parece bastante bom, não é?

— Muito bom.

— E alguns ovos cozidos — disse Lawford.

— Eles não deixam você constipado?

— Ovos? Constipado? Nunca! Eu tento comer todo dia, e meu pai sempre adorou ovos cozidos. Ele dizia que os ovos regularizam a gente. Ah, vejo que os desgraçados nos mataram.

Lawford esporeou Relâmpago pelo espaço estreito entre as companhias. Os desgraçados que ele tinha visto eram *chasseurs* e *voltigeurs* que estavam se juntando à frente de seu batalhão. Os franceses haviam atacado o flanco direito dos portugueses, mas agora viram os casacas vermelhas se aproximando e se viraram para enfrentar a nova ameaça. Não eram em número suficiente para impedir o avanço do batalhão, mas mesmo assim Lawford desejava ter sua Companhia Ligeira para ir à frente e empurrar os escaramuçadores. Sabia que teria que sofrer algumas baixas antes de estar ao alcance para uma saraivada que acabasse com o absurdo dos franceses, por isso cavalgou até a frente para que os homens o vissem compartilhar o perigo. Olhou para a fazenda e viu que a luta ainda era feroz por lá. Um obus explodiu em chamas e fumaça 100 metros adiante. Uma bala de mosquete, disparada de muito longe, passou flutuando sobre a cabeça de Lawford e acertou a bandeira amarela do regimento. Então ele ouviu os toques de corneta, levantou-se nos estribos e viu, do outro lado do vale, colunas de cavaleiros cascateando morro abaixo. Notou-os, mas no momento não fez nada, porque estavam longe demais para representar algum perigo.

— Vá para a direita! — gritou Lawford a Forrest, que estava perto da companhia de granadeiros no flanco direito, à frente. — Avance! Avance! — Ele apontou, indicando que o batalhão deveria marchar para a ponte. Um homem tropeçou na primeira fila, depois ficou no chão, segurando a coxa. As fileiras atrás se abriram para passar por ele, depois se fecharam de novo. — Mande dois homens ajudá-lo, Sr. Collins — gritou Lawford para o capitão mais próximo. Não ousava deixar um ferido para trás, não com a cavalaria solta no vale. Graças a Deus, pensou, não havia artilharia francesa.

Os cavaleiros haviam atravessado o córrego e Lawford podia ver o brilho de sabres e espadas desembainhados. Era uma mistura de cavalarianos, notou: dragões de casacas verdes com suas espadas longas e retas, hussardos azul-celeste e *chasseurs* verde-claros com sabres. Estavam a cerca de 1,5 quilômetro evidentemente decididos a atacar os portugueses pelo flanco, mas um olhar para trás mostrou que os caçadores estavam atentos ao perigo e formavam dois quadrados. Os cavaleiros viram também e se desviaram para o leste, com o solo macio voando atrás dos cascos dos cavalos. Agora vinham para o South Essex, mas ainda estavam distantes e Lawford continuou marchando enquanto *voltigeurs* se espalhavam saindo do caminho dos cavaleiros. Obuses explodiram no meio da cavalaria, que se espalhou instintivamente. Lawford teve um impulso malicioso.

— Meia distância! — gritou. — Meia distância!

Agora as companhias aumentaram o intervalo entre si. Como a cavalaria, estavam se espalhando, não mais lembrando uma coluna fechada, e sim mostrando trechos de luz do dia entre cada unidade, e com isso convidando a cavalaria a penetrar nessas aberturas e rasgar o batalhão por dentro.

— Continuem marchando! — gritou Lawford para a companhia mais próxima, que estava olhando nervosa na direção da cavalaria. — Ignorem-nos!

Agora a distância era de menos de 800 metros. A cavalaria havia se espalhado numa linha que trovejava pelo vale e o South Essex marchava atravessando a frente dela, com o flanco esquerdo de cada fileira exposto aos cavaleiros. Tudo se resumiria à percepção de tempo, pensou Lawford, pura percepção de tempo, porque não queria formar um quadrado cedo demais e com isso convencer os cavaleiros a ir embora. Quantos seriam? Trezentos? Mais do que isso, supôs, e podia ouvir os cascos no solo macio, ver os penachos. Viu a linha passar para o galope e achou que eles haviam se comprometido cedo demais, porque o terreno era macio e os cavalos estariam exaustos no momento em que alcançassem seu batalhão. Um obus explodiu no meio dos cavaleiros da frente e um dragão caiu numa confusão de cascos, arreios, sangue e espada. A segunda linha da cavalaria se desviou do animal em espasmos e Lawford achou que era hora.

— Formar quadrado!

Havia algo lindo na boa ordem unida, pensou Lawford. Ver as companhias de trás pararem e marcharem para trás, as companhias do centro girarem para fora, as companhias da frente marcarem o tempo, e todas as partes separadas se encaixarem sem emendas para criar um trapézio. Três companhias formavam os lados compridos, duas estavam na borda norte e uma única companhia formava a face sul, mas o que importava era que o quadrado estava feito e era impenetrável. A fileira externa se ajoelhou.

— Calar baionetas!

A maioria dos cavaleiros se afastou, mas pelo menos cem permaneceram em linha reta e cavalgaram diretamente para a saraivada de Lawford. A face oeste do quadrado desapareceu em fumaça, houve os relinchos dos cavalos, e, quando a fumaça se dissipou, Lawford pôde ver homens e animais galopando para longe, deixando uma dúzia de corpos no chão. Agora *voltigeurs* estavam disparando contra o quadrado, agradecidos por terem um alvo tão gigantesco, e as baixas eram levadas para o centro do quadrado. A única resposta aos escaramuçadores foi uma saraivada de meia companhia que deu certo, cada disparo impelindo um grupo de franceses para trás e às vezes deixando algum se retorcendo no chão, mas, como lobos em volta de um rebanho, eles pressionavam de volta e os cavaleiros circulavam atrás, esperando que o batalhão de casacas vermelhas abrisse fileiras dando-lhes a chance de atacar. Lawford não iria ceder. Seu batalhão ficaria fechado, mas isso dava um alvo aos escaramuçadores e ele percebeu, lentamente, que havia marchado para um dilema perigoso. O melhor modo de se livrar dos *voltigeurs* era abrir fileiras e avançar, mas isso convidaria a cavalaria ao ataque, e a cavalaria era o maior perigo, por isso tinha que ficar fechado. No entanto isso dava aos mosquetes franceses um alvo tentador, e os *voltigeurs* estavam mordendo-o, causando um ferimento ou morte de cada vez. A artilharia ajudava Lawford. Os obuses explodiam constantemente, mas o terreno era macio e os canhões disparavam das alturas, de modo que muitos obuses se enterravam antes de explodir, e com isso sua força era amortecida pelo solo ou desperdiçada para cima. Os estilhaços eram mais mortais, mas pelo menos um dos artilheiros estava cortando os pavios longos demais. Lawford desviou o batalhão para o norte. Mover-se em formação de quadrado era difícil, tinha que ser feito lentamente, e os feridos no centro do quadrado precisavam ser carregados junto com a formação, e o batalhão era obrigado a parar a intervalos de alguns segundos, de modo que outra saraivada pudesse ser disparada contra os escaramuçadores. Na verdade, percebeu Lawford, ele caíra numa armadilha dos *voltigeurs*, e o que parecera uma tarefa fácil ficara subitamente sangrenta.

— Gostaria que tivéssemos nossos fuzileiros — murmurou Forrest.

Lawford ficou irritado com isso, mas ele pensava igual. Era sua culpa, sabia, ter mandado a Companhia Ligeira como um piquete e achando que ela não iria se encrencar, e agora seu próprio batalhão estava encrencado. A coisa havia começado muito bem: a marcha em ordem cerrada, o lindo exemplo de ordem unida formando um quadrado e a derrota fácil da carga de cavalaria, mas agora o South Essex estava mais perto do centro do vale e não tinha apoio, a não ser dos canhões distantes, enquanto mais e mais *voltigeurs*, farejando sangue, se aproximavam do batalhão. Até agora ele não sofrera muitas baixas, apenas cinco mortos e uns vinte feridos, mas isso era porque os escaramuçadores franceses estavam mantendo distância, cautelosos com seus disparos, mas cada minuto atraía outro golpe de mosquete. E quanto mais perto chegava da trilha da fazenda, mais isolado ficava. E Picton estava olhando, Lawford sabia, o que significava que seu batalhão estava sendo exposto.

E ficando empacado.

VICENTE DESCEU A escada para informar que um batalhão de casacas vermelhas estava marchando para resgatá-los, mas que era ameaçado pela cavalaria, por isso havia formado um quadrado a 800 metros dali. Sharpe olhou pela janela e viu, pela cor da bandeira, que era o South Essex, mas era como se o batalhão estivesse a 100 quilômetros de distância pela ajuda que poderia lhe oferecer.

Depois de terem o primeiro ataque repelido, os franceses haviam se escondido atrás das construções da fazenda, fora da visão dos fuzis que disparavam do teto da casa. Agora a trilha até a fazenda, que estivera cheia de *voltigeurs*, estava vazia. Sharpe havia trazido os fuzileiros para baixo, colocando-os com Perkins e ele próprio junto às janelas da frente, e tinham usado os *voltigeurs* como alvo até que os franceses, sem alcance para os mosquetes e em terreno aberto, haviam corrido em busca de abrigo nas laterais da casa ou então voltado para a parte mais seca do vale, para ajudar no ataque ao quadrado cercado.

— E o que fazemos agora, Sr. Bullen? — perguntou Sharpe.

— O que fazemos, senhor? — Bullen ficou surpreso com a pergunta. Sharpe riu.

— Você fez bem em trazer os homens para cá, muito bem. Achei que talvez tivesse outra ideia sobre como tirá-los.

— Continuar lutando, senhor?

— Geralmente é a melhor coisa a fazer — disse Sharpe, depois espiou rapidamente pela janela e não atraiu fogo de mosquete. — Os franceses não vão durar muito. — Para Bullen essa parecia uma previsão otimista porque, pelo que ele podia ver, o vale estava cheio de franceses, tanto de infantaria quanto de cavalaria, e o quadrado de casacas vermelhas estava obviamente empacado. Sharpe havia chegado à mesma conclusão. — É hora de fazer por merecer todo aquele dinheiro que o rei lhe paga, Sr. Bullen.

— Que dinheiro, senhor?

— Que dinheiro? Você é um oficial e um cavalheiro, Sr. Bullen. Deve ser rico. — Alguns homens riram. Slingsby, sentado junto à lareira com o cantil no colo, estava dormindo, a cabeça encostada na alvenaria e a boca aberta. Sharpe se virou e olhou de novo pela janela. — Eles estão encrencados — disse, apontando o batalhão. — Precisam da nossa ajuda. Precisam de fuzis, o que significa que temos que ir resgatá-los. — Ele franziu a testa para os prisioneiros, com uma ideia começando a se formar. — Então o major Ferreira mandou você se render? — perguntou a Bullen.

— Mandou, senhor. Sei que ele não tinha direito de dar ordens, mas...

— Não tinha direito — interrompeu Sharpe, mais interessado no motivo para Ferreira estar tão disposto a cair nas mãos dos franceses. — Ele disse por que você deveria se render?

— Era para fazer uma barganha com os franceses, senhor. Se eles deixassem os civis irem embora, nós nos entregaríamos.

— Filho da puta dissimulado — disse Sharpe. Ferreira, totalmente acovardado e com um hematoma enorme na têmpora, olhou para Sharpe. — Então você quer chegar às nossas linhas antes de nós? — Ferreira não disse nada. — Você não, major, você é um militar e está preso. Mas seu irmão? E os homens dele? Podemos deixá-los ir. Srta. Fry? Diga para ficarem de pé.

Os quatro homens se levantaram desajeitadamente. Sharpe mandou Perkins e um par de casacas vermelhas apontar as armas contra eles enquanto Harper desamarrava seus pés, depois as mãos.

— O que vocês vão fazer — disse a eles, deixando Sarah traduzir — é sair daqui. Não há franceses na frente. Sargento Read? Libere a porta. — Sharpe olhou para Ferrabrás e seus três companheiros. — Portanto podem ir assim que a porta estiver aberta. Corram feito o diabo, atravessem o pântano e talvez consigam chegar àqueles casacas vermelhas.

— Os franceses vão atirar neles se você obrigá-los a ir — protestou Vicente, que no fundo do coração ainda era um advogado.

— Eu vou atirar neles se eles não forem, droga!

Então Sharpe se virou quando houve uma série de disparos no pátio atrás da casa. Os fuzileiros que restavam no telhado responderam e Sharpe prestou atenção, avaliando pelo barulho se outro ataque viria, mas pareceu que os franceses estavam meramente disparando ao acaso. As saraivadas do South Essex vinham opacas por cima do terreno molhado enquanto, mais distante, o som dos fuzis portugueses era mais nítido.

O major Ferreira, na outra extremidade do cômodo, falou em português com o irmão.

— Ele disse que você vai atirar nas costas deles se eles forem — traduziu Sarah para Sharpe.

— Diga que não farei isso. E diga que, se forem rápido, vão viver.

— A porta está liberada, senhor — disse Read.

Sharpe olhou para Vicente.

— Tire todos os fuzileiros do sótão. — Ele sentiria falta dos tiros deles e só podia esperar que a ausência de fumaça de pólvora vinda do teto arrebentado não encorajasse os franceses, mas tinha uma ideia, uma ideia que poderia causar um dano considerável ao inimigo. — Sargento Harper!

— Senhor?

— Você vai alinhar seis fuzileiros e seis casacas vermelhas, emparelhe por tamanho e faça com que troquem de casacos.

— Trocar de casacos, senhor?

— Você me ouviu! Ande logo. E quando os primeiros seis tiverem terminado, faça o mesmo com mais seis. Quero todos os fuzileiros usando casacas vermelhas. E assim que estiverem vestidos, podem colocar as mochilas nas costas. — Sharpe se virou para olhar os feridos que estavam no centro da sala. — Nós vamos sair — disse a eles — e vocês ficarão aqui. — Ele viu o medo nos rostos. — Os franceses não vão machucá-los — garantiu. Os ingleses cuidavam dos feridos franceses e os franceses faziam o mesmo. — Mas também não vão levá-los, de modo que, quando essa bagunça terminar, nós voltaremos para pegá-los. Mas os franceses vão roubar tudo que seja valioso, por isso, se tiverem alguma coisa preciosa, deem para um amigo guardar.

— O que o senhor vai fazer? — perguntou um dos feridos.

— Ajudar o batalhão e voltar para pegar vocês, é uma promessa. — Ele olhou para o primeiro fuzileiro que vestia com relutância as casacas vermelhas com acabamento amarelo. — Andem logo! — disse rispidamente, e nesse momento Perkins, que estivera ajudando a vigiar os prisioneiros civis, soltou um grunhido de dor e surpresa. Sharpe se virou um pouco, pensando que uma bala perdida poderia ter passado pela janela, e viu que Ferrabrás, desamarrado, havia batido em Perkins e que os casacas vermelhas não ousavam atirar no brutamontes, por medo de acertar o homem errado na sala apinhada. E Ferrabrás, livre, vingativo e perigoso, vinha agora para Sharpe.

O CORONEL LAWFORD olhava os *voltigeurs* se adensarem a oeste e a norte. Havia apenas uns poucos ao sul e nenhum no leste, onde o terreno estava inundado ou transformado num lamaçal. A cavalaria esperava atrás dos *voltigeurs*, pronta para o momento em que o fogo dos mosquetes enfraquecesse o quadrado do South Essex tornando possível outra carga. Por enquanto, os mosquetes franceses ainda estavam longe demais, porém causavam danos e o centro do quadrado ia se enchendo lentamente de homens feridos. Os artilheiros no topo do morro ajudavam um pouco, porque à medida que os *voltigeurs* se concentravam no quadrado, formavam um alvo mais convidativo para os obuses e os estilhaços, mas os escaramuçadores franceses ao norte, que estavam voltados para um dos lados mais estreitos do quadrado, recebiam menos disparos dos canhões porque os artilheiros temiam acertar o South Essex, e assim esses escaramuçadores pressionavam, chegando mais perto, e infligiam danos cada vez maiores. Mais *voltigeurs* correram para esse lado, sabendo que receberiam menos saraivadas ali do que no lado maior do quadrado, virado para o oeste

O major Forrest chegou perto de Lawford.

— Não sei bem se poderemos chegar à fazenda agora, senhor.

Lawford não respondeu. A implicação da observação de Forrest era que a tentativa de resgatar a Companhia Ligeira deveria ser abandonada. O caminho para o sul, de volta ao forte no morro, estava bastante livre, e se o South Essex voltasse para a parte alta sobreviveria. Os franceses considerariam isso uma vitória, mas pelo menos o batalhão não morreria. A Companhia Ligeira estaria perdida, e era uma pena, mas era melhor perder uma companhia do que todas as dez.

— O fogo está definitivamente diminuindo — disse Forrest, e não falava dos tiros incessantes dos *voltigeurs*, e sim da ação na fazenda.

Lawford se virou na sela e viu que a casa estava praticamente sem fumaça de pólvora. Podia ver um grupo de franceses agachado atrás de um barracão ou celeiro, o que lhe disse que a casa em si não havia caído, mas Forrest estava certo. Havia menos disparos lá, e isso sugeria que a resistência da Companhia Ligeira estava diminuindo.

— Coitados — disse Lawford. Pensou por um segundo em tentar chegar à fazenda atravessando o terreno inundado e o pântano, mas um cavalo sem cavaleiro, cuja sela fora esvaziada pelo quadrado do South Essex, estava atolado no pântano, e pela sua luta era claro que qualquer tentativa de atravessar o terreno encharcado traria encrenca. O cavalo conseguiu chegar a um trecho mais firme e ficou ali, tremendo e com medo. Lawford sentiu também um tremor de medo e soube que precisava tomar uma decisão. — Os feridos precisarão ser carregados — disse a Forrest. — Destaque homens da fileira de trás.

— Vamos voltar?

— Infelizmente sim, Joseph. Infelizmente sim — disse Lawford, e nesse momento uma bala de um *voltigeur* acertou Relâmpago no olho direito e o cavalo empinou, relinchando. Lawford passou as botas por cima da sela e se jogou para a esquerda enquanto Relâmpago se retorcia em direção ao céu, sacudindo os cascos. Lawford caiu com violência, mas conseguiu se afastar enquanto o grande animal despencava. Relâmpago tentou ficar de pé outra vez, mas só conseguiu chutar o chão, e o serviçal de Lawford correu até o animal, segurando a grande pistola do coronel. Então hesitou, porque Relâmpago estava se sacudindo. — Faça isso, homem! — gritou o coronel. — Faça!

Os olhos do cavalo estavam brancos, a cabeça ensanguentada batia contra o chão e o serviçal não conseguia mirar, porém o major Leroy arrancou a arma de sua mão, apertou a bota contra a cabeça de Relâmpago e disparou na testa dele. O cavalo deu um último e enorme espasmo e ficou imóvel. Lawford xingou. Leroy jogou a pistola de volta para o serviçal e, com as botas brilhando do sangue do cavalo, voltou para a face oeste do quadrado.

— Dê as ordens, major — disse Lawford a Forrest.

Sentia-se à beira das lágrimas. O cavalo fora magnífico. Ordenou que o serviçal desafivelasse os arreios e tirasse a sela, e ficou olhando enquanto os feridos que não podiam se arrastar ou mancar eram levantados do chão, e então o South Essex começou a recuar. Seria uma retirada dolorosamente lenta. O quadrado precisava permanecer unido para os cavaleiros não atacarem, e só poderia se esgueirar com cautela, arrastando os pés e não marchando. Os franceses, vendo-o se mover para o sul, soltaram gritos irônicos e chegaram mais perto. Queriam acabar com os casacas vermelhas e voltar para seu lado do vale com um belo grupo de prisioneiros, armas capturadas e, o melhor de tudo, duas bandeiras preciosas. Lawford olhou os dois estandartes, ambos agora furados de balas, e imaginou se deveria tirá-los dos mastros e queimar a seda grossa, então descartou esse pensamento como sendo puro pânico. Voltaria ao morro e Picton ficaria com raiva, e sem dúvida haveria zombaria dos outros batalhões, mas o South Essex sobreviveria. Era isso que importava.

Agora o caminho de volta aos morros estava totalmente livre dos inimigos porque o batalhão de caçadores da direita havia chegado mais perto do South Essex. Os franceses haviam sido repelidos pelos portugueses, derrotados por seus fuzis, e tinham se concentrado nos vulneráveis casacas vermelhas. O batalhão português moveu-se para a direita deles e seus fuzis trabalhavam contra os homens que atacavam Lawford. Isso liberou o caminho para o sul, mas a cavalaria se desviou naquela direção e os portugueses formaram um quadrado de novo. A cavalaria, incomodada pelos obuses intermináveis, moveu-se de novo para o centro do vale, porém os fuzis portugueses continuavam mantendo o caminho livre para o South Essex. Em mais 200 ou 300 metros, pensou Lawford, ele estaria perto do rio e os franceses desistiriam e recuariam, só que iriam se consolar capturando a fazenda. Lawford olhou para as construções, não viu fumaça saindo do telhado ou das janelas e achou que era tarde demais.

— Nós tentamos — disse a Forrest. — Pelo menos tentamos.

E fracassamos, pensou Forrest, mas não disse nada. As fileiras do quadrado mais ao norte se dividiram para se desviar do cadáver de Relâmpago, depois se fecharam de novo. Os *voltigeurs*, cautelosos com os fuzis portugueses, estavam se concentrando de novo nesse flanco norte e as saraivadas de meia companhia eram constantes, enquanto os casacas vermelhas tentavam afastar os pestilentos escaramuçadores. Os mosquetes chamejavam, a fumaça se adensava e o quadrado arrastava os pés para o sul.

E a Companhia Ligeira estava sozinha.

SHARPE SE ABAIXOU, desviando-se por pouco de um soco de direita de Ferrabrás, e em vez disso levou um de esquerda no ombro, o que foi igual a ser acertado por uma bala de mosquete. Quase o derrubou, e o golpe seguinte da direita de Ferrabrás, que deveria esmagar o crânio de Sharpe, só conseguiu pegar de raspão o topo de sua cabeça e derrubar sua barretina, mas mesmo assim sacudiu Sharpe que, instintivamente, mandou a coronha do fuzil na direção de Ferrabrás e acertou o grandalhão no joelho esquerdo.

A dor desse golpe parou Ferrabrás, e o segundo golpe do fuzil pegou-o no punho direito, ainda ferido do golpe com a pedra que Sharpe lhe dera no mosteiro. Ferrabrás se encolheu de dor e dois casacas vermelhas tentaram puxá-lo para baixo, mas ele os sacudiu para longe como um urso afastando cães, ainda que eles o tivessem feito diminuir o ímpeto por um segundo, dando a Sharpe a chance de se levantar. Ele jogou o fuzil para Harper.

— Deixem-no — disse aos casacas vermelhas. — Deixem-no. — Em seguida desafivelou o cinto da espada e jogou a arma para Bullen. — Fique vigiando as janelas, Sr. Bullen!

— Sim, senhor.

— Vigie bem! Garanta que os homens estejam olhando para lá, e não para cá.

— Deixe-me matá-lo, senhor — sugeriu Harper.

— Não sejamos injustos com o Sr. Ferreira, Pat. Ele não aguentaria lutar com você. E na última vez que tentou cuidar de mim teve ajuda. Só você e eu, hein? — Sharpe sorriu para Ferrabrás, que estava flexionando a mão direita. Sarah estava atrás do grandalhão e engatilhou o mosquete, fazendo careta devido à força necessária para puxar o cão. O som da catraca fez Ferrabrás olhar para trás, e Sharpe avançou e cravou os dedos da mão direita no olho esquerdo de Ferrabrás. Sentiu algo ceder ali, a cabeçorra saltou para trás e Sharpe estava fora do alcance quando ele se recuperou.

— Sei que você gostaria de matá-lo — disse Sharpe a Sarah —, mas isso não é digno de uma dama. Deixe-o para mim.

E avançou de novo, mirou um golpe contra o olho esquerdo, que estava se fechando, e deu um passo atrás antes de desferi-lo, movendo-se para a esquerda, certificando-se de que Ferrabrás o seguisse e parando apenas um instante a mais do que deveria porque Ferrabrás, mais rápido do que Sharpe esperava, mandou um direto de esquerda. O golpe não chegou longe, nem parecia particularmente forte, mas acertou Sharpe nas costelas cobertas pelas bandagens e foi como uma bala de canhão. E, se ele já não tivesse decidido dar um passo atrás, seria derrubado, mas suas pernas já estavam em movimento quando a dor subiu lancinante pelas costelas. Ele moveu rapidamente a mão esquerda, mirando de novo no olho inchado, mas Ferrabrás empurrou-a de lado e soltou a esquerda de novo. Sharpe, porém, estava recuado em segurança agora.

Ferrabrás não conseguia enxergar nada com o olho esquerdo e a dor era uma agonia rubra no crânio, mas ele sabia que havia machucado Sharpe e que, se chegasse perto, poderia fazer mais do que apenas ferir o fuzileiro, que agora estava recuando entre os casacas vermelhas feridos e a grande lareira. Ferrabrás avançou rapidamente, pensando em absorver os melhores socos de Sharpe e depois chegar suficientemente perto para matar o inglês maldito, mas Slingsby, bêbado como um juiz e sentado na lareira, estendeu a perna direita e Ferrabrás tropeçou nela, e logo Sharpe estava de volta em sua cara, com o punho esquerdo de novo esmagando o olho machucado e apertando o nariz. Algo se partiu ali e Ferrabrás, empurrando Slingsby com a mão esquerda, golpeou com a direita tentando parar Sharpe, mas este havia recuado de novo.

— Deixe-o, Sr. Slingsby — disse Sharpe. — Seus homens estão vigiando as janelas, Sr. Bullen?

— Estão, senhor.

— Certifique-se de que estejam.

Sharpe havia passado pelos feridos, agora estava no espaço aberto entre as janelas de trás e da frente, onde ninguém ousava ficar por medo das balas francesas, e recuou na direção da janela virada para o pátio. Ouviu uma bala acertar o caixilho da janela e deu um rápido soco de esquerda em Ferrabrás, que se desviou para deixá-lo passar e correu contra Sharpe. Sharpe deu um passo atrás, indo para a esquerda de Ferrabrás porque esse era o seu lado cego. Ferrabrás se virou para encarar Sharpe, que soube que agora ele precisaria receber o castigo. Chegou ao alcance do grandalhão e mandou um punho depois do outro contra a barriga do inimigo, o que foi como socar uma tábua de carvalho. Sharpe sabia que esses golpes não iriam machucar e não se importou, porque só queria impelir Ferrabrás para trás. Golpeou com a cabeça, acertando a testa na massa sangrenta do rosto de Ferrabrás, fez força e sua cabeça ressoou quando um soco o acertou na lateral do crânio. Sua visão ficou vermelha e preta. Empurrou de novo e a mão esquerda de Ferrabrás acertou-o do outro lado do rosto, e Sharpe soube que não poderia receber mais nenhum golpe daqueles. E nem tinha certeza se sobreviveria, porque seus sentidos estavam girando e deu um último empurrão, sentindo Ferrabrás esbarrar no parapeito da janela. Então se abaixou, tentando evitar o próximo soco, que raspou no topo de sua cabeça, mas mesmo esse golpe de raspão foi suficiente para mandar uma pontada de dor pelo crânio. Mas então sentiu Ferrabrás estremecer. E estremecer de novo, então Sharpe cambaleou para trás e viu que o olho restante de Ferrabrás estava opaco. O grandalhão estava atônito, e Sharpe, através do atordoamento, mandou a mão esquerda rapidamente contra a garganta dele. Ferrabrás tentou reagir, tentou dar dois golpes de marreta nas costelas vulneráveis de Sharpe, mas suas costas largas estavam preenchendo a janela e eram o primeiro alvo fácil que os franceses tinham desde o início do cerco à fazenda. Duas balas de mosquetes acertaram-no fazendo-o tremer de novo. Então ele abriu a boca e o sangue escorreu.

— Seus homens não estão vigiando lá fora, Sr. Bullen! — disse Sharpe. Uma última bala acertou Ferrabrás, agora na nuca, e ele tombou para a frente como uma árvore caída.

Sharpe se abaixou para pegar a barretina, respirou fundo e sentiu a dor nas costas.

— Quer um conselho, Sr. Bullen?

— Claro, senhor.

— Jamais lute limpo. — Em seguida pegou a espada de volta. — Destaque dois homens para escoltar o major Ferreira e mais dois para ajudar o tenente Slingsby. E os quatro devem carregar essas bolsas. — Ele apontou para as bolsas pertencentes a Ferrabrás e seus homens. — E o que está dentro delas, Sr. Bullen, pertence à Srta. Fry, portanto garanta que os patifes ladrões mantenham as bolsas afiveladas.

— Farei isso, senhor.

— E talvez você tenha a gentileza de dar algumas moedas a Jorge — disse Sharpe a Sarah — Ele precisa pagar por aquele barco.

— Claro que darei.

— Bom! — disse Sharpe, depois se virou para Harper. — Todo mundo trocou de roupa?

— Quase, senhor.

— Andem logo com isso! — Demorou mais um instante, mas finalmente todos os fuzileiros, até mesmo Harper, estavam com casacas vermelhas, embora a maior casaca parecesse ridiculamente pequena no irlandês. Sharpe trocou de casaco com o tenente Bullen e esperou que os franceses realmente confundissem os fuzileiros com soldados que usavam mosquetes. Não fizera os homens trocar as calças porque achava que isso demoraria tempo demais, e um *voltigeur* de olhos afiados poderia se perguntar por que os casacas vermelhas tinham calças verde-escuras, mas iria se arriscar com isso. — O que vamos fazer — disse à companhia — é salvar um batalhão.

— Vamos sair? — Bullen pareceu alarmado.

— Não, eles vão. — Sharpe apontou para os três civis portugueses. Em seguida pegou o fuzil com Harper e engatilhou-o. — Para fora!

Os três hesitaram, mas tinham visto o que o fuzileiro havia feito com seu patrão e estavam aterrorizados com ele.

— Diga para correrem até o quadrado — pediu Sharpe a Vicente. — Diga que estarão em segurança lá.

Vicente pareceu em dúvida, suspeitando que o que Sharpe estava fazendo era contra as regras da guerra, mas então olhou o rosto de Sharpe e decidiu não discutir. Os três homens também ficaram quietos. Foram levados até a porta da frente e, quando hesitaram, Sharpe levantou o fuzil.

Eles correram.

Sharpe não havia mentido. Os homens estavam razoavelmente seguros, e quanto mais se afastavam da casa, mais seguros ficavam. A princípio nenhum francês reagiu, porque a última coisa que esperavam era que alguém saísse da casa, e passaram-se quatro ou cinco segundos antes que o primeiro mosquete disparasse, mas os *voltigeurs* estavam atirando contra homens que corriam, homens que se afastavam pela trilha da fazenda, e as balas passaram longe deles. Depois de 15 metros os três começaram a atravessar o pântano e o avanço ficou muito mais difícil, mas também estavam mais longe dos franceses que, frustrados com a fuga deles, tentaram diminuir a distância. Saíram de trás das construções da fazenda, indo para a beira do pântano, mirando os mosquetes contra os três que tentavam encontrar um caminho no atoleiro.

— Fuzis — disse Sharpe. — Comecem a matar aqueles filhos da puta.

Ao sair correndo da cobertura, os franceses haviam se tornado alvos fáceis para os fuzis que atiravam das janelas da casa. Houve alguns segundos de pânico entre os *voltigeurs*, depois eles correram de volta para as laterais da fazenda. Sharpe esperou enquanto os fuzileiros recarregavam.

— Eles não farão isso de novo — disse, e contou o que havia planejado.

Os fuzileiros com casacas vermelhas deveriam sair primeiro da casa e, como os portugueses, deveriam correr o mais rápido que pudessem pela trilha e depois virar em ângulo pelo pântano, indo em direção ao riacho inundado.

— Só que vamos parar perto do monte de esterco na frente e dar algum fogo de cobertura aos outros. — O major Ferreira, sua escolta, Slingsby, Sarah e Joana iriam em seguida, protegidos por Vicente, e por fim o tenente Bullen traria o resto da companhia para fora. — Vocês são nossa retaguarda — disse Sharpe a Bullen. — Mantenham os *voltigeurs* longe. Trabalho de escaramuça, tenente. Lute em pares, bem-feito e com calma. O inimigo verá casacos verdes e não ficará ansioso para chegar perto, por isso vocês devem ficar bem. Só recuem atrás de nós, entrem no pântano e sigam para o batalhão. Todos teremos que vadear o córrego e vamos nos afogar se ele for fundo demais, mas se aqueles três conseguirem, saberemos que é seguro. Era isso que eles estavam fazendo, mostrando o caminho.

Agora os portugueses estavam na metade do terreno pantanoso, chapinhando nas águas que recuavam, e sua fuga havia provado que, assim que estivessem longe da casa, não correriam perigo verdadeiro por parte dos *voltigeurs*. Sharpe achou que seria azar perder dois homens nessa fuga. Os franceses tinham ficado chocados com o volume de fogo vindo da casa e agora estavam abrigados, a maioria só querendo voltar para os acampamentos. Então iria dar o que eles queriam.

— Fuzis, estão prontos?

Apinhou-os junto à porta da frente, disse que deveriam sair rapidamente da fazenda, alertou para estarem prontos para parar perto do monte de esterco, virar-se e afastar qualquer ameaça por parte dos *voltigeurs*.

— Divirtam-se, rapazes. E vão!

Foi primeiro, saltando pelos degraus, correndo na direção da trilha, parando junto ao monte de esterco, virando-se e se abaixando sobre um dos joelhos. Os fuzileiros de casacas vermelhas estavam se espalhando na linha de escaramuça dos dois lados enquanto ele apontava o fuzil para a lateral da casa, procurando algum oficial e não vendo qualquer um. Mas havia um *voltigeur* mirando com seu mosquete. Sharpe disparou.

— Jorge! — gritou. — Agora!

Fuzis dispararam. Os franceses estavam encolhidos dos dois lados da construção, achando que se encontravam em segurança porque ninguém da guarnição na fazenda conseguira fazer um buraco nas extremidades das empenas, mas agora eram alvos fáceis e as balas se cravavam neles enquanto o grupo de Vicente passava correndo por Sharpe.

— Continuem! — gritou Sharpe para Vicente, depois olhou de volta para a fazenda enquanto uma bala de mosquete passava zunindo junto à sua cabeça. — Sr. Bullen! Agora!

O grupo de Bullen, o maior, saiu, e Sharpe gritou para formarem a corrente de escaramuça e começarem a lutar.

— Fuzis, para trás! Para trás!

Estavam todos ali, 18 homens com casacas vermelhas, correndo pela trilha e depois acompanhando Vicente, que se desviou para o terreno molhado, atrás dos três portugueses que vadeavam o córrego, agora perto do quadrado. Então o córrego podia ser atravessado. O quadrado estivera recuando, afastando-se, mas Sharpe viu que agora ele havia parado, presumivelmente porque tinham visto a Companhia Ligeira sair da fazenda. As fileiras vermelhas do batalhão tinham uma borda de fumaça que pairava junto às duas bandeiras. Sharpe olhou para trás, espantado de novo porque o tempo parecia estar ficando mais lento e tudo assumia uma clareza maravilhosa. Os homens de Bullen estavam demorando demais para formar sua cadeia de escaramuça e um homem havia caído, atingido no joelho, e guinchava de dor.

— Deixe-o! — gritou Sharpe. Ele havia parado para recarregar o fuzil. — Lute com os filhos da puta, Sr. Bullen! Empurre-os!

Os franceses estavam começando a sair do abrigo da casa e os mosquetes precisavam impedir isso, precisavam impeli-los de volta. Sharpe viu um oficial gritando, sinalizando com uma espada, evidentemente encorajando os homens a saírem das construções e atacarem pela trilha. Apontou, disparou e perdeu o sujeito de vista na fumaça do fuzil. Uma bala acertou o chão ao seu lado, ricocheteou para cima; outra passou sibilando junto à sua cabeça. Agora Bullen estava controlando seus homens, ele os havia firmado e eles estavam lutando direito, recuando devagar. Sharpe se virou e correu atrás de seus fuzileiros disfarçados. Eles estavam no pântano, esperando-o.

— Por ali! — gritou, apontando na direção dos *voltigeurs* que lutavam contra a face norte do quadrado. Vicente estava perto do South Essex, mergulhando no córrego transbordado.

Sharpe entrou no pântano para se juntar a seus fuzileiros. A princípio era bastante fácil andar, porque conseguia pular de uma moita para outra, mas então suas botas começaram a grudar na lama pegajosa. Uma bala de mosquete caiu perto e ele viu, pela lama espirrada, que ela viera do oeste, dos *voltigeurs* que assediavam o quadrado.

Era para aqueles homens que Sharpe estava indo. Deixaria Bullen, Vicente e o resto da companhia ir na direção do quadrado, mas ele levaria seus fuzileiros de casacas vermelhas para o flanco dos *voltigeurs* que vinham causando tanto dano ao batalhão. Apenas alguns desses *voltigeurs* se preocupavam com ele, e estavam simplesmente atirando de qualquer modo por cima do riacho, a uma distância grande demais, e Sharpe soube que eles estavam vendo casacas vermelhas, e não fuzileiros. Eles achavam que 18 casacas vermelhas não poderiam lhes causar danos, e Sharpe queria que pensassem isso. Levou seus homens até a borda do terreno inundado, onde a distância até os *voltigeurs* era de menos de cem passos.

— Os oficiais — disse aos fuzileiros. — Os sargentos. Procurem-nos. Matem-nos.

Era por isso que Deus havia feito os fuzis. Os mosquetes podiam lutar uns contra os outros a cem passos, e era um milagre se algum tiro acertasse o alvo pretendido, mas a essa distância os fuzis eram matadores, e os *voltigeurs*, que se imaginavam diante apenas de mosquetes, foram emboscados. Nos primeiros segundos os fuzileiros de Sharpe haviam matado três franceses e ferido mais sete, depois recarregaram e Sharpe os levou para a esquerda, alguns passos mais perto do quadrado. Eles dispararam de novo e os *voltigeurs*, confusos porque só viam casacas vermelhas, atiravam de volta. Sharpe se ajoelhou, viu um oficial correndo com o sabre na mão levantada, esperou que o sujeito parasse e apontasse um alvo, e puxou o gatilho. Quando a fumaça se dissipou, o oficial havia sumido.

— Devagar e firmes! — gritou. — Façam cada bala valer a pena! — Em seguida se virou e viu que Bullen estava a salvo no pântano, os *voltigeurs* o haviam seguido pela trilha, mas nenhum estava disposto a entrar no atoleiro.

Olhou de volta para o oeste, carregou o fuzil com a coronha meio afundada na água, viu um homem mirando o mosquete e atirou contra ele. Finalmente os *voltigeurs* percebiam que estavam travando uma batalha cruelmente desigual e iam correndo de volta para fora do alcance dos fuzis, mas a cavalaria, mais à frente, só via um punhado de casacas vermelhas e um grupo de cavaleiros se virou, bateu as esporas e passou correndo pelos *voltigeurs* que recuavam.

— Para trás — gritou Sharpe. — Para trás devagar. E desviando à esquerda! — Agora estava levando seus homens para mais perto do quadrado, vadeando em água com 30 centímetros de profundidade. Ainda precisavam atravessar o córrego, mas a cavalaria também precisaria, e aqueles franceses pareciam não notar o obstáculo inundado. Talvez achassem que todo o lençol d'água tivesse a mesma profundidade, 30 centímetros, por isso baixaram os sabres, esporearam os cavalos a meio-galope e partiram para a matança. — Esperem até eles estarem afundando — disse Sharpe.

— Depois matem.

A primeira fileira espadanou na terra inundada na margem oposta, então um cavalo caiu no riacho, jogando o cavaleiro por cima da cabeça. Os outros cavalos diminuíram a velocidade, agora lutando para firmar as patas, e Sharpe gritou para seus homens abrirem fogo. Um hussardo, com os rabichos pendendo dos dois lados do rosto queimado de sol, rosnou puxando as rédeas e tentou forçar o cavalo a atravessar o riacho, e Sharpe enfiou uma bala através de seu casaco azul-celeste. Um obus explodiu na segunda fileira de cavaleiros que haviam parado ao ver os primeiros conterem os animais. Sharpe recarregou o fuzil, olhou ao redor para garantir que nenhum dos *voltigeurs* da fazenda estivessem vindo pelo terreno pantanoso, então atirou num dragão. Era uma matança fácil; os cavaleiros entenderam isso e viraram os animais, cravando as esporas e fazendo-os lutar para chegar ao terreno mais firme, ainda perseguidos pelos tiros de fuzil.

E agora havia mais tiros de fuzil, uma tempestade de disparos vindos do lado oposto do South Essex, onde os caçadores haviam chegado para ajudar os casacas vermelhas e estavam impelindo os *voltigeurs* para trás. Depois o lado norte do quadrado explodiu em fumaça enquanto duas companhias disparavam uma saraivada contra o flanco dos cavaleiros que esporeavam em busca de segurança. Sharpe pendurou o fuzil no ombro.

— Não foi um dia ruim de trabalho, Pat — disse, depois apontou para o cavalo solitário que havia atravessado o riacho e ficara perdido no pântano. — Eles ainda pagam recompensa por cavalos inimigos, não é? Ele é todo seu, sargento.

A cavalaria não estava mais ameaçando, por isso o South Essex formou uma linha de quatro fileiras, o dobro da grossura que usaria num campo de batalha normal, porém mais segura, para o caso de algum hussardo ou dragão decidir que tentaria um último ataque. Isso era improvável porque agora havia caçadores portugueses no flanco esquerdo do batalhão e o pântano vazio à direita, enquanto os franceses, assediados pelo fogo dos canhões, recuavam pelo vale. O melhor de tudo era que a Companhia Ligeira estava de volta.

— A coisa correu bem — disse Lawford. Ele havia montado no cavalo que Harper trouxe para o batalhão. — Muito bem.

— Houve um ou dois momentos de nervosismo — observou o major Forrest.

— Nervosismo? — perguntou Lawford em tom surpreso. — Claro que não! Tudo aconteceu exatamente como eu pensei. Exatamente como eu pensei. Mas foi uma pena o que aconteceu com Relâmpago. — Em seguida olhou com nojo para o cunhado que, obviamente bêbado, estava sentado atrás da bandeira, depois tirou o chapéu enquanto Sharpe vinha caminhando pela fileira. — Sr. Sharpe! Foi muito bonito o que fez com aqueles *voltigeurs*, muito bonito. Obrigado, meu caro.

Sharpe trocou de casaco com Bullen, depois olhou para Lawford, que estava exultando de felicidade.

— Permissão para resgatar nossos feridos na fazenda, senhor, antes de retornar ao serviço.

Lawford ficou perplexo.

— Resgatar os feridos é parte do seu serviço, não é?

— Quero dizer, o serviço de intendente, senhor.

Lawford se inclinou sobre a sela capturada.

— Sr. Sharpe — disse baixinho.

— Senhor?

— Pare de ser chato.

— Sim, senhor.

— E devo mandá-lo para Pero Negro depois disso — continuou o coronel e, vendo que Sharpe não entendia, acrescentou: — Ao quartel-general. Parece que o general quer trocar uma palavrinha com você.

— Mande o Sr. Vicente, senhor, e o prisioneiro. Os dois podem contar ao general tudo que ele precisa saber.

— E você pode me contar. — Lawford olhou os franceses voltando para os morros distantes.

— Não há o que contar, senhor.

— Não há o que contar! Santo Deus, você esteve ausente por duas semanas e não tem o que contar!

— Só me perdi procurando a terebintina, senhor. Sinto muitíssimo.

— Você só se perdeu — disse Lawford em tom inexpressivo, depois olhou para Sarah e Joana, que estavam usando calções enlameados e seguravam mosquetes. Lawford pareceu a ponto de dizer algo sobre as mulheres, depois balançou a cabeça e se virou de novo para Sharpe. — Não há o que contar, hein?

— Nós escapamos, senhor, e é só o que importa. Nós escapamos. — E haviam escapado mesmo. Tinha sido a fuga de Sharpe.

NOTA HISTÓRICA

A invasão francesa de Portugal no fim do verão de 1810 foi derrotada pela fome, e marcou a última vez que os franceses tentaram capturar aquele país. Wellington, agora comandante dos exércitos português e inglês, adotou uma política de terra arrasada que trouxe um sofrimento imenso ao povo português. Foram feitas tentativas de negar qualquer migalha de comida aos invasores, e os habitantes da região central de Portugal tiveram que abandonar suas casas para ir em direção aos morros, para a cidade do Porto, ao norte, ou para Lisboa, ao sul, que seria defendida pelas extraordinárias Linhas de Torres Vedras.

A estratégia funcionou, mas a um alto custo. Uma estimativa diz que entre 40 e 50 mil portugueses perderam a vida no inverno de 1811-1812, a maioria de fome, alguns diante dos franceses, mas essa foi uma quantidade espantosa, chegando a cerca de dois por cento da população portuguesa na época. Segundo qualquer avaliação, foi uma estratégia dura, jogando o fardo da guerra sobre a população civil. Seria necessária? Wellington derrotou Masséna conclusivamente na serra do Buçaco, e se tivesse vigiado a estrada ao redor do norte da grande serra, provavelmente teria repelido os franceses ali mesmo, obrigando-os a retornar a Ciudad Rodrigo, do outro lado da fronteira espanhola, mas isso, claro, deixaria o exército de Masséna relativamente incólume. A fome e a doença eram inimigos muito maiores do que os casacas vermelhas e os fuzileiros. E, ao forçar Masséna a passar o inverno na devastação ao norte das linhas, Wellington destruiu o exército do inimigo. No início da campanha, em setembro de 1810, Masséna comandava 65 mil homens. Quando voltou à Espanha tinha menos de 40 mil, havia perdido metade dos cavalos e praticamente todo o transporte com rodas. Dos 25 mil que perdeu, somente cerca de 4 mil foram mortos, feridos ou feito prisioneiros no Buçaco (as perdas britânicas foram de cerca de mil homens); o resto foi perdido porque as Linhas de Torres Vedras condenaram Masséna a um inverno de fome, doenças e deserção.

Então por que lutar no Buçaco se as Linhas de Torres Vedras poderiam fazer melhor o serviço? Wellington lutou naquele lugar em nome do moral. O Exército português não tinha um histórico brilhante com os franceses, mas agora estava reorganizado e sob o comando de Wellington, e ao lhe conceder uma vitória na serra ele deu a esse Exército uma confiança que este jamais perdeu. O Buçaco foi o local onde os portugueses aprenderam que poderiam derrotar os franceses e, com toda a razão, aquele é um local célebre na história portuguesa.

Hoje em dia a serra é densamente coberta de florestas, portanto é difícil imaginar como uma batalha pôde ter sido travada em sua face leste, porém fotos tiradas em 1910 mostram a serra quase totalmente nua, e relatos contemporâneos sugerem que ela era assim cem anos antes. Essas fotos podem ser vistas no esplêndido livro *Bussaco 1810*, de René Chartrand, publicado pela Osprey. Na maioria dos livros sobre a batalha, o mosteiro na encosta oposta é chamado de convento, palavra que pode ser aplicada tanto a comunidades de monges quanto de freiras, mas o uso comum a restringe a freiras, e já vi a construção no Buçaco ser chamada de Mosteiro dos Carmelitas Descalços e Mosteiro dos Carmelitas, portanto eu a chamo de mosteiro para evitar a impressão de que havia freiras presentes. Ele era ocupado pelos Carmelitas Descalços até 1834, quando os mosteiros portugueses foram dissolvidos, e ainda existe, assim como as estações da cruz com figuras de barro em capelas de tijolos, e tudo isso pode ser visitado. Um enorme hotel, construído no início do século XX como palácio real, agora fica perto do mosteiro.

Na véspera da batalha, Masséna estava, de fato, 35 quilômetros atrás do Buçaco. Tinha visitado o Buçaco brevemente, depois retornou à sua amante de 18 anos, Henriette Leberton, e o ajudante de Ney, D'Esmenard, foi obrigado a manter uma conversa através da porta fechada do quarto. Masséna conseguiu se soltar dos braços de Henriette e cavalgar de volta ao Buçaco, onde decidiu não realizar nenhum tipo de reconhecimento e lançou suas tropas ao ataque. Foi uma decisão tola, porque a serra do Buçaco é uma posição formidável. Alguns dos seus generais o aconselharam a não atacar, porém Masséna confiava que suas tropas poderiam romper a linha britânica e portuguesa. Foi um erro nascido do excesso de confiança e, ainda que algumas colunas francesas tenham conseguido chegar à crista do morro, como foi descrito no romance, elas foram isoladas e derrotadas.

O saque dos franceses em Coimbra foi tão maligno quanto é descrito em *A fuga de Sharpe*. As primeiras tropas a entrar na cidade eram de recém-alistados, maltreinados e indisciplinados, e que se portaram feito loucos. A cidade tinha 40 mil habitantes no início da campanha, e pelo menos metade havia decidido não se retirar na direção de Lisboa, e dos que permaneceram, cerca de mil foram assassinados pelos ocupantes. A universidade foi saqueada, os túmulos reais em Santa Cruz foram abertos e profanados. Ainda que os franceses famintos tenham descoberto bastante comida na cidade, acabaram destruindo a maior parte. Armazéns de suprimentos foram incendiados, de modo que, quando marchou para o sul, o exército de Masséna estava tão faminto quanto na chegada.

Masséna deixou seus feridos em Coimbra sob uma guarda totalmente inadequada. Seu controle sobre a cidade durou apenas quatro dias, depois dos quais o coronel Trant, um oficial britânico que comandava a milícia portuguesa, capturou Coimbra a partir do norte e, tendo passado por algumas dificuldades para proteger seus novos prisioneiros da vingança dos moradores, conseguiu fazê-los marchar ou carregá-los até a cidade do Porto, ao norte.

Enquanto isso, Masséna havia encontrado as Linhas de Torres Vedras e ficou pasmo com elas. Wellington e seu engenheiro chefe, o coronel Fletcher, haviam de algum modo conseguido manter em segredo o gigantesco projeto de construção (até mesmo com relação aos governos britânico e português), e ainda que Masséna tenha ouvido boatos sobre uma linha de fortes, não estava de modo algum preparado para a realidade. As linhas eram compostas de 152 obras defensivas (bastiões ou fortes), com 534 canhões e cobrindo 83 quilômetros de terreno. As duas primeiras linhas impediam os franceses de se aproximar de Lisboa, e a terceira, bem ao sul, cercava um enclave de emergência para onde Wellington poderia retirar suas tropas caso se tornasse necessário embarcar o exército. Um oficial francês disse que as duas primeiras linhas "eram de natureza tão extraordinária que ouso dizer que não havia outra posição em todo o mundo que pudesse se comparar a elas". Outro francês, um oficial hussardo, disse de modo mais pitoresco: "diante deles havia uma muralha de metal e atrás deles uma região de fome." Masséna olhou para as linhas através de um telescópio e foi afastado por um tiro de canhão, ao qual respondeu tirando o chapéu, o que foi educado de sua parte, mas na verdade ele estava furioso por não ter sido alertado sobre as novas fortificações. Parece extraordinário que ele não tenha ouvido falar delas, porém elas permaneceram um segredo. Milhares de homens haviam trabalhado construindo as defesas e milhares de outros haviam passado pelas linhas enquanto eram erguidas, no entanto os franceses ficaram absolutamente surpresos. Masséna não fez nenhuma tentativa séria de rompê-las; na verdade a única luta nas linhas propriamente ditas foi uma pequena batalha entre dois grupos de escaramuçadores que aconteceu no dia 12 de outubro em Sobral, um dia depois de as primeiras tropas francesas chegarem às linhas. A luta no final de *A fuga de Sharpe* é ligeiramente baseada nesta batalha, mas confesso que a palavra importante é "ligeiramente", porque a transferi por quase 30 quilômetros para colocá-la mais perto do Tejo e dei-a a Sir Thomas Picton, que nem estava perto de Sobral.

A maior parte dos 152 fortes das linhas ainda existe, mas muitos estão tão arruinados e cobertos de mato que não são encontrados com facilidade. Se a única chance de vê-los for uma visita muito rápida, esta deve acontecer na própria cidade de Torres Vedras onde, logo ao norte, o Forte de São Vicente foi restaurado. Uma visita mais longa deveria seguir (como qualquer visita a um campo de batalha na península) o soberbo guia de Julian Paget *Wellington's Peninsular War* (Leo Cooper, Londres, 1990).

Masséna ficou em Portugal muito mais tempo do que Wellington havia esperado. A tentativa de tirar toda a comida do centro de Portugal não deu realmente certo, e os franceses descobriram suprimentos suficientes para mantê-los bem-alimentados durante o mês de outubro. Eles consertaram os moinhos de vento e reconstruíram os fornos, mas em novembro estavam apenas com metade das rações necessárias e sitiados pelo inverno que foi de um frio e umidade incomuns. Eles deixaram Torres Vedras em meados de novembro e recuaram para onde esperavam que haveria mais comida disponível, e de algum modo permaneceram em Portugal até março quando, com fome, desanimados e malsucedidos, voltaram aos seus depósitos na Espanha. Havia sido uma derrota amarga para Masséna.

O livro *The Lines of Torres Vedras*, de John Grehan, publicado pela Spellmount em 2000, foi valiosíssimo para escrever *A fuga de Sharpe*. Ele contém de longe a melhor descrição das linhas propriamente ditas, e muito mais além disso, inclusive um relato emocionante da batalha do Buçaco, e sinto-me em dívida para com ele, embora qualquer erro, claro, seja meu. Sharpe e Harper marcharão de novo.

Este livro foi composto na tipologia ITC New
Baskerville STD, em corpo 10,5/16, e impresso
em papel off-white no Sistema Cameron da
Divisão Gráfica da Distribuidora Record.